李向玉　刘泽生　主编

澳門理工學報叢書

总编视角

EDITOR'S PERSPECTIVE

《澳门理工学报》专栏文萃（2011~2014）

JOURNAL OF MACAO POLYTECHNIC INSTITUTE
COLUMN SELECTIONS
2011-2014

社会科学文献出版社
SOCIAL SCIENCES ACADEMIC PRESS (CHINA)

李向玉 1975 年毕业于北京外国语大学英语系，同年赴澳门攻读葡萄牙语言文化课程三年，后赴葡萄牙里斯本大学深造一年。中山大学历史学博士、里斯本大学荣誉博士。1999 年至今任澳门理工学院院长、教授，《澳门理工学报》编辑委员会主任。兼任国家行政学院教授、北京语言大学名誉教授、广东省社会科学院客座教授、英国伦敦大学名誉教授、葡萄牙里斯本科学院外国通讯院士、葡萄牙雷利亚理工学院名誉教授。主要著作有《汉学家的摇篮：澳门圣保禄学院研究》等。担任的主要社会职务有：中国人民政治协商会议第十一届、第十二届、第十三届全国委员会委员，澳门特别行政区人才发展委员会委员，葡语国家高等教育管理论坛副主席。获澳门特别行政区政府 2017 年度教育功绩勋章。

刘泽生　1982年毕业于中山大学历史系。现任澳门理工学院教授、澳门理工学院理事会顾问、《澳门理工学报》总编辑。曾任广东省社会科学院研究员、教授，孙中山研究所副所长，广东社会科学报刊出版中心副主任，港澳研究中心主任，广东港澳经济研究会常务副会长，《港澳经济》杂志社社长、总编辑，《广东社会科学》杂志社社长、总编辑。兼任中国人民大学、暨南大学等高等院校特邀研究员、客座教授，广东省第九届政协委员。主要从事港澳研究与教学工作，主持学术期刊的编辑出版。个人学术成果或主持的研究项目曾获第九届中国图书奖、第八届全国城市出版社优秀图书一等奖、广东港澳经济研究会10年优秀研究成果特等奖等奖项。获"全国高校社科期刊优秀主编"奖。

总　序

澳门理工学院院长　李向玉

　　学报之于大学，其重要性是不言而喻的。当年蔡元培先生为《北京大学月刊》撰写发刊词时，就高瞻远瞩地提出要把办好学报看作是将北京大学办成高水平学府的一个必要条件，认为要"尽吾校同人力所能尽之责任"，"破学生专己守残之陋见"，"释校外学者之怀疑"。其海纳百川、兼容并蓄的理念，成了大学学报办刊宗旨与原则的经典阐述。澳门理工学院正是秉承这样的一种理念，二十年如一日，坚持不懈地努力办好《澳门理工学报》。

　　澳门理工学院（Macao Polytechnic Institute）位于澳门半岛之东望洋山下，面朝大海，毗邻金莲花广场，成立于1991年9月16日。澳门理工学院以"普专兼擅，中西融通"为校训，以"教学与科研并重"为方针，以"小而美、小而精、出精品"为方向，以"扎根澳门，背靠祖国，面向世界，争创一流"为理念，以"教学标准国际化、科研工作规范化、校园设施电子化、行政工作法治化"为治校标准。学院下设语言暨翻译高等学校、管理科学高等学校、公共行政高等学校、艺术高等学校、体育暨运动高等学校、高等卫生学校等六所高等学校，以及社会经济与公共政策研究所、中西文化研究所、"一国两制"研究中心、澳门语言文化研究中心、葡语教学暨研究中心、博彩教学暨研究中心、文化创意产业教学暨研究中心等研究机构。2014年，澳门理工学院成为亚洲地区第一所通过英国高等教育质量保证局（QAA）院校评鉴的高等院校。澳门理工学院还是亚洲太平洋大学协会和葡萄牙语大学协会会员、葡萄牙理工高等院校协调委员会特邀委员、香港理工大学发起的持续教育联盟成员，在国际和区域间开展卓有成效的学术交流与广泛合作。澳门目前共有10所高等学校，澳门理工学院是其中成立较早的一所公立、多学科、应用型的高等学府。建校二十多年来，尤其是回归以来，澳门理工学院取得了跨越式的发展，已经成为澳门地区一所富有活力和影响的综合性高校，为社会培育了大批栋梁之才。《澳门理工学报》（人文社会科学版）正是依托澳门这块具有独特历史文化盛名、中西文化汇聚的莲花宝地，由澳门理工学院主办的综合性人文社会科学学术理论期刊。

《澳门理工学报》还是一份很年轻的刊物，创刊于1998年，最初为年刊、半年刊，后改为季刊。本人参与了学报创刊的全过程，在当年极其简陋的条件下创业，筚路蓝缕，几许艰辛，令人感慨。直至2011年，由于特殊的机缘，《澳门理工学报》得以改版，历史进入了一个全新的发展时期。

办好一本高质量的学报，乃理工人所追求之夙愿，学院理事会对此寄予厚望。2010年底，学院特别敦聘刘泽生教授前来主持《澳门理工学报》的改版工作。经过半年多时间的紧张筹备，2011年10月，一份全新的《澳门理工学报》（人文社会科学版）终于面世。新版《澳门理工学报》设有名家专论、港澳研究、总编视角、中西文化、文学研究、语言翻译等特色专栏，其学术之厚实、品位之高雅、特色之鲜明、编辑之规范，给读者留下了深刻的印象，受到学术界、期刊界的广泛好评。本刊发表的文章，广为《新华文摘》、《中国社会科学文摘》、《高等学校文科学术文摘》、中国人民大学"复印报刊资料"等二次文献转载。以"复印报刊资料"中国高校学报全文转载排行榜为例，改版次年（2012），《澳门理工学报》转载率为9.28%，位居全国第56名；2013年转载率为23.26%，位列第13名；2014年转载率为33.71%，上升至第6名。其后排名一直稳定在全国前列，2015年转载率为31.33%，名列第6位；2016年其转载率更上升至

38.2%，名列第4位，其转载量则为34篇（排名第5位），综合指数达到0.658152（排名第5位）。改版七年来，《澳门理工学报》坚持开门办刊、海纳百川的风格，取得了很大的成功，被誉为学术期刊界异军突起的一匹"黑马"，甚至被学界称为一种值得研究的"《澳门理工学报》现象"。这是令人值得欣慰的事。

在本刊近年的专栏文章中，比较集中受到学界关注的是名家专论、港澳研究、总编视角、中西文化、文学研究等栏目。由于目前发行、传播渠道等条件的限制，本刊的学术影响受到较大的局限。承蒙广大读者、作者的厚爱，为加强海内外同行的学术交流，弥补学术传播上的缺陷，促进学科建设的发展，经学院理事会研究决定，将陆续精选《澳门理工学报》的部分专栏、专题文章，按专栏或学科、作者等不同类别重新编辑，以及部分知名学者精选的学术著作、由学报编辑部主办或承办的部分学术研讨会论文集等，分期分批出版"澳门理工学报丛书"。正是由于有了《澳门理工学报》近20年的艰辛努力，尤其是2011年以来的成功改版，有了学术界、期刊界以及广大读者朋友的支持，有了一支来自五湖四海、学识渊博、经验丰富的专家团队的热心参与，有了刘泽生总编辑主持的这个编辑团队卓有成效的工作，才有了这套丛书的陆续问世。这也是编辑出版本套丛书的缘起。

在七年前的本刊改版号贺词中，笔者曾经真诚地表示，学术乃天下之公器。学报既是学院的窗口与桥梁，又是学术的旗帜与殿堂。学报与大学、社会是不可分割的整体。学报之路与大学之道，其理相通。《澳门理工学报》不仅仅属于理工学院，属于澳门，更属于国际人文社会科学界。我衷心祝愿《澳门理工学报》、"澳门理工学报丛书"越办越好！谨此向我们尊敬的作者、读者和编者，向关爱我们的社会各界人士，致以由衷的感谢和诚挚的敬意！

2018年1月9日于澳门

目录
Contents

前　言

刘泽生

当编辑是一件并不轻松的事。如果你将之视为一种事业的追求，那就需要具备学术的担当与无私奉献的精神。唐秦韬玉有诗云："敢将十指夸针巧，不把双眉斗画长。苦恨年年压金线，为他人作嫁衣裳。"都说编辑是"为人作嫁"、"幕后英雄"。其实，前者"为人作嫁"不假，但后者之所谓"英雄"是不敢当的了。笔者也许正是应了那句因缘巧合的话——偶然相遇，便终身相许，走上了编辑这条路。

学术期刊是学术传播和学术传承的主要载体，同时也是学术活动的重要组成部分，因而并非一般意义上的大众读物，而是众多报刊媒体中的"阳春白雪"。期刊的编辑、总编属于出版界、学术界中的一个特殊群体，是作者（学者）与读者之间的红娘与桥梁，是文化知识、学术传播的组织者和实施者。"编辑"在参与相关的研究课题或处理文稿上，其观察、思考问题的视野与路径也往往有独到之处。也许只有你置身于"编辑"的行列之中，才能体味出个中的甜、酸、苦、辣、咸。因而，作者、编者、读者之间的交流互动，就显得有其学术上的特殊价值。这也是当年创办"总编视角"这个栏目的基本动因——之所以取名"总编视角"，只是借用"总编"的概念，从"编辑—总编"这一特殊群体的视角出发，观察、思考、评论与学术期刊、学术研究有关的问题，阐发个人之所思、所悟、所得，以期有利于学术传承与学科建设。

正是基于这一理念，笔者作为该栏目的主持人，在当年改版首期（2011 年第 4 期）的"主持人语"中，即写下如是一段话："学术期刊是我们共同的精神家园。作为一群特殊的家园守护人，我们衷心地欢迎海内外学术界期刊界的编辑同行、从事学术研究与期刊评论的专家学者、关注期刊事业发展的各界热心人士，从默默奉献的幕后走向台前，就学术期刊的学术导向、学术规范、学术争鸣、学风建设、学科发展、选题策划、期刊评价、电子网络等选题发表高见。本刊将乐于利用这一小小园地，开辟专栏，直面读者，广纳良言，共襄盛举。"

"总编视角"是《澳门理工学报》面向全球学术界和学术期刊界的一个创新栏目，也是一个独立、开放的公共学术平台。转眼间八年过去了，《澳门理工学报》秉承了当年的承诺，自 2011 年第 4 期以来，已经连续策划、出版了 27 期，凝聚了海内外一批人文社会科学学术期刊的总编（编辑）、人文社会科学文摘期刊的总编（编辑）、评价机构及其数据库的总编或负责人、关注学术期刊发展的热心学者等各界人士撰写专文。截至 2017 年第 4 期，共发表学术论文 64 篇；举办笔谈 7 期（组），发表专文 46 篇。文章总数达到 110 篇，约 135 万字（共分为两卷出版）。这些文章聚焦于"学术评价与学术期刊评价"、"学术期刊体制改革"、"学术期刊数字化转型"、"学术期刊的国际化发展"等专题。这是一个国际性的开放舞台，不同的学术观点在此交汇、碰撞、融合，海内外、老中青同台争鸣，可谓海纳百川、精彩纷呈。作者群体中既有来自美国、德国、加拿大、新加坡等国家的期刊主编，也有来自我国台湾、香港、澳门地区的编辑行家，而更多的则是来自我国内地的专家学者和期刊同行，大家都为"总编视角"栏目惠赐佳作，这是对本刊的莫大信任和支持。在创办"总编视角"的短短八年间，笔者有幸结识了众多的名家大腕、同行学者，留下了很多美好记忆。

在筹备改版之初，面临的最大困难就是栏目的设置与稿件的物色。尽管笔者对于"总编视角"栏目的思考已经多年，但真正在一本尚属年轻的刊物改版时推出，仍不免有些许彷徨之感。令人欣慰的是，得到了学术圈与期刊界中一批学者、朋友的真诚呵护——

新创刊或是筹谋改版，在某种意义上说，首三期的选题策划与稿源落实几乎可以决定一个刊物的发展路径乃至改版的成功与否。尽管此前笔者已经有近二十年的主编历练，但主持《澳门理工学报》的改版，毕竟是一个全新的领域。有幸的是，改版得到了李向玉院长和学院理事会的高度肯定和全力支持，使整个方案得以顺利展开。"总编视角"首次上演，就以精准的定位、严谨的学术与华丽的阵容亮相——《新华文摘》原总编辑张耀铭的《学术创新的几个问题》、《清华大学学报》常务副主编仲伟民的

《中国高校学报的历史、现状和将来》、《北京大学学报》常务副主编刘曙光的《高校社科学报功能定位的反思》，将"总编视角"的专栏要旨、选题方向、学术定位、学科规范与风格品位展示于众。如此阵容，如此选题，如此大作，足以宣示首演的意义。

更令人感慨的是，在随后的第 2 期、第 3 期专题策划中，"总编视角"仍是如此华丽与严谨——北京大学《中文核心期刊要目总览》主编蔡蓉华的《论期刊评价之目的、方法和作用》、中国社会科学院《中国人文社会科学核心期刊要览》主编姜晓辉的《核心期刊的评价功能与作用》、南京大学教授叶继元的《引文数据库来源期刊（核心期刊）评选的得失与出路》、武汉大学《评价与管理》主编邱均平的《核心期刊的由来与测度的创新》等等，中国人文社会科学学术期刊评价机构的主编们，几乎是悉数登场。专栏首三期的这种专题化策划取向与高端论坛品味的风格也基本形成，并延续至今。朱剑兄评论称，专题化发展也许是综合性期刊专业化转型之外的另一出路。在本刊的"名家专论"、"港澳研究"、"中西文化"等专栏中，也可以看到这种专题化策划的痕迹，并整体上形成了本刊的基本特点。

回顾"总编视角"专栏的办刊历程，还得向学术界、期刊界关爱敝刊创新转型的海内外主编（编辑）和学者们表达一种由衷的敬意。正是由于有了海内外同行朋友的倾情相助，才成就了敝刊今天的发展。兹列举数例，以表敬意。其一为《新华文摘》原总编辑张耀铭。耀铭兄乃期刊界之翘楚，与敝刊感情笃厚，不仅为"总编视角"之发展出谋献策，还惠赐敝刊多篇佳作。其文往往选题大气，论证严谨，行笔酣畅，文采激扬，如《顾颉刚创办〈禹贡〉半月刊的学术启示》、《"媒介融合"：学术期刊转型发展的新趋势》等，引来同行的赞誉。其二为《南京大学学报》执行主编朱剑。朱剑兄是一位儒雅而又富于学术激情的学者，在学术界期刊界享有盛誉，"总编视角"专栏的由来还与他有莫大的关系，正是朱总的极力推荐，才最终确认了"总编视角"的定位。在其后长达八年的时间里，朱剑兄一直关注、呵护着专栏的成长，不仅为专栏审稿、荐稿，还为专栏奉献了《传统与变革：体制改革前夜学术期刊的艰难抉择》等六篇大作。其三为《清华大学学报》常务副主编仲伟民。在敝刊的院外编委之中，常常可以看到伟民兄活跃的身影，他在敝刊的整体筹谋与专题策划中，贡献良多。他为"总编视角"撰写了《量化评价扼杀人文学术——关于人文学科学术期刊的评价问题》、《域出版助学术期刊走向真正的媒体融合之路》等四篇佳作，广受学界好评。

值得一提的是，在"总编视角"专栏中，还有一个"栏中栏"的"笔谈"栏目。这是一个颇具特色的学术专题策划。改版八年来，"总编视角"先后发表了7组专题笔谈共46篇，包括对期刊改革、媒体融合、专栏定位、热点话题等的专题研讨。在办刊过程中，本刊有两点做法产生了较好的效果。一是关注与境内外学术期刊界同行的交流学习，吸取先进的办刊理念与办刊经验，每年均有一场固定的期刊交流座谈会，虽然与会人数不多，但都是期刊界具有影响力的名刊总编（编辑），会上的研讨成果多数以"笔谈"的形式专题发表。二是高度关注学术期刊界的热点问题，主动参与或策划相关的讨论，例如2017年度发表的两组"笔谈"（第1期的"域出版"专题与第3期的"CSSCI"专题），都具有较高的学术价值与广泛的社会影响。

在我们讨论人文社会科学学术期刊发展这样一个宏大选题的时候，还有另外两方面的同行值得我们的赞赏与借鉴——来自国外和台港澳地区期刊的办刊经验，以求"他山之石"之功效。这方面的交流内地期刊界已经做了不少努力和尝试。由中国社会科学杂志社发起主办的"两岸四地"学术名刊论坛，自2008年开始，即先后在哈尔滨、澳门、台北、香港举办了四届；自2012年以来，则先后在莫斯科、悉尼、温哥华、新加坡、洛杉矶举办了五届的"世界华文学术名刊高层论坛"。本刊除了积极参与上述学术交流活动外，也发表了一批具有较高学术水平的海外（境外）同行的论文，其一是来自欧美、东南亚等国家的海外学术期刊，例如加拿大《文化中国》执行主编子夜先生的《多元语境下的身份和价值取向——论海外华文学术期刊的中国化与国际化关系》，新加坡《华人研究国际学报》主编李元瑾的《新加坡华文学术期刊的发展：困境与机遇》、执行编辑游俊豪的《〈华文研究国际学报〉与其全球规划》，美国《亚洲研究杂志》执行主编 Jennifer Munger 的《学术出版与〈亚洲研究杂志〉》，德国《华裔学志》主编魏思齐（Zbigniew Wesołowski）的《〈华裔学志〉及其主编与编辑工作：创刊八十周年纪念》等。其二是来自我国台港澳地区的学术期刊，例如台湾《清华学报》主编徐光台的《文献探讨在学术期刊论文中的重要性：一个学术史观点的取向》，香港城市大学《九州学林》主编郑培凯的《一份华文学术期刊的诞生与成长——〈九州学林〉的前世今生》，澳门理工学院《澳门理工学报》编辑桑海的《新新媒介时代的学术平台》等。以上海外及台港澳地区的论文约占本专栏总数的 16%，这也是敝刊稿源多元化的一个侧影。

此外，有一点需要说明的是，为方便读者诸君对本卷各期专题研究内容及相关背景资料有一个全面了解，此次结集出版时保留了原有学报专栏中由本人撰写的"主持人语"，而全书文章的编排则按学报原发表时间先后为序。为保持作品原貌，本文集出版时，除个别错讹文字、数据外，原则上对原作均不再修改。

在编辑本套丛书的时候，我们特别要感谢澳门理工学院理事会和《澳门理工学报》编委会为此所作的贡献。正是他们的高瞻远瞩和不懈努力，确保了一个明确的办刊方向和良好的办刊环境，践行了澳门理工学院"扎根澳门，背靠祖国，面向世界，争创一流"的办学宗旨。还要衷心感谢全国高等学校文科学报研究会和蒋重跃理事长，以及广大作者、读者的厚爱、理解和支持。正是有了他们的一路相伴，才有了"总编视角"的今天。"总编视角"是我们期刊人共同的精神家园。愿我们一起珍惜这块园地，做个尽职尽责的守园人，共同努力耕耘，期待未来硕果！

2018 年 2 月 16 日

主持人语

刘泽生

学术期刊是学术传承的载体，同时也是学术活动的重要组成部分。从纯学术意义上来说，学术期刊主要的服务对象比较集中于相关的专业领域和具有一定专业学养的读者。它并不属于一般意义上的大众读物，而是众多报刊媒体中的"阳春白雪"，尤其是高等院校、研究机构中的人文社会科学学术期刊。

期刊的编辑、总编属于出版界、学术界中的一个特殊群体，是作者（学者）和读者之间的红娘与桥梁，文化知识、学术思想传播的组织者和实施者。在相关的高校、科研院所中，他们往往既从事编辑出版工作，也同时从事相关学科的学术研究，他们中的不少人在相关的学术领域中本来就是知名的专家学者。"编辑"在相关的研究课题或处理的文稿上，其观察、思考的路径与视角也往往有独到之处。因而，作者、编者、读者之间的交流互动，就显得有其学术上的价值。本栏目之所谓"总编视角"，只是借用"总编"的概念，从"编辑—总编"这一特殊群体的视角出发，观察、思考、评论与学术期刊、学术研究有关的问题，阐发个人之所思、所悟、所得，以期有利于学术的传承与学科的建设。

学术期刊是我们共同的精神家园。作为一群特殊的家园守护人，我们衷心地欢迎海内外学术界期刊界的编辑同行、从事学术研究与期刊评论的专家学者、关注期刊事业发展的各界热心人士，从默默奉献的幕后走向台前，就学术期刊的学术导向、学术规范、学术争鸣、学风建设、学科发展、选题策划、期刊评价、电子网络等选题发表高见。本刊将乐于利用这一小小园地，开辟专栏，直面读者，广纳良言，共襄盛举。

承蒙各界朋友关爱，"视角"之议得到学界同行的热烈回应，本期谨选刊其中三篇来稿，与读者诸君共享来自这一群体的心声——

作为一名资深总编，张耀铭教授为本刊撰写的"开栏"之作，可谓慧眼独具、实至名归。学者与编辑或可各司其职，亦可合二为一。换位思考，视角不同，另辟蹊径，或有新见。作者积多年主持《新华文摘》之心得，对学术创新的几个问题条分缕析，颇具启示。文章认为，中国的和平崛起离不开思想的崛起，思想的崛起有赖于学术的创新。创新是学术研究的终极目标，而提出新问题、新观点，运用新方法，掌握新史料，则是学术创新的基本途径。

仲伟民教授则对中国高校学报的历史、现状与未来作了颇为全面的梳理与归纳。文章揭示了中国高校学报诞生一个多世纪以来的发展脉络，充分肯定了学报对20世纪前半期现代学术在中国的立足和发展所做出的重要贡献；阐释了1949~1978年间高校学报的历史嬗变及发展失衡的时代背景；考察了1978年以来高校学报的迅速发展及存在的种种问题。作者认为，中国高校学报的改革必须坚持专业化、集团化、数字化的方向，才能突破困境，有所作为。

针对近期学界对高校社科学报的批评和媒体关于"高校学报何去何从"的讨论，刘曙光博士予以理性反思。作者认为，学报功能定位准确与否是办刊能否成功的关键，只有把握学报的功能定位，才能探讨高校创办学报的必要性，才能探索高校学报改革发展的方向和路径，才能全面、客观评价学报的质量。作者追根溯源，指出当前中国高校社科学报的功能定位是历史形成的，学报的功能具有多样性，并且是动态发展变化的，但其基本功能是学术性。

不知读者诸君以为然否？本栏目欢迎您的深度研究与后续评论！

学术创新的几个问题

张耀铭

[提　要] 中国的思想崛起有赖于学术创新。社会科学能否取得有价值和有成效的学术创新，不仅取决于是否具有问题意识，更取决于从何处发现问题、如何找准问题和怎样应答问题。原创是学术创新的最高境界。社会科学的发展，离不开研究方法的创新，离不开利用自然科学的成就、提供的手段以及开辟的新境界来丰富、拓展视野。观念的更新与新史料的挖掘，对学术创新亦非常重要。概而言之，提出新问题、新观点，运用新方法，掌握新史料，是学术创新的基本途径。

[关键词] 社会科学发展　学术创新　研究方法

"写什么"与"怎么写"，是学术研究的基本问题。"发现问题"并"找准问题"，是学术研究的前提；广博的阅读和长期的积累，是学术研究的源流；科学的方法和缜密的论证，是学术研究的手段；"让思想站起来"，是学术研究的目的。中国的和平崛起离不开思想崛起，而思想崛起有赖于学术创新。

一　学术创新要提出新问题

马克思认为，对一个时代来说，"主要的困难不是答案，而是问题"。[①]爱因斯坦也指出："提出一个问题往往比解决一个问题更重要。"[②]科学史表明，一个重大问题的提出和解决，往往会给科学发展带来革命性的变革，开创新的学科，甚至导致整个科学体系的重新组合。

社会科学研究的"问题"，有学者归纳为以下四类：首先，所研究的问题在现有的"知识库存"中还无法找到，是"史无前例"、"填补空白"或开创性的；其次，所谓"问题"，也可以是指采用不同理论对一个已经做过大量研究的问题给予新的诠释，或者采用新的方法对一个旧的问题进行再研究；第三，"问题"随着社会的发展，已经做过的研究发生了新的变化，或者原来的理论无法再有效地解释已经发生变化的社会问题、社会现象；第四，在社会科学中解决问题的方法以及问题本身也是一个问题，而不仅仅是一个技术问题。[③]所以，社会科学能否取得有价值和有成效的学术创新，不仅取决于是否具有问题意识，更取决于从何处发现问题、怎么找准问题和怎样应答问题。在中国当前社会经济发展的实践中，这样的例证层出不穷。

问题之一：中国搞了多年的社会主义，老百姓依然很穷。邓小平看到了问题，认为"贫穷不是社会主义"。他用社会主义市场经济理论取代了"阶级斗争理论"，用农村土地承包制取代了农村人民公社制，结果改变了中国的面貌。

问题之二：在中国的改革开放取得一定成就之后，少数西方人士开始鼓吹"中国发展掺水论"、"中国崩溃论"等论调，也有人重新鼓噪"中国威胁论"。面对这种挑战，中国改革开放论坛理事长郑必坚在2003年博鳌亚洲论坛发表《中国和平崛起新道路和亚洲的未来》演讲，提出"中国和平崛起"理论。关于这条道路，郑必坚着重强调三点：（1）同经济全球化相联系，而不是相脱离；（2）在积极参与经济全球化的同时，走独立自主的发展道路；（3）这是一条奋力崛起，而又坚持和平、坚持不争霸的道路。[④]这就打消了许多人的疑虑，起到了很好的作用。

问题之三：长期以来，中国教育界有一种观念，认为知识越多，学历越高，创新能力就越强。这种以知识传授为主的教育方式造成了一个怪圈：学校设置的课程越来越多，越学越难，而学生的创新能力反而变弱。面对教育存在的误区，科学家钱学森在逝世前发出了著名的"钱学森之问"：为什么我们的学校总是培养不出杰出人才？

问题之四：目前我国的学术评价制度尚不完善，在具体评价工作中存在重数量不重质量、重名望不重实绩、重论文不重工作水平、重短期成果不重长远积累、重设施改善不重人才队伍建设等问题。最新资料显示，我国科技人员发表的期刊论文数量已超过美国，位居世界第一，但平均引用率却排在100名开外。⑤同时，科技论文"唯国外发表"的评价模式，导致学术造假、学术腐败之风盛行。科研评价体系"授柄于人"，危害有三：一是大量优质稿件外流，导致我国学术期刊在整体上缺乏国际竞争力；二是学费昂贵，我们在国外期刊发表文章要交钱，国人阅读这些文章还得再花钱；三是我国的科研跟着国外的指挥棒转，不仅任人宰割，而且缺乏安全。⑥

当然，问题有真问题、假问题，学术性问题、非学术性问题，大问题、小问题，偶然性问题、必然性问题等区别。对于社会科学来说，关键点是首先要弄清所讨论问题的真假。

近年来学术界都在谈"中国问题"，这一意识固然不错，但在谈"中国问题"时所用的观念和思维方式并不是"中国的"。很多人是从海外进口思想，而不是从观察中国的实践来发掘和发展思想。我们引进了许多西方的学科和体系、理论与方法、经典著作与理念，介绍了许多学派与大师，这无疑有助于开阔我们的视野，便于学习和借鉴各国有益的文化成果和研究方法。但一些人往往从概念出发，试图用西方苹果的理论来解释甚至改造中国的橘子。从本质上说，这些舶来品思想有不少并无现实可行性，如果盲目应用，会引起社会政策基本理念的混乱。如在介绍发达国家的社会福利政策和改革实践中，很多新概念被介绍进来，尽管这些概念所提出的社会经济背景和我国相差很远；甚至发达国家很多新的实践，在还没有得到验证的情况下，也被纳入我国一些社会政策的设计之中。"一些我们本来没有的问题，也作为问题提出来了。于是，国际社会政策的问题，如福利国家的财政赤字问题，也成了我们要避免的问题，被当作中国的问题来研究。殊不知我们的政府对社会政策的投资远远不足。再如老龄化的问题，西方国家老龄化的压力直接来自劳动力的减少和完善的社会保险制度所带来的沉重的财政负担，但是我们所面临的是在就业压力和不完善的社会保障机制下的老龄化问题。当前不少这方面的研究是沿着西方国家的问题思路讨论中国的问题。"⑦总之，我们陷入了伪问题的误区，这种情况的直接后果是真正的问题被遮蔽了。学术研究借鉴国外的理论和概念作为工具值得提倡，但不能简单地移植，生搬硬套使理论与实际内容缺乏有机结合，因而也就得不出令人信服的结论。

二　学术创新要提出新观点

创新是学术研究的终极目标，只有不断标新立异、别具慧眼、独树一帜，才能保持旺盛的生命力。学术创新的最高境界，应该是原创。能够做出原创贡献的人，我们称之为大师。"大师还不等同于专家，大师必须开一代文化风气之先，如胡适；必须在学术上独树一帜，如陈寅恪；必须是观点、理念、方法的创建宗师，如王国维；其思想足以影响一个时代，如梁启超；培育的学术气氛可以形成一种历史标志，如蔡元培；留下的一部作品或是几部作品能够催生出新的天地、新的历史、新的发展方向，如鲁迅。"[8]当然，如果创立了一个体系、一个学派，那自然更是大师了，如章太炎。

人们常说，不想当将军的士兵不是好士兵，可是能做到将军的士兵毕竟凤毛麟角。大师也一样，其成就、学养、思想、风范与操守，我们很难逾越。作为普通人，我们力求能够成为有训练、有观点、有研究、有著述，在某个学术领域有创新、有建树的专家。

学术如何创新？冯友兰在其《三松堂自序》中认为，学者的工作分为两种：一种是"照着说"，另一种是"接着说"。前者的重点是要说明，以前的人对于某一问题是如何说的；后者的重点是要说明，自己对某一问题是怎么想的。自己怎么想，总要以前人怎么说为思想基础，但也总要有所不同。概括来讲，"接着说"不是停留在对传统的一味继承上，而是要突破，要扬弃，要创造，要发展，要具有明显的时代性。

观点之一：我国史学界长期以来认为辛亥革命是以孙中山为代表的资产阶级革命派领导的一场资产阶级民主革命，目的是要建立资产阶级共和国。但海外学者多年来对这一论断时有质疑。在 2001 年的辛亥革命 90 周年纪念大会上，江泽民指出"辛亥革命，开始了比较完全意义上的反帝反封建的民族民主革命"。民族革命既包括反对国内的民族压迫，也包括反对国外帝国主义的压迫；民主革命既要推翻封建专制制度，也要建立民主共和国。这就对辛亥革命的性质、意义作了精辟、科学的定位。

观点之二：我国史学界一直认为宋朝是"积贫积弱"的典型。李裕民教授则提出要"破除偏见，还宋代历史以本来面目"。他认为，宋代的经济远比唐代发达。即使就同时代而言，宋朝的经济实力、科学技术水平都超过辽、金，教育和学术文化事业也得到高度发展，可以说是继战国之后，又一个百家争鸣的时代。尽管宋朝军事实力相对较弱，但南宋仍可以与超级强国蒙古国抗争几十年。所以，指责宋代"积贫积弱"有失公允。[9]与中国大陆学界对宋代历史评价长期流行"积贫积弱"说相反，众多研究汉学的外国学者，如宫崎市定、谢和耐（Jacques Gernet）、李约瑟（Joseph Needham）、史景迁（Jonathan Spence）等，却对宋代历史给予极高评价。这就涉及学术视野的问题。学术视野是一种开放眼光，一种包容气度。我们研究学问，不仅要关注国内学界的学术动态，而且要关注国外学者的前沿成果；必须博览群书，获取海量信息，加强与国际学术界的交流并论争，不断拓展学术空间，优化知识结构，才能站在学术前沿而不落后，才能思维灵敏而不闭塞，才能融会贯通而不僵化。

观点之三：出于对科学的崇拜，我们在日常生活中称赞某一事物时，经常会说这一事物很"科学"。在这样的语境中，科学被当然地假定等于正确，其实这是一种误导。江晓原教授提出了"科学不等于正确"的新观点："因为科学是在不断发展进步的，进步的时候肯定就把前面的东西否定掉了，前面那些被否定掉了的东西，今天就被认为不正确。……由于科学还在发展，所以你也不能保证今天的科学结论就是对客观世界的终结描述。"⑩

观点之四：晚清洋务派所倡导的"中学为体，西学为用"，中学主要是指儒家的思想体系，西学是指学习西方的科学技术，强调西学为中学的意识形态服务，这在当时是一个很有力的口号。此后一百多年的时间里，中学与西学之争不断，至今仍有人赞成这一口号。何兆武教授认为，中学西学只是历史上一种方便的习惯提法，不能绕离当时的语境。因为作为知识，"学"有高低、精粗、真伪之分，但无所谓中西。中学、西学的对立实际上是不存在的。近代化是一条共同的道路，尽管各民族带有自己的特色，但不能用强调特殊性来否定普遍性，因为普遍性是第一位的，特殊性是第二位的。⑪

只要是创新，就必须突破原有的思维定式，因而必然带有风险。1957年，北京大学校长马寅初提出著名的"新人口论"，其核心构想是"控制人口，计划生育，普遍推行避孕，每对夫妇生两个孩子。通过人口控制，降低消费，增进积累，扩大生产"。这些很有创见的观点，却被极左路线污蔑为"马尔萨斯在中国的翻版"、"向党向社会主义进攻"。面对政治高压和全国性的大批判，马寅初公开声明"决不向专以力压服不以理说服的那种批判者们投降"，用自己对学术底线的坚守赢回了一个知识分子应得的尊严。尽管马寅初不久即从政治和学术舞台上消失，但历史和实践无可辩驳地证明，他的"新人口论"是正确的，其中的预言完全被后来中国的人口实际状况证实，客观规律给予我们的惩罚比他预见的后果有过之而无不及。

在科学研究中，要允许对真理的认识有一个过程，要允许讲错话，允许犯错误。1880年，英国伟大的科学家开尔文（Baron Kelvin）认为，"X射线是个骗局"，但X射线后来被广泛应用。1926年，美国物理学家李·德福斯特（De Forest Lee）断言："电视从理论和技术而言是可行的，从商业和经济的角度来看，我认为是不可能的，它不过是个浪费时间的梦想。"如今，电视已成为人类生活非常重要的一部分。1930年，英国物理学家恩内斯特·卢瑟福（Ernest Rutherford）称，"通过打破原子来产生能量是不合算的，任何希望将原子嬗变转化成能源的想法都是空想"。不久，核能就成为重要的能源。这三位著名科学家的预言都错了。

有些自然科学的研究成果要经过数十次、几百次甚至上千次的失败，才会获得成功。因此，我们也不应苛求社会科学研究一步就达至真理。马克思曾言："你们赞美大自然令人赏心悦目的千姿百态和无穷无尽的丰富宝藏，你们并不要求玫瑰花散发出和紫罗兰一样的芳香，但你们为什么却要求世界上最丰富的东西——精神只能有一种存在形式呢？"[12]建国初期，毛泽东提出"百花齐放，百家争鸣"方针，主张"艺术上不同的形式和风格可以自由发展，科学上不同的学派可以自由争论"，体现了一种气魄宏大的包容精神。然而在相当长的时间里，由于执行失当，所带来的负作用是显而易见的。因此，怎样让人民说真话，怎样让领导人听到真话，实在是一件大事、要事。"治国安邦，当然要听真话，不听假话，而这首先就要创造条件，创造环境，让人民说真话，并且让真话有上达的机会。"[13]

三 学术创新要运用新方法

有学者归纳，研究方法创新包括三种类型：一是提供前人或他人没有使用过的方法，二是首次将其他学科的研究方法应用到本学科或本领域或本项目中，三是结合集成几种方法形成的方法。[14]这三种类型的研究方法创新，自然科学有不少例子：如培根使用实验法最早发现了热的运动本质；笛卡尔用直觉—演绎法创立了几何学；伽利略用试验方法与数学方法发现了自由落体定律；康德运用思辨的方法、假说方法提出了天体演化学说；门捷列夫用分类、比较法发现了元素周期表；达尔文用观察法、实验法、分类法、比较法提出了进化论，等等。

在一定程度上，社会科学的发展也越来越离不开研究方法的创新，离不开利用自然科学的成就、提供的手段以及开辟的新境界来丰富拓展视野。

新方法之一：英国科学家证明先有鸡后有蛋。关于先有鸡还是先有蛋问题的争论，在哲学和科学等许多领域都已持续了千百年。2010 年 7 月，英国谢菲尔德大学和瓦立克大学的科学家利用一台超级电脑"放大"鸡蛋形成过程。结果发现，鸡蛋的构造取决于在母鸡卵巢中发现的一种蛋白。这种蛋白称为 ovocledidin – 17（简称 OC – 17），是加速蛋壳发育的催化剂，而蛋壳是保护蛋黄与蛋白所不可或缺的因素，可以让鸡的胚胎在里面充分发育。如果没有 OC – 17 蛋白，鸡蛋的外表部分就无法结晶，形成蛋壳。他们所掌握的科学证据证明，其实是先有鸡。约翰·哈丁教授称，这项发现还有别的用途："揭开母鸡形成鸡蛋之谜本身就很有趣，同时还提供了设计新材料和新技术的线索。科学家从自然界找到了解决材料科学与技术各类问题的创新方法——我们可以从中汲取大量经验。"[15]

新方法之二：企业"平衡计分卡"的提出。以往人们判断一个企业的业绩、成长性与核心竞争力，一般看财务报表。实际上，现存的会计制度和财务报表并不能真正反映企业的能力和水平，是有缺陷的。为了挖掘和显现那些看不见、摸不着的东西，美国著名管理大师罗伯特·卡普兰（Robert S. Kaplan）和大卫·诺顿（David P. Norton）在总结了十二家大型企业的业绩评价体系之后，于 1996 年提出"平衡计分卡"，将企业的指标分为财务指标、客户指标、流程指标和学习指标。财务指标是看得见、摸得着的显性指标，其他三个是隐性指标。通过隐性指标，把隐性的东西反映出来，显现化。财务是滞后指标，是即效指标，反映昨天的；非财务是领先的指标，是能力指标，是决定未来的。"平衡计分卡"不仅是一种管理手段，也体现了一种管理思想。《哈佛商业评论》将"平衡计分卡"评为近年来最具影响力的管理学说。权威调查显示，在《财富》杂志排名前 1000 家的公司中，55% 以上已经实施了"平衡计分卡"这一工具或它的理念。

新方法之三：借助遗传学的基因技术论证北方汉族人群的扩张。在中华文明中，北方人是汉族的祖先，当无疑义；但现在很多自称是汉族的南方人，究竟是不是遗传意义上的汉族？换句话说，当汉文化向南扩展的时候，它究竟是一种单纯的文化传递或者说"同化"，还是人群带着文化一起往下走的？复旦大学生命科学院金力教授通过 DNA 分析发现，南方汉族的父系和母系结构不太一样。就父系而言，南方汉族的主体基本上源自北方汉族；但就母系而言，现在南方少数民族的母体对南方汉族的贡献更大。历史研究表明，北方汉族南迁，与政局变化密切相关，西晋灭亡、唐朝安史之乱以及辽金时期，是中国历史上三次大的移民期，从遗传学上也可以看到这样的证据。所以，汉文化的传播主要是由人口迁徙所驱动的，这种迁徙表现出一种强烈的性别偏向性。金力教授认为，借助遗传学的基因技术，我们可以对不同地点关联人群的样本进行分析，找出他们的分化路径，来判断历史人物后代或人群的迁徙路线、人种特征与民族归属。[16]

新方法之四：新的研究方法使社会史异军突起。20世纪80年代中期以来，社会史研究异军突起，以新史学的面目出现，成为新趋势、新潮流的研究模式。它不仅为中国史学产生了一个新的学科分支，开辟了新的研究领域和研究对象，而且应用了新的研究方法与手段。中国社会史研究在学术史上的贡献主要有："一是社会史与地理学、人类学、考古学、宗教学、社会学、民俗学、文学艺术等人文社会科学的对话加强，开展跨学科研究；二是地域社会的研究进一步深入，研究与人类关系密切的疾病、灾害的环境史日益凸显；三是民众意识、信仰的探讨渐成风气，心态史与历史人类学的比重加强；四是深化了人口、家庭、宗族、社会结构这些社会史基础问题的研究；五是探讨国家与社会、思想与社会、法制与社会这类从某一侧面强化整体历史研究的题目增加。"[17]特别是"市民社会"和"公共领域"理论、"国家—社会"理论、"区域社会研究"等理论学说的大量引入，为社会史研究提供了新的解释框架；田野调查方法的广泛采用，为历史研究开辟了新天地，从根本上改变了过去历史学家以书本文献研读为中心的工作方式。"社会史使中国的历史学研究内容实现了三大转向：由精英的历史转向普通民众的历史，由政治的历史转向日常社会生活的历史，由一般历史事件转向重大的社会问题。"[18]对于社会史研究在理论探索与研究方法上的成就以及存在的局限，山西大学行龙教授提出了反思。他认为，目前中国社会史研究已经出现了多学科交叉的良好势头，从总体的观点进行多学科交融，有助于克服"碎片化"的现象；历史学者的田野调查应该是"史料、研究内容、理论方法"的统一体，学者从田野调查中能够找到新的创新点，而不是简单地"进村找庙，进庙找碑"；以"重提政治史"代替"除去政治史"，关键在于如何实现社会史与政治史的有机结合，在以"自下而上"的视角书写社会史时应当注意精英人物、典章制度和国家政治的作用。"中国社会史研究要走向多元，学习西方是不可或缺的功课，但是我们也不必为跟不上西方而过多地担忧，西方与我们有不同的'学术语境'，更有与我们不同的历史内容，我们要与西方的社会史进行对话而不能仅限于'自话自说'，我们更要从中国的历史实际出发建立自己'本土化'的中国社会史。"[19]

新方法之五：用现代专业技术手段分析光绪之死。光绪三十四年（1908）十月，光绪帝与慈禧太后在相距不到 20 小时的时间里先后去世。由于两人在政治上势不两立，矛盾尖锐，一般人都认为正值壮年的光绪是被害而死。因缺乏证据，光绪帝的死因成为近代史上的一大谜案。2003 年，光绪帝死因被作为重大学术问题正式立项，由中央电视台清史纪录片摄制组、清西陵文物管理处、中国原子能科学研究院反应堆工程研究设计所 29 室和北京市公安局法医检验鉴定中心 4 个单位的相关人员组成课题组，进行专题研究。专家们历时 5 年，由光绪头发中的砷含量入手，利用"中子活化"、"X 射线荧光分析"、"原子荧光光度"等一系列现代专业技术手段，通过开展对比、模拟实验、双向图例等工作，对光绪遗体的头发、遗骨、衣服以及墓内外环境样品进行了反复的检测、研究和缜密分析，最终得出结论：光绪帝死于急性胃肠性砒霜中毒，仅其部分衣物和头发上粘染的砒霜总量就已高达 201.5 毫克，明显大于致死剂量。

学科的交叉融合是科学发展的趋势。在所有交叉学科中，科技考古学扮演着越来越重要的角色。仇士华、蔡莲珍在充分探讨系列样品碳 14 数据与树轮校正曲线拟合的基础上，解决了许多难题，终于将武王克商的年代限定在西元前 1050 ~ 前 1020 年，确保了夏商周断代工程的圆满完成。[20]

四　学术创新要掌握新史料

早在 20 世纪 20 ~ 30 年代，中国的文史研究就已经站在国际的学术前沿，而且在方法和工具上与国际学界同步。最成功的研究机构有两个：一是 1925 年由吴宓负责筹备成立的清华国学研究院，聘请王国维、梁启超、赵元任、陈寅恪四大导师为教授。1928 年到 1935 年，云集大批知名教授：文学有杨振声、刘文典、俞平伯、黄节、闻一多等，历史学有蒋廷黻、顾颉刚、雷海宗等，哲学有张申府、冯友兰等，社会学有潘光旦、陈达、吴景超等，这些人构成了清华学派的二代中坚。一是 1928 年傅斯年开创的中央研究院历史语言研究所。曾在该所工作的考古学者，除李济外，主要还有梁思永、吴金鼎、董作宾、郭宝钧、尹达、夏鼐、胡厚宣等。这两家机构汇集了当时国内许多一流的专家学者，20 世纪初的"四大发现"，使他们能够以殷商甲骨研究上古史，以汉简和敦煌文献研究中古史，以大内档案研究近世史，追踪新史料，开拓新领域。他们的著作常常被翻译、介绍到日本和西方国家。葛兆光认为，那个时代的中国文史研究能够具有如此大的国际影响力，是因为"在文史研究的工具和资料上，特别重视考古发现的证据、多种语言的对比、边缘资料的使用；在文史研究的视野上，关注四裔历史，并试图与国际学术界讨论同样的话题；在文史研究的方法上，重视社会学的方法，极力将语言学与历史学联结。这些'新'风气、'新'方法，挟'科学'之名义，借'西学'之影响，又隐含着争东方学'正统'的立场，所以一下子就站在了国际的前沿，使得这两个机构成为中国学界乃至国际学界引人瞩目的中心"。[21]

1925 年 7 月，王国维在清华大学发表《最近二三十年中国新发现之学问》讲演，开头便称："古来新学问起，大都由于新发现。"梁启超也认为，史学的发展靠两条：观念的更新与新史料的挖掘。新发现、新出土的第一手史料，可能部分或全部改写思想史、学术史，有时甚至会拨开重重迷雾，还原历史真相。

新史料之一："火烧"阿房宫子虚乌有。千百年来，阿房宫一直被作为我国古代历史上规模最庞大、影响最深远的宫殿建筑的杰作。在历代史家和文人的笔下，项羽是焚烧阿房宫的千古罪人，似乎已成为铁案。近年来，考古学家对阿房宫遗址作了全面系统的考古调查、勘探和发掘，发现阿房宫是个"半拉子"工程。主要有两方面的证据。首先从考古资料看，当年只完成了宫殿前殿建筑基址和部分宫墙的建设。在前殿遗址上只发现了耕土层、扰土层、汉代堆积层和夯土台基，并没有秦代的堆积层。此外，没有发现秦代的瓦当，而瓦当是秦代建筑必不可少的建筑材料。也没有发现秦代像柱子、廊道、散水排水系统等必不可少的辅助设施。没有秦代的文化层，只能说明没有秦代的建筑。其次从时间上看，阿房宫是不可能完成的。据史书记载，阿房宫从开始修建到最后停工，前后延续最多只有四年时间，实际施工时间还要短得多，仅就前殿 54 万平方米的台基来看，像这样规模的建筑，在当时的条件下是不可能完成的。[22]这一考古成果，最终改写了历史，还其以本来面目：既然阿房宫宫殿建筑基址以上部分还未来得及营建，那么"项羽火烧阿房宫"就纯属子虚乌有了。

新史料之二：郭店楚简揭秘。1993 年，湖北省荆门市郭店村出土了一批竹简，共 13000 字，包含 18 篇学术著作，即著名的"郭店楚简"。庞朴认为，"郭店楚简"提供了许多我们过去从不知道的"儒家之秘"和"道家之秘"。（1）"儒家之秘"：过去一直认为儒家相信性是善的、情是恶的，人道是从性来的。"郭店楚简"的出土基本上摧毁了这一观念，里面有好几篇明确说"道始于情"，从情开始了人的道德规范、人的行为准则。（2）"道家之秘"：以往的记述给人们造成的印象是，老子反对仁义，孔子提倡仁义。按照通行的《老子》版本，老子"绝仁弃义，民复孝慈"；但在郭店楚简的《老子》里，"绝仁弃义"四个字却是"绝伪弃虑"，即一个人必须毫无考虑，出于一种油然而生的亲子之情去孝顺父母，才是真孝慈。可见原来的《老子》并不反对仁义、礼仪，这就与孔子问礼于老子的记载吻合了。这也正是亲手触摸历史的感觉。㉓

新史料之三：解密档案还原卡廷惨案真相。1939 年秋至 1940 年春，两万多名波兰军人、知识分子、政界人士和神职人员在乌克兰西部人迹罕至的卡廷森林等地被秘密枪杀。此事披露后，德国与苏联互相指责惨案系对方制造。长期以来，卡廷事件成为难解的历史之谜，也成为波兰和苏联两国关系中一道几乎不可逾越的鸿沟。苏联方面有关"卡廷问题"的档案一直被列为核心机密。苏联解体后，俄罗斯总统叶利钦于 1992 年下令将有关"卡廷问题"的绝密文件交给波兰；2010 年 3 月，梅德韦杰夫总统又下令将当年转交波兰的"密档"在网上公布。这些解密的档案证实，两万多名波兰战俘是经斯大林同意后，由苏联内务人民委员会枪决的，苏联历届领导人都参与了歪曲和隐瞒历史真相。从苏联领导人掩盖、歪曲、嫁祸于人，到俄罗斯领导人最终承认确有其事，整整走过了 70 年的漫长岁月。可见一个国家要正视错误，需要多么大的勇气，需要走多么艰难的心路历程。我们今天研究历史，不是简单地去做政治结论，而是要分析犯错误的原因，包括主观原因、客观原因，历史根源、理论根源，以及国际环境的影响等等，并从中吸取教训。

新史料之四：张学良口述历史。长期以来大陆通行一种说法："九一八"事变时，东北军对日本关东军的进攻未予抵抗，是张学良执行蒋介石的不抵抗主义命令；他蒙上"不抵抗将军"骂名，是做了蒋介石的"替罪羊"。张学良本人在接受采访时则表示，蒋介石没说过"凡遇日军进攻，一律不准抵抗"，"不抵抗命令是我下的"。㉔面对众多围绕他而写的著作、论文，张学良感叹："我觉着历史上的记载疑案重重，就如我这个人还活着的，对于我这个人的记述，我所听到的、看到的，多不正确。我这个人性格毫不护短，我自己知道。我自己的事，我所听见外间记载、传闻我的事情，常使我大笑不止。"㉕作为一位历史老人，张学良的口述史指点一生亲历亲见的诸多趣事，不故作惊人，更无趋时之态，而且"颠覆大量旧说"，成为最后的挽歌。

新史料之五：华国锋若干史实研究。华国锋是继毛泽东之后的中国最高领导人，集中共中央主席、中央军委主席和国务院总理于一身。以往对他的评价贬多于褒，概括起来可以说是"一正四负"。"一正"，就是在粉碎"四人帮"反革命集团的斗争中有功。"四负"，一是推行"两个凡是"的错误方针，压制关于"实践是检验真理唯一标准问题"的讨论；二是拖延和阻挠恢复老干部工作和平反历史上冤假错案的进程；三是继续维护旧的个人崇拜的同时，还制造和接受对他自己的个人崇拜；四是在经济工作中求成过急，搞"洋跃进"。㉖近年来，学术界根据大量史料，对华国锋做了比较公正的评价，认为"一正"显得不足，"四负"不少有违事实或过于武断。㉗在中共成立 90 周年之际，中共中央党史研究室编写的《中国共产党历史》第二卷（1949～1978）对华国锋的评价更为客观：华国锋虽对"两个凡是"的提出负有责任，但他支持对真理标准问题进行讨论；他赞同邓小平复出工作，肯定了邓在 1975 年的整顿；在华主政期间平反冤假错案的实际工作已经开始，不过阻力不小。该研究室在《人民日报》发表的署名文章也认为，在粉碎"四人帮"这场关系党和国家命运的斗争中，华国锋起了决定性作用，党和人民永远不会忘记他做出的重要贡献。㉘这些著作与文章对华国锋的功过是非写得比较公道，没有因为他犯过错误而抹杀其贡献，也不因为他有过功劳而掩饰其错误。这就是历史的进步。

历史事实是指历史上已经发生过的过程和事件，是不以人们的意志为转移的客观存在。这些"存在"无论在时间还是在空间上，都已经是"过去"，是无法复原的。今天我们研究历史，主要依据文献史料、实物史料和口述史料。由于政治的原因，以及战乱、自然灾害、社会变革等，首先造成文献史料和实物史料的缺失和断档；其次，以往的历史大都是统治者的历史，文献编纂受权势者的操控，为尊者讳，很难做到秉笔直书。"历史研究所依托的文献及史料的不真实，决定了凭借这些文献及史料所编撰的历史的不真实，所以中国史学的重要内容之一即是'辨伪'，不仅要辨历代流传下来的历史文献及史料的'伪'，而且也要辨作为历史认识结果的历史自身的'伪'。"㉙正是在这样的背景下，"疑古思想"成为中国史学的传统之一。

20 世纪 20 年代，顾颉刚在古史研究中发现：中国古史里藏着许多偶像，帝系所代表的是种族的偶像，王制所代表的是政治的偶像，道统所代表的是伦理的偶像，经学所代表的是学术的偶像。这些封建偶像支配着中国的古史。因此，为了建设真实的、科学的古史体系，必须彻底摧毁这些偶像。1923 年，顾颉刚在《读书杂志》第九期发表《与钱玄同先生论古史书》，第一次公开提出了"层累地造成的中国古史"的观点。他认为中国传说的古史系统，不是自古就有的，而是由不同的时代"层累式的造成的"。他把这个基本的古史观的思想内涵及历史演化归结为三个方面：第一，"时代愈后，传说的古史时期愈长"；第二，"时代愈后，传说中的中心人物愈放愈大"；第三，我们即不能知道某一件事的真确的状况，但可以知道某一件事在传说中最早的状况。这一历史观的核心思想是：承认传说的古史并非自古皆然，而是由无到有，由简单到复杂，逐渐演化而成，这既是伪造传说古史的过程，也是传说古史由简单到复杂的演化过程。[③] 顾颉刚提出的观点，如同在史学界引爆了一个炸弹，一时间众说纷纭，一片哗然。多数人批评，少数人赞成。在这关键时刻，胡适撰文支持顾颉刚。他高度评价顾颉刚的观点，认为"一个中心学说已替中国史学界开了一个新纪元"。胡适此言一出，无疑为顾颉刚在史学界赢得一定地位起到了至关重要的作用。此后，许多历史学家在疑古思想的影响下，逐渐由疑古而释古，再由释古而考古，开始运用近现代科学方法整理史料，研究中国古代历史，从而开辟了古史研究的新天地。

中国传统史学不赞成当代人写当代史，认为当代人写不好自己的历史，自己的历史只能由后人来写，隔代来写。在这种认识偏见的影响下，尽管有些历史刚刚逝去、余音未绝，但历史当事人的沉默、失语和成功者的控制、筛选，使近现代史、当代史也变得迷雾重重。其实，当代人写当代史具有后人所无法具备的独特优势。"其中最大的优势，就是当代人能直接观察、亲身感受、耳闻目染当代史本身，至少能部分地直观到历史的所谓'本来面目'。"[③] 2009 年，当代中国出版社出版了王仪轩、许光建合著的《中韩劫机外交》。这本口述史著作以 1983 年 5 月发生的卓长仁劫机案为研究对象，从中韩两国由此打破多年的敌对状态，戏剧性地开启外交通道的角度，采访了当时被劫飞机的机长和参加谈判的几位中方代表。他们的讲述将这一突发历史事件的整个过程、后续谈判中的种种矛盾和双方的策略，以及事件带来的意想不到的结果全部揭示出来。如果没有这些亲历者的讲述，仅依据当时新闻报纸有限的报道，我们是不可能了解如此详尽的历史史实和当事人的心理历程的。⑫

英国学者约翰逊（Samuel Johnson）认为，"所有的历史最初都是以口述的形式存在的"。历史事件的亲历者或当事人的口述史料是十分珍贵的第一手资料，是对文献史料和实物史料的重要补充。文献史料对一些重大历史事件和重要政策的出台不可能详细记载，对关键人物在历史进程中发挥的特定作用缺少细节；而一些健在当事人的口述史料则可以对这些事件、人物、政策发生和出台的前前后后进行详细的阐述和描写，这不但弥补了历史研究资料的不足，还可以纠正档案文献记载可能存在的偏差，了解文字背后鲜为人知的历史细节和精彩瞬间。在美国，口述史学不仅仅是作为一门历史学的分支学科，而且已被广泛应用到人类学、民俗学、档案学、社会学、妇女研究、灾难研究、文化研究等领域，并在推动跨学科研究中起到了重要作用。所以，我们研究中国当代史，必须高度重视口述史料的收集、整理和发掘，这是史学研究的重要课题之一。

唐贞观年间，魏征敢于犯颜直谏，先后上疏二百余条，强调"兼听则明，偏听则暗"，对唐太宗李世民开创千古称颂的"贞观之治"起了重大作用。魏征病逝后，唐太宗望丧而哭，并称："夫以铜为镜，可以正衣冠；以古为镜，可以知兴替；以人为镜，可以明得失。朕常保此三镜，以防己过。今魏征殂逝，遂亡一镜矣。"今天我们强调"以史为鉴"，通常都是从正面积极地告诫人们吸取历史的经验教训，以便更好地把握自己，大到治理国家，小到自我修养。但"有些人是从来不肯、也不屑于'以史为鉴'的；而懂得'以史为鉴'的，却往往是那些从来不能掌握自己命运的人。于是'以史为鉴'也出现了'两种不同'的标准和'两种不同'的理解。这正应了杜牧在《阿房宫赋》结尾处说过的话：'后人哀之而不鉴之，亦使后人而复哀后人也'。"③

自古以来，中国就有"治史"、"学史"、"用史"的优良传统。作为学者，"当以良史之忧忧天下"，向民众提供真实的历史，增强民族的忧患意识，发挥资政育人的作用。这是历史研究者责无旁贷的使命。

---

①⑫《马克思恩格斯全集》第1卷，北京：人民出版社，1995，第203、111页。

②A. 爱因斯坦、L. 英费尔德：《物理学的进化》，上海：上海科技出版社，1962，

第 66 页。

③仇立平：《社会研究和问题意识》，南京：《江苏行政学院学报》2010 年第 1 期。

④郑必坚：《中国和平崛起新道路和亚洲的未来》，北京：《学习时报》2003 年 11 月 24 日。

⑤雷宇：《中国论文数量世界第一，引用率排在 100 名开外》，北京：《中国青年报》2011 年 2 月 10 日。

⑥姜咏江：《科研评价体系怎能"授柄于人"》，上海：《文汇报》2010 年 4 月 23 日。

⑦张秀兰：《社会政策：实现科学发展观的一个操作化模式》，北京：《中国社会科学》2004 年第 6 期。

⑧顾土：《大师的分量》，北京：《新华文摘》2009 年第 7 期。

⑨李裕民：《破除偏见，还宋代历史以本来面目》，哈尔滨：《求是学刊》2009 年第 5 期。

⑩江晓原：《科学的三大误导》，上海：《文汇报》2009 年 2 月 26 日。

⑪何兆武：《中学、西学与近代化》，长春：《社会科学战线》2009 年第 4 期。

⑬杨天石：《说真话真难》，北京：《北京日报》2007 年 4 月 16 日。

⑭叶继元：《推进哲学社会科学研究方法创新刍议》，合肥：《学术界》2009 年第 2 期。

⑮《英专家证明先有鸡后有蛋》，北京：《环球时报》2010 年 7 月 15 日。

⑯金力：《写在基因中的历史》，上海：《文汇报》2010 年 7 月 10 日。

⑰常建华：《中国社会史研究的回顾与展望》，北京：《光明日报》2001 年 3 月 20 日。

⑱王学典：《六十年来中国史学之变迁》，北京：《文史知识》2009 年第 8 期。

⑲行龙：《中国社会史研究向何处去》，北京：《清华大学学报》（哲学社会科学版）2010 年第 4 期。

⑳仇士华、蔡莲珍：《夏商周断代工程中的碳十四年代框架》，北京：《考古》2001 年第 1 期。

㉑葛兆光：《追寻文史研究的新视野》，上海：《复旦学报》2007 年第 2 期。

㉒李毓芳：《阿房宫：秦代的"半拉子"工程》，北京：《文史知识》2004 年第 12 期。

㉓庞朴：《郭店楚简探秘》，北京：《北京晚报》2001 年 4 月 6 日。

㉔李乔：《颠覆大量旧说的"张学良口述历史"》，北京：《北京日报》2010 年 12 月 13 日。

㉕王海晨、杨晓虹：《张学良口述的几个历史事实》，北京：《百年潮》2010 年第 10 期。

㉖汪云生、尤国珍：《中共党史人物研究之最新进展》，北京：《北京日报》2011 年 1 月 17 日。

㉗具体体现在：（1）解决"四人帮"问题，华国锋是主导者，绝非仅仅"有功"，而是"起了决定性作用"；（2）主张邓小平复出工作；（3）首次提出"两个凡是"的并非华国锋，所谓的经典表述源自两报一刊社论；（4）拖延和阻挠恢复老干部工作、平反冤假错案，被认为是华国锋的主要错误之一。但是说到具体情形，几乎所有的著作都是讲的汪东兴；至于对华国锋，只有简单的政治结论，事实则含糊不清。参见韩钢《"两个凡是"的由来及其终结》，北京：《中共党史研究》2009 年第 11 期；韩钢：《关于华国锋的若干史实》，北京：《炎黄春秋》2011 年第 2 期。

㉘中共中央党史研究室编《中国共产党历史》第 2 卷，北京：中共党史出版社，2011；中共中央党史研究室：《为党和人民事业奋斗的一生——纪念华国锋同志诞辰 90 周年》，北京：《人民日报》2011 年 2 月 19 日。

㉙于沛：《历史认识中的"历史事实"问题》，瞿林东主编《史学理论与史学史学刊》，北京：社会科学文献出版社，2003，第 44 页。

㉚赵吉惠、毛曦：《顾颉刚"层累地造成中国古史"观的现代意义》，北京：《史学理论研究》1999 年第 2 期。

㉛王学典：《当代史研究的开展刻不容缓》，济南：《山东社会科学》2009 年第 11 期。

㉜姚力：《中国视域的口述史学》，北京：《人民日报》2010 年 5 月 4 日。

㉝吴小如：《以史为鉴》，北京：《中华读书报》2002 年 6 月 5 日。

作者简介：张耀铭，《新华文摘》原总编辑、编审，南开大学兼职教授。

［责任编辑：刘泽生］

（本文原刊 2011 年第 4 期）

中国高校学报的历史、现状和将来

仲伟民

[提 要] 高校学报是 20 世纪初伴随中国大学的建立和现代学术体制的形成而诞生的。20 世纪前半期中国的高校学报虽然数量不多，但对现代大学学术传统的养成和中国现代学术体制的建立起到了重要的推动作用。1949年后的三十年，高校学报数量增多，但受国内大环境的影响而发展失衡，表现为重理轻文、学术研究受到政治气候的干扰。1978 年后，学报进入迅速发展时期，为新时期学术研究的繁荣做出了突出贡献。但随着学报数量的剧增，问题也越来越凸显，亟需突破。

[关键词] 高校学报 现代学术体制 名刊工程 中国高校系列专业期刊

高校学报占据了中国学术期刊界的半壁江山，是当代中国学术界的一个独特现象。近年来，随着中国出版体制改革的逐步深入，学报何去何从成为目前学术界和出版界的一个重要话题。学报从无到有，从少到多，再到今天成为人们关注的焦点，其过程比较复杂。因此，总结学报的历史发展进程，对研究现在、展望未来，具有重要参考价值。鉴于学报这样一个独特而庞大的学术期刊群体，似乎只有中国大陆才有，因此本文的考察也仅限于中国大陆。

一 学报为 20 世纪前半期现代学术在中国的立足和发展做出了重要贡献

现代学术无疑是相对于传统学术而言，两者的细分学术界早有定说，不必赘述。有一点可能不为人所注意，即中国社会尽管在鸦片战争以后发生了剧烈变化，但学术思想并没有在短时期内发生相应的变化。这就是为什么在连续发生无数中外事变后，中国依然采取科举取士、依然坚信中体西用为救国良方的重要原因。也就是说，中国尽管受欧风美雨的激荡较早，但多为枪炮和机器等物质层面的接触，思想文化的变化要滞后很多。中国现代学术的发端开始于 19 世纪末 20 世纪初，这已是学术界公认的事实。确切地说开始于甲午战争后的救亡图存，尤其是在戊戌变法后，中国知识界逐渐意识到中国落后不仅仅在枪炮和机器，更在于科学技术和思想学术。因此，我个人倾向于认为，现代学术在中国生根并产生影响实际上是进入 20 世纪以后，严复、梁启超、王国维等著名学者有开山之功。其间，除了西方的理论和方法对中国产生影响外，现代学术体制——大学的建立尤其重要。而伴随着 20 世纪初期中国大学的纷纷创建，中国的现代学术逐渐取代传统学术，其中学报就起到了非常重要的作用。而此前无论在学术史研究领域，还是在出版史研究领域，对学报在早期中国现代学术创建中的作用都重视不够。

大学对 20 世纪初期的中国来说，仍然是一个新鲜事物。判断是否能摆脱传统科举制度的影响以及衡量一个大学的办学水平，有两个最基本的条件，一是人才培养，二是学术水平。科举制度下人才培养的目标只有一个，即取得入仕的资格；现代大学则是根据社会需要来培养人才，而学术水平高低决定了学校能否培养出高水平的人才。因此，有眼光的大学领导人无不把提高学术水平作为一项要务来抓。学报作为发表现代学术论文的重要载体和推广学术成果的重要平台，正是在这个大背景下产生的。也就是说，学报的产生有其必然的合理性。

以下通过对典型的有影响的学报进行比较，简述学报在 20 世纪上半期所起的重要作用。

1.《东吴月报》：中国最早的大学学报

何谓大学学报？顾名思义，学报应该是由高等院校主办的定期出版的学术性期刊。根据这一定义，1906 年 6 月由东吴大学主办的《东吴月报》是我国最早的大学学报，创刊号名《学桴》。《东吴月报》后来曾更名为《东吴》、《东吴季报》、《东吴杂志》、《东吴学报》等，历经 30 余年，出版基本没有中断。这份杂志从一开始就比较注意学术性，其发刊词明确指出刊物的宗旨："西士谋刊行月报，以表学堂之内容，与当代学界交换知识。"

《学桴》近三分之二的内容是学术文章，如《论近日支那学校之科学宜以英文教授》、《劝学说》、《女子教育》以及译作《万国公法论》等。

笔者之所以同意《东吴月报》是中国第一份大学学报的观点，是因为这份由大学创办的杂志志存高远，如《学桴》即以教育和学术为使命。何谓"学桴"？其发刊词云："学桴者，预备过渡时代器具之一部分也。""而何不以兵桴，以商桴；而何不以政治桴，以宗教桴，而独取于学者？盖兵商政教皆备于学。则学者载种种桴之桴也。而又可谓合种种桴而所成之桴也。"很显然，主办者认为教育和学术比政治、经济、军事、宗教重要，前者是基础和前提，是后者赖以生存之本，并希望《东吴月报》能在中国关键的过渡时代发挥自己的作用。应该说，这个带有时代色彩的定位开启了中国大学学报光辉的历史。

2.《清华学报》：中国最早冠名"学报"的学术期刊

《清华学报》为一份文理综合性学术月刊，1915 年 12 月创刊。尽管《清华学报》不是最早的学报，但它创造了两个第一：

（1）《清华学报》是中国第一本冠名"学报"的学术期刊，对"学报"的功能和宗旨作了最早的定义，明确了高校主办以及学术性这两个核心要素。

关于学报的办刊宗旨和功能，《清华学报》在发刊词中说得非常明确，即阐发学理，传播学术；集思广益，以资考镜；互相交换，互相观摩；博通今古，融贯中西。

> 学报者，交换知识之渊薮也，清华学子，以学报有益于学业者甚大。特于课余之暇，译述欧西有用之书报，传播学术，或以心之所得发为文词，或以平时所闻者为余录……苟以此册与各界各校所出之伟著，互相交换，互相观摩，则此后诸君子之学识，日以增进，而本报亦继长增高，益求完备。①

这是有关高校学报社会功能的最早论述，它与后来我们对高校学报的定义——作为本校学术研究窗口和为教学科研服务——已基本相似，但两者的区别仍值得注意，《清华学报》发刊词的重点在校际交流，而后来学报定义的重点则为本校服务。前者才更具备学术期刊的本质属性。

《清华学报》编辑出版人员的组成也体现了高校特点，富有创造性，突出表现为编辑部成员中既有教师，也有学生；教师可担任中英文掌校、编辑，学生可兼任总编辑、中英文编辑和经理，这看上去不可思议，但效果却非常之好。教师中先后任职者有杨恩湛、饶枢龄、高祖同、陈桢、戴元龄、王文显、狄玛、刘大钧、吴景超、朱自清、吴宓等；学生中任职者有陈烈勋、陈达、杨振声、浦薛凤、梁思成。知名学者梁启超、萨本栋、胡适、王国维、梅贻琦、叶企孙、周培源、赵元任、马寅初、顾毓琇、杨树达、冯友兰、罗家伦、金岳霖、吴有训、陈寅恪、翁文灏、闻一多、王力、俞平伯、张光斗等均曾参与学报的具体工作。②这种师生共同参与的编辑体制，尽管同学报创刊初期的历史条件有关，但其体现的"教学相长"的优点却是非常突出的，而且通过学报的锻炼，涌现了一大批优秀学术人才。上面这串长长的名单，足以让我们对这份杂志肃然起敬。

（2）《清华学报》是中国第一本中英文双语出版的学术期刊，也是民国初年我国最有代表性的文理综合性高校学报，英文译名为 The Tsinghua Journal。《清华学报》发表了不少高水平的英文论文，如 1930 年第 1 期金岳霖的"Internal and External Relations"，1948 年专辑中钱伟长的"Asymptotic Method on the Problems of Thin Elastic Ring Shell with Rotational Symmetrical Load"等等。在有关自然科学的英文论著中，以叶企孙的中国数学史研究和天文历算史研究最为重要。叶企孙在 1916 年 1 月出版的《清华学报》英文版第 3 期发表"The Chinese Abacus"一文，随后又开始连载"The History of Mathematics in China"一文。叶企孙在这些论文中最早以"数学史"命名，从而成为中国数学史的开山之作。

3.《北京大学月刊》：最早具有典型意义和学报形态的学术期刊

创刊于 1919 年 1 月的《北京大学月刊》，尽管不是我国最早的学报，但从各方面分析，它应是"中国自己创办的最具典型意义和最富大学学报形态及特征的学术刊物"。③这一点可以从其创刊宗旨和具体内容来说明。

蔡元培为《北京大学月刊》撰写的发刊词，不仅是他对大学理念最早、最完整的阐释，也是对大学学报办刊宗旨和原则最为系统的表述，堪称研究学报的经典文献。他把办好《北京大学月刊》看作是将北京大学办成高水平大学的一个必要条件。正是因为在创刊之前就有了蔡元培所作的高瞻远瞩的设计和规划，《北京大学月刊》才在中国学术发展史上发挥了重要作用。蔡元培在发刊词中说，北京大学创办《北京大学月刊》有三个目的。第一，"尽吾校同人力所能尽之责任"。什么责任？即学术研究的责任，此可称为中国人最早提出的关于研究型大学的理念。第二，"破学生专己守残之陋见"，使"同校之教员及学生，皆有交换知识之机会，而不至于隔阂矣"。第三，"释校外学者之怀疑"。这是最重要的一点，蔡元培在这里提出了海纳百川、兼容并包的原则，指出"此思想自由之通则，而大学之所以为大也。吾国承数千年学术专制之积习，常好以见闻所及，持一孔之论"。《北京大学月刊》的任务就是打破门户之见，古今中外兼收并蓄。④

《北京大学月刊》自 1919 年 1 月创刊，至 1922 年 2 月，共出版一卷 9号，时间不长，但其影响深远，所发文章学术性强，学术水平高，除研究古典学术外，还是推广新文化、新思想的重要基地，真正成为当时北京大学一个必不可少的学术窗口。

在 20 世纪前半期，除上述三本代表性的学报外，还有《复旦》、《南开季刊》、《史地学报》、《法政学报》、《国学丛刊》、《燕京学报》、《辅仁学报》等等，都对中国现代大学的建设和发展、对现代学术转型发挥了重要作用。至 1937 年抗战爆发前，学报增加到近百种，并逐渐从文理综合发展为文理分刊，编辑出版渐趋规范化。抗战爆发后，学报发展受到严重影响，大多数学报停刊，至 1949 年中华人民共和国成立前夕，全国仅存学报不足30 种。

从 1906 年《学桴》创刊到 1949 年这 40 多年中，学报为所在大学的发展发挥了无可替代的作用，与此同时，学报也形成了自己的独特传统，大致可概括为：（1）学报是综合本校各学科科研成果的集中展示。（2）开放的心态和追求真理、传播学术的精神。（3）学报的核心作用在于学术交流，主要体现在本校学人间的交流、校际交流以及国内外学界的交流。（4）本校学人的广泛参与。本校著名专家是办刊的主力，师生合力办刊。这种传统的形成与时代背景和当年高校的总体规模、发展水平是切合的。

二　1949 年后中国大陆大学学报的现状及成就

1949 年后，随着新中国经济社会与高等教育事业的发展，大学学报逐步恢复，新的学报不断创刊。至 1965 年，全国学报共有 160 余家，但文理极不平衡，理科学报 120 余种，文科学报仅有 40 余种。此与国内大环境相关，其中 1952 年的院系大调整，在造成中国高校失衡发展（重理轻文）的同时，也对学报造成了同样的影响，这种局面一直持续到 1980 年代。因此，本文对中国大学学报现状的评述，重点放在最近 30 年。

1950 年代初，中国大陆陆续创建和恢复了一批学报，如《文史哲》、《厦门大学学报》、《南京大学学报》、《北京大学学报》、《东北师范大学学报》等。总的来看，适应建国初期的新形势，在一个较短的时期内，这些学报在关注现实的同时，基本能以学术性为主。但由于"左"倾思潮的影响以及随之而来的反右运动，学术研究让位于政治运动，很多学报自觉或不自觉地卷入政治斗争的旋涡。1959 年"反右"运动扩大化后，同全国学术界一样，学报的学术性传统进一步受到冲击。据对 1957～1965 年北京大学、东北师范大学、华东师范大学等 6 所大学文科学报所发表论文的统计，非学术性论文超过 25%，⑤如果再加上与现实密切相关且学术性不强的论文，则数量可能更多。

至 1966 年"文化大革命"爆发，极左路线彻底扰乱了中国学术界，也几乎扼杀了中国的学报。这个阶段，学报不仅受到了政治的极大冲击，而且很多学报被迫停刊。伴随中国学术的沦落，从 1966 年到 1973 年，中国大学的文科学报几乎出现了 7 年空白，实在令人痛心疾首。1973 年，毛泽东做出了恢复部分学术期刊的指示，据说还专门提到要恢复几家学报。至于毛泽东在晚年为什么突然有这个决定，学术界有各种不同的说法，但有两点可以肯定，一是学术界完全死寂，并非他所愿；二是在思想学术领域内进行阶级斗争，毕竟也需要阵地。随后，不仅《历史研究》、《哲学研究》等著名专业期刊复刊，一些学报也逐步复刊。此时尽管是"文革"后期，但政治斗争仍异常激烈，因此包括学报在内的所有学术期刊发表的文章，几乎全充斥着政治斗争的意味，很多学报已近乎"大批判"、"批林批孔"、"反击右倾翻案风"的阵地，学术论文极少。

1978 年后，随着中国社会经济步入良性发展阶段，学术研究逐步走向恢复和繁荣，大学学报也开始复苏，学报在积极为学术研究和教学服务方面开始发挥越来越重要的作用。总的来看，近三十余年来大学学报的历史，可以分为两个阶段：

第一阶段，从 1978 年到 1998 年。改革开放以后，大学学报得以恢复和初步发展，尤其在 1984 年后，学报发展速度加快。据统计，全国高校社会科学学报 1985 年为 277 种，1986 年 360 种，1987 年 393 种，1988 年 440 种。经过 1989 年底至 1990 年初的全国报刊整顿，学报数量下降至 388 种，此后维持缓慢增长的态势。在这一阶段，大学学报主要集中在办学历史较为悠久、科研实力较强或办学特色较为鲜明的名校。尤其在 80 年代，高等教育基本上还处于恢复和发展阶段，还是以精英教育为主，名校的研究生培养恢复不久，招生数量有限，学术评价系统尚未建立，高校排名亦未以量化评价为主，所以论文的产出量不能与今天同日而语。这一时期的大学学报，基本上保持了其传统特点，以综合性、内向性为主，其学术质量与当时的高校科研水平相当。由于学报数量仍然有限，综合性、内向性的特征尚未妨碍学术交流，各大学的期刊阅览室中，数量有限的综合性学报与各类专业期刊均是读者阅读的主要对象，学报的学术交流作用尚能发挥，名校学报学术声誉良好。但学报所处的环境毕竟已不同于二三十年代，随着大学数量和研究人员成倍增长，到 80 年代末以后，综合性学报的问题开始显现，除了综合性、内向性的特征继续保留外，大学学报学术交流的传统功能开始萎缩，一批专业期刊的创设加速了部分中小学报与学者的疏离，大学学报的固定读者逐渐流失，人大复印报刊资料开始受到学者的青睐在很大程度上是因其拾遗补缺的功能，将一些中小学报上的优秀论文及时地按专题予以复印发表，但这些中小学报本身则变得乏人问津。学报的另一个问题是复印报刊资料无法解决的，那就是著名学者逐渐远离了大学学报的编辑，这使得众多大学学报从稿源到编辑的质量变得难以保证。

第二阶段，从 1999 年开始，学报突然大幅度扩容，至 2001 年居然达到 1130 种，占全国社科期刊总量的 2/3 以上。而今，更达到了创纪录的 1300 余种。1999 年开始的学报大扩容有一个显著特征，就是确立了一校一综合性学报的建制，只有名校才拥有学报的格局被彻底打破，名校学报的数量几未增加，而一般院校均拥有了自己的学报。这样的扩容有其合理性，每个学校都有权利拥有自己的学报，这是毋庸置疑的。但随着精英教育向全民教育的过渡，大学的使命和功能已在发生变化，学报的功能理应随之变化；然而，学报的定位与这一变化并不同步，新建立的学报大多将其定位为综合性学术期刊，与既有的大学学报并无二致，而这些学校在科研实力和学术声誉方面却无力与名校抗衡，对于以校名命名的学报这样一种特殊刊物来说，照搬名校学报的学术定位，就会使这些新的学报一诞生就输在起跑线上。这一阶段的大学学报呈现出两方面的特点：一方面是作为我国学术期刊的重要组成部分，大学学报在当代学术发展中继续起到了无可替代的作用，许多学术前沿问题、热点问题的讨论都由学报发起或有学报的重要参与；另一方面，1999 年以来新创刊的近千家大学学报中相当部分从一开始就陷入困境，由于定位为综合性学术期刊，优质稿源和读者的缺乏使"全、散、小、弱"的特征如影随形，始终难以摆脱，结果是学报数量虽然激增，学术声誉却大大下降，在 90 年代已显现的学报问题一下子被放大了许多倍，学术界对学报的批评之声开始出现。可以说，学报的主要成绩出在第二阶段，问题也是主要出在这个阶段。

这里仅以《文史哲》和《南京大学学报》为例，说明大学学报在当代学术发展史上所发挥的重要作用及大学学报自身的革新。需要特别指出的是，前者最大的特点是站在学术前沿，经常就学术界关注的、事关重大的学术问题展开讨论，引导学术的发展；后者则注重创新，在综合性社科期刊处境非常困难的情况下，闯出了自己独特的办刊道路，成为众多学报学习的榜样。

《文史哲》创刊于 1951 年 5 月，是新中国第一家高校文科学报。60 年来，这份杂志取得了令人瞩目的成绩，其影响之广，水平之高，堪称现代学术史上的一个奇迹。所谓"知出乎争"，《文史哲》有选择、有目的地组织学术讨论、学术争鸣，是其享有盛名的重要原因。早在 1950 年代，《文史哲》就因为刊发"小人物"李希凡等人的文章，而引发了关于《红楼梦》的大讨论，《文史哲》由此而经常为人们津津乐道。此后，对我国史学界乃至整个学术界带来巨大影响的"五朵金花"大论战，其中的三朵就盛开在《文史哲》。[⑥]

1980 年代以后，《文史哲》继续坚持引领学术的传统。1980 年代初，中国学术界文化界关于中国传统文化的大讨论（即所谓的"文化热"），其起点即始于《文史哲》1984 年第 1 期发表的关于文化史的一组笔谈。世纪之交前后，该刊发起了两场引起学术界极大关注的大讨论，即"儒学是否宗教"的讨论和"疑古与释古"的讨论，这两场讨论都引起了国内外学者的瞩目和参与，取得了丰硕的研究成果，对这些问题的讨论有了进一步的深入。从该刊组织的 2006 年"疑古与释古"讨论以及 2010 年"中国社会形态问题"大讨论都被列为人文社会科学界的热点问题来看，该刊的确充分发挥了引领学术的作用。经过多年的探索和实践，而今的《文史哲》更是以日趋成熟的体制化的思路，通过策划主办系列"人文高端论坛"，以小规模、高层次、大动作为特点，以人文学术的焦点、前沿问题为内容，通过系列深入探讨，旨在形塑学术风尚，引领学术方向。

如果将《文史哲》与当年的《清华学报》和《北京大学月刊》相比，不难发现，对学报传统的弘扬与创新、坚守学术前沿、倡导学术争鸣与交流、遍及学术界的著名学者参与，是《文史哲》得以引领学术并在众多学报中一骑绝尘的成功要诀。特别是她将局限于呈现一校之成果的学报拓展为向整个学界开放的公共平台的做法，使大学学报的作用在新时期有了显著提升。

《南京大学学报》创刊于 1955 年，同样是中国大陆历史悠久、学术声誉很好的名牌大学的学报，其近十几年的创新举措尤其引人注目。影响最大、效果最明显的举措是其特约主持人的制度创新、学报内容的专题系列化以及开门办刊。这些创新举措，对当代大学学报乃至所有社科期刊都产生了深远的影响。

特约主持人制的设想首先是基于高校社科学报优良传统、发展现状与出路的深入思考，即作为综合性的社科期刊，应该走出自我封闭的状态，彰显学报的学术交流功能，使之成为公共学术平台。这既是对学报传统的继承，也是学术发展对学报的要求。作为知名学府，南京大学各院系都有一批知名学者、学科带头人，他们在对学科前沿的把握和与校外学者的联系上，都比学报编辑有明显的优势，学报应该充分利用学校这些最为重要、最为宝贵的资源。也就是说，学报如果敞开大门，利用著名专家的威望和学术影响力来办刊，则一定能大大提高学报的学术水平和知名度。当然，学报并非在所有学科全面出击，而是从本校重点和特色学科中选择特约主持人，集中力量打造特色栏目。《南京大学学报》特色专栏的特约主持人制创设于 1999 年，一直坚持至今。实践证明，这个制度创新非常成功，是学报走创新之路的好办法，不仅大大提高了学报的学术水平，充分体现了学报的特色，而且也做到了更好地为学校的学科建设服务。为使特约主持人制制度化，《南京大学学报》编辑部专门制订了"专栏策划办法"，详细规定了专栏开设的条件、程序、论证、策划方案、组稿及特约主持人的条件与要求等。这一卓有成效的制度为很多期刊效仿，俨然成为大陆社科期刊的一大特点。这是《南京大学学报》对中国期刊界做出的一大贡献。

为了使学报真正成为公共学术平台，《南京大学学报》还创设了与著名高校和科研机构联合主办重点专栏的办法，该刊分别与《南开学报》和《清华大学学报》联合开设"当代西方研究"和"期刊与评价"专栏，合两校之力，共同打造开放的学术平台；该刊与中国社会科学院近代史研究所共同主办"民国研究"专栏，开高校学报与中国社会科学院联合办刊之先河。通过联合主办特色专栏，不仅大大拓展了学报的学术空间，而且这些专栏吸引了大量学者的关注，来自校外乃至海外的专家轮流担任这些专栏的主持人，由著名学者参与办学报的传统得以发扬光大。

在第二阶段最值得注意的是 2003 年推出的"教育部高校哲学社会科学名刊工程"（以下简称"名刊工程"）。教育部为此正式颁发《教育部高校哲学社会科学名刊工程实施方案》，规定其具体目标是："通过国家（包括新闻出版总署、教育部和主办单位）的支持和学报的改革，在五年时间内滚动推出 20 家左右能反映我国高校学术水平和学科特点、在国内外有较大影响的社科学报及其特色栏目。其中，培育出 5 至 10 种国内一流、国际知名的社科学报。逐步改变目前高校社科学报'全、散、小、弱'的状况，实现'专、特、大、强'的目标。"⑦名刊工程为学报的改革构建了一个可望重振雄风的平台。它对学术期刊界影响巨大，注定要被写入当代学术史。在这个工程的推动下，当代中国大学学报发展到了一个新的阶段，可以说在传统学报体制下达到了所能达到的高度。至目前为止，共有三批 31 家学报入选名刊工程。实施名刊工程七年多来，成效非常显著，突出表现在名刊学报所发表学术论文的质量有了明显的整体提升，学术影响力扩大。朱剑对名刊学报同各省社科院（社科联）的综合性期刊做了对比研究，并通过各种资料进行论证，他取名刊学报前 15 名、社科院（社科联）综合性期刊前 15 名做了比较，我在这里将三表简化合一，详见表 1。

表 1   2009 年名刊学报与综合性社科期刊资料对照

	名刊工程学报	综合性社科期刊	
		含《中国社会科学》	不含《中国社会科学》*
他引影响因子	0.276746	0.239072	0.190741
三大文摘转载率（%）	14.74	5.90	5.10
复印报刊资料全文转载率（%）	28.99	20.69	19.41

　　*之所以将《中国社会科学》特别标出，是因为《中国社会科学》与各省社科院（社科联）的综合性期刊相比，其产生、地位、作用和影响都有特殊性。

　　资料来源：朱剑《高校学报的专业化转型与集约化、数字化发展——以教育部名刊工程建设为中心》，北京：《清华大学学报》（哲学社会科学版）2010 年第 5 期。

正如朱剑所论，无论是从被引频次、影响因子，还是从"三大文摘"（指《新华文摘》、《中国社会科学文摘》和《高等学校文科学术文摘》）以及中国人民大学复印报刊资料全文转载的情况看，"经过六年建设，名刊学报的影响力和质量已有明显提升，已成为最优的社科期刊之一种"，尤其是

"在影响因子、文摘（复印）率这些计量高影响或高质量论文所占比例以反映期刊整体影响力和质量的资料方面，名刊学报在各组统计中都体现出了明显的优势，说明名刊学报的整体办刊水平更为齐整"。[⑧]应该说，这个结论是可信的。以《清华大学学报》哲学社会科学版为例，这份学报就是直接得益于名刊工程，其学术水平和社会影响力在名刊工程引导下上了一个大台阶。

但是，在经过了七年以特色化为主要手段的内涵式发展之后，名刊工程碰到了必须突破的瓶颈。特色化毕竟不能代替专业化，其学术影响力仍无法与中国社会科学院一系列专业期刊相比，随着数字化、集团化潮流的兴起，名刊学报面临着专业化转型与数字化、集团化发展的问题。而在全国千余家学报中，名刊学报毕竟仅占极少数，而且这些名刊学报大多都属于名牌大学，有全国最好的学术资源，加上政策的支持，比较容易办好；对于绝大多数学报来说，则没有那么好的办刊条件，要提升学术水平更不是一件容易的事。

三 中国高校学报目前存在的问题及未来的发展方向

无可置疑，高校学报为新时期学术的繁荣做出了突出贡献。但是，目前学报的确也存在各种各样的问题，同样不能回避。有两个现象可以说明学报存在的问题非常严重，必须引起注意，一是前几年学术界热炒"学报垃圾论"，二是今年年初《光明日报》就学报问题连续发表了多篇文章。[⑨]

在当代中国大陆学术界，学术期刊本来是一种稀有资源，这当然同大陆特有的期刊管理体制有关。可现在发生了一种怪现象，即一方面学者呼吁政府应当鼓励学术期刊发展，多发放学术期刊刊号，以满足广大学者日益增长的发表学术论文的需求；另一方面学者又在痛斥质量低劣的学术期刊太多，买卖版面的现象屡禁不绝。问题到底出在哪里？有人认为问题主要就是出在学报上，于是就有了上面所说的两种现象。学报当然存在问题，而且问题可能还不少，但是如果把目前学术期刊存在的问题主要归因于学报，则有失公允。不过，客观分析学报存在的问题仍是非常必要的，因为只有研究学报问题之所在，才能找到未来发展的方向。

（一）目前中国高校学报存在的问题

关于中国高校学报存在的问题，期刊界和学术界已有很多讨论。朱剑曾撰文将包括综合性学报在内的综合性学术期刊存在的问题归结为 10 个：

综合性还是专业性，全面出击还是有所取舍，开门办刊还是自我封闭，依靠专家还是编辑办刊，重选题策划还是重文字编校，匿名审稿还是编辑审稿，执行编排规范还是执行评价规范，重评价指标还是重独立风格，纸质版还是电子版，面向市场还是拒绝经营。⑩到目前为止，这是对学报存在问题分析最为透彻，也最有前瞻性的一篇文章。受此启发，我把学报问题大致总结为以下两条，一是"全、散、小、弱"，二是同质化严重。何谓"全、散、小、弱"？姚申的解释非常有代表性，他说：

> 所谓"全"，即指目前高校社科学报综合性学报占多数，文、史、哲、政、经、法，什么学科都有，小而全；所谓"散"，指高校人文社科学报分散经营、各自为政，形不成规模效应；所谓"小"，指高校人文社科学报还存在发行量较小、经济效益以及社会效益偏低的问题；所谓"弱"，指高校人文社科学报普遍存在的质量弱，影响弱，综合实力弱。⑪

正是因为学报存在这些突出的问题，新闻出版总署官员在多种场合对学报提出批评，并试图推进学报的企业化改革，但出于体制的原因，改革始终难以进行下去。在他们看来，学报已经成为出版体制改革中一块最难啃的骨头。

关于学报的同质化问题，来自学术界、管理界、期刊界以及社会各界人士的批评之声不绝于耳。同质化主要表现为趋同化、大杂烩，不仅面孔相似，而且栏目设置和内容编排都相似。张耀铭曾对综合性期刊提出批评，并重点批评了学报，他说：

> 学术期刊，尤其是拼盘式的综合性期刊，"趋同化"现象非常严重。中国高等院校文科学报有千余家，综合类的期刊就占了三分之二。编辑方针趋同，编辑模式趋同，栏目设置趋同，甚至探讨的社会热点也趋同。大家一味走"泛综合化的路子"，文学、史学、哲学、经济学、法学、社会学、教育学面面俱到，众刊一面，使读者失去了新鲜感和阅读兴趣。⑫

针对学报存在的这个问题，大家各显其能，纷纷尝试走特色化之路，尤其是有地域文化特色的学报更认为这种做法是不二之选，以至于教育部文件也认同这种做法，公开鼓励这种尝试，在名刊工程之外，又专门设立了名栏工程。这种尝试，实际上是在现有体制下，走自我挖潜之路。尽管取得了一定成绩，但学报总的面貌，尤其是同质化问题并没有解决。

（二）未来中国大学学报发展的方向以及可喜的探索

上面所说学报存在的两个问题，实际上是一个问题，即正因为几乎所有综合性学报都存在"全、散、小、弱"的问题，所以才有同质化的问题。因此，只有根除"全、散、小、弱"之痼疾，中国学报才有希望。

为了改变学报形象，学报界同人以及教育部等管理部门都付出了巨大努力。比如前述教育部名刊工程，就取得了不俗的成绩，但是名刊学报毕竟只是学报中极少的一部分，不仅不足以说明学报已经有了长足的进步，反而被淹没在大量平庸学报的汪洋大海之中。而且，名刊工程学报经过几年的努力，已经使出了浑身解数，达到了在体制和办刊人能力范围内所能达到的极限，几乎已无潜力可挖。之所以如此，是因为我们在解决学报问题的时候，采取的是"头痛医头，脚痛医脚"的办法，而不是根本的解决办法。其实，早在提出名刊工程设想的时候，袁贵仁就指出了高校学报改革的三个可行性方案，即所谓的"上、中、下三策"：上策是办高校学报专业期刊；中策是鼓励若干高校社科学报合作，组成联合编委会，进行相对集中的学科专业分工；下策即走内涵发展道路。照朱剑的说法，上策是根治之法，中策是变通之法，下策只是补救之法。[13]上述学报所为，皆为补救之法，而根本问题不解决，补救只可能有暂时的效果，不可能持久。

专业化、集团化、数字化都是学报要努力的方向，三者之中又以专业化为根本。在专业化的基础上，同时实现学报的集团化和数字化转型，是最为理想的进路。但是，学报的由"全"而"专"，难度极大。最难在体制，由计划经济而形成的当代中国大学学报最突出的特点是"全"，其影响根深蒂固；次难在观念，学报界同仁已经习惯于大拼盘式的做法，编辑部人员组成也是力求学科的齐全。因此，如果要学报走向专业化道路，亟需一个脱胎换骨、凤凰涅槃的变化过程。全国有1300余家社科学报，虽然都冠以"学报"二字，但办刊条件和内容质量可谓千差万别，实行一刀切的办法肯定是行不通的。就综合性期刊以及学报改革问题，新闻出版总署曾经发过几个文件，但最后都未能顺利执行，除了体制方面的原因之外，还因为学报不仅情况复杂，而且数量大、牵涉面广。在这种情况下，试图以

"毕其功于一役"的做法完成学报的改革，是不现实的。

2011年初，入选教育部名刊工程的17家学报联合推出"中国高校系列专业期刊"，这是一次伟大创举，极有可能由此打开中国学报改革之门！我之所以对此项探索给予如此高的评价，一是因为在目前学报面临艰难困局的形势下，他们摸索出了一条最佳的改革路线，如果此次探索能够成功，那么将来中国学报的局面必将大为改观；二是此项探索不是迫于行政命令，而是完全由既有实践经验，又有切身感受的学报主编们所推动，是自觉自愿，是自由联合。

"中国高校系列专业期刊"的具体实施方案建立在教育部名刊工程这一优质平台之上。如前所述，经过数年内涵式的发展和建设，名刊工程学报的学术水平大幅度提高，部分论文的学术质量和学术影响力已不输于专业期刊；而特色化办刊在各学科方向打造了一批优秀栏目，有了比较深厚的学术积淀。更为重要的是，名刊所在的名校的声誉是一笔不可估量的无形资产，系列专业刊的平台实际上是建立在诸多高校的既有平台之上。如果说拿某一学校的科研力量同中国社会科学院尚不足以抗衡的话，那么，17家大学的联合则是任何一家研究机构所无法抗衡的。

鉴于中国学报的历史以及现实的复杂性，"中国高校系列专业期刊"的改革探索采取了切实可行、逐步推进的方案，以既能延续学报的历史传统，又能兼顾学报现实情况的两全其美的办法，分两步走：第一步是继续做好目前纸本综合性学报的编辑出版工作，这是改革的基础，不仅要求继续做，而且要想方设法做好；第二步是在现有学报所发论文的基础上，同步实现专业化和数字化重组，共同打造新型的属于高校自己的专业学术期刊。这样做的好处是，既创建了新的体系独立的专业化数字化期刊，又不会割断与名刊学报的血脉联系。也就是说，名刊综合性学报与系列专业期刊要相依共存，各展其长：在论文组合上，分别以综合性和专业性见长；在出版载体上，分别以纸本和数字版为主；在出版时间上，完全同步或后者更早；在传播途径上，前者以保持纸本传统为主，后者则主打更为迅捷的网络管道。经过17家学报的精诚合作，"中国高校系列专业期刊"首批10个专业刊已经在中国知网发布，这10个专业刊是：《历史学报》、《文学学报》、《哲学学报》、《政治学报》、《经济学报》、《法学学报》、《社会学报》、《马克思主义学报》、《传播学报》、《教育·心理学报》。封面、扉页、目次页、内文版式等统一设计，读者可以免费阅读和下载。[19]经过几个月的试运行，点击率和下载量非常之高，学术界反应良好，可以说已经取得初步成功。下一步的工作，是在已组建的打破校域界线的联合编委会和联合编辑部的基础上，建设各刊可以共用的审稿专家库，真正同国际学术期刊界接轨。

不过，一定会有人说，名刊学报是中国大陆最好的学报，本来就处在学报金字塔的顶端，这样的合作当然很理想，也一定能在学术界产生反响。可是全国那么多学报，各种层次都有，很难像名刊学报那样合作，是不是就没有出路？当然不是这样，只要面对现实，勇于改革，则皆有发展的前景。朱剑在最近的一篇文章中就提出了全国学报改革的具体思路，他认为，学报改革的重点应是学报布局与结构的合理化，可以从以下四个方面来逐步达成这一目的：

> 第一，鼓励研究型大学依托综合性学报联合重组为权威的一级学科和二级学科专业学报。这不仅是破除高校门户壁垒、建设开放平台的有效办法，而且也只有集各名校之力才能办成权威期刊。第二，鼓励具有一定科研能力的地方性高校联合重组为专业和专题学报，这可以使地方性高校集中优势力量在某些领域取得突破。第三，对于以教学和培养实用型人才为主的院校，鼓励其学报转型为为教学研究和为地方政治、经济、社会、文化服务的应用性学报。这些院校往往很难占据学术研究前沿，但在地方建设中的作用不容忽视，故其学报由纯研究型转型为实用型，对学术研究不会有大的影响，而对院校服务地方则意义重大。第四，对于不为上述三种鼓励所动，坚持不作任何改变的学报，只要其具备基本办刊条件，就应该有权自主地办下去，而选择权应该交给作者和读者。⑮

朱剑提出的学报改革方案符合中国学报的实际，如果能按此方案逐步实施，几年后中国的大学学报必将有重大改观，不仅能摆脱原来的困境，而且能形成中国特色的学报和社科期刊体系，从而为中国的社会科学研究事业做出贡献。

回顾大学学报走过的百多年历史，她曾创下辉煌的业绩值得我们为此而骄傲，亦有太多的经验和教训值得我们记取。中国的大学学报诞生于危难深重之时代，寻求和传播救亡与强国的真理始终是她不懈追求之目标。正是在这一追寻的过程中，形成了自身优良的传统，其中最可贵的是开放的心态、追求真理的精神和学术交流平台之功能。然而，令人遗憾的是，这一传统的核心价值被后人所淡忘和扭曲，今天许多学报人在论及学报传统时，只看重一些表面的东西，如学科综合的形式、作者构成的内向性等，坚持认为学报必须是综合性的，作者必须是本校的，否则就背离了学报的传统。这种对学报传统的片面理解不仅不能正确地认识学报的历史与传统，更是导致今天的学报陷入困境的原因之一。在期刊数字化、集团化速度加快的今天，学报面临很多的挑战，学报优良的传统是我们应对挑战的宝贵精神资源。只要我们能像学报的前辈那样，以追求真理、传播学术为使命，勇于改革和创新，在未来无限发展的时间和空间中，学报就可能有更大的作为。

---

①杨恩湛：《小引》，北京：《清华学报》第 1 期第 2 号，1915 年。

②参见姚远、杜文涛《〈清华学报〉的创刊及其历史意义》，北京：《编辑学报》2006 年第 2 期。

③宋月红、真漫亚：《蔡元培与〈北京大学月刊〉——兼论蔡元培对北京大学的学术革新》，北京：《北京大学学报》（哲学社会科学版）1997 年第 6 期。

④以上引文见中国蔡元培研究会编《蔡元培全集》第 3 卷，杭州：浙江教育出版社，1997，第 450 ~ 452 页。

⑤参见孙义清《中国大学学报百年发展回顾》，南昌：《江西社会科学》2001 年第 1 期。

⑥史学界的"五朵金花"是指中国古代史分期问题、中国封建社会农民战争问题、中国资本主义萌芽问题、中国封建土地所有制形式问题、汉民族形成问题。前三个重大问题由《文史哲》杂志所刊文章首先引发。

⑦《教育部高校哲学社会科学名刊工程实施方案》，教育部文件，教社科〔2003〕12 号。

⑧⑬朱剑：《高校学报的专业化转型与集约化、数字化发展——以教育部名刊工程建设为中心》，北京：《清华大学学报》（哲学社会科学版）2010 年第 5 期。

⑨2011 年 3 月 21 日至 4 月 2 日，在短短 13 天里，《光明日报》以"高校学报出路何在"为中心，连续发表 8 篇报道以及一篇座谈会纪要、一个整版的座谈会发言，可见该报对学报问题的重视程度，堪称史无前例。

⑩朱剑：《徘徊于十字路口：社科期刊的十个两难选择》，北京：《清华大学学报》（哲学社会科学版）2007 年第 4 期。

⑪姚申：《高校人文社会科学学报改革与特色栏目建设》，昆明：《云南师范大学学

报》2009 年第 5 期。

⑫张耀铭：《中国学术期刊的发展现状与需要解决的问题》，北京：《清华大学学报》（哲学社会科学版）2007 年第 2 期。

⑭中国知网：www. cnki. net.

⑮朱剑：《也谈社科学报的现状与改革切入点——答尹玉吉先生》，北京：《清华大学学报》（哲学社会科学版）2011 年第 4 期。

作者简介：仲伟民，《清华大学学报》（哲学社会科学版）常务副主编、教授、博士生导师，全国高等学校文科学报研究会常务副理事长。

[责任编辑：刘泽生]

（本文原刊 2011 年第 4 期）

高校社科学报功能定位的反思

刘曙光

[提　要] 近来学术界对高校社科学报的种种议论，引发了人们对其功能定位的反思。高校社科学报的功能定位是历史地形成的，而不是来自政府的"指令"。高校社科学报的功能具有多样性，并且是动态的、发展变化的，而不是一成不变的，但其基本功能是学术性。高校社科学报对于中国高等教育的发展、对于国家哲学社会科学的发展功不可没，应纳入公益性事业来管理。高校社科学报的现状真实生动地反映了高校乃至整个学界的状况，高校社科学报功能的异化源于当前社会转型时期学术生态的恶化。

[关键词] 高校社科学报　学报功能　学术生态

　　近几个月来，高校社科学报备受诟病，批评其同质化、低水平重复、制造学术垃圾者有之，批评其发行量小、社会效益和经济效益低者有之，批评其跟不上时代、成为市场经济弃儿者有之，有的媒体甚至还组织发起了"高校学报何去何从"的大讨论。一方面，一些客观公正的评价确实指出了高校社科学报在社会转型时期、在改革过程中存在的问题，引起了学报工作者的冷静思考；另一方面，一些过激言论伤害了学报工作者的感情，他们理所当然地要从不同角度进行解释、辩护。其中，反思和辩护的一个重要方面就是学报的功能定位。创办如此数量和规模的高校学报有无必要？如何评价高校学报的质量？从根本上说，要回答这些问题，都必须从学报的功能定位谈起，定位准确与否是办刊能否成功的关键，这也是讨论问题的逻辑起点。只有把握学报的功能定位，才能探讨高校创办学报的必要性，才能探索高校学报改革发展的方向和路径，才能全面、客观地评价学报的质量。

一　高校社科学报的功能定位是历史地形成的

针对学界对高校社科学报各方面的批评指责，有学者指出，如果一所高校的学报能承载其应当承载的功能，就有存在的必要；能最大化地实现学报的本体功能就算是高质量，就应该肯定。如果离开学报的本体功能谈论高校（特别是一般高校）要不要办学报、谈论学报的改革，或者简单地以几个资料和发行量去评价学报的质量，就会把问题搞复杂，就难以得出正确的结论，就会使学报真正迷失自我，陷入困境。[①]笔者认为，为学报合理性所作的这种辩护固然不错，但有过于笼统含混之嫌。学报的功能定位是老生常谈的问题，但也是个恒提恒新的问题。关键是怎样理解学报的功能定位？是把它看作静止的还是动态的？何谓最大化地实现学报的本体功能？

高校社科学报群是中国期刊史上发育较早的一个期刊群落，而且大多数在创刊之初就会在"发刊词"或"编辑略例"中阐明自己的功能定位。按照通常的界定，学报是指高等院校或学术团体、科研机构编辑出版的学术性刊物。[②]学术性决定了它不同于大众性、通俗性、普及性、娱乐性刊物的特点。1906 年，东吴大学（苏州大学的前身）创办了我国近代学校第一家学术刊物——《东吴月报》（又名《学桴》），标志着我国高校社科学报的诞生。1915 年《清华学报》、1919 年《北京大学月刊》相继创刊。此时的学报功能定位都是自觉的，其基本功能都是反映本校学术成果，以便传播和交流。如，《东吴月报》的目的是"以表学堂之内容与当代学界交换智识"。[③]《清华学报》的功效是："学报者，交换知识之渊薮也。清华学子，以学报有益于学业者甚大。特于课余之暇，译述欧西有用之书报，传播学术；或以心之所得发为文词，或以平时所闻者为余录……苟以此册与各界各校所出之伟著，互相交换、互相观摩。则此后诸君子之学识，日以增进，而本报亦将继长增高，益求完备。学报之称庶能名副其实欤？"[④]《北京大学月刊》的使命是："为北京大学职员学生共同研究学术，发挥思想，披露心得之机关杂志"，"有《月刊》以网罗各方面之学说，庶学者读之，而于专精之余，旁涉种种有关系之学理，庶有以祛其褊狭之意见，而且对于同校之教员及学生，皆有交换知识之机会，而不至于隔阂矣"。[⑤]稍后创刊的《燕京学报》和《金陵学报》，也强调其宗旨是"发表研究中国学术著作"和"发表师生研究及讨论学术之新义"。概言之，学术性是学报的基本功能。

高校社科学报也是新中国成立后最早恢复的一个期刊群。1951年山东大学《文史哲》创刊，1952年《厦门大学学报》复刊，1955年《北京大学学报》、《复旦学报》、《南京大学学报》、《南开大学学报》等相继创刊。这些学报也都把自己的功能定位在学术研究与交流、人才的发现与培养等方面，如，"北京大学学报以刊载本校教师和科学工作人员的创造性学术论文为主，必要时，亦可选载有关学术讨论性质的文章"，[⑥]东北人民大学"人文科学学报的主要任务，在校内来说，就是结合教学工作，不断推进全校的学术研究和学术批判工作"，"在学术工作中，必须注意培养新生力量。青年教师和助教以及许多学生特别是高年级的学生，就是新生力量的现成队伍。他们将是学术战线上的'后起之秀'，他们将在学术研究和学术批判的工作中，开放鲜艳的花朵，树立惊人的功勋，达到我们老一代所未能达到的水平"。[⑦]这些较早创刊或复刊的学报经过60年的发展，在学术界享有良好声誉和崇高地位。

"文革"期间是高校社科学报功能异化、偏离乃至丧失的阶段。由于政治运动频繁，"左"倾思想干扰，学报背离了自己的办刊宗旨和办刊方向，意识形态功能被空前强化，而作为其基本功能的学术功能则严重淡化。甚至有一段时间，几乎所有高校学报都被迫停刊。

改革开放后，学报的功能经过了一次拨乱反正。被停办的学报陆续复刊，同时，为适应高校哲学社会科学迅猛发展的要求，一些高校社科学报相继创刊。特别是在1998年，为了解决高校科研成果难以发表的问题，一批高校社科学报由内部资料准印转为正式期刊公开发行。据统计，2010年，中国高校社科类期刊数量已达到1231种，占全国所有哲学社会科学类学术期刊的2/3以上。学报的内容基本涵盖了人文社会科学的各个领域。

虽然经过了曲折发展，但毋庸置疑，一百多年来，高校社科学报的发展为中国高等教育事业和哲学社会科学做出了重大贡献。首先，在繁荣和发展哲学社会科学事业方面功不可没。在每一时代，各学报总是依托各高校的人才和学科优势，积极思考和回答时代提出的新问题，发表很多具有原创性的学术论文，提出新思想、新观点和新见解。不仅推进了基础理论研究，而且十分重视重大现实问题的研究，推动了社会政治、经济、文化的进步和发展。其次，作为连续出版物，高校学报按时间顺序生动、客观、真实记录本校学术发展的历史轨迹，存储学术资料和历史档案，为科研工作者和史学工作者提供弥足珍贵的历史资料，对推动高校教学科研发展起着重要作用。高校社科学报从学校教学科研的实际出发，及时发表各类科研成果，成为反映高校教学科研成果的窗口和学术的校际、国际交流平台，为高校的学科建设和学术发展做出了积极贡献。再次，高校社科学报是高校培养、发现人才的重要园地。高校是专门人才培养的重要基地，高校学报在推动社会科学研究发展的同时，注重对教学科研人才的培养和发现，扶持了一批又一批的学术人才，使之成为教学科研的骨干。周汝昌先生曾将《北京大学学报》称作"书册课堂"和"铅字老师"。他说："一个学府的学报，不仅仅是诸位教授、学者的发言阵地，耘莳园圃，更是培养教育学人士子的特型教科书。"最后，在提高学校知名度、声誉、影响力和辐射力，树立高校形象方面，高校社科学报也做出了积极贡献。⑧现在，大多数的高校领导把学报视为学校学术交流的一张"名片"、一扇"窗口"、一个"平台"、一块"园地"、一座"桥梁"或当作"形象工程"来扶持和建设。

关于学报的功能定位，1978 年教育部《关于办好高等学校哲学社会科学学报的意见》指出："高等学校学报是以反映本校教学和科研成果为主的综合性学术理论刊物。"1998 年 2 月新闻出版署发布的《关于建立高校学报类期刊刊号系列的通知》指出："学报刊登的稿件，2/3 以上是本校学术科研论文或信息。"同年 4 月教育部发布的《高等学校学报管理办法》规定："高等学校学报是高等学校主办的、以反映本校科研和教学成果为主的学术理论刊物，是开展国内外学术交流的重要园地。"

依据上述有关文件，有不少论者认为高校社科学报的功能定位是政府指令，是中国期刊主管主办制度的产物，这种指令性功能定位"维护了主办单位的利益，阻隔了学报与学界的交互通道"，带来了高校学报"同质化"的弊端。随着时间的推移，"功能定位指令又催生、强化了学报封闭办刊的运行模式"。他们认为，一方面学术乃天下之公器，另一方面学报为学校所有，这就产生了学报作为"天下公器"与"学校所有"的矛盾冲突，使学报人难以伸展拳脚。这是学报陷入困境的症结。因此，要突破困境，中国高校社科学报面临着功能定位转换与制度创新的难题。离开或者回避制度创新，单向追求高校社科学报的功能转换难以成功。制度创新的主角是政府，作为主管单位的政府部门既掌控相当多的资源，又超脱于作为主办单位的各高校之上之外，在社科学报的改革中应有所作为。[⑨]

笔者认为，把高校社科学报的功能定位视为政府指令，是对政府管理的一种误解，也是不符合历史事实的。事实上，从高校社科学报一百多年的发展历史可以看出，高校社科学报是为了因应高校自身发展的需要而产生的，高校社科学报的功能定位是历史地形成的。

大学是古今中外文化传承、交流的桥梁，大学社科学报就是古今中外哲学社会科学思想冲突、融合和创新的前哨阵地。高校社科学报存在的理由首先源于高校学术发展的需要，源于高校教学科研发展的需要，而不是各高校特别是学报创办者的主观任意。在本质上，它是高校功能的一部分，或者说，是高校功能的具体化或分化。所以，笔者很赞同教育部《高等学校学报管理办法》所指出的"高等学校学报工作是高等学校科研和教学工作的组成部分"。普通高等学校的主要功能应该包括相辅相成的四个方面：教书育人、学术研究、服务社会和传承文明。其中，学术研究是其根本和基础，因为，只有以科学的世界观和方法论为指导开展自由的学术研究，才能做到以科学的精神、先进的文化、高尚的情操教书育人，才能以一流的成果、一流的人才服务社会，才能谈得上文明的传承与发展。或者说，学术研究是大学的基本功能，而其他功能则是其延续和引申。同样的道理，高校社科学报的功能也应包括相辅相成的四个方面：培养人才、研究学术、服务社会和传承文明。其中，研究学术是其基本功能，其他功能则是其延续和引申。在不同的时代，随着高校的发展变化，学报的具体功能会有所变化，但这四方面的功能是一以贯之的。改革开放以来，政府有关部门对学报的发展非常重视，以文件形式确定的高校社科学报功能定位，只不过是对各高校学报的功能定位作了概括总结，指出了其共性，但决不是"指令"或行政命令。

二 高校社科学报的定位是历史的、具体的

高校社科学报的功能定位不是一成不变的，而是历史的、具体的。每一时代有每一时代的要求，既一以贯之，又与时俱进；既不断地发展其多样性，又在时代中改变其传统样式。

（一）反映功能在深度和广度上的扩展

传统的学报功能"本校窗口论"，在很大程度上导致了学报群落综合实力不强、声誉不佳、质量不高、影响不大的状况，也带来对学报传统功能

的反思与变革。目前，高校社科学报传统狭隘的办刊观念及办刊模式的封闭性已基本打破，学报的作者、稿件早已不再局限于本校。高校社科学报已成为整个社会学术资源的一部分，开始把学术质量放在第一位。在学术质量面前，校内外作者一视同仁。所谓的"功能定位指令"并不构成高校社科学报发展的瓶颈。

2002年，时任教育部副部长的袁贵仁就提出要对高校学报的定位进行改革创新："学报是高校办的，但是并不意味着作者只是本校教师，读者只是高校学者。这是两个不同的概念。高校社科学报要为高等教育服务，也要为国内外学者服务，为一切对哲学社会科学感兴趣、有需要的读者服务。"①2006年苏州大学召开学报百周年纪念大会，教育部社科司副司长徐维凡在讲话中指出："高校社科学报是高校哲学社会科学教学、科研和学科建设的重要组成部分。作为学术期刊，是面向全社会发表哲学社会科学研究成果的重要园地；作为学报，也是对外展示所在高校学术形象的重要窗口。"在办刊实践中，不管是重点大学的学报，还是普通高校的学报，大多数已实行开放办刊，由原来主要刊发校内作者论文的校办刊物，变为吸纳校内外、海内外部分作者优秀论文的学术期刊。高校学报既对外展示本校的教学科研水平，又向内报道国际国内的最新学术、科研动态，学报已由校内走向校外，从国内走向国外，搭建了一座校内外、国内外学者交流与对话的平台。

高校社科学报还能否反映本校的教学科研？这个问题恐怕难以简单做出回答，因为不同层次、不同类型的学校差别较大。一方面，从传统的功能定位来看，高校社科学报是反映本校科研水平的学术理论刊物，是展示一所学校学术阵容和学术水平的窗口，是塑造学校形象、打造学校品牌的重要媒介，但是，高校教师在发表自己高质量的科研成果时，首选的是国际国内一流的期刊，因为长期以来许多高校在职称晋升、业绩考核等方面，总是"以刊评文"，通过不同的奖励政策来鼓励本校教师在更高级别的刊物上发表自己的学术成果。这种评价和奖励政策，使得学术含量较高的优秀的本校稿件外流十分严重。另一方面，对于重点大学、综合性大学和科研实力较强的院校来说，发表本校师生的文章一般可以保证学报的学术质量，因此内稿比例相对较大，学报仍然可以看作是对外展示本校学术水平的窗口。而对于规模较小、科研实力较弱的院校来说，如果主要发表本校师生的文章就难以保证学报的学术质量，学报虽然是学校出资主办，但为了保证学术质量，扩大刊物影响范围，大多数的高校社科学报以学术水平作为稿件取舍的标准，而较少考虑稿件到底是来自校内还是校外，甚至不惜重金组约校外稿件，很多的高校社科学报已经是外稿多于内稿。

高校社科学报传统的展示本校科研成果的窗口作用已经逐渐淡化。也就是说，高校社科学报的反映功能已经在深度和广度方面大大扩展，它不仅仅是高校的学术资源、出版资源，同样也是社会公共的学术资源、出版资源。如果说，从传统意义上讲，某一高校社科学报的功能是反映本校教学科研成果的话，那么，从当前状况看，高校社科学报群落的功能是反映高校甚至是学术界的整体学术状况。如果说学报的传统功能是被动地反映本校学术状况的话，哪怕本校的学术水平低，学报只要反映了这种低水平，也就承载了其应当承载的功能，完成了自己的任务，那么，现在社会对学报的要求高了，希望充分发挥学报工作者的能动性、积极性、主动性、选择性，企盼学报能够刊发整个学术界的优质稿件，反映整个社会的学术水平，即要实现学报本体功能的最大化。许多学报不再满足于自然来稿，而是深入校内外各科研部门、院、系（所）、中心，积极、主动和作者交朋友，了解学术动态和学术热点，有针对性地组织选题策划，发挥了学报在科研中的组织协调功能。如果说传统学报功能重在"反映"的话，那么，现在高校社科学报还增添了规范学术和引导学术的功能。通过引入并推进学术规范和学术批评来建立学术诚信，培养良好学风；通过预见和洞察、通过策划和组织来引导学术潮流，优化学术生态，这是包括高校社科学报在内的所有学术期刊的义不容辞的责任。

（二）学报性质、体制之争

随着出版体制改革的深化，政府有关部门提出非时政类期刊转企改制的设想，高校社科学报的改革问题，越来越受到政府管理部门和学报工作者的关注。学报如何改革？说到底，问题的焦点还是其性质和功能定位。

对于学报的改革，笔者非常赞同由政府唱主角的"制度创新"的建言。在某种意义上说，管理制度的确是制约学报发展的"瓶颈"。

一方面，由于高校学报分属不同的主管主办单位，刊物出版的内容和形式完全受制于主管主办单位，各高校学报创刊时间有长有短、所在学校师资力量和科研水平有强有弱、刊物质量有高有低，难以进行实质性的相互协调、合作，难以进行结构性调整和优化，主管主办制度确实造成了高校社科学报整体上的相对分散、规模较小、实力较弱的格局，难以形成规模化、集团化经营和运作，这就是通常所谓的"全、小、散、弱"状态；

而且，学报是高校主办的，不具有市场化的商业性质，不具备市场主体的条件，不具备独立法人资格，其运作方式受高校内部管理体制的制约。

另一方面，性质决定体制。中科院院士曾联名提出"关于自然科学学术期刊纳入公益性事业管理的建议"，其实，包括学报在内的所有学术性期刊都是"高层次的精神文化产品"，都应"纳入非营利性政策性出版事业，作为公益性事业来管理"，其价值都不能仅从发行量及其自身的经济收益来衡量。[11]既然作为学术载体的高校社科学报是高校学术的重要组成部分，是"天下公器"和公共产品，是公益性事业，那么，政府就不能把它混同于企业，就不能把它推向市场，就不能把经济效益（发行量多少、盈利多少）作为衡量高校社科学报的指标，而应当注重其社会效益，应当通过国家财政拨款来解决学报办刊经费问题。从诞生之日起，高校社科学报就作为高校的一部分，依靠学校拨款或部分自筹经费维持自身生存和发展。一旦对高校学报进行体制改革，把它完全推向市场，停止经费支持实行"断奶"，其后果可以想见：要么是高校学报难以自负盈亏，陷入生存危机而停办；要么是把它当作文化产业来经营，把经济效益放在第一位，而置学术于不顾，使学报学术功能进一步异化、偏离乃至丧失。这对高校和我国哲学社会科学的发展将是有百害而无一利的。"十二五"期间，国家有关管理部门拟对重点学术期刊予以大力扶持，这是很有远见的。

有什么样的编辑，就有什么样的刊物。尤其是主编的素质、眼界和学养，直接关系到学报的质量和品位。目前，大多数高校领导对学报建设都非常重视，往往选调精兵强将充实学报编辑部。主编一般由学术造诣高、办刊经验丰富的学者担任。主编、编辑之所以比较安心学报工作，是因为教育部有关文件规定："学报编辑部人员是学校教学科研队伍的一部分，应列入教学科研编制，享受与教学科研人员同等的待遇。"[12]如果政府有关管理部门改变高校学报的事业性质，无疑会在学报界引发一场强烈地震，许多学报工作者将会回到原来的院、系（所）、中心，人才的流失将会使期刊的发展蒙受极大损失。非时政类报刊的改革采取分类分批的方式进行，不搞"一刀切"，特别是另行制订高校学报的改革方案，这也说明国家对改革的复杂性有着清醒的认识，对高校学报改革的态度相当慎重。

只有把高校社科学报作为非营利性的公益性事业，才能让高校社科学报免费向社会提供学术成果，从而从根本上解决高校社科期刊数字化、国际化的难题。正是因为在利用数字技术整合学术资源方面政府管理部门的缺位，使得相关媒体企业、数字化出版机构才有机可乘、有利可图、"大有作为"，它们以极其低廉的价格购买各高校社科学报的内容，却以极其高昂的价格向高校图书馆、研究机构出售数字产品，垄断数字学术资源。这对各学术期刊是极不公平的，也不利于哲学社会科学的长远发展。

（三）综合性向专业化、特色化的转变

如何根据高校社科学报的功能定位来进行改革发展？有论者提出："正像中国高校办学是分不同层次不同类型的一样，中国的大学学报自然也应是分不同层次不同类型的，应有不同的功能定位，确定不同的办刊目标，在各自的空间展翅飞翔。"[13]应当说，这是很有见地的。中国内地的高校，有的是世界知名的，它们所主办的学报也在国内外学术界享有良好声誉，这样的学报可以办成名刊大刊，保持综合性也是完全有必要的。当然，顺应学科分化趋势，大部分学报可以根据本校的学科优势、地域特色和历史传统，办出自己的特色和品牌。

高校社科学报的专业化，是当前讨论的一个热点话题。有些学报已经开始联合探索专业化发展道路。高校社科学报到底是综合性学术期刊多，还是专业性学术期刊多？到底是综合类学术期刊难办，还是专业性学术期刊难办？一般认为，学报中综合性学术期刊太多，综合性学术期刊相对更难办一些，关键在于其学科定位难、栏目定位难、读者定位难、个性形成难。其实，这里可能存在一些误解。根据新闻出版总署2010年报刊年检资料，截至2010年，高校社科类期刊共1231种，分布在56所教育部直属高校和568所省属高校中。其中综合性学报304种，专业性学术期刊710种（实际上，相当数量的专业性学术期刊就是学报），教辅类期刊45种，工作指导性期刊23种，文摘类期刊149种。

从品评期刊的角度看，一家刊物的个性是期刊编辑创造精神的集中表现，是期刊和期刊编辑臻于成熟的重要标志。教育部实施名刊工程、名栏工程，目的是希望通过典型的示范、引导作用，促进社科学报深化改革，向品牌化、特色化、专业化方向发展。近几年高校社科学报在办刊实践中做出了不懈努力，尤其是在特色化方面取得了可喜成绩。但是，要使社科学报真正做到品牌化、特色化和专业化，谈何容易！千刊一面的局面难以从根本上改变，我们不能简单地说这是因为办刊者满足于现状，墨守成规，改革创新意识不强。其实，原因是多方面的。

学术期刊毕竟是稀缺资源。学报往往被看作一所高校的公共资源，各

个院系都希望能分"一杯羹",学报给甲院系出版了一本专辑或开设一个栏目,乙院系也想照此办理,否则,觉得自己吃了亏。如果学报办成了专业性刊物,变成了校内某个院系的"私有财产",那么,其他院系就难免会有意见,认为对自己不公平甚至会向学校提出抗议。学报办成专业性期刊,恐怕是只有在特殊情况下才能做到的事情。

而且,学报都办成专业性刊物,同样会遭遇"贬值",同一学科领域众多的专业性期刊也存在"同质化"、低水平重复的尴尬和无奈。专业性并不意味着高水平,综合性也并不意味着低水平,关键是论文的学术质量。专业性还是综合性,只是期刊的形式方面,形式的转换并不能保证期刊质量的提升。正因为如此,有论者提出,只要是一粒粒的珍珠,无论怎样串联,它都会闪光。专业性期刊虽然更方便进行读者定位和市场定位,可以集中力量对某一专业领域进行深入的、持续的、多侧面、多层次的研究,但是否要普遍推行、大力提倡?值得认真研究和思考。"在如何引导和探索期刊发展方向的问题上,什么时候都不应一刀切,不应扬此抑彼,更不应存此亡彼。专业性期刊与综合性期刊不应相互排斥,相互否定,而应该取长补短、和谐共存,一起创造一个百花齐放、万类共生的学术期刊生态环境。"⑭

特色的界定也是一件非常困难的事情。特色,可以是地缘特色、历史文化特色乃至本校学科优势。对于一家期刊来说,选择什么样的特色来安身立命,至关重要。特色涵盖的内容不能太宽泛,也不能太狭窄。近年来,几乎所有的社科学报都在探索自己的特色,应该说这是一种很大的进步。一些学报在探索中逐渐找到了一条有自己特色的道路,但毋庸讳言,有的探索并不成功,存在这样或那样的问题。

(四) 不同层次、不同类型的学报功能的多样性

如何评价层次较低的高校社科学报的作用?能否简单地斥之为"低水平重复"或"学术垃圾"?很多研究者从学术发展、期刊发展的一般规律做出了中肯的评价。首先,"学术"本身就有"学"与"术"之分,不宜重学轻术,重理论轻应用。其次,出版物虽然有普及和学术之分,但这种层次划分是相对的,二者没有截然的界限。随着科学的发展,这种划分是一个动态的过程。如,师范院校和高职院校学报的定位可在"学术创新和学术普及之间"。⑮最后也是最主要的,与高校的办学不同类型、不同层次相适应,不同高校的学报在学术研究、人才培养、服务社会、文明传承等方面也应各有分工。

一般来说，一家学报的学术水平直接取决于该校师生的研究水平。高校的多样性决定了学报的多样性。正如每一所大学都有其存在的必要性和合理性一样，每一家社科学报都有存在的意义和价值。没有谁因为一些高校规模较小、科研能力较弱而提出停办这些高校，剥夺其生存和发展的权利，那为什么对它们的学报就不能同样宽容呢？学术发展、期刊发展必然是一个金字塔结构，居于塔尖的高水平的学术论文、学术期刊是以大多数处于低端的较低水平的学术论文、学术期刊为基础的。各种层次的学术都需要自己的传播管道或者说载体。没有逐步的知识积累和学术训练，"小人物"永远不可能变成"大人物"。学术大师自身也有一个成长过程，他们也是一步步踏着不同层次的学报所构成的学术阶梯而达到顶峰的。很多学者坦言，自己的科研征途是靠着学报起步的。正是这些较低层次的学报充当了学术传播、新人培育的阶梯，激励无数的新人朝着更高层次的学术高峰不懈攀登。学术园地里，百花齐放，万紫千红，才能装扮出美丽的春天。失去了发现和培育科研新秀的苗圃，学术研究必然后继乏人。

事实上，高校社科学报的数量不是多了而是少了；并不像有的论者所主观臆想的那样，停办一些层次较低的高校社科学报，学术质量就能自然而然地提高。就目前而言，高校社科期刊的数量和规模还远远不能满足高校哲学社会科学飞速发展的需要。由于刊号资源紧缺，学术成果难以发表的情况长期存在，目前以书代刊的各种各样的集刊就达五百多种。

因此，对高校社科学报这个期刊群落，不能用同一把尺子来衡量，应该根据不同类型、不同层次学报的功能定位进行具体分析。"就学术期刊整体而言，各个层次、不同类型的期刊都应有它的生存价值和发展空间，形成一个不可替代、各有需求的生态群落。"[16]

正如袁贵仁所指出的："哲学社会科学期刊是与哲学社会科学研究相伴而生的；高校社科学报是随着高校的发展而发展的。推动高校哲学社会科学发展，为高等教育和社会主义现代化事业做贡献，是高校社科学报存在的根据，高校社科学报的使命，也是高校社科学报所给予高校和社会的最终回报。"[17]

三　高校社科学报功能异化源于学术生态

高校社科学报是对高校教学科研状况的一种生动、客观的反映。将目前学术界令人难以满意的现状完全委过于学报是有失公允的，因为学报只是为高校教学科研成果提供了一个展示的平台，就像商场为商品提供展示的平台。如同产品质量问题主要不能归罪于商场一样，学报论文质量问题的主要责任也不在学报本身。事实上，当前高校社科学报的异化状况，正是高校学术生态恶化，或者说是高校异化特别是教学科研异化状况的真实写照。要扬弃高校社科学报这种异化状况，就需要标本兼治，综合治理。如果只是学报孤军奋战，实际上是要学报"独善其身"、"出污泥而不染"，这只是治标而不治本，难以取得实际成效。

学术生态治理是一项系统工程，它与改革完善现行高校运行机制及科研管理与评价体制、教师职称评定与考核体制、学术期刊的评价体制密切相关。"学术评价制度及与之配套的期刊评价制度构成了当前学报生存和发展的学术环境，其过度量化和简单化，是学报学术功能发生异化的制度原因。"[18]在一定程度上可以说，不合理的学术评价体制、科研管理体制和期刊评价体制，导致了高校各部门、各群体的全面异化。

首先，是科研管理工作的异化。学术管理的缺位、越位、错位现象严重，表现在以下两方面。一方面，是学术管理层对学术活动、学术研究"过分重视"，实质上是过多干预。在高校系统，"计划学术"、"审批学术"（科研项目、课题、基金、研究基地、成果奖、学位点等都需审批）越来越强化，导致行政权力完全取代学术权威，学术活动异化成行政工作。学术管理行政化，不利于学术自由和学术创新。另一方面，学术管理层对学术评价"过分"重视和依赖，过度的量化评价已经发展成为一种严重的"学术评价过度症"。[19]毕业答辩、职称评定、课题结项、博士点申报、基地评估、重点学科建设等，无不需要硬性的论文指标作为必要或参考条件；学校排名、科研评估、奖金发放，也把发表论文的数量作为重要的评价指标。追求科研论文的数量而不是质量，追求科研项目的数量和资金量，规定职称评定和研究生论文答辩中论文的数量和刊物的级别，诸如此类违背学术发展一般规律的做法，表面上是重视学术，实际上严重破坏了学术生态，催生了学术泡沫、学术垃圾、学术不端乃至学术腐败。

其次，是学术研究的目的和终极价值的异化。学术研究的目的和终极价值本来是认识世界，探索真理，发现规律，追求真、善、美，为改造自然和社会服务，但是，当前的学术管理和评价体制，以及各高校、科研机构对获取现实利益的诸多规定与条件，却使学术研究的这一目的和终极价值发生异化，至少在客观上使得作者不是为了学术而写作，而是有意无意地推动他们为了功利、为了迎合评价体系、为了追求评价指标，更准确地说，为了学术的物化价值——职称、学位、奖金、学术资源、身份、地位——而写作。

再次，是学术主体（科研人员）的异化，偏离、放弃职业操守，学术行为失范，学者的道德和品格遭到贬损，具体表现有二：一是学风浮躁，沽名钓誉，丧失学术情趣和学术良知，急功近利，难以潜心学术；二是科研人员数量"过分"膨胀，因为在现行体制下，学术研究很容易被当作攫取名誉、地位、官职、金钱的有效手段和工具，甚至被个别官员当作是可以装点门面、附庸风雅、表现自己"学者"身份的行为。一些学者在申报课题时，为了追名逐利，全力以赴，使尽浑身解数，请客送礼，拉关系走后门，一旦申报成功就万事大吉，到了要结题时再匆忙胡拼乱凑，粗制滥造，假冒伪劣，抄袭剽窃，敷衍塞责。在某种程度上说，学术不端行为贯穿于课题申报至课题结项的全过程，而不只是在论文发表环节。当然，为了使拼凑的论文能找到发表的园地，这些学者会对期刊表示"版面费不成问题"。有些学校为了刺激科研，规定在什么期刊上发一篇文章，即予以若干奖金。作者当然可以不在乎这些奖金，但发表文章可以使他当上教授、博导、学术带头人。

最后，是学报及其功能的异化。人情稿、职称稿、学位论文、学术赝品、学术垃圾排山倒海般向学报袭来，平庸之作的汪洋大海淹没了极少数的名篇佳作，来自各种关系的压力使学报的学术质量大打折扣，部分高校社科学报开始认钱、认权、认名，滥用学术权力，最后沦为学术泡沫、学术垃圾的制造者。高校社科学报面临的压力，不仅来自"以刊评文"的不合理的评价机制，还来自各种各样的"核心期刊"与"CSSCI"的遴选。从严格意义上来说，这些指标实际上并没有对期刊学术质量进行评价的功能。高校社科学报，一方面，对这些指标的评价功能提出质疑，另一方面，又不得不迎合它，片面追求转载率、影响因子和被引频次，在选题策划、栏目设置、作者身份等方面背离自己的功能定位。因为，是否能被收入"核心期刊"或"CSSCI"，确实是一件关系到刊物生死存亡的大事。进入核心期刊行列，一个刊物的质量有可能从此进入良性循环；相反，如果没有进入核心期刊行列，一个刊物有可能从此进入恶性循环。

高校社科学报功能的异化有着复杂的、多方面的原因。学报功能的回归，关键在于制度的创新，在于整个高校学术功能的回归。高校是个学术组织，应当"以学术为本"，以学术安身立命，这是各大学校长反复强调的一个办学理念。在《就任北京大学校长之演说》中，蔡元培指出："大学者，研究高深学问者也"，⑳在谈到发行《北京大学月刊》的必要性时，他又指出："所谓大学者……实以是为共同研究学术之机关"，"大学者，'囊括大典，网罗众家'之学府也"。㉑不仅大学教师要研究学问，学生在校求学也要以研究学问为本位，"大学学生，当以研究学术为天职，不当以大学为升官发财之阶梯"。㉒令人遗憾的是，由于市场经济浪潮的强烈冲击，高校似乎越来越不以学术为本，学术也似乎越来越功利化，大学、学术似乎都越来越偏离或迷失了自己的方向。不仅部分教师不以学术研究为己任，部分学生特别是研究生也不将学术研究作为自己学业的目标，而只视大学生活为"镀金"的过程和日后"升官发财之阶梯"。

在略显浮躁的学术氛围中，学报工作者要坚守学术阵地，淡泊名利，自我约束，保持一颗平常心，遵循学术发展的一般规律，不要被各种各样的评价指标和评价机制牵着鼻子走，"任凭风浪起，稳坐钓鱼船"，始终坚持期刊的学术本位。同时，要严守学术规范，通过对学者的他律引导其自律，捍卫学术的尊严与纯洁；通过哲学社会科学工作者和学报工作者的共同努力与良性互动，逐渐形成全社会的良好学风，为学报功能的回归、为高校学术功能的回归做出自己应有的贡献。

高校社科学报生存与发展的环境，受制于并影响着学术生态环境，而学术生态环境受制于并影响着整个社会生态环境。在社会发展的某一特定阶段，特别是社会转型时期，高校和高校社科学报的功能发生某种程度的异化、偏离，实属正常。"人间正道是沧桑"，异化通过扬弃而回归到本位，这是不远的将来就会实现的理想。优化学术生态，加强学术主体自律，建立科学、合理、公正的学术管理和评价体制以及期刊评价体制，促进高校、高校社科学报与学术生态的良性互动，广大哲学社会科学工作者责无旁贷。社会各界，特别是高校社科学报的主管者和主办者，与其对高校社科学报、对学报编辑人员说三道四、横加指责，不如对高校社科学报、对学报编辑人员多一份理解、多一份关心、多一份支持，这才是应有的对哲学社会科学的发展、对高等教育的发展、对现代化建设和民族复兴真正负责任的态度。

---

① 潘国琪：《高校学报本体功能之摘录》，北京：《全国高等学校文科学报研究会通讯》2011 年第 2 期。

② 《现代汉语规范词典》，北京：外语教学与研究出版社、语文出版社，2004，第1481 页。

③《学桴发刊词》，江苏苏州：《东吴月报》，创刊号，1906 年 6 月。

④《小引》，北京：《清华学报》第 1 期第 2 号，1915 年 12 月。

⑤《编辑略例》、《发刊词》，北京：《北京大学月刊》第 1 卷第 1 号，1919 年 1 月。

⑥《关于出版〈北京大学学报〉的决定》，北京：《北京大学校刊》1954 年 11 月 6 日。

⑦匡亚明：《进一步开展学术研究和学术批判工作——为东北人民大学人文科学学报创刊而作》，长春：《东北人民大学人文科学学报》1955 年第 1 期。

⑧⑩⑰参见袁贵仁《新世纪新阶段高校社科学报的形势和任务——在全国高校社科学报工作研讨会上的讲话》，北京：《北京大学学报》（哲学社会科学版）2002 年第 6 期。

⑨李频：《高校社科学报改革的关键和出路在于制度创新》，重庆：《重庆大学学报》2010 年第 6 期。

⑪刘振兴、陈运泰、曾庆存等：《关于自然科学学术期刊纳入公益性事业管理的建议》，北京：《中国科技期刊研究》2005 年第 4 期。

⑫教育部办公厅：《关于印发〈高等学校学报管理办法〉的通知》，教备厅〔1998〕3 号，1998 年 4 月 1 日。

⑬⑯龙协涛：《文化大发展大繁荣战略与高校社科学报》，福州：《闽江学院学报》2008 年第 3 期。

⑭程郁缀：《学术质量是学术期刊的生命》，北京：《中国社会科学报》第 186 期（2011 年 5 月 10 日），第 16 版。

⑮参见徐兴华《高职院校学报的定位与发展思考》，江苏南通：《南通职业大学学报》2009 年第 1 期。

⑱曾新：《高校社科学报学术功能异化及其破解之道》，郑州：《中州学刊》2010 年第 3 期。

⑲余三定：《三个"过分"破坏了学术生态平衡》，北京：《中国社会科学报》第 57 期（2010 年 1 月 19 日），第 5 版。

⑳㉑高平叔编《蔡元培全集》第 3 卷，北京：中华书局，1984，第 5、210～211 页。

㉒高平叔编《蔡元培全集》第 7 卷，北京：中华书局，1989，第 199 页。

作者简介：刘曙光，《北京大学学报》（哲学社会科学版）常务副主编、编审、博士。

〔责任编辑：刘泽生〕

（本文原刊 2011 年第 4 期）

主持人语

刘泽生

"核心期刊"的论争，可谓是当今内地学界最具争议的话题之一。近期，新版的《中文核心期刊要目总览》（北京大学图书馆）与《中国人文社会科学核心期刊要览》（中国社会科学院文献计量与科学研究评价中心）正在紧锣密鼓的编撰出版之中，想必新一轮的"核心"论争也将有一番新景象。

中国的期刊界与学术界似有一种"核心情结"。自上世纪九十年代北京大学、中国社会科学院、南京大学等相关机构展开关于"核心期刊"、"来源期刊"等学术期刊评价体系的研究、发布以来，遂在学术界与期刊界引起了轩然大波。赞誉者有之，批评者有之，全盘否定者亦有之，更有人历数其负面效应的"七宗罪"，认为其影响恶劣，祸莫大焉。可谓毁誉参半，众说纷纭。

对于"核心期刊"制，真是要说爱你不容易。关于"核心期刊"如何从最初作为指导图书馆选择订阅期刊与提供情报资料收集服务，到发展（异化）成为科研管理部门的一种学术评价体系，或者说是摇摆于作为文献计量学的"核心期刊"与作为学术评价概念的"核心期刊"之间，尤其是后者，这其间有太多值得学者及管理者反思与探讨的地方。

有鉴于此，本刊特别约请了中国社会科学院《中国人文社会科学核心期刊要览》主编姜晓辉研究员、南京大学中国人文社会科学评价国家创新基地叶继元教授等学者，就核心期刊的评价功能与作用、来源期刊（核心期刊）评选的得失与出路等发表意见。姜晓辉认为，核心期刊本来是以优化期刊的利用为目的的，但它的评价功能也是客观存在的，无论是从它的主旨导向分析，还是从它的评选过程和结果观察，核心期刊以定量统计为主、定性分析为辅的产出方式，是目前行之有效和可供选择的评价模式之一。核心期刊的所谓"负面效应"，主要来自应用领域，学术生态环境的影响起着举足轻重的作用。叶继元也指出，为了减少核心期刊、来源期刊的"滥用"、"误用"，消除在评选和使用上的片面化与绝对化倾向，必须建立和完善期刊评价体系，明确期刊评价目的和评价主体，并吁请管理部门应努力营造有利于学术期刊发展的公平、宽松的办刊环境，使学术期刊的评价更加合理。我们还将继续约请从事核心期刊评价及相关领域研究的专家学者为本刊撰稿，尤其欢迎学术界的专家学者、科研管理部门的实际工作者，以及在第一线从事学术期刊编辑出版工作的同行发表高见。

本期话题在关注"核心期刊"的同时，我们还特别关注当前我国学术期刊体制改革的相关信息。本刊自开办"总编视角"以来，陆续收到了多位热心学者的来稿，就学术期刊体制改革与学术期刊传统核心价值等问题展开了讨论。这是颇具学术价值与现实意义的有益探索。本期发表的朱剑先生的《传统与变革：体制改革前夜学术期刊的艰难抉择》，就是其中的一篇。

新闻出版总署近期启动的报刊体制改革，其"转企改制"的目标如何实现？在传统与变革之间，占据半壁江山的学术期刊将面临一场艰难的抉择。朱剑通过对学术期刊传统与使命的形成、演变及传承的回溯，阐明了学术期刊传统的核心价值与使命是"追求真理，传播学术"，而综合性和内向性只是其早期的外在形式，执着于其早期的外在形式，是今天以高校学报为代表的大量综合性期刊陷入困境的主要原因之一。学术期刊改革理应有更为优化的路径，这就是将纸本期刊与数字化期刊分开、将期刊编辑与出版发行分开对待的"两分开"办法。从另一个角度而言，该文也可视为作者对上期本栏有关中国高校学术传统论述的回应，敬请读者垂注。

核心期刊的评价功能与作用

姜晓辉

[提　要] 核心期刊现象是学界争论时间最长、争议最多的话题之一，主要的批评意见集中在核心期刊的研制方法和过程、适用范围以及对期刊与论文的评价作用上。本文通过核心期刊的发展与现状，以及核心期刊制作过程的描述，举例肯定核心期刊具有的特定评价功能，指出其负面作用多出在应用过程中的学术生态环境影响。

[关键词] 核心期刊　科学评价　学术期刊

我国对核心期刊的研究起步于 20 世纪七八十年代，此后围绕核心期刊的争论一直没有停息过，其间众说纷纭，褒贬不一。20 世纪 90 年代以后，核心期刊作为一种选刊工具得到较大发展，而作为一种评刊工具则受到很多非议。主要的批评集中在所谓核心期刊的研制方法与过程不够科学和完善、核心期刊只适用于选刊而没有评价作用等问题上。其中不少论述在探讨核心期刊现象的根源时，也力图建立一种全面、系统、合理评价学术期刊的体系，只是至今还没有见到令人信服的可行方案。我国的核心期刊现象比较复杂，其生态环境起着决定性的作用。本文试图以"中国人文社会科学核心期刊"的研制为例，通过解读其指标、方法和制作过程，对核心期刊的作用，特别是对其评价功能加以说明，以求在学术期刊评价领域中正确理解和看待核心期刊。

一　学界对核心期刊的争议

（一）学界对核心期刊的关注逐年增多

据统计，2001～2010 年中国知网（CNKI）收录的有关文献计量学应用研究的期刊论文总数为 701 篇，其中论及核心期刊的论文共计 248 篇，发文量呈稳步增长态势，期刊分布也非常广泛。[①]从 1949 年至 2009 年的主流数据库中检索出有关核心期刊研究的文献有 2601 条。这些数据显示，国内从 20 世纪 70 年代开始涉猎核心期刊的研究，主要是介绍国外核心期刊的研究概况和特定学科的核心期刊，80 年代开始较详细地介绍外文核心期刊表，探讨核心期刊的定义、特点、意义、形成的根据和筛选的方法等问题。进入 90 年代，随着北京高校图书馆期刊工作研究会、北京大学图书馆联合发起并编辑的《中国核心期刊要目总览》第一版的问世，核心期刊进入了一个繁荣发展和激烈争论时期。[②]总的来说，国内有关"核心期刊"争论的文章逐年增多，显示出学术界诸多学者、期刊编辑对核心期刊在中国的发展及其功能拓展进行了深入的思考和剖析，对核心期刊的功能以及加强我国学术评价的科学性、合理性、公正性，提出了许多建设性意见。核心期刊的原始作用和定量统计方法得到大多数人的认同。但总体上看，对其评价功能方面的批评意见还是占多数。

（二）对核心期刊的批评意见

对核心期刊的批评意见主要集中在其评价功能方面。持批评观点者认为，核心期刊是用数量化的方法进行学术期刊评价，先天不足，难以承担复杂的学术评估使命，其负面影响大大扰乱了学术期刊的正常发展。2000 年，王振铎在《质疑"核心期刊"论》一文中提到："刊物既没有核心，也没有级别"，严厉批评核心期刊"已闹得我国编辑出版界搔首踟蹰"，甚至"泛滥成灾"，"应尽快弃置不用"，或加以严格限制。[③]其后，钱荣贵连续发表文章，全盘否定"核心期刊"评价功能的意义，认为"'核心期刊'演变成一种评价尺度，对期刊界、学术界的负面影响是显而易见的"。"'以刊论文'的评价方式不仅缺乏科学依据，而且与国际惯例'貌合神离'，实不可取。"[④]"'核心期刊'对学术界、期刊界的危害已有目共睹，不容置疑"，"'核心期刊'的适用范围还是限定在图书情报界为宜，一旦跨出了这一范围，就难免要形成负面效应"。[⑤]钱荣贵在其《核心期刊与期刊评价》一书中对核心期刊现象进行了全面、深入、系统的论述，比其他一些情绪化的宣泄文章更有说服力。书中列出的核心期刊七大负面效应是颇具代表性的批判意见：一曰核心期刊遴选是操纵我国学术期刊生存与发展的一只"黑手"；二曰"惟核心期刊论"导致学术期刊的价值取向发生偏离；三曰庞杂繁乱的核心期刊遴选干扰了正常的编辑出版秩序；四曰核心期刊已成为某些学术期刊大肆敛财的金字招牌；五曰"以刊论文"的科研评价方式恶化了我国的学术生态；六曰此起彼伏的"核心期刊"遴选浪费了大量的物力、财力、人力；七曰要求研究生必须在"核心期刊"上发文，侵蚀了学子的学术精神。[6]七宗罪之重，似乎在期刊评价领域必先除去核心期刊而后才能步入正轨。2003年，钱荣贵在《走向终结的"核心期刊"现象》一文中坚信："在不远的将来，目前这种异化的'核心期刊'现象必将走向终结。"[7]而事非所愿，近十年来"核心期刊"现象非但没有终结，而且越来越多，近期又有武汉大学的"RCCSE权威期刊和核心期刊排行榜"高调加入到评刊队伍中。

还有一种观点认为，我国的核心期刊理论是照抄照搬的舶来品，缺乏创新，游离于国情与国内学术研究之外，评价体系没有多少中国特色，有的是核心期刊幼稚病、科研管理部门的无知和无能，等等，其意似乎要从本体上去除核心期刊的科学合理性。

应该说，批评者所谈到的核心期刊的负面影响，很多确有其客观依据，对这些负面影响有必要进行反思和匡正。如果撒去情绪化的言论，这些对核心期刊的分析和批评意见有利于全面了解和认识核心期刊在研究、制作和实践中存在的问题，有利于找出实际应用中不良影响的症结所在。这些批评意见也从一个侧面说明核心期刊的评价作用触及了社会的敏感问题，而问题的根源出在哪里，还需要全面的分析和研究。

（三）对核心期刊的正面分析

有些学者在论述中基本肯定了核心期刊的重要性及合理的应用，认为在客观上核心期刊有许多积极作用，是不可否认的。核心期刊作为一种文献计量学的统计结果，对期刊评价及期刊发展起到了促进作用，引发了大家对核心期刊的关注与追求，客观上提升了学术期刊的竞争意识和期刊的学术质量。

2009年，高自龙在《原罪与救赎：我国人文社科"核心期刊现象"评析》一文中进行了较有代表性的分析："客观地说，几十年来我国对'核心期刊'问题的研究与应用，确实取得了很大的成绩。一是我国文献计量学学科完成了对'舶来品'的消化与吸收，研究成果颇丰，基本形成了一套学科体系，推动了我国在这一领域的理论进步。操作实践层面，各种核心期刊遴选体系也各有所长、各具特色，遴选指标不断完善，数据统计计算机化、精确化程度不断提高。'核心期刊'问题的深入探索，对我国文献计量学、图书情报学、管理学等领域的研究与应用开辟了新的路径。二是揭示了我国期刊发展的基本态势、集聚与分散规律。三是激励、推动了我国期刊质量的全面提升。有比较和竞争才会有发展和提高，打破过去以行政级别界定刊物级别的做法本身就是一种进步。实际结果也证明在学科分类清晰的'核心期刊'排名表中连续排名靠前的部分期刊，总体质量水平相对较高，造就为期刊编辑出版者提供了竞争分析的参考资料。同时，'论文引证'、'参考文献'标注要求，强化了作者对别人已有研究成果的继承和尊重意识。四是为科研导向、科研管理提供了一定范围、一定程度上的分析参考数据，增强了科研管理工作的科学性、预见性、指导性。"[8]

　　该文作者认为，任何一种学科的兴衰都不能脱离社会实践的发展需要。"核心期刊"理论研究的勃兴既有学科自身的内生动力，更有社会快速发展的外生动力的推动。核心期刊最初是为了指导图书馆利用有限的经费和馆藏空间，有选择地订阅国内外期刊，为广大科研工作者提供最有价值的情报服务，这也是核心期刊发展的原始内生动力之一。外生动力来自于社会需要，如期刊数量和期刊发文量迅猛增长、核心期刊评价体系逐步增多，特别是我国现行的同行专家评议制度受到人为主观因素干扰，公信力受到质疑。在我国现行的科研管理体制下，科研成果的水平和质量评定与个人利益直接相关。在一个重人情关系的社会环境里，组织者的主观倾向、评委的认定程序、主客体的社会关系等因素对成果评定的影响很大，拔高、贬低等主观随意性的事情时有发生。同行专家评议制度在实施过程中出现的不足，不断冲击着科研评价体系的公信力。可以说，人文社会科学成果的高产化、质量评价的复杂性，迫使科研管理评价部门竭力寻找一种客观的、量化的、"无可争议"的科研评价指标体系。核心期刊的出现填补了这一空间。但作者认为，即使现在很多研究证明人文社科核心期刊与其所载论文的质量呈正比例关系，也不能"越位"得出"核心＝优质、核心期刊＝优质论文"的结论。"越位"是各种核心期刊遴选体系的"原罪"之源，所以各种核心期刊遴选体系从"越位"回归"本位"才能得到救赎。[9]更有其他作者断言："对期刊评价而言，'核心期刊'不足以成为期刊质量评判的标尺。首先，'核心期刊'遴选不是纯粹对期刊质量的评价。这一特性从'核心期刊'的遴选指标和操作程序中就可以看出。"⑩

以上的争论和论述，大多是从不同的立场、观点和角度出发，对核心期刊社会应用方面的描述和分析。要想说清楚核心期刊有没有用，在哪些地方有用，还需要从核心期刊的基本概念、主旨和形成过程谈起。

二 核心期刊的研制与发展

（一）核心期刊的基本概念

从目前有关核心期刊的争论内容来看，核心期刊常被解读为两种不同的概念，即作为文献计量学领域所使用的"核心期刊"概念和某些学术评价活动中所认可的"核心期刊"概念。它们之间不存在同一关系，前者是指期刊群中学科情报信息的核心部分，主要为学术期刊的优化利用提供服务，其筛选过程一般要根据文献计量学的定理和统计原则进行；后者关注的是期刊的全面质量，发表过该学科最重要的或有创意的成果，其筛选过程是学术期刊的评优过程。评选优秀期刊或权威期刊的目的是鼓励期刊的全面质量提高，促进竞争力，提升期刊编辑人员的政治和业务水平，评价主体往往是行政主管部门，如新闻出版总署评出的"百强期刊"，各省、部、系统或单位评出的"优秀期刊"。这类期刊的特点是管理部门会同专家进行评议，综合多种因素（有的也包括定量指标）评定出结果。这类评价的优点是以同行专家评议为主体，具有针对性强、时效性、形式多样的特点。本义上的核心期刊与优秀期刊之间有自然的联系，但并非等同，如果有人用后者的标准要求前者，会出现分析错位。传统的或正确的核心期刊概念应是文献计量学领域所使用的"核心期刊"概念，其产生有着明晰的历史发展过程。

1934 年英国文献计量学家布拉德福发现，学科文献在期刊中的分布是有规律的，即少数期刊集中了大量某学科的论文，而其他期刊则很少出现该学科的论文。他给出了学科论文在期刊中的分布规律的数学表达式："对某一学科或主题而言，将科学期刊按其登载相关论文数量的多少递减排序，这些期刊就可以分成对该学科或主题最有贡献的核心区，以及论文数量与核心区相等的几个区，这时核心区与相继各区的期刊数量成 $1 : a : a^2 \cdots\cdots$ 的关系。"布拉德福在此首先提出了核心区的概念，后来的研究者将位于核心区的期刊称为核心期刊，布氏揭示的这一规律也被后人称为"布拉德福文献集中与分散定律"。这一定律不仅说明了核心期刊的客观存在，而且揭示了文献分布的集中与离散规律。此后有许多人对这个问题开展了深入的研究，如维克利对布拉德福定律的修正、高夫曼和沃伦的最小和最大核心的划分方法、莱姆库勒利用数理统计方法得到的"布拉德福累积分布函数式"，等等。自 1934 年首次提出核心期刊这个概念，到 20 世纪 60 年代末，大约 30 余年的实践，各国科研人员对于布拉德福定律存在的原因进行了探讨，对定律的数学表达式进行了修正，并与文献计量学的其他定律进行比较，以探索文献分布的规律。

不论是布拉德福还是后来者，研究的对象都是如何从文献的分布规律中得到更为合适的核心期刊筛选方法，从而得到数量更为合理的核心期刊。布拉德福定律的基础之一在于强调"某学科或主题"，在划分核心期刊时，首先要确定核心期刊存在的学科主题。布拉德福定律的基础之二是区域划分的个数，它决定了核心期刊数量的大小。布拉德福定律的现实意义在于通过某个学科文章在期刊中的分布分析获取一定数量的核心期刊，从而减少读者面对众多期刊难以选择的迷茫，使读者选择专业期刊时更有针对性。

1953 年，美国著名文献计量学家加菲尔德首先发现了期刊文献引用规律。1962 年，他创立了 SCI。1971 年，加菲尔德以 SCI 在 1969 年第四季度收录的 2200 种期刊数据为统计对象，统计了其中约 100 万参考文献的出处，结果发现 75% 的参考文献出自 767 种期刊；其余的少数引文来自大量的较为分散的多数期刊。由此他得出结论：各学科核心期刊不超过 1000 种，最主要的核心期刊不超过 500 种。加菲尔德的研究从期刊论文引用情况证明了文献集中分散规律，即期刊论文被引用的情况也符合布拉德福定律，期刊的分布也有一个比较集中的核心区域和一个比较分散的相关区域，这就形成了著名的"加菲尔德文献集中分散定律"。这是加菲尔德对布氏定律的重大突破和发展。后来他又相继成功研制了 SSCI 和 A&HCI，形成了一个多学科、国际性和综合性的引文索引体系和引文分析理论体系，为人们提供了一种全新的文献分析与检索途径。有意思的是，作为开发者的初衷，引文索引（引文数据库）原本是为了提供新的检索途径——引文检索而产生的，但真正使它名噪于世的是它后来的定量评价功能。

从布拉德福定律即可看出，某刊是否某学科或专业的核心期刊，主要在于它是否集中刊登了该学科或该专业的论文，从而成为该学科或该专业的主要文献信息源，即核心期刊。这里强调的是某学科或专业领域的文献在一定数量期刊上的集中度。而加菲尔德则从引文角度认为"被引文献较为集中的期刊即为核心期刊"。加菲尔德强调的引用关系本身带有天然的评价关系，是核心期刊具有评价功能的出发点。

核心期刊的定义也能体现出核心期刊固有的评价要素。虽然现有的几种核心期刊的定义表述方式不同，但它们都强调了核心期刊的几个方面：刊载某学科论文较多、论文受读者重视且使用率较高、学术影响较大、能反映学科前沿研究状态等。这些方面非常适用于反映学术期刊的学术应用特性，因而很快被整个学术界、科研管理界广泛接受和使用。

（二）我国核心期刊的研制现状与特点分析

目前，我国主要有六大学术期刊评价体系，分别从不同研发视角推出了自己的研制成果。

1.《中文核心期刊要目总览》

《中文核心期刊要目总览》（以下简称"总览"）最初是由北京大学图书馆和北京高校图书馆期刊工作研究会共同主持的研究项目，起始于1990年，1992年出版第一版，以后每四年出版一次，最新的是2008年版。"总览"在几家核心期刊遴选机构中是起步最早的，其评定的学科范围大，既涵盖自然科学，又涵盖社会科学，由于其服务层面较多，包括为馆藏期刊选刊服务，因而选出的期刊数量较多（例如2008年版为1983种，分属7大编73个学科类目）。"总览"是根据文献计量学的定理和方法，以提供学术期刊的优化利用为目的而展开核心期刊研制的，所用的指标比较多，使用的统计源数据库也较多（2008版为81种），研制过程比较复杂，定性评价中专家评审所占的比重相对较大，重视综合性核心期刊的遴选。由于"总览"研制启动较早，文理结合，参与评选的人员比较多，因此社会影响也比较大。

2.《中国人文社会科学核心期刊要览》

20世纪90年代中期，中国社会科学院文献信息中心开展社科文献的量化分析和相关理论方法研究，完成了一系列有关社科论文宏观分布和微观产出的研究课题。1999年，通过合作方式，开始了大规模的文献计量基础工作——"中国人文社会科学引文数据库"的建设，并在此基础上制作了内部交流材料"中国人文社会科学核心期刊要览"。之后，分别出版了2004年版和2008年版的《中国人文社会科学核心期刊要览》（以下简称"要览"）。"要览"研制的主旨是通过对学术期刊发展规律和增长趋势的定量分析，找出期刊发展和应用中的核心部分，为便利学术期刊的使用和优化文献资源的利用提供参考服务。"要览"根据文献计量学的定理和方法，利用自建的引文数据库和文摘库开展多层次的统计分析，评价指标较多，学科针对性强，入选比较严格，评选出的核心期刊数量少而精。"要览"2008版评出核心期刊386种，公布了核心期刊学科引用分布表，研制过程相对透明。从学术期刊评价角度看，"要览"选出的优秀期刊，更注意其高端的学术影响力，注意其在专业领域的前沿导向作用。

3. "中文社会科学引文索引"（CSSCI）

中文社会科学引文索引（Chinese Social Sciences Citation Index）（以下简称 CSSCI）是由南京大学中国社会科学研究评价中心开发研制的引文数据库，用来检索中文人文社会科学领域的论文收录和被引用情况。CSSCI 的研制始于1998年，1999年香港科技大学加盟资助，共同开发，并获得了教育部的重大项目资助，于1999年和2000年出版了光盘版和网络版。CSSCI 的研制初衷有三个：一是为了建立一个不同于传统索引系统的、从引文角度来编制的新型中文人文社会科学文献检索系统；二是希望利用这个数据库，通过引文分析来描述人文社会科学的发展，跟踪科研动态、科研前沿和学派动向，尤其是边缘学科、交叉学科和综合学科的发展情况；三是要为人文社科的学术评价提供参考和帮助。从学术期刊评价角度说，CSSCI 的实质是以其自建的引文数据库为基础，对人文社会科学期刊进行择优筛选后，确定一批来源期刊，以保证其引文数据库的统计源质量。CSSCI 来源期刊的定义不同于上述两家核心期刊的定义，但社会上也将其视同为核心期刊。CSSCI 主要面向人文社会科学领域，利用引文数据库里的"他引影响因子"和"总被引频次"两项指标，结合专家意见认定来源期刊，指标相对比较单一，但数据更新较快。CSSCI 于2009年评选出25大类527种CSSCI来源期刊（2010~2011年）和173种CSSCI扩展版来源期刊（2010~2011年），在网上公布来源期刊和扩展版来源期刊目录，并提供检索服务。

4. "中国科学引文数据库"及《中国科学计量指标：期刊引证报告》

中国科学引文数据库（Chinese Science Citation Database）（以下简称CSCD）创建于1989年，在国家自然科学基金委员会资助下由中国科学院文献情报中心承建，是我国第一个引文数据库。1996年出版了我国第一本印刷版《中国科学引文索引》（Chinese Science Citation Index，CSCI），1998年出版了《中国科学引文数据库》光盘版（CSCD – CD），2003年发布网络版——中国科学文献服务系统（又名 Science China），数据每周更新，提供网上查询服务。CSCD 数据内容体例结构与 SCI 基本相同，为读者提供引文索引检索文献的途径。CSCD 筛选期刊的目的是向用户推荐一批最受科研人员关注的期刊，因此在筛选时不仅考虑了学科内容的分布，也对新创刊的期刊是否能反映科学领域的热点问题加以关注。CSCD 在基本结构和选刊原则等诸多方面与美国 SCI 接轨。由于 CSCD 是基于自然科学和工程技术领域的，因此在交叉学科期刊的评价上能力有限。CSCD 遴选结果网上公布，提供检索服务，并通过网络版（中国科技期刊引证指标数据库）和印刷版（《中国科学计量指标：期刊引证报告》）提供来源期刊的多项指标数据。CSCD 在科技期刊界享有盛誉，因此也是很多项目申报检索查新或绩效评估指定查询库。

5.《中国科技期刊引证报告》（核心版）与《中国科技期刊引证报告》（扩刊版）

1987 年，中国科学技术信息研究所开始对中国科技人员在国内外发表论文的数量和被引用情况进行统计分析，并利用统计数据建立了中国科技论文与引文数据库（CSTPCD）。自 1997 年起每年连续出版《中国科技期刊引证报告》（以下简称 CJCR），1998 年起有两个版本，即《中国科技期刊引证报告》（核心板）和《中国科技期刊引证报告》（扩刊版）。CJCR 通过提供来源期刊指标数据，帮助用户综合全面地评价分析期刊。CJCR 所用数据库只有自建的 CSTPCD，统计源数据库相对单一，但统计指标较多（2009年版共 21 个指标），在科技界影响较大。

6. 其他期刊评价体系

除了上述几家主流的期刊评价体系外，还有其他一些期刊评价研究体系。中国人文社会科学报学会研制的《中国人文社会科学报核心期刊概览》，是以高校学报为评选对象的期刊评价成果。它除了参考文献计量数据外，还从中国高校社科学报的实际出发，组织相关专家成立权威评委会，对刊物的方向、学术水平、编校质量、出版印刷质量等重要指标作出全面评价和鉴定。武汉大学邱均平教授负责研制的《中国学术期刊评价研究报告》，不仅给出了核心期刊的定义，还提出了"权威期刊"的概念，指出"权威期刊"是核心期刊中的"核心"，是最重要的核心期刊，在学术界与科研人员心目中享有权威地位和最高学术水平。实际操作中，在各学科期刊排行榜中，排在最前面的 5% 的期刊为"权威期刊"，排在前 6%～20% 的期刊为

"核心期刊"。

《中国学术期刊综合引证报告》由中国学术期刊（光盘版）电子杂志社、清华大学图书馆和中国科学文献计量评价研究中心共同主办，以 CNKI 中国知识资源总库中"中国期刊全文数据库"（CJFD）为数据基础制作的。该报告按年卷同时出版纸质本和光盘版，已出版至 2008 年版。

通过对国内几家期刊评价体系的介绍可以发现，国内期刊评价基本上都采用了文献计量方法与专家评审相结合的模式，但由于评价目的不尽相同，评选方法与结果也存在差异。例如，上述"总览"与"要览"都是以期刊应用为目的、以传统核心期刊理论和方法为指导的评价体系；但前者更倾向于为图书馆期刊部门选刊提供服务，学科覆盖比较全，数据量充分，较好地体现了核心期刊的基本功能；后者则以研究者如何优化利用学术期刊为服务主旨，为学者提供便捷简约的选刊工具，所以学科类目的选择以研究方向为参考依据，期刊的数量选择以集约精选为取向。

上述评价体系大体可分为三类。（1）为学术期刊的应用而研制的核心期刊评价体系，这一评价体系以统计学术期刊的使用率和影响力为主要特征，采用文献计量指标和专家评审相结合的方式遴选核心期刊，如"总览"和"要览"，可以说是经典和传统意义上的核心期刊。（2）以文献数据库和引文数据库为基础，以单项或多项定量指标为依据的排序类评价体系，如 CJCR。这类评价为期刊的自我评价提供了一种多角度的参照点，同时也为各种评价活动提供可参考的数据。（3）以文献计量指标为基础、专家评审相结合筛选出数据库来源期刊的评价体系，如 CSCD 和 CSSCI。这类"来源期刊"常被视为我国自然科学和社会科学领域里评优意义上的核心期刊。在结构形式上，CSCD 来源期刊中包含了核心期刊部分，CSSCI 在来源期刊之外又增加了扩展来源期刊，以示等级上的差别。

虽然上述各家评价的目的、方法、指标和结果各异，有的是用经典的文献计量方法去统计核心期刊，有的是利用定量分析方法去评价优秀期刊，但它们都直接或间接丰富了学术期刊的评价工作。从这些期刊评价体系的介绍中可以看出，我国以文献计量方法为主要特征的评价体系各具特色，期刊评价工作可以根据它们的特点选择自己需要的参考标准或数据指标。从发展的眼光看，各式各样的学术期刊评价体系会在科学评价的实践中不断完善自己，接受优胜劣汰的自然选择。那种建立一个包罗万象的通用的评价体系，或由官方出面建立一种权威的评价体系的构思，是不利于学术自由和不切实际的想法。

三　核心期刊的评选与评价作用

有一种观点认为，核心期刊只适于图书资料部门收集期刊，不具有学术期刊评价功能，用核心期刊"越位"搞学术期刊评价或用期刊评价论文是乱象的根源。慑于强大的批评压力，核心期刊评价部门一般也发表"免责"声明：核心期刊不是专门的评刊工具，不要过度使用等。这就提出一个问题：核心期刊有没有学术期刊的评优功能，这种功能有多大。以下，我们用"中国人文社会科学核心期刊"的评选过程为案例作一些简要探讨。

（一）核心期刊评选中的期刊质量测度

"中国人文社会科学核心期刊"是由中国社会科学院文献计量与科学评价中心评选出来，以"要览"的形式发布的评选成果。它的评选过程，也可以看作是对学术期刊质量的测度过程，因为根据其定义所选出的核心期刊，必须是"某学科或某领域学术使用率（含被引率、转摘率和流通率）较高、学术影响较大的期刊"。

上述定义显然不包含评优意义上的对学术期刊质量的全面认定。"学术使用率较高"的概念，是统计和筛选核心期刊的最基本着眼点，即通过统计期刊论文的相关指标来测定期刊在"学科论文产出率"基础上的"学术影响力"。前者强调学术期刊的学科性，后者是学术期刊质量的主要表征，其质量标度是由可计量的期刊使用率来测度的。这种测度的假设前提是：如果某期刊的学术使用率高，则可以推定为学术影响力大，学术影响力大又可以推定为学术质量优秀。当然，这种简单推定是一般性的、大概率事件的推定。它强调的是学术影响力对于学术期刊来说是最基本的无可替代的必要条件。很难想像，一种高质量的优秀学术期刊是一种在自己的学术圈内少人参阅且没有什么影响的期刊。有些观点总是以小概率事件否定核心期刊的评价功能（例如，核心期刊并不都是好文章、被引用高的论文并不都是高质量的论文等等），其根源是混淆了核心期刊对期刊学术影响力的总体评价功能与评优达标类的全面评价功能的区别。

从"要览"的统计结果看，"发表学科论文较多"的期刊一般是专业期刊，同时，"使用率较高"的期刊，在各学科的统计中也是专业期刊占主导地位。因而，"学科论文产出率"较高的期刊，一般是通过专业期刊体现出来，可以不作为期刊的质量统计指标。而反映学术期刊质量的重要指标——"学术影响力"统计，特别是期刊在学科中的影响力统计，是评选工作的重点和贯穿始终的主线。核心期刊的质量测度首先是以期刊的学术影响力为尺度，以期刊的学科核心区为范围认定的。它使用以引用指标为主的综合统计方法来反映期刊的"学术影响力"，其主要特点是从期刊被利用的情况来评价和选择期刊。基于这一认识，"总览"和"要览"两家评价体系自 2004 年版以后，已摒弃了筛选"发表学科论文较多"的期刊统计方法，转而采用以引用数据为基础的注重质量表现的综合统计方法。

"中国人文社会科学核心期刊"的评选过程大致可以分为两大部分：一是以影响力指标为依据确定各学科的核心区范围，二是根据 5 项质量指标调整期刊的排队序列。前者以间接指标的定量统计为主，后者以专家直接定性考评为主。

第一部分的影响力指标来自期刊的学术使用率，分成三个组成部分（见图 1）：

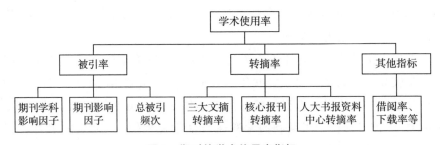

图 1　期刊的学术使用率指标

期刊的学术使用率是可以量化的统计指标，用以测定核心区并筛选出优质期刊。上述指标中"期刊学科影响因子"是最重要的统计指标。"期刊学科影响因子"的定义是：某年某学科论文引用该刊前两年论文的总次数除以前两年该刊发表的论文总数。它主要表示在给定时间内某期刊的全部论文被某一学科论文集合所引用的程度，意在反映期刊在某学科论文集合中的使用率。

"期刊学科影响因子"与"期刊影响因子"的不同之处在于前者的引用主体来自某学科论文的集合，可以从期刊的被利用角度，以期刊被学科论文引用的频次为统计对象，测定期刊在某学科的核心地位。这种测定的结果往往能显示出核心区的高聚集度，即显示数量较少的期刊发挥较大影响力的部分；后者则是期刊的篇均影响力指标，不强调引用的学科性，施引主体涉及的学科领域比较广泛。下面用 2004 年版"要览"研制过程中的法学论文统计图表,对"期刊的学科被引"指标的二八分布效应加以对比说明。图2中的左、中、右三条曲线分别为期刊的"学科被引累计百分比"、期刊的"学科载文量累计百分比"和期刊的整体"被引频次累计百分比"。纵坐标为曲线的累计百分比刻度,横坐标为期刊的累计数量。

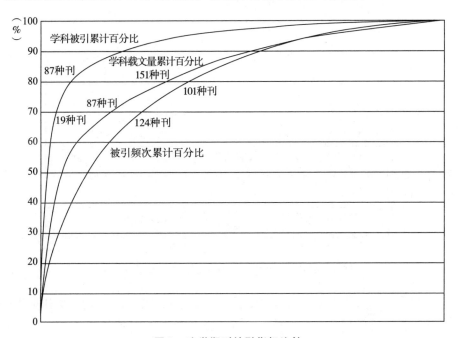

图2 法学期刊被引指标比较

从图2可以看出,当"学科被引累计百分比"达到70%时,期刊数量为19种,核心效应最为突出。而相同的累计百分比,"学科载文量累计百分比"对应的是87种,"期刊被引频次累计百分比"对应的是124种。显然,以期刊的"学科被引累计百分比"界定核心期刊数量,集中效果比较明显。

"期刊学科影响因子"指标的使用虽然缩小了核心区中的期刊数量,但选出的优秀期刊的影响力和期刊质量都比较高,并且都是法学专业期刊。利用上述指标,2004年版核心期刊总数为344种,2008年版核心期刊总数为386种。

以下用2008年版"要览"研制过程中的图书馆、情报与文献学专业期刊作核心区分析:

根据样本统计,在分学科的被引期刊中,被图书馆、情报与文献学论文引用的各类期刊有757种,在前556种中含有专业期刊44种(见图3)。

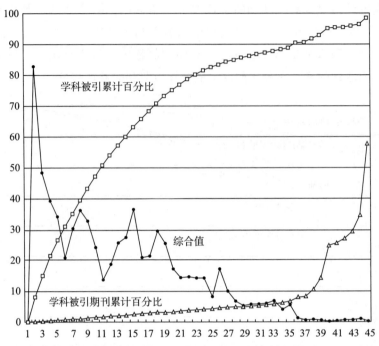

图3　图书馆、情报与文献学专业期刊核心区分析

图3中，三条曲线分别是"学科被引累计百分比"、"学科被引期刊累计百分比"和数据的"综合值"指标，以"学科被引累计百分比"为基准做图。从图中可以看出，当"学科被引累计百分比"的累计量达到80％时，对应的期刊种数为22种，全部为专业期刊（"学科被引期刊累计百分比"显示占统计期刊总数的4％）；当其累计值取70％时，专业期刊为17种。上述两条曲线主要用以确定核心区范围。从图中可以看出，这个学科的专业期刊核心效应非常明显，核心区内的期刊基本上是高质量的专业期刊。图中的"综合值"曲线为10种数据指标的加权综合值，是期刊的综合质量指标，在最后的分析中，它还需要用专家论证指标进行加权复合，然后用于期刊排序位次的调整。

从以上的核心期刊筛选过程可以看出，核心期刊作为一个整体发挥了学科范围内的主导作用（占了全部影响力的七八成），作为个体代表了影响力中高效的支撑成分，其排序的位置代表了个体学术贡献力的程度，因而可以引申说，核心期刊覆盖了绝大部分最具影响力的权威期刊和优秀期刊。

综合性学术期刊的筛选对核心期刊来说是个棘手的问题。有一种做法是用总被引和影响因子指标给综合性学术期刊排序，显然这种做法违背了核心期刊坚持学科性或专业性的原则。在各学科的总使用率中，综合性学术期刊的贡献力占有重要比重，是不可或缺的部分，但其影响力需要进行分学科统计才能明晰出来。综合性学术期刊的统计原则是既重视其在具体学科中的应用，又注重它的跨学科特点。由于读者或作者在使用学术期刊时，总是从学科角度或某一研究方向去利用，因而综合性学术期刊的作用首先体现在各种具体的学科应用中。综合性学术期刊与专业期刊相比，主要特征是载文的多学科性和跨学科性，因而不宜在分学科的统计中认定它的整体学术影响力，也不宜加入期刊的学科载文量指标进行统计。在"要览"的先期筛选统计中，以期刊的学科论文引用为基础，进行了不分专业类别的混合统计，旨在拟合应用轨迹，反映期刊的实际应用情况。在后期的分学科统计过程中，专业期刊单独列表统计，综合性学术期刊按特定指标另行列表统计，是为了顾及综合性学术期刊的特点，最后公布的各学科核心期刊表只列出专业核心期刊表和综合性学术期刊表，目的在于适应期刊使用者的习惯。如果使用者需要了解某学科的使用率比较高的全部期刊，可以参考分学科的期刊引证表。

根据统计结果分析，综合性学术期刊的整体影响力与其在各学科的影响力一般呈正相关的关系。表1是"要览"2008年版综合性学术期刊前20名的情况，表中的"数据综合值"指标，是由10种指标加权归一后的隶属度值，反映期刊影响力的程度，其中"进入核心区的学科数量"指标表示该刊在分学科影响的广度。

表1　"要览"2008年版综合性学术期刊前20名概况

序号	刊名	数据综合值	进入核心区的学科数量
1	中国社会科学	0.98	26
2	中国人民大学学报	0.38	14
3	北京大学学报	0.37	20
4	学术月刊	0.31	13
5	社会科学战线	0.30	17
6	江海学刊	0.29	14
7	学术研究	0.29	17

序号	刊名	数据综合值	进入核心区的学科数量
8	江苏社会科学	0.29	15
9	北京师范大学学报	0.28	14
10	复旦学报	0.28	15
11	社会科学	0.27	15
12	文史哲	0.26	9
13	国外社会科学	0.26	15
14	社会科学研究	0.25	15
15	浙江社会科学	0.25	15
16	河北学刊	0.25	9
17	浙江学刊	0.24	14
18	南京大学学报	0.23	11
19	吉林大学社会科学学报	0.23	13
20	厦门大学学报	0.23	12

第二部分的影响力指标为专家评定指标。

把核心期刊的备选表送专家评审。专家参考数据综合值的情况，主要从定性的角度，即从期刊的学术水平和影响、期刊对推动学科发展的作用等方面进行综合评估，同时也参考期刊的其他指标进行分析，如期刊的获奖情况、编辑水平、作者构成情况。专家根据定量分析形成的排序表对备选期刊进行定性评价打分，专家的定性评价指标为以下5项。

（1）期刊学术性（期刊内容的学术含量及比重）。这项指标主要是限定评选范围。学术期刊应以发表学术论文为主，辅以学术综述、述评和其他相关的学术信息。非学术性刊物或半学术性刊物不在评选范围之内，同时排除了少数学术使用率虽高，但学术含量不高、缺少研究内容的期刊。

（2）论文的学理性与创新性。期刊论文的理论含量应有厚重的专业理论基础和研究的深度与广度，以充分、翔实有力的论据作为立论依据，论证严谨充分、逻辑清晰。论文的科学性和创新性是最重要的质量标志。

（3）编辑质量（编校差错率及选题策划能力）。除要求达到规定的编校质量外，编辑的选题策划能力也是编辑质量的重要考核指标。明确定位、抓好选题、组好稿件，是保证编辑质量的基础。

（4）学术规范性（论文的写作规范和著录规范）。期刊的学术规范可以从两方面看，一是论文的写作规范性，学术论文要按本学科通行的范式撰写，在引用他人的学术成果时要注意引用规范，当引则引，杜绝伪引、错引、重引、漏引等现象，要如实注明出处。防止言之无物的空泛论述和抄袭拼凑等学术不端行为。二是论文的著录规范性，必要的著录项目要齐全，特别是参考文献（引文）的各个组成要素要完整，不能写错。

（5）刊物公信度（学术水平与学风的社会认同度）。刊物的公信度是期刊的整体形象指标，由读者、作者、同行专家根据期刊一贯的学术水平和学风给出印象分。公信度可以根据口碑情况打分。

上述五项评价因素要求专家分别打分；每项满分为 5 分（表示优、良、中、差、劣的等级程度），并分别给予五项评价因素权重值，然后统计出专家评价值。

以上的评选过程，实际上是用定量统计与定性分析相结合的方式对学术期刊的学术质量做一定向的评比。不难看出，核心期刊的内容质量要求不亚于通用的评优标准。

（二）核心期刊评价体系的适用范围

任何评价系统都会有一定的适用范围。根据以引用指标为主的期刊使用率来判断期刊的影响力，进而推定期刊学术质量，是核心期刊评价的特点。它的直接使用价值是为读者、作者和馆藏部门提供各学科使用率较高的少数学术期刊。利用这些期刊可以快速便捷地了解各个学科或各研究领域的动态和发展。此外，作者在这些期刊刊登稿件也可以获得较大的传播范围。

根据以上对核心期刊研制过程的分析，核心期刊的评价功能既是积极的客观现实，也是极具应用价值的期刊发展推力。它的评价特点在于把学术期刊放在宏观的学术贡献率中确定自己的位置和档次，也就是说，看看自己在学术发展中的价值有多大、作了多大的贡献，同时可以通过核心期刊的评价指标确定自己的纵向进步程度，以及和同行的横向比较量度。这种评价过程有利于找出办刊中存在的问题及定位编辑方针。

尽管核心期刊评价有专家论证的定性补充，并包含了对权威期刊和优秀期刊的测度，但它还不能丢掉自己的学科性，去按地域、部门和行业来分级分类地筛选期刊，而只能按文献计量的学科要求统计出核心区的结果。但为了适应期刊评价的要求，这些评价结果也可以按需要进行任何形式的匹配应用，例如作为地区或部门评选优秀期刊的定量参考指标。它的客观评价功能是可以适应社会需要的。"要览"的评选结果，不仅仅是核心期刊表，还包括更大范围的引证期刊。它的评选虽然具有定性内容，但其方法和过程排除了一些人为因素的干扰和非学术的照顾因素，突出了学术期刊的应用价值，客观地反映了学术期刊的发展状态和质量水平。

从核心期刊评价作用的局限性看，由于核心期刊的界定要服从集中分散定律，即使某些学科的优秀期刊很多，也不可能都进入核心区范围；有些小研究领域的优秀期刊，如果放在大学科中评选会因其使用率相对不高而难以入围，如果按小学科或小专业领域分析则会由于无法确定期刊核心区的存在而落选。结果是核心期刊不一定包括全部的优秀期刊。因而，在使用核心期刊的评价功能时应注意其局限性，并注意与具体的评价体系相结合。

结　语

核心期刊的评价功能是客观存在的，无论是从它的主旨导向分析，还是从它的评选过程和结果观察，核心期刊以定量统计为主、定性分析为辅的产出方式，是目前其他方法难以取代的行之有效的评价模式之一。当然，核心期刊评价体系建设还有不完善的地方，需要在长期的实践中不断修正，特别是统计源的建设和统计指标的研究，还需要很大改进。核心期刊的所谓"负面效应"，主要来自应用领域，学术生态环境的影响起着举足轻重的作用，特别是科研管理部门的政策导向作用。只有科学地研制和科学地理解与使用核心期刊，才能促进科学评价事业的繁荣发展。

---

①蔡静、汤江明：《近十年国内文献计量学的应用研究状况——基于 CNKI 2001～2010 年核心期刊论文的统计分析》，北京：《农业图书情报学刊》2011 年第 6 期。

②李丽：《"核心期刊"争论概述》，贵阳：《贵图学刊》2011 年第 2 期。

③王振铎：《质疑"核心期刊"论》，南宁：《出版广角》2000 年第 12 期。

④钱荣贵：《质疑"核心期刊"的评价功能》，北京：《中国出版》2002 年第 11 期。

⑤钱荣贵：《"核心期刊"负面效应、成因及消除策略》，合肥：《学术界》2002 年第 6 期。

⑥钱荣贵：《核心期刊与期刊评价》，北京：中国传媒大学出版社，2008，第 133～138 页。

⑦⑩钱荣贵：《走向终结的"核心期刊"现象》，江苏镇江：《江苏大学学报》（社

会科学版）2003 年第 3 期。

⑧⑨高自龙：《原罪与救赎：我国人文社科"核心期刊现象"评析》，武汉：《江汉论坛》2009 年第 2 期。

作者简介：姜晓辉，中国社会科学院文献计量与科学评价研究中心常务副主任、研究员，《中国人文社会科学核心期刊要览》主编。

［责任编辑：刘泽生］

（本文原刊 2012 年第 1 期）

引文数据库来源期刊（核心期刊）评选的得失与出路

叶继元　袁曦临

[提　要] 来源期刊或核心期刊原本的概念不能完全等同于优秀期刊的概念，它们既有相同点，亦有不同点。国内外引文数据库来源期刊的评价大同小异。国外的来源期刊评选目的明确，问题较少；而国内的来源期刊评价目的不明，在取得很大进展的同时，也带来不少问题。其原因在于期刊内容庞杂、分类不易评价等客观原因和一些科研管理者"滥用"、"误用"等主观原因，期刊评价体系不健全是其根本原因。其出路在于明确核心期刊、来源期刊的评选目的，更科学的分类评价，更注重制定质量、创新和特色指标，更注重专家评价。

[关键词] 期刊评价　核心期刊　来源期刊

引　言

引文数据库的来源期刊或核心期刊每隔几年都要评选一次，每次都会引起各种不同的声音，赞成者有之，反对者有之，质疑者亦有之。到底如何看待来源期刊或核心期刊的评选，其积极意义有哪些，不利影响是什么，负面影响是如何形成的，如何规避这些影响，目前这些问题仍然是学界、期刊界、科研管理界十分关注的话题。

来源期刊或核心期刊在当下中国已有两层含义，一是指本源上的含义，即并非完全等同高质量期刊；另一则是指高质量期刊。核心期刊之所以备受关注，原因就在于它承载了太多非关期刊本身的内容，既涉及以学术期刊为论域的学者的命运，也关乎期刊出版人的生存境地。因此，引文数据库来源期刊或核心期刊的遴选才招致各种非议，使来源期刊或核心期刊承载过重，且严重背离了来源期刊或核心期刊评选的初衷和主旨。

一　来源期刊、核心期刊与优秀期刊辨异

严格说来，来源期刊与核心期刊是有区别的。来源期刊（source journals）是指编者根据所编数据库的目的、要求，从期刊学术性、编辑标准等方面衡量选出的作为统计源的期刊。核心期刊（core journals）是指刊载某学科文献密度大，文摘率、引文率及利用率相对较高，代表该学科现有水平和发展方向的期刊。尽管二者亦有相同之处，换言之二者中多数或绝大多数期刊重合，但毕竟有不同。况且来源期刊之间也是有区别的。如 CSSCI 的来源期刊只有 527 种（2010~2011 年的数据），而有的全文期刊数据库的来源期刊有几千种，只要同意全文被其收录，就是来源期刊，显然，这样的来源期刊的质量和其评价功能与精选过的来源期刊不可同日而语。现有的一些中外全文数据库收录较多的来源期刊，内容涉及面广，检索全文文献非常方便，这是很大的优点。但正因为来源期刊较多，精选程度不够，加上通过机器自动生成引文统计数据，对来源期刊中引文著录不规范、编校的差错无法纠正，大量隐含于注释中的引文未分析出来，如果又不通过专家标引和大量人工干预进行弥补的话，那么，其数据质量及评价作用就会受到很大影响。而专门的引文数据库采取精品战略，且花费大量的人力保证数据的质量，因此其评价功能较优。[①]

考虑到目前国内核心期刊的评选与引文来源期刊的筛选都利用引文数据和同行专家评价，因此，为行文方便，下文将核心期刊与来源期刊暂作同义词处理。

"核心期刊"作为文献计量学的一个概念，是 20 世纪 30 年代由英国文献学家布拉德福（B. C. Bradford）首先提出来的，它开创性地揭示了文献的集中与分散规律。20 世纪 60 年代，美国文献计量学家加菲尔德（E. Garfield）从引文角度证实了核心期刊的存在，75% 的引文出现在 10% 的期刊上，进一步证明并发展了布拉德福定律。布氏定律与二八律极为相似，

利用这一原理可以促进期刊管理与研究。

1992 年，北京大学图书馆和北京高校图书馆期刊工作研究会推出《中文核心期刊目录总览》，"核心期刊"的概念进入中国学界至今已近 20 年，这期间其概念内涵发生了重要的变化，相应地其评选方法、指标等也在变化。

核心期刊的本义是指利用文献计量学的数据，诸如载文量或载文率、文摘量或率、引文量或率、利用量或率（阅读、借阅、复印、下载等）统计分析后得到的概念，评选出的那些发表该学科（或该领域）论文较多、使用率（含被引率、摘转率和流通率）较高、学术影响较大的期刊。换言之，即指那些在某一特定的时期内，发表该专业论文比较集中的期刊，通常用"核心"与"非核心"，或"核心"、"相关"、"边缘"等一组词来表达。但这并不表明，刊登在其上的任何一篇文章都具有较高的学术水平，也无法保证该专业的所有高水平的文章都刊登在核心期刊上而不刊登在非核心期刊上。

随着核心期刊、来源期刊的影响力越来越大，核心期刊的含义有所改变，逐渐成为"高质量"期刊的代名词，产生出核心期刊的第二层含义，即"核心期刊"就是高质量的"优秀期刊"，不仅学界和科研管理部门，就是社会舆论也普遍认同"核心期刊"具有某种高质量。

就"核心期刊"的第一层含义而言，核心期刊的遴选目的是为图书馆采访、订购和典藏、利用期刊服务的。具体来说有三大功能：首先是为图书情报部门选购期刊提供参考依据；其次是为图书馆员指导读者阅读提供参考依据；第三是为科研管理部门的学术成果评价提供参考依据。

就"核心期刊"的第二层含义而言，其内涵无疑包含了一定的学术评价功能。顾名思义，"核心"就是学术期刊中那部分最重要的期刊，在中国的社会语境中，核心期刊已成为学术期刊质量评价的一种体现。然而事实上，学术期刊质量评价与核心期刊评价不完全是一回事，二者既有相同点，亦有不同点。

其相同点主要在于，核心期刊评选所依据的载文、文摘、引文、利用等指标，与期刊质量有着或多或少的联系。例如文摘量。文摘是文摘期刊编辑部（其中有些也是学科专家）对已正式发表的期刊论文的内容进行再评价的结果，主要是看这些论文是否重要、是否被读者所关注。而引文数据与期刊质量的相关性则更强，因为这些引文都是同行专家之所为，特别是其中的正面引用数据与期刊的质量有很强的正相关性，诚如加菲尔德所指出的，在大多数情况下，"引文是学者付给同行的硬币工资"。由此可见，认为引文数据是评价机构"评价"出来的观点乃是误解，引文索引等数据库只是将这些同行引用的情况汇总起来而已。其不同点在于，前者是以衡量期刊学术水平、编辑水平、出版水平、政治水平、发行等为标准或目标的，尤以期刊的学术质量及创新为主要，以同行评价为主，因此，质量上乘、质量优异的期刊可以用"权威"、"一流"、"优秀"、"好"、"高"等词汇来形容，即优秀期刊；而后者则主要从载文量、文摘量、引文量或率的大小、比例来测定期刊所属的层次，以文献计量学的指标为主。尽管载文量、文摘量、引文量等指标与同行评价有密切的关系，但毕竟不能与直接的同行评价等量齐观。

目前关于核心期刊上述两层含义的理解相互交叉、纠缠在一起，评选者、管理者、读者乃至大众均认识不一，由此造成了认识上普遍的异化和模糊，以及实际行为上的简单化。必须强调指出，与期刊质量有很强正相关性的来源期刊或核心期刊评选并不等于期刊质量的整体评价。把握和处理好二者评价的异同的"度"，对期刊评价和管理至关重要。②

由于学界没有评选出高质量的期刊，因此，当核心期刊的概念被引入中国以后，它在某种意义上就承担了优秀期刊的角色，这也是中国学术期刊的特色之一。在此背景下，对于核心期刊的遴选过程和标准，是否需要有所调整和修改？是否有必要更好地实现定性和定量方法的结合，增强同行专家评审的参与度，以便能更具说服力地支持学界和大众将核心期刊视同为优秀期刊这样一种已然约定俗成的看法，从而逐渐实现核心期刊上述两重概念的重合，这是否是未来核心期刊评选的一个方向呢？这是一个值得探讨的问题。

二　国内外引文数据库来源期刊（核心期刊）评选现状分析

如上文所述，在本文中核心期刊与来源期刊这两个概念大体相当。因此本文主要对国内外引文索引来源期刊的评选进行分析。了解当下中外来源期刊评选的异同，有助于探寻中国今后来源期刊或核心期刊评选的合理出路。

（一）国外引文数据库来源期刊的评选标准

国外引文数据库研制最早、最有影响的当属美国ISI（Information Scientific Institute，曾名为 Thomson ISI，现名为 Thomson Reuters Scientific）的引文系列数据库 SCI（科学引文索引）、SSCI（社会科学引文索引）以及 A&HCI（艺术与人文科学引文索引）。2004 年，国际著名出版商荷兰的 Elsevier 鉴于美国的引文数据库主要以英文为主，法文、德文等非英文的期刊较少收录的情况，推出文理科综合性引文数据库 Scopus，试图弥补 SCI、SSCI 以及 A&HCI 之不足。下面主要分析这两个引文数据库来源期刊的评选情况。

ISI 引文数据库的主要目的是为全世界的研究人员和学者获得高质量、重要的信息提供方便的检索，帮助他们通过信息加速新的发现。因此，相应地其来源期刊筛选的最主要目的就是为用户提供世界上最重要的期刊，以便于信息检索。其次也可为科研分析、评价提供参考、印证或与专家评价互补。由于世界各国学术期刊众多，至少数万种，他们认为不可能全部作为来源期刊进行统计，不仅工作量大，且无意义，因为根据二八律或布拉德福文献集中与分散定律，少数期刊（约 20%～30%）集中了大量（约 70%～80%）的各学科学术信息。只要将这少量的期刊筛选出来即可，这些期刊被认定为能够反映科学研究发展情况的各个学科具有代表性、有影响的、具有国际读者的期刊。强调期刊的唯一性和独特性，采用专家评价和引文计量评价相结合的方法。具体评选标准包括以下内容。

首先是引文数据标准，包括引文总数和影响因子。

其次是期刊的规范化标准，包括是否准时出版（准时连续三期）；是否有专业出版社或编辑著录的刊名、文摘、参考文献（英文或拉丁字母化）；是否有投稿的专家评审（编辑委员会、出版商和主办方的声誉）；期刊的国际通行的编辑惯例；作者和编者的国际性；被引文献的文献项目是否齐全、每位作者有否完整的地址（包括电话号码与传真号码）；是否有英文撰写的能提供一定信息量的标题、文摘和被引文献；是否采用同行评议方式审稿；所载论文研究结果是否具有新颖性、是否反映新的科学进展；期刊编辑委员会及论文作者是否具有国际影响力等。

最后是专家判断，即由订户、编者、出版者及 ISI 编辑顾问委员会委员和专家来判断这些期刊是否为同行评议（peer review）的期刊。SCI 的编辑顾问委员会成员都是各学科杰出的专家，具备多学科的专业知识，在判断期刊内容质量，尤其在判断新创办期刊质量方面具有重要作用。审核的主要标准是该期刊在特定领域和特定区域的学术声誉，编辑委员会、作者的声誉。其他标准包括：是否提供英文文摘，出版周期，是否实施同行评审控制质量，等等。

值得强调的是，ISI 来源期刊的评选采用"申报制"，即期刊社必须根据其评选标准先提出评选申请。对于新创办期刊，只要提出评选申请，不论创刊时间长短、引文数据多寡，均可参加评选。ISI 每年（每期）都进行期刊评选，每年大约从 2000 种申报期刊中评选出 10% ~ 12% 的期刊加入到来源期刊中，原来源期刊每年也被动态评价。

由于新刊的引文数据较少或没有，对新刊的评选，更注重定性评价和期刊的规范化，综合考虑、评价期刊的优点与弱点，注重编辑委员会、出版商和主办方的声誉；以及新刊中所刊载论文的作者的被引率；看该新刊是否有独特的内容主题范围，是否具有地区代表性，是否能丰富引文数据库，是否能及时反映各学科、各新兴领域的研究信息等。

Scopus 自 2004 年 11 月面世以来，涵盖了来自 4000 多家出版社的科技、医学和社会科学方面的近 16000 种同行评审期刊。除此之外，Scopus 还提供引文分析功能以及网上内容和专利信息的搜索。Scopus 除大量收录非英文期刊外，另一重要特点是其引文能够直接链接到 Elsevier 等出版的全文文献，这为文献检索和引文分析提供了极大方便。

在来源期刊评选方面，Scopus 专门成立了选刊委员会（CSAB），其职责包括对用户推荐的期刊进行审核，主要标准是该期刊在特定领域和特定区域的学术声誉。其他标准包括：是否提供英文文摘，出版周期，是否实施同行评审控制质量，等等。通过 http://www.info.scopus.corn/suggesttitle，用户可以推荐尚未被 Scopus 收录的高质量期刊，CSAB 将对之进行审核，对于符合要求的期刊 Scopus 将予以收录。

从上可知，不论是 ISI，还是 Scopus，来源期刊的评选都需要申报，都有一定的评选标准，都有专家评审，都主要是为检索信息。不同之处在于，Scopus 的来源期刊比 ISI 多了几千种；ISI 通过引文数据作为定量评选，而Scopus 主要看期刊的学术声誉。

近年来，国外对于期刊的评价研究在影响因子的基础上又提出了一些新指标，诸如 H 指数、特征因子（Eigenfactor）[3]和声望指数（SCImago Journal Rank，SJR）[4]、"篇均来源期刊标准影响"（Source Normalized Impact per Paper，SNIP）等。特征因子是依据 ISI 的引文数据计算产生的，而声望指数基于 Elsevier 的引文数据库 Scopus 而产生。这两个新指标体现了同一个想法：一种期刊如果被高声望（或影响力）的期刊引用愈多，那么此期刊的声望（影响力）就愈高。因此，它们弥补了影响因子对所有施引期刊都赋予同等重要性这一不足。"篇均来源期刊标准影响"则是荷兰莱顿大学社会科学学院科技中心的资深研究人员 Henk F. Moed 于 2010 年提出的，该指标是 RIP（期刊发表论文的篇均影响）除以 RDCP（期刊主体领域中的数据库相对引用潜力）。⑤

值得强调指出的是，ISI 目前公布的 SSCI 的 JCR（期刊引用报告）中有总被引次数、影响因子、五年影响因子、即年指数、被引半衰期、特征因子、论文影响度等指标，主要供期刊界、管理界及学界了解和研究期刊，并没有将这些指标作为其来源期刊的评价标准，目前定量评价标准仍然是两个：总被引次数和影响因子。

（二）国内引文数据库来源期刊的评选标准

鉴于 ISI 的引文数据库主要收录以英文为主的西文期刊，十年前我国先后编制了《中国科学引文数据库》（CSCD）、《中国人文社会科学引文索引》（中国社会科学院）和《中文社会科学引文索引》（CSSCI）。下面将 CSSCI 来源期刊的遴选方法和过程总结如下。⑥

1. 来源期刊的范围：我国内地公开发表的人文社会科学类的学术性中文期刊，属于自然科学、二次文献、通俗、文学原创、译文为主的或有一刊多版等编辑出版不规范的期刊不予收录；期刊要有国内统一连续出版物号（CN 号）；主要刊载学术论文和评论等一次文献的、按出版周期准时出版并符合期刊编辑规范的、所刊载的学术论文应列有参考文献或文献注释的中文社会科学学术性期刊。

2. 出版编辑规范性的要求：主要体现在对出版时效性、文献引用量、期刊版本的要求上。出版时效性指期刊是否按规定的出版周期按时出版，对于延期出版 2 个月以上的归入编辑出版不规范的类别中，不予以收录。篇均引文量是文献引用量评估的重要指标。篇均引文量对期刊版本的要求则主要是对同一 CN 号的期刊有不同版本的情况的审查，即对"一刊多版"的期刊的剔除。

3. 来源期刊的遴选依据：根据引文计量的"他引影响因子"和"总被引频次"两个指标，分别按 8∶2 的权重对期刊进行排序。

4. 同行专家评审：CSSCI 指导委员会由 17 所高校的社会科学专家和社科管理专家组成，其职责是对提交的预先来源期刊名单，综合多种因素，按照高进低出的原则动态调整所收录的来源期刊。

5. CSSCI 动态调整所收录的来源期刊，每两年重新评选一次。对于新刊，CSSCI 不评新创刊，一般期刊创办 3～5 年后再评。

需要指出的是，CSSCI 提供的引用次数统计虽直接与研究成果对应，但它只是研究成果受关注程度的一个体现，而研究成果的学术价值则体现在发现问题、解决问题，使知识有所增长、学术有所进步等实质内容方面。所以这两者虽有联系，但并不能等同。而且目前国内人文社科论文的著述习惯、引文行为还不够严谨，"互惠引用"、"人情引用"并非鲜见，因此不能将引文次数与被引成果的质量绝对挂钩，如需要评价成果质量，必须由专家解读包括引文在内的所有内容后才能做出恰当的判断。

从上可知，CSSCI 来源期刊的评选与 ISI 大同小异。相同之处在于，二者都以引文数据（引文总数、影响因子）、期刊是否规范为评价标准，都有专家评价，这是主流。不同之点主要表现在以下方面。

一是期刊社是否要申请。CSSCI 不论期刊社申请与否，只要有 CN 号，且是学术或专业期刊，则均统计其引文数据，进行评价，而 ISI 则需要申请，不申请者，即使是很好的期刊，也不会被评审。这一点非常重要，尽管 ISI 来源期刊中有非常多的重要期刊，但不在来源期刊中的期刊，只要是同行评议的期刊，各个学校评职称时照样认可，这也是 ISI 来源期刊的评选不会像 CSSCI 来源期刊评选引起那么大震动的原因所在。二是动态评审周期不同。CSSCI 是两年评选一次，而 ISI 是几个月即评审一次，只要有期刊社提出申请。三是期刊规范化的评审有别。CSSCI 的规范化标准主要是看出版是否及时，文摘、关键词、引文（参考文献）数量等形式规范，而 ISI 更重视期刊声誉、是否为 Peer Review 的期刊、编辑委员会及作者的声誉，对期刊规范的因素考虑得更全面。四是参与评价的各学科专家的情况不同。CSSCI 也有专家指导委员会，主要由 17 位专家组成，在早期也曾征求过 1000 名专家的评价意见，但近期正在加强、完善专家评审制度。SCI 的编辑顾问委员会的成员都是各学科杰出的专家，具备多学科的专业知识，在判断期刊内容质量，尤其在判断新创期刊质量方面具有重要作用。五是来源期刊的范围与质量不同。CSSCI 来源期刊中真正有同行评议制度的并不多，偏理工的期刊一律不收。而 SSCI 和 A&HCI 来源期刊都是有同行评议的期刊，且与 SCI 来源期刊允许有重复交叉。六是对新创刊和电子刊的评价不同。CSSCI 不评新创刊，一般期刊创刊 3～5 年后才有资格参加评审，也不评电子期刊，但评中国特色的"学术集刊"（以书代刊）。而 ISI 有评价新刊和电子期刊的机制。七是期刊分类不同。CSSCI 按照中国国家标准的学科分类，并结合期刊实际情况增删类目。而 ISI 按照"主题类"，允许期刊跨类。

从上面的比较可以看出，国外来源期刊评选的主要目的是为了"检索"，尽可能全面反映科学研究的整体状态，尽管也有评价参考的目的。而国内来源期刊的评选既为了"检索"，更为了"评价"。因此国外对来源期刊能坦然面对，而国内则爱恨交加。

三 来源期刊或核心期刊评选的积极意义

来源期刊或核心期刊的评选，尽管评选者最初的目的是为了指导图书馆采购期刊、利用期刊，但在客观上，此举对于期刊的发展产生了很大的影响，其中不乏积极意义，具体说来有以下几点。

1. 初步形成了期刊定性评价与定量评价相结合的方法

来源期刊或核心期刊评选前，一些主管部门如新闻出版总署等也进行优秀期刊的评价，主要是定性评价。核心期刊、来源期刊评选除了定性评价外，主要是采用文献计量评价，这丰富了期刊评价的方法。尽管各种评价方法不一，评价专家的数量和评价程序有所不同，但从总体上看，大多数的评价都认同专家定性评价和定量评价相结合是目前最好的评价方法，如精审同行评议与引文分析法相匹配。这种认同奠定了公正评价学术期刊的良好基础。

2. 初步建立了学术期刊评价指标体系

不论是核心期刊还是来源期刊的评选，一般均采用国际通用的评价标准和指标体系，如质量标准、出版标准、编辑标准等；引文次数、影响因子、半衰期、即年指数、H 指数、文摘率、转载率、载文率、下载率指标等。这些标准和指标的采用，使得期刊评价可观察、可检验，在一定程度上增加了评价的客观性。[⑦]

"引文测度被证明是一种同行专家评议的有效方式，它把一些有用的、客观的因素引入到评价过程中，而且只涉及少量的使用调查技术的费用。"[⑧]通过被引频次、影响因子、即年指标、期刊影响广度、地域分布、半衰期等定量指标进行来源期刊、核心期刊评价，有其客观性、科学性和合理性。

3. 一定程度上提高了学术期刊的整体水平

尽管核心期刊、来源期刊不能等同于质量好的期刊，但毕竟核心期刊、来源期刊中包含了较多的好期刊。经过评价，初步评出了一批较好的学术期刊，提高了这些好期刊的知名度和影响力，使这些期刊在促进中国的学术研究上发挥了重要作用。

随着来源期刊、核心期刊概念的传播以及评选方法的不断优化，来源期刊、核心期刊的影响力越来越大。目前核心期刊的遴选已从单纯的定量评价过渡到定量和定性评价相结合的阶段。早期的核心期刊评选，评价指标数量少，例如《中文核心期刊要目总览》第一版仅统计了被索量、被摘量、被引量3个指标；第二版、第三版增加到被索量、被摘量、被引量、载文量、影响因子、被摘率6个指标；第四版又扩充为被索量、被摘量、被引量、他引量、影响因子、被摘率、被收录获奖7个指标。目前正在进行第五版的研制，计量范围均有所扩大。

而在这一过程中，核心期刊逐渐赢得了自己的影响力，被认为是"高质量的"优秀期刊的代表。CSSCI的来源期刊评选亦如此，起先是每年评选一次，现在是每两年评选一次，目前正在加强专家评审的力度。通过核心期刊、来源期刊的评选，越来越多的期刊有了提高期刊影响力的意识，期刊整体质量有所提高。

4. 期刊编辑规范化、论文写作规范化有所加强

在核心期刊、来源期刊评选前，大多数学术期刊忽视期刊出版、编辑的规范化建设，作者及其单位、文摘、关键词或者没有，或者书写不规范，引文（参考文献）的著录更是不统一，有些期刊还删除参考文献。期刊编辑规范化加强后，直接影响到论文撰写的规范化，学者的论文写作规范得到了普遍提高。此外，期刊对于学术声誉也有了明确的意识。

5. 期刊行政级别意识（出身论）有所淡化

在过去相当长的时间里，学术期刊管理实行基于行政级别的分级管理制度。科研管理部门根据期刊的行政级别，对期刊学术水平进行判定。而核心期刊、来源期刊评选以后，所有行政级别的期刊处于同一个平面上，只看被同行引用等情况，期刊出身论现象受到遏制，期刊的行政级别意识有所淡化。

四 来源期刊或核心期刊评选引发的问题

目前的大学、科研管理部门机械地依据核心期刊、来源期刊的影响因子来决定期刊的排序，进而"以刊评文"，并与奖励直接挂钩，这就造成核心期刊或来源刊论文与非源刊论文在科研评价上待遇迥异，由此而造成的影响和损害是严重的，一些重要论文由于不能立即带来引文等数据而发表很少或不能发表。例如，"在 CSSCI 收录的高校文科综合性学报中，2007 年刊载的宗教学和马克思主义学科论文的发文率仅为 2000 年的 84% 和 58%，而法学和管理学则为 137% 和 129%"。⑨发表宗教学等冷僻学科的论文，较少带来引文率，因而容易遭遇期刊的冷眼，而经济学、管理学因其热门，容易获得关注，引用率高，因此在学术期刊出版中显著地占据优势地位，这可以说在一定程度上损害了学术期刊的发展生态，干扰了学术研究的正常发展。

如前所述，原本核心期刊、来源期刊的评选主要是为信息检索和图书情报业务工作，并非专门为了高校进行管理评价之用。管理评价以提升管理效能为根本，就其内在本质而言，管理评价是工具性的，所以学术管理者会将目光更多地投注到学术产出的效能，更多关注的是学术 GDP，有其功利性的诉求。将学术管理评价和核心期刊、来源期刊的评价直接关联起来，是一种基于对核心期刊功能"异化"和"泛化"等错误认识的简单粗暴的做法。

另一方面，核心期刊和来源期刊遴选所具有的导向性，也在一定程度上影响到学术期刊的出版生态。来源期刊稿源拥挤，发表空间明显不足，而非来源期刊优质稿源稀少，存在被边缘化的危险。来源期刊或核心期刊的评选，助长了马太效应的负面影响，造成学术期刊间的不公平竞争，致使期刊特色稀释化，产生"千刊一面"的同质化现象。学术期刊多样性的欠缺，在某种程度上造成了学术对话空间的局限。更有甚者，有些期刊为了生存，片面追求引文等形式指标，甚至不惜弄虚作假、伪造数据，污染了学术期刊的环境。

这些问题，也在一定程度上影响到学者对于学术期刊的信心，专业性、学术性集刊的异军突起和大量出现，从一个侧面说明了这一问题。近 90% 的学术集刊是在 1990 年以后创办的。其容量相对于普通期刊要大，基本涉及人文社会科学各个相关学科，其中不少具有较高的学术水平，2008～2009 年，CSSCI 从 500 余种学术集刊中评选出 86 种作为"来源集刊"，引起了我国学术界、出版界的普遍关注。⑩学术集刊的出版单位主要是大学出版社和专业出版社，集刊具有一定的主题，内容往往集中于某个领域的研究和探讨，与期刊相比，内容和形式全面而丰富；与教材和学术专著相比，传递的知识和信息较快。有学者甚至认为，这些集刊在"推动学术进步、科际对话与整合、提倡学术规范、推动学术批评等方面"，具有"相当强劲的学术号召力"。"在某种意义上，这些数量有限、但质量上乘的学术集刊很可能代表了中国学术刊物的未来发展前景。"⑪

然而，多数学术集刊所发表的学术成果往往不能被转载、被文摘或检索，尽管有 CSSCI 收录学术集刊的尝试，但在现有的学术评价体系中，学术集刊仍被普遍忽视。因此，在一定程度上，也影响了对我国目前人文社会科学领域学术研究和学术水平的整体评价。

在核心期刊评选产生的问题中，影响最大的还是科研管理部门对于核心期刊的误读和误用。由于科研管理部门掌握着学术资源，直接主导学术评价的实施，因此他们对于来源期刊、核心期刊功能的误读和过度使用，直接影响到科研管理，从而使核心期刊变了味，随之而来，核心期刊成为被学者和编辑批评的对象也就不难理解了。同时，这种误读和误用也影响到作者的研究行为和论文呈现方式，致使他们更重视在核心期刊或来源期刊上"发表"，而将研究质量放到相对次要的位置上，不再追求精益求精，成果转化也不再深究，对于论文写作和发表的关注更多集中在如何"发表"上，而不是更关心学术的交流与争鸣。久之，必然影响学术期刊的质量。

事实上，来源期刊或核心期刊不是也不可能是国家标准，它仅是根据一定的评价目的提供的一种评价，不能把特定评价目的的评价不加分析地推广到不同评价目的的评价上。核心期刊功用的泛化、异化倾向，是由于现行科研评价工作的简单化和某些管理者的惰性所导致的，由此带来的不良影响不应由核心期刊的编制者来承担，而应由科研管理者来负责。当然，某些核心期刊研制者对科研管理者的误用有意无意地默许或迎合，也是值得反思的一个问题。

五　来源期刊或核心期刊遴选所产生问题的原因

来源期刊或核心期刊的评选所产生的期刊生态失衡等问题，存在客观和主观两方面的原因。

从客观原因上看，期刊内容庞杂，由多作者、多篇文章所组成，分类评价很难，专家评刊不易等特点，造成了期刊评价的异化。

期刊与图书不同，是由多个作者的多篇文章所组成，而每篇文章是面向问题的研究，无论对论文，还是对期刊，从学科进行分类，都具有很大的难度，尤其对某个问题，如国际问题、民族问题等跨学科的专业期刊的学科分类更难。学科分类难，带来分类评价的不易。

我国目前有学术期刊约 6000 余种，仅人文社科学术期刊就有 2865 种（这是截至 2009 年底的新数据，2005 年为 2770 种），每年发表的文科论文至少有 50 万篇，如果对如此众多的期刊和论文进行同行评价，其工作量可想而知，评价确实是一项费时费力的系统工程。仅仅依靠同行评议来进行学术评价，是不够现实的。且同行评议方法很难排除评价者的主观意志对评价活动的影响，存在学术视野、学术偏好、情感动机等主观因素干扰。

由于期刊内容复杂，因此评价指标多寡、数据来源是否可靠、足够，多指标之间的权重如何确定，尤其是定性与定量之间的权重如何平衡，要做到相对公正、合理，客观上具有很大难度。

客观上科学合理评价期刊不易，极易造成主观上选择计量评价期刊的现象。从科研管理者主观上看，既然目前没有更好的、更有公信力的专家评价，那么为何不选择简单易行，且看上去有客观性的计量评价法？因此，科研管理者将学术期刊及学术评价简单化、不作为造成了核心期刊、来源期刊评选的误用和异化。其实，每一个评价指标，都有其内限的目标，不充分认识这些内在涵义，很难准确了解评价的指向，当然也就不能达到学术评价的学术目的。从某种角度看，SCI、SSCI 以及 CSSCI 系统与学术管理相结合，有其合理性与必然性，但当这种最初以学术索引为目标的系统成为学术管理的唯一指标，并简单地与学术量化挂钩时，就引发了学者们对这一问题的关注与激烈批评。诚如出版 SCI 的美国科技信息研究所执行副总裁文森特·卡拉赫所指出的："当利用 SCI 来评价科学研究时，一定要小心。从科学评价的角度讲，全球很多国家和地区都在将 SCI 作为一个官方或非官方的评价工具，但它只是学术评价过程中的一个侧面。"[12]

从核心期刊、来源期刊评选者主观上看，需要对核心期刊、来源期刊评价目的有清晰阐述，不给科研管理者留下任何误解的可能，并对目前中国学术期刊和学术生态有清醒的认识，不唯一己之利、评价权之得失而强力推行，必须虚心听取专家、学者的有益建议，以评价的实际效果为检验根据，实事求是地进行来源期刊或核心期刊的评选。

不论是客观原因还是主观原因，究其根本，还是学术评价体系不完善所致，即在期刊评价目的、评价指标、评价方法等方面的认识差异和偏颇造成的。

期刊的载文、转载、文摘、被引用等情况均是同行专家或期刊编辑之所为，各种检索工具，诸如文摘、引文索引等只是将这些同行和编辑的行为归纳、组织起来，并用统计数据来表现，以便于同行和编辑了解、分析和恰当利用。对于这些数据和结果的解读，应该由进行学术评价的各主体去判断和使用。绝不能将引文数据库来源期刊的评选直接等同于学术评价，更不能将信息检索的目的误解为学术的精细评价。

六　来源期刊或核心期刊评选的出路所在

学术期刊以学术生产和传播为服务对象，其主要功能是提供各学科最前沿的思想理论和学术文化，及时反映国内外学术界的最新动态，搭建学术研究和学术交流的平台。因此，学术性是学术期刊的核心，是学术期刊的命脉或根本，也是学术期刊评价的本质所在。要解决核心期刊、来源期刊评选所产生的问题，最根本的解决之道是建立和完善学术评价体系。

经过几年的探索，笔者提出了由评价主体、评价客体、评价目的、评价方法、评价标准及指标、评价制度六大要素组成，形式评价、内容评价、效用评价的"全评价"体系，为公正合理进行学术评价奠定了基础，同样也为核心期刊、来源期刊评选的出路提供了参考。

一直以来，对于期刊的评价，常关注于载文量、被引频次、影响因子、即年指标、半衰期等多种指标进行的形式评价，这种评价简单易行、可测试、可核实，但也相对粗略。因此在未来核心期刊、来源期刊的评选中，应当以质量评审为核心、细化质量内涵，从而激励编辑创新：另外也通过扩大评审视野，激励办刊理念更新和办刊机制创新，[13]帮助学术期刊寻找特色，明确发展定位。就来源期刊或核心期刊的评选而言，笔者认为以下几个方面应该予以考虑。

首先，应该从"评价目的决定论"入手。

要明确学术期刊评价的目的性。是一般性的过关评价，分级评价，还是淘汰性的精品评价，这一点必须首先明了。评价目的明确，才会有相应的评价标准、指标和评价方法，才有可能真正达到评价的效果。例如，新闻出版总署期刊"退出机制"的评价是"达标"、"合格"之评价，而教育部"名刊工程"的评价则是"优中选优"的竞争性评价,这两种评价的目的不同,就决定了其评价标准和指标、评价方法的不同。

实践证明,当用于不同的目的时,同一评价者对同一被评价者的评价会不一样;反过来,同样的被评价者对于同样的评价结果也会有不同的反应。同理,对于来源期刊或核心期刊的评选也要首先明确评价目的,是回归到来源期刊或核心期刊原本含义上来评价,还是重新定义来源期刊或核心期刊,以评选出高质量期刊为目的来评价。例如,近期本课题组评价法学和图书情报学期刊,主要目的是进行特色评价,其采用的评价指标、方法、聘请的评价专家和评价程序都围绕这一评价目的而展开,取得了较好的评价效果。

如果其主要评价目的是为了评出用于信息检索的来源期刊(核心期刊),即不是评选优秀期刊,则可以引文数据(总被引次数、影响因子、五年影响因子、半衰期等)指标为主,辅之以专家对期刊规范化的评价。对于小学科或主题的期刊、冷僻专业和方向的期刊、新创办的期刊等主要侧重于专家评价,主要评价此种期刊成为来源期刊后是否对信息检索、反映科学发展全貌有作用。这是一条自己摘掉"指挥棒"桂冠、回归来源期刊(核心期刊)原本概念的评选之路。这是一条较好的出路,但中国目前的学术生态似乎不愿走这条路。

如果其主要评价目的是为了评出质量高的来源期刊(核心期刊),即是评选优秀期刊,则可以专家评价为主,辅之以引文数据等文献计量学指标。对于优秀期刊,既有一定的数量限制,又不能限制太紧,原则上只要达到优秀期刊的标准,就可以胜出。这是一条继续戴着"指挥棒"高帽艰难行走之路,这是将来源期刊(核心期刊)被异化、被等同为优秀期刊的中国特色现象合法化,就范于"约定俗成",对来源期刊(核心期刊)重新定义,并按新的含义,即按好期刊的标准又不能脱离原本来源期刊的一些标准来评选期刊。照目前国内学术生态看,这是一条不得不走的出路,因为暂时看不到更好的出路。

其次,要分类分层评价。

不论是原本含义的来源期刊(核心期刊)的评选,还是等同于好期刊的来源期刊(核心期刊)的评选,都需要分类评价。此处提及的"分类",不能单纯理解成学科分类,学科分类、主题分类、类型分类都是分类,应根据不同评价目的恰当分类,如理论性与应用性、综合性与专科性、研究性与资料检索性期刊分开评价。从 SSCI 来源期刊的分类看，是按照"主题类"分类，这较之于学科分类更为符合期刊内容综合性、多学科的特点，值得深入探讨。不同类型、不同层次的学术期刊的办刊目标是不同的，期刊所载论文的研究内容、研究层次、深度也是多样的，这些特点决定了来源期刊（核心期刊）评价的多样性和复杂性。

目前我国文科综合性期刊数量占文科专业期刊的一大半，计有一千多种，这些期刊的学科覆盖面较宽，一般覆盖 10 个左右的学科，具有多学科、综合性特征，且综合性期刊中，又可分成不同的类型。但现行所有的评价机构在评选"核心期刊"或"来源期刊"时，忽视这些期刊的差别，违反了同类比较的原则。既然不是同一个学科，同一个研究领域与方向，如何能够放在一起比较？只有确定一组期刊有可比性，才能得到合理的评价结果。

再次，如果将来源期刊或核心期刊的评选等同于好期刊的评价，则要更加注重指标对期刊质量的导引作用。

根据学术质量的要求，在匿名审稿、策划、特色、创新等上面设置指标，以导引期刊质量的提高。比如，目前中国人文社科学术期刊普遍存在学术性不强、审稿制度不全、学术影响不大等问题，针对这些问题，可以设置相应的指标和权重，诸如策划能力、独立风格、创新指数、专家审稿人数、审稿严格程度、引用率等指标，使这些指标能对期刊的常态工作发挥导引作用，以促进期刊整体水平的提高。特别是人文社会科学研究存在着引文模糊性和时空影响力问题，引文的发生不仅与时代语境直接关联，而且与引用者的动机、认识水平和解读角度有关，这是人文社会科学特有的现象。另一方面，一些极具价值的理论、思想或观点，需要经过长期社会实践之后，才能为人们所认识和发掘。因此，在对核心期刊、来源期刊指标的设置中，还有深入挖掘和研究的必要。笔者曾尝试性地提出引用时间因子和引用范畴因子两个指标，用以解决人文社会科学领域普遍存在的跨学科、长时段影响力问题，实现对现行评价方法和体系的补充与完善。[14]

最后，注重同行专家对期刊整体学术水平的定性评价。

所谓专家定性评价，即由专家直接面对期刊的文本，根据自己的阅读和研究经验来评判期刊的综合质量，进行排序，并给出理由。为使定性评价具有一定的可比较性和可操作性，可以列出一些指标，但不要求像定量指标一样平均加分叠加，而是重点考察每个期刊在某些分项指标方面是否有独特的优势，如有，则仍可能获得"优秀"的评价。此评价可与引文、文摘等计量学指标互为参照，最终给期刊一个总体评价。比如，可以分成学术水平、编辑水平、出版水平等指标，对于期刊整体学术水平，可以从科学性、创新性、前沿性、价值性、规范性、可持续性等方面考察，期刊整体编辑水平则可从策划能力、组织能力、文字能力、交流能力等方面去评价。期刊质量综合性评选必须有明确的目的、合格的评价专家、切实的指标和评选方法、程序、制度等。

设计好评价办法是保证同行专家定性评价合理性的前提。期刊具体如何评价，有何程序，数据如何获得，专家怎么选，选哪些专家？这些都涉及评价办法问题。有了好的办法，才能达到评价的目的。其中对专家的选择、对专家评价公信力的评价、评价意见公示、反馈的设计至关重要。比如，对综合类期刊的评价可以选择目前活跃的、对人文社科整体发展有兴趣和有研究的公共学者，综合性期刊、综合性文摘期刊的主编、期刊评价专家，且人品好、公信力强、办事认真者参加，一组期刊可选择 7~11 人参加，人数太少偶然性大。专科期刊主要选择小同行专家和专科期刊的主编、评价专家、科研管理者等参加。

总之，在今后学术期刊质量的评价中，应改变单纯从定量上评价期刊的倾向，通过设立专家评审制度、期刊整体策划、期刊风格等指标来导引，加强期刊内容方面的规范化建设。这个期刊评价体系的核心就是将以引文、文摘等指标的期刊评价与同行专家定性评价有机结合起来，杜绝人为造引文、文摘等数据不正之风，以提高评价的合理性、公正性、权威性和评价效率。各核心期刊或来源期刊的评价机构可以发挥多年积累的评价优势，可以有更多的交流与合作，从以引文、文摘等计量学指标为主，专家定性为辅，转变到以同行专家定性为主，引文等数据评价为辅，强调同行专家分析引文等数据上来。笔者所在的中国人文社会科学评价国家创新基地已设计出期刊学术水平同行定性评价的基本框架，并已在学术集刊、部分学科期刊中进行试验评价，今后还将不断推出相关研究成果，为尽快建立和完善中国学术期刊质量评价体系贡献一份力量。

结　语

一种好的学术期刊应该担当起学科发展与学科创新传播的使命和职责，

而目前中国核心期刊或来源期刊的评价在取得很大进展的同时，产生了大量的"滥用"和"误用"。为了消除核心期刊、来源期刊评选和使用上的片面化、绝对化倾向，必须建立和完善期刊评价体系，明确期刊评价目的和评价主体。如果说近十余年从总体看，学术期刊的评价侧重于定量评价的话，那么今后几年将更加关注同行学科专家评审等定性评价，并有效地将二者密切结合起来，同时会更多地听取各期刊编辑部和广大读者（包括硕、博士研究生）的评价意见。管理部门应努力营造有利于学术期刊发展的公平、宽松的办刊环境，使学术期刊的评价更加合理。

①叶继元：《数据库来源期刊与学术评价关系探寻》，北京：《情报学报》2004年第6期。笔者此前和此后曾单独撰文多次谈及这一问题。

②叶继元：《期刊质量评价与核心期刊评价之异同》，北京：《图书情报工作》2009年第18期。

③Bergstrom C. Eigenfactor, Measuring the Value and Prestige of Scholarly Journals, *College & Research Library News*, 2007 (5), pp. 314 – 316.

④Butler D., Free Journal-ranking Tool Enters Citation Market, *Nature*, 2008, 451 (7174): 6.

⑤有关这一指标的原文翻译、理解及其意义的工作我们课题组正在进行，近期将有相应文章发表。

⑥CSSCI (2010~2011)：《来源期刊遴选原则与方法》，2011年3月18日，http://cssci. niu. edu. cn/documents/yzyff. htm。

⑦叶继元、顾烨青：《中国大陆期刊评价现状与走向》，台北：《教育数据与图书馆学》第46卷第1期（2008年秋季）。

⑧尤金·加菲尔德：《引文索引的理论与应用》，侯汉清译，上海：《中国索引》2004年第2期。

⑨袁培国：《中文文科期刊影响因子评价作用之反思》，南京：《南京大学学报》（哲学·人文科学·社会科学）2011年第3期。

⑩叶继元、魏瑞斌、宋歌：《中文人文社会科学学术集刊现状的调查分析》，北京：《中国出版》2006年第10期。

⑪杨玉圣：《值得关注的学术集刊现象》，湖南岳阳：《云梦学刊》2004年第4期。

⑫赵彦：《SCI的自我评价》，北京：《科学时报》2007年12月20日。

⑬李频：《论名刊工程的创新价值与引导意义》，北京：《北京师范大学学报》（社会科学版）2005年第6期。

⑭袁曦临、刘宇、叶继元：《人文社会科学评价的复杂性与引文评价指标的修正》，北京：《图书情报工作》2010年第14期。

作者简介：叶继元，南京大学信息管理系教授、博士生导师，中国人文社会科学评价国家创新基地副主任，南京210093；袁曦临，东南大学情报科技研究所研究馆员、博士。

［责任编辑：刘泽生］
（本文原刊2012年第1期）

传统与变革：体制改革前夜学术期刊的艰难抉择[*]

朱 剑

[**提 要**] 在学术期刊体制改革前夜，改革的拥护者、怀疑者或反对者，都通过对传统的解说来表达自己的立场。只有厘清了传统的内涵和意义，学术期刊为何改、如何改、改成什么样的问题才能有使人信服的答案。学术期刊传统的核心价值是追求真理、传播学术，而综合性和内向性只是早期学术期刊的外在形式。对传统的扭曲和 60 年来一以贯之的期刊体制，是造成学术期刊陷入困境的两大原因。期刊改革的必要性毋庸置疑，但改革的目标应是构建合理的学术期刊体系，而"转企"只是改革的手段之一，除此以外，还存在更优的改革路径。

[**关键词**] 学术期刊 学报 报刊体制改革

2011 年 6 月，新闻出版总署正式启动报刊体制改革。柳斌杰署长如是解释改革的原因："随着市场经济体制的确立和文化体制的改革，现有非时政类报刊出版单位大多不具备法人资格和独立承担责任的能力，且存在数量过多、规模过小、布局分散、结构不合理、市场竞争力弱等突出问题，

* 本文系 2009 年教育部人文社会科学研究一般项目"教育部名刊工程绩效报告及趋势研究"（编号：09YJAZH043）的阶段性成果。

严重制约了报刊出版业的发展，迫切需要深化改革，创新体制机制，提高竞争力。"改革的"目标任务"概括起来则有四：一是"转企改制"；二是"整合出版资源"；三是"调整结构和布局"；四是"建立健全市场退出机制"。比较总署对改革的原因、目标的阐释和部署，列于首位的"转企改制"显然是此次改革的基础和重点，后三项目标都是以此为前提的。[①]

在我国现有的期刊中，学术期刊当属最大的类群，占期刊总数的一半以上。在这场自上而下的改革中，学术期刊将会有怎样的命运转折？不仅从业者关心，学术界也十分关注。新闻出版总署显然已意识到学术期刊的特殊性，"科研部门和高等学校主管主办的非独立法人科技期刊、学术期刊编辑部，将另行制定具体改革办法"，[②]足见总署既下定了学术期刊改制的决心，又意识到了改革的复杂性和艰巨性，将慎重推进。那么，学术期刊与其他类别的期刊改革应有哪些不同？学术期刊体制改革的具体目标应是什么？改革应如何进行？这些问题仍有待进一步明确。毋庸置疑的是，占据全部9800种期刊半壁江山的学术期刊体制改革能否顺利进行，将直接关系到报刊体制改革的成败。

一　传统与使命的解读

其实，早在新闻出版总署启动报刊体制改革之前，关于学术期刊改革的话题在学术界和期刊界热议已不下十年。这一话题由学术界挑起，近十多年来，学者们对学术期刊表达了种种不满之情，恳切地希望学术期刊能有所改变。或者由于视角的不同，关于改革的原因，学者们与总署的看法不尽相同，总署更多地着眼于期刊适应市场能力的缺乏，而学者们则更注重期刊服务于学术发展能力的欠缺。期刊人也积极参与了讨论，但声音并不一致，少部分人认为学术期刊发展得很好，无需改革；大多数人则看到了学术期刊确实存在问题，也承认来自学术界的批评有道理，但他们更多地表达了对现状的无奈，因为期刊的命运并不完全掌握在期刊人的手中。[③]因此，学术期刊需要改革几乎成了学术界、管理界和期刊界的共识，但在为何改、如何改、改成什么样这些基本问题的看法上，却很有些不同。

在这些不同的声音谱成的学术期刊改革大合唱中，中国学术期刊的传统使命与特点常常被人们提起，无论是改革的拥护者，还是怀疑者或反对者，都拿传统来说事，通过对传统的解说来表达他们对改革的立场。一般说来，某类期刊是否需要改革，应该取决于它的现状而不是历史。但是，学术期刊的确有些不同，它的历史或者说传统对今天影响至深，以至于我们无法忽视它的存在和作用。因此，厘清现状与历史的关系，对改革的推进至关重要。仅笔者所及，学术期刊传统虽然在业界屡被提起，但尚未有人对此作出比较全面和深入的研究，故在如何理解和看待传统的问题上难成共识，这已直接构成了学术期刊改革的障碍。本文意在通过从传统的生成、内涵到对学术期刊发展所产生的实际影响的回顾，尝试性地回答这些问题。

中国有着悠久的学术研究传统，特别是在人文研究领域，但中国现代学术却主要拜近代以来西学东渐所赐，国人正是从"落后就要挨打"的深刻教训中悟出了必须建立中国自己的现代科学体系的道理。百余年来，从"科技救国"到"科教兴国"，现代学术体系的建立过程始终伴随着强国的梦想。可以说，没有现代学术，也就无所谓现代国家。

在现代学术链条中，学术期刊始终是不可或缺的重要一环。一般说来，学术研究是个人或团队的行为，要将其成果转换为推动社会发展的动力，靠的是有效传播和社会层面的接受，而承担这一重任的，首推与现代学术研究几乎同时诞生的学术期刊。尽管我国现代学术体系的创设深受西方学术的影响，但悠久的学术传统和近代以来的特殊经历，赋予了中国学术体系自身的特点，从而也形成了早期学术期刊自身的特点。

1. 在期刊结构上，多学科综合性期刊始终占据较大份额和重要地位

19世纪末期到20世纪前20年是中国学术期刊的发轫和初创时期。"中国科技期刊起源和发展的学科特点主要是由于科学技术的内在发展规律和阶段所决定的，有着从文理综合性期刊到综合性自然科学期刊，再到理、农、医、工程技术等分支学科期刊的明显阶段。"[4]与自然科学期刊由综合到专业的清晰走向不同，人文社会科学期刊走的是综合性与专业性并存的道路，而综合性期刊始终占有重要地位，主要原因是：首先，与人文社会科学的发展路向和学科特点有很大的关系。中国传统人文研究并没有明确的学科分界，传统学问的分类方法与现代学术大相径庭，受此影响，文、史、哲这些传统人文学科在现代化过程中学科边界并不清晰。其次，与高校学报的产生和发展有直接关系。"现代学术在中国生根并产生影响实际上是进入20世纪以后……除了西方的理论和方法对中国产生影响外，现代学术体制——大学的建立尤其重要……其中学报就起到了非常重要的作用。"[5]最早的高校学报是创刊于1906年的《东吴月报》，继之而起的《清华学报》、

《北京大学月刊》、《燕京学报》等都是著名的高校学报，在当时的学术期刊群中具有举足轻重的地位。早期高校学报在结构上的一个共同特点就是多学科综合性，《东吴月报》创刊号《学桴》在发刊词中明言其目的是"表学堂之内容，与当代学界交换知识"，这基本为后来的学报所认可，而要"表学堂之内容"，除了少数专科学校外，学报当然大多是综合性的了。

但是对于研究实力相对强大的著名高校来说，仅有综合性期刊并不能满足学科建设的需要，因此，一批由高校主办的小综合或准专业期刊也应运而生，如北京大学的《国学季刊》、东南大学的《史地学报》和《国学丛刊》等，专业学会则创办有更多的专业期刊。有学者以专业期刊较多的史学领域为例，探讨了早期专业期刊与综合性高校学报在促进学科发展方面各自的作用："专门性史学期刊对于史学自身有着其他学术期刊（或一般性期刊）所不具有的特殊意义，专门性史学期刊的出现对于现代的、科学的历史学的形成与发展产生了十分积极的影响，是中国史学科学化进程中的重要内容之一。""曾被称作'四大学术刊物'的《国学季刊》、《清华学报》、《燕京学报》和《中央研究院历史语言研究所集刊》，前三者均属高校学报，且都创刊于20年代。可以说，这些期刊代表着当时学术研究的最高水平，享有很高的学术声誉。其刊载的史学研究论文亦应标志着当时史学研究的最高水平。因此，高校学报类期刊之于历史研究的作用不可小视。"⑥在中国传统学科走向现代的过程中，历史学期刊可以说是人文社会科学期刊嬗变的缩影。

2. 在期刊布局上，多以孤立的"个刊"而非协调的"体系"形式存在

早期学术期刊的一个鲜明特点是主办单位在期刊中的特殊地位。学术期刊的主办单位主要有高校、学术团体及学会、科研机构等。它们的共同点是，在将学术期刊视为学术交流最佳工具的同时，还将其视为展示本单位科研业绩的最佳"窗口"，故它们中的大多数又不约而同地将交流界定为主办单位与外界的单向交流。早期的高校学报无不如此，从《学桴》"表学堂之内容，与当代学界交换知识"，到《清华学报》"学报者，交换知识之渊薮也"，"苟以此册与各界各校所出之伟著，互相交换，互相观摩"，再到《北京大学月刊》"释校外学者之怀疑"的种种文字各异的表述中，可以看到一个共同的目的：通过展示自己，实现互相交流。这在大学初创而学术成果和学术期刊数量都十分有限的当时，的确不失为一种行之有效的方式，展示自己与交流学术的双重目的都在一定程度上得到了满足，故为学界所普遍接受。

　　早期学术期刊的另一个鲜明特点是"地域特征"，中心城市如北京、上海、南京、广州、武汉等是高等学校和科研机构的集中之地，也是包括高校学报在内的学术期刊的集中之地。⑦学术期刊这种相对集中的存在本来可为体系化的发展提供方便，但体系化的前提是与学科发展相适应的专业期刊群的产生和协调发展，而宣传和展示本单位的目的不可避免地使多学科的高校选择了综合性期刊这一形式，从而与这一前提相背离。

　　相对而言，在自然科学领域，随着学科体系的形成，专业期刊在农学、地学、医学和工学等经世致用的学科发展较快。但在人文社会科学领域，尽管也有专业期刊问世，但学科专业期刊体系特征并不明显，强势存在的高校学报更是如此，坚持本校立场的定位使得学报在展示本校形象的功能上无可替代，但对学报自身的发展而言，却无法在整体上形成基于高校学科体系的专业期刊体系。高校学报在学术界虽然有着其他期刊难以企及的地位，但其以孤立、分散的综合性"个刊"而非协调发展的"体系"存在的特征越发明显。

　　3. 在编辑组成上，多为编研一体

　　早期的学术期刊还有一个独到之处就是编研一体，编辑者的身份首先是学者，而且多为著名学者。身为校长的蔡元培不仅是创办《北京大学月刊》的倡导者，更亲自担任主编并撰写发刊词。胡适则担任了《国学季刊》的编委会主任，编委会由李大钊、沈兼士、钱玄同、周作人、顾孟余等组成。利用《国学季刊》，胡适发起了"整理国故"运动，一度甚至引导了学术研究的风气，影响深远。"《清华学报》的编辑部都是造诣较深的专家学者，陈达、浦薛凤、吴景超、朱自清曾先后担任学报的总编辑或编辑部主任，知名学者赵元任、吴宓、杨树达、冯友兰、杨振声、罗家伦、金岳霖、吴有训、陈寅恪、翁文灏、闻一多、王力、俞平伯等都是编辑部的成员。"⑧由如此众多的著名学者担任主编或编辑，使得学报具有了超越其他任何期刊的优势，而没有清晰的学科边界，也使其得到了来自各学科学者的普遍关注。正是这种持续存在的普遍关注，让学报沿着综合性的路向继续前行，但能维持如此豪华编辑阵容而在这条路上成功地走下去的，只能是少数著名大学的学报。

　　4. 在期刊稿源上，呈现出明显的内向性

　　如上所述，高校学报综合性路向的目的是双重的，除了学术交流外，还在于全面地展示本校，如此，稿源的内向性，即原则上只向本校研究人员提供发表机会，遂成为与综合性、分散性、孤立性相并列的另一个鲜明特征。但也有例外，武汉大学在 1930 年决定创办学报时，王世杰校长亲自撰写的《创刊弁言》中就明确提出要把学报办成"全世界之公共刊物"，"不仅本校同仁能利用其篇幅以为相互讲学之资，即校外学者亦不惜以其学术文字，惠此诸刊"。⑨显然，在最早的高校学报问世 20 多年后，后来者已意识到内向性办刊模式之不足。

中国早期学术期刊的产生和发展孕育了最初的传统，上述四个特点充分体现出这一传统的要义，概而言之：（1）中国学术期刊传统从形成的那一刻开始，其核心价值就是追求真理、传播学术，这也是学术期刊的根本使命所在，《学桴》、《清华学报》、《北京大学月刊》等在其发刊词中无不清楚地揭示了这一点；（2）学术期刊特别是高校学报综合性、分散性、孤立性、内向性是其外在形式或外部特征；（3）追求真理、传播学术是学术期刊的根本属性，而外在形式是为这一根本属性服务的。

需要指出的是，正是中国现代学术的早期状况决定了学术期刊的早期特点，并进而形成了最初的传统。比如著名高校独立存在的内向性的人文社会科学综合性学报得以在学界占据重要地位，就是因为初创阶段的高校及其学者以及学术成果的数量都极为有限，而著名学者身兼学报编辑这种编研一体的办刊方式，保证了学报能够集中本校各学科的最优成果，由此构成了综合性学报基本可实现无障碍传播的必要条件，只要抽去或改变了这些条件中的任何一个，高校学报的地位就可能发生动摇。换言之，只要条件有所改变，综合性、内向性、分散性的外在形式与追求真理和传播学术这一核心价值之间就有可能产生矛盾。

如果我们循着学术研究和学术期刊的历史轨迹继续前行，就可以发现，学术的不断发展对学术期刊提出了更多的专业化、体系化要求，学术期刊的使命与初始外在形式之间的矛盾不仅开始显露，而且越来越突出，而今天学术期刊令学界和管理部门不满的诸种状况，无不与此有关。

二　现状与困境的分析

1949 年后，中国学术期刊的发展进入一个新的历史时期。政权的更迭导致旧时代期刊逐步消失，新的学术期刊格局逐步形成，1950 年代各种新刊的创办，基本奠定了此后 60 年学术期刊的发展路向。

在自然科学领域，1950 年，中国科学院院长郭沫若宣布"（中国科学院）将要出版各种专门学报和两种综合性科学刊物（即《中国科学》和《科学通报》)"。[⑩] 此后，一批中国科学院及其各研究所主办的自然科学专业期刊相继创刊。与此同时，著名高校的综合性自然科学学报也陆续创刊。与自然科学相类似，在人文社会科学领域，1950 年代中后期，由中国社会科学院之前身中国科学院社会科学学部主办的《历史研究》、《哲学研究》、《经济研究》、《文学评论》等一级学科专业期刊创刊。同时，著名高校的综合性人文社会科学学报也相继创刊。从此，在学术界出现了两大期刊类群，即中科院系统期刊与高校学报。

两类期刊的区别并不仅限于主办单位的不同，而是从刊物的命名到定位的完全不同。中科院期刊在命名上，基本不冠以主办单位的名称，而是以学科命名。这一命名方式标示着新的办刊理念：一是期刊不再拘泥于本单位的"窗口"，而是对学术界全面开放，从而使期刊公共学术平台的定位得以日益明确；二是专业期刊成为中科院期刊群的主体，从而为与学科发展相匹配的期刊体系的逐步形成打下了基础。与此形成鲜明对比的是各高校学报，冠以校名的刊名、多学科集成的综合性、稿源的内向性等等基本原封不动地照搬了几十年前的模式，而这样的模式是否还能与传统的核心价值即追求真理、传播学术的理念相适应，却几乎未在考虑之列，至于像中科院期刊那样形成与学科发展相匹配的期刊体系更是无从谈起。其实，由中国科学院及其研究所主办的期刊原本在本质上与高校学报并无差别，如果说高校学报是"校之刊"的话，那么它们就是"院之刊"和"所之刊"。但是，两者从命名开始就昭示了两种完全不同的办刊理念，集中地表现在如何对待学术期刊传统的问题上。应该说，中科院期刊更注重对传统核心价值的传承，而高校学报则更拘泥于传统的外在形式。

因此，从 1950 年代开始，学术期刊的传统在中科院和高校两个系统内在两个不同的向度上得到了继承，改革开放以来的 30 多年中，两类期刊的不同命运已清晰地展示在人们面前。

改革开放以来，特别是近 20 年来，我国学术研究的环境有了巨大变化，至少体现在以下几个方面：第一，学术与政治的关系有了改变，学术逐渐摆脱了政治斗争工具的定位；第二，国家对学术研究的投入成倍增长，学术队伍不断壮大，研究体制也发生了深刻变化；第三，随着我国市场经济体制的确立，经济社会的转型对学术研究提出了更高的期望和要求；第四，改革开放加速了我国学术界与国际学术界的交流，国际学术期刊成为衡量我国学术期刊水平的参照系。

然而，与学术环境已发生深刻变化不同，脱胎于计划经济时代的学术期刊体制并未有实质性改变，"共和国期刊 60 年的发展，体制一以贯之，不变也没变"。[11]新的学术环境与不变的期刊体制必定产生冲突。一方面，高等教育和学术研究的高速发展带来的研究队伍和研究成果的成倍增加，使学术期刊传统的核心价值与外在形式的矛盾日益尖锐；另一方面，与国外同行的交流使学者们眼界大开，对国内与国际学术期刊的差距有了真实感受，加之国家近年来大力倡导学术国际化，学术期刊与学者和管理部门的要求相脱节的情状日益凸显。在这样的矛盾冲突中，学术期刊的发展呈现出一种颇为奇特的现象：为了适应大量的论文发表需求，学术期刊的数量出现了成倍增长，从改革开放初期刊的几百种发展至今天的数千种，成为我国最大的期刊类群，其中，自然科学学术期刊已近 3000 种，人文社会科学学术期刊也达 2800 余种；[12]与此同时，奠基于 1950 年代的学术期刊格局不仅一如既往，而且因期刊数量的激增，体制性和结构性矛盾被无形放大。

第一，在期刊结构方面，新增的学术期刊基本沿袭了综合性的老路，这在高校学报中表现得尤为明显，一校一家综合性人文社科学报和一家综合性自然科学学报成为高校学报的固定格局；此外，各省市社科院、社科联和党校也都有了自己的综合性期刊，从而导致整个学术期刊格局仍然是以综合性为主。传统的"窗口"固然得到了继承，但当综合性期刊的数量达到一定量级后，因其学科边界不清晰和内向性特点，根本无法拥有自己的忠实读者，成了无人观望的"窗口"。在人文社会科学领域，中国社会科学院的专业期刊群得到了学者们的无比青睐和重点关注，来自高校的最好的稿源纷纷涌向这些期刊，学报集中展示本校最优成果的可能也已不复存在。自然科学期刊的情况有所不同，下文将予以分析。

第二，经过期刊大扩容后，以高校学报一校一刊为代表的期刊布局使学术期刊呈现更为分散而非聚合的样态，从而造成了期刊制作的高成本和低效率；更严重的问题是，这样基本同质同构的综合性期刊根本无法形成与学科发展相匹配的合理的期刊体系，作者和读者都无法选择最适合自己的期刊，也就无法形成以期刊为中心的学术共同体。

第三，新增的那些被深深打上主办单位烙印的学术期刊不仅内向性的特点依然如旧，而且成为高校学报的法定形式，教育部和新闻出版总署都以正式文件的形式对此予以确认。⑬如此一来，高校间原本存在的门户壁垒变得更加森严，期刊作为学术交流平台的作用被大大弱化。刘道玉先生就曾尖锐地指出："今日我国有哪一个大学的学报敢说自己完全是'全体学术界之公共刊物'？依我看，大多数大学的学报还是'同仁'刊物。"⑭

第四，尽管产生了职业编辑队伍，但编研分离和综合性期刊的编辑必须面对一个甚至几个一级学科，使期刊编辑的素质不可避免地出现了下降。当年《清华学报》、《北京大学月刊》那样堪称"豪华"的编辑队伍今天已不可能再现。

第五，与学术期刊数量激增相伴随的是个刊发行量急剧萎缩，呈现出传播障碍，缺乏个人订户始终是综合性期刊的问题。

上述所有矛盾叠加后，造成了一个致命的问题——学者与学术期刊日渐疏离。当我们以今天的视角来审视综合性高校学报时，不难发现，执着于传统学术期刊的外在形式，与其说是忠实地捍卫了传统，不如说已丢弃了传统的核心价值。

在经过百余年来一代代学人不懈努力之后，中国学术研究已告别单纯与国际接轨的幼稚年代，逐渐步入学术国际化的成熟时期。然而，学术期刊特别是高校学报并没有跟上这一步伐，仍保留着诸多童年时代的外部特征，从结构到布局、从稿源到传播都与现代学术的要求大相径庭。现代学术发展除了综合研究的特征以外，更呈现出学科或问题边界清晰的专业或专题研究特征。与之相对应，发达国家的学术期刊在结构上，除了少量顶级的综合性期刊外，大多是专业边界或问题边界清晰的专业或专题期刊；在布局上，不断向科研力量强大的名校和大型出版集团集结；在稿源上，向全世界学者开放，是名副其实的公共学术平台；在编辑队伍上，拥有十分专业的职业化编辑队伍，并严格实行同行专家的匿名审稿制度，从而确保了学术质量；在发行渠道上，拥有遍及全球的发行网络。更重要的是，"每一个学术刊物的背后，都是一个空前活跃的学术社群，他们形成了一个非常专业的学术共同体……而学术刊物通常就是这些学术社群的标志，体现了他们独特的学术价值、问题意识、学科倾向和专业尺度"。⑮对比一下当代中西学术期刊的差异，不难发现，中国学术期刊的综合性、分散性、内向性等特征已经与现代学术的发展格格不入。

如果说，学术期刊的综合性、分散性、内向性是缘于对传统的扭曲和计划体制的结构性矛盾，那么，随着全球化时代的到来，学术期刊还面临着来自外部的种种严峻挑战。

1. 来自学术国际化的挑战

近年来，全球化浪潮席卷全世界，学术界也不例外，学术无国界的时代真正到来了。新世纪以来，我国的学术国际化除了表现在方法和规则方面继续与国际接轨外，还表达了强烈的输出愿望，即要使中国的知识产品走向世界，让世界听到中国的声音。要达成这一愿望，有两个办法，一是中国的学术期刊走向世界；二是直接在国际学术期刊发表论文。然而，与国际学术期刊从形式到内容都存在巨大差异的中国学术期刊，一时还难以担当这一重任，于是，第二个办法遂成为唯一选择。近年来，我国学者在国际学术期刊的发文量成倍增长，"1980 年前后，中国科研人员每年发表的论文中被 SCI 收录的大约只有 500 篇。30 年过去，2009 年中国的 SCI 论文数量已经突飞猛进到 11.2 万篇，仅次于美国，成为世界第二"。⑩在人文社会科学领域，我国学者在 SSCI 和 A&HCI 收录的国际学术期刊发表论文的数量也在迅速增长。带着国际化的迫切愿望和对我国学术期刊的深深失望，各名校及著名科研院所，几乎无一不将在 SCI、SSCI 和 A&HCI 等国际学术榜期刊发表论文作为科研人员考核的最重要指标，这在客观上加速了优秀稿源的外流。

当我国学术期刊还在纠结于是否应该实现专业化转型并对外稿（非本单位作者稿件）开放的时候，早已建立起完备专业专题体系的国际学术期刊对全世界学者敞开了大门（当然有质量门槛）。上述国际学术期刊中，虽然也有少量中国期刊，但其主体是西方国家期刊。尽管许多有紧迫感的中国学术期刊试图加入这一行列，但却遭遇了自身无法克服的重重困难，首当其冲的就是这些期刊榜将综合性和内向性期刊一概拒之门外，理由十分简单：它们根本不具备公共学术平台的属性。

2. 来自期刊评价的挑战

实际上，有心进入国际学术期刊榜的只是学术期刊中实力相对较强的少部分期刊，大多数期刊眼下还没有如此雄心壮志，对它们来说，更现实的挑战来自期刊评价。现行评价机制由两方面构成：其一是新闻出版管理部门几年一次的质量检查和期刊评级，这是一种行政管理行为，对期刊学术质量评判所占比重不大；其二是已为各学术单位普遍接受的期刊影响力评估，由专业评价机构发布，影响最大的是各种"核心期刊"和"来源（数据源）期刊"排行榜。让期刊纠结的主要是后者，因为这类排行榜直接导致了学术管理的简单化，是否榜上有名，对学术期刊来说已成为天差地别的事，马太效应十分明显。因此，本应为学术研究和学者服务的学术期刊，却把更多的心思用在了如何迎合评价机构的偏好上。但无论如何，上榜的期刊只能占期刊总数的20%左右，不能上榜则意味着好稿源基本枯竭，难逃沦为许多学者眼中"学术垃圾场"的命运。

排行榜给期刊带来的灾难还不止此。对量的追逐必然冲淡对质的要求，就此引发了种种学术不端行为，而不端行为多在论文发表环节暴露，期刊也因此被卷入了舆论的旋涡。

3. 来自数字化潮流的挑战

期刊数字化浪潮使学术期刊正经历着一场革命。这场肇始于传播，继而扩展至整个编辑出版流程的革命，使学术期刊抛掉了纸本载体而实现了更为迅捷的网上编辑和传播，至少在传播流程中，数字化传播现已成为学术期刊的主流渠道。在中国，完成这一革命性转变的并不是学术期刊，而是像"中国知网"这样的大型期刊数据库网站。学术期刊以综合性为主的结构和分散的布局导致以原期刊为单位的数字化传播意义不大，而经过汇集和重新编排后更能适应读者的需求，大型期刊数据库网站做的正是这样的工作（做得成功与否暂且不论）。

但是，期刊数据库的建库模式、标准，特别是作者著作权和期刊版权保护以及利益分配等与学术期刊密切相关的规则的制定，均由数据库网站一手操作，学术期刊基本没有参与，故只有无条件接受，这导致了学术期刊在数字化过程中完全被动的局面。当由期刊数据库网站基本垄断期刊数字化传播、"读库"成为读者阅读期刊论文习以为常模式后的今天，学术期刊幡然醒悟，再想收回自己的权利，建立属于自己的数字化传播渠道时才发现，这将是一个异常艰难的过程，学术期刊已经失去了独立建立数字化传播渠道的机会和能力。

当以综合性、分散性和内向性为特征的学术期刊遭遇了来自学术国际化、评价数量化和传播数字化的挑战时，处境日益艰难，而自然科学期刊尤甚，纵然其在期刊体系化建设方面优于人文社会科学期刊，但在国际化浪潮的裹胁之下，在评价机构的倡导之下，每年以十万篇计的优秀稿源的流失，使得像《中国科学》和《科学通报》这样的国内顶尖学术期刊也面临着前所未有的稿源荒，更遑论一般院校的学报了。优稿的外流必然带来学术前沿的失守和读者的流失，从近年来著名院校和科研机构订阅外刊和国外期刊数据库的费用成倍增长就可以看得十分清楚。这对学术期刊而言是致命的问题。因语言和意识形态等原因起步稍晚的人文社会科学国际化已出现了明显的路径依赖，社科学术期刊也有着重蹈自然科学期刊覆辙的危险。如果说，学术期刊内部结构性的矛盾造成了学者与期刊的疏离，那么，来自学术国际化的挑战则使优秀学者与中国学术期刊不仅仅是疏离，而是渐行渐远了；而不合理的学术评价和数字化主动权的失去，则使学术期刊面临着在数字化时代既无自主权又无发行收入的窘境，不啻雪上加霜。

三 固守与变革的抉择

以上我们分析了学术期刊的传统与现状，中国学术期刊曾经辉煌，但今天却陷入困境，原因主要有二，一是对传统的片面理解，二是来自体制的困厄。而两者之间又是紧密相连的，被扭曲的传统支持了不合理的体制，不合理的体制则强化了对传统的扭曲。

从发展趋势来看，学术期刊大致可有两种前景。其一，如果一切不予改变，我国学术期刊在相当时期内生存并不成问题，因为在单纯追求数量的学术评价机制下，数以百万计的专业人员为了职称和绩效，以及众多硕士、博士研究生为了学位而发表论文的"刚性"需求，使学术期刊的版面仍是稀缺资源。但是，学术期刊的处境将越来越尴尬，不仅在国际知名学术期刊中难觅其踪影，无法争取在国际学术界的话语权，而且随着外刊的大举"入侵"，在国内学术界的话语权也岌岌可危。其二，正确地理解和对待传统，继承传统的核心价值，通过改革，解决困扰学术期刊发展的体制性、结构性矛盾，以切实可行的措施应对来自各方的挑战，使学术期刊重现辉煌。对于第一种前景，政府不会答应，学术界不会答应，而学术期刊中的许多同仁也不会甘心。"一个国家有没有好的科学体系、这种科学体系是否健全，其中一个重要的标志就是有没有高水平的科学期刊。一个世界级的科学大国，会有世界级的科学期刊。"[①]可见，如果没有健全和合理的学术期刊体系，终将拖累我国学术研究的发展。因此，第二种前景将是必然选择，选择了这一前景，那么，学术期刊需要改革就是毋庸置疑的。

从新闻出版总署目前的部署来看，学术期刊的改革将在两个层面进行。其一是启动高端学术期刊建设的国家工程。2011年4月，新闻出版总署发表了《新闻出版业"十二五"时期发展规划》，勾画了"十二五"期间高端学术期刊的发展蓝图：将推出"国家重点学术期刊建设工程"，"培育20

种国际一流学术水平的国家重点学术期刊，培育一批有影响力的优秀学术期刊"，"建设专业学科领域内具有国际影响力的品牌学术期刊群"，以此"推动我国学术期刊整体学术水平和国际影响力的提升"。[18]其二是通过对现有大多数期刊的体制改革，"创新体制机制，提高竞争力"，基本方向是"进一步推动报刊业向规模化、集约化、专业化转变"。[19]应该说，无论是举办学术期刊建设的国家工程，还是对原有期刊进行改革，对引导学术期刊走出困境都是有意义的，它所针对的正是学术期刊普遍存在的综合性、分散性和内向性以及无力应对外部挑战的问题，必将有助于我国合理的学术期刊体系的构建。

需要讨论的是学术期刊体制改革的目标和路径问题。总署已定下所有非时政类期刊的改革目标是"转企改制"，"使其成为能独立承担社会法律责任的市场主体"。尽管科研部门和高校学术期刊改革具体办法还未出台，但从已成功进行的文化单位和出版社的体制改革经验和已经启动的部分报刊体制改革的部署来看，总署很可能也将"转企改制"作为学术期刊改革最佳的目标选择。严格说来，"转企改制"对于学术期刊而言只是改革的手段，改变的是期刊制作单位的身份，但如今很可能被提升到目标的高度，甚至取代目标。那么，"转企改制"能够成为学术期刊改革的真正目标吗？如果不能，这个目标应该是什么？"转企改制"能否与这个目标合为一体？

于是，我们需要回到问题的本源：学术期刊为什么要改革？从学术期刊为学术事业服务的根本属性来看，学术期刊不能满足快速发展的学术事业的需要是关于改革缘由的唯一答案，因此，改革的目标当从学术事业发展的需要出发来确定。通过本文的分析，我们可以清楚地看到，学术事业的发展需要通过学术期刊这一开放的公共平台，实现以最优的方式高效率地传播学术研究的最新成果，这正是今天的学术期刊使命所在；而要做到这一点，合理的期刊体系是不可或缺的；目前的学术期刊之所以未能如学术界要求的那样完成其使命，是因为它们深陷在结构性和体制性的矛盾之中，这是问题的关键。所以，改革的目的或目标应该是解决学术期刊结构性和体制性的矛盾，建立起符合学术发展规律和需要的合理的学术期刊体系。

我们再来分析"转企改制"能否实现这一目标，亦即"转企改制"能否解决学术期刊结构性和体制性的矛盾。为此，我们需要追问结构性和体制性矛盾的根源。公正地说，这些矛盾的生成，根源不在期刊，而在管理部门。比如，一校一综合性学报的格局就是管理部门一手造成的，许多有实力创办专业期刊的高校，苦于拿不到办刊必需的刊号，只能另辟蹊径，出版以书代刊的学术集刊，尽管新闻出版总署并没有查禁这些集刊，但其作为期刊的合法身份却始终未得到确认；而部分没有办刊能力的高校学报却能拿着总署批准的刊号出版学者眼中的"学术垃圾"。应该说，总署已明确意识到这些结构性和体制性矛盾的存在，在提出"转企改制"这个首要目标的同时，还将"整合出版资源"、"调整结构和布局"、"建立健全市场退出机制"作为与之并列的另外三个目标。其实，与其说是企业化这个首要目标，不如说后三个目标更能够使学术期刊结构性和体制性的矛盾迎刃而解。问题在于，总署不仅将企业化设置为目标，而且还很可能将其设定为通往后三个目标的唯一路径。那么，这条路径的可行性如何？是否还存在其他路径？

不管总署最终会采取怎样的办法来实现学术期刊体制的改革，有一点是无法改变的，那就是必须将改革前的体制中人基本纳入到改革后的新体制中去。采取不同的方法，对他们也就有不同的定位。如果新的学术期刊体系以另起炉灶的方式来建构，他们就是新体系必须甩掉的包袱；如果通过整合现有的学术期刊来构建，他们就是新体系必须容纳的对象。显然，完全采取前一种方式改革会十分简单，但却是不现实的；而采取后一种方式，改革会非常复杂，最根本的困难在于：在不抛弃现有学术期刊的前提下，通过什么样的路径来实现学术期刊的规模化、集约化和专业化，以达到构建合理期刊体系的目标？企业化真的能实现这一目标吗？

从总署的"十二五"规划和总署官员有关学术期刊体制改革的一系列讲话中，可以看到对大型出版集团可能在学术期刊"转企改制"中发挥作用的重视，这无疑是一条充满希望的路径，但走通这条路殊为不易，与出版畅销书不同，品牌学术期刊的打造是一件费时、费力、费钱而短期内难有经济回报的事，即使有大型出版集团愿意投入，它们能容纳多少期刊加盟？分散于各地的期刊又以什么方式加盟？这些都还是值得追问的问题。

自上而下的改革成功的前提，是发动改革的决策部门完善的制度设计和目标与路径选择以及对改革对象的充分动员，而这一切还有待完成。也许这正是总署要为学术期刊"另行制定具体改革办法"的原因所在。可见，总署在对学术期刊"转企改制"问题上面临着艰难的抉择。

同样面临艰难抉择的还有改革的对象——学术期刊。业界对改革可以说充满了种种疑虑，有代表性的看法大致有以下两种。

其一，直接否认改革的必要性。随着新闻出版总署对期刊改制的积极推进，学术期刊界特别是学报界中动辄大谈学术期刊使命和传统的人多了起来，在他们看来，"大学学报的历史使命应该是完整的、科学的传播主办单位的教学和科研的成果"，综合性、内向性、分散性也就成为其本质特征，这是中国学术期刊的传统所决定的。至于柳斌杰所谓期刊"数量过多、规模过小、布局分散、结构不合理、市场竞争力弱等突出问题"，对于学术期刊来说，不是虚构的，就是本当如此。所以，只要承认并坚持传统，学术期刊的改革就不具有必要性。

其二，对改革抽象肯定，具体否定。诸如通过论证综合性期刊"拼盘也可以大放异彩"，以及通过论证"学报的发展，目前最重要的还是要做好自己，要真正形成自己的特色和优势"，来否定专业化转型的必要；通过论证每个学术单位都有权主办适合自己的学术期刊来否定规模化、集约化的必要等等，不一而足。

要驳倒这些似是而非的观点并不难，如对传统期刊形式的强调其实经不起分析；对综合性期刊作用的论述并不能替代对其所占比例合理的证明，而学报若真能"做好自己"，"形成优势"，改革还有何必要性可言？这两种看法其实如出一辙，都不愿改变学术期刊的现状。问题在于这些观点在业界得到了比较普遍的回应，这固然因为普遍存在的对学术期刊传统理解的偏差，但更应看到将"转企"作为改革的唯一路径和目标，使更多期刊人站到了怀疑和抵制的立场。

新闻出版总署改革的决心已经下定，而期刊人正站在改革的十字路口：坚持所谓的传统，还是选择变革？选择前者，其后果必定如同在本节开头我们就分析的第一种暗淡的前景那样；而选择后者，我们能否在企业化之外找到一条更为稳妥的改革路径？

2011年2月，17家入选教育部哲学社会科学名刊工程的综合性学报作出了具有开创意义的尝试——联合在中国知网以对纸本学报进行同步重组的方式推出数字化"中国高校系列专业期刊"，包括《马克思主义学报》、《文学学报》、《历史学报》、《哲学学报》、《政治学报》、《经济学报》、《法学学报》、《社会学报》、《教育·心理学报》和《传播学报》共十种一级学科专业期刊。[20]该系列期刊的推出，在很大程度上得益于方兴未艾的"云出版"。"云出版"的诞生，意味着"聚合"——内容的聚合、平台的聚合、渠道的聚合——必将成为今后出版业最显著的特征，也必将加速手持终端取代传统纸本学术期刊的过程。"中国高校系列专业期刊"正是一种完全符合"云出版"要旨的全新期刊样态。首先，对综合性学报进行按专业同步重组是对分散资源的有序聚合。其次，体现了"云出版"共享的精髓。再次，充分利用了"云出版"通畅的传播渠道，为打造数字化时代学术期刊品牌形象奠定了坚实的基础。最后，也最重要的是，实现了期刊编辑与出版发行的分离。因此，该系列期刊一经问世，就得到了学术界的热烈欢迎和一致好评，在期刊同行中也备受关注。

在学术期刊体制改革即将启动的今天，这个尝试提示我们，期刊体制改革如果能与最新技术相结合，将会产生意想不到的效果。对期刊改革而言，这个尝试的最大意义在于为分散的综合性期刊的专业化转型和规模化、集约化发展找到了一条可行的路径。第一，既顺利地实现了专业化转型，又不会割断与过去的血脉联系，而且编辑队伍可以保持稳定。第二，开创了学术期刊跨地域、校域进行整合之先河，并为集团化创造了条件。第三，传承了我国学术期刊传统中最有意义的核心价值，打破了主办单位的门户壁垒，造就了开放的公共平台，实现了高效率的学术传播。第四，为构建合理的高校学术期刊体系奠定了良好的基础。因此，如果国家能给予适当扶持，该系列期刊完全可以打造为高校高端学术期刊的"云平台"，并吸纳更多有发展潜力的高校期刊参与共建，最终完成全新的学术期刊体系的构建。这既是对学术期刊传统核心价值的回归，也能从根本上满足学术事业发展的需要。由此可见，技术革命也可以成为解决体制问题的钥匙。

让我们再回到本文开篇所提出的问题，即"学术期刊与其他类别的期刊改革应有哪些不同？学术期刊体制改革的具体目标应是什么？改革应如何进行？"本文已分析了学术期刊的传统及其走过的特殊历程使其背上了其他类别期刊所没有的体制性和结构性问题的包袱，体制改革的具体目标应该是合理的期刊体系的建立，而对其他类别期刊也许很切合的"转企改制"的手段很难达成这一目标。因此，笔者以为，就这一目标而言，存在着比"转企改制"更为有意义的手段，这就是将纸本期刊与数字化期刊分开、将期刊编辑与出版发行分开对待的"两分开"办法。

首先，在学术界，已很少有人怀疑纸本期刊必将为数字化期刊所取代这一前景，将纸本期刊与数字化期刊分开，改革可以从数字化期刊开始，把主要精力放在数字化期刊体系的建立上。真正的数字化学术期刊目前基本上还是"一张白纸"，很少羁绊，可以从容构建分布和结构最为合理的期刊体系。数字化期刊不仅在传播上具有传统纸本期刊所无法比拟的优势，而且数字化技术可以使分布于不同地域的编辑合作编辑同一本期刊成为可能，从而可以将传统体制中的编辑人最大限度地纳入到改革后的新体制中去，长期以来困扰期刊改革的人员安置问题或可迎刃而解。

其次，学术期刊的编辑活动本质上属于学术活动，并不是非"转企"不可，将期刊编辑与出版发行分开，编辑可以继续留在高校和科研单位中，这对办好学术期刊来说，在一定意义上是必不可少的条件，而出版发行则可交给大型出版集团或数字化网站，在明确双方责、权、利的基础上，可以使学术期刊更好地走向并适应市场，实现编辑者与出版者的双赢，也可让市场来选择期刊，没有出版和发行价值的期刊将会逐步自然退出。

如此，期刊体制改革"转企改制"、"整合出版资源"、"调整结构和布局"、"建立健全市场退出机制"的四项目标或可比较顺利地达成。对于近6000 家学术期刊来说，这可能是一种更为可行的通往理想彼岸的改革路径。

---

①②转引自吴娜《非时政类报刊出版单位体制改革攻坚号角已吹响——柳斌杰接受专访，介绍非时政类报刊出版单位体制改革的热点问题》，http://www.gapp.gov.cn/cms/htnl/21/1006/201108/721385.html。

③参见朱剑《徘徊于十字路口：社科期刊的十个两难选择》，北京：《清华大学学报》（哲学社会科学版）2007 年第 4 期。

④⑦王睿、宇文高峰、姚树峰、姚远：《中国近现代科技期刊起源与发展的特点》，北京：《中国科技期刊研究》2007 年第 6 期。

⑤仲伟民：《中国高校学报的历史、现状和将来》，澳门：《澳门理工学报》（人文社会科学版）2011 年第 4 期。

⑥张越、叶建：《近代学术期刊的出现与史学的变化》，北京：《史学史研究》2002 年第 3 期。

⑧宋应离：《中国大学学报简史》，郑州：中州古籍出版社，1988，第 70 页。

⑨转引自刘道玉《再谈大学学报的使命——纪念〈武汉大学学报〉创刊 80 周年》，武汉：《武汉大学学报》（哲学社会科学版）2009 年第 3 期。

⑩郭沫若：《发刊词》，北京：《科学通报》1950 年第 1 期（创刊号）。

⑪李频主编《共和国期刊 60 年》，北京：中国大百科全书出版社，2010，"前言"。

⑫由于在学术期刊与非学术期刊之间并没有清晰界线，上述资料只是业内普遍接受的一个估值。

⑬教育部于 1998 年 4 月 1 日发布的《高等学校学报管理办法》第二条规定："高等学校学报是高等学校主办的、以反映本校科研和教学成果为主的学术理论刊物，是开展国内外学术交流的重要园地。"新闻出版总署 1998 年 2 月 13 日发布的《关于建立高校学报类期刊刊号系列的通知》干脆直接规定："学报刊登的稿件，2/3 以上是本校学术、科研论文或信息。"

⑭刘道玉：《再谈大学学报的使命——纪念〈武汉大学学报〉创刊 80 周年》，武汉：《武汉大学学报》（哲学社会科学版）2009 年第 3 期。

⑮许纪霖：《学术期刊的单位化、行政化和非专业化》，上海：《文汇报》2004 年 12 月 12 日。

⑯黄永明：《中国学术期刊的尴尬与梦想》，广州：《南方周末》2010 年 9 月 10 日。

⑰《改革中的〈中国科学〉与〈科学通报〉愿与中国科学一起成长》，北京：《科学时报》2008 年 9 月 9 日。

⑱《新闻出版业"十二五"时期发展规划》，http://www.gapp.gov.cn/cms/html/21/508/201104/715451.html。

⑲《李东东：报刊业将进一步向规模化专业化转变》（2011 年 1 月 25 日），http://www.gapp.gov.cn/cms/html/21/1017/201101/710625.html。

⑳详见"中国高校系列专业期刊"主页 http://www.sju.cnki.net/sju/default.aspx。

作者简介：朱剑，《南京大学学报》执行主编、编审。

[责任编辑：刘泽生]

（本文原刊 2012 年第 1 期）

108

主持人语

刘泽生

　　说起中国学术界、期刊界的"核心情结"，真是剪不断，理还乱，"别是一般滋味在心头"。本期我们继续关注这一令人纠结的"核心"话题。

　　目前在中国内地，从事有关"核心期刊"评价工作相对比较成熟、影响力较大的大致有六家，其主要成果包括由北京大学图书馆主持研究的《中文核心期刊要目总览》，由中国社会科学院文献计量与科学评价研究中心主编的《中国人文社会科学核心期刊要览》，由南京大学中国社会科学研究评价中心主持的"中文社会科学引文索引"（CSSCI），由武汉大学中国科学评价研究中心等单位主持的《中国学术期刊评价研究报告》，由中国科学技术信息研究所发布的《中国科技期刊引证报告》和中国科学院国家科学图书馆发布的《中国科学计量指标：期刊引证报告》。其中后两家主要是为科技引文资料库选择来源期刊提供服务，前四种则更多的与人文社会科学学科直接相关。

　　本刊上期发表了中国社会科学院《中国人文社会科学核心期刊要览》主编姜晓辉研究员、南京大学中国人文社会科学评价国家创新基地叶继元教授等学者的专题论文，就核心期刊的评价功能与作用、来源期刊（核心期刊）评选的得失与出路发表了自己的看法，读者反应热烈。本期则重点刊发北京大学图书馆蔡蓉华、何峻老师关于期刊评价之目的、方法和作用的专题论文，以及武汉大学中国科学评价研究中心邱均平老师与华中师范大学博士研究生武庆圆关于核心期刊的由来与测度创新的文章。蔡蓉华认为，自从引入文献计量学评价的方法后，我国在研究成果的科学性、客观性方面得到了很大的提高，但随之而来的是应用的扩大化和绝对化，并产生了不小的负面影响。如何正确认识期刊评价研究活动，合理应用期刊评价研究成果，促进而不是干扰学术研究、期刊出版和知识传播事业的科学发展，是当前学术界需要认真探讨的问题。蔡文认为，将"核心期刊"或"来源期刊"视为当前学术界、期刊界出现各种不良学术风气的根源是不公平的，将"核心期刊"或"来源期刊"的作用异化为评价论文的标准，才是产生混乱的真正根源。邱均平认为，虽然学术界对核心期刊的概念一直存在争议，对如何测度核心期刊也褒贬不一，但事实证明，对核心期刊进行测度是很有必要的。邱文从核心期刊由来的理论基础和形成机理入手，在核心期刊概念形成的基础上，阐述了核心期刊测度的发展及创新，并以《中国学术期刊评价研究报告》为例，对核心期刊的"分类评价、分级管理"的基本原则、定性与定量相结合的方法创新等进行了深入分析。相信蔡蓉华、邱均平等学者的上述文章对读者诸君进一步探讨学术期刊的"核心话题"、梳理难解的"核心情结"，或有所帮助。

限于篇幅，我们难以集中发表更多的评价文章，但我们将继续关注有关"核心期刊"的研究，尤其欢迎学术界的专家学者、科研管理部门的实际工作者，以及从事学术期刊编辑出版工作的同行发表高见。我们不希望这是"独上西楼"的"无言"。专栏的大门将随时为您敞开。

本栏另一篇文章为台湾《清华学报》主编徐光台教授的《文献探讨在学术期刊论文中的重要性：一个学术史观点的取向》。作者从学术史与东西文化交流的角度，并就当前中文学术期刊论文所见四种不同的文献探讨类型进行分析，认为认真处理学术论文的文献探讨，是提升学术期刊一个非常重要的部分，这也是一个值得两岸四地学术期刊关注的问题。

本刊近期还将就中文学术期刊的国际化、数字化等选题展开专题讨论。期待海内外学术界、期刊界同仁和广大读者踊跃参与。栏目公开，欢迎赐稿。

论期刊评价之目的、方法和作用

蔡蓉华　　何　峻

[提　要]　期刊评价是近半个世纪以来发展起来的一项研究，自从引入文献计量学评价方法后，研究成果的科学性、客观性大大提高，因而逐渐被社会认可和获得广泛应用，但随之而来的是应用的扩大化和绝对化，由此也产生了不小的负面影响。文章从评价目的、方法和作用等多方面对期刊评价进行了梳理和剖析，并对目前我国影响较大的几种期刊评价研究项目进行了比较分析，以期为期刊评价研究正本清源，让期刊评价的作用回归本位。

[关键词]　期刊评价　核心期刊　来源期刊　评价指标体系

近 20 年来期刊评价研究在我国蓬勃开展，相关研究论文和著作大量发表，随着各种类型的实用性期刊评价研究成果不断涌现和广泛应用，期刊评价在学术界引起了强烈反响，赞成者、批评者和否定者皆有之，纵观各种负面意见，主要是由于将期刊评价成果"核心期刊"或"来源期刊"作为评价学术论文的标准而引起的。因此，如何正确认识期刊评价研究活动，合理应用期刊评价研究成果，促进而不是干扰学术研究、期刊出版和知识传播事业的科学发展，是当前学术界需要认真探讨的问题。本文试从期刊评价的目的、方法和作用等三个方面进行剖析，以期为期刊评价研究正本清源，让期刊评价的作用回归本位。

一 期刊评价目的分析

(一) 期刊评价研究产生的背景

期刊评价研究的产生并非是偶然现象，而是科学研究发展到一定阶段的必然产物。随着科学技术的发展，期刊作为记载和传播科学文化的重要载体，也得到了快速发展，尤其到了 20 世纪末期，科学技术的发展进入了快速道，海量文献涌现，期刊数量急剧增加。仅据《乌利希国际期刊指南》统计，2011 年收录的连续出版物数量已达 350731 种。我国改革开放以来，随着经济、科技、文化等各个领域的全面复苏，期刊出版事业也呈现出蓬勃发展的繁荣景象，期刊品种急剧增加。我国正式出版发行的期刊，从 20世纪 70 年代初的不足百种，迅速增至 90 年代末的 6000 余种。近 20 年来，我国期刊数量进入稳步增长阶段，至 2011 年期刊数量已达 9891 种。期刊文献数量更是以惊人速度增长，据"中国学术期刊网络出版总库"统计，该库收录文献量已达 3389 万篇之巨，仅 2011 年就增加了 235 万余篇。

如此众多的期刊和海量文献，一方面记载传播了大量的信息和知识，在传递和交流科技文化最新成果、促进和推动社会文明进步发展等方面发挥着重要的作用，另一方面，也使期刊的收藏、管理和利用面临严峻挑战。在文献爆炸的时代，人们获取有效文献的困难越来越大，社会需要快速有效查找文献的方法，于是文献情报工作者责无旁贷地承担起了这个任务，他们的研究在两个方面取得了重大进展。

一是编制文献检索工具，使读者可以较方便地查找所需文献。目前国际上有影响的检索性期刊有 2500 余种，我国有 200 余种。近 20 年来，随着网络信息技术的发展，各种文献检索资料库发展迅速，它们凭借可以从多角度快速有效检索文献的优势，已经呈现出超越检索性期刊的趋势。

二是对期刊进行评价，使读者可以选用最有价值的期刊。早在 20 世纪二三十年代，文献学家们就开始探寻客观、有效地进行期刊评价的方法。1934 年，英国文献计量学家布拉德福首先发现了学科论文在期刊中的分布规律，即少数期刊集中了大量某学科的论文，而其他期刊则很少出现该学科的论文，他还给出了划分最有贡献的核心区期刊的数学模型，这一规律被称为"布拉德福文献离散定律"。1971 年，美国文献计量学家加菲尔德发现，大量的引文都集中在学科的一小部分核心期刊中，而少量的引文则散布在大量的期刊中，这一规律被称为"加菲尔德引文集中定律"。"布拉德福文献离散定律"和"加菲尔德引文集中定律"揭示了学科文献在期刊中的分布存在"集中"和"分散"的客观规律，为定量评价学术期刊奠定了理论基础。后人进一步研究证明，学科文献的被摘录、被转载、被阅读等多种特征在期刊中的分布也都遵循集中和分散的规律。此后有关期刊评价的研究逐步升温，理论探讨和实际应用研究均层出不穷。

我国对期刊评价的研究虽然起步较晚，但发展十分迅速。尤其是 20 世纪 90 年代后，出现了一些较大规模的实用性研究项目，并取得了不少兼具学术性和实用性的研究成果，如《中文核心期刊要目总览》、"中国科学引文资料库"等。同时，学术界、期刊界、科研管理部门开始关注期刊评价研究，相关研究论文剧增，据"中国知网"资料统计，1980～1990 年，发表相关论文 305 篇，1991～2000 年，发表相关论文 3028 篇，2001～2011年，发表相关论文 10098 篇，从发表论文数量的历时性分析看，研究该问题论文的数量呈现几何级数增长。[①]

由此可见，期刊评价是科学技术发展到一定阶段，因社会需要而产生的一项科学研究活动，它随着社会科学文化的进步而产生、发展和繁荣，不为任何个人意志所左右。

（二）期刊评价目的和特点分析

期刊评价的根本目的是为了满足社会需求，而社会需求是复杂多样的，因此不同的期刊评价研究项目，都有自己特定的研究目的和特定的服务对象，这就是为什么有多个实用性期刊评价研究项目可以同时存在和发展的原因，它们之间是互相补充的关系。期刊评价目的多种多样，从目前对我国学术界影响较大的实用性期刊评价研究项目分析，其目的大致可以归纳为三大类。

1. 为期刊采购、读者阅读和作者投稿提供参考工具

期刊的巨大出版量是现代社会所谓"文献爆炸"的主要表现之一，这是社会进步的反映，但又使得文献工作者和文献使用者面临着前所未有的困难。出版物的迅速增长与购买资金有限的矛盾，收藏量的剧增与收藏空间不足的矛盾，极大的文献量与使用者（读者）的有限精力、有限时间的矛盾等均日趋尖锐，这些矛盾无时不出现在图书馆期刊工作的采购、典藏、管理、流通、阅览以及期刊开放利用的一切环节之中。严峻的形势迫切要求人们对为数众多的期刊加以系统的研究，认真地鉴别它们的水平与质量，了解它们在所涉及的学科或专业中的地位与作用，以便于图书情报部门有选择地收藏与剔除、有计划地管理与开发利用，也便于读者从期刊的海洋中探寻他们所需要的信息。[②]因此，研究科学的方法，对期刊进行客观评价，成为图书馆界和情报界的重要任务之一。

这类期刊评价研究，一般由图书情报部门主持，依据最初由国外传入而后在国内得到发展的文献计量学理论，采用文献计量统计方法进行评价，评价成果的名称也借用舶来术语"核心期刊"。

评价方法往往具有以下特点：评价研究一般都会连续定期进行，因为期刊的办刊宗旨、质量水平和学术影响力具有动态变化的特征，需要定期更新核心期刊表，才能保持它的适时性、客观性和权威性；评价指标体系以学术标准为主，对期刊的思想性和编辑质量水平等只作宏观控制，如规定入选期刊必须具有国内统一连续性出版物号（CN号），因为有CN号的期刊是经中国新闻出版总署严格审核批准可以正式出版的期刊，这些期刊每年还要通过各级期刊管理部门的年审，政治思想水平、学术水平和编辑质量等审查合格的才能继续出版；强调分学科评价，以方便使用。

评价成果往往具有以下特点：核心期刊表学科齐全，适合各级各类图书馆参考；核心期刊数量相对较多，具有较高的文献保障率；学科间核心期刊数量和期刊出版数量比例较平衡，学科核心期刊表中汇集了大多数该学科学术水平高、学术影响力大、能反映该学科现有水平和发展方向的期刊，能基本满足各学科读者的需要。

2. 为引文资料库选择来源期刊

引文资料库是一种以文献之间的引用关系为基础的文献索引，它以引文为主体，将相关研究文献组织在一起，揭示出研究内容之间彼此的内在联系。它提供了一种全新的检索途径，通过检索一篇被引文献，就可以找到相同领域不同时期的各种相关研究论文，帮助读者很方便地对自己研究的问题追根溯源，了解来龙去脉，掌握研究动态。此外，引文资料库还可以通过期刊论文被引用的情况，从一定程度上反映期刊的学术影响力和学术价值。因此，引文资料库除提供文献检索服务外，通常还会定期发布期刊引证报告，选取与引文相关的各种评价指标，如总被引频次、影响因子、即年被引指数、被引半衰期等，列出相应的期刊排序表，为读者提供多种评价期刊的客观依据。正是这种新颖、独特的检索功能和评价功能，使得引文资料库日益受到学术界的广泛应用和高度重视。

引文资料库来源期刊的选择，直接关系到资料库的客观性、权威性和适用性，因此，引文资料库对来源期刊的选择十分重视。引文资料库都会定期对期刊进行评价，并根据评价结果来调整和补充来源期刊，以确保引文资料库的质量。

我国来源期刊的评选一般都要经过资料库评选和专家评审两个步骤。选刊标准包括：引文资料标准，主要参考总被引频次、影响因子、即年指标、篇均被引量等定量指标；期刊编辑规范标准，包括刊名、论文题名及摘要、著者信息、参考文献等的著录要规范等；出版时效标准，要能按期刊所标注的出版周期准时出版。评审专家由学科专家和学术管理部门专家组成，他们主要根据期刊的社会影响和学术水平来调整来源期刊表。

来源期刊的选择具有以下特点：除了对期刊的学术水平有要求外，还对期刊的编辑水平有很高要求，期刊编辑质量不符合引文资料库要求的，不管学术水平如何，都不能选作来源期刊；为了给不同服务对象提供便捷的检索服务，引文资料库一般都会按不同学科范畴，分别建库。我国就由多家机构建设了多个不同学科范畴的引文资料库，如"中国科学引文资料库"、"中国社会科学引文资料库"，前者只收科技期刊，后者只收人文社会科学期刊，而管理类期刊则为两者共同收录；此外，不同建库目的引文资料库，收录的来源期刊数量也往往有较大差别。

来源期刊作为引文资料库统计源，汇集了大多数高水平学术期刊，而引文资料库编制的期刊引证报告，更是提供了基于引文的多种评价指标资料，为期刊评价提供了客观的、重要的依据。

3. 为期刊出版和管理部门评选优秀期刊

各级各类的优秀期刊评奖活动，一般都由政府管理部门或学术团体主持，评奖的主要目的是为了激励先进，树立榜样，鞭策后进，加强管理，促进期刊出版事业的发展和繁荣。优秀期刊的评选标准由思想性、学术性、代表性、社会影响力、编辑质量等多方面组成，评选方法以定性评选为主，评选流程一般要经过期刊申报、逐级评审、专家评审、社会公示、最终审定等过程。

我国期刊评奖活动名目繁多，有行政系统的评奖，如省市级优秀期刊奖；有行业系统的评奖，如教育部的"精品期刊奖"、"精品栏目奖"等。由于各个奖项评选标准并不一致，很难放在一起比较。我国期刊出版领域最具权威的奖项当属由新闻出版总署主持评选的国家级期刊奖。该奖项评选标准多、评选范围广、获奖期刊少、社会影响大。从 2000 年开始至今，我国共进行了四次国家级期刊评奖活动，分别为：第一届国家期刊奖（2000 年），共评出国家期刊奖 102 种，国家期刊奖提名奖 45 种，国家期刊奖百种重点期刊 108 种；第二届国家期刊奖（2003 年），共评出国家期刊奖 60 种，国家期刊奖提名奖 100 种，国家期刊奖百种重点期刊 100 种；第三届国家期刊奖（2005 年），共评出国家期刊奖 60 种，国家期刊奖提名奖 100 种，国家期刊奖百种重点期刊 197 种；第二届中国政府出版奖期刊奖（2010 年），共评出期刊奖 20 种，提名奖 39 种。

期刊评奖活动一般有以下特点：评奖标准通常都很全面，并综合考虑期刊的地区分布、行业分布（如各省市或行业部委）和期刊性质（如学术期刊、科普期刊、大众期刊）等因素，因此，获奖期刊往往在各方面都具有一定的代表性，对各系统和各种类型的期刊均能起到较好的激励作用。因此，权威的期刊评奖结果也常被其他期刊评价项目选作评价指标。

综上所述，可以看出，不同的实用性期刊评价项目，有不同的评价目的和服务对象。评选核心期刊和来源期刊的主要目的是评出学术水平高、学术影响力大的期刊，为学术界服务。而期刊评奖的主要目的是评选优秀期刊，为行政管理部门和期刊界服务。

二 期刊评价方法分析

期刊评价方法是否科学，关系到评价结果是否客观，因此也是期刊评价研究的重要内容之一，在已经发表的有关期刊评价的论文中，相当大一部分是研究评价方法的。期刊评价方法多种多样，但从评价性质角度看可以归纳为三大类。

（一）定性评价方法

期刊的定性评价方法就是由学科专家根据自己的知识和经验，对学科期刊做出主观判断的方法。在定量评价方法出现之前，定性评价是一种最基本的和最常用的评价方法。

定性评价方法的优点是简单易行，评价结果具有权威性，在评价对象不多、学术风气良好的环境下，是一种行之有效的方法。定性评价的不足是仅仅依靠专家的主观判断，难免带有个人偏好，再加上随着学科分支向纵深发展，专家对期刊的了解也会存在一定局限性，考虑到个人、机构和学术圈的利益关系，更会影响期刊定性评价的公正性和权威性。

（二）定量评价方法

期刊定性评价方法的不足促使人们寻找更为客观合理的评价方法，于是，期刊定量评价方法应运而生。马克思认为，一种科学只有在成功地运用数学时，才算达到了真正完善的地步。而现代科学技术发展的显著特点之一就是高度、全面的定量化，不仅自然科学如此，许多传统的哲学社会科学领域，也追求恰当地利用数学和统计学的方法进行研究，并由此产生了许多重要的定量化学科或学科分支，文献计量学就是其中之一，而期刊的定量评价则是文献计量学研究的重要内容。期刊定量评价弥补了定性评价缺乏客观依据的不足，因此它一出现便得到了迅速发展和广泛应用。定量评价方法要解决的关键问题主要有：建立科学的评价指标体系、选择高质量的评价指标资料统计源、采用合理的资料统计方法、设置恰当的学科类目等。

1. 定量评价指标体系是否科学合理是期刊评价能否成功的关键。能够反映期刊质量和学术水平的因素很多，如论文被引用量、被索引量、被摘录量、发行量、借阅量等，它们能从不同角度不同层面反映期刊的学术影响力。

早期的期刊定量评价多使用单指标评价方法，如布拉德福选用载文量作为评价指标，加菲尔德选用被引用量作为评价指标。但单指标评价只能从某一个层面对期刊进行评价，有很大的片面性。目前，单指标评价方法大多只在检索性文献资料库发布评价指标资料时使用，或者是在研究力量有限时使用。

正是单指标评价的局限性催生了多指标综合评价方法。该法就是将尽可能多的能客观反映期刊质量水平的特征因素选作评价指标，并将这些指标科学地组织在同一个评价指标体系中，使它们互为补充。在综合评价资料时，可以根据不同指标对期刊评价作用的大小和资料质量的高低，分别赋予不同的权重，以取得更为科学、客观的评价效果。这种方法能够从多个角度对期刊进行比较全面的评价，评价结果更趋于客观，目前已为大多数实用性期刊评价系统所采用。

但是，任何评价指标体系，都不可能完美。有些期刊特征因素，尽管能很好地表征期刊的影响力，但由于受到数据统计困难等种种客观条件所限，无法选作评价指标。如期刊发行量，就因为缺乏由第三方机构统计的较为权威和客观的资料，不能保证评价结果的公正性，而不能被作为评价指标入选评价指标体系。因此，定量评价指标体系的科学合理是相对的，不完善是绝对的。此外，定量评价指标体系主要由反映期刊学术水平的评价指标组成，因此定量评价的对象实际上主要是学术期刊，由此，采用定量评价方法的期刊评价也常被称作学术期刊评价。

2. 评价指标体系建立之后，评价指标资料质量是另一个决定评价结果质量的关键因素。理论上，只有那些集中效应好、能客观地反映期刊的学术水平和影响力以及具有高质量统计源等特点的因素才能被选作评价指标。但事实上，任何期刊评价指标，都会存在一定的局限性。以目前国内外应用最广泛的期刊评价指标"被引量"和"影响因子"为例，情况就很复杂。期刊引文机制、作者引文习惯等，都会对引文数量产生很大影响，此外，因学术腐败而产生的不恰当自引和互引，更会严重伤害引文指标资料的客观性和公正性。因此，实用性期刊评价系统都会认真比较分析各种文献检索工具，选择质量较高的作为评价指标资料统计源。

3. 评价指标资料的统计方法在一定程度上也会影响定量评价结果。期刊定量评价的理论和方法，是建立在学科论文在期刊中的分布存在集中和分散规律的基础上的，具有明显的学科性质。目前，评价指标资料统计方法有按学科论文分类统计和按整本期刊分类统计两种方法。

按学科论文分类统计，就是从论文入手，先统计学科论文在各学科的被使用量，从而得到期刊在各学科的被使用量。这样的统计资料能相对更为准确地揭示期刊在各学科的学术影响力，评出的学科期刊表比较符合客观实际，适合需要对学科期刊进行评价的读者参考。这种方法的缺点是综合性期刊、交叉学科期刊由于资料分散在多个学科，较难进入学科核心期刊表，而综合性期刊数量众多是我国期刊出版的特点之一，这类期刊中不乏学术影响力高的期刊。为了弥补这一缺陷，通常会采用设置一些综合性学科类目的方法来解决。

按整本期刊分类统计，就是先将每种期刊预先按学科归类，再将整本期刊的统计资料都放在所分学科进行评价。这样的统计资料能较好地反映整本期刊的学术水平。缺点是将期刊在不同学科的被使用量集中到一个学科中去评价，如果期刊的学科分类不够准确，评出的结果就不能准确反映期刊的学科学术影响力，而且对跨学科期刊进行学科定位也具有一定难度，经常能听到期刊编辑部抱怨他们的期刊被分错了学科类目的意见。这种统计方法不要求对期刊论文进行学科分类，统计程式相对比较简单，适合那些不特别强调期刊的学科学术影响力的评价系统使用。

影响期刊定量评价结果的因素很多，评价过程中哪个环节出现问题都会直接影响评价结果的质量，特别是在"以刊评文"所产生的负面作用影响下，评价指标的资料质量呈下降的趋势，使定量评价结果更加偏离客观实际。苏新宁教授认为：客观地说，在20世纪90年代以前，定量评价期刊是科学可行的，资料也可以真实地反映期刊的学术水平与学术影响。但是，目前由于许多利益的驱使，出现了大量办刊不端行为，这就使人们开始怀疑定量评价的科学性和公正性。[③]

（三）定量评价和定性评价相结合的方法

既然定量评价和定性评价两者都有缺陷，定性评价缺乏客观依据，定量评价缺乏权威经验，于是人们开始研究如何将两者结合起来的方法。

定量评价和定性评价相结合的方法，就是将客观统计资料和专家知识经验有机地结合起来，一方面通过定量评价提供客观依据，另一方面通过专家定性评价纠正定量评价结果中的偏差，可以充分发挥两者的综合优势，从整体上提高期刊评价结果的质量，是一种较为理想的评价方法。

但如何将两者科学地结合在一起，仍然有需要探讨的问题。目前一般采用的方法有两种。一种是设计定性评价指标，请专家为参评期刊打分，然后将专家打分作为整体指标之一纳入定量评价指标体系，这种方法定性评价资料更为精确，但是难度较大，成本较高，参评专家人数不可能很多，代表性较差。另一种则是由专家对定量评价结果进行评审，根据专家对学科期刊的了解调整定量评价结果，纠正偏差，这种方法易于操作，可以聘请众多学科专家参加评审，专家覆盖面广、代表性好，但精准性较差。

期刊评价方法从定性到定量再到定量和定性相结合的发展过程，同其他科学评价方法的发展轨迹一致，是科学研究发展之必然。叶继元教授认为：定性与定量评价是分析评价事物的两个方面。在实际的分析评价中，二者是交替使用、互为表里和统一的，定性评价必然导致定量评价，定量评价的目的在于更精确地定性。定性评价是定量评价的基本前提，没有定性的定量是一种盲目的、毫无价值的定量；而没有定量的定性则是一种初步、表面、笼统、含糊的定性，定量可以使定性更加科学、准确，可以促使定性得出广泛而深入的结论。[④]目前，实用性期刊评价项目一般都会采用定量和定性相结合的方法，以求得更为客观的评价结果。

三 我国实用性期刊评价研究项目比较分析

我国实用性期刊评价研究发展很快，下面选 6 种研究方法比较成熟、影响力比较大的评价项目从评价目的、评价对象、评价方法、评价指标、评价结果等方面进行比较分析。这 6 个项目是：

1.《中文核心期刊要目总览》（以下简称《总览》），由北京大学图书馆和北京高校图书馆期刊工作研究会于 1990 年共同发起，由北京大学图书馆主持研究，评价成果定期出版，已出版《中文核心期刊要目总览》1992 年版、1996 年版、2000 年版、2004 年版、2008 年版和 2011 年版。

2.《中国学术期刊评价研究报告：RCCSE 权威期刊、核心期刊、排行榜与指南》（以下简称《期刊评价报告》），由武汉大学中国科学评价研究中心等单位于 2008 年起开始研究，已出版研究成果《中国学术期刊评价研究报告》2009 年版和 2011 年版。

3. "中国科技论文与引文资料库"（以下简称 CSTPCD），由中国科学技术信息研究所于 1987 创建，每年评选一次来源期刊，每年发布《中国科技期刊引证报告》。

4. "中国科学引文资料库"（以下简称 CSCD），由中国科学院国家科学图书馆于 1989 年创建，每两年评选一次来源期刊，每年发布《中国科学计量指标：期刊引证报告》。

5. "中国社会科学引文索引"（以下简称 CSSCI），由南京大学中国社会科学研究评价中心于 1998 年创建，每两年评选一次来源期刊。

6. "中国人文社会科学引文资料库"（以下简称 CHSSCD），由中国社会科学院文献信息中心于 1999 年创建，每年评选一次来源期刊，已出版研究成果《中国人文社会科学核心期刊要览》（以下简称《要览》）2004 年版和 2008 年版。

以下分析资料均采自这些项目的最新研究成果。⑤

（一）评价目的比较分析

每个期刊评价项目都有自己特定的研究目的和服务对象，因而期刊评价的学科范围和评价对象会大不相同。《总览》主要目的是为图书馆期刊工作提供参考工具，评价对象是我国正式出版的全部学科范围的期刊。《期刊评价报告》主要目的是为期刊使用者、编辑者和管理者提供参考工具，评价对象是项目选定的我国正式出版的全部学科范围的 6400 种学术期刊。

CSTPCD 和 CSCD 主要目的是为科技引文资料库选择来源期刊、为评价科技期刊提供客观判据，评价对象是我国正式出版的全部科技期刊。而 CSSCI 和 CHSSCD 主要目的是为文科引文资料库选择来源期刊、为评价文科期刊提供客观判据，评价对象是我国正式出版的全部文科期刊。可见，为图书馆和期刊用户服务的项目所评价的学科范围会尽可能全，评价的对象会尽可能多，而主要为科研服务的引文资料库，为了方便检索，通常是分学科建设的，不求多而全。

（二）评价方法比较分析

这些项目都采用定量和定性相结合的评价方法，但在定量评价指标体系、评价指标资料统计源、学科分类、资料统计方法、专家定性评价方法等方面都存在明显差别。

就定量评价指标体系看，各项目的差别比较大。《总览》（2011 年版）定量评价指标有被索量、被摘量、被引量、他引量、被摘率、影响因子、被重要检索工具收录、基金论文比、Web 下载量 9 项，资料统计源达到 69 种。《期刊评价报告》（2011 年版）评价指标有基金论文比、总被引频次、影响因子、Web 即年下载量、二次文献转载或收录 5 项，资料统计源有 17 种。《要览》（2008 年版）评价指标有期刊总被引、期刊影响因子、期刊学科影响因子、转摘率、他引量、学科载文量、引文率、即年影响因子、借阅率和下载率 10 项，资料统计源有 6 种。"CSTPCD 来源期"（2011 年）有总被引频次、影响因子、即年指标、他引率、引用刊数、扩散因子、权威因子、被引半衰期等 23 项，资料采自该引文资料库。"CSCD 来源期刊"（2010～2011）有学科被引频次、学科他引频次、学科 5 年论文被引频次、基金论文比、篇均引文数等 5 项，资料采自该引文资料库。"CSSCI 来源期刊"（2010～2011 年）有总被引量、他引影响因子 2 项，资料采自该引文资料库。"CHSSCD 来源期刊"（2011 年）有总被引量、学科载文量 2 项，资料采自该引文资料库。很明显，为图书馆服务的项目主要依据期刊的学术水平来评选学科核心期刊表，构建评价指标体系时会考虑从尽可能多的角度选取能反应期刊学术水平的评价指标，所选用的资料统计工具来源广泛、数量众多。而引文资料库项目除了考虑期刊的学术水平外，还要考虑期刊的编辑水平是否能作为来源期刊，在构建评价指标体系时，基本上都只注重基于引文层面的评价指标，采用来自本引文资料库的统计资料。

就学科分类和资料统计方法而言，各项目也有很大区别。《总览》和

《要览》特别强调要准确评价期刊在学科中的学术影响力，因此采用从学科论文切入统计的方法，由于我国可以作为统计源的文献检索工具一般都采用"中国图书馆分类法"为论文分类，因此《总览》和《要览》的学科分类采用"中国图书馆分类法"学科体系。而其他项目则按整本刊统计资料，可灵活选择学科分类体系，其中，CSCD 和 CHSSCD 采用《中国图书馆分类法》，而《期刊评价报告》、CSTPCD 和 CSSCI 则采用《学科分类与代码》（GB/T 13745 - 2009）。

就定性评价方法看，各项目专家评审方法和评审力度差异也比较大。《总览》（2011 年版）参评学科专家达到 8254 位，而其他项目的评审专家则在几十位至几百位不等。《要览》（2008 年版）、《期刊评价报告》（2011 年版）采用学科专家打分，再纳入期刊评价指标体系进行综合评价的方法，而其他项目则采用学科专家调整定量评价结果的方法。从理论上讲，参评专家多，则公信力强，反之则片面性大；定性评价指标多，则评价结果精确，反之则粗糙。一般来讲，如果聘请的专家多，就只能以定量评价结果为依据，请专家根据自己对学科期刊的了解纠正定量评价结果中的偏差；如果要请专家按定性评价指标给参评期刊打分，那评审工作量很大，由于经费等客观条件限制，就只能请少数专家参与评审。

（三）评价结果比较分析

评价目的、评价方法不同必定会造成评价结果不同，主要表现为选出的期刊总体数量及侧重的学科范畴不相同。

各项目评选出的核心期刊和来源期刊总体数量与评价目的密切相关，如果希望评出高端学术期刊，则选取的期刊数量就会相对较少，如果考虑要具有较高的文献保障率，则选取的期刊数量就会多一些。《总览》（2011 年版）评选出核心期刊 1982 种。《期刊评价报告》（2011 年版）评选出核心期刊 1930 种（其中包括权威期刊 312 种、核心期刊 961 种、扩展核心期刊 657 种），准核心期刊 1287 种，一般性期刊 1903 种，较差期刊 1279 种。《要览》（2008 年版）评选出核心期刊 386 种。CSTPCD（2011）评选出来源期刊 1946 种，CSCD（2010～2011）评选出来源期刊 1123 种（其中核心期刊 748 种、扩展期刊 375 种），CSSCI（2010～2011）评选出来源期刊 699 种（其中核心期刊 527 种、扩展期刊 172 种），CHSSCD（2011）评选出来源期刊 702 种。

在确定学科核心期刊或来源期刊数量时，会考虑主要服务对象。如服

务对象是所有学科读者，不偏重任何学科，通常会按照学科期刊出版量的
一定比例来确定入选期刊数量，因此，各学科入选期刊数量和出版量之间
的比例比较一致，如《总览》和《期刊评价报告》都是为所有学科读者服
务的，它们的学科核心期刊数量与全部核心期刊数量之比的曲线和学科出
版期刊与全部出版期刊数量之比的曲线最为接近（见图1）。两者的学科核
心期刊数量也非常接近（见表1）。如服务对象有侧重，则读者所在学科期
刊数量会偏多，如 CSSCI 和 CHSSCD 主要为文科读者服务，所选来源期刊几
乎都是文科期刊，而 CSTPCD 和 CSCD 主要为科技读者服务，所选来源期刊
几乎都是科技期刊；但其所收科技各类的来源期刊数量也是不均衡的，
CSTPCD 的主要服务对象是科技工作者，故工程技术及医药卫生类期刊比例
相对偏高，而 CSCD 有为中国科学院读者服务的背景，因此自然科学类期刊
比例相对偏高。（见图1、表1）

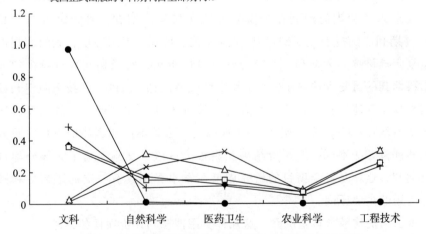

图1　各项目核心期刊或来源期刊占全部学科期刊比例

表1　各项目重复入选期刊数量和比例对照

| 学科 | 文科 | 科技 | | | | | 合计 | 文科类重复入选比例 | 科技类重复入选比例 |
		自然科学	医药卫生	农业科学	工程技术	科技类合计			
重复入选期刊	439	182	158	80	253	673	1112		
《总览》	750	347	248	141	496	1232	1982	0.5853	0.5909

续表

学科	文科	科技					合计	文科类重复入选比例	科技类重复入选比例
		自然科学	医药卫生	农业科学	工程技术	科技类合计			
重复入选期刊	439	182	158	80	253	673	1112		
《期刊评价报告》	702	297	301	137	493	1228	1930	0.6254	0.5762
CSSCI	680	12	2	0	5	19	699	0.6456	
CHSSCD	686	10	2	0	4	16	702	0.6399	
CSTPCD	39	504	640	151	651	1970			0.3416
CSCD	38	365	245	105	370	1085			0.6203

尽管不同期刊评价项目评出的期刊数量各不相同，学科期刊排序也会有所差异，但是由于期刊学术水平是各评价体系所共有的重要指标，因此，在评价结果中也存在着明显的共性，各学科中学术水平高的期刊往往会重复入选不同的核心期刊表或来源期刊表，公认度较高。

我们将同时入选《总览》、《期刊评价报告》、CHSSCD、CSSCI核心期刊表或来源期刊表的期刊作为重复入选文科类的期刊，将同时入选《总览》、《期刊评价报告》、CSTPCD、CSCD核心期刊表或来源期刊表的期刊作为重复入选科技类的期刊。从统计资料可以看出，收录期刊数量较少的项目学科期刊的重复入选率比较高，反之则较低，如CSTPCD科技来源期刊数量明显高于其他项目，它的重复入选率只有34%，而其他项目的重复入选率基本上均在60%左右（见表1）。这说明，尽管不同期刊评价项目的服务对象和评价方法不同，但评价结果交集很大，这个交集涵盖了大部分学科优秀期刊，这就是各个项目的研究成果在学术界都具有一定的影响力和被读者应用的主要原因。

就上面的比较分析情况看，这几种实用性期刊评价项目各具特色。

《总览》是我国最早启动的期刊评价项目，经过20多年实践，已经建立了一套比较科学和成熟的评价机制，评价的学科范围最全，定量评价指标体系涉及的资料统计源最丰富，参加定性评价的专家数量最多、面最广，是我国目前定量评价和定性评价力度最大的项目。

《期刊评价报告》虽然起步时间不长，评价指标和统计源还不太多，但它以分级分类的形式发布项目选定的6400种学术期刊的排行榜，是我国目前学科最全的多级期刊排行榜，可供需要对学科期刊进行全面排行评价的读者参考。

CSSCI 和 CHSSCD 是 1998 年和 1999 年相继创建的人文社会科学引文资料库，它们在来源期刊数量、评选原则和方法等方面差别不大，都不出版年度报告，但提供检索服务，是两个同质的引文资料库。CSSCI 的服务对象主要侧重于教育系统的读者，而 CHSSCD 的服务对象则侧重于中国社会科学院系统的读者。

CSTPCD 和 CSCD 是 1987 年和 1989 年相继创建的科技引文资料库，都出版年度期刊引证报告，提供检索服务，但两者来源期刊数量差别很大，CSCD 主要为科学研究服务，选择的来源期刊数量较少、较精，而 CSTPCD 主要为科学技术服务，选择的来源期刊数量相对较多。

四　期刊评价的作用

如同任何一种评价研究一样，期刊评价研究在它的产生和发展的过程中，一直伴随着争议、批评和指责。其实，期刊评价是根据一定的标准，采用科学的方法，对期刊的内在质量、使用规律和发展特点等各方面进行分析、评价，目的是为了揭示期刊文献整体的或某一具有特征部分的内在客观规律，以更好地发挥和实现其科学价值和社会功用，是一项科学研究活动，不应该有任何值得非议之处，关键在于如何认识和对待这一研究的价值和作用，任意夸大或全盘否定都是不正确的。[⑥]

期刊评价的对象是期刊，期刊评价的方法是从论文质量的微观角度出发对期刊进行宏观评价，评价结果是学科核心期刊表、引文资料库来源期刊表和期刊引证报告等，主要供需要对期刊进行宏观评价的读者使用。期刊评价的作用主要在于：可以为图书馆、文献信息机构期刊资源建设提供参考工具，有利于优选高质量学科期刊，节省经费和馆藏空间，提高读者服务质量；可以为读者选读期刊提供参考依据，有利于选择高水平的学科期刊，提高学习和研究效率；可以为作者投稿提供参考工具，有利于选择与论文水平相当的期刊投稿，有的放矢，提高录用率；可以为期刊编辑者了解本刊办刊水平提供参考工具，有利于编辑部明确努力方向，参与同类期刊间的合理竞争；可以为期刊管理部门提供参考工具，有利于加强管理、表扬先进、鞭策后进，促进期刊出版事业的发展和繁荣。

这里要特别强调的是期刊评价成果只能作为参考工具使用，不能作为标准使用。原因之一是任何期刊评价体系都不可能尽善尽美，只能从某些角度对期刊进行评价，因此评价结果和客观实际从宏观而言是一致的，但具体到微观层面的各被评价个体，并不一定精确相符。原因之二是核心期刊或来源期刊在数量的选取上，虽然遵循一定的原则和规律，但没有绝对的界限标准。张其苏教授等人曾就核心期刊数量界定问题做过深入研究，但无论是从经典实验资料还是从大型评价系统的实测资料，都无法找到界定核心期刊数量的绝对客观界限。核心期刊的比例，一般可以控制在10%～15%，根据评价的需求不同，可予以适当的调整。一般来说，当需要较完整的收藏和较高的文献保障率时，核心区的范围可适当地扩大；如果需要少量的顶尖期刊，则核心区的数量可适当减少；如果需要兼顾文献数量和质量时，就应遵循核心区尽量小、评价量尽量大的原则来综合评定。[7]事实正是如此，不同评价项目选出的核心期刊或来源期刊数量，都存在一定的差异（见表1）。原因之三是期刊评价结果是相对的，对于处在学科期刊排序表中"核心区"和"非核心区"相邻边缘的期刊来说，综合评价资料量往往差别不大，因此不能绝对地说入选期刊的实际学术水平就一定比紧随其后的落选期刊高。正因为期刊评价结果具有相当多的不确定性，它只能作为评价期刊的参考工具，不应当作标准使用。

至于将期刊评价成果扩大化作为评价论文的标准，那更是对期刊评价成果的误用，并由此给学术界、期刊界造成了严重的负面影响。主要表现如下。一是恶化了科研的学术环境，"认刊不认文"、唯"核心期刊"论的学术评价方式，助长了浮躁、急功近利等不良学术风气，严重危害了学术的健康发展。二是恶化了期刊编辑的生态环境，助长了期刊界的学术腐败。落选期刊的稿源数量和质量严重萎缩，有的期刊为提高评价指标资料不择手段，如为了提高被引量，不但自引造假而且还组织互引同盟它引造假；有的入选期刊大肆收取版面费，将期刊变成赚钱工具。凡此种种，引起了学术界的强烈反感，有人认为期刊评价成果"核心期刊"或"来源期刊"是造成这场混乱的根源，于是把棍子砸向期刊评价，并开出了要终结"核心期刊"现象的治乱药方。其实将"核心期刊"或"来源期刊"当作乱源是不公平的，将"核心期刊"或"来源期刊"的作用异化为评价论文的标准，才是产生混乱的真正根源。

期刊对论文究竟有没有一定的评价作用？答案是肯定的。克兰认为：期刊的基本功能首先是评价知识，其次是传播知识。一份经过审定已在期刊上发表的论文，它的首要功能是作为一种知识申明，宣布它已经得到科学家同行的评价和承认，其次要功能是传递信息。^⑧ 实际上，期刊的审稿过程就是对论文的评价过程，因此期刊自然也就对论文具有了一定的评价作用，审稿越严格、学术威望越高的期刊，刊登的高水平论文就越多，质量也越高。

那么期刊对论文的评价作用有多大？我们认为：期刊对论文的评价作用是从宏观上而言的，即在高质量的期刊上，刊载的高质量论文的比例也相对较大，换言之，在高质量期刊上发表的论文，是高质量论文的可能性也比较大。而那种以刊评文的逆向推断，简单地将核心期刊或来源期刊作为评价论文的标准的做法，是会产生谬误的，因为即使是在高质量的权威期刊上，也难免刊登一些水平不高的论文，而一般性期刊，也会发表一些高质量的论文。因此，期刊的质量只能作为评价其所载论文质量的参考，不能简单化地将二者等同起来，不应只认可核心期刊而排斥非核心期刊，在论文质量与期刊质量不一致时，应首先注重论文的质量，这里有个主次的问题，不能并列，更不能颠倒。^⑨

科学地进行学术论文评价，是一项难度很大的工作，因此国内外"以刊评文"方法盛行，明知有问题但还是要采用，造成了如今学术界对核心期刊或来源期刊又爱又恨的奇怪局面。彻底解决问题的办法是建立科学的学术论文评价体系，期刊质量水平可以作为这个评价体系中的一个指标。学术论文评价涉及的因素比期刊评价更多更复杂，建立科学的评价体系是一项艰巨的任务，可喜的是这方面的研究已经取得了一定进展，有些文献资料库已开始提供从引文角度或转载角度对论文评价的服务。希望经过各方面努力，能尽快出现兼具科学性、客观性和权威性的学术论文评价系统，届时期刊评价作用被扩大化的局面将被彻底扭转。

总之，期刊评价和论文评价虽有联系，但本质上不是一回事，它们的评价对象、评价目的、评价方法和作用各不相同，不能混为一谈。期刊评价研究是否能发展，决定于社会是否还需要对期刊进行评价，只要期刊出版事业还在发展，那么对期刊的评价研究不但不会终止，而且必将继续深入发展。

---

①喻世华：《三十年来"核心期刊"研究的文献计量分析及研究历程回顾》，四川自贡：《四川理工学院学报》（社会科学版）2011年第5期。

②庄守经、潘永祥、张其苏:《中文核心期刊要目总览》,北京:北京大学出版社,1992年,"前言"第1页。

③苏新宁:《期刊评价的困境与思考》,重庆:《重庆大学学报》(社会科学版)2010年第6期。

④叶继元:《学术期刊的定性与定量评价》,广州:《图书馆论坛》2006年第6期。

⑤朱强、蔡蓉华、何峻:《中文核心期刊要目总览》(2011年版),北京:北京大学出版社,2011;邱均平、燕今伟、刘霞等:《中国学术期刊评价研究报告:RCCSE权威期刊、核心期刊排行榜与指南(2011~2012)》,北京:科学出版社,2011;中国科学技术信息研究所:《中国科技期刊引证报告(核心版)》(2011年版),北京:科学技术文献出版社,2011;中国科学引文资料库项目组:《中国科学计量指标:期刊引证报告》(2010年卷),北京:知识产权出版社,2011;中国社会科学评价中心:"中国社会科学引文索引",南京,http://cssci.nju.edu.cn/;姜晓辉、尹国其、莫作钦:《中国人文社会科学核心期刊要览》(2008年版),北京:社会科学文献出版社,2009。

⑥何峻、蔡蓉华:《中国期刊出版及评价现状分析》,南宁:《广西民族大学学报》(哲学社会科学版)2011年第5期。

⑦张其苏、蔡蓉华:《核心期刊数量的界定》,北京:《大学图书馆学报》1999年第3期;何峻、蔡蓉华、史复洋:《再论核心期刊数量的界定》,北京:《数字图书馆论坛》2007年第3期。

⑧克兰:《无形学院——只是在科学共同体的扩散》,刘珺珺、顾昕、王德禄译,北京:华夏出版社,1988,第108、113页。

⑨叶继元、朱强:《论文评价与期刊评价》,合肥:《学术界》2001年第3期。

作者简介:蔡蓉华,北京大学图书馆文献计量研究室研究员,《中文核心期刊要目总览》主编;何峻,北京大学图书馆文献计量研究室主任、副研究员,《中文核心期刊要目总览》主编。

[责任编辑:刘泽生]

(本文原刊2012年第2期)

核心期刊的由来与测度的创新

——《RCCSE 中国学术期刊评价研究报告》的创新特色

邱均平　武庆圆

[提　要] 本文从核心期刊由来的理论基础和形成机理入手，在核心期刊概念形成的基础上，阐述了核心期刊测度的发展及创新。以中国科学评价研究中心（RCCSE）2011 年发布的《中国学术期刊评价研究报告》为例，对核心期刊的"分类评价、分级管理"的基本原则、定性与定量相结合的方法创新等主要特色进行了分析，希望能够对期刊评价领域的发展起到推动作用。

[关键词] 核心期刊　期刊测度　RCCSE　中国学术期刊评价研究报告

学术界对核心期刊的概念一直有所争议，同样，对如何测度核心期刊也是褒贬不一，然而，事实证明对核心期刊进行测度是很有必要的。科学地测定核心期刊的范围，获得高密度的情报源，对图书情报单位建立基本的核心馆藏，对广大科学工作者重点阅读本专业期刊内容等，都有着重要的意义。中国科学评价研究中心（RCCSE）与武汉大学图书馆、中国科教评价网一起专门成立了"中国学术期刊评价委员会"，从 2010 年 3 月起开展了为期一年的集中研究，最终完成了《中国学术期刊评价研究报告（2011~2012）》。该报告从近万种期刊中遴选出 6400 种学术期刊作为评价对象，并对其进行了学科分类、指标测定和等级划分，测定出权威期刊 312种，占 5%，核心期刊 961 种，占 15%。

一 核心期刊的由来

（一）核心期刊的概念与测度的意义

早在 1934 年，英国学者 S. C. 布拉德福在研究科学论文在期刊中分布规律（后人称为"布拉德福定律"）时，率先提出了"核心期刊"的概念。所谓"核心期刊"（core journals）是指"针对某一学科或专业领域来说，刊载大量专业论文和利用率较高的少数重要期刊"。[①]从测定的指导思想和目的来看，核心期刊有两种基本的类型：一是"学科核心期刊"；二是"馆藏核心期刊"。尽管这是两个不同的概念，但它们都具有核心期刊的共同特征和优势。在没有特别说明的情况下，所说的"核心期刊"一般是指学科的核心期刊。从特性来看，核心期刊都具有客观性、相对性和动态性等共同特点。在文献生产和信息交流过程中，核心期刊是客观存在的，它既受文献分布集中与离散规律的制约和影响，也会因测定方法的不同而异；这些期刊对某一学科来说是核心期刊，而对另一学科来说就可能不是核心期刊了；并且，核心期刊也不是一成不变的，它会随着学科的发展和文献领域的变化而呈现出动态性的特点。因此，核心期刊的测定不能一劳永逸，而要不断地加以调整和完善，或者每隔 2~5 年重新修订一次，以便及时反映期刊的最新变化。

核心期刊的测度是文献信息计量学实际应用的一项重要内容。其测度意义主要有以下三个方面。一是图书情报单位科学管理上的需要。目前，期刊的发行量很大。任何一个单位要把这些期刊订全，既没有必要，也不可能。这是因为各学科、各专业确实存在少数重要的核心期刊，只要有选择地订购少数核心期刊，就能满足读者大部分的信息要求。此外，若订刊上没有重点，不分主次，势必给文献的贮藏、管理和服务等造成困难，必然带来人力、物力、财力和书库利用上的浪费。因此研究和评价期刊的质量，科学地确定核心期刊，不断提高订刊的合理性和准确性，乃是图书情报领域的重要研究课题，也是提高图书情报单位科学管理水平的一个重要环节。二是科技工作者重点阅读的需要。据不完全统计，目前世界上有期刊 10 万种左右，每年发表的论文在 700 万篇以上。仅以 CA 为例，它摘录的期刊约 15000 种，摘录文献 50 万篇以上。一个科学家或工程技术人员，面对数量如此庞大的文献，要将本学科范围内的文献全部浏览或阅读一遍几乎是不可能的。毫无疑问，任何科研人员都只能有选择地重点阅读本专业的核心文献。若掌握了核心期刊，则查找和利用科技文献可以事半功倍，能花较少的精力，获得更多的情报量，为达此目的，就必须研究和掌握有关学科的核心期刊。三是提高信息检索和文献情报服务效率的需要。只有了解各种期刊的特点与优缺点，掌握重要论文的出现规律与搜集途径，把握一批高质量的核心期刊，才能有针对性地做好信息检索和文献情报服务工作。在解答咨询和定题服务时，也必须充分利用各专业的核心期刊，提高文献情报服务的工作效率。因此，研究和测定核心期刊是建立合理馆藏、开展文献情报服务的一项重要的基础工作。

（二）核心期刊的理论基础和形成机理

各种期刊的情报价值有大有小，在情报信息交流中所发挥的作用各不相同。这种情报价值交流作用的大小往往取决于相关论文在期刊中的分布状况。那么，这种分布到底是怎样的呢？它是否遵循一定的规律呢？长期以来，许多学者都围绕这些问题开展了广泛的探讨。在这方面研究最早并卓有成效的学者当首推英国著名文献学家 S. C. 布拉德福教授。他在长期的科学研究和文献工作中感受到，对于某一课题、专业或学科领域来说，相关论文在期刊中的分布是极不均匀的。一种面向某一专业学科的期刊，除了集中发表本学科的论文外，还可能刊登别的学科的论文。换句话说，对一个专家有用的论文，不仅会集中在本学科的专业期刊上，也可能分散在其他学科的期刊上。这些"其他学科"期刊的数量，随着它们研究领域与学科的关系密切程度的变小，以及本学科的相关论文在每种期刊中的分布密度的减小而变大。在这种定性分析的基础上，布拉德福还进一步做了定量的统计研究，揭示了论文在期刊中的分布规律，即著名的"布拉德福文献分散定律"。这一定律不仅说明核心期刊的客观存在，而且揭示了文献分布的集中与离散规律。事实上，在期刊论文的实际分布中，这种分布现象具有普遍性。对于某一特定学科或专业来说，少数期刊所含的相关情报量很大，而多数期刊的相关情报量却较小，或者说，某一学科的大量论文高度集中在少数期刊中，这就是"核心期刊效应"。其结果是，产生了各个学科或专业的"核心期刊"。这种文献分布的集中规律还可用许多统计数字来说明。据文献报道，对法国《文献通报》（物理学）的统计表明，90%的文摘条目集中来自只占总数30%的期刊；美国《化学文摘》摘录的9%的期刊，就提供了文摘条目总数的75%；日本《科学技术文献速报》的统计资料也说明，各学科的大多数相关论文都集中在少数的核心期刊上，如果掌握化学化工期刊的 13% ~ 15%，就可以从中得到 70% 以上的相关论文。因此，只要掌握本专业或本学科的核心期刊，就能较快地比较集中地获得所需要的大部分情报。但与此相反，仍有少量的相关论文高度分散在大多数的非核心期刊中。这些期刊报道的相关论文往往是学科交叉、分散性大、情报量小，或者仅与本专业间接相关。这不仅从反面说明了掌握核心期刊的重要性，而且证明了科学文献分布具有离散性特点。事实上，文献分布的集中规律与离散规律是对立统一的、相互依存的。因此，人们将其统称为文献分布的集中与离散规律。

由于科学文献分布的集中与离散规律是客观存在的，而且具有普遍适用性，这就必然会导致核心期刊的形成。很显然，科学文献分布的集中与离散规律是核心期刊存在的理论基础，也是核心期刊测定工作的基本依据。从这一规律出发，对核心期刊的形成机理至少可做两个方面的理论解释。一是受科学发展客观规律的制约。这是因为科学期刊的产生是由学科发展的客观需要所决定的。而且每一种期刊都有自己的学科和专业性质，它的编辑方针、报道内容、稿件选择、发行对象等都是为了相应的学科和专业服务的。因此，这些专业期刊势必会集中报道各自学科的研究论文。再加上各种期刊自身能力和特性的差异，使得学科文献高度集中于少数核心期刊上，形成文献分布中的"堆加效应"。二是某些人为控制的主观因素也会影响文献的分布和核心期刊的产生及发展，例如"马太效应"的影响。科学活动中的马太效应是对有声誉的科学家社会心理影响的形象概括和称呼。这种作用表现在文献领域，就是著名科学家、著作家的论著能很快进入交流管道，并能畅通传递；出版家竞相约稿，尽快编辑出版；发行机构积极宣传，打开销路；图书情报部门以著者的名望为重收集文献资料，加大复本量，优先加工，迅速投入阅览、外借、宣传、报道等服务项目；他们的论文容易受到广大读者的重视，大家先睹为快，在写作时也竞相引用。这种强化荣誉的趋势也为作者或出版者所利用，声誉高的杂志，作者争先投稿，使之更容易吸引和获得大量的高质量稿件。马太效应的心理影响，使大量的文献"堆加"在少数核心期刊上，形成文献分布上的集中现象。同时，在文献生产和交流过程中，许多现象要受到人为选择因素的影响。而人的选择要受"最省力法则"（求近律）的支配。例如，论文的作者一般要选择专业相近、声誉较高且"最省力"能发表的杂志投稿；各种期刊都要选择专业相符、质量较高、影响较大的论文发表。当某一新兴学科的第一批论文写出后，它们分别被几种合适的期刊发表，结果这些期刊随着该学科的发展吸引并刊登着越来越多的反映该学科的论文；与此同时，其他期刊也开始发表这一学科的论文。但是，由于质量、专业、心理以及获得的途径等原因，一些期刊总在人们的心目中享有较高的威望。于是著者在选择期刊发表他们的论文时，总是想把自己的文章发表在本专业已发表过高质量或名人文章的那些刊物上。由于投稿数量的增加，期刊对新投来论文的质量要求提高，期刊的质量和威望也随之提高。同时，期刊出版的实际情况和编辑标准对每种期刊进行限制，这意味着它们要排除可以刊登的文章。正是这种限制产生了布拉德福分布中核心区的曲线以及被高质量的相关论文所占据的期刊核心。这种人为选择，导致了文献分布中的堆加效应，使大量相关论文集中于一些具有核心性质的期刊上，它们构成了某个专业的核心期刊。如果把每一次选择看成是一次成功，则这种成功的累积势必容易导致新的成功。这种"成功产生成功"的机理，被认为是核心期刊形成的基本原因之一。

二 核心期刊测度的创新

就期刊数量而言，核心期刊只占期刊总数的一小部分。目前，无论是基础学科还是技术领域，与之有关的期刊数量都相当庞大。从大量的期刊中选择和确定少数的核心期刊，不是一件轻而易举的事情。有关的研究和实践表明，测定核心期刊的关键是要选准一种比较科学的、适用的方法。自从提出核心期刊的概念以来，就有一个如何测定核心期刊的方法问题。

核心期刊测度的创新主要是测度方法的创新，其测度方法经历了由经验法—专家法—计量指标法—综合评价法的创新和发展过程。所谓经验法是由图书情报工作人员根据馆藏期刊的流通情况确定核心期刊，这主要是工作经验在起作用。因为图情人员并不熟悉各学科的具体情况，因此，经验法的局限是显而易见的。于是就出现了专家法，就是请各学科的专家来选择核心期刊。这种方法容易受到人为因素的影响。为了增强核心期刊测定的客观性、科学性和公正性，目前，普遍采用了文献计量学方法，已经形成了一个方法体系。虽然测定方法多种多样，但基本上有两种类型。一是利用文献计量学工具和指标直接选定各学科的核心期刊。例如，美国的《科学引文索引》（SCI）及其副产品《期刊引证报告》（JCR）提供了期刊被引量、影响因子等计量指标，比较这些指标资料的大小便可直接选定核心期刊。二是利用文献计量学方法，按照一定的基本步骤来测定核心期刊。如果从测定的标准来划分，主要包括以下 4 类方法（6 种具体方法）：①以载文量为标准的方法，包括布氏定律法及百分比补偿和累积百分比法（80% 法）；②以摘引率为标准的方法，包括文摘法和引文法；③以流通量为标准的方法；④综合评价法，主要是将几种方法同时运用，综合判断核心期刊。

因为期刊被引用、被摘录、被流通的次数都说明了期刊的利用情况，可以用来作为判断期刊的重要性和确定核心期刊的依据，但它们又各有短处。为了取长补短，提高核心期刊测定的准确性和有效性，我们可以综合上述 3 种方法，提出一个较为理想的综合评价法。

每一种测定方法都只是从一个角度出发，用一种标准来衡量，这就不可避免地会存在一定的局限性。目前，在多种方法尚不能完全克服其固有的局限性的情况下，努力探索新的更为科学的测定方法尤为重要。因此，应提倡和推广综合评价方法，并做到两者结合：一是将几种定量测定方法相结合，同时运用；二是将定量测定方法与定性分析方法相结合，互相取长补短。只有这样，才能使测定的核心期刊更为准确，更加符合实际。在此，以《中国学术期刊评价研究报告》为例，具体分析如何将定量测定与定性分析方法结合起来，实现核心期刊测度方法的创新。

《中国学术期刊评价研究报告（2011~2012）》在第一版（2009 年）的基础上，首次提出了"分类评价、分级管理"的评价原则，在客观评价期刊发展质量的同时保证了期刊评价的科学合理性，其具体测度步骤如下。

（1）选准资料来源工具，确定统计时段。本次期刊评价的资料时段取自 2008~2009 年，其中包括本次评价的基金论文比、总被引频次、影响因子、web 即年下载率这 4 个评价指标的资料，其中，总被引频次、影响因子和基金论文比取自《中国期刊引证报告》2009 版和 2010 版；web 即年下载率取自清华同方《中国学术期刊综合引证报告》2009 版和 2010 版；社会科学期刊被二次文献工具《新华文摘》、《中国社会科学文摘》、"人大复印报刊资料"等转载以及国外 SSCI 与 A&HCI 等资料库转载情况为 2009~2010 年两年转载或摘录的论文数。自然科学期刊被国外 SCI、EI 等重要资料库收录的时间截止于 2010 年。

（2）统计被评对象，即各种学术期刊的各个指标的原始资料，并进行有序化整理。

（3）在长期研究的基础上，我们选定 6 个评价指标（含一个专家评分指标），并采用层次分析法确定各指标的权重。

（4）将整理后的原始资料导入评价系统中，并按照一定程式进行自动统计、计算和排序。

（5）将各种期刊按 5 个定量指标计算得分并排序后，分送有关专家进行定性评审并打分。

（6）按一定的指标权重将定量评价得分与专家打分集成并得出各刊的综合得分。

（7）分一级学科按得分进行排序，并按一定比例划分为 A + 、A、A − 、B + 、B、C 六个等级，最后得出各刊的评价结果，从而实现定量指标与定性分析真正结合的方法创新。

三 《RCCSE 中国学术期刊评价研究报告》的主要特色

学术期刊是指以专门学者为作者和读者对象，以刊登研究报告、学术论文、综合述评为主要内容的期刊。但现有的各种期刊分类方法都不可避免地存在缺陷。例如，中国大百科全书中将期刊分为一般杂志、学术期刊、行业期刊、信息与文摘期刊四大类，一般杂志、信息与文摘期刊是比较容易界定为非学术的，但行业期刊就不一定了，实际上大多数行业期刊都是学术期刊，例如《中国电力》、《中国档案》等；又如《科学技术期刊管理办法》将科学技术期刊分为综合（指导）类、学术类、技术类、科普类、检索类五大类，如果说仅学术类科技期刊为学术期刊，那么根据李瑞旭等人的统计和研究，中国学术类科技期刊只有 1300 多种，并且主要分布于数学、物理学、化学、天文学、地球科学、生命科学（含医学）这六大基础学科，这显然和事实不符，因为应用科学的科研人员以及各类工程技术人员所撰写的科研论文可能大都发表在技术类和综合类期刊上，这些论文都应该是学术论文，发表这些学术论文的期刊或者以发表学术论文为主的期刊也应该是学术期刊。《社会科学期刊质量管制标准（试行）》中将社会科学期刊分为学术理论类、工作指导类、时事政治类、文学艺术类、综合文化生活类、教育教学类、信息文摘类等七类，其学术理论类期刊显然是学术期刊，但同样并不能涵盖社会科学的全部学术期刊，比如工作指导类的

《中国税务》、《中国出版》；时事政治类中的《领导科学》、《党建》；教学教辅类的《课程·教材·教法》等。因此，我们在研制《中国学术期刊评价研究报告》时对"学术期刊"进行了全面的重新定位和归类。

（一）中国学术期刊的定位与来源

经过对我国近万种期刊的大致浏览、反复比较和研究，就学术性而言，我国期刊大致可以分为三大类型：纯学术性期刊、半学术性期刊和非学术性期刊。一般来说，我们是根据期刊的刊名、性质、主办单位、作者和读者对象、发行范围和学术论文比例等情况来衡量该刊是否属于学术期刊。其中，最难以判断的就是工作指导性质的半学术期刊，这类期刊大多表现为行业期刊，往往刊登不少的行业政策、动态等信息，同时也包括一些学术论文。对此，本报告设定了人为的判断标准，凡学术论文数超过期刊论文总数的50%的期刊即为学术期刊。根据这一标准，利用以下几种途径对期刊进行了学术性判断。

一是《万方学术期刊引证报告》（2009~2010年版）。该报告是以2009年、2010年的中国学术技术类科学技术期刊为研究对象，基本囊括了我国出版的学术技术类科学技术期刊和理论研究性社会科学期刊，是一种专门用于期刊引用分析研究的重要检索评价工具，从中可以清楚地了解期刊引用和被引用的情况，以及引用效率、引用网络、期刊自引等统计资料。同时，还可以方便地定量评价期刊的相互影响和相互作用，正确评估某种期刊在科学交流体系中的作用和地位，确定高被引作者群等。

二是《中国学术期刊引证报告》（2009~2010年版）。该报告以2009年、2010年的中国学术期刊为研究对象，在《中国期刊全文资料库》所收录的9000余种期刊的基础上对其中6000多种学术期刊进行了多种指标的计量分析和评价。从该报告收录学术期刊的数量可以判断出它对学术期刊也采取了非常宽泛的判断标准。但该报告一方面收录期刊并不完整，遗漏了部分学术期刊；另一方面，该报告收录的期刊包括了部分文摘期刊、科普期刊和非学术期刊，并不都是界定的学术期刊，如《中国保险》、《中国保安》、《中国民政》等。尽管如此，该报告仍然是进行学术期刊判断的主要参考依据之一。

《万方学术期刊引证报告》和《中国学术期刊引证报告》是目前国内最大的中文期刊全文资料库，前者由中国科学技术信息研究所出版，后者则是清华大学出版的产品。二者收录期刊虽有大量的重复，但去重后几乎覆盖了绝大部分的中文学术期刊。因此，可以通过查阅这两个资料库的全文来进行某些期刊学术性的最终判断。

（二）中国学术期刊的学科划分标准

本次学术期刊的学科划分采用了中国学科分类国家标准 2009 年版的《学科分类与代码》（GB/T 13745 - 2009）（以下简称《国标》）中的 62 个一级学科作为学术期刊学科分类的依据，同时，考虑到期刊的特殊性，在此基础上，又增加了以下 3 个综合类目。

自然科学综合：涉及自然科学、农业科学、医药科学、工程与技术科学领域两个以上（含两个）学科，同时又不完全属于其中某一学科的期刊入此类。医学综合：涉及医药科学领域两个以上（含两个）学科的期刊入此类。人文社会科学综合：涉及社会科学和人文科学领域两个以上（含两个）学科的期刊入此类。因此，本次学术期刊评价共划分为 65 个大类，即由 62 个一级学科加 3 个综合类学科组成。

与 1992 年的版本相比，2009 年最新版的《国标》增加了 4 个一级学科，分别为：心理学、信息与系统科学相关工程与技术、自然科学相关工程与技术、产品应用相关工程与技术。另外，对于极少数期刊，由于其学科的交叉性较强，我们按照专家意见进行了微调，如《水科学进展》杂志，《国标》中并无相关类目，但因其属于水利部主管、水利学会主办，且被多学科读者使用，因此，我们采纳学科专家意见，将其按照行业部门性质划分，划分到"水利工程"类目下。另外，专门史的期刊入专类，如农业史的期刊入"农业"类，经济史的期刊入"经济"类，军事史的期刊入"军事"类，个论期刊入不了的入总论类期刊。期刊分类的原则是，以期刊的 CN 号的学科代码为划分学科的依据，交叉学科的则参考主管或主办刊物的行业领域，并体现出期刊分类的层次性，以及期刊的内容与分类结构相结合的原则。

（三）《中国学术期刊评价研究报告》的主要特色

与国内其他单位开展的期刊评价工作相比较，我们研发的《中国学术期刊评价研究报告（2011～2012）》主要具有以下六个方面的特色。

（1）将评价对象明确限定为"大陆出版的中文学术期刊"

本次期刊评价中选择的学术期刊主要包括纯学术性期刊和半学术性期刊，而且，本次的评价对象主要是刊载一次文献的学术性期刊，因此，所有检索类期刊都不列入本次评价的范围。经过期刊管理和研究人员的界定与筛选，有些还征求过有关专家的意见，最后确定列入评价的具体对象为6400 种学术期刊。

（2）将期刊评价的目的确定为评价管理导向与信息服务导向相结合

本次学术期刊评价的目的十分明确，一是为科学评价与科研管理服务。期刊评价的结果可以为科学评价与管理提供依据，为项目、成果、人才、机构等各类科学评价和科学管理奠定基础和条件。二是为图书情报工作服务。期刊评价结果可以为图书情报单位的期刊采购、优化馆藏提供必要的工具。三是为广大作者和读者重点阅读和投稿提供依据与指南，从而可以大大提高情报服务及利用的针对性和有效性。而以往的期刊评价的分类主要是采用中图法，仅考虑图书馆的工作需要，我们开展的学术期刊评价的分类则采用国家标准的最新版本的《学科分类与代码》，这是我国科研管理中广泛使用的分类标准。因此，这次期刊评价的结果可以满足两个方面的需要，实现两者兼顾的预期目标。

（3）同时遴选出"权威期刊"、"核心期刊"和"扩展核心期刊"

与 2009 年第一版的期刊评价研究报告遴选出"权威期刊"与"核心期刊"不同的是，本次版本的期刊评价研究报告首次遴选了"权威期刊"、"核心期刊"与"扩展核心期刊"三种等级的核心期刊。

（4）采用得分排序和划分等级相结合的方法，提供了国内外第一个中国学术期刊的分类分级排行榜

在分一级学科和综合类型的学术期刊评价中，既按照各期刊的各指标综合得分排名，又将排序期刊分为 A＋、A、A－、B＋、B、C 六个等级，以增加评价结果表示的合理性和充分性。在各一级学科的期刊总数中排在最前面的 5% 的期刊为该学科权威期刊（A＋）；5% 至 20% 的共 15% 的期刊为核心期刊（A）；20% 以后至 30% 的共 10% 的期刊为扩展核心期刊（A－）；30% 以后至 50% 的共 20% 的期刊为准核心期刊（B＋）；50% 以后至 80% 的共 30% 的期刊为一般期刊（B）；80% 以后至 100% 的共 20% 的期刊为较差期刊（C）。这不仅有利于各期刊的明确定位，而且能为政府部门对期刊实行分类分级管理提供必要的依据，有利于尽快建立期刊准入机制和淘汰制度，从而促进我国期刊体系的健康发展。

（5）真正采取定量评价与定性分析相结合的方法，评价指标体系更加科学、合理，突出了期刊的质量和网络影响力

随着电脑与网络技术的快速发展，学术期刊的出版形式和发行手段都

发生了巨大的变化，期刊文献的上网，也改变了读者的阅读方式，期刊的电子出版、网络出版、从网上获取学术信息已成为网络时代学术信息发布与传播的发展趋势。研究期刊评价，不能不关注这种发展趋势。本次学术期刊评价选用的"web即年下载率"这一指标，作为期刊评价的一种导向。它反映的是除传统的印刷版读者外，网络读者对期刊内容的感兴趣程度，这是评价期刊在网络环境下传播效率的一个新的指标。同时，我们认为评价期刊的标准主要是看期刊的质量和作用，而期刊的被利用情况和影响力大小则是其质量和作用的具体体现。这次选用的6个指标都直接或间接的与期刊质量和学术影响力有关。例如，从期刊发文中统计出"基金论文比"这一与期刊学术影响力相关的评价指标。另外，期刊被引指标主要显示该期刊被读者使用和重视的程度，以及在科学交流中的地位和作用，是评价期刊优劣的重要依据和客观标准。本次评价选取的期刊论文被引用情况的指标主要有：总被引频次、影响因子、web即年下载率、二次文献转载量。这些指标都从发文被引用的角度反映了期刊的质量和学术影响力。

（6）自主研发了"中国学术期刊评价信息管理系统"

该系统包括了两大子系统，一是定量评价系统，该系统可以对被评价的学术期刊的各项评价指标进行计算，系统在得出各期刊的单项评价指标分值后，根据每个指标所占的权重进行资料统计、计算、排序等工作，最终得出期刊的总得分值，并输出评价结果。二是专家评审系统，在定量评价系统输出评价结果后，专家通过账号登录该系统，可以对定量评价给出的各学科"核心期刊"进行评分，得出各期刊的专家评审指标分值。"中国学术期刊评价信息管理系统"具有明显的科学性、先进性、系统性和实用性，体现了其创新的特点。

期刊测度的提出和研究都是源于社会和期刊自身竞争发展的需要。目前，我国期刊绝对数量居世界前列，但相对而言，期刊质量较低，这进一步导致了期刊评价的紧迫性。在国外和国内的期刊评价报告中都会提供一份核心期刊表。核心期刊表的实际功用是十分明确的，而核心期刊表背后却承载着更多的意义和功能，如舆论导向功能、信息传播和积累功能、文化教育与娱乐功能等。因此，研究和发布期刊评价研究报告最终的目的应是指导人们如何更好地利用核心期刊表去选择信息、传递信息、利用信息，从而有效地促进科学进步和社会发展。

---

①邱均平：《信息计量学》，武汉：武汉大学出版社，2007。

②邱均平等：《中国学术期刊评价研究报告（2011－2012）》，北京：科学出版社，2011。

③邱均平、李爱群：《期刊评价的价值实现与社会认同》，重庆：《重庆大学学报》（社会科学版）2008 年第 1 期。

④邱均平：《信息计量学（十一）——第十一讲：信息计量学在图书情报领域中的应用——以核心期刊研究和测定为例》，北京：《情报理论与实践》2001 年第 5 期。

作者简介：邱均平，武汉大学中国科学评价研究中心主任、教授、博士生导师，《评价与管理》主编。武庆圆，华中师范大学信息管理系博士研究生。

[责任编辑：刘泽生]

（本文原刊 2012 年第 2 期）

文献探讨在学术期刊论文中的重要性：
一个学术史观点的取向[*]

徐光台

[提　要]　文献探讨是现代学术论文中不可或缺的一部分，它肇始于古希腊学术传统。17 世纪中叶，为传播新知识与维护发现的优先性，创立学会与学术期刊，成为人类学术发展史上的重要里程碑。相对地，中国传统学术似未建立学术期刊，遑论其中的文献探讨。近现代东西文明的遭遇，西学东渐，将大学、学会与学术期刊的建立构想东传。本文拟从学术史观点阐明文献探讨在中文学术期刊论文中的要点与重要性。

[关键词]　文献探讨　学术发展史　学术期刊

中西文明有各自的学术传统与发展，其中包括经典注释或评释、如何处理他人的看法与评释、学会与学术期刊的创立以及学术论文中的文献探讨。

从中国传统的学术发展来看，似未建立类似现代的文献探讨传统。部分原因可归于长久以来未建立符合文献探讨的标点符号系统。古代虽有其标点符号的发展，^①但缺乏适于摘引与文献探讨的标点符号系统，直到 1921

---

* 本文初稿《文献探讨在期刊论文中的重要性》发表于中国社会科学院学术交流委员会、中国社会科学杂志社、香港城市大学中国文化中心共同主办的"第四届两岸四地学术名刊高层论坛"（香港：香港城市大学中国文化中心，2011 年 12 月 3 日）。

年才颁布新式标点符号化。在此以前，尽管在学术经典的注疏传统中，很容易将原文与注释明显区隔，以及为科举考试经史策论编纂的史书中，收录前人对古史的评论与评语，[②] 但在未建立摘引习惯的情况下，绝大多数著作未提资料来源或出处，也未将他人看法与作者主张加以区分。

相对地，现代学术期刊中的文献探讨，可以回溯到古希腊学术传统。17世纪中叶，西方学会与学术期刊开始创立，为学术发展史上的重要里程碑。近现代东西文明的遭遇，两次大规模的西学东渐，不但使西方知识东传，也将大学、学会与学术期刊的构想东传。本文拟从历史的角度，对今日两岸四地学术期刊的持续改进与发展，以及文献探讨在中文学术期刊论文中的重要性，提供一些浅见。

一　文献探讨的希腊起源与大学的辩驳训练

现今学术期刊中的文献探讨，源自西方学术传统，可以回溯到古希腊时期。在先苏格拉底哲学家们的著作与讨论中，已出现一些影响后世的学术传统。譬如，在讨论先苏格拉底的哲学资料时，涉及对他人著作的直接摘引（direct quotation），或是根据它加以摘要（summarize）或改写（paraphrase），以及对一手资料提出的评论（comment）或意见（testimonia）。[③] 亚里士多德的著作不但反映此一情况，还在研究课题中进行文献回顾。

（一）亚里士多德著作中的文献回顾

亚里士多德在探讨问题以前，多会进行文献探讨，列出前人在该问题上的主张，接着评论其看法，并借此来厘清自身的问题与见解。例如，在《物理学》（*Physics*）第一卷中，他先回顾前人在相关问题上的主张。对自然研究涉及的本原、原理或原因，将先苏格拉底自然哲学家们的看法加以归纳，可分为一元论与多元论（其中包括原子论的无数原子），亦有唯物主义与主张数为本原的区别。对于实体与生成变化，是否充实而无虚空，以及变化或运动的可能等问题，进行详细的回顾。[④]

在《气象学》（*Meteorology*）一书中，亚里士多德也先探讨前人的看法。以彗星为例，先苏格拉底自然哲学家认为彗星与行星有关，大致可归为两类看法。某些意大利毕达哥拉斯派人与希波克拉底和其学生艾许勒斯（Aeschylus）主张彗星是一种不常出现的行星，有时它会出现在地平面上不远之处。亚里士多德认为古希腊人已观察到太阳运行于黄道，其他六颗行星都在黄道上下八度黄道带（zodiac）范围内运行，彗星却在黄道带以外。因此不可将彗星视为一种不常出现的行星。阿纳萨格拉斯（Anaxagoras）与德谟克里图斯（Democritus）认为行星相会时，彼此碰撞而产生彗星。亚里士多德认为，对地球表面的观察者而言，行星间有时看似相会或相掩，行星有时看似常遮着恒星，却没有产生彗星。⑤

接着，亚里士多德提出他对彗星生成的看法。他根据两个圆球式的宇宙论（two-sphere universe），将宇宙分为两个同心圆球的区域：天球与地球区域。地球是静止的，它的中心就是宇宙的中心；另一个大球与地球间的区域则为星球的领域，是一个同心的多球形结构。天域与地域的分界是月亮天，以上为天域，由月亮、水星、金星、太阳、火星、木星、土星与恒星组成，它们皆由一种永远不变的元素——以太构成，所以是完美的、永恒不变的、不毁不灭的、不增不减的。⑥由于彗星不是完美不变的，所以不将它们列入天域，而归入地域的大气现象。它是干燥的油脂气依照气的自然运动朝离开地球中心的方向运动。当运动到火域边缘时，油脂气被点燃而发亮。流星所含的油脂气较少，一会儿就烧完了，在天空消逝不见。彗星则因油脂量丰富，有时形成可燃烧达数月的大气现象。⑦

另一方面，亚里士多德的逻辑著作，包括《范畴论》（*Categories*）、《论解释》（*On Interpretation*）、《前分析篇》（*Prior Analytics*）与《后分析篇》（*Posterior Analytics*），不但提供了分析、批判与论证的工具，还在《后分析篇》中提出其科学知识的见解，主张最完美的证明是透过适当的、即刻的原因或原理去解释一个事实或命题。它们在中世纪大学教育中，既是课程学习内容，也是知识创新不可或缺的思辨工具，所以亚里士多德的逻辑著作总称为《工具集》。

（二）中世纪大学教育的辩驳与批判训练

11世纪末，在逐步收复阿拉伯人占据的西班牙后，阿拉伯人从9世纪起翻译与评论的希腊古典学术典籍，翻译为拉丁文，传入西方世界，引发12世纪的文艺复兴。⑧12世纪的翻译运动中，欧几里得的《几何原本》、托勒密的《天文学大全》、阿基米德的作品以及亚里士多德的作品都被转译为拉丁文。⑨其中最重要的是完整的亚里士多德作品与评释，不但涵盖整个希腊哲学，也提供了一个科学理念和附属科学的见解，让学者们得以在下个世纪努力地吸纳它们，成为中世纪大学课程中的新学术。⑩

从11世纪开始，欧洲的政治稳定带来商机与城市扩张，对教育的需求日增。在12世纪末与13世纪初，急遽增长的教育促成了现存人类第二久远的文化机构，也就是大学的诞生。13 世纪初左右建立的大学，在其教学方式中注入士林哲学的辩驳方式（disputatio），对特定内容或问题的正面或反面论证进行训练，加上亚里士多德自然哲学所具有的解释力，以及数学、天文学的基本学习，构成中世纪博雅课程的主要内容，也成为医学、法律与神学等进阶课程的必要先修课程。

大学课程结构中可分为两阶段中的四科：初阶的博雅课程及进阶的医学、法律与神学。整个中世纪不像早先认为的是一个介于古希腊文明与文艺复兴间的黑暗时代，而是人类文明中一个相当重要的时期。其间科学发展虽无重大突破，但在大学的创立与辩驳和批判教育下，从 13 到 16 世纪，所有在西欧接受大学教育者，都学习亚里士多德—托勒密的世界观，以及批判论证的教育训练。由于科学不是在社会真空中发展的，而是一种在历史文化与社会组织中发展的活动，当大学成为掌握既有知识的社会组织时，亚里士多德—托勒密世界观通过大学这个社会机构的课程，形成中世纪与文艺复兴时期西方士人共享的世界观。

1577 年彗星出现后，开普勒在杜宾根大学的老师麦斯特林（Michael Maestlin）与第谷（Tycho Brahe）对它进行观测，发现它与地球间的距离比月亮更远。换言之，当时该颗彗星的位置出现在月亮以上的天域，也就是以太构成的领域，成为一个违反亚里士多德自然哲学的异象或异例。1610 年初，伽利略用他改良的望远镜看到木星周围的四颗卫星。质言之，这些新发现挑战亚里士多德—托勒密世界观，天域中的星体不再是不毁不灭、不增不减的，因而腐蚀了旧理论的可靠性。

根据库恩（Thomas Kuhn）在《科学革命的结构》一书中的分析，盘踞大学的亚里士多德自然哲学与托勒密天文学无法解说前述异例，造成"科学危机"，应运而出现的新科学理论开始取而代之。[①]相对于大学支持既有的旧典范，新的科学理论需要社会组织或力量的支持，应运而生的是宫廷或王子的赞助，以及学会形成的"科学社群"，支持革命性的科学理论取得正当性，使其成为"常态科学"。

二　科学学会与学术期刊的西方起源

从中世纪后期到文艺复兴时期，大学是科学研究与发展的主要中心。文艺复兴以降，在权威式的文本学习以外，开始对自然现象有更多的观察与实验，产生近代科学革命。

　　库恩认为，科学学会形成的"科学社群"是促进科学研究的组织，但它似乎无法解说哥白尼、第谷、开普勒与伽利略等人获得宫廷赞助的问题。事实上，宫廷或贵人的赞助（patronage）与科学学会（scientific society）在促进近代科学发展方面，都扮演了不可或缺的角色，为哥白尼、第谷、开普勒、伽利略、笛卡尔与牛顿等人生产的知识取得社会的支持或正当性。只是在科学学会发挥其组织效应以前，宫廷的赞助有其不可磨灭的贡献。

　　在新旧知识的遭遇与冲撞中，大学传授的是亚里士多德—托勒密系统，属于较保守的一面。哥白尼、第谷、开普勒、伽利略、笛卡尔与牛顿等人在大学期间，接受的是传统亚里士多德—托勒密世界观的教育，却发展出与当时大学所传授的世界观迥然不同的创新作品。他们对旧世界观的挑战，很难获得大学教授的认可，只有在获得其他社会性机构的支持与赞助下，才有可能突破旧世界观，进而取而代之。因此，16世纪后半叶到17世纪中叶，新知识的生产者不得不在大学以外寻求社会组织的支持，获取宫廷与贵人的赞助，或创立学术社群。[12]

　　在人类文明史上，学术期刊是近现代的产物，诞生于17世纪的西欧，正值科学革命的成熟时期，有其时代的特殊需要。为了处理科学发现的优先性问题，并将最新知识迅速传播给学术社群，学术期刊应运而生。

　　从智慧权方面来说，学术的新发现不是自然产品，而是人为的创作。在学术期刊尚未创办以前，如何在人为事物之中为学术发现建立次序或秩序，使其获得某种保障，17世纪前半叶靠的是书信来传递新发现或新见解。为了保障他用望远镜看到土星周围有两个类似小耳朵的新发现，防止他人抢了自己的优先权，伽利略采用字谜的方式，将这一发现用一个拉丁文句子表达，而后将该句中的字母打散，加以任意混合，形成一长串的字母smaismrmilmepoetaleumibunenugttauiras，构成一个字谜，防止日后有人宣称早于他发现此一现象。[13]

　　伽利略将他所看到的木星的四颗卫星，以佛罗伦萨的统治者麦第奇大公爵命名。因此赢得了麦第奇大公爵的赞助，并成为麦第奇宫廷的廷臣，以及首席数学家与自然哲学家，在数学家身份以外，添加自然哲学家身份。凭着此一新身份，伽利略积极推动哥白尼日心说，但他先后在1616年与1633年遭到天主教宗教裁判所的审判，书籍被禁止出版。因他而长足发展的意大利科学，也最终失去了在欧洲科学发展中的领先地位。

　　17世纪前半叶，在《新大西洋》（*New Atlantis*）一书中，培根（Francis

Bacon）强调实验哲学与研究者集体合作的重要性。他主张在国王资助下，建立一个集体生产知识的机构，一个乌托邦式的"所罗门之屋"，提出以团队方式进行科技研究的构想。1662 年成立的"伦敦皇家学会"（Royal Society of London），是现存的最古老的学会。它是由学者自发建立的组织，虽具"皇家"之名，实际上是一个民间自治组织，由查理二世颁给同意状而成立，成员主要是业余爱好者。学会依照培根所倡导的实验哲学进行观察与实验研究，最早由胡克（Robert Hooke）担任实验管理者，负责准备与示范实验。学会发行的《哲学学报》（*Philosophical Transactions*），是迄今仍存在的世界最早发行的杂志之一，改变了已往透过书信网络传播科学知识的方式，刊登个人署名的观察与实验，建立科学发现的优先性。由于新旧历法的不同，属于新教的英国，当时尚未采用旧教在 1582 年颁布的新历，仍使用旧的儒略历，每年以 3 月为该年的第一个月，因此《哲学学报》将新旧年同时并列。⑭

受到伦敦皇家学会具"皇家"之名的影响，1666 年法国国王路易十四与大臣柯尔伯特（Jean-Baptiste Colbert）以其为范例，将皇权延伸到科学界，于巴黎成立法国科学院（Académie des sciences）。它是一个皇家组织，科学家受雇于国王，由皇室提供经费、设备与集会场所。当时最早的期刊为法国科学院的《学者杂志》（*Journal des sgavans*），由 Denis de Sallo 于 1665 年的第一个周一，也就是 1 月 5 日出版。它的内容包括科学、教会史、法律报道与名人报道等。

《哲学学报》与《学者杂志》两本科学期刊的创立，基本上提供了科学家将其发现发表的管道，谁先在期刊上发表，谁就具有制度化期刊认可的优先性。当然它们不能解决所有发现的优先权问题，特别是巨观理论常涉及一些其他相关的发现，这部分则留给科学史家处理。

三　从知识传播到学术创新

17 世纪中叶，西方创立科学学会与学术期刊时，正值明清之际首次大规模西学东渐，但它们未随耶稣会士东来而将其构想传入东方的中国或日本。直到清末民初第二次大规模西学东渐，学会与学术期刊的构想才在东方产生实质影响。

16 世纪中叶成立的耶稣会是一个智识性的天主教传教组织。在世界地理大发现与宗教改革后，罗耀拉（Ignatius de Loyola）成立此一修会，设立学校训练会士学习包括敌手的理论在内的一切事物，到遥远的海外旅行传教。17世纪耶稣会在科学知识的产量上超过其他机构，这或许得力于耶稣会是一个散播于全球的知识搜集的合作组织。耶稣会士旅行的诱因出自罗耀拉本人，他心中的会士不是在修道院深修，也不是辖区教会成员，而是巡回传教，既守规也可靠，愿意前往任何地方服务天主。该会第四个宣誓就是"旅行被信赖"与"远距服从"。海外的耶稣会士与本部形成一个知识网络组织。⑮

耶稣会士们在东方传播基督宗教的教义，引入西方自然知识，其中不乏创新之见。他们将中国儒学与历史介绍给西欧人，开启汉学研究。不过，整体而言，基于入华的在地文化、宗教与学识传统，他们进行的主要是将西方知识传播给东方士人。17世纪中叶西欧出现学术期刊保障智慧权与学术创见的优先性，不过却不在当时入华耶稣会士考虑的范围以内，尽管西方人在东方传播的科学知识多属于知识传播，却被士人视为新的科学知识。

另一方面，明末出现不少官员结党，政治方面如东林或复社，还有许多士人因诗文而结社，未见任何类似17世纪中叶西方的学术社群。直到19世纪后半叶，第二次西学东渐以后，东方才见到大学的建立，以及学会与学术期刊的兴起。

明治维新时期，日本开始学习西方的科技与制度。在短程方面，聘请西方人才任教；中程方面，派留学生赴欧洲学习；长程方面则建立大学与研究机构。1877年设立东京帝国大学，1897年创办京都大学，并开始创立学会与期刊。⑯1873年明六社成立，次年创刊《明六杂志》。⑰经过20余年的努力，1894年在甲午战争中击败清军。第二年清廷即派学生赴日学习，颠覆唐代以降日人来华学习的传统。

中国现代学术毕竟不是本土文化的原生产物，而是从西方移植与传入的。19、20世纪之交，中国开始在学制上有了巨大变革，新制大学纷纷成立。1915年，留美学人成立中国科学社，并创刊《科学》以传播科学新知，其中的文章多属于知识传播，而不是学术创新的文章。⑱19世纪末20世纪初到今日，在历经一个世纪的改变后，两岸四地在大学、学会与学术期刊方面早已有远远超过清末的成就与发展。以学术期刊为例，早已跨越知识传播，也就是基于先前已发表的学术研究成果，将其改写为适合不同对象的读者阅读的文章，迈向学术创新，在学术研究上提出先前未有的看法或原创性的新发现。

在学术研究上提出原创性发现的优先性，半世纪以前社会学大师默顿（Robert K. Merton）有篇科学发现优先性的论文，仍有值得我们参考之处。1931～1938 年，默顿于哈佛大学工作期间，受到科学史先驱者沙顿（George Sarton）的影响，完成《十七世纪英格兰的科学、技术与社会》一文，[19]属科学社会学（Sociology of Science）研究，后来集结成一本专书，[20]为科学社会学的奠基者。17 世纪后半叶，伦敦皇家学会的成立，使英国取代意大利成为当时欧洲科学研究的中心。默顿对科学发现的优先性颇感兴趣，在 1957 年发表《科学发现的优先性》一文，从社会冲突的角度来处理科学发现的优先性争议，其中涉及制度化的规范与奖励系统，优先性的模糊，以及文化对原创性的强调和回应等问题。[21]默顿提到的问题有些属于宏观面向的，譬如奖励系统，以及文化对原创性的强调和回应，还有发现新科学理论时涉及优先性的模糊问题，这些都不是学术期刊层级可以处理的问题。不过，由于中国学术传统缺乏对原创性的重视与分析，在制度与写作习惯上未区分他人看法与作者主张，基本上缺乏文献探讨的传统，或许我们可将默顿对科学发现的优先性讨论与分析，改为学术研究发现的优先性，转而提供我们针对中文学术期刊进一步发展时的参考。在此之前，笔者拟从原创性或发现的优先性来分析几个中文学术期刊论文中常见的文献探讨类型，分析其中的利弊或优缺点。

四　中文学术期刊论文常见的文献探讨类型

一般认为，文献探讨是为文章或论文找寻它在已有学术发表成果中之定位的不二途径。个人基于学习科学史而涉及西方科学发展与中世纪大学教育，加上多年的阅读与撰写论文经验，以及担任学术期刊的一些服务经验，大胆地将所见中文学术期刊论文进行的文献探讨，分为以下四类，并进行分析与说明。当然这样的区分只是初步的。

（1）不做任何文献探讨；

（2）只略微提到前人作品，但未就拟进行的问题与前人作品间的关系进行分析；

（3）列举许多相关前人作品，介绍其主要成果，但未就拟进行的问题与前人作品间的关系进行分析；

（4）依照论文的焦点来进行文献探讨，详细分析拟进行的问题在前人作品中被直接或间接触及或处理到什么程度。

兹将上述四类文献探讨类型的优缺点分别分析如下。

（1）首先处理不做任何文献探讨这类，也就是不管前人研究是否与作者所论有关，直接切入论题，径自进行其研究。此一方式在处理较冷门或极为罕见的题目时，经常会见到。乍见之下，作者不做任何文献探讨似乎较省时省事，但可能会留下一些后遗症，日后可能会遭他人改写后窃用。

即使作者进行的是一项过去无人研究的问题，先前还是可能有些间接的看法，有助于作者进行简单的回顾，来衬托出作者是第一位发现者。作者提出其是首位发现者有其必要，因其自觉与有意识地提出自己就是首位发现者，并在摘要或提要中强调其发现，先前未有如此的成果，反映其个人对文章定位的自觉，所登载的期刊亦保障作者的原创性或发现的优先性。另一方面，由于作者有意识地在摘要或提要中强调其原创性或发现的优先性，使得日后的学者不致胆敢不提作者而将其成果挪为己用。

在一些热门研究的文史题目中，也不时见到有些论文不做任何文献探讨，如此做法有其危险。一旦出现与前人成果相似之处，而未提前人研究，从学术伦理上来看，其中确有值得商榷之处。一旦被人提出，难免会沦于忽略前人研究成果，或是径自使用前人成果而未提原作者的争议。

（2）有些论文略微提到前人作品，但未就拟进行的问题与前人作品间的关系进行分析，这方面可能有下列两种状况。

第一种情况是作者在前言的某一个注脚中，将前人研究堆列后，自认为已经交代了前人研究，而不去分析个别论文与作者拟探讨的问题间，究竟在哪一侧面上有何关联，以及前人在该问题的哪一侧面上做到什么程度，于是就径行夹杂前人研究，而不再提前人在该问题上的贡献程度。

相较于西方从古希腊就重视概念的原创，中国传统学术文化缺乏对原创性的重视与分析，上述做法只在注脚中交代了前人研究，一方面意识到前人研究不得不提；另一方面，依然沿袭中国传统士人旧习，未区分哪些是前人看法中的新意，哪些是作者的发现与主张。此类做法不但不尊重前人研究的原创性，还有违学术规范与学术伦理。

第二种状况就很严重。作者只在某个或某些注中粗略地提到前人的研究，骨子里却是基于前人的实质研究成果，加以改写，给了一个乍看之下颇有新意的名称或题目。

这类作者不是没有新意，其新意极可能源自阅读前人作品而受到启发，却不当地借着前人的新意来表达自己的新意。这类作者在进行文献探讨时，不是不提前人研究，只是点到为止，虚晃一下，在某个无关痛痒的注中，轻描淡写地提到前人的研究，表示他参考了该作者的作品。然而实质上却循着前人的研究，回到前人使用的一手文献中，借用前人研究的一些发现或概念，将其挪为己用，予以改写，或加入一些资料，加工成为一篇看似颇有新意的论文。此一做法不但有违学术伦理，还有蓄意窃为己有之嫌。

（3）关于第三类的文献探讨洋洋洒洒列举许多前人研究，就像毕恒达所述的家具型录，[22]是带着读者参观百货公司，介绍一个一个专柜，其中都是他人做出的精美产品。此种以条列式陈述别人的研究是什么，尽管看来对过去研究着墨颇多，却没有将其与作者拟探讨的研究主题扣紧。此一做法虽反映作者不是不博学，但未进一步深思与审辨。即使前人研究说得再多，也只是前人的研究，不足以形成与作者要处理问题间的必要关联。过去常见这类文献探讨，缺乏辩驳能力。作者从一开始就走在前人研究的影子中，努力把握前人作品的要点，却忘了将其围绕着自己的研究主题进行探讨，或是产生这类文献探讨的可能原因。这类文献探讨反映作者在写作上不够成熟。

（4）最后乃是依照论文的焦点来进行文献探讨，详细分析拟进行的问题在前人作品中被直接或间接触及，或是处理到什么程度。

在进行这样的文献探讨前，作者应先清楚自己要处理的问题是什么，而后以作者拟进行的问题为中心，处理先前研究在此一领域已进行的程度。当然也可将间接有关的，甚至可提供启发的文献都列入。如果过去只略微触及而未深入研究的问题，经过作者有意识的探讨与分析，加上学术期刊的肯定，作者的研究就具有其原创性与优先性。这类文献探讨是彰显作者原创性的必要条件。

五　好的文献探讨会促进中文学术与期刊的进步

如何进行文献探讨，是学术研究者必须学习与了解的事。过去已有诸多文献处理人文与社会科学研究中的文献探讨，似乎尚未见到从学术史与东西交流的角度，来分析文献探讨在中文学术期刊论文中的重要性。

不同于自然现象，学术是人为努力的成果，从古至今在许多学科或学门之中，累积了浩瀚的作品，其间的关系、秩序与因果关系，也是靠人为努力而建立。因此，如何处理诸多学术成果之间的关系与秩序，维护作者的原创性与其发现的优先性，是西方学界从古希腊以降长期关切的问题。相对地，在明末清初与清末民初两次大规模的西学东渐后，东方的学术从东亚文明转而进入近现代的世界体系之中。经历百年来的努力与蜕变，进入全球化时代的今日，但华人世界以往学术传统中的一些因素，诸如传统士人在文化与制度方面，以及个人写作习惯上，未区分哪些是他人的看法，哪些是作者的主张。如果未经有意识的学习文献回顾与探讨，文化、制度因素以及写作习惯会继续延续。

笔者认为一个釜底抽薪的方式，就是了解学术论文撰写的要点。一篇好的学术文章需要一个清楚的前言来引导读者阅读和作者的铺陈与发展，当然涉及文献探讨在论文中的重要性。一个清楚的前言包括以下五个部分：（1）研究动机与目的；（2）文献探讨；（3）问题意识；（4）研究发现；（5）进行步骤。

（1）首先说明研究动机或目的。研究动机是引导作者探讨问题的驱力。如果确实有某些事件导致作者进行研究，当然可以据实写下。然而一般人多是在一段时间摸索后，才找到拟进行的问题。因此多在事后为研究找到一个合理化的说法，也就是研究目的。

由于多数研究都涉及一段历程，作者有其心理感受，为吸引读者注意，或深怕读者不知论文的重要性等，就在一开始的"研究动机或目的"部分，表达当事人进行研究的心理感受，或透露论文的重要内容。其实该处只要言简意赅地点出最重要的部分即可。简单地说，研究动机或目的这部分就是"牧童遥指杏花村"，以简短的一段或两段文字，表明作者要进行的是一个值得注意与研究的问题，如有可能将其与文中重要人物或事件关联，点到论文具有研究价值即可。重点在只要遥指，千万不要进入琐碎的细节，更不要担心后面没有机会进行细节处理与论述。

（2）一旦点出作者要进行的是一个值得注意与研究的问题，文献探讨就要凸显为何作者要进行的是一个具有学术价值的问题。

如果作者是首位处理此一问题者，应提出与强调自己是首位发现者，自觉与有意识地在摘要或提要中强调其发现，为文章定位，通过期刊来保障作者的原创性或发现的优先性。

如果作者不是首位处理此一问题者，应对先前直接与间接处理或触及此一问题的研究进行文献回顾。作者要如何凸显拟进行的是一个值得研究的问题，必须先探讨前人相关的研究，因此文献探讨的主要目的在于建立你的研究与前人研究之间的关系。好的文献探讨是以作者想研究的问题为中心，来探讨前人做到或点到你要进行题目的不同侧面，来反映你要进行的研究是前人没做过的，结论总是过去未进行这方面的专门探讨。或是你有新观点或新材料，依此你要研究的问题才是一个新的研究，有其独特的学术贡献。

（3）一旦通过文献探讨，厘清作者拟进行的是一个前人尚未处理且值得研究的问题后，接下来就是清楚交代研究的问题意识。如果好的文献探讨是彰显作者原创性的必要条件，那么，好的问题意识则是作者发展与表达其原创性的充分条件。

相较于西方从古希腊就有意识地重视问题的提出与概念的原创，中国传统学术当事人则较含蓄，或未自觉地表达，多是后人觉察前人的问题与其原创性，才加以表达。从学术发展史来看，原创的作者总是自问自答，因此研究者的问题意识是作者自我铺陈的。

如果好的文献探讨旨在建立一个与研究者拟探讨问题的历史背景，就像是高尔夫球的果岭，成为上面旗杆所插的球洞，也就是作者拟攻进之地的背景，该如何打进球与果岭的地形结构有关，因此，研究者的问题意识与文献探讨取向关联密切。

作者有其拟进行的问题后，面对前人已有不少研究或众说纷纭的成果，可从其中选取几个围绕着问题核心的面向，先进行文献探讨，再基于不同面向的文献探讨得到过去研究进行的程度，来提出进一步可以回答或厘清的次要问题。就像一张桌子，三或四只脚优于单脚，问题意识的提出与延伸，如能从核心问题，加上从不同侧面延伸的三个或四个次要问题，会让问题变得更为清楚。

（4）作者如有原创性或新发现，应在摘要或提要中表明。一方面可供后人直接摘引，而不是引用其他人使用原创者的原创想法或成果；另一方面也可避免他人不经意地再次"发现"或"挪为己有"。

（5）一旦作者采取自问自答的方式，通过文献探讨，将核心问题从不同侧面延伸的三或四个次要问题，使问题变得更为清楚时，也就提供解答研究问题的几个侧面。

从点出作者要进行的是一个值得注意与研究的问题，通过文献探讨来凸显作者要进行的是一个具有学术价值而值得研究的问题，以及它与前人研究之间的关系，进而基于不同面向的文献探讨得到过去研究进行的程度，来提出进一步可以回答或厘清的次要问题，将它们落实成为论述可行的步骤，并将作者的原创性或新发现在摘要或提要中表明。整体而言，文献探讨在其中扮演了相当重要的角色。

更重要的是，详细的文献探讨有许多好处：通过这样的文献探讨，确定论文的独特创意，既可省去读者掌握问题要点的时间，还可帮助作者厘清其问题意识，清楚掌握问题的焦点与衍生的问题，以便用更清楚的语言来表达其摘要，包括陈述其研究发现，避免他人窃取创意；有时还会带出一些值得进一步研究的问题，产生连锁的研究发现与成果，值得一试。

优质中文学术期刊希望刊登的稿件是优良的作品，个人认为认真处理学术论文的文献探讨，是提升学术期刊一个非常重要的部分。如果我们想要提升论文的质量，收到有创意或对学术有贡献的好文章，建立学术论著的秩序，应留意文献探讨在中文学术期刊论文中的重要性。一旦学界习惯进行文献探讨，书本或文章与前人或其他作者作品间的关系，虽不能像分子生物学般通过 DNA 检定来建立生物体间关系，但可通过文献探讨建立问题的提出与发展间的关系，方便读者掌握问题的来龙去脉，促进学术与期刊的进步。

---

① 管锡华：《中国古代标点符号发展史》，成都：巴蜀书社，2002。

② 譬如，（明）张鼐《新镌张太史注释标题纲鉴白眉》，收入《四库禁毁书丛刊》史部 52 册，北京：北京出版社，1995；（明）钟惺订正《鼎锲钟伯敬订正资治纲鉴正史大全》，收入《四库禁毁书丛刊》史部 65 册，北京：北京出版社，1995。

③ G. S. Kirk, J. E. Raven, M. Schofield, *The Presocratic Philosophers: A Critical History with a Selection of Texts*, 2nd ed., Cambridge/New York: Cambridge University Press, 1983, pp. 1 – 6.

④ Arostotle, *Physics*, bk. 1, in Jonathan Barnes (ed.), *The Complete Works of Aristotle: The Revised Oxford Translation*, Princeton: Princeton University Press, 1984, pp. 315 – 328.

⑤ Aristotle, *Metereology*, in Jonathan Barnes (ed.), *The Complete Works of Aristotle*, *The Revised Oxford Translation*, Princeton: Princeton University Press, 1984, vol. 1, pp. 561 – 562.

⑥ David C. Lindberg, *The Beginnings of Western Science: The European Scientific Tradition in Philosohical, Religious, and Institutional Context, 600 BC to AD 1450*, Chicago/London: University of Chicago Press, 1992, pp. 54 – 58. 中译本见王珺等译《西方科学的起源：公元前六百年至公元一千四百五十年宗教、哲学与社会建制大背景下的欧洲科学传统》，北京：中国对外翻译出版公司，2001，第 57~61 页。

⑦Aristotle, *Metereology*, pp. 562 – 564.

⑧Charles Homer Haskins, *The Renaissance of the 12ᵗʰ Century*, Cleveland, Ohio: The World Publishing Co. , 1927. 中译本见夏继果译《12 世纪文艺复兴》，上海：上海人民出版社，2005。

⑨David C. Lindberg, "The Transmission of Greek and Arabic Learning to the West," in David C. Lindberg, (ed.), *Science in the Middle Ages*, Chicago: University of Chicago Press, 1978, pp. 52 – 90.

⑩Lindberg, *The Beginnings of Western Science*, ch. 10.

⑪Thomas Kuhn, *The Structure of Scientific Revolutions*, revised ed. , Chicago: University of Chicago Press, 1970.

⑫Richard S. Westfall, *The Construction of Modern Science: Mechanisms and Mechanics*, Cambridge/New York: Cambridge University Press, 1977, ch. 6, "Organization of the Scientific Enterprise. "

⑬Albert van Helden, "Conclusion: The Reception of Sidereus Nunciu," in Galileo Galilei, *Sidereus Nuncius or The Sidereal Messenger*, translated with introduction, conclusion and notes by Albert van Helden, Chicago: University of Chicago Press, 1989, p. 103. 中文翻译见伽利略《星际信使》，范鯀敦英译，徐光台中译，台北：天下远见，2004，第 188 ~ 189 页。

⑭*Philosophical Transactions*, London: printed by T. N. for John Martyn at the Bell, a little without Temple-Bar, printer to the Royal Society, 1665.

⑮Steven J. Harris, "Mapping Jesuit Science: The Role of Travel in the Geography of Knowledge," in John W. O'Malley (ed.), *The Jesuits: Cultures, Sciences, and the Arts, 1540 – 1773*, Toronto: University of Toronto Press, 1999, pp. 212 – 240.

⑯John Marks, *Science and The Making of the Modern World*, London: Heinemann, 1983, ch. 7. 5. "Science and Technology in Meiji Restoration," pp. 408 – 411.

⑰〔日〕杉本勋编《日本科学史》，郑彭年译，北京：商务印书馆，1999，第 488 页。

⑱冒荣：《科学的播火者——中国科学社述评》，南京：南京大学出版社，2002，第 113 页起。

⑲Robert K. Merton, "Science, Technology and Society in Seventeenth Century England," *Osiris*, 1938, vol. IV, pt. 2, pp. 360 – 632.

⑳Robert K. Merton, *The Sociology of Science: Theoretical and Empirical Investigations*, edited and with an introduction by Norman W. Storer, Chicago: University of Chicago Press, 1973.

㉑*Ibid.* , ch. 14: "Priorities in Scientific Discoveries," pp. 286 – 324.

㉒毕恒达：《教授为什么没告诉我？》第六章"是文献回顾，还是家具型录？"，台北：小毕空间出版社，2010。

作者简介：徐光台，新竹清华大学通识教育中心暨历史研究所教授，《清华学报》主编。

[责任编辑：刘泽生]

（本文原刊 2012 年第 2 期）

主持人语

刘泽生

这是一组来自同行总编们的殷切期望；这是一组来自学术"守护人"的热心话语。

2012 年 2 月，新版《澳门理工学报》举行首次编委会全体会议。来自澳门、北京、上海、南京、广州等地的编委和特邀专家学者，济济一堂，回首理工学报创刊往事，纵论学术期刊历史使命，探索学报改革发展路径，畅谈学术定位与办刊理念，为《澳门理工学报》之未来发展把脉问路。论者殷殷寄语，拳拳之情，令人动容。今日借用"总编视角"之名，以笔谈之形式，汇编成本专栏，以期为中文学术期刊改革之路出谋献策，略尽绵力。

创办一份高水平的学报，乃理工人多年的追求与梦想。十四年的坚守，十四年的探索，终于换来十四年的硕果。诚如李向玉院长在改版献辞中所言，"学报既是学院的窗口与桥梁，又是学术的旗帜与殿堂。学报与学院、社会是不可分割的整体"。"寄语学报诸君，悉力耕耘，不负关爱，不辱使命，使其真正成为学术之光、学人之友，为我们共同的精神家园增添华彩。"新版的《澳门理工学报》没有辜负理工人的嘱托。站在新的起点，社会各界对改版寄予厚望。

创办一份高水平的学报，是需要一定的主客观条件的。宽松良好的社会氛围与人文学术生态环境，是刊物生存的基本要求；学院决策层的高瞻远瞩与科学定位，是学报正常运作的决定因素；文化的传承与学术的坚守，是刊物发展与创新的基础；编辑团队所具备的学养、学识与眼界，是确保刊物学术品位的内生动力；人力、物力、财力的合理配置与协作奉献，是学报持续发展的基本保障。《澳门理工学报》不仅仅属于理工学院，属于澳门，更属于国际人文社会科学界。澳门理工学院没有理由办不好一份具有较高学术影响力的学报。我们需要聆听编委专家们的真知灼见与诤语良言；我们需要广大读者、作者的积极参与及呵护支持。虽然目前离这个要求还有很长很长的路要走，虽然我们还要付出更多更多的努力。

作为《新华文摘》的原资深总编辑，张耀铭教授的笔谈开宗明义就提出，一本优秀的社科学术期刊究竟应该具备哪些品质？应该承担何种学术职责？作者认为，一本优秀的学术期刊，必须突出问题意识，必须大力提倡创新研究，必须引领学术潮流，必须扶持新人、造就新人，必须关注学术的大众化、展现人文的魅力。这是一本优秀学术期刊所应担当的历史使命与神圣职责。

在当前综合性人文社会科学学术期刊的改版实践中，刊物的定位是极其重要而又复杂的问题。多年从事期刊研究的《南京大学学报》资深主编朱剑认为，期刊实行专题化发展，可视为综合性期刊专业化转型之外的另一个出路。专题期刊的产生与学术发展趋势是相吻合的。学术发展所呈现的交叉学科的特点，成为学术发展最具生命力的新的生长点，专业期刊往往因选题过窄而不适应进行交叉研究，于是专题期刊正好可以承担这一责任。

作为本刊资深编委的李长森教授，自创刊之始即参与其事，于今已跨入第十五个年头了。回顾这十多年来筚路蓝缕的风雨历程，他深有感触地表示，当年正是深感肩负的责任和意义，赤手空拳开始了学报的筹办工作，现在有了新的发展机遇，改版已是水到渠成之事，相信新版学报一定会办成特色鲜明、情趣高雅、质素优良、品味出众的学术期刊，成为众多高校学报中的奇葩。

手捧新版的《澳门理工学报》，那份典雅清新与厚实端庄，令人有一种沁人心脾的陶醉。本栏13篇笔谈短文，言近旨远，意蕴悠长，愿与诸君共品味。也借此机会，谨向多年来关心、支持本刊的海内外学报同行以及社会各界朋友致以崇高的敬意与由衷的感谢！

学术期刊肩负的使命和职责

张耀铭

一本优秀的社科学术期刊究竟应该具备哪些品质？应该承担何种学术职责？与学术研究、学术创新、学术发展是一种什么关系？在我看来，绝不仅仅是漂亮的装帧、华丽的文字和著名学者的署名，最重要的是期刊的编者肩负使命、铭记职责，透过内容的价值营造和学术语言的表达，体现出的一种特色、一种传统、一种境界、一种情怀，以及由此而产生的学术创新力、学术公信力和社会影响力。

一本优秀的学术期刊，必须突出问题意识。马克思指出：对一个时代来说，"主要的困难不是答案，而是问题"。爱因斯坦认为："提出一个问题往往比解决一个问题更重要。"科学哲学家波普尔说过："科学与知识的增长永远始于问题。"科学史表明，一个重大问题的提出和解决，往往会给科学发展带来革命性的变革，开创新的学科，甚至导致整个科学体系的重新组合。

社会科学研究的"问题"，有学者归纳为以下四类：首先，所研究的问题在现有的"知识库存"中还无法找到，是"史无前例"、"填补空白"或开创性的；其次，所谓"问题"，也可以是指采用不同理论对一个已经做过大量研究的问题给予新的诠释，或采用新方法对一个旧问题进行再研究；第三，"问题"随着社会的发展，已经做过的研究发生了新的变化，或者原来的理论已经不能有效地解释已经发生变化的社会问题、社会现象；第四，在社会科学中解决问题的方法以及问题本身也是一个问题，而不仅仅是一个技术问题。[①]所以，人文社会科学能否取得有价值和有成效的学术创新，不仅取决于是否具有问题意识，更取决于从何处发现问题、怎么找准问题和怎样应答问题。有的时候，"问题"更具挑战性，更带根本性。作为学术期刊的编者，我们必须超越学科壁垒，要以"问题"为中心来整合学科，而不应以"学科"平台来切割"问题"。

一本优秀的学术期刊，必须大力提倡创新研究。大国崛起期待理论智慧，中国现在的体制变革、经济转型，特别需要社会科学研究做出贡献。然而我们的研究传统中，习惯势力和陈旧教条始终制约着人们的创新观念和思维方式，阻碍着重大的理论创新。恐怕在相当长的一个时期，解放思想仍然是我们面临的迫切任务。我们只有解放思想，才能扭转唯上唯书的倾向；我们只有解放思想，才能使学者投入到那些源远流长、内涵丰富、地域和民族差异显著的社会文化命题以及大变革过程中迫切需要深入研究与理性解释的现实问题中去，从而提供战略性、前瞻性和前沿性的研究成果。我们还要从"思想被殖民"的状态中解放出来，要有我们自己的理论体系和话语体系，不能搞"贴牌加工"，更不能把不适合中国国情的西方理论模型的假设照搬过来。丘成桐指出："中国产生世界级大师，必须探求自己的研究方向，走出自己的道路。"[2]我们期待学者们回归学术研究的"中国关怀"，以自己的眼光关注中国和世界，并向世界展示"中国品格"和改善自鸦片战争以来被世界扭曲了的中国形象。[3]

著名哲学家冯友兰在其《三松堂自序》中认为，学者的工作分为两种：一种是"照着说"，另一种是"接着说"。前者的重点是要说明，以前的人对于某一问题是如何说的；后者的重点是要说明，自己对某一问题是怎么想的。自己怎么想，总要以前人怎么说为思想基础，但也总要有所不同。概括来讲，"接着说"不是停留在对传统的一味继承上，而是要扬弃，要创新，要发展，要具有明显的时代性。缺乏新意的文章，可以说是低水平的重复，尽管道理都是对的，但它没有灵魂，我们要尽可能少发表或者不发表。学术研究的灵魂在于创新，创新需要大胆，也必然包含风险。"创新有可能符合现阶段人们的认识，也有可能超越现阶段人们的认识，真正的创新有可能被社会承认，也有可能不被社会承认，甚至有可能犯错误。所以，创新一方面要求研究者解放思想，胆子要大，不要怕犯错误。"[4]另一方面也要求期刊的编者要有自己的主见，敢于发表独立思考的声音。我们不赞成追风猎奇，更反对"打擦边球"，只关注"学术"本身。一本学术期刊没有创新精神是很可悲的，一个社会不能包容研究者犯错误就更可悲。学术期刊提倡创新研究，就是提升刊物的核心竞争力和品牌影响力。通过发表学术含量高、创新能力强、学术功底深的文章，既考验了我们的胆识，又检验了我们的眼力、判断力和洞察力，更锻炼了队伍。

一本优秀的学术期刊，必须引领学术潮流。在学术发展史上，学术期刊一直扮演着重要的角色。在一定程度上可以说，学术期刊引领着中国学术的发展。1922年创刊的《学衡》杂志在《杂志简章》中旗帜鲜明地提出其编辑宗旨："论究学术，阐求真理，昌明国粹，融化新知。以中正之眼光，行批评之职事。无偏无党，不激不随。"围绕着《学衡》杂志，逐渐形成了中国现代学术史上十分重要的学衡派。20世纪30年代，以《禹贡》、《食货》为代表的特定期刊出现，一些学术群体也开始以期刊为阵地有了进一步的聚集，由此推动了如历史地理学、中国社会经济史等新兴学术研究领域的发展。民国时期的"四大学术名刊"《国学季刊》、《清华学报》、《燕京学报》和《中央研究院历史语言研究所集刊》，就发表了大量高水平的研究成果，为现代历史学、考古学和语言学等学科的发展确立了学术标范，为中国传统的现代转型做出了重要贡献。20世纪50年代《文史哲》崛起，它发起和推动的一场又一场学术论战和重大讨论影响深远，其目的就是探索、提炼和锻造公共学术话题，自觉充当当代学术史的创造者。

对于引领学术潮流，期刊主编中有人提倡，也有人质疑。其实不管哪家学术期刊，只要你选择取舍稿件，编辑加工稿件，开辟学术专栏，策划学术争鸣，刊发"编者按语"或者"主持人语"等等，才算尽到了自己应尽的学术职责，客观上也就具有了干预学术走向、引领学术潮流的愿望和作用。无论是"行大欺客"，还是"客大欺行"，都会严重损害学术发展的生态环境。编辑应该敬畏学术、服务学者，学者应该理解编辑、视为知音，两者是良性互动的关系，互为依重，互动共生。学术期刊谁把这种关系处理得好，谁就是"潜力股"，谁就拥有了若干话语权。

近年来学术氛围、学术风气出现了种种弊端，公信力的丧失、人文情怀的欠缺、学术批评的弱化，可以说是最大的问题。学术期刊如何反对学术不端行为、维护学术尊严、引领学术潮流？我以为要从以下三点对症下药。一要站在时代发展的制高点上，高扬学术公信力的旗帜。"这其实包含两层意思：一是指它的社会品质，它不应该是少数研究者卡拉OK式的自言自语，而是紧紧把握着时代脉动的守望者；二是指它的价值品质，它不是隔靴搔痒的泛泛之作，而应善于击中社会绷得最紧的那根弦"，[⑤]学术期刊还要与权力部门、利益集团保持适当距离，不能被"绑架"，更不能扭曲自己的学术立场和学术操守，成为某些群体的代言人。二要倡导与培养人文情怀。学术期刊的编者不仅仅要具备从事职业工作所必需的专业能力，而且要具有一种深厚的人文情怀。人文情怀是一本刊物体现出的格调、气度和魅力，是对生命的敬畏、对学者的尊重、对弱者的同情、对社会的关注、对道义的守望。让我们不断从痛苦中分娩思想，以思想关注民生，对社会奉献我们的良心。"让关注人、人的命运和人的尊严，成为全社会的基本准则和共同诉求。让维护公平、正义和道德的阳光普照神州大地。让学习知识、科学和文化之风吹拂到每个个体生命的心田。"⑥倡导与培养人文情怀，不仅是一个重大的理论命题，也是学术期刊的一个重大的历史使命。三要开展健康的学术批评。批评是学术进步的必由之路，如果没有学术批评，就会导致教条专横、错误长存。学术批评在其出发点上，"应当是一种'无罪推断'，而不是'有罪推断'，即首先是努力探寻被批评对象的合理之处，进而在探索的过程中发现其不合理之处，并对其展开批评"。学术批评"就是发现被批判对象的真正的理论困难，为解决这些理论困难提出新的理论思路，并做出新的理论论证"。⑦学术批评不能避重就轻，更不能避实就虚，无论是"隔靴搔痒"之"赞"，还是"借题发挥"之"骂"，都不是正常的学术批评。

一本优秀的学术期刊，必须扶持新人、造就新人。学者之所以成为学者并得以著名，是因为他们的研究成果和创新观点为社会所承认，而编辑在社会与学者之间扮演的中介作用不能忽视，尤其是那些为社会公认的名编辑和权威性学术期刊发挥的作用更为突出。然而当前不少学术期刊热衷发表领导、专家、大牌教授的文章，唯名择稿、以人定文的现象比较严重。其实一本成功的学术期刊，不在于它吸引、发表了多少名家的稿件，更在于它发现和扶植了多少青年才俊。加州大学伯克利分校的成功经验之一就是坚持学术民主，不搞论资排辈，不用名人、权威压人。或许意识到不必要的合作所可能带来的危害，该校要求新教师不与著名教授合作搞科研、写论文，鼓励年经教师自己去开拓新领域。⑧青年学者是学术研究的生力军，他们的观点还显得稚嫩，他们的论证还不够严谨，敢不敢给他们提供版面和平台，这对学术期刊来说都是一种考验。伏尔泰早已说过："虽然我不赞同你的观点，但我坚决捍卫你发表观点的权利。"我们呼吁学术期刊主编，放弃眼前功利，把目光放得更长远些，成为一个奖掖新人、鼓励新说的学术平台。

　　一本优秀的学术期刊，必须关注学术的大众化。今天的大众，不仅需要了解经典，了解历史，更需要从中国现代化期待的视角去解读经典。所以，学术期刊的一项重要任务是让一流的学术走进百姓的视野，成为经世致用的显学。只有大众接受，观点才会有张力；只有大众接受，思想才会站起来。学术不应该是艰深晦涩的理论，不应该用曲高和寡去诠释，更不应该将其搁置于暗室尘封当中。学术在强调专业性、深刻性、严肃性的同时，不能忽视了实用性、大众性和可谓性。学术还必须适当地改变一下自己已有的文化形象和叙述方式，要吸取民间话语，增加人文精神，展现人文魅力。

---

①仇立平：《社会研究和问题意识》，南京：《江苏行政学院学报》2010 年第 1 期。

②刘恕：《走自己的路，不盲从国外——丘成桐谈国内外基础研究》，北京：《国际人才交流》2004 年第 6 期。

③胡键：《文化软实力研究：中国的视角》，上海：《社会科学》2011 年第 5 期。

④方兴：《缺乏新意的文章没有灵魂——访中国社科院历史所研究员王戎笙》，北京：《中国社会科学报》2012 年 2 月 15 日。

⑤喻国明：《一本好的社科学刊》，北京：《光明日报》2004 年 6 月 24 日。

⑥张广智：《浅论历史学家的人文情怀》，长春：《社会科学战线》2011 年第 11 期。

⑦孙正聿：《学术批评与学术繁荣》，北京：《光明日报》2007 年 7 月 24 日。

⑧左庆润、孟庆芬等编著《世界名牌大学》，北京：人民邮电出版社，1989，第 31 页。

作者简介：张耀铭，《新华文摘》原总编辑、编审，南开大学兼职教授。

[责任编辑：刘泽生]

（本文原刊 2012 年第 3 期）

中外学术期刊新动向

王利民

中国社会科学杂志社近年先后访问了英美等国家多家出版公司、大学出版社、专业学（协）会等，考察了海外学术期刊的出版状况，同时也邀请了国外相关机构的专家学者来本刊进行学术交流，为我们深入了解中外学术期刊发展的新动向提供若干有价值的信息。推而言之，进入 21 世纪以来，西方学术期刊出现了如下五大变化。

第一，商业化导向的全球合作出版学术期刊的趋势明显。老牌欧洲出版商在全世界范围内与大量期刊创办方、版权方合作出版学术期刊，美国学会主办的学术期刊、欧洲大陆的学术期刊，甚至中国的英文学术期刊都被纳入欧美出版商的合作框架。合作围绕出版过程的各个环节展开，合作方式相当开放。如果期刊版权方对彼此间的合作不满意，可以在合约期满后选择另外的出版商。商业化合作的开展，导致学术期刊出版的传统环节，即版权管理、编辑、印刷、销售环节分离，不仅印刷而且销售都由市场中介来完成。含有顶级杂志的捆绑销售和数据库销售市场好，高价收购或付出高额版权费给顶级期刊创办方成为一种潮流。传统出版业务弱化，出版业的新兴增长点为版权管理、搭建无纸化工作平台、统一出版产品管理等。

第二，学术期刊数字出版特征明显。依靠数据库销售，荷兰的埃斯韦尔公司已成为全球最大的学术期刊出版商。数据库销售、付费点击阅读论文、单篇下载、杂志电子版等是流行已久又日趋普遍的学术期刊销售方式。通过检索获取相关文献信息是数据库的最大优势。老牌出版公司原有的捆绑销售模式十分便于过渡到数据库销售，而期刊差异化定价也与根据点击率销售数据库相衔接。现在由于各国财政困难，图书馆经费受限，数据库市场受到一定程度制约。

目前最新的学术期刊出版采取的是 E-Book 形式，这更便于读者阅读与获取相关信息。由于牛津大学出版社能提供期刊的 E-Book 版，著名的《美国历史评论》今年开始就从美国最大的大学出版社——芝加哥大学出版社转由牛津大学出版社出版。

第三，学术期刊间的联系显示出全球化倾向，这表现在多个方面。首先，海外大多数期刊越来越多地被收录到 Web of Science 体系中，Web of Science 已经演变为评价体系。一些会议论文集由于代表了前沿水平，被纳入该体系。2009 年该体系收录 11000 本杂志，而 2002 年时仅有 8600 本。在这一扩展过程中，区域杂志增长最快，超过 60%。其次，期刊英语化成为最新动向。英语化是与问题全球化，以及使问题获得全球关注、在全球范围共同讨论等相关背景联系在一起的。再次，许多出版商给学术期刊提供了全球统一的采编平台，如 Scholar One，它使分散在全球的作者、编者、审稿者通过采编平台联系起来，编者没必要聚集于一地，作者更能及时获得相关审稿信息。最后，开放获取式的无纸化出版成为最新出版特征，开始流行。

第四，评价研究成果以论文为导向，使论文刊载需求增大。过往，医学、理工科、实证社会科学等学科以论文为主评价学术成果，这些学科的著作主要是教科书，而人文科学评价突出专著。欧洲大学也侧重专著。现在受美国影响，传统的人文学科和欧洲的大学十分强调论文评价导向。在此大背景下，论文刊载需求大增，新杂志不断涌现，原有学术期刊纷纷扩版，期刊越来越厚。专业学会由最初办一本期刊到现在办多本期刊、系列期刊。在 Web of Science 体系中，这些年区域杂志大扩张，而欧洲杂志增长是大头，各个学科都是如此。

第五，中国问题研究不仅受到海外区域研究杂志关注，也开始在西方主要专业杂志中频频出现，其中，有关中国的工程技术和经济问题是两大研究热点。中国已有 36 本期刊被纳入 2009 年的 Web of Science 体系。根据 Web of Science 体系统计显示，无论是总体（包括自然科学）还是人文社会科学，美国仍是头号研究大国，有关中国的研究成果增长最快。但在总体上，关于中国的研究成果增长要快于人文社会科学研究的其他类别。这也反映了中国文化发展和意识形态话语权的软肋。

中国现在是工程建造和产品制造大国，每年有 100 多万工程类大学毕业生毕业，全球筑路造桥、建高铁地铁、建港口机场、造摩天楼，无不是世界第一，产生最多研究成果理所当然。近十年来，中国股票市场上的工程类股涨幅也颇为惊人。

改革开放带来中国经济快速发展，中国经济成为全球学术界关注的焦点。其中，有关中国工商管理和会计的研究成果最多，计量经济学和宏观政策研究反而偏少，这或许与研究者对中国的宏观资料真实性感到怀疑有关。而在自然科学中，成果最少的则是健康、营养护理和心理学，这也反映了中国发展的进程和未来的发展方向。

相对于国外学术期刊界的巨大变化，近 20 年，尤其是进入 21 世纪以来，中国的学术期刊也呈现出一些新特征，值得期刊界和学术界高度关注。

首先，论文导向明显。1990 年代以来，由于图书市场已不能体现学术竞争性，期刊商业化运作范围不广，自然而然地，学术研究成果评价功能落到了期刊头上；加上新世纪高校教育学术大跃进，论文刊载需求巨大。

其次，综合性期刊经过一段时期的艰苦探索，逐步找到自己的定位和特点。以《中国社会科学》为例，它以"引领中国学术发展方向"作为自己的定位。其他综合性期刊则以"特色栏目"站稳了发展的脚跟。

第三，适应学术专业化发展需求，专业期刊承接 1990 年代开始的良好发展势头，经过 21 世纪头 10 年的规范化、专业化、国际化探索，在 2010 年代进一步迈向现代化、前沿化，实施走出去战略；出现大量以书代刊、同人办刊；2011 年数家高校著名综合学报以电子化为平台，联手打造电子版的专业期刊。

第四，同行评议制度逐步推开。同行评议制度为主的论文评审过程是学术期刊的价值核心，也是魅力所在。中国大陆期刊原先主要通过编辑部专业编辑审稿，现在在发挥编辑人员积极性的同时，逐渐吸纳国际同行经验，这将使期刊编辑过程更加规范。

第五，学术期刊的电子化趋势明显加快，纸版和电子版同步发行；期刊数据库获得长足进展；出版前端和终端与中间过程分离，编辑、发行与印刷过程分离进展迅速。版权管理重要性凸显。

第六，受"走出去"战略鼓舞，加上新的并不完全合理的论文考核评价制度，自 2010 年以来，部分学术机构已经或正在积极筹办英文版的综合或专业性杂志。

第七，国家支持力度加大。21世纪头10年，中国社会科学院、教育部及部分沿海发达省份分别实施了"名刊工程"。据悉，自2012年起，国家社科基金将在全国实施"名刊资助计划"。

作者简介：王利民，中国社会科学杂志社副总编辑、编审。

［责任编辑：刘泽生］

（本文原刊2012年第3期）

《澳门理工学报》创办往事

李长森

  2012 年 2 月 21 日，澳门理工学院举行隆重仪式，向《澳门理工学报》的编委正式颁发聘书。此举看似平常，却具有深刻含义，标志着新改版的学报不仅面貌焕然一新，而且编审制度与运作方式也做了根本性的改革。《澳门理工学报》以崭新的姿态，向高标准的学术刊物又迈出了坚实的一步。

  澳门高等教育起步很晚，直至 1981 年才有了第一所高等学校，即私立的东亚大学。因此，学术研究十分薄弱，更遑论出版学术刊物。1987 年后，才先后有《文化杂志》、《澳门研究》等刊物的创刊。1991 年，澳门理工学院正式成立。1998 年，《澳门理工学报》创刊，迄今已经走过了 14 个年头。本人有幸参与学报的创建及初期编辑和出版工作，历尽艰辛。如今回忆学报的坎坷发展历程，感触颇深。

  1997 年的一天，刚被任命为澳门理工学院副院长的李向玉教授将我和管理学校的课程主任路易·西蒙斯（Rui Simões）副教授召到办公室，指示我们创办澳门理工学院的学术刊物，并委托本人与西蒙斯副教授具体负责筹备事宜，争取在短时间内尽快出版第一期刊物。李向玉教授不无感触地说，澳门即将回归祖国，澳门理工学院作为一所新组建的澳门特区公立高等学校，一定要扎根澳门，背靠祖国，面向世界，争创一流，与世界接轨。一所现代化的高等学校，不仅要搞好教学，而且要带动科研。如果连自己的学术刊物都没有，如何争创一流与世界接轨？因此，一定要有自己的学术刊物，不仅展示学院的教学及科研成果，而且要让外界认识理工学院的办学特点。经过研究，当即决定该刊物为中葡文双语学术性校刊，定名为

《理工学报》（Revista do IPM），由本人和西蒙斯副教授分别负责中文和葡文版的编辑工作。

领受任务后，即开始了紧张的准备工作。虽然路易·西蒙斯副教授是传媒领域的教师，而我亦在广播电台做过 20 年时政记者，但均没有编辑出版学术刊物的经验，自然是困难重重。当时不仅缺乏经验，办刊条件亦十分艰苦，没有一间办公室，更无任何设备，包括电脑、打印、复印、电话、传真以及相应的编辑软件。然而，我们深感肩负的责任及工作的意义，赤手空拳地开始了学报的筹备及创办工作。

经过几个月的努力工作，第一期《理工学报》终于在 1998 年 4 月问世，并向社会公开发行。由于当时澳门尚未回归，学院仍在澳葡政府管治之下，刊物的设计理念及出版模式自然受到葡萄牙出版物的影响，与内地正规学术刊物的风格有很大不同。况且由于是葡汉双语刊物，而其中大部分又是中文，在葡萄牙出版风格的影响下令人觉得多少有些怪异。

另外，从学术上看，虽然尽力囊括了理工学院当时的所有学科，编者和作者都付出了很大努力，但应当承认理工学院还是一所年轻的学校，从建院到学报出版仅有 7 年时间，理工学院的主要任务还是协助政府培训专业人才，学生多为夜间兼读，与正规的高等学校相比尚有很大差距。要想使学报一开始就达到一定的学术水平是不现实的。学报当初的主要任务还是希望为理工学院的教师提供一个交流的平台。

事实上，至《理工学报》创刊时，学院仅有四五个学士学位课程，而大部分教师仍为兼职。虽然他们中的有些人已经开始攻读硕博士课程，但也刚刚转入全职教师行列。正如当时的院长狄伟立教授在发刊词中所说："回顾过去，由于大部分教师以前都是以兼职形式授课，而几乎所有设立的课程都只是高等专科学位课程，因而出版杂志的想法在此之前似乎为时过早。"然而，《理工学报》的创刊毕竟使教师有了自己的学术交流园地，他们为此流露的喜悦之情不言而喻，我们亦由此受到极大鼓舞。

转眼 14 年过去了，澳门早已回归祖国，澳门理工学院亦今非昔比，有了很大发展。不仅所有课程升级，使理工学院成为一所真正的现代化高等学校，而且与世界接轨，广泛开展国际交流，争创一流。全职教师队伍从建院时的几十人发展到现在数百人，其中 60% 已经拥有博士学位，对学术有了更高的要求。同时，学院与葡萄牙、美国、英国、澳大利亚等国家一些高等学校的合作逐步正规化、制度化，特别是同内地、香港、台湾高等院校的学术交流日渐频密。《澳门理工学报》正是在这种形势下进行改版的，可以说是水到渠成，非常及时。

本人十分高兴地看到，《澳门理工学报》于去年10月以全新的面貌展现在读者面前，不仅名家众多，高论汇集，而且栏目规范，面目清新，体现出高度的学术性和专业性，真正成为联络学者与社会的温馨窗口。正如澳门理工学院院长李向玉教授在改版前言中所说："学术乃天下之公器。学报既是学院的窗口与桥梁，又是学术的旗帜与殿堂。学报与大学、社会是不可分割的整体。"淮南一叶下，自觉洞庭波。仅从改版后的第一期，就能看出《澳门理工学报》的光明未来。只要继续努力，就一定能跨入先进学术期刊的行列。

澳门理工学院的发展正面临新的历史机遇及严重挑战，《澳门理工学报》亦须在竞争中得到发展。在当今世界学刊如林的情况下，若想脱颖而出，就必须办出自己的特色。实事求是地讲，与大多数高等院校相比，澳门理工学院仍是一所年轻的学校。因此，就《澳门理工学报》而言，更应体现出自己的特色，才能在诸多学刊中占有一席之地。而这些特色则与澳门理工学院的专业特点及其对社会的作用不无关系。《澳门理工学报》的根基在学院，脱离学院，便会失去澳门特色。学院各专业领域的教学与研究成果，无疑是学报保持生命力的重要源泉之一。以笔者一管之见，澳门理工学院的专业特色主要体现在外语、博彩及电脑教学方面，由此衍生的研究则集中在中西文化、语言翻译、澳门历史、社会经济以及博彩等领域。这些都是理工学院的优势，有些甚至在中国绝无仅有。如果《澳门理工学报》能抓住这些特点，充分展现理工学院在上述领域的前沿研究成果，便能立于不败之地。以葡语教学与研究为例，澳门理工学院属下的语言及翻译高等学校是一所有百年历史的老校，亦是中国境内最早培训翻译人才的专门学校，甚至培养出高美士这样的优秀翻译家及汉学家，不仅在中国近代史中具有非凡意义，而且至今仍保持着优良的教学传统及学术特点。澳门回归祖国后，该校在葡语教学与研究方面依然发挥着中国与葡语国家交流合作平台的重要作用。近几年尤其重视同葡萄牙重点大学及欧盟翻译机构的合作，使学院在葡语教学研究、中西文化研究、澳门历史研究以及语言翻译研究方面跨上一个新台阶。

欲穷千里目，更上一层楼。相信改版后的《澳门理工学报》在学院理事会的领导下，在新组成的编委会的努力下，一定会办成特色鲜明、情趣高雅、质素优良、品味出众的学术期刊，成为众多高校学报中的一朵奇葩。

作者简介：李长森，澳门理工学院教授，原《中西文化研究》杂志常务副主编。

[责任编辑：刘泽生]

（本文原刊 2012 年第 3 期）

内地学报现状及改革路径

仲伟民

　　中国内地有 6000 余种学术期刊，社科学术期刊占了大多数。这些社科学术期刊大致可以分为两大类。第一类是专业期刊，如《历史研究》、《考古》、《社会》、《外交评论》等，这些杂志数量不多，大多为中国社会科学院或大学科研机构主办。大致来说，这类杂志总体水平高，数量较少，可以说基本代表了中国学术研究的正常水平，但有些原来很好的专业期刊也出现了滑坡现象。第二类是综合性期刊，这类期刊由两部分构成，一是地方社科院和社科联系统的综合性期刊，此类期刊的学术水平原来普遍较高，社会影响也比较好，但近几年因为经营困难以及进行片面的市场化改革，此类期刊两极分化严重；二是隶属于各高校的大学学报，这是综合性期刊的主力军，大约共有 1500 家。可以说，在中国的综合性人文社科类期刊中，学报队伍最为庞大。

　　相对于中国内地学术期刊总量而言，学报数量的确不少，这是由中国特殊的体制原因和偶然因素造成的。社会上对目前学报的客观实际尚缺乏全面了解。学报的现状极其复杂，只有区别对待和分析，才能做到客观和公正的评价。据我的观察，目前中国内地学报有两个非常显著的特点，一是学报整体水平在提高，但两极分化极其严重，这一点同地方社科院和社科联系统综合性期刊的情况既类似又不同；二是体制性依赖弊端渐显，其发展初期的优势已经逐渐丧失，发展潜力越来越受到制约，改革势在必行。

　　先看学报的第一个特点。从近年学报的整体状况来看，学报分化之势明显，且差距越来越大；但从学报近十几年的发展趋势来看，学报的整体学术水平在逐步提高，这一点就是我前面所说的地方社科院（社科联）的学术期刊与学报既类似又不同的地方。尤其应该指出的是，近年来一批名牌大学的学报脱颖而出，正在占领学术制高点。比如，除了北京几所著名高校的学报之外，像《文史哲》、《复旦学报》、《南京大学学报》、《南开学报》等，其整体水平已经全面超过了地方社科院和社科联的学术期刊。朱剑在《高校学报的专业化转型与集约化、数字化发展》（《清华大学学报》2010年第5期）一文中列举了具体资料。仅以2009年总被引频次和影响因子为例，前15名名刊工程学报影响因子均值约为0.277，而排名最靠前的前15名社科院（社科联）期刊仅为0.191（即使加上《中国社会科学》，其均值也仅为0.239），差距是很明显的。其他指标，如三大文摘转载率和"复印报刊资料"全文转载率等，前15名学报同样高于前15名社科院（社科联）期刊。应当说，学报这个成绩的取得同教育部自2003年起实施的"名刊建设工程"有极大关系，正是通过这个富有创意的学术期刊发展计划，使一批高校学报的学术水平上了一个大台阶，学术影响力也大大增强。

当然，"名刊建设工程"毕竟只有少数高水平学校的学报有机会争取，受益面有限。为了鼓励更多的高校把学报办好，教育部随后又连续实施了"名栏建设工程"，目的是让地方高校的学报有机会参与竞争。这一举措非常及时，也非常高明，有效带动了全国普通高校的学报努力提高质量和水平。通过"名栏建设工程"，一些原来水平比较一般的学报，想方设法、集中力量把某些栏目办好，从而带动了整本学报质量的提升，比如《中央音乐学院学报》、《北京联合大学学报》等。有的学报甚至通过"名栏建设工程"，进入了"名刊建设工程"，比如《社会》、《中国青年政治学院学报》等。有的学报尽管没有进入"名栏工程"，但它们坚持走特色化之路，办刊水平也有大幅度提高，比如《中国农业大学学报》、《艺术设计研究》（北京服装学院主办，原名《饰》）、《云南师范大学学报》、《邯郸学院学报》等。

因此，可以毫不夸张地说，在教育部实施了名刊建设和名栏建设这两个工程之后，学报的面貌焕然一新，学术水平大大提高了。

当然，我们也无需否认学报目前存在的很多问题，这就是我要谈的学报的第二个特点。从现状来看，目前学报突出存在的问题有两个，一是学报的体制性困境当然存在，但我认为这一点被过于渲染了；二是学报过于综合而缺少专业性特点，我认为这才是问题的实质所在。这两个问题，归根结底都是中国特殊的体制和历史原因造成的。关于学报的体制问题，学报因为归各高校主办，经费、人员等由学校而不是由市场决定，在高校体制不改革的情况下，学报自身体制也难以改革。新闻出版总署曾试图让学报脱离所属学校的体制而单独抽出来进行市场化改革，现在看来这个办法缺乏依据，很难实行。关于学报过于综合、缺少专业性特点的问题，则是我们目前可以有所作为的领域，是可以进行改革尝试的领域。关于学报质量，我上面已经谈到，传统体制实际上并没有成为学报提高学术质量的障碍，相反，这种体制可能还有利于提高学术质量，或者说市场化决不是学术期刊体制改革的唯一出路。也就是说，在现行体制下，我们完全可以进行学报专业化转型的尝试。如果高校学报的专业化转型能够取得成功，不仅将极大促进中国学术的发展，促进目前我国人文社会科学综合性期刊结构的良性转变，而且还将可能探索出综合性学术期刊改革的新路。

现在我可以很高兴地告诉大家，"中国高校系列专业期刊"就是一个成功的尝试。从 2011 年开始，17 家名刊学报自愿联合（2012 年增加为 21 家），在中国知网这个学术电子平台上推出 10 个一级学科的专业期刊。资料显示，全年读者浏览和下载量超过原来的几十倍，大受读者和学者欢迎。名刊学报强强联合，协同创新，正在努力在体制和办刊方向方面寻求新的突破口。

总之，中国内地社科学术期刊目前最主要的问题不是数量多，而是结构不合理，即综合性学术期刊多，而专业期刊少。政府倡导的期刊改革的大方向没有错，但对于学术期刊不能一刀切，更不能盲目地将学术期刊推向市场——那是扼杀学术。因为，学术研究需要不断的积累，而承载学术成果的最主要的平台——学术期刊——则更需要支持，尤其政府有关部门以及学校的大力支持。一个国家的 GDP 可以在短时期迅速增长，而高质量的社科学术期刊则可能需要几十年的时间才能形成。目前，我们国家对学术期刊的建设和发展尚无具体的规划，在政策上甚至有些乱作为，这是一件很遗憾的事情。正是因为这样，导致目前的社科学术期刊相当混乱，一批原来很好的期刊（包括综合刊和专业刊）质量下滑，甚至变成了敛钱的工具，长此下去，必将对中国的学术发展造成极大的危害。相比之下，一批名刊学报能够抵制诱惑，坚持学术理念，是值得敬佩和大加鼓励的。

《澳门理工学报》改版有很多新气象，不仅特点鲜明，重点突出，而且学术水平完全可与内地一流大学学报相媲美，可喜可贺。《澳门理工学报》在目前学报发展困局中异军突起，而且又有学院理事会的大力支持，相信一定能闯出一条新路。

作者简介：仲伟民，《清华大学学报》常务副主编、教授。

[责任编辑：刘泽生]

（本文原刊 2012 年第 3 期）

学术理论期刊的办刊理念

韩璞庚

所谓办刊理念，简言之就是期刊编辑的办刊思路与构想。学术理论期刊有什么样的编辑思想与办刊理念，就会导引编辑创办具有什么特质的刊物，形成具有什么个性的风格。学术理论期刊的编辑思想与办刊理念可以简要归结为以下几个方面。

主体理念。编辑主体也就是办刊人作为期刊实践的发动者，主宰着期刊发展的方向，在期刊特色形成过程中占有主导地位，起着决定性的作用。学术理论期刊的编者作为刊物主体必须具备良好的综合素质与策划意识，才能使刊物形成自身的特色。在激烈竞争的市场态势下，学术刊物争夺稿源与市场的情况屡见不鲜，面对如此情势，编辑必须发挥主体性，奋勇开拓，编辑的主体理念就体现在重点选题的策划、设计、论证、实施的各个环节之中。选题策划是富有创造性的编辑活动，是编辑主体根据社会需求，广泛搜集学术信息，研究学术动态，追踪前沿成果，在一定编辑原则指导之下，进行酝酿、提炼、筛选、比照、分析、论证的学术实践活动。在选题策划与成功组稿的基础上，特色选题就会形成，特色选题可以成就特色专栏，在特色专栏基础上进行有机整合、深度发掘，并形成品牌，就可以创建出有特色的刊物。

问题理念。研究社会中重大的理论与实践问题是学术理论期刊重要的历史使命，而找出解决问题的路径与方法是其最终的指归。波普尔说："科学和知识的增长永远始于问题，终于问题——愈来愈深化的问题，愈来愈能启发新问题的问题。"学术期刊在组织策划稿件过程中确立问题理念极为重要。提出问题是策划成功的起点。编辑主体根据社会发展需要，把握理论动态，研究学术信息，提出理论问题，并通过精心策划、精心组织，通过广泛与作者的沟通与交流，寻找合适的研究团队，最终找到解决问题的路径与方法，这是创立特色期刊的重要门径之一。

策划理念。选题策划是富有创造性的智力活动，是期刊主体根据社会需求，在一定的原则指导之下，进行酝酿、提炼、筛选、分析、论证的活动。一个好的选题，一次科学的策划，是期刊成功的一半。同时，一个好的选题策划和由此派生的成功研究，可以造成良好的社会效应和社会效益，提高期刊主体的社会影响力和知名度。选题计划可分为长期选题和短期选题、重点选题和一般选题等，这种区别取决于期刊需要和主体意向，是相对而言的。在日常生活中频繁爆发的报业大战、期刊竞争，实质上就是选题策划战，策划战就是出新、出思路、出绝招。对于选题策划的重要性已形成共识，许多专家均将其视为在竞争中决定成败的谋略，选题策划的成功，即意味着在学术竞争中的成功，选题策划的不成功，即意味着在期刊竞争中陷于被动。

生态理念。所谓生态理念，就是在编辑流程中，编辑主体在策划选题、制定选题时，必须树立编辑生态观，必须站在学术前沿，全面把握学术信息，综合客观编辑生态环境做出决断，科学地形成决策。学术期刊要形成自己的特色，除了编辑人员具有主体理念与主体意识外，还必须具备鲜明的客体意识和生态理念。编辑主体要根据社会发展的需要，确立刊物的选题与特色，这就是时所需，否则策划就失去了生命力；要根据学术发展的内在规律与内在需求制定选题计划，策划特色专题，这叫理所至，否则凭空杜撰，只会使刊物失去根基，闭门造车，流于空谈；要根据专家学者的研究状态、研究取向策划选题，这叫情所归，否则，想当然乱策划，选题无作者队伍支撑，其结果只能是竹篮打水一场空，刊物特色无从谈起。

原创理念。问题是原创的起点，科学史表明，无论是科学创新还是技术创新，都是从问题开始的，科学研究开始于批判与怀疑，而怀疑与批判的继发行为就是提问，因此，怀疑与批判总是与强烈的问题意识密不可分。当人们用固有的认知与思维模式来观察与改造客观世界，从而产生始料不及的结果时，才会有问题产生。产生了问题，人们去分析问题，想办法解决问题，就有了新的思维、新的视角，原创行为由此发生。学术期刊编辑主体的原创理念应该体现在创造性地提出问题，组织专题讨论，编发原创性的论文上。笔者赞同崔平先生的观点：原创不必非得与思想史对接，反之，思想史也并不必然能够生成原创，即思想史继承在根本性质上并不是理论创新的充分必要条件。在语境依附教条的影响下，人们片面强调思想史修养在原创中的作用，失去客观看待原创形成的中正态度，忽视天才性的创造智慧对原创的影响和为原创注入的偶然性，从而把原创的希望寄托在思想史修养的机械积累上，消极地认为应该"耐心"等待拥有足够积累的那一刻再来进行原创。但是，原创是在个体精神内发生的智力活动，受到思维品质与个性特征的重要影响，在思想史积累的那一点上完成原创能力的塑造必然因人而异，并没有普遍标准。同时，极限地看，即使走向思想史的终点，也并不必然迎来照亮原创境域的光芒（参见崔平《原创法度》，南京：《江海学刊》，2003 年第 4 期）。笔者以为，我们倡导原创，并不是想扮演认定原创与否的裁判长角色，而是想提供一块阵地，鼓吹一种氛围，倡导一种标新立异、勇于创新的思维倾向，激励原创思绪，激发民族思想活力，培养我们民族自己的思想巨人、学术大师。

中国理念。反思当代世界问题，思索中国的成功经验，学术研究与学术理论期刊应确立鲜明的立场与观念，为创造学术研究的中国风格与中国特色，为成就学术理论期刊的中国风格与中国立场贡献智慧与力量。第一，研究中国问题。学术理论期刊要牢固树立问题意识，反思"中国问题"所呈现的世界价值。以金融风暴为表征的全球经济问题与中国经济的成功，表明中国作为一个大国在全球具有举足轻重的地位与重要性，同时彰显出：中国经验与中国道路具有世界意义。以期刊的敏锐眼光捕捉与研究"中国经验"与中国问题，具有十分积极的实践价值。第二，秉持中国立场。在中西学术与文化的交流中，我们的学者与我们的期刊，一直处于一种被动的追赶与学习的局面，患了所谓的"失语"与"无语"症。面向新的时代与新的问题，我们也应该站在自己的大地上，说自己的话，建立自己的言说方式。"中国问题"是当下中国的社会运动与社会实践的展现，研究"中国问题"，总结中国实践，当然要有世界眼光，但更要有中国立场，我们再也不能盲目地以西方的标准为标准，以西方的立场为立场，要用自己独立的主导立场与态度来评判社会发展实践与理论问题的是非曲直。第三，形成中国范式。在追赶式的现代化实践与学术活动中，我们一直在学习西方的先进经验，引进西方的学术范式，殊不知，中国的问题需要中国式的思考方式与特殊路径才能解决。毫无疑问，一个民族要走自己的现代化道路，必须有独立思维，必须在对自身生存实践的反思与观照中获得新生。第四，成就中国风格与中国特色。学术理论期刊的特色就是此刊不同于彼刊的特质。特色就是个性，特色如何形成，如何彰显，需要独特的学术背景与学术资源。中国学术理论期刊的特色与风格植根于中国特色社会实践之中，中国的实践运动是其背景，中国的思考路径、思考方式、理论储备是其学术资源。

作者简介：韩璞庚，《江海学刊》杂志社总编辑、教授。

[责任编辑：刘泽生]

（本文原刊 2012 年第 3 期）

期刊品牌与主编

刘曙光

一般来说，学报主编均具有一种强烈的"形象意识"。他们清醒地认识到，学报是一所学校精致的名片，是开展学术研究和进行校际、国际学术交流的平台。的确，高校是以学术为本的，学报通过学术提高学校的知名度、声誉度、影响力和辐射力，塑造学校形象，打造学校品牌。学报不仅为本校学科建设提供支撑，而且是本校师生的教科书。在历史上，蔡元培、马寅初等大学校长都十分重视学报的作用，都曾经亲自为学报撰写"发刊词"。现在，大多数的高校领导将学报视为学校学术交流的"名片"、"窗口"、"平台"、"园地"或"桥梁"，加以扶持和建设。

高校对学报的重视，不仅要在办刊经费和办刊条件方面给予大力支持，更重要的是要选派优秀人才负责学报工作。主编是一家期刊极其宝贵的无形资产和品牌资源，主编的作用在办刊这项系统工程中举足轻重。因此，学校领导要为学报选择一位业务精、能力强、人缘好的掌门人。学报虽然不是主编"写"出来的著作，但却是他"编"出来的作品。孟子的"知人论世"思想，不仅适用于一般的文艺作品，同样适用于学术期刊。就主编与期刊的关系，可以说，不仅文如其人，而且"刊"如其人。

主编必须具有宽广的胸怀和气度，具有人才意识，具有人格魅力。一方面，主编要和编委会、编辑部协调合作，这就要求主编有团队精神和合作意识，重视编委会和编辑部的人才队伍建设。另一方面，主编要和作者、读者、其他期刊和媒体打交道，这就要求主编为人随和，善于处理各方面关系，做到集思广益、博采众长。孟子曰："一乡之善士斯友一乡之善士，一国之善士斯友一国之善士，天下之善士斯友天下之善士。"主编要组织建立起阵容强大的编委队伍、高效精干的编辑队伍和遍布五湖四海的优秀的作者队伍，就必须立足高远，与全国乃至全世界的优秀人才交朋友，并热心培育优秀编辑人才和学术人才。

主编必须具有多层次综合型的知识结构，积极、主动和作者交朋友，了解学术动态和学术热点，有针对性地组织选题策划，通过学术专栏、学术笔谈、学术访谈等形式，发挥期刊在科研中的组织协调和规范引导功能。质量是期刊的生命，作者是期刊的上帝。有高水平的作者队伍，才有高水平的刊物。主编要培育一支稳定的、高水平的作者队伍，保证高质量的稿源。这一方面要求主编善于充分利用各种学术资源，实行资源共享，善于同其他学术期刊互相交流、取长补短、共同进步，另一方面也要求主编在学术界、期刊界具有亲和力、号召力和凝聚力。相反，如果主编眼界狭隘，那就只是闭门造车、坐井观天式的办刊，难免会使刊物失之于浅陋和褊狭。

主编必须是具有深厚学术造诣、熟悉办刊业务的专家。有什么样的主编，就有什么样的刊物。主编常被誉为一本刊物的主角、灵魂、舵手和总设计师，在刊物的编辑过程中起主导作用。一本刊物不是简单的"论文汇编"，而是自始至终贯穿着主编的主体意识、问题意识、策划意识和学术取向。一期学报不是按学科凑几篇文章就能编成的，它对学术成果的筛选、储存和传播，在一定程度上反映主编的学识水平、科研能力和战略发展眼光。刊物的栏目设置、文章选择、学科布局反映的是主编的办刊思路、办刊理念、办刊水平和学术品味。主编必须在遵循办刊宗旨、办刊方针的基础上，将学术性、时代性与创新性结合起来，对刊物应突出什么进行通盘考虑和审慎抉择。应尽量多刊载一些研究解决国家或地区经济、社会发展中具有全局性、前瞻性、战略性的重要研究成果，一些在基础理论方面有创新意义，特别是具有原创性的学术成果。应进一步组织学术前沿文章、学术前沿栏目，加强交叉学科的综合研究。

主编不仅要具有丰富的办刊经验，而且要视野开阔，勇于开拓创新，具有自觉的编辑总体构思和开放办刊的先进理念，站到办刊的制高点。传统学报的功能定位是"本校教学科研的窗口"，这在很大程度上导致学报群落综合实力不强、声誉不佳、质量不高、影响不大，也带来了对学报传统功能定位的反思与变革。一个与时俱进的主编，应把学术质量视为生命，强调期刊是整个社会的学术资源，将学术质量放在第一位，以质量创品牌。在学术质量面前，国内外、校内外作者一视同仁。中国社会科学院系统的期刊之所以具有较高的社会声誉，在很大程度上取决于期刊编辑在全国范围内选稿用稿的学术视野。目前，高校社科学报传统狭隘的办刊观念及办刊模式的封闭性已基本打破，学报的作者、稿件早已不再局限于本校。高校学报既对外展示本校的教学科研水平，又向内报道国际国内的最新学术、科研动态，学报已由校内走向校外，从国内走向国外，搭建了一座校内外、国内外学者交流与对话的平台。我们正是通过《澳门理工学报》了解了澳门理工学院，澳门理工学院的师生也可以通过学报了解国际国内的学术动态。

主编是一本刊物的旗帜，刊物的学术地位往往是主编奠定的。他是选题计划的制定者、组织者和实施者，也是稿件的终审者和把关者。称职的主编必须以强烈的责任心，全身心地投入到刊物中去，恪尽职守，并将一大批学者和期刊编辑集结到自己的旗下。当下，有学识、有能力的主编虽然不少，但具有为人作嫁的奉献精神的却并不多，这也是一些期刊虽有名人主编却难有长足进步的原因。《澳门理工学报》以严格公正、认真细致、尽职尽责之名家办刊，实乃学术之幸。

从品评期刊的角度看，一家刊物的个性是主编创造精神的集中表现，是期刊、主编臻于成熟的重要标志。办刊者如果能以学科为主题、以问题为中心来设计栏目、组织稿件，使自己的刊物做到"人无我有，人有我优，人优我新"，就可能形成自己独一无二的风格，在期刊之林中立于不败之地，真正做到以特色求发展。这就要求学报主编能知己知彼，充分展示自己的求异思维能力，立足于本校，依托本校的优势学科、历史传统或地域特色来办特色栏目、品牌栏目。《澳门理工学报》特色鲜明，"港澳研究"、"语言翻译"、"旅游博彩"等栏目，是《澳门理工学报》的优势，也是其他期刊所难以代替的。而"名家专论"、"总编视角"等栏目，既反映了主编的前沿意识和策划意识，也反映了主编的学术影响和学术资源。

期刊品牌是一本期刊在学术界崇高学术地位和良好学术声誉的反映。期刊有了品牌，才能得到作者和读者的信赖，才能进入良性循环。但是，期刊品牌的培育决非一朝一夕之功，需要有长期的积淀，需要主编多年的苦心经营。当前，学术期刊的竞争异常激烈，国内外的期刊都凭借自身的实力在争夺编者、作者和读者。国家有关部门正在加大对学术期刊办刊经费的财政补贴，以扩大学术期刊的国际竞争力和影响力。期刊之间的竞争是人才的竞争，在某种程度上说也是主编之间的竞争。《澳门理工学报》改版的成功，首先是澳门理工学院理事会战略决策的成功，是他们发掘了一位具有良好素养的主编，并对学报工作予以充分的支持。我相信，经过若干年的努力，《澳门理工学报》一定能办成国内一流、国际知名的学术期刊。

作者简介：刘曙光，《北京大学学报》常务副主编、编审、博士。

[责任编辑：刘泽生]

（本文原刊 2012 年第 3 期）

站在学术史的高度办学术期刊

吴承学

最近，我到澳门参加《澳门理工学报》编委会会议，看到在澳门理工学院领导的高度重视下，刘泽生主编在短短的时间内，便把人文社会科学版办成水平相当高的学术期刊，真有脱胎换骨之奇妙。会上又聆听了几位著名学术刊物主编的高论宏辞，感慨颇多。我最大的感受便是主编的编辑理念、魄力与能力对于刊物的学术水平及其影响会直接产生重大的作用。我想结合近年主编《中山大学学报》的实际情况，谈谈办刊的一些体会和理念。

（一）敬畏学术，理解学术，服务学术

本人长期从事教学和研究工作，作为学者来办刊，自然有其局限，但也有一定特色，我所秉承的办刊理念就是：敬畏学术，理解学术，服务学术。我认为，编辑是为作者、为学术共同体服务的。学报是服务性窗口，编辑工作则是服务性行业。我们要求编辑对作者不能有居高临下的心态，而应该持有敬重的态度。编辑不要妄谈"引领学术"。我并不否定真正对学术有引领作用的刊物和编辑，但学术的重大发展，有自身的内部规律和条件，主要不是靠刊物和编辑来引领的。组织一些学术讨论，设立专栏，当然对推进和活跃学术研究有意义，但仍不是真正意义上的引领学术。提倡学术期刊引领学术，自然是很崇高的目标，不过，我以为，对于绝大多数编辑而言，更基本的是要理解学术，要有识见，能判断。要了解哪些是第一流的学者，哪些学科是第一流的学科，哪些问题有学术价值。学术发展有自身的规律，我们要认识这种规律。编辑最理想的境界就是达到能与第一流学者交流和对话的水平，能够为发表第一流学术成果而服务。

　　根据本人多年从事学术研究和主编学报的体会，我以为编辑要有为学术服务的观念，对作者要敬重，也要自尊，不卑不亢，既不做欺客的大店，也不要屈从欺店的大客。一切遵从学术本位的原则，万变而不离其宗。我要求我们的编辑切不要自以为是，可以给作者提出建议，但不要以老师的身份指导作者修改。如果是篇幅所限，应由作者自行压缩，自己的稿件最知轻重，作者往往是"减肥"，而不负责任的编辑任意删节则是"割肉"。编辑随意删、改都是非常可怕的事。尤其是专业性很强的文献、术语，有些编辑以为是错的，任意改动，往往就把正确的改成错的。

（二）责任编辑要为历史负责

　　我一直强调，《中山大学学报》应该是纯学术的净土和乐土，要让学术保持干净，保持安静，不能有金钱味和俗气，也不能有学术之外的因素干扰用稿。

　　就本人的经验，处理人情稿是件很艰难的事，多数精力花费在处理人情稿上。当然，"人非草木，孰能无情"，"人情稿"是很正常的。人是社会关系的总和，"关系稿"也是很正常的。关键如何处理好这些来稿。实际上，在我们的稿件中，"人情稿"、"关系稿"还是有相当的比例。那些都是学术界的熟人、朋友，他们都是著名学者，是我们的编辑主动去约的，是高质量的"人情稿"。不过，我们也经常收到质量不高的人情稿，但我们有一个严格、规范的"认稿不认人"的审稿用稿制度：责任编辑初审、同行专家二审、经编辑会议讨论后由主编终审的三审制度。无论什么稿件，如果无法过此"三关"，那只能说对不起了。要当好编辑，不但要"脸皮厚"，遇到好稿源要紧追不舍；还要敢当"恶人"，编辑的工作就是在不断淘汰稿件，100篇来稿，最后可能只有一两篇能刊用，甚至都不能用。被淘汰的稿件不一定就差，有些甚至相当不错，由于学科平衡与总量控制，只能优中选优，或者忍痛割爱。我们喜欢那些有新意而平实、有锐气而厚重的论文，不希望发表那些急功近利或只求一时轰动效应的论文，学术是要耐得起历史检验的。我们把学风视为学报的命门。

　　我判断一个刊物品格的高下，有个特别的标准，不是看发了什么好论文，而是看最低水平的稿件是什么，因为它代表的是一个刊物的学术底线，甚至是道德底线。刊物的学术底线有多低，学术水平就有多低。一只木桶盛水的多少，并不取决于桶壁上最长的木块，而恰恰取决于最短的那块。影响一个学术刊物声誉的，往往还不是其刊发的高水平稿件，而是水平最低的论文。

我觉得编辑最重要的是责任感。有责任感的编辑自然有压力。每篇稿件都明确标出"责任编辑"的名字,"责任编辑"不仅要负当期的责任,更要负历史的责任。稿件不要为时人所笑话,更不要为后人所笑话。如果一个刊物的编辑都珍惜自己的历史声誉,把编发稿件看成一件代表自己的学术眼光和品味的事,不愿意去编辑质量不高的论文,会为当那种论文的责编而感羞愧自责,那么这个刊物就比较有希望了。

(三) 综合性期刊的危机与生机

近年来,有不少学者朋友对于综合性社科期刊的前景持悲观态度,认为朝专业化发展是必由之路。的确,目前看来,全世界好的学术刊物,差不多都是专业性很强的。但是,综合性期刊的继续生存,并不纯粹是无奈的现实。最近我对综合性社科期刊的前景与期刊专业化问题有一个新的看法:随着数字化时代的到来,读者的阅读方式产生了根本变化,综合性期刊的缺陷在数字化检索平台上正在得到有效的弥补。或者说,网络检索平台给综合性学术期刊带来生机和希望。

在纸文本时代,读者是根据他们的专业去订阅和寻找刊物的,他们必然青睐专业杂志。但是,在数字化时代,情况产生了极大的变化。以高校而言,目前绝大多数的教师与学生,不是靠订阅纸质学术刊物或者上图书馆查阅学术刊物的,而是在网络上检索,然后线上阅读或下载阅读。所有的论文,不管它是刊于专业性刊物还是综合性刊物,都毫无例外地以数字化形式储存到一个海量信息的资料世界里。只有被读者找到和阅读,它才产生意义和价值。对于读者来说,他并不在乎这些论文发表于何处,他们只是根据自己的需求,从海量的信息中,不断地检索。这些检索本身必然是跨越学科与专业性的。在网络平台上,最重要的不是杂志"专业"不"专业",而是论文质量"专业"不"专业"。在数字化平台上,专业性学术杂志和综合性学术杂志被检索、被阅读的机会实际上是平等的,因此在网络上,它们的影响力是处于"同一起跑线上"的。

网络检索平台为综合性学术期刊带来生机,但这并不意味着综合性学术期刊必然地获得了发展空间。相反,网络检索平台更具挑战性,因为读者具有更大、更自主的下载与阅读的选择权力。对所有学术期刊而言,论文质量才是"王道"。因此,学术期刊最重要的是源源不断地提供更为优秀的论文,同时还应该适应检索功能的数字化平台的需求。

在数字化平台上，学术刊物编辑的专业精神、专业水平和专业操守比形式上的"专业期刊"更为重要。数字化平台不但面对当代，也面对未来，这就要求我们必须具有一种历史责任感，我们所编发的论文不但要得到当下学术界的认同，更要能耐得起历史检验，经受得住学术史的淘洗。

作者简介：吴承学，《中山大学学报》主编、教授。

[责任编辑：刘泽生]

（本文原刊 2012 年第 3 期）

《澳门理工学报》的办刊特色

陈庆云

《澳门理工学报》改版后，其丰硕成果不仅赢得广大师生的赞誉，也引起了社会各界的高度关注。至此，人们自然会思考一系列问题：学报如何继续保持现有的论文质量？目前的办刊模式还有哪些改善的空间？体现澳门理工学院学术水平的特色栏目与内容是哪些？如何规范和加强学术论文的评审制度？如何充分吸引年轻学者的关注和参与？怎样调动广大师生参与办刊的积极性？如何办好《澳门理工学报》的特色栏目、体现理工学院的学术追求？等等。所有这些都可集中于一句话，即如何保持改版以来已取得的成果，并在此基础上更上一层楼。相信这些问题不仅是学院领导与刊物编者，也是广大读者、作者所关心的问题。

澳门理工学院的办学理念之一，是教学与科研并重。而《澳门理工学报》是推进这一目标实现的重要舞台之一。搭起了"舞台"，就要"演戏"。唱什么，演什么，固然要吸取他人的经验，多保留或移植一些传统剧目。但要真正守住这个阵地，一定要有体现自己特色的"戏种"与"剧目"，避免出现脸谱化问题。所以，在栏目的选定上，必须有自己的特色。从改版后的三期学报看，"港澳研究"就是一个颇具特色的栏目，办好了可以演出"威武雄壮"的剧目来。本人之所以支持这个栏目，并主张把它办实、办好，主要基于如下五个方面的考虑。

其一，"港澳研究"是国内外共同关注的重大热点课题。2008 年 12 月，国家发展和改革委员会公布了《珠江三角洲地区改革发展规划纲要（2008 ~ 2020 年)》，提出到 2020 年，要"把珠江三角洲地区建成粤港澳三地分工合作、优势互补、全球最具核心竞争力的大都市圈之一"。这是一个"粤港澳进一步加强经济和社会发展领域合作的中长期发展规划",对国家与粤港澳的未来发展,具有重大的战略意义。这将有利于贯彻"一国两制"方针,为保持港澳地区的长期繁荣稳定提供有力支撑。毫无疑问,开展"港澳研究"的重要意义是不言而喻的。

其二,"港澳研究"是充分体现地方特色的课题。澳门虽属微型经济体,但其地理位置优越,经济结构独特,社会文化多元,民质民风纯朴。在粤港澳合作中,澳门无疑会发挥特殊的作用。澳门理工学院在其院刊《澳门理工学报》中辟设"港澳研究"栏目,乃顺理成章之事。换句话说,深入研究有关港澳的经济、政治、社会、历史等课题,是《澳门理工学报》义不容辞的责任。理工学报的历史与学术定位,都要求强化以上相关课题的研究。我们有充分的理由相信,具有地方特色的研究课题,必将结出有特色的研究硕果。

其三,"港澳研究"是理论与实践紧密结合的课题。学报是理论研究的前沿阵地,从某种意义上说,论文的学术水平直接决定了学报的质量。理论研究上不去,就难以侈谈高水平。与一些基础理论研究略有不同,从更高的层面上说,开展港澳问题的研究,尤其是粤港澳合作研究,其出发点与目标是要解决实际问题,理论研究是围绕实践的需要而展开。仅从理论角度分析,既要反对实用主义的研究,又要反对空洞无物的研究。若再从实践角度分析,既要反对不重视理论的盲目实践,又要反对一切本本主义,按图索骥。所以,必须把理论研究与实践考察紧密结合。《澳门理工学报》的"港澳研究"栏目,可以为实现此一目的提供一个很好的平台。

其四,"港澳研究"是可持续性研究的课题。人们常常会注意到,不少刊物为了吸引更多读者,经常选择一些趋时的议题。若从某种利益的角度考虑,这或许无可厚非。但主办者若想在自己刊物的栏目中培育"常青树",还是选取有可持续性的议题为好,这是刊物立于不败之地的看家资本。如果《澳门理工学报》能持之以恒地发表"港澳研究"方面的学术成果,可以预见,一旦品牌树立起来,就会吸引更多的知名学者为之投稿,自然会在广大读者心目中留下最为深刻的记忆。那些想要深入研究港澳问题的学者与读者,必然会很快想到参考《澳门理工学报》中的相关文献。

其五,"港澳研究"是一个全方位的研究课题。粤港澳的合作固然要体现在经济方面,这是基础性的工作;但除了经济性的协作之外,其他方面的合作也相当重要。在"一国两制"的框架下,香港与澳门是中华人民共和国的两个特别行政区，是我国与世界各国加强联系的重要桥头堡。澳门是中国与葡语国家之间交流合作的桥梁与窗口，这种作用是内地任何城市或地区都无法替代的。所以，不能把"港澳研究"仅限于经济领域，深入讨论粤港澳全面合作的经验与理论，既具有示范性典型意义，又具有广泛性普遍意义。

想到所选课题是否合适，仍还不够，关键是要有更多的高质量稿件。某种刊物想上学术档次，建学术品牌，自然希望较多学者以至名家来投稿。通常说来，某个作者在投稿前，总会有些利益上的考虑：因为你是名刊，登载了我的文章，会有更多的读者知晓我的研究成果，产生更广泛的社会效益；因为你是核心期刊，登载了我的文章，会对我个人的发展开拓更大空间，眼前可能收不到明显好处，但长期的积累可以获得更多的机遇；因为你刊物的特殊性，相对稿酬合理，我选择投稿可获得较多的经济利益；因为贵刊与我多年打交道，特别与刊物的工作人员有较好的关系，彼此互信，以诚相待。所以，作者在投稿时可能选择其中某个或多个原因，促成作者与编者之间的契约形成。

人们会问，《澳门理工学报》现时吸引作者踊跃投稿的特别之处在哪里？正如我们经常讲的，不能简单地选择个案（个人）的行为与经验，作为处理一切问题的参照与普遍准则，而要加强制度性的建设，用好的制度去规范人的行为。办刊物也是如此。吸纳稿件，拓展稿源，提高质量，创建品牌，不能仅仅依靠人脉关系去组织稿源，必须用刊物的特色吸引社会各界的关注，靠自己的基础吸引读者、作者的参与。

栽下梧桐树，自有凤凰来。归根结底，刊物的质量取决于论文，论文又取决于作者的水平与功底。刊物办得越好，论文水平越来越高，读者自然会越来越多，刊物的名气也会越来越大。这一结果产生了正马太效应，文章质量越来越好，学术水平越来越高，稿源也会随之不断增加。这样，我们再回到前面讨论的议题，即选择独具特色的专栏是何等重要。正是从这个意义上说，我主张把"港澳研究"作为刊物的特色栏目之一长期办下去，使它成为《澳门理工学报》的"基本盘"之一，成为凝聚厚重的"底色"。

《澳门理工学报》的发展，还有赖于广大读者、作者以及全院师生的大力支持，他们是学报不可或缺的作者群和强有力的支撑。同时，学院应继续给予全方位的支持与激励，摆脱已有制度设计的羁绊，进一步拓展相关人员从事学术研究的空间，提高他们发表学术成果的积极性。

　　《澳门理工学报》已迈出了坚实的一步。真诚地祝愿她百尺竿头，更上层楼！

作者简介：陈庆云，澳门理工学院社会经济与公共政策研究所教授。

　　　　　　　　　　　　　　　　　　　　　　［责任编辑：刘泽生］

　　　　　　　　　　　　　　　　　　　　　（本文原刊 2012 年第 3 期）

《澳门理工学报》之学术定位与学术特色

齐鹏飞

本人非常欣赏澳门理工学院提出的"扎根澳门，背靠祖国，面向世界，争创一流"的办学宗旨，我认为这四条是符合包括理工学院在内的整个澳门现代高等教育和学术研究之建设和发展实际的。受此启发，我个人认为改版后的《澳门理工学报》（人文社会科学版）的学术定位和学术特色，应该在保持原有的学术传统、学术特色和学术优势的基础上，重点在"面向澳门、面向两岸四地、面向中西文化交流、面向当代世界"这"四个面向"方面谋求新的发展、新的突破。

（一）关于"面向澳门"

作为澳门本土的高校学报和综合性学术刊物，为澳门的现代高等教育和学术研究服务，是其得天独厚而又义不容辞的第一担当。这里的"面向澳门"，至少应该包含以下两层含义：其一，以广义的"澳门问题"为主要研究内容和研究特色，应该进一步加强对于澳门历史和澳门政治、经济、文化、社会问题的研究（具体如澳门的旅游博彩业问题、土生族群问题、民间社团问题等），加强对于"澳门学"的研究，加强对于"一国两制"之"澳门模式"的研究；其二，以身居澳门的编者、作者、读者为一个重要支撑点和一个可持续发展的基础，努力培植和提升澳门本地对于"澳门问题"研究的学术力量和学术兴趣、学术水平。努力把改版后的《澳门理工学报》（人文社会科学版），建设和发展成为研究"澳门问题"乃至"港澳问题"、"粤港澳问题"的学术重镇和学术名片。实事求是地讲，如果没有"港澳问题"研究的学术优势,改版后的《澳门理工学报》(人文社会科学版)赖以保持、巩固和提升其核心竞争力——"一国两制"之"港澳特色"的基础和资源也会大为逊色。

(二)关于"面向两岸四地"

由于有"一国两制"的制度性优势以及特殊的"中介性"的区位优势,改版后的《澳门理工学报》(人文社会科学版)应该以更加开放和包容的心态,"面向两岸四地"。这里的"面向两岸四地",也至少应该包含以下两层含义。其一,就研究内容而言,绝不能仅仅局限于"澳门问题",而应该面向"大中国",即除了澳门本土外,还要把研究视阈扩展到"一国两制"的主体——社会主义的内地,扩展到实行资本主义制度的香港和台湾,关注它们的历史和政治、经济、文化、社会问题,还要把研究视阈扩展到两岸四地间的相互关系和相互影响问题,即广义的"中国问题"研究。因为澳门"一国两制"试验区的特殊地位、特殊环境,对于两岸四地本身以及相互关系问题的研究,应该可以有比较少的泛意识形态和泛政治化的束缚,而可以更加自由、更加开放、更加前沿。其二,就作者队伍即基本学术研究力量而言,就受众即读者对象而言,也应该是"两岸四地"。这样,不仅可以通过借"外力"来解决澳门本土学术研究力量不足的老问题,极大地拓展和提升改版后的《澳门理工学报》(人文社会科学版)刊发论文的学术视阈和学术水平、学术质量,而且还可以极大地拓展和提升改版后的《澳门理工学报》(人文社会科学版)刊发论文的学术影响面和学术影响力。就对办刊水平的要求而言,其所追求的"一流",绝不应该仅仅是"澳门标准",而应该是"两岸四地"所有中文学术期刊范围的"中国标准",甚至是"国际标准"。

(三)关于"面向中西文化交流"

由于在历史上,澳门是中国最早开放的"经济特区"和"文化特区"——不仅是中国最早发生自然经济和市场经济碰撞和交流的地方,也是中国最早发生东方文化和西方文化碰撞和交流的地方。自 1535 年以来,尤其是 1553~1557 年葡萄牙势力侵入、"葡人治澳"以来的近 500 年间,澳门逐步形成了其特有的"中西交融"、"中西合璧"的文化传统和文化特色,即所谓"不古不今,亦古亦今;不中不西,亦中亦西"的"海岛文化"、"海洋文化"或曰"咸淡水文化"、"混血文化"。一直到回归已经十余年的今天,澳门仍然是中国与外部世界发生联系、仍然是中西文化交流的一个重要的"窗口"、"桥梁"和"国际通道"。这是澳门独特的价值和资源所在。对于改版后的《澳门理工学报》(人文社会科学版)而言，所谓的"面向中西文化交流"，主要是指要把文化研究作为一个重要的学术支撑点和学术增长点、重要的学术优势和学术特色：其一，要加强对于中国传统文化尤其是岭南文化的研究——当然，也应该包括当代中国特色社会主义文化的研究；其二，要加强对于全球性和区域性的华人文化尤其是珠三角区域包括台港澳地区华人文化的研究；其三，加强对于西方文化尤其是对于与澳门历史发展有特殊"血缘关系"的葡萄牙文化、欧陆文化、拉丁文化的研究；其四，在此基础上，特别要加强对于中西文化交流和相互影响的研究，包括澳门在中西文化交流和相互影响中特殊地位、特殊功能的研究。在这方面，由于澳门理工学院 2002 年创刊的曾经产生过重大学术影响和社会影响的《中西文化研究》近期因故停刊，那么改版后的《澳门理工学报》(人文社会科学版)更是责任重大，必须继续扛起澳门"中西文化研究"的这面大旗。

（四）关于"面向当代世界"

由于澳门"国际性城市"的历史传统和未来发展定位，决定了改版后的《澳门理工学报》(人文社会科学版)不仅要"面向澳门"、"面向两岸四地"，而且要"面向当代世界"。这里的"面向当代世界"，也至少应该包含以下两层含义。其一，我们的作者群和稿源，应该不仅仅局限于澳门本土，局限于两岸四地，而必须是国际性的，应该吸收相关研究领域的各国一流学者的积极参与，并在相对稳定的基础上逐步扩大。其二，我们所导引的学术研究的前沿意识、问题意识，也应该是国际性的，要准确体察和把握当代世界学术发展的基本脉络和大趋势，要对国际问题的学术研究发出澳门的声音。当然，我们的国际问题之学术研究，应该是有自身历史积淀的基础和传统优势的，应该是有选择的重点突破，如在葡萄牙问题和中葡关系方面、在欧盟问题和中欧关系等方面，应该首先有比较长远的规划和切实可行的推进措施。

最后，必须特别说明的是，事实上，《澳门理工学报》自创刊以来，已经在以上四个方面进行了多年的努力和探索，取得了很大的成绩和影响，尤其是改版后的《澳门理工学报》(人文社会科学版)，其整体性的学术质量和学术水平更是有了非常明显的进步和提升，令人耳目一新。本人在这里之所以再次突出地强调这个问题，仅仅是希望改版后的《澳门理工学报》

（人文社会科学版）可以进一步凝练主攻方向，进一步明晰自身的学术定位和学术特色，在原有的良好基础上更上层楼，把我们这份澳门本土的学术刊物办得更好，使其真正成为"大中国"范围、全球华人华文范围之一流的澳门学术刊物，尤其是在高校中成为最具标志性和影响力的精品学报之一。

作者简介：齐鹏飞，中国人民大学台港澳研究中心主任、《教学与研究》主编、教授。

[责任编辑：刘泽生]
（本文原刊 2012 年第 3 期）

构建良好的学术期刊生态环境

毛思慧

本人十分赞同《澳门理工学报》总编辑刘泽生教授的看法："中国的期刊界与学术界似有一种'核心情结'。……摇摆于作为文献计量学的'核心期刊'与作为学术评价概念的'核心期刊'之间……这其间有太多值得学者及管理者反思与探讨的地方。"[①]本文拟对人文社科"核心期刊"的"核"与"心"问题进行反思，并对如何构建澳门学术期刊良好的生态环境略做探讨，以就教于各位先进同仁。

（一）关于无"核"无"心"的学术生态环境

在过去三十余年的教学和研究中，本人真切感到，中国高等教育和学术活动的空间越来越似一个用廉价塑胶搭建的"象牙塔"，我们的许多大学几乎都以超英赶美的"胆略"和疯狂的速度前进着，而我们无力干预，无暇反思，也不再坚持。我们基本放弃了陈寅恪、蔡元培式的精神追求和文人特有的"单纯"或"固执"，在高谈阔论和浮躁中收集着职称、"荣誉"和俗气。在纷繁和残酷的现实面前，许多人"选择"了随俗、跟风、虚假和无奈，心照不宣地堕入了无边的沉默与服从，在尖锐和重大问题上往往放弃或被迫放弃自己的话语权。

在当代中国独特的社会文化语境里，我们要做到"免俗"实在太难，更不必侈谈做"人类灵魂的工程师"，因为自己的"灵魂"往往无家可归。也许唯一可尝试的是，尽量不虚假不颓废地"教书育人"，在滚滚商潮席卷的课堂里传递那细若游丝的人文精神，呵护远未成熟的关于"平等自由"、"社会正义"和"真善美"的话语权。由于学术生态环境的扭曲和变异，太多的学术期刊，尤其是"核心期刊"往往既无"核"又无"心"，不仅丢失了言论自由和学术精神的"神圣内核"，而且放弃了人文关怀和权利平等的"博爱之心"，而学者们则大多在利益交换和学术良心之间的纠结和博弈中艰难地生存和写作。

在论及当前中国高校社科学报的功能定位时,《北京大学学报》(哲学社会科学版) 常务副主编刘曙光教授指出,"在一定程度上可以说,不合理的学术评价体制、科研管理体制和期刊评价体制,导致了高校各部门、各群体的全面异化"。这种"全面异化"表现在四个方面:(1)学术管理的严重缺位、越位、错位;(2)学术研究的目的和终极价值的异化;(3)学术主体(科研人员)的异化,偏离、放弃职业操守,学术行为失范,学者的道德和品格遭到贬损;(4)学报及其功能的异化。本人非常认同刘曙光的观点,在当前浮躁的学术氛围中,我们要"坚守学术阵地,淡泊名利,自我约束,保持一颗平常心,遵循学术发展的一般规律,不要被各种各样的评价指标和评价机制牵着鼻子走……始终坚持期刊的学术本位"。[2]毫无疑问,若要我们的"核心期刊"找回其真正的"核"与"心",必须优化我们的学术生态,建立真正的"学术自由"的精神家园。

(二)珍惜澳门独特的人文学术环境

在近现代中西文化交流中,澳门曾发挥过巨大的桥梁作用,为西学东渐、东学西渐及世界和平贡献良多。今天的澳门学者也大多继承了这一光荣的文化、学术传统。相对而言,澳门具有比较理想的人文学术环境,办好人文社科学术期刊有着相当好的条件。

其一,澳门学者完全享有言论自由、结社自由、出版自由和学术言说自由,这些权利受法律(尤其是《澳门特别行政区基本法》)的保护。

其二,澳门正急速走上一条"开放、国际"的发展之路,而澳门理工学院也奉行"扎根澳门,背靠祖国,面向世界,争创一流"的办学理念。

其三,澳门政府越来越重视高等教育,并对高校有足够的财政投入和支持,而澳门理工学院也非常支持广大教师和学者进行各种科学研究,并保证研究者拥有充分的学术自由。

其四,《澳门理工学报》(人文社会科学版)有强大的学术编委和专家顾问阵容,有编辑经验丰富、学术视野开阔、学术功力深厚的总编辑,本人对学报的前景十分乐观。

其五,我们处在一个社会急剧变化、学术十分繁杂的时代,这为我们提供了各种值得并急需探讨和思考的话题。只要本着"人无我有、人有我优、人优我新"的原则去精心、尽心地经营、呵护我们的学报,其成为"学术之光、学人之友"的那一天不会太遥远。

（三）健康学术生态的前提：保障话语权

在中国学术思想需要日益开放、文化传播速度急剧加快、虚拟言说空间也在不断扩展的今天，我们应静下心来认真反思我们所走过的教学和研究历程，重拾知识分子追求真理和人文精神的独立人格。

我们的先贤们曾开创过诸子"百花齐放、百家争鸣"的美好时代。许纪霖在《读书人站起来》中慨叹："中国的大学教授最好的年代，是 20 世纪 20 和 30 年代，即 1927～1937 这黄金十年。他们不仅是精神贵族，也是物质贵族。整个社会，即使军阀官僚，看到知识分子，都毕恭毕敬，优礼有加。教授们在学术和道德上也很自律，几乎没有什么丑闻。"③胡适当年曾宣称："争取你自己的权利，就是争取国家的权利；争取你自己的自由，就是争取国家的自由。"梁启超、蔡元培、梅贻琦、陈寅恪、梁漱溟等人皆堪称我们的楷模，我们也许一辈子都不能望其项背，但不能忘记。

关于保护话语权，法国大文豪伏尔泰曾有一句名言："Monsieur L'Abbé, I detest what you write, but I would give my life to make it possible for you to continue to write";④ "I disapprove of what you say, but I will defend to the death your right to say it."⑤中文大意是："我厌恶您写的东西，但我愿意用我的生命来保障您继续写作"；"我不同意您的说法，但我要誓死保护您说话的权利"。

愿我们人文学科的期刊，尤其是"核心期刊"，早日寻回陈寅恪、蔡元培式的精神追求之"内核"和中国文人特有的"单纯"或"固执"的那颗"心"！

---

①刘泽生："总编视角"栏目《主持人语》，澳门：《澳门理工学报》（人文社会科学版）2012 年第 1 期。

②刘曙光：《高校社科学报功能定位的反思》，澳门：《澳门理工学报》（人文社会科学版）2011 年第 4 期。

③许纪霖：《读书人站起来》，广州：《同舟共进》2010 年第 6 期。

④Voltaire, Letter to M. le Riche, February 6, 1770.

⑤Voltaire, "The Friends of Voltaire", 1906, by S. G. Tallentyre [Evelyn Beatrice Hall].

作者简介：毛思慧，澳门理工学院理工—贝尔英语中心主任、教授。

［责任编辑：刘泽生］

（本文原刊 2012 年第 3 期）

多元化发展：中国高校人文社会
科学学报的改革路径

姚　申

一　当下的中国报刊改革背景

国家新闻出版总署《新闻出版业"十二五"时期发展规划》提出今后五年我国新闻出版业的发展目标，其中关键性的指标是，到"十二五"期末，要实现新闻出版业总产出 29400 亿元、增加值 8440 亿元。中国的文化发展上升至国家战略层面，中国的文化产业被列为国民经济重要支柱，中国要从出版大国走向出版强国，这就必然要强调大力改革和发展出版业，大力振兴出版产业，必然要涉及报刊体制改革。

从产业发展看，报刊产值的增长已经成为我国核心文化产业的重要组成部分。据统计，目前全国共有报刊 11833 种，其中报纸 1939 种，期刊9884 种，涉及出版单位 4591 家。除小部分担负国家重要宣传使命的时政报刊，绝大多数是非时政类报刊。就期刊而言，2010 年全国版期刊总印数32.2 亿册，总产出为 156.5 亿元，业绩并不显赫。中国期刊业存在的突出问题是产业规模小，结构不合理。以 2009 年为例，我国期刊业年总产值200 多亿元，加上年广告收入 100 多亿元，在新闻出版行业 1 万多亿元的年总产值中，所占不到 4%；9800 多种期刊中，高校学报 2000 多种，科技期刊 4700 多种，行业期刊 1000 多种，有 2/3 以上的期刊基本上不面向市场，真正在大众市场上打拼的消费类期刊不到 1000 种。"单体实力弱，竞争力不强。众多的中小期刊社分处于不同领域、不同部门之下，内容、编辑、市场等各种资源被条块分割，无论在发行量、人员数量，还是在市场占有面上都比较小"，[①]成为制约期刊产业发展的瓶颈。

报刊体制改革方案作为出版体制改革之一部分由此出台，国家出版管理部门依据出版业（包括报刊业）不同属性、不同功能、不同层次的改革对象分别设计了行政管理体制改革、转企改制、事业单位两分离的改革路线图。对报刊体制改革按时政类和非时政类两类不同性质进行，其中对非时政类报刊出版单位体制改革，总的时限要求是在 2012 年 9 月底前全面完成转企改制任务。

置身当下中国报刊改革的紧迫态势与环境，包括高校人文社科学报在内的中国学术期刊作为非时政类报刊出版单位，是否也要全面实行转企改制，推向市场？笔者认为，对此不宜一概而论，尤其是对推动中国学术期刊走产业化之路这一问题，主管部门似应审慎对待，三思而行。那么，作为非时政类报刊出版单位的高校人文社科学报倘若暂时不走转企改制道路，是否还需改革，如何改革？

二　高校人文社会科学学报必须改革

当下的中国报刊体制改革是整个文化体制改革的一部分。笔者认为，依据《国家"十二五"时期文化体制改革和发展规划纲要》，明确将文化建设区分为文化产业和文化事业、经营性和公益性、面向市场和政府扶持这一点，强调包括高校人文社科学报在内的学术期刊作为文化事业重要组成部分的事业属性、非经营属性、公益性属性是完全有必要的。我们反对笼统提倡学术期刊产业化，但这是否意味着高校人文社科学报就可以自外于中国期刊改革乃至整个出版体制、文化体制改革大局？高校人文社科学报是中国期刊业的一部分，也是中国出版业的一部分，在整个文化体制改革的大背景下，高校人文社科学报应该向何处去？有论者认为高校人文社科学报现状"业绩辉煌"，毋须实行变革，甚至主张维持现状就行，愿以不变应万变，这或许代表了部分学报同行的意见，但恐怕过于乐观了。

自 20 世纪 80 年代以来我国高校人文社科学报经历了数量上的大发展，从 1981 年的 150 余种、1983 年的 208 种、1985 年的 277 种、1986 年的 360 种、1987 年的 393 种一直到 1988 年的 440 种几乎逐年增长，经 1989 年政治风波引发翌年全国报刊整顿后若干年学报数量平缓增长，直至 90 年代末开始井喷，截至 2001 年，根据《高等学校文科学术文摘》杂志社下属"全国高校学报资料中心"统计,全国高校人文社科学报已突破千种,达到1130种。②这一似可大书特书的数字背后,值得一再反思的是:从1978年起,经过30年发展,尽管高校人文社科学报在数量上有了长足进步,但在学术影响和社会影响上反而有所下降,甚至远不如其在七八十年代。尽管高校人文社科学报依托高校的学科和人才优势,在对各学科特别是文史哲等传统学科领域的基础理论研究,新兴学科、交叉学科及相关学科前沿问题,包括一些重大现实问题等方面的研究起到推动作用,做出不小的贡献,但毋庸讳言,也还存在着不少问题。"数量的增长并不等于质量的增长,某种意义上说,高校社会科学学报数量的急剧增长影响并制约了学报总体质量的发展。"③

高校人文社科学报曾经辉煌,曾经成为理论界学术界关注中心,然而出于种种原因却从关注中心滑向边缘。一方面,"不少社会科学学报管理水平不高;主动进取精神不够,改革创新意识不强;同质化倾向严重,千刊一面,办刊理念、办刊模式和办刊方法跟不上时代发展的要求;综合实力不强;相当一部分学报定位不清,选题雷同,内容重复;个性、特色不够鲜明,名牌栏目、重头文章不多,创新论著尤少,甚至刊登一批'泡沫论文',损害了学报的学术形象,总体上呈现出'全、散、小、弱'状况",④这一局面至今犹未得到根本转变;另一方面,现行高等教育体制所推行的量化考核机制,其供求需要,又使得"泡沫论文"大行其道,依然大量充斥于高校学报版面。可以说,正是"泡沫论文"的批量生产,严重损害了高校人文社科学报的权威形象,从而导致学报被外界认为是"学术垃圾"出产地。

高校人文社会科学学报的边缘化,既有来自外部环境的影响,也有源于高校人文社科学报自身问题的挑战,其中自身问题恐怕更显突出。在当下出版体制改革和文化体制改革不断深入的背景下,高校人文社科学报要讨论的其实不是需不需要改革,而是如何深化改革,包括改革的方向与重点、总体发展目标、优势与不足,以及高校人文社科学报与期刊市场关系、高校人文社科学报准入与退出机制的建立等,这些问题值得我们持续深入地思考。

三　高校人文社会科学学报改革的多元化路径

高校人文社会科学学报改革势在必行。就高校人文社科学报的改革策略而言，笔者曾多方提出有关观点，即多元化的改革路径是可能的。（1）集约化发展路径。组建以"教育部高校哲学社会科学名刊工程"入选学报及重要高校学术期刊为核心的高校学术期刊出版集团和若干地方高校学术期刊出版集团，实现强强联合，依托强势出版平台，形成集约化和规模效应。（2）专业整合发展路径。参照高校自然科学学报如《高等学校化学学报》等成功模式，全国高校统筹考虑，根据学校的传统、优势和特色，集中力量，由某一学校牵头，依靠全国性专业委员会、学会，创办代表高校人文社会科学学术水平的专业学报，以一级学科门类为主。同时，部分综合性学报也可以向学科、专业相对集中或专业边界相对模糊的局部综合性（小综合）学术期刊发展。（3）联合办刊发展路径。组成联合编委会，进行相对集中的学科专业分工，把某一个或若干个学科专业方向的稿件集中到一个刊物中去，形成相对优质和特色。合作学校相互把关、相互承认，从而互相支持，共同繁荣，把刊物做大做强。（4）栏目共建发展路径。由具有相同或相近学科和专业特色、实力相当的若干所高校的刊物合作办同一栏目，依托相同或相近的专题研究学术背景与优势，共同打造和建设具有品牌效应的学术专栏。该栏目可在各自刊物上轮流推出，也可在若干刊物上同时推出。（5）内涵式发展路径。根据自己的地方特色、学校特色和独特科研优势，确立包括专题研究栏目在内的刊物特色，塑造各自刊物的学术个性和文化特征。（6）数字化发展路径。数字化和网络化作为纸质媒体（包括整个中国期刊业）未来发展的一个新方向，业已受到广泛关注。对于高校人文社科学报而言，数字化发展方向将是一个无法回避的问题，如何利用电子媒介和网络平台优势，值得深长思之。⑤

当然，改革路径还可以有其他选择。近年笔者提出关于高校人文社科学报集约化发展等思路，正日益获得反响和回应。国家新闻出版总署副署长李东东强调：要"鼓励高校学术期刊集约化、规模化发展，构建学术期刊数字出版平台"。⑥教育部副部长李卫红指出："文化体制改革的深化对期刊业提出了集约化规模化发展的要求，但是高校社科期刊如何做到这一点，需要我们从实际出发，探索切实可行的途径。"⑦尤其值得一提的是，入选教育部哲学社会科学名刊工程建设的17家著名高校学报于2011年联手推出系列专业刊《哲学学报》、《文学学报》、《历史学报》、《政治学报》、《经济学报》、《社会学报》、《法学学报》、《教育·心理学报》、《传播学报》、《马克思主义学报》，在学术期刊集约化、专业化、数字化以及联合办刊等方面的探索走在了高校学报界前列，甚至走在了中国学术期刊界前列，具有重要示范意义。笔者以为，就绝大多数综合性学报而言，依托自己的地方特色、学校特色和独特科研优势，通过整合优化相关学术资源构建特色栏目，以规避同质化风险，进而取得局部竞争优势，以点带面提升学报核心竞争力与影响力，走所谓"内涵式发展之路"，在当前中国报刊改革大背景下不失为一条行之有效的发展途径。

---

①李东东：《全面提升刊业核心竞争力》，北京：《中国新闻出版报》2010 年 12 月 7 日。

②③④姚申：《高校社会科学学报的发展：挑战与机遇》，长春：《吉林大学社会科学学报》2005 年第 4 期。

⑤姚申：《中国高校人文社会科学学报百年发展述评》，《中国期刊年鉴》2005/2006，北京：中国大百科全书出版社。

⑥《李东东：高校学术期刊要集约化、规模化发展》，中华人民共和国新闻出版总署网站，http://www.gapp.gov.cn/cms/html/21/367/200912/695710.html。

⑦李卫红：《在高校哲学社会科学第三批名刊工程座谈会上的讲话》，《中国教育报》2010 年 4 月 18 日。另参见朱剑《高校学报的专业化转型与集约化、数字化发展——以教育部名刊工程建设为中心》，北京：《清华大学学报》2010 年第 5 期。

作者简介：姚申，《高等学校文科学术文摘》杂志社社长、执行总编辑、教授。

[责任编辑：刘泽生]

（本文原刊 2012 年第 3 期）

专题化发展：综合性期刊专业化转型之外的另一出路

朱　剑

期刊的改版首先是形式上的焕然一新，而形式的更新往往是在新的办刊理念指导下完成的，因此，改版有时也意味着从装帧设计、编排方式到实质内容的全面革新。从新近改版后出版的两期《澳门理工学报》来看，的确令人有耳目一新之感。装帧的大气与精美自不待言，而更让笔者感兴趣的是该刊板块化的栏目设计所昭示的刊物定位以及未来的发展方向。

读者定位之难

在关系学术期刊成败的诸因素中，什么最重要？当曰定位。期刊定位涉及方方面面，诸如刊物的选题、特色、风格、作者、读者、市场，等等，均在其中。但对像高校学报这样的综合性期刊来说，在诸因素中，唯有读者定位最为重要，以致袁贵仁先生2002年在全国高校社科学报工作研讨会上所做的报告《新世纪新阶段高校社科学报的形势和任务》中，将学报定位直接解释成读者定位："所谓定位，即刊物的读者是谁，你编写的文章，主要是给谁看的。在整个工作过程中，头脑中应当始终有这个概念。定位不清楚，我们的工作就难免带有盲目性；定位不准确，我们工作的效果就难免打折扣。"

其实，对专业学术期刊来说，明确读者定位并不难，因为只要刊物的学科边界比较清晰，为谁办刊的问题几乎是不存在的；难的是你中意的读者是不是认同你，是否能接受和重视你的刊物。纵然有明确的读者定位，但缺乏优秀稿源，读者照样不买你的账，所谓读者定位，也就成了一厢情愿。但是，对于综合性期刊，且不说读者是否买账的问题，即使一厢情愿地去找固定的读者群都是件十分困难的事。难在何处？关键的难处在于根本无法进行准确的读者定位。所谓综合性期刊，说得好听一点是学科齐全，说得不好听就是个学科大拼盘，但凡人文社会科学学科，都可以有，办刊的随意性极强，没有哪个学科的论文不能发，似乎没有什么该"有所不为"的事。这样的刊物，如果强说读者定位的话，那只能说，但凡学者，都是读者。这是何等气魄！殊不知，空有一网打尽天下学者的豪迈情怀是没有用的，在学术发展日益专业化的今天，拼盘式综合性期刊过多过滥的格局已不能适应学术发展的需求，学者对绝大多数综合性期刊从不满到疏离已是不争的事实。正因为如此，袁贵仁才格外强调学报的读者定位。

面对读者不断流失的局面，专业化转型应该是大多数综合性期刊最合理的选择，但囿于中国特有的期刊体制和传统形式，专业化转型遭遇了几乎无法逾越的障碍，于是，深陷定位难题中的综合性期刊，为摆脱困境，纷纷走上了特色化发展之路。与特色化几乎同时流行于综合性期刊界的还有内涵式发展和以问题为中心的办刊理念，作为综合性期刊扬长避短、尽量明晰读者定位、尽可能锁定部分读者的办法，这些都是值得肯定的。

专题化发展前景

我们现在还无法准确地预测综合性期刊特色化和内涵式发展未来的境况，但大致可看出两个方向。一是作为过渡，最终实现综合性期刊的专业化转型。这是学术界最希望实现的，但因涉及期刊体制和传统，不仅需要期刊人努力，更需要行政权力部门的有力介入，此外还存在许多非解决不可而又难以解决的问题，短期内很难完成。二是从特色化走向专题化。这一趋势目前已现端倪，在不远的将来也许就会成为大势所趋。

在国际学术界，专题或主题期刊早已有之。目前，按"主题"对学术期刊进行分类已成为国际上一些学术评价机构的通常做法。专题期刊的产生与学术发展趋势是相吻合的。在专业分工日益精细的今天，专业学术期刊的选题已变得日益狭窄，欧美一些专业性非常强的学术期刊只要有百余册的发行量就算成功。与此同时，学术发展还呈现出学科交叉的特点，交叉学科已成为学术发展最具生命力的新的生长点。专业期刊往往因选题过窄而不适应这样的交叉研究，于是专题期刊就承担了这一责任，所以作为一种期刊样态的专题期刊对学术发展的意义是十分重要的。

需要指出的是，这里所说的交叉学科的专题研究，与我们通常所指的以综合性期刊为平台的综合性研究是有所区别的。后者特点在于：往往只是为了解决某一时期出现的特定问题而展开的研究，带有相当大的临时性，没有长期一贯的研究目的，学科组合相对随意和松散，有相当大的不确定性，缺乏必须共同严格遵守的研究规范，问题一旦解决或失去意义，围绕这一问题的综合性研究也就不复存在。专题研究则不然，其研究对象多位于有可能导致一个新兴学科产生的具有长期意义的两个或多个学科相重合的领域，故而存在共同的研究对象、目的和规范，组织的严密性、稳定性和长期性更佳。与此相对应，如同交叉学科完全不同于学科拼盘一样，专题期刊也有别于学科拼盘式的综合性期刊，专题期刊的论文构成从表面上看虽然也是多学科的，但却是有特定指向和问题边界的，所以也是可以有明晰的作者定位的。

当然，专题研究和我们通常所说的综合性研究都是跨学科研究，故在两者之间，并不存在泾渭分明的界线，在专题期刊与综合性期刊之间，也不存在天然的鸿沟。当综合性期刊中以问题为中心的专栏占据主要篇幅，且这些专栏具有了相对的稳定性，即从读者的角度来说，读者可以对这些专栏有一定的预期，它的主要读者群因此相对地固化，那么，它离专题期刊也就一步之遥了。如此，在专业化和专题化之间进行权衡，综合性期刊走向专题化似乎更容易一些。较之专业化转型，专题化发展所受到的体制羁绊要小很多，而在办刊理念上，也更容易被受到传统束缚而对专业化转型有种种顾虑的期刊人所接受。

可稳步推进的专题化

虽说看似比专业化转型容易，但目前的大多数综合性期刊要过渡到专题期刊还是有相当大困难的。专业化转型难在体制和传统的力量过于强大，非个刊的努力可以完全解决。专题化发展的困难主要来自综合性期刊本身。首先，从综合性期刊整体看，转型为专题期刊的基础普遍比较薄弱。多数综合性期刊只是把各学科的论文塞进同一本期刊而已，以"文学研究"、"哲学研究"、"经济学研究"等一级学科命名的栏目比比皆是，这些栏目之间可以说毫无关系，根本谈不上跨学科研究或综合研究。而以问题为中心的跨学科专栏能长期一贯办得好并占据主要篇幅的综合性期刊微乎其微，因为要找到一个有长期意义的问题将这些无所不包的学科统摄起来几乎是不可能完成的事。其次，以高校学报为代表的综合性期刊封闭办刊、稿源的内向性问题仍很普遍，高校间的门户壁垒依然森严，公共平台的功能相对专业期刊要弱很多。

但是，我们也应该看到，综合性期刊特别是其中主办单位科研实力较强、办得相对比较好的，也具有了一定的专题化发展的有利条件。首先，办刊理念有了更新，特色化办刊已为众多期刊所采纳，以问题为中心和开门办刊的意识也已深入人心，综合性期刊特别是高校综合性学报表现出突破传统和体制束缚、走出封闭办刊困境的强烈愿望。其次，尽管愿望与现实之间还有很大距离，但局部的进步还是有目共睹的。从专题化发展的角度来看，跨学科专题栏目的出现最值得关注。还有一些地方高校学报地域文化研究、区域发展研究的专题栏目也都离不开多学科的支撑。这些栏目大多走出了本单位"自留地"的误区，广泛组约和接纳国内外学者的论文，力争办成本专题研究的公共平台。有了这些进步和条件，至少数期刊的专题化发展就有了希望。更为重要的是，经济和社会转型期所面临的许多理论和现实问题都非常复杂，仅凭某一学科专业的研究或貌似综合实则并无交集的所谓多学科综合研究根本无法应对，现实已提出了明确的专题化协同研究的需求，从国家各部委到各级地方政府每年设立大量跨学科招标项目，特别是刚刚出台的"2011工程"，完全可以印证协同专题研究之于发展的重要性，这样的研究当然需要合适的发布和交流平台，这是专题期刊未来大有可为的根本原因。

由于基础薄弱，即使有志于向专题期刊转型，对于大多数综合性期刊来说，从学科拼盘到进行交叉学科研究的专题期刊的转型也不可能一蹴而就，需要一个逐步转化、分步渐进的过程。

第一步：从学科拼盘到板块组合。专题期刊的特点在于在一个共同主题下展开的相关学科交叉研究，但用一个专题来统摄综合性期刊的所有学科是不可能的。在不能舍弃主要学科的前提下，从多学科的无序拼合到以问题为中心的板块组合应该是合理的选择。一个刊物可以划分为数个板块，每个板块有一个主题，就可以变无序为有序。

第二步，超越主办单位（大学及科研院所）的横向整合。专题期刊的另一个特点是开放性和协同性。专题确定之后，它对所有的学科是开放的，当然，经过一定时期的研究和办刊实践后，会形成相对固定的学科组合，而不是像综合性期刊那样无选择的学科开放。同时，它对所有的研究者是开放的，这种开放，既是它的特点，也是它赖以生存的根本，它所提供的就是一个协同研究的开放平台。所以，必须摒弃期刊定位的"窗口"说（主办单位展示其学术成果的"窗口"）和作者定位的"单位制"（只用本单位的稿件），取而代之的必然是超越主办单位的横向联合。

第三步，由多个专题的准专题期刊逐步向单一主题的专题期刊过渡。多专题的准专题期刊只是一种由综合性期刊发展到专题期刊的必要的中间形态，而不是专题期刊的常态，因为它的读者定位仍然有一定的模糊性。

在从拼盘走向专题的过程中，随着问题边界的日渐明晰，原来困扰期刊的读者定位问题就会变得逐渐清晰起来，办给谁看的问题解决了，剩下的就是如何使他们变成"忠实读者"。对此各刊可以各显神通，本文略而不论。

与大多数高校学报一样，《澳门理工学报》也是一本由多学科组成的综合性人文社会科学期刊，同样面临着定位的难题。从改版后出版的两期《澳门理工学报》来看，主编的问题意识已经比较清晰，"名家专论"、"港澳研究"、"总编视角"几个大的板块各有特点，都可以拥有各自的读者群体。可以以此为基础，进一步朝着专题化方向发展。

作者简介：朱剑，《南京大学学报》执行主编、编审。

[责任编辑：刘泽生]

（本文原刊 2012 年第 3 期）

海纳百川　办好学报

李向玉

　　一份好的学报，是一所高水平大学的必要条件与重要标志之一。1919年蔡元培先生在新创刊的《北京大学月刊》（《北京大学学报》前身）发刊词中指出，北京大学创办学报的目的有三，一是"尽吾校同人所能尽之责任"，二是"破学生专己守残之陋见"，三是"释校外学者之怀疑"。蔡元培先生海纳百川、兼容并蓄的办刊理念，于今仍是经典的阐释。

　　学报之路与大学之道，其理相通。海纳百川、兼容并蓄，同样是办好一所大学应有之理念。理工人正是秉承这一理念，以海纳百川之精神，探索、推动学院的发展与学报的建设。《澳门理工学报》新一届编委会的组建，有幸能聘请到这么一批校内外知名的专家学者、享誉士林的学术大刊总编，也是本院"海纳百川"办学思想之体现，此乃理工学院之幸，理工学报之幸。

　　澳门开埠近五百年之历史，就是东西方文明碰撞、交融的历史。澳门的今天，正是中西文化交流、孕育的产物。从林则徐、郑观应到孙中山，从利玛窦、汤若望到马礼逊，谱写着澳门文化交流的历史传奇。"海纳百川"成就了澳门开放包容、和睦相处的文化特质。在这种意义上说，没有五个世纪以来"海纳百川"的沉淀，就没有今日澳门这一独领风骚的历史名城。

　　我们崇尚"海纳百川"，是要张扬一种胸怀宽广、兼容并蓄的大学精神，是要倡导一种沟通对话、和而不同的多元文化。作为一名教育工作者，需要修炼这种大海的胸襟，民族大义，家国情怀，教书育人，传承学术，开门办刊，开拓创新，有容乃大。澳门理工学院建院二十多年的风雨历程，正是秉承着这种精神，这种信念，兼容并蓄，一路走来。

作为一份寄望有所作为的学术期刊，更需要有"大海"的情怀，更需要有"兼容"的气度。胸宇宽广，包容豁达，正所谓"海纳百川，有容乃大"也。澳门理工学院立院以来，坚持以"扎根澳门，背靠祖国，面向世界，争创一流"为理念，这也应该是《澳门理工学报》的办刊方向。学报工作要提倡胸怀天下，五湖四海，要提倡放眼世界，争创一流。办好一份高质量的学报，需要作者的学识与眼界，需要编者的修养与胸怀，需要全社会开放、宽容的氛围与雅量。

承海内外社会各界热心人士之悉心呵护栽培，《澳门理工学报》渐有起色，渐有收获，在学术圈中也开始有了小小的知名度。本次编委会议，更汇聚如此众多名家高手，为学报发展提供决策咨询，从学术期刊之历史使命、中外期刊发展动向，到未来改革路径、学术定位与生态环境，12篇学术笔谈，汇编成本期的"总编视角"，值得学界朋友，尤其是期刊界的同道中人细加品味。本人心存感激，在此谨表谢忱！

当年民族英雄林则徐在其书室题词自勉："海纳百川，有容乃大；壁立千仞，无欲则刚。"何等的气度，何等的胸怀！"海纳百川"既是一种追求，一种修养，也是一种精神，一种境界。为人处世，治学办刊，莫不如此。《澳门理工学报》要在海内外学报之林中奠定自己的学术地位，就要有博采众家之所长、兼容并蓄之雅量。是以"海纳百川"与学报诸君共勉。

作者简介：李向玉，澳门理工学院院长、教授，《澳门理工学报》编委会主任。

[责任编辑：刘泽生]

（本文原刊 2012 年第 3 期）

主持人语

刘泽生

伴随着改革开放的步伐与学术研究的振兴，学术期刊国际化的话题越来越引起中国学人的关注。在我们探索这一宏大话题时，站在国家文化发展战略的高度审视当前我国学术期刊的现状与其国际化的发展路径，有几个基本观点似乎值得期刊人深入思考。

其一，学术期刊的发展是与国家总体的社会、经济、文化发展水平相一致的。学术期刊是国家文化发展战略的有机组成部分，也是一个国家综合国力的折射。国运昌盛则学术繁荣。以高校人文社会科学学报为例，1949年，全国（内地）仅有学报约 30 家（包括文理科）；至 1965 年，全国学报约为 160 家（其中文科约 40 家）；进入 20 世纪 80 年代以后，人文社科学报才有了较快的发展，1985 年为 277 家，2001 年为 1130 家，去年更是达到创纪录的 1300 多家。虽然在这个数量的发展背后，其量与质之间的论争还有待进一步的评价，但其发展趋势是值得肯定的。国家应该有规划、有重点地从自然科学到人文社会科学，扶持、培植若干领域有代表性的期刊，率先走向世界，取得经验，引领期刊界的发展。中国应该在国际学术交流平台上拥有自己的声音。

其二，学术期刊国际化的反思与误区。学术期刊国际化是一个比较漫长的探索过程。大致从上个世纪 80 年代以来，大陆的不少学术期刊先后进行了艰难的探索。我们赞赏这种不懈的努力，但不妨碍我们对这 30 年历程的思考。学术期刊国际化并不是全盘西化。学术期刊国际化亦不等同于编辑语言（如英语）的国际化、编辑规范的国际化、编辑流程的国际化，乃至编辑力量、作者队伍的国际化。虽然我们也非常关注以上内涵的"国际化",但笔者以为,作为学术期刊国际化的最本质特征应该是学术论文的国际化,也即所刊载的学术论文应该是所在领域前沿性的原创性论文,尽可能少用或不用低水平的平庸之作。我们也不是否认英语在当前全球语境下的强势影响力,更不是否认匿名审稿制的贡献,乃至某些西方注释规范的作用。学术期刊国际化是一个极其复杂的系统工程。我们在此强调的是,必须努力探寻中国学术期刊走向世界的最佳路径。

其三,学术期刊国际化与学术期刊数字化在某种意义上是一个问题的两个方面。在当前的数字化时代,学术期刊要高度重视数字化的发展。网络数字化时代的到来既是一种挑战,也是一种机遇。在这个意义上,国内外的学术期刊都是站在"同一起跑线上"的。去年初以来,由内地高校系统人文社科类的17家名刊联合推出的十大网刊——"中国高校系列专业期刊",应该说是已经初步具备这种走出国门、与世界级名刊平等对话的基本态势。这一尝试或将在中国学术期刊"走向世界"中产生示范效应。并不是所有的学术期刊都具备"走向世界"的条件,也没有必要要求所有的学术期刊都"走向世界"。但中国学术期刊要善于利用这个千载难逢的机遇,鼓励有条件的刊物积极进行国际化接轨的尝试,构筑走向世界的平台,找回属于自己应有的话语权。

值得欣慰的是,本刊关于"学术期刊国际化"的专题讨论策划得到了学界朋友的热烈回应与支持。"学术期刊国际化"并不是新的论题,但有思想、有见地的原创文章无疑将有助于论题研究的深化。一样的乐章可以有不同的演绎。本期率先发表的崔月琴、韩璞庚、李宏弢的大作,虽然虚实有别、风格各异,但相信会引起读者诸君的更多关注。

一个崛起于世界东方、拥有自主话语权的经济大国,不可能也不应该在世界上缺少拥有与其经济实力相匹配的文化影响力,乃至一批具有世界级水平的学术大刊。我们将继续关注中国学术期刊国际化与数字化的话题,欢迎学界朋友不吝赐稿。

学术期刊国际化的反思
及路径探析

崔月琴

[提　要] 关于学术期刊国际化的认识和理解，不能只限于期刊本身内容和形式上的意义，而应站在国家文化发展战略的高度和学术发展的视角来认识其意义。对于人文社会科学学术期刊来说，国际化并非只是单向度的输出，去迎合西方的话语，而是要以中国的学术优势和学科特色获得话语权。这里涉及国家利益、学术自主、学刊机制等相关问题。从中国学术和学术期刊的现实出发，国际化仍然面临办刊体制、学术评价机制、编辑管理等多方面的难题，这些问题的解决是一个系统工程。我们既要探索学术管理机制和办刊机制的改革与创新，也要努力寻求数字化网络化技术在办刊方式和方法上的应用。国家要在文化的总体战略中进行规划、布局，支持一批强势期刊继续做大做强，在国际上实行赶超战略。

[关键词] 学术期刊　国际化　本土化　国家文化战略

　　学术期刊国际化的话题，在中国大陆被提起和关注并非今日，从改革开放之初到加入 WTO，中国的经济、文化等方面一直面临国际化的挑战和机遇。今天又时值中国文化大发展、大繁荣的契机，从国家文化发展的战略高度来重新思考这一话题时，我们不能不站在时代发展变迁的新节点上进行更深层的探索，充分认识其复杂性，丰富其内容。本文试图从对学术期刊国际化含义的理解入手，从国家文化战略、办刊机制改革、办刊模式创新、网络新技术的运用等视角来理解和探索学术期刊国际化的意义、难题和路径，以求教于方家。

一 学术期刊国际化的理解及其意义

学术期刊，顾名思义是以学术为本、以刊发学术研究成果为己任的出版物。学术期刊以其学术性、专业性、连续性的特点传播知识和信息，成为文化交流和传播的重要工具。在现代学术体制下，学术期刊也是知识生产和科学研究的重要环节，承载着对文化知识生产的加工、成型、推介的重要功能。因此，在全球化的浪潮中，学术和学术期刊作为知识和知识的载体成为倍受关注的对象。联合国教科文组织国际社会科学委员会主席古德曼德·赫恩斯（Gudmund Hernes）教授 2009 年在一次复旦大学的学术会议上指出，"一个国家融入全球社会，需要具有充足的知识生产能力，成为一个受关注的对象，具备国际合作的能力。而作为知识载体的期刊的意义就在于它对知识的传播和推介，而学术期刊进入国际学术视野，则要注意学术道德、学术规范和知识类型等方面"。[①]

1. 关于学术期刊国际化的认识和实践

学术期刊国际化，是从 20 世纪 80 年代开始出现的以学术期刊跨国出版为标志的发展潮流。学术期刊的跨国出版以及在国际间的交流，意味着以学术期刊为媒介的学术交流正在成为世界各国展示科技、文化、艺术的重要平台。

改革开放以后，伴随国际化的潮流，大陆学术界关于学术期刊的国际化也有了许多的理论研究和实践探索。有人以"学术期刊国际化"做主题词进行了检索，几个重要资料库的相关论文均达上百篇，并以科技期刊国际化的探讨居多，近几年才出现了有关人文社会科学期刊国际化的论文。这从一个侧面反映了国内对自然科学学术期刊国际化的理论探讨和实践远远早于人文社会科学学术期刊。[②]学术期刊国际化的研究主要围绕以下问题：一是关于学术期刊国际化内涵的讨论和分析；二是关于国内学术期刊国际影响力状况的研究；三是关于实现学术期刊国际化路径的探讨。上述研究为我们认识和理解学术期刊国际化的内涵以很大的启示。归纳这些研究的主要观点和近些年学术期刊国际化的运行和实践，主要有以下几种思路。

（1）学术期刊在出版语言上与国际主流语言英语接轨，并以达到进入国际检索系统为根本目标的国际化。这一思路主要是自然科学类学术期刊在尝试学术期刊国际化发展初期的主导观点并延续至今。中国改革开放初期，许多科技类学术期刊就率先进行国际化的尝试和探索，并以争取进入美国科学信息研究所的 SCI 检索期刊为目标。国内学界和管理部门在学术评价上也以在国际主要检索机构收录的期刊发文为学术影响力的重要标志，这助推了学术期刊国际化的这一取向。国内学者聂珍钊等指出："中国期刊的国际化，同美国三大科学引文索引有着直接关联。科学引文索引能够从文献之间的引证关系上，揭示科学文献之间的内在联系。通过引文的统计与分析，可以从一个重要侧面揭示学科研究与发展的基本走向，评价科学研究质量，为自然科学与人文社会科学事业发展与研究提供第一手资料。"③受此影响，国内学术期刊纷纷按国际检索机构的要求和标准，在中文期刊中加入大量英文元素，如增加英文摘要关键词等，有的积极创办英文版或英文期刊，并以此为目标进行国际化的努力和尝试。截至"2003 年，国际权威的 SCI（科学引文索引）收录的我国期刊有 76 种，比 1998 年增加了 31 种"。④

（2）学术期刊在编辑出版的各个环节上实现与国际惯例要求相一致的标准化、规范化和现代化，在出版形式和办刊机制上与国际接轨。许多学刊建立了由国内外知名学者组成的编委会，增加国际编委的比例；实行国际通行的专家双向匿名审稿制度；实行国际通行的编辑标准；遵从和采用国际通行的摘要、引用注释格式；等等。在办刊机制上争取与国际通行的学术规范接轨。

（3）学术期刊加入国际出版机构以在国外出版发行的方式实现国际化。这主要是以国内创办的英文期刊的出版发行方式进行。如"《中国与世界经济》（*China and World Economy*）是中国社会科学院某研究所主办的英文学术期刊，这家期刊 2005 年开始与外国出版商合作，2006 年被 SSCI 收录。研究所负责期刊内容，并在国内出版，外国出版商负责刊物在国外的出版发行以及刊物电子版的出版发行。Frontiers 系列期刊由高教出版社主办，该系列期刊多创办于 2006~2007 年间。高教出版社与专业学院合作编辑刊物内容，并以专业学院为主，外国出版商具体负责刊物在国外的出版、发行"。⑤

（4）学术期刊争取国外学者稿源，扩大国际影响力的实践。这是许多学术期刊近几年努力的方向。有的期刊专门设立了"海外来稿"专栏；有的是以学术专栏的形式，邀请国内外学者参与；有的学刊专门邀请国外知名学者做栏目主持。这些期刊通过各种管道在世界范围吸纳高质量的学术研究成果，争取和扩大国外学者稿源，以此来扩大国际影响。

综合以上对学术期刊国际化的认识和实践，我们可以看出，对学术期刊国际化的认识和理解，往往是以期刊自身编辑出版的形式化要求为主导，多偏重形式上的接轨。这在国际化进程的初期是十分必要的，有了形式上的规范和标准，才会促进内容的提升。但当我们扩展视野，站在国家文化发展战略及我国本土文化的发展和建构的视角来审视以往的认识和思路时，就不能不思考中国学术和学术期刊的国际化有着怎样的内在联系？在国际化过程中国家利益何在？如何保护和展示我们特有的学术风格和优势？

2. 从国家文化发展战略和本土化视角的反思

在以往对学术期刊国际化的思考中，人们多关注从期刊个体的角度来谈如何走向国际，如何增强国际影响力。而当我们从全球化的视界、国家文化发展战略的高度，来审视中国学术及其学术期刊的国际化走向和发展时，就不能仅仅将其视为期刊的一种趋势，一种标准，而是要上升为旨在使中国文化、中国经验、中国话语在国际社会中形成广泛影响的国家战略。

从国家文化发展战略的视角来看，中国在经历改革开放 30 多年的发展后，国家的经济实力得到了增强，国际地位有了较大的提高。国际社会在关注中国经济发展的同时，也同样关注中国文化的发展走向。具有几千年文化历史的中国，同样要以其强大的文化优势在国际社会中赢得话语权，形成独特的文化优势和强劲的文化影响力。2011 年 10 月，中国共产党十七届六中全会通过了有关提升中国文化影响力的决议。会议提出：培育文化产业，扩大国际影响力，构建"文化强国"的国家战略。文化越来越成为民族凝聚力和创造力的重要源泉，越来越成为综合国力竞争的重要因素。

改革开放以来，随着中国经济的发展和综合国力的增强，国家制定了中国学术、文化"走出去"的战略。2005 年，中国期刊协会会长张伯海先生在接受《光明日报》记者访谈时指出："从文化发展上看，没有广泛的文化交往，不会有人类文化的进步；在文化交往中只接纳别人的文化，而不善于张扬和有力地传播自己的文化，这是一个民族文化式微甚至文化个性泯灭的表现。"⑥中华文化如何张扬个性，中华学术的精华如何在国际舞台上展示，已成为中国新时期文化发展的重要战略问题。

在整个中国文化事业中，学术期刊占有相当大的比重，是中国科技、学术、文化产品的重要载体，是国家实施文化强国战略的有机组成部分。从新中国成立至今，学术期刊在传播学术思想、引导学术规范、培育学术人才方面发挥了不可替代的作用，但在国际化的学术舞台上我们的影响力还很小、很弱。中国文化的软实力亟待增强。中国科学院院士朱作言先生慨叹："一个国家有没有好的科学体系、这种科学体系是否健全，其中一个重要的标志就是有没有高水平的科学期刊。一个世界级的科学大国，会有世界级的科学期刊。"⑦建设世界级的学术期刊是中国几代学者和学术共同体的努力方向，也是建设文化强国的重要目标。

从文化强国的视角来看，"中国学术期刊国际化应该是政府倡导和学术共同体追求的学术国际化的目标，应该符合中国的国家利益"。事实却并非如此。在学术和学术期刊国际化的进程中，出现了国内学者竞相标榜在国际学术期刊发表学术论文的数量，学术期刊以进入西方大国的主要检索机构为目标，导致我国大量优质稿源流向国外学术期刊，也促使学术机构和大学纷纷创办英文学术期刊，以达到进入国际检索机构为目标的国际化。"由此带来的是中国学术期刊中的自然科学类期刊谋求被 SCI、EI 等检索系统检索，社会科学类期刊谋求被 SSCI、AHCI 等检索系统检索，这种轰轰烈烈的'检索'运动已经、正在或将要损害中国国家利益。"⑧

众所周知，在国际学术交流的平台上，西方国家一直占有话语的主动权。借用依附理论的分析框架，我们会发现：作为现代化的先行者，欧美世界自然居于"中心位置"，而作为后来者，绝大多数非西方国家只能扮演"边缘角色"，形成了以欧美为主导的强势话语优势。在这一意义上，所谓国际化实际上也就成为了西方化。在这种单向度的国际化中，中国期刊面临两难境地。援引以下文字作为例证：

以《中国科学》、《科学通报》这两家当年响当当的权威期刊为例，早在 2005 年 3 月，编辑这两个刊物的中国科学杂志社即与施普林格出版社签署了合作出版协议。此举标志着代表中国自然科学领域最高学术水平的期刊——《中国科学》、《科学通报》在通向国际化的道路上又迈出了坚实的一步。但在两个月后的 2005 年 5 月，时任两刊主编的周光召院士与 10 位正副主编却联合致信中国科学院领导："近年来，中国的科研评价体系产生了偏颇，片面强调影响因子的作用，对在国外发表的论文给予较高的认可度及高额奖励，导致国内许多高水平论文外流。"如把这两件事联系起来，不难看出最优秀的中国学术期刊在国际化的浪潮中竟也陷入了进退维谷的境地。据说主编们的信得到了中科院领导的高度重视，采取了多种措施以挽救两刊的颓势。然而，几年过去了，并未见明显起色，两刊竟然也闹起了优质稿源荒。最近10年，受科技评价体系特别是片面追求影响因子的导向作用，和我国大多数科学期刊一样，两刊的发展陷入了低谷。⑨

上述事实表明了中国学术评价片面追求影响因子、学术期刊片面追随国际检索机构的后果。如果人文社科期刊也沿着这条路走下去，中国学术的优势、中国话语的自主性将无从谈起。

学术和学术期刊的国际化，并非只是单向运动。国际化有两层含义："其一，国际化表达了强烈的输出愿望，即要使中国的知识产品走向世界，让世界听到中国的声音。其二，国际化隐含了修改现行国际规则的可能，因为国际化背后还有着本土化的一面。"⑩就人文社会科学领域而言，各国各民族都有自己本土的、特色的东西，虽然世界面临全球化的趋向，但多样化同样不可避免。越是民族的、本土的才越是国际的。实际上，在国际交流的舞台上，国际规则也不是一成不变的，谁掌握话语权，谁就能以自己的规则部分乃至全部地替代已有的国际规则，故国际化不一定就是单向的，也可以是双向的。在国际化和本土化的关系上，国际化并不意味着对本土化的否定，相反，应是各民族国家特色的张扬。但这并不意味人文社会科学拒绝国际化，而是一方面要以尊重各个国家和地区的学术文化传统，确保文化的多样性不因国际化而消失，另一方面要以国际化的规范改造和调适本土化的缺失与不足，以形成彼此尊重、平等对话、开放合作、保护个性的国际化态势。所以，人文社会科学的国际化更富有挑战性。

综上所述，关于学术期刊国际化不只限于期刊本身内容和形式上的意义，其要旨乃在于将中国学术引向更广范围的学术平台进行学术对话和交流，其价值和意义至少应从三个层面来认识。其一，学术期刊在办刊规则和办刊机制上朝向国际化标准和规范努力，可以从总体上提升学术期刊的规范化和科学化水平，搭建起中国与世界学术交流的平台和基础，推动中国学术研究和成果的国际化传播。其二，学术和学术期刊在国际学术平台上的互动和交流，将极大地促进中国学术研究整体质量和水平的提升。学术交流要拥有过硬的学术产品，既要求其生产和加工过程的精致化，也要求其学术产品的个性化，只有那些突出学科优势、研究问题的优势，占有资料的优势，形成一定的优势和特色的产品，才能在国际上获得学术影响，争得学术话语权。其三，学术期刊的国际化是中国文化"走出去"战略中的一个重要方面，在国家的主导意识下，其投入和引领更将推进中国学术期刊做大做强，推进学术期刊的跨国出版和版权的输出，增强中国学术思想的国际影响力。可以说学术期刊的国际化涉及国家利益、学术自主、学刊机制等相关问题，其价值和意义极其深远。

二 学术期刊国际化面临的难题

中国学术期刊体制是在建国之初计划经济时期形成的，虽然中国经济体制业已发生了巨大的变化，但文化事业单位的计划管理体制刚刚或正在面临变革。故大陆学术期刊界在迈向国际化的进程中，不可避免地受到办刊体制、学术评价机制、编辑队伍等方面的束缚。因为国际化不是一个简单的口号，而是在世界的平台上自我审视、自我反思的过程，也是不断改革创新、实现赶超的过程。

1. 办刊体制的束缚

就办刊体制来说，中国大陆由于受计划经济管理模式的影响，许多学术期刊是根据主办单位的需求，经过行政管理机构的审批创办的。期刊的管理要接受行政主管部门和主办部门的双重领导，具有较高的行政化管理色彩。学术期刊缺乏办刊的独立性和自主性。

这一特点最突出地表现在综合性学术期刊上。中国大陆现在拥有6000多种学术期刊，综合性学术期刊占据了半壁江山，并形成了千刊一面的状态。这一中国所特有的学刊现象，与新中国成立后国家所实行的单位体制相关，是单位制的产物。无论高校还是科研院所，创办综合性学术刊物的目的都是适应本单位科研、教学、教师的需要，成为各单位的"窗口"和"阵地"。这种现象在20世纪90年代得到蔓延，形成了一校一刊、一院一刊的局面。这些学报、院刊一般来说是由主办单位提供资金、人员、场所等办刊条件，主办单位的办刊意图和目的对综合性学术期刊的办刊理念、办刊模式有着决定性的影响。

以高校学报为例，由于学报的定位，形成办刊模式的固化。从20世纪50年代创办的第一批高校学报到80年代后一大批高校学报的创办，其主导定位都是为本校教学、科研服务。1978年教育部《关于办好高等学校哲学社会科学学报的意见》中指出："高等学校学报是以反映本校教学和科研成果为主的综合性学术理论刊物。"正是这样的功能定位,众多的高校学报长期都是以学科综合的模式运行和发展。学校有什么学科,在学报上都会有所反映,以涵盖多学科门类为基本特征。近十年来,伴随学术发展及国际化的浪潮,高校学报全、散、小、弱的状况遭到诟病。针对这一现象,学界和管理层也在积极推动高校学报的改革,但由于计划经济时代延续而来的高校学报体制已将其固化,虽然近些年各家学报实施各种改革,但综合性办刊模式尚难以改观,专业性与综合性学报比例严重失调仍然是学报整体脱困的主要障碍。

学报的功能定位影响学报的自主性发展。面对国际化进程,学报的发展更是进退两难。一方面要适应国际化的发展开放办刊,广泛吸纳国内外优质稿件,提升学术水平和影响;另一方面又限于单位主办还要顾及本校的学科发展、科研布局、人才培养等方面的问题。如本校老师晋职与科研考核等需求、校内学科之间的发展和平衡、学校层面的各种关系和人情等等。特别是地方院校,学报为本校教学科研服务的功能更是不能缩减,甚至一些学校规定学报的内稿要占较高的比例,还有的学校无原则地提升本校学报的学术评价地位,以满足教师评职的需求。正是由于高校学报这一行政化管理的取向和历史上形成的功能定位,使其学术期刊的学术自主性大打折扣,这是学刊质量难以保证的根源所在。

综合性学术期刊的改革及办刊模式的转换,是一个涉及学术和学刊体制改革的系统工程。当我们以国际化的视野来审视时,更迫切地感到这种体制不但束缚了学术期刊的多样化发展,更主要的是导致了学术标准和学术质量的低下。可以说,办刊体制的改革已经迫在眉睫。学术和学术期刊只有获得其发展的自主性,才能拓展其发展的向上空间。

2. 学术评价的影响

关于学术期刊、学术评价制度以及随之而来的学术风气等问题,是近些年学术界热议的话题。每谈及学术风气必然涉及学术评价,也都会或多或少地提及学术期刊,因为这三者之间存在着许多割不断的联系。它们都从不同的侧面反映当前的学术状况和学术生态。学术风气是学术健康发展的环境基础,学术评价是引导学术发展方向的制度基础,学术期刊是学术研究的展示平台。前面两个基础出现问题都会在学术平台上体现出来。目前大陆学术界片面追求量化指标的学术评价机制,导致了愈演愈烈的学风问题，同时导致学术期刊学术水平和学术质量难以维持，这已成为中国学术、学术期刊走向世界最为严重的障碍。

新时期以来，随着中国学术的发展和学术制度的变迁，学术评价越来越引人注目，成为学术制度中的重要环节。在近些年高校的学术评价体系中，一方面主导着以数量取代质量的评价体系与标准，片面追求量化指标；另一方面以学术期刊的单位级别划定等级，以在核心期刊或等级高的学术期刊发文作为评价标准。具体表现如下。

一是职称评定。在教师和研究人员的职称评定中，以科研成果的数量作为入门线，这在当前大陆高校以及研究机构中是一种通行的做法。[11]论文篇数、专著本数成为职称评定中量的指标，同时以论文在何种等级期刊上发表作为质的标准，由此导致的后果就是学术研究最核心的创新性价值不被重视，论文水平的高低不是由同行专家来评判，而是交给了期刊的编辑，从而造成以量取胜、以在学校认定的高等级期刊上发表文章成为高校教师的科研目标。

二是学校评估。自20世纪90年代开始，我国先后涌现出一批非政府的评估机构，对国内现有的高校进行排名，公布"大学排行榜"，其评估的依据几乎都是以数量为主。从某种程度上说，大学排行榜将大学对科研成果的量化要求推向了极端。因此，为追求在排行榜上名次靠前，创设各种机制来鞭策教师和研究人员多发论文、增添数量，就成为各所高校特别是一些急于发展的高校的一种普遍行为。[12]

"虽然在鼓励多出学术成果、防止评价的主观性和便于学术管理等方面，量化评价具有一定程度上的积极意义，但是其自身具有根本性的缺陷，它与学术的内在逻辑本质具有相当程度上的不可调和的矛盾冲突。"[13]这种以追求排行榜和以数量为依据的各种学术评价，导致了大量的学风问题。一是导致了急功近利的学术研究之风。二是导致了学术行为不端和学术造假，以剽窃、抄袭、数据造假、粗制滥造、不实署名、重复发表等垃圾学术成果大量涌现。三是导致了学者与编者关系的错位。本应是编辑为学者服务，编辑追逐学者，但大陆一些名牌期刊的编辑成为许多学者追逐的对象。所以有学者称："这些年学术不端事件增多，不重视学术规范建设只是其很次要的原因。"那么，主要原因是什么呢？"最主要的原因有如下几点：其一，社会风气影响。今天的学术界与社会有着紧密的联系，社会风气必然影响到学界。……其二，学术管理部门的'学术评价过度症'和近乎完全'行政化'的学术管理机制，导致高校越来越像行政机关。其三，学者自身学术操守乃至做人操守在社会环境影响和'学术评价过度症'的逼迫之下不断丢失。"[14]可以说，过度的学术评价和单一的量化标准破坏了学术生态，使一些学者的学术追求偏离了方向，学术论文的写作成为急功近利获取功利的手段，失去了学术目标的价值追求。学术期刊要面对大量异化的学术产品，承载了难以承受的重负。因此，构建一个多元的学术评价体系，营造宽松的学术环境，对于提升中国学术论文的质量、形成严谨的学风是十分重要的。

3. 编辑队伍的制约

在中国大陆，尽管形成了职业编辑队伍，但编研分离的状况使编辑素质难以提升。在学术期刊的编辑队伍中专职居多，特别是综合类学术期刊拥有大量的专职编辑，形成了一支庞大的编辑队伍。这在海外及港台地区是不多见的。在海外多是专家学者兼职编辑工作。但在中国大陆，学者和编辑有着明显的划界，双方很难跨越。这种情况近年来虽然有所改善，但在高校中还是泾渭分明。在学校的机构分类中，学报编辑部往往被定位于教辅类，在学校科研中只是处于从属的位置。这种体制下，编辑的学者化目标难以实现，而且向上动力不足，造就了大量的编辑工匠。虽然教育部在2002年关于加强和改进高等学校哲学社会科学学报工作的意见中提出："学报编辑人员是学校教学科研队伍的一部分，应列入教学科研编制，享受与教学科研人员同等的待遇。"但在各高校中落到实处的还只是少数。编辑队伍的管理和定位，是培养优秀编辑的前提和基础，缺乏政策上的引导和制度上的保障，很难改变这支队伍的现状。从期刊国际化的角度来看，现代学刊的编辑不但要有专业基础，至少还要有一门外语基础，还应懂得国际出版规则，能够参与国际学术会议，与国外学者进行学术交流。但国内大量的专职编辑中具备这些能力者寥寥无几。

"一流的期刊需要配备一流的编辑。优秀编辑的成长和培育需要制度和环境的营造。按照教育部的设想，高校学报要形成专家与编辑互动的结构，提倡编辑到院系所兼职做教学和科研工作，同时选聘知名学者到编辑部兼职，参与选题策划和做栏目主持人。通过学者和编辑的双向兼职，建立一支政治强，业务精，守纪律，作风正，懂经营，专兼结合精干高效的编辑队伍。这无疑是一条打造优秀编辑的途径。但在各高校、院所的制度安排上还有一些障碍需要破除。"[15]故培养一批适应国际化、网络化、专业化发展的新型编辑人才，也是面对国际化的一项十分紧迫的任务。

反思中国学术和学术期刊的现状和面临的问题，有助于我们理清思路，找准问题，深刻认识国际化道路中的崎岖性和艰难性，同时把握机遇，探索路径，寻求发展。

三　学术期刊国际化的路径探析

关于自然科学类学术期刊国际化路径的探索，在海外及大陆学刊界已经积累了较多的经验和教训，我们在此仅就人文社会科学类和综合类学术期刊的国际化探索做进一步的梳理和讨论。

1. 人文社会科学的"学术集刊"现象及国际化的趋向

人文社会科学与自然科学的不同，在于它有很强的意识形态性和民族性。无论是欧美国家还是非西方国家，其现代社会科学的勃兴，究其实质都是围绕着现代民族国家的需要而产生的，其学科的研究和发展离不开本国本民族的特点及特定的历史研究状况。因此，对于人文社会科学来说，国际化绝非单向度的输出，而是要有选择地引入、有计划地输出，在彼此交流对话中推进国际化的步履。学术期刊要根据学科定位、内容定位来确定国际化的方向。既要立足本土，坚持我们自己的研究领域和研究特色，同时还要面向世界，通过学术交流建立起沟通对话的平台。近十年来在中国大陆出现的"学术集刊"现象，可以说是人文社会科学领域呈现的国际化态势。它是学术共同体破解体制束缚，彰显学术自主性的有益尝试。

在国内高校中，一批拥有较强科研实力且在国内知名的学术机构，根据学术发展和学术需求创办了具有一定学科优势和特色的专业期刊。由于受到刊号审批难的限制，形成了一批以期刊形式连续出版，由出版社提供书号，形成"以书代刊"的模式，并被称为"学术集刊"现象。它们具有如下的优势和特点。

一是学者自主办刊。集刊是由学术机构或学术共同体根据自身的学术优势和特色及学术交流的需求而创办的，并由本专业的专家和学者担任主编和编辑。

二是专业方向明确，作者和读者边界清晰。这些集刊多是定位在某一级学科或二级学科，专业化程度较高，有明晰的学术领域和办刊定位。

三是办刊模式上与国际同行的专业期刊更切近，其国际化程度较高。有的集刊通过主办或承办国际学术会议和各种专业管道，建立起国内外的学术联系，容易汇集国内外优质稿件。

"学术集刊"的这些优势和特点在短短的几年内就已彰显出来，并受到国内外学术界的重视。有的"学术集刊"已与国际学术出版机构联姻在国外出版英文版；有的委托国际出版公司代理在国外的出版事宜。这类学术期刊虽然在大陆还未获得正式的期刊出版许可，但可能领先在国际上获得一席之地。有些"学术集刊"由于定位清晰，起点高，学刊的影响因子提升较快，已被国内重要学术期刊的检索机构收录。

"学术集刊"现象，从一个侧面反映了中国学术自主性的增强。在国际学术交流中，只有立足于学术研究的导向，才能构建起学科对话的平台。

2. 综合类学术期刊运用互联网的新技术走向国际化的探索

相比而言，综合类学术期刊的国际化有着很多的难题。在国际学术交流中，基本是以专业和问题为导向，综合刊由于它的学科边界不清、问题不够集中等特点而难以进入国际交流平台。但在国际化的趋势面前，许多综合期刊也以国际化的视野开放办刊，积极寻求国内外专家的优质稿件，有的尝试通过创办特色栏目，邀请国内外专家的稿源，来扩大栏目的影响；有的尝试通过专题讨论的方式与国外学术机构合作，并相互推介相关研究论文，以此来扩大影响，增进交流。但是这些努力很难真正破解综合性学术期刊向专业化发展而走向国际的难题。从2011年3月起，高校名刊17家学报进行了一种全新的尝试，采取自主联合的方式，与中国知网合作创办"中国高校系列专业期刊"网络版，利用数字化出版方式来实现综合性学术期刊的专业化重组。17家综合性期刊经重新编目组合，打破学校界限、集中名校优势，创办了10种专业网络期刊。它们是：《马克思主义学报》、《文学学报》、《哲学学报》、《历史学报》、《政治学报》、《经济学报》、《法学学报》、《社会学报》、《教育·心理学报》、《传播学报》。这一新型的专业网络期刊，突破了传统纸质期刊一校一刊、各自为政的局面。这是近年来国内高校学报名刊自主联合体正在探索的一条新的路径。这种采用数字化、集约化、专业化的尝试，也许为高校学报的国际化出版打开了方便之门。

高校系列专业期刊的创办，既是一种新的办刊理念的实践、多元主体办刊模式的探索，也是学术期刊编辑与后期出版制作分离的有益尝试。它既是对高校学报名刊工程建设的延续，也是综合性学术期刊专业化、集约化、网络化发展的路径探索。它开创了一种全新的办刊模式，在一定意义上实现了三个突破：一是突破了高校之间的门户壁垒，尝试了学报间联合办刊的方式；二是突破了纸质专业期刊的单一模式，尝试了专业网络期刊的方式；三是突破了单一主体的办刊模式，实现学术期刊共同体与企业合作的办刊方式。探索了纸质期刊和网络期刊，综合期刊与专业期刊，编辑部与联合体的三个统一的实现路径，成为目前国内高校首次以自主联合方式与国内主流网络媒体合作创办的系列专业期刊。它的创办，其立足点是继续做好纸本名刊综合性学报的编辑出版工作。"名刊综合性学报与系列专业期刊相依共存，各展其长；在论文组合上，分别以综合性和专业性见长；在出版载体上，分别以纸本和数字版为主；在出版时间上，完全同步或后者更早；在传播途径上，前者以保持纸本传统为主，后者则主打更为迅捷的网络渠道。"[16]该系列期刊的推出，得益于方兴未艾的"云出版"，它是数字化平台的新理念、新技术、新服务，并将成为今后出版业最显著的特征。

"中国高校系列专业期刊"使高校学报通过网络化、数字化和集约化的方式实现了专业化的重组，它为创办中英文专业刊争取部分专刊在国际上发行奠定了基础。它的更为深远的意义在于实现了期刊编辑与出版发行的分离，使高校名刊学报形成了全系列整体传播的全新模式，为打造数字化时代学术期刊品牌形象奠定了坚实的基础。这种尝试对于全国几千家综合性期刊来说无疑是一种示范效应。

2011年6月，在"全国第十届综合性人文社会科学期刊高层论坛"上，中国社会科学杂志社率先提出要建立中国社会科学类学术期刊网络群的倡议，力图通过建立中国社会科学期刊的网络群，凝聚社会科学的研究力量，发挥网络的群体效应，形成集约化优势，并通过集约化，达到规范化的目的。

由此可见，中国大陆的综合性学术期刊，经过多年的改革、探索和碰撞，正在尝试通过网络化、数字化技术和手段，来实现集约化、专业化的路径，无论是中国社会科学杂志社即将建立的中国社会科学期刊网络群，还是教育部高报名刊学报自主联合创办的"中国高校系列专业期刊"，都将有助于改变综合性学术期刊"全、散、小、弱"的局面，形成集约优势，加大传播力度，扩展国内外的学术影响。

3. 以国家力量整合推动的中国特色文化和学术的国际化进程

中国文化体制的创新、学术期刊的整合与提升，已成为当前国家文化事业改革的重要任务，在"走出去"的战略中，国家同样肩负着引领、规划和助推学术期刊国际化发展的重要使命。

引领，就意味着引导方向，把握全域。方向上的引领对于学术和学术期刊的未来发展至关重要。在全球化时代，中国学术必须"走出去"，但要辨清方向，明确目的。"走出去"只是手段，增强文化软实力才是我们的目的。对于那些具有本土化、民族化、地方化的学术研究，更要在国际化潮流中予以重视和扶持，避免为了国际化而丢失了本色的东西，这些具有本国、本民族、本地区特色的研究才能在国际化的学术交流中彰显我们的优势和特色。我们不能盲目地、一味地追求"走出去"，而不顾其效果，要及时纠正国际化中的偏颇，避免走入歧途。国际化不能等同于"西方化"，中国学术要在国际文化舞台上发出自己的声音，在国际间的交流和对话中争得我们民族和国家的话语权。

所谓"规划"，意味着学术共同体和国家管理部门要共同谋划，扶持中坚。在"走出去"的战略中，政府的规划对中国期刊界的现状来说显得十分重要。哪些期刊应率先走出去，哪些期刊应有所保留，都值得我们的思考。特别是人文社科类期刊，由于语言上和意识形态上的差异，我们要制定和规划国际化的方案，寻找新的突破口，搭建起国际交流和对话的平台。支持一批强势期刊继续做大做强，在国际上实行赶超战略。

近年来，国家已经启动学术期刊的资助项目，对在国内较有影响力的学术期刊给予一定的资金支持。还有资料显示，经新闻出版总署及相关部门批准的中外期刊版权合作项目也已启动，政府主管部门也在全力加强中国版权贸易。据报道，五年间我国版权输出总量增长275%。[②]以上事实已经说明了国家出版意识的自觉。

总之，在学术期刊国际化的道路上，我们不能随波逐流，一哄而起，而要在国家文化的总体战略中进行规划、布局和实施。既要探索办刊机制上的改革与创新，也要寻求新型技术在办刊方式和方法上的应用，使我们的学术和学术交流能在国际学术平台上获得应有的位置。大陆学术期刊的国际化仍有很长的路要走，需要学界、期刊界和管理部门的共同努力。

---

①郑巧：《学者建议设立"中国研究与学术期刊全球论坛"》，北京：《中国社会科学报》2009 年 7 月 16 日。

②郑瑞萍：《中国人文社会科学学术期刊国际化的理论与实践探析》，北京：《社会科学管理与评论》2010 年第 3 期。

③聂珍钊、石挺、杜娟：《改革开放三十年中国学术期刊国际影响力状况分析》，南京：《南京邮电大学学报》（社会科学版），2010年第1期。聂珍钊系华中师范大学文学院教授、《外国文学研究》主编，从2005年开始，《外国文学研究》成为中国大陆首家A&HCI源刊。

④转引自武京闽《提升学术期刊国际影响力的路径》，福州：《福建论坛》（人文社会科学版）2009年第1期。

⑤李文珍：《国际化道路怎么走?》（上），北京：《中国社会科学报》2011年5月10日。

⑥计亚男：《如何让中国期刊走出去——访中国期刊协会会长张伯海》，北京：《光明日报》2005年1月17日。

⑦《改革中的〈中国科学〉与〈科学通报〉愿与中国科学一起成长》，北京：《科学时报》2008年9月9日。

⑧赵文义、张积玉：《国家利益视域下学术期刊的国际化出版》，昆明：《思想战线》2011年第4期。

⑨⑩朱剑：《学术评价、学术期刊与学术国际化》，北京：《清华大学学报》（哲学社会科学版）2009年第5期。

⑪⑫许红珍：《学术创新和学术评价机制创新的探索与思考》，上海：《华东师范大学学报》（哲社版）2009年第3期。

⑬朱剑：《学术风气、学术评价与学术期刊》，江苏苏州：《苏州大学学报》2011年第2期。

⑭余三定、袁玉立：《学术不端与学术规范、学术管理对谈》，合肥：《学术界》2010年第7期。

⑮崔月琴：《综合类学术期刊办刊模式的转换及其制约》，北京：《中国社会科学报》2010年8月10日。

⑯崔月琴：《高校系列专业期刊：打破校域界限，突出专业优势》，北京：《中国社会科学报》2011年12月22日。

⑰柳斌杰：《大力提升我国新闻出版业的国际竞争力》，北京：《中国新闻出版报》2011年12月23日。

作者简介：崔月琴，《吉林大学社会科学学报》主编、教授、博士生导师，全国高等学校文科学报研究会副理事长。

[责任编辑：刘泽生]

（本文原刊2012年第4期）

学术期刊与学术研究的中国风格、中国立场

韩璞庚

[提　要] 人文社科学术期刊是多元知识主体进行多元意识整合的一个平台或者说学术交流的公域空间，是催生新的学术话语与建构学术话语体系的摇篮与知识温床。中国学术期刊作为社会良知的映现载体，承载着民族精神重振、思想理论创新、话语体系建构、文化观念引领的重要使命。要建构当代中国的学术话语，必须面向现实生活世界进行话语追问与提升，对中国问题进行语词提炼，嫁接与推展中国的核心价值理念，吸收中国古代典籍的精华，同时还要进行中国学术话语结构与方法的建构。总之，中国的学术期刊要担当公共责任，以敏锐的学术眼光、理性的中正态度、创新的研究旨趣，为建构中国的学术话语体系、创造学术研究的中国风格与中国气派贡献智慧与力量。

[关键词] 公共理性　学术话语　学术期刊　中国风格　中国立场

一　学术期刊在应对多元冲击中塑造学术研究的中国风格、中国立场

学术理论期刊是期刊群体中一个特殊的族类，以观察社会实践、研究时代问题、启迪大众智慧为己任，在人类文明创造与传承进程中扮演着两

大基本角色，全面记录社会思想轨迹的载体和系统映现社会良知的媒介，以自身的兴衰演进全景式地铺陈与展现了人类思想发展跌宕起伏、波澜壮阔的历史画卷。学术理论期刊自诞生之日起，便作为创新思想的先锋官与社会良知的守护者，在人类思想发展中承担着重大使命，从文化传播到文化积累，再到文化创造，无不闪现着学术理论期刊的身影。学术理论期刊不仅凭借自身广泛的传媒属性而成为文化知识与信息传播的重要载体，更重要的是，它还通过引领学术争鸣、激发学术创新而成为文化积累与文化创造的园地。学术理论期刊在文化积累方面的功能集中体现在文本保存、文化交流、文化创造三个基本方面：其一，从文本保存功能来看，学术理论期刊通过长期持续的出版发行以及相对稳定的存续状态，将许多珍贵的文本文献保存下来，许多富有价值的科学研究成果和思想观点也通过学术理论期刊保存至后世；其二，从文化交流功能来看，学术理论期刊通过兼收并蓄刊登不同观点、不同立场的思想文化成果，并在广泛空间范围的发行，使所承载的文化思想在不同空间范围、不同文化群体之间传播、交流、争鸣，从而在文化交流中发挥重要的媒介作用；其三，从文化创造功能来看，学术理论期刊不仅能够通过保存文本文献积累文化，在量的积累基础上达到质的提升，而且能够通过组织策划稿件引导人们创造新的文化成果，展示出强大的文化拓展功能。

改革开放以来，我国开启了以市场化为取向的深刻社会转型，特别是新世纪以来，中国市场化进程与世界全球化进程耦合深化，我国学术理论期刊也不可避免地遭受市场化与国际化浪潮的剧烈冲击。当前，我国学术理论期刊受到的严峻挑战集中在四个主要方面。一是来自全球化的冲击。随着经济全球化成为当代世界经济的主流特征，其日益渗透政治、军事、社会、文化等各方面，使世界各国都不可回避地卷入一场全球化革命。全球化浪潮带来了丰富的生产要素、先进的生产技术和管理经验，也带来了多元的价值理念和思维方式。对于我国的学术理论期刊而言，如何以坚定的中国立场组织优质稿件，形成对多元文化渗透的理性认知，有效应对西方主流意识形态的挤压，将是一项严峻的挑战。二是来自市场化的冲击。市场化是我国社会转型的基本取向和动力，正在向社会生活的每个角落渗透和延伸，学术理论期刊领域也不可避免地被市场化所征服。曾经游离于市场体制之外的学术理论期刊，由于办刊理论和管理体制均难以适应市场化运行体制和学术市场细分化的要求，必然会面临严重冲击，部分期刊甚至可能面临严重的生存危机。同时，由于市场化以追求个体经济利益最大化为理念基础，市场化所内涵的一些庸俗化的理念也会入侵学术理论期刊，使学术理论期刊的学术公正性面临市场元素的严峻考验。三是来自网络化的冲击。电子信息技术的革命性发展使人类步入网络信息时代，互联网的普及运用深刻改变着人类的文明生产方式和传播方式。从读者层面来看，相当部分读者的阅读方式因互联网而发生了根本改变，传统的以纸质期刊为主的阅读方式逐渐式微，借助电子终端和互联网浏览电子期刊成为主流的阅读方式。特别是一些大型电子数据库几乎包罗了所有期刊，而且检索方便，阅读成本低，一些数据库的品牌影响力已经超越了期刊品牌，读者对纸本期刊品牌的认同度在下降，进而使期刊的发行量和影响力都面临严重冲击。从作者层面来看，互联网的发展使网站、论坛、博客、微博成为重要的思想表达平台，而且这些平台进入壁垒更低、使用更便捷、影响更大，因而，部分作者不再选择传统纸本期刊作为发表学术思想的平台，其中不乏一些学术名家，这将减少期刊所能利用的学术思想资源。四是来自工具化的冲击。随着人文社会科学与自然科学的融合发展，特别是随着科研管理体制的精细化发展，工程思维开始僭越至人文社会科学，量化管理成为人文社会科学管理的重要工具。这种工具化的思维倾向主张"以工程论的管理思维管理人文社会科学的事情"，以量化指标的方式评价学术期刊和人文社会科学研究人员及其成果。这种工具化倾向尽管仍存在诸多分歧，但是在我国已经运用得相当普遍，部分高校和科研机构将此奉为圭臬。实际上，这种倾向不仅严重违背了人文社会科学发展的自身规律和内在逻辑，而且容易形成重量轻质的导向，从而在办刊旨趣和人文价值追求方面对学术理论期刊健康发展造成严重制约。

面对这些冲击与挑战，我们必须理性思索，找准定位，调整方向，进一步充分发挥学术期刊在引领学术讨论、激励思想创新方面的重要功能，从而为中国社会的健康发展、和谐进步提供强大的智力支持与活泼的心灵观照，真正承担起促进民族文化复兴与民族思想再造的历史重任。笔者以为，要达致这一目标，必须在以下理念方面进行辩证观照。其一，融入全球化，加速本土化。全球化浪潮正以一种不可阻遏的态势席卷人类生活的每个角落，因全球化的负面效应而企图回避全球化，无疑是因噎废食，而且实际上也无法真正避开全球化的浪潮。面对全球化浪潮，唯一理性的应对路径便是积极融入全球化，借鉴全球范围的先进思想、运用全球范围的优秀资源，实现自身的跨越发展；同时，加速本土化，坚定本土立场、恪守自身尺度，抵御全球化负面效应的冲击。学术理论期刊既要秉持理性态度，科学判断全球化的利弊得失，引导国人以相容并包的气度与胸怀融入全球化；又要坚守本土责任，立足五千年绵延不绝的文明精粹，阐释本土正在发生的翻天覆地变化，使中华文明在全球化时代绽放新的光彩。其二，关注文本文献，观照现实世界。关注与研究文本文献是学术创造与学术积累的基本方式之一，也是学术理论期刊的基本功能体现。然而，我们的世界不是一个纯粹的文本世界，而是一个活生生的现实世界，仅仅关注文本文献根本无法全面而深刻地反映真实的世界。学术理论期刊要在文本关注与现实观照之间形成平衡，一方面，要继续坚持文本关注，传承人类文明精华，促进纯粹学术理论的进步，同时要警惕文本陷阱，防止以文本的反复咀嚼和精细加工作为理论生产的主要路径，进而成为文本游戏的场所和平台；另一方面，要坚决地回到现实生活世界，更加关注当今时代发展的律动与走势，更加关注现实生活的实际问题，在理性反思人类实践的突出问题与显著成果的基础上，不断生成新的学术思想和理论成果，从活生生的社会实践中获得学术发展与期刊发展的充足养分。其三，摒弃文化自卑，确立文化自信。近代以来，我们为了摆脱落后挨打的被动局面，开始放下天朝上国的架子学习西方的思想和技术，原有文化自信的根基便开始受到动摇。改革开放以来，为了实现快速的经济增长，我们积极学习西方的管理经验，引进西方的先进技术，利用西方的市场空间，虽然经济增长取得了举世瞩目的伟大成就，但是我们的文化并没有得到同步提升。不断输入的诸多西方文化思潮和多元化的价值观念，对我们原有的文化自信造成了严重冲击，加上一些西方国家有意渲染意识形态攻势，许多人忘却了自身的文化立场和价值支撑，转而盲目地援用西方的价值与立场作为评判是非的标准。由于现代社会科学大多发源于西方，社会科学研究所采用的概念、范式以及主要的思想观点也多来自西方，因而在学术交流中往往会找不到自我的评判依据，常常会不自觉地将西方学术的思想成果视为典范，从而形成一种较为普遍的文化自卑怪圈。学术理论期刊应着力摒弃这种文化自卑，重塑文化自信，既要关注西方人的观点和古人的观点，更要关注自己的观点，要牢记自己该言说什么内容以及如何言说这些内容。学术理论期刊要成为塑造文化自信的先锋，倡导讲坛学术、论坛学术，引导学术研究从跟随走向延伸，从模仿借鉴走向自主创新，只有这样才能真正凸显学术研究的中国风格、中国气派与中国立场。其四，借鉴西方话语，建构中国话语。我国作为后发现代化国家，整个现代化进程都被打上了深刻的追赶式烙印，经济发展的赶超、科学技术的赶超、军事国防的赶超，进而延伸到学术研究的赶超，在整个社会形成一种强烈的赶超思维。在赶超思维驱动下的中国学术研究，在系统借鉴西方学术研究方法和成果的过程中，形成了一种高度推崇西方学术话语和学术标准的倾向，部分学者甚至唯西方话语的马首是瞻。这种对于西方学术话语的盲目崇拜，其深层原因在于，一方面，西方领先的学术水平，加上部分国家的意识形态扩张，使西方学术话语长期处于强势地位，压制了中国学术话语的影响力，使中国学术话语长期处于劣势地位，在部分领域甚至处于失语状态；另一方面，国人百年来的赶超心态，使得一部分人形成了西方导向的思维定式，认为西方话语处于绝对先进地位，不自觉地便以西方话语替代或否定中国话语。学术理论期刊作为国际学术交流的媒介和平台，应辩证分析西方学术成果和学术话语的优势与劣势，在借鉴吸收西方学术话语优点的基础上，秉持中国立场，直面中国问题，构建中国自己的学术话语体系，打破西方学术话语垄断和西方学术话语崇拜。本轮全球金融风暴的剧烈冲击以及"后危机"时代发达经济体的增长乏力，加上与之形成鲜明对照的中国经济社会发展的持续繁荣，使得西方社会也不得不深刻反思资本主义体系的矛盾与危机，逐渐放下对中国成就的偏见，这种思维转向对于学术话语的中国转向也提供了良好的契机。学术理论期刊应以全球化的视野，反思当代世界和中国的问题，以中国的立场和观念审视中国发展问题，以中国的学术话语言说中国模式与中国经验，努力打造学术研究的中国风格与中国特色、中国气派与中国立场。

二　中国学术话语体系建构的现实困境与探索取向

所谓学术话语就是运用共同接受或认可的术语、概念、范畴对学术问题的言说与表达，它已经超越了形式层面而具有非常重要的思想建构意义，成为一个民族或国家文化创新和文明进步的符号表征与价值荷载。而学术话语体系是有机整合各种学术话语符号元素的产物，是"在一定价值观念、方法体系与理论体系支撑下，由合理有序的架构将话语符号整合在一起的有机语词体系"。①学术话语体系不仅仅代表着一种规范的学术表达方式，而且意味着一种强大的话语权，将会导引激励相关的学术行为，主宰学术思想创造的未来走向。因此，建构完备的学术话语体系既是一个知识体发展进步的必然要求，也是能否取得学术话语权的重要标志。信息传媒时代的到来，进一步提升了学术体系建构特别是学术话语权掌控的特殊重要意义，只有拥有学术话语权才能够具备完整的学术表达和言说资格，才能够平等地与其他学术共同体进行学术对话，才能拥有影响与主导学术创造与学术发展的能力，才能把握主流意识形态的性质与学术舆论的导向。随着经济繁荣增长带来的经济话语权的增强，中国知识界逐渐认识到学术话语权同样是民族复兴进程中不可或缺的要件，只有建构中国的学术话语体系，重塑中国学术界在全球学术领域的话语权，才能够真正推动中国学术发展走上自我创新与自主建构之路，才能够真正为世界学术繁荣和文明进步贡献中国的力量，树起中华民族学术复兴的旗帜。当前，关于中国学术话语体系建构的问题已经成为学界普遍关注的热点问题，有的学者从历史演化的视角讨论中国学术话语体系建构，②有的学者则将中国学术话语体系建构命题延伸到社会学、民族学等具体的学科领域。③姑且不论研究观点的差异，学术界对中国学术话语体系建构问题的关注首先就反映了中国知识界的理性自觉，开始理性反思这一时代命题和思想任务，当然也说明当前中国学术在世界学术领域确实正处于不利的被动地位，建构中国学术话语体系已经刻不容缓。

古今中外思想史的变迁告诉我们，每一个处于开放环境中的国家或地区，在推动自身学术话语构建与演化过程中，通常都要经历三个基本阶段。一是启蒙与被入侵阶段。在这一阶段，整个国家或地区在经济和文化上均相对落后，属于弱势文明体，主要被动学习或接受强势文明体的学术思想、学术话语以及价值观念，面临强势学术话语集团的文化入侵，尚未对学术话语体系建构形成明确需求。二是自觉建构阶段。在这一阶段，弱势文明体通过引进并消化吸收来自强势文明体的学术话语，逐渐提升了自身的经济、政治、科技、文化实力，并且开始意识到学术话语权对于思想创造和文化繁荣的特殊重要意义，期望通过构建独立的学术话语体系，摆脱对于强势文明体的文化依附，实现本土学术的自我更新和自我发展。三是强势传播阶段。在这一阶段，原来的弱势文明体通过自觉建构学术话语体系，具备了同其他文明体特别是强势文明体进行平等对话的实力，学术水平和文明成果不断提升，而且政治、经济、科技与文化同步繁荣，扩张欲望开始显现，逐渐通过对外政治经济文化交往，将先进学术成果和话语体系扩展至其他相对弱势的文明体。深刻检视我国学术话语体系建构的历程可以发现，当前我国的学术话语建构总体上处于第一阶段的末期与第二阶段的萌芽期，距离强势传播阶段还有很大距离。而且，学术话语建构这三个阶段的演进不是自动实现的，需要弱势文明体多方面的努力应对，需要经历一个长期曲折的过程。

近代以来，曾经支撑中华文明繁荣昌盛的中国话语逐渐衰落。1840 年，鸦片战争爆发，西方列强用坚船利炮打开了没落帝国的大门，也打破了天朝上国的神话，"普天之下莫非王土，率土之滨莫非王臣"的帝王话语也随之丧失了主导权，曾经风靡西方的"中国风尚"成为腐朽、没落的代名词。封建体制的落后，战争的失败，丧权辱国条约的签订，使得当时的中国在政治、经济、外交诸方面都处于劣势地位，迅速从世界文明中心变成被殖民、被压迫的弱势文明体，面临来自西方以启蒙理性为核心的学术话语的入侵。随着欧洲启蒙运动的兴起，欧洲的经济社会发展取得了巨大进步，欧洲成为世界政治、经济、科技、文化的中心，并建构起独立的学术话语体系，与此形成鲜明对照的是，中国学术话语日渐式微。在一百多年的近现代学术历史中，中国学术一直处于"失语"状态，中国学术话语体系也一直面临"时代性缺场"的尴尬境地。

导致中国学术话语陷入"失语"、"无语"困境的主要原因在于，古老的东方帝国在世界现代化进程中被远远抛在后面，导源于传统政治、经济模式的原有话语体系也无法适应现代化的要求，曾经深刻影响整个世界的传统话语体系在现代化这面镜子的映照下也成为了"新时代的古董"。为了重新融入世界现代化的主流，实现中华民族的伟大复兴，中国的思想精英积极向西方找寻强国富民的利器。由此，中国的现代化运动呈现显著的外源式特征，推动中国现代化的思想动力主要从西方舶入，甚至现代化的指标、范本、路径都主要依靠学习和模仿西方国家的经验。尽管中国的思想精英围绕古今、中外、东西的体用之争，一个多世纪以来一直未曾停止过，然而，"但求新声于异邦"无疑是中国思想精英广为认可的思想指向与行为选择。因为中国思想精英在社会转型背景下所取得的学术思想和学术成果，不仅因批判原有社会弊病而无法在原有话语体系中获得合法性认同，而且因不能完全契合西方的经验和规范而无法得到现有主流话语体系的认同，除了引进和借鉴西方话语，别无他途。然而，由于"话语饥渴症"和"落后恐惧症"的驱使，在中国的现代化进程中，西方话语被视为灵丹妙药，被过度引进，甚至形成盲目崇拜，中国的思想精英忘记了自己才是中国现代化进程的推动主体和历史的书写者，被西方话语所俘获，丧失了主体性。由此，中国的现代化运动主要依赖"他者"的引导，自我的主体性和能动性被完全遮蔽了，在此过程中形成的理论话语也被深深地印上了"他者"的烙印。恰如陈伯海先生所言，"一个世纪下来，当我们于世纪之末回顾这一百年的行程时，不免会惊讶地发现，尽管我们的理论话语已得到全面更新，但填塞于其中的'新'的成果大多出自外来资源，很少有我们自己的理念创获"。④因此，中国思想精英及其在现代化场域中形成学术思想，完全陷入了西方主流话语的"他者"危机，一方面，由于自我处于绝对弱势必须向西方主流话语这个"他者"取经，另一方面，又被西方主流话语建构为"他者"，无法真正融入或超越西方主流话语。伴随着"去中国化"的话语在西方世界的流向，作为西方文明核心的西方话语体系以一种不文明的方式开启了其强势扩张的旅程，坚船利炮、殖民掠夺是西方话语体系征服东方的主要媒介，而且这种单向度的传播过程完全将东方当作西方文化的跑马场和试验田。西方国家延续殖民主义思维取向将包括中国在内的东方国家主动建构为相对于"自我"的"他者"，将东方从西方主流话语中推开，也将东方推向世界文化的边缘，从而为西方现代性的扩张提供前提和目标指向。⑤西方文化长期将东方文化建构为"他者"，以西方中心主义文化话语贬低、排斥东方文化，使东方文化远离由西方文明主导的世界文化中心，使东方文化被锁定在被边缘化的境地，东方文化被深深打上了愚昧、落后的标签。这样，作为东方文化典型代表的中国学术话语在世界主流文化场域的失语与缺场便成为必然。蔡元培先生曾精辟地指出："虽然渐渐输入欧洲的哲学，但是没有独创的哲学。所以严格讲起来，'五十年来中国之哲学'一语，实在不能成立。……中国人与哲学的关系，可分为西洋哲学的介绍与古代哲学的整理两方面。"⑥

改革开放以来，我国的现代化建设全面展开，对于西方先进技术和学术话语的借鉴需求不断增强，而日趋扩大的对外开放也为西方思潮和学术话语的引进提供了便利条件。特别是繁荣发展的开放型经济，进一步强化佐证了西方文明的优势。中国学术界对于西方学术话语的引进和借鉴热潮不断升温，大量的西方学术论著被翻译介绍到中国，许多新兴的学科也被引进到中国。一时间，翻译西方文献、介绍西方思想、援引西方体系，成为中国学术界的流行时尚。诚然，对于后发现代化国家而言，学习借鉴西方主流学术话语也是无可厚非的，只是国内学术界对于西方学术话语过于推崇，已经到了一种非理性的程度："认为西方最新的东西便是最好的东西，而不去考虑它们是否适合中国的具体情况。一时间，似乎谁掌握了西方的新东西，谁就掌握了中国……话语权……在制造学术文章方面，配合着一篇篇有着新形式的文章，让我们看到新术语、新名词甚至新的论语句竞相轰炸的学术产品，那些似乎从西式文章翻译过来的语句，使人们似懂非懂，感到晦涩艰深，于是从这高深莫测的雾霭中恍然领悟到背后代表着上帝似的真理。"[7]然而，中国的思想精英"在轰轰烈烈的引进与译介运动中丧失了自己的原创冲动与努力，将学术话语建构的重任遗失在拼命追赶现代水源的沙漠中"。[8]

中国学术话语的现实困境导致中国学术界无法在现代化浪潮中发出振聋发聩的学术之声，无法为中国的现代化提供不竭的智力支持，将成为制约中国现代化进程的严重桎梏。学术话语的现代化是现代化国家的基本标志，建构中国的学术话语体系是中国迈向现代化过程中必须着力完成的重大课题，仅仅依靠引进外来的学术话语根本无法支撑中华民族的伟大复兴。高清海先生指出，"一个民族的未来发展需要自己的哲学理论"，[9]同样一个民族的学术发展也需要自己的学术话语。当前，中国正处于经济社会转型发展的关键时期，构建中国的学术话语体系是一项迫切需要完成的关键任务，而且中国已经基本具备了完成这项任务的条件。经济增长创造的伟大奇迹以及政治、军事、科技实力的不断提升，为构建中国的学术话语体系奠定了坚实的物质基础；深厚的传统文化底蕴以及一百多年来持续的译介运动，为构建中国的学术话语体系提供了重要的思想资源与学术平台。构建中国学术话语体系，必须直面中国的现实问题，汲取传统文化和西方文化的合理成分，明确中国的核心价值取向，用原创的学术话语言说中国问题。特别是要从如下几方面进行艰苦探索。

第一，面向活生生的中国现实，进行话语追问与提升。当代中国热火朝天的现代化实践，是构建中国学术话语体系的思想源头和现实归宿。"当代中国人所处的生存境遇、生活境况以及生命活动、生命体验，理应成为中国学术话语观照之下的源头活水和建构中国学术话语体系的本原依赖。要在追问中国人现实生存经验与实践中提升中国话语的言说层次与境界，离开了本土资源中的生活经验与实践元素，奢谈学术话语的中国建构无异于痴人说梦。"吴晓明认为，当代中国学术话语体系建构的核心在于使当今的学术话语深入到我们的历史性实践所开启的特定内容之中，"从而使这样的内容能够被真正的思想所把握，并能够以学术的方式被课题化"，因而，关于中国学术话语体系建构的整个探讨最终都将归结为"社会现实"这个主题。[⑩]

第二，针对具有世界性意义的中国问题，进行语词提炼和话语言说。中华人民共和国成立六十多年来，国人为实现社会主义现代化强国的梦想一直在进行艰苦奋斗和不懈探索，特别是改革开放三十多年来，中国经济发展取得了举世瞩目的巨大成功，国民经济总量上升至世界第二位，正以一个成功走向复兴的大国身份屹立于世界民族之林。中国是一个后发现代化国家，在经济、科技、文化等领域的赶超战略取得了显著成功，为广大发展中国家提供了宝贵的赶超经验。作为最大的发展中国家，中国的发展经验和发展问题均具有世界性意义，今天中国所遇到的突出问题，在未来一段时期里许多发展中国家也会遇到；今天中国解决问题的成功经验，对其他发展中国家的未来发展会有重要的启发。正如赵汀阳先生所言："中国经验是世界经验中最重要和最具创造性的因素之一，或者说，中国经验将是世界文化体系的一个关键性的变数，中国问题将是世界问题的一个核心问题。""我们希望能够通过有着思想学术深度的中国经验思考……去重新形成缺货已久的中国理念，即一种源于中国经验的，包含着值得不断展开的思想问题的关于人类生活的基本想像。"[⑪]因此，中国问题也成为世界学术话语观照的中心，对于具有世界意义的中国问题的语词提炼与话语归纳，将直接对接主流学术话语体系，从而提升中国学术话语在世界学术领域的认可程度。学术理论期刊应关注中国的社会现实，关注中国的现实问题，引领对中国问题的话语言说与表达，将研究与提炼中国问题的话语体系传播于世，繁荣指向中国问题的学术研究。

第三，确立中国的核心价值取向，提升中国的文化软实力。中国学术话语建构的基本要件涉及刚性与柔性两个维度。从刚性维度来看，总量世界第二的经济基础，民主文明、安定团结的政治局面，日趋强大的军事和科技，为中国学术话语建构提供了良好的刚性支撑。从柔性维度来看，文化软实力同经济地位不相匹配，文化软实力是未来需要重点提升的领域。美国学者约瑟夫·奈（Joseph Nye）认为软实力是指能够影响他国意愿的精神力量，并且在《美国定能领导世界吗》一书中将软实力归纳为四个方面，即文化影响力、意识形态影响力、制度安排上的影响力和外交事务中的影响力。美国雪城大学教授南茜·斯诺（Nancy Snow）主张从三个维度来衡量软实力，即文化观是否符合全球流行标准，是否有能力运作全球传播管道并影响新闻的报道框架，是否通过其国内和国际行为赢得公信力。[12]学术话语体系对其他国家的文化生产和文化传播具有深刻影响力，是软实力的核心内容。西方国家正是凭借强势的学术话语体系按照自身利益取向制造所谓的全球共识和普世价值，并且单向度地对其他发展中国家进行文化扩张和价值干预。因此，在构建中国学术话语体系的过程中，要高度关注人类社会共同理念和核心价值定义权和解释权，全面提升文化软实力，突破西方的话语专利和理念垄断，合理确立并广泛传播中国的核心价值取向。

第四，汲取传统文化和西方文化的合理成分，丰富中国现代学术话语体系的内容。中国的现代化实践是在特定的时空背景下展开的，既不能在纵向上完全脱离传统，又不能在横向上完全撇清西方。因而，中国的学术话语体系既不能同传统文化割裂开来，又不能完全撇开西方文化，完全抛弃传统和完全拥抱西方都不是理性的建构路径。我们必须充分吸收传统文化思想和西方学术话语的合理成分，兼收并蓄，综合创造，总结提炼出反映现代化实践的新的学术语词，建构既具中国特色又同国际接轨的学术话语体系。特别是饱受批判的中国传统文化，依然存在许多值得我们重视与借鉴的有价值的语汇，能够对学术话语体系的建构提供有益启迪。

第五，用国人原创的学术话语，建构中国学术话语体系。虽然学术话语的借鉴和引用也是学术进步的重要路径，但是长期援引西方学术话语，容易陷入西方学术话语体系的陷阱，妨碍中国的现代化进程。其实，中国学术话语长期以来面临"失语"境地的根源在于，"中国学术过于偏爱文本而没有着实地置身于存在之中；同时没有拥有现代哲学思维的能力"。[13]相当长一段时期以来，我们过多关注古人、西人、经典作家的言说内容，忘却了自己应该以什么样的言说方式言说什么样的内容。因此，必须强化原创性理念，勇于进行原创性研究，树立中华文化自信，[14]用原创的学术话语建构中国的学术话语体系。

三　学术期刊在建构中国学术话语体系中的历史使命及践行路径

所谓公共理性实质上就是一种社会共同认可的公共价值诉求，是一种通过平等主体之间的协商民主形成的普遍意义上的重叠共识，可为现代社会提供一种基本的行为规范与价值尺度，解决多元矛盾与异识纷争。从公共理性的视角来看，"学术期刊就是多元性知识主体进行多元性异识整合的一个平台或者说学术交流的公域空间，同时也可以说是催生与促进公共理性成长的摇篮与温床。当多元异识主体在某一社会问题的争论上发生碰撞与交流而不得共识的当口，就需要一个中介平台为各方异识提供整合的空间，从而为重叠共识的形成创造坚实的基础"。[15]学术期刊之所以能够在促进公共理性的形成方面发挥重大作用，是和学术期刊本身的特点密不可分的。学术期刊既是一种承载文化内容的有形产品，也是一种无形的学术交流平台和媒介。按照经济学的产品划分类型，学术期刊属于介于纯公共产品与私人产品之间的准公共品。一方面，作为一种学术成果的展示载体和学术交流的平台媒介，学术期刊面向所有读者和作者，具有非排他性，但是由于版面容量和发行量有限，又不完全具有非竞争性，很容易因拥挤成本而强化竞争性；另一方面，作为承载学术思想和学术信息的有形产品，学术期刊所刊载的精神文化内容可以被所有读者所阅读、欣赏，具有完全非排他性，同时读者的效用水平不会因其他人的阅读而下降，具有完全非竞争性，甚至会随着共用范围的扩大带来整体效用的提升。同时，学术期刊是一种具有正向外溢效应的准公共品。学术期刊的外部性主要是指期刊生产者（作者、编辑主体、出版主体）和消费者（读者）所实施的学术创作、编辑加工、出版发行、阅读等活动对与此类活动无直接关系的个人或群体产生影响。由于学术期刊所承载的知识乃是知识经济时代生产函数中最重要的生产要素，具有明显的正外部性，所以学术期刊的外部性通常也是正的，只是这种正外部性的大小直接决定于学术期刊的质量水平，当然部分质量非常低劣的学术期刊也可能产生负向外部性。鉴于学术期刊的这种产品属性，无论是单一的政府供给，还是单一的市场供给，均可能面临失灵，政府与市场的有机结合才是理性的供给模式。

当下中国正处于深刻的经济社会转型过程中，传统价值观念尚未完全退出历史舞台，新兴价值观念尚未完全形成，公共理性的形成需要各方力量的共同努力。而具有显著公共性、外部性、共用性的学术期刊，既应当也能够在促进公共理性建设方面承担更多的责任。"公共理性的形成需要公共话语与学术话语的提炼与推展，公共理性、公共话语、学术话语、学术期刊之间是一种相互依存、相互促进的关系。没有公共理性的引领，社会发展无法达到现代化应有的高度，而没有公共话语、学术话语的表达言说，公共理性只能是空中楼阁，公共价值也无从谈起。只有将公共理性的话语从形而上学的高度向公共生活的经验层面转换，使其成为大众日常践行的内容，才能实现公共理性的合法性与现实性。"⑯因此，学术期刊必须架起公共理性、公共话语、学术话语之间交互影响的桥梁，加快构建中国的学术话语体系，滋养中国的公共话语，熏陶中国的公共理性。今天的学术期刊要完成所承载的重振民族精神、引领思想争鸣、创新文化观念的重要历史使命，必须加强机制创新。一是创新学术生产机制。强化问题意识，围绕具有世界意义的"中国问题"策划组织稿件，立足"中国式实践"，发现"中国式问题"，发出"中国式提问"，生成"中国式答案"，形成一批具有中国特色的原创思想，奠定中国学术话语体系建构的思想基础和话语基础。二是创新学术评价机制。坚定中国立场，建构当代中国的核心价值理念，形成独立、科学的学术评价机制，引导学术创造的正确方向，抵制西方学术话语的殖民式入侵，激发学术创新热情和原创精神，塑造中国学术话语体系建构的多元动力和良好环境。三是创新学术传播机制。明确学术期刊的话语建构责任，提升学术期刊品牌形象，打造高水平学术期刊数字化平台，实施期刊国际化经营战略，"引进来"和"走出去"相结合，扩大中国学术成果和学术话语的影响力，强化中国学术话语体系建构的保障机制。

总之，中国的社科学术期刊作为公共学术媒介，在总结提升中国经验，研究考量全球问题，推动中国学术话语建构方面承载着重要使命。中国学术期刊作为社会良知的映现载体，理应以敏锐的学术眼光，理性的中正态度，创新的研究旨趣，为建构中国的学术话语体系、创造学术研究的中国风格与中国气派贡献智慧与力量。

---

①⑧韩璞庚：《公共理性视域中的学术期刊与中国学术话语建构》，福州：《福建论坛》（人文社会科学版）2009 年第 11 期。

②杨义：《现代中国学术话语建构通论》（上、中、下），海口：《海南师范学院学报》（社会科学版）2005 年第 3、4、5 期；高玉：《中国现代学术话语的历史过程及其当下建构》，杭州：《浙江大学学报》（人文社会科学版）2011 年第 2 期。

③郑杭生：《学术话语权与中国社会学发展》，北京：《中国社会科学》2011 年第 2 期；江平、黄铸：《构建中国民族理论的学术话语体系》，北京：《中央社会主义学院学报》2008 年第 1 期。

④陈伯海：《"原创性"自何而来》，济南：《文史哲》2008 年第 5 期。

⑤胡森森：《"去中国化"：一种现代性话语的建构与衍变》，贵阳：《贵州社会科学》2008年第10期。

⑥《蔡元培全集》第4卷，北京：中华书局，1984，第351页。

⑦刘崇中：《中国学术话语中的西方主义》，武汉：《外国文学研究》1997年第4期。

⑨高清海：《中华民族的未来发展需要有自己的哲学理论》，长春：《吉林大学社会科学学报》2004年第2期。

⑩吴晓明：《论当代中国学术话语体系的自主建构》，北京：《中国社会科学》2011年第2期。

⑪赵汀阳：《从中国经验到中国理念》，《现代性与中国》，广州：广东教育出版社，2000。

⑫李希光：《话语权视角下的中国文化软实力建设》，北京：《思想政治工作研究》2009年第4期。

⑬崔平：《哲学格调的中国提升：从文本走向存在》，南京：《江海学刊》2009年第1期。

⑭刘士林：《中华文化自信的主体考量与阐释》，南京：《江海学刊》2009年第1期。

⑮⑯韩璞庚：《公共理性、公共价值与学术期刊》，银川：《宁夏社会科学》2009年第5期。

作者简介：韩璞庚，江苏省社会科学院《江海学刊》杂志社总编辑、教授、博士生导师。

[责任编辑：刘泽生]

（本文原刊2012年第4期）

华文社科学术期刊的国际化
与中国话语的生成
——以文化全球化与本土化为视角的解读

李宏弢

[提　要] 近年来，华文学术期刊的国际化伴随着中国国家文化体制改革的进程再次成为学术界、理论界以及行政主管部门关注并热议的话题之一。而华文学术期刊的国际化又以文化全球化为理论背景，在探讨全球化与本土化的过程中，中国话语权的生成是其魂灵与内质。以此为根基，华文学术期刊国际化要实现五个方面的转换：从传统的封闭办刊到现代的开放办刊；从立足本土到期刊国际化；从单一纸质刊到多种存在介质；从单打独斗到集约联合；从人文社科大综合到专业刊，实现思维范式、生存理念、存在方式、办刊模式和研究范式上的转换。

[关键词] 华文学术期刊　国际化　中国话语　文化

学术期刊国际化于我们已经不是新名词,[①]关于"学术期刊国际化"的探讨也已经持续十余年热度不减，特别是在今天我国"文化体制改革"的背景下，学术国际化与学术期刊国际化更是热点话题之一，而国家新闻出版总署提出的"在十二五期间培育 15 至 20 种国际一流学术期刊"这一目标，更是坚定了我国学术期刊国际化的信念与步伐。可见，学术期刊是否国际化，能否国际化，如何国际化，已经是需要我们认真思考的迫切问题。

一　文化全球化的趋势与文化"软实力"的构建
要求学术期刊国际化

如何看待学术期刊国际化？这一问题实质上可以理解为学术期刊是否要国际化。就当前我国的文化发展现状来看，国际化是大势所趋。这主要表现在如下三个方面：

第一，国家的文化大发展大繁荣战略要求期刊国际化。弘扬中华文化，让中华文化走向世界，是学术期刊国际化的使命，也是推动文化创新的有效载体，更是提高我国文化"软实力"的途径之一。文化软实力是"软实力"的子概念。所谓"软实力"，最早是由哈佛大学教授约瑟夫·奈（Joseph Nye）提出来的。在他看来，"软实力"（soft power）是指一个国家依靠文化、政治价值观、外交政策等释放出来的无形力量。它包括了文化影响力、竞争力、凝聚力、感召力和创造力等因素。"之所以称作'软'实力，旨在说明，这种价值体系发挥作用靠的是自身的文化魅力和吸引力，而不是靠军事、经济强制力。"②在今天，文化软实力已经上升为一种国家战略，这标志着中国特色社会主义文化建设进入到一个更新、更高、更自觉的阶段。"当今世界正处在大发展大变革大调整时期，世界多极化、经济全球化深入发展，科学技术日新月异，各种思想文化交流交融交锋更加频繁，文化在综合国力竞争中的地位和作用更加凸显，维护国家文化安全任务更加艰巨，增强国家文化软实力、中华文化国际影响力要求更加紧迫。"③可见，"提高国家文化软实力"，是经济全球化语境中发展和提升综合国力的需要，是满足人民文化生活需求和引领人民精神生活追求的需要，是民族文化自身实现创新发展的需要，也是国际关系中推动建设和谐世界的需要，更是中华文化融入世界大文化的根基。因此，若无文化"软实力"，又何谈中国话语权？所以，我们必须打好文化"软实力"这张王牌，才会有中国话语权。学术期刊作为文化传播的载体之一，理应承担起提升我国文化软实力的使命，为中华文化的精深发展发挥自己应有的作用。

第二，全球化背景下要想赢得发展需要国际化。这就要求我们汲取世界各国、各民族的文化优长，促进文化交流。全球化势如洪水，它就在我们还没准备好的时候已经来到，无论你接受与否，这已成为不争的事实。经济全球化必然带来文化的全球化发展趋势。各个国家、各民族的文化就在碰撞与交流中不断融合、发展。这种交流与融合，已经使文化突破了民族国家的地域限制并且发生了巨大的变化。"随着当代全球化的发展，各民族国家的交往、联系日益增强，必然促进人类整体性的形成。这必然催生一种反映人类整体要求、经验、利益的文化观念。与此同时，全球化带来的全球性问题也不断出现，它要求人们从人类整体出发，以人类共同利益的价值取向来处理人与世界的关系，这必然推动一种反映人类共同利益、共同要求的文化形式的出现。这种全球意识和全球文化超越了特定群体，它的生成改变了过去文化与特定群体内在相连的特性，从而深化和拓展了文化的内涵。"④这种全新的变化，让我们看到了文化全球化已经逐渐超越了文化的地域性，特别是信息化、数字化的飞速发展，互联网让整个世界融为一体，这种全新的文化传播管道让以地域为特征的传统文化不堪一击，超越了边界的世界文化正在生成。从这一意义上说，文化全球化势不可挡。

但是全球化并非文化的趋同，也并非否认以地域为特征的各民族、各国家的文化。"全球化进程并不是某一个现代文化的普及和代替其他文化的过程，而是所有参与这个进程的文化体的重构性互动过程。"因此，全球化是一种现代意义上的文化认同，这种认同同样以不同样态的文化为根基，也即没有了不同的文化为背景，便无从谈文化认同。在文化认同的过程中，各民族文化不断碰撞、砥砺以致发展。"全球化是多重文化的相遇。在原有文化基因的基础上，不同的文化体不断进行着自己的多重认同的构造，维护着自己的特性和完整性。"⑤正是这种他者的认同，促使我们不断丰富、发展中华文化，不断提高本民族文化的凝聚力和创造力，进而提升中华文化的"软实力"。

第三，期刊国际化是构筑国家文化安全战略的需要。文化安全战略是伴随文化全球化而来的。"文化安全"在当代主要是指人们认为自己所属国家—民族的"文化特征"在全球化大趋势下所呈现出的"安全感"，具体是指政治文化、语言和信息、国民教育体系等问题上的安全感。⑥对于文化安全战略，学者们论述及关注较多，多从国家战略、意识形态、信息安全、产业发展、弱势民族国家的文化保护等方面予以观照，鲜有从文化传播与文化创新视角加以关注。如前所述，正因为有不同民族的存在，才会有千差万别的文化存在的价值，才会有全球化这一概念的产生，全球化的文化认同正是以文化差异为前提和必要条件。那么，如何让他者了解文化差异？从文化生态平衡发展上来说，文化传播显然是其应有之意。当今世界，故步自封只能自我淘汰，文化霸权也并非我们的选择。在文化传播过程中，我们了解了传统的与现代的、历史的与现实的、民族的与世界的、东方的与西方的诸多方面的不同，让我们有了对文化的辨识与选择，在守护本民族传统文化中能够创新文化，保持文化的再生能力，促进文化生态的平衡发展，构筑国家文化安全体系。对于有着悠久历史的多民族国家来说，国家文化安全体系必将是多层次相互关联的繁杂系统。在这个庞大的体系之中，作为文化传播有效载体之一的学术期刊承载着传承文明、促进学术进步与学术创新、繁荣文化的历史使命，其将那些零散的、无序的、不确定的思想、文化经过整合形成完整的、有序的、确定的文化精品，在满足受众视听的同时，丰富着受众的头脑以及实现文化自觉，达至文化养成。而这正契合了国家文化安全战略构建的本意。

二　全球化语境下的文化差异与华文学术期刊国际化的瓶颈

如前所述，文化全球化是与经济全球化相伴而生的，是世界各国家、各民族文化交融的结果，是对不同国家、不同民族间的文化认同。这种文化认同是以文化差异为基础，其实质是价值认同。"文化认同的目的是寻求生存方式的同一性，但其过程却是在发现差异时开始的。"[⑦]一个国家或民族的历史、地理、风土人情、传统习俗、生活方式、文学艺术、行为规范、思维方式、价值观念等构成了文化。文化从来不是孤立的，它从诞生之日起，便具有了浓重的地域性、民族性特征，这种地域性特征即是文化的本土化。从这一意义上说，文化差异是天然存在的。而正是因为不同民族文化差异性的存在，这种差异性的文化的共生共存才让世界变得如此丰富多彩。"如果说存在一种全球文化的话，这种文化不应该是一种文化模式复制的同质文化，而是由多元文化构成的统一体。体现一致性的文化整合不是消灭差异，而是保留或展现差异。"[⑧]离开了本土化的文化，必然是无本之木，因而也就没有了生命力。同样，作为文化传播有效载体的人文社科学术期刊，也因为传播着不同的本土文化才具有了深刻的内涵和存在的价值。

就华文人文社科学术期刊而言，其国际化的过程就是一种文化认同的过程，但是由于文化差异的存在，势必使其在国际化的道路上陷入两难的境地，这主要表现在如下几个方面：

第一，如何突破语言上的障碍，是华文学术期刊国际化的最大瓶颈。语言作为文化传播的最直接的载体，具有鲜明的本土性特征。在前现代社会，人类的交往仅限于操着同一语言的地域范围内。但是随着工业社会的

扩张、现代文明的发展，人们的交往跳出了地域范围，特别是在今天以互
联网为特征的信息社会，人们的交往遍布世界各地，地域界限逐渐消失，
我们生活的世界不再以地域为基本属性的国家或地区论称，而被称之以
"地球村"，我们也被冠之以"村民"。"村民"之间的交往及交流就需要有
共同的"工具"，这就催生了世界通用语言的产生。不可否认，英语正是在
这种情形下逐渐占据了统治地位，并且以前所未有的态势在全球范围内成
为科技、学术以及教学等的通用语言。这从如下几个方面得到印证：

　　首先，在国际学术交流及科学发展上，英语扮演着统治语言的角色。
这主要是因为以美国为首的英语国家在学术上的地位不可小觑。如世界上
有名望的大学以美国、英国居多；美国的硅谷是世界上科技最发达的地区。
这些促成了英语霸权地位的产生。其次，世界上优质学术资源的地域分配
导致了学术成果的语言霸权。以英语为第一语言的学术成果的编辑、出版
占据了主导地位，一些国家的教学、科研机构还以刊登在世界著名英语学
术期刊上的论文为荣，甚至给予高额的学术奖励。再次，在非英语国家，
英语被作为必修的外语成为其教学课程之一。如在中国，学生学习英语是
普遍现象，甚至幼儿园的娃娃就开始了英语的学习。而在那些英属殖民地
国家，英语更是本地的授课语言。这些国家的推波助澜使英语的霸权地位
得到巩固，等等。总之，英语作为学术界统治语言的地位就这样形成了并
坚不可摧，这种以英语为主导的学术统治，给非英语学者及学术带来了极
大的挑战。

　　尽管世界上有近五分之一的人口在使用华语，但由于语言上的巨大差
异，在非华语国家，华语的使用少之又少，加之他们并未把华语作为必修
外语之一（尽管我国在多个国家建立了"孔子学院"，客观上促进了华语使
用范围的扩大），因此，很难与作为世界语言的英语相抗衡。而以华语为母
语的学者，其学术成果主要发表在华文学术期刊上，语言上的差异阻碍了
华文学术期刊在世界范围的传播。

　　第二，人文社会科学的研究对象具有较强的地域性特征，同样制约着
华文学术期刊的国际化进程。人文社会科学无外乎是人文科学和社会科学
的总称。"人文社会科学就是互相交叉联结的人文科学和社会科学的总称，
它以人的社会存在为研究对象，以探索、揭示人的本质和人类社会发展规
律为目的，同现代科学体系中另外一大科学部类也就是自然科学既相关联
又相对应。人文社会科学追求的是科学与价值之间的和谐，它既要求把握

人类精神活动的规律性及其实现的客观真实性、合理性，又要求对人类自身的发展和社会的进步起积极的作用。"⑨可见，人文社会科学是以人、人类社会为研究对象的科学，具有典型的人文特质和社会品性。这就决定了人文社会科学的地域性特征，它是民族的，或者说是本土化的。人文社会科学研究对象的不同、研究视角的不同，体现在文化上就是文化的特质性和差异性。

与自然科学不同，人文社会科学的许多研究领域具有民族性，体现不同的价值诉求。这也就是我们通常所说的民族国家文化。正因为如此，人文社会科学研究领域涉及民族国家、价值观等的选择上都有较为明显的本土特征，不具有上升到具有普世价值的全人类的文化层面，因而也就不能像自然科学那样可以国际化和量化对比。此外，不同民族在形成发展过程中产生的不同的历史文化、宗教哲学、文学艺术等，都属于其文化中独具特色的部分，这些构成了人文社会科学研究的重要领域，这些领域的研究往往也难于国际化。以汉学研究为例，尽管近些年来世界学术研究出现了"汉学"、"儒学"热，但研究者多为在中国本土之外的华人，华人以外的研究者则少之又少，寥若晨星。其原因即在于缺失文化根基。同样地，有些本土的如中国历史、中国古代文学等相关领域的学术研究，国际化也是难点。这首先来自于其研究是基于大量的华文史料，其次由于上述第一点的语言上的差异，好的优秀学术作品多以华文撰写，且不说华文史料的"之乎者也"于当代的国人都并非人人皆懂，从文言文到现在通用的白话文需要写作者的加工，此其一；而从白话文再借助翻译而译成受众所需要的语言（如英文），同样需要译者的加工，此其二。在这一过程中，文化的内涵很难准确表达，如中国的四大名著翻译成英文，五花八门，但没有一个能诠释出汉语的经典及雅致。

进入新世纪以来，随着文化全球化的发展，人文社会科学研究出现了跨文化研究发展态势，但这种跨文化研究主要是基于社会学、心理学、教育学、管理学等具有可操作性的社会学科，以及关涉人类共同福祉的如环境资源、地球生态等方面的研究，或者基于不同民族文化的比较研究，等等。而那些与民族国家文化密切相关的领域却很难进行跨文化研究。

第三，如何提高文化传播能力，是华文学术期刊参与国际竞争的又一瓶颈。学术期刊国际化的过程实质就是文化传播的过程。文化传播力的强弱决定了一国参与国际竞争的能力，更是提升本土文化软实力的重要指标。

随着冷战的结束，各国间的竞争主要表现在文化等软实力的竞争上。以美国为首的西方国家，在信息化时代利用互联网强大的跨区域特征，以各种形式传播着西方的社会制度、意识形态和价值观念，以此侵蚀着世界上各种本土文化。这在一定程度上导致了民族、国家之间文化竞争的加剧。面对这种文化霸权主义，我们只有提高自身文化的传播力，才能在文化竞争与文化冲突中不被洪流淹没，才能增强自身的文化软实力，提升综合国力。从国际竞争看，"我国报刊国际传播能力建设不强，在国际上没有多少影响力……中国国内报刊的国际传播力、影响力很弱，资产和年销售双超百亿的报刊业集团还没有，我国新闻媒体发出的声音在国际上影响力有限，发自中国的真实声音国际上往往听不到，这与我国作为经济大国的地位极不相称"。⑩尽管这是对我国报刊业整体发展的一个概括总结，但就学术期刊而言，其国际传播力、影响力更是亟待提高，这样才能在国际上倾听来自中国的学术声音。

从国际上看，传播力较强的学术期刊都比较注重经营，期刊的运作引入现代化的管理运营及营销策略。经营管理（Operating and Management）一词来源于企业，是企业为了实现经营目的而进行的系列管理、运营活动。传统观念上，"经营"是那些走市场的大众读物类期刊的专用术语，而与受众群体较为狭窄、专业的学术期刊并不相关。但进入信息时代的后现代发展阶段，"经营"被广泛应用于各个领域，学术期刊的"经营"同样存在。这种经营意味着学术期刊如何发展、如何"推销"自己。经营能够实现目的与效果的统一，兼具社会效益和经济效益。因此，对国内学术期刊而言，引入现代化的经营管理，是其国际化的必由之路。

第四，在国际学术上确立中国的学术话语权，是学术期刊国际化的根本。学术是学术期刊之源。没有学术的长足发展，就谈不上学术期刊的发展。因此，如何确立中国学术的国际地位，是中国的学术期刊能否国际化的关键因素。这里，国际地位寓意着一种话语权，即首先我能够说话，进而我说的话具有一定的话语权威。因此，我理解的学术话语权，应该是文化认同的另一种方式，这应该是中国学术国际化的基本内涵。这种文化认同是一种利益诉求与利益表达，在研究方法上表现为两种模式。其一为完全照搬国际上通行的标准，以此标准改造我们的学术生态，进而迎合了他者需求。这种完全放弃自我的模式显然不是我们所要的，这样让我们虽然"融入"了世界，却迷失了自我，这实际上是话语权的丧失而非确立。其二为扬弃，即有选择地借鉴国际上能为我所用的方法，以此为进路研究中国问题，形成中国问题的国际视野，这样我们既真正融入了世界，又充分展示了自我，求同存异并确立了话语权地位。

从学术发展来看，现代学术应该具备三个基本的要素，即学术思想的表达、学术作品的发表以及学术思想的传播。[11]学术思想只有有效地表达出来，才能进入学术领域；代表学术思想的学术作品的发表，才能让学术思想进入公众领域；而学术思想的传播不但要表达学术思想、发表学术作品，在现代社会还要借助现代化传播手段予以传播，才能被广泛地知晓，才具有了"传播力"。在中国学术国际化的进程中，如何增强学术的"传播力"，平等的对话和沟通机制的建立是当务之急。当今世界，对话对于中西方学术界正变得越来越重要和迫切。对话是文化传播的重要形式，没有对话，就没有沟通，也就无法实现传播。这种对话机制可以是参与国际学术会议研讨，可以是和国外的学术研究机构互动学术交流，或者邀请国外学者来华访学、研讨，或者是就某一共同的学术话题的中西学术探讨，等等。同时也正是因为建立在这一对话机制之上的学术才超越了本土界限，才具有了国际化的意义，才会在学术的交往中产生不同文化的碰撞，才会促动本国学术及文化的与时俱进。总之，是要让学术"动"起来。唯此，才能在国际学术上形成中国的学术话语权。

第五，学术期刊的自身需求需要国际化。"在全球化时代，各种期刊之间的市场竞争已不再局限于一个地区或一国的范围之内，而是被推到了国际平台上进行激烈角逐。"[12]可见，全球化时代促进了期刊国际化，这种国际化是一种被动的驱动，但当被推上了统一的平台后，能否成为这一舞台上的主角，既取决于期刊的定位，更取决于受众的需求。因此，只有那些在国际上具有广泛受众面的学术期刊才具有国际化意义。而对于那些离开特定地域、特定民族即无生命力的学术期刊，国际化则无异于自毁前程。

学术期刊的国际化包含如下两方面：一方面，要与国际接轨。所谓的与国际接轨，并不是要我们放弃本土文化、语言而都办成了英文刊，而是在我们的学术话语权体系下，彰显自己的学术研究风格。反对"趋同"，提倡"存异"，这样才是正常的学术发展态势。同样，与国际接轨，其真正内涵应该是确立华文学术期刊的"国际化规范"，即要形成国际化的办刊体制，要有国际化的作者队伍、国际化的编委、国际化的审稿机制以及重视并引入同行评议等。另一方面，国际化还意味着刊物自身的"核心竞争力"

的确立。这里的"核心竞争力"应该理解为刊物主体意识的确立。所谓主体意识，意即要主动出击，要能够把握学术发展脉搏，能够了解国际学术动态前沿，能够把掌握的各种信息汇聚成一种主动策划，引领、促进学术探讨。

实践中，学术期刊国际化还应从如下几个方面促进内涵发展。首先，研究问题的国际化，这既可以是对同一问题的不同文化思考，也可以是不同问题的同源文化思考，总之是要把问题置于一个国际化的文化视野，这样才能激发不同地域的学者的学术兴趣，促进对问题的探讨。其次，论文质量应国际化。我们说某一发明在申请专利的时候，总会用"创新"、"新颖"、"本领域的国际先进水平"等语词来形容。同理，学术期刊刊载的学术论文只有处于本领域的前沿，有创新，才会吸引国际上同行的眼球，才会产生文化的共鸣，才会促成文化的传播。再次，稿件来源要国际化。也即稿件应该不囿于本土范围内，而是应该有不同地区、国家的学者的稿件，且外稿比例要高于内稿比例，这样会提高学术期刊的国际知名度。最后，编辑视野的国际化。当代学术期刊的发展对编辑的要求不同于传统的编辑只是负责文字加工，而是要求编辑具有专业的知识、对前沿问题与理论热点的准确把握，更要具备策划、组织能力，能够站在专业化的角度，具有国际化的视野，这是期刊国际化内涵的应有之意。

三　华文学术期刊国际化的路径选择
与中国话语权的生成

尽管在学术期刊国际化问题上无论是学者、期刊人以及相关行政管理部门都达成了共识，即国际化是期刊发展之必然选择，但在实践中，国际化对华文学术期刊而言，还有很长的一段路要走。这是因为国际化是一个在实践中探索、渐进的过程，也是一个选择、发展的过程。文化全球化的背景已经置中国于国际上的一席之地，形成了中国离不开世界、世界离不开中国的互存互动的局面。中华文化已经成为世界文化中的重要组成部分，其在世界的影响力日趋增强。全球范围内的各民族之间的互动往来和相互依存已是不争的事实。文化就是在这种全球化的趋势中交融互动向前发展着，离开全球化的孤立的本土文化已难以存在。因此，辩证地处理好文化全球化与文化本土化的关系，在形成中国话语权的基础上，实现华文学术期刊的国际化才是顺应时代的学术期刊的文化观照。对此，华文学术期刊要实现如下几个转换：

第一，从传统的封闭办刊到现代的开放办刊，实现一种思维范式的转换。"一个民族在发展过程中逐渐形成一种稳定的、普遍起作用的思维习惯、观念定势和审视趋向，称为思维范式。……民族的思维范式有着极强的稳定性，往往在一个很长的时期不为民族的政治、经济和科技上的巨大变革所动摇。"⑬而范式是包括规律、理论、标准、方法等在内的一整套信念，是某一学科领域的世界观，⑭因而具有指导性和示范性。这就使其在一定范围内具有了公信力，成为一种公共认知模式。就华文社科学术期刊而言，长期以来处于一种封闭的、自我发展的状态。如高校学报系列，目前中国内地高校几乎一个学校一个学报，有的学校还兼具文、理、工、外几种学报。从学报的定位来看，多数都是以服务本校的教学、科研为导向，自产自销是其长期以来定位的结果。这种状态下的学术期刊基本还处于解放思想之初、计划经济时代国家对学术期刊的定位，而中国三十余年的改革开放也竟然没有撼动这一体制。当然，也有一些改革意识和危机意识较强的高校学报，及早就进行了开放办刊的尝试，这些学报目前的发展显然占位已经高于其他学报，成为同类学术期刊中的佼佼者。如教育部"名刊工程"31家入选期刊等。这些学术期刊尽管立足本校，但又跳出本校的限制，把学术目光瞄准国内学术乃至国际学术，顺应时代发展的需要，确立起现代的开放办刊模式，实现了思维范式的转换。这种转换也符合了学术的开放性特点。学术作为社会文化的反观之镜，其开放性的品质推动并促进了社会进步。而学术期刊要想立足当今世界并不脱离时代，就要在开放的基础上映照当下的文化样态，进而实现学术的社会观照。

第二，从立足本土到期刊国际化，实现一种生存理念的转换。如前文所探讨，学术期刊的国际化依附于经济全球化和文化全球化的发展。面对国际化的客观现实，华文学术期刊国际化问题日渐突出，既要生存又要发展，还要做大做强，就必须把国际化摆在生存的首要位置，接受国际化的挑战。自20世纪90年代以来，华文学术期刊在探索国际化的道路上取得了一定的进展，特别是科技期刊的国际化较人文社会科学学术期刊先行一步，这是因为科技在世界范围内具有同一性，因此其国际化相对容易。但人文社会科学学术期刊的国际化就显得相对复杂化，它以特定的人及社会为研究对象，受地域、民族、风俗、政治、社会等影响，因此其在国际范围内表现出的更多的是差异性及本土性。就目前情况看，华文人文社科学术期刊国际化还十分有限。以国际上比较著名的人文学科学术论文检索途径SSCI（社会科学论文索引）和 A & HCI（艺术与人文社会科学论文索引）为例，这两个论文检索数据库面向的主要是以英语语言为根基的学术研究，因此其收录的期刊也以英文期刊为主，而华文学术期刊由于语言上的差异，则很难被其收录。当然，我们在这里只是以此作为例证，并不考量其收录期刊的合理性因素。这与当前文化多元化的发展并不相符。另一方面，华文人文社科学术期刊要想国际化，需要搭建一个能与国际学术同行进行平等交流和对话的平台。只有在一个公共交流平台上，才能进行学术对话，才能让中华文化走向世界，让中国的人文社科学术期刊走向世界，参与国际竞争。

但是，国际学术上不能缺少"中国声音"与"中国话语"。国际上这种中国话语地位的形成是华文学术期刊国际化的基石。这种国际化既可以是"走出去"，也可以是"请进来"。从期刊的现状来看，"走出去"需要一个过程，但"请进来"却相对容易实现。华文学术期刊可以通过吸纳国外的优秀学术资源，参与到国际学术交流的"话语"体系当中来。通过在全球化之"同"语境中，寻找文化的差异性，在"自我认同"与"他者认同"中建立并形成思想对话机制。我想，这同样是对期刊国际化的思维范式的解读，是一种学术视野的转换，更是生存理念的改变。

第三，从单一纸质刊到多种存在介质，实现一种存在方式的转换。全球化与信息化在改变着人们的传统生存方式的同时，也不断地在改变着人们的思维方式、行为方式。全球化与信息化对学术期刊的影响亦是如此。以网络传播为特征的信息化时代，文化传播及交流体更方便、快捷，瞬间即能到达全世界的每个角落，其传播速度之快和超地域的流动方式，形成了全球化的文化交往。各种互联网络传播、即时聊天工具、微博、手机无线网络等似乎摆脱了文化的地域、空间的束缚。作为文化传播载体的学术期刊，如果还停留在单一纸质刊层面，那显然是"落伍"了，也不符合当前文化快速传播的趋势。因此，学术期刊也应顺应形势，可以以纸质刊为基础，拓展网络报刊、手机阅读等多种存在介质，使其存在方式多元化，适应时代的需求。

第四，从单打独斗到集约联合，实现一种办刊模式的转换。集团化是国际化的必然前提，单打独斗难成气候。这可以从两个方面来对比。第一，国内好的学术期刊为什么难以国际化，排除上述第二部分阐述的因素，其实国内的社科学术期刊基本还都处在各自办刊、单打独斗的状态。我们说一枝独秀固然美丽，但满园春色更赏心悦目。另一方面，我们再看看国际上著名的学术机构其旗下不乏优秀的期刊，少的几十种，多的有几百种。也就是说在国际上有影响力的期刊都是大的出版集团旗下的，这种集团化的出版模式可以让学术期刊拥有一个传播的平台，这有利于文化取长补短促进发展，进而实现交流融合的目的。所以，集团化应该是国际化的必然前提。

关于这一问题，无论是学术期刊、还是国家新闻出版总署都意识到了应该走集团化的模式，才能国际化。在这方面，科技期刊已经起步，要比社科期刊先行一步。社科期刊的集团化发展，更有利于中华文化的国际传播，促进中国学术国际话语权的生成。在探索中国学术国际话语权的生成上，一些办得较好的学术期刊进行了积极的探索。如创办英文刊等，但这些都是以刊物自身为基本，没有形成集团化的模式，也可以说其影响还是很微小的。在集团化方面，目前一些社科学术期刊都在进行有益的探索。比如，以《中国社会科学》为首的六刊一报的运作模式是基于自身优势力量的整合与集团化运作。而教育部名刊工程入选期刊以中国知网为平台联合创办专业网刊则是打破校际界限，整合名校优势学科，突破一校一刊、改变单打独斗各自为政的局面，在形式上更是突破传统纸质刊的模式，借助网络传播管道，形成专业网络期刊。从集约联合来看，这种模式更符合以学科为基础的学术平台的搭建，是一种开放意义上的集约化、专业化、网络化，具有一定的潜在发展空间。

第五，从人文社科大综合到专业刊，实现一种研究范式的转换。专业化是国际化的内在要求。当前，中国内地人文社科学术期刊的基本状况是：综合性期刊数量多，而专业性期刊数量相对少。这种比例关系一是不利于期刊的良性循环，二是浪费了本来就较为紧张的学术期刊资源。因此，当经过三十余年改革开放之后，中国内地的经济取得了飞速发展，但是经济高速发展并未导致社会文化等的同步发展，于是，各种问题便凸显出来。就学术及学术期刊而言，人文社科学术研究及其载体之人文社科综合性学术期刊在近年来成为众矢之的，广为诟病。"学术垃圾"、"千刊一面"、"低水平重复"等评价一时间让人文社科综合性期刊声名狼藉，"全、散、小、弱"成了其标签。在全球化时代，在中国"大国崛起"之际，我们俨然成为了"文化大国"。但是，"文化大国"并非"文化强国"。我们有不下几千种的人文社科学术期刊，但被国际上的学者所认同的又有几种？抛开语言上的客观障碍，恐怕我们还得从自身找原因。在国家提出建设"文化强国"的战略目标的同时，"文化传播力"与"核心竞争力"成为其精神内质。因此，作为文化与学术载体的报刊的体制改革被提上行政日程。国家新闻出版总署就报刊体制改革也多次进行调研，面对国内众多的综合刊和国外学术期刊专业化等的比较研究中，总署提出专业化、数字化、集团化的学术期刊改革和发展方向。这种选择符合全球化的文化发展需求，同时也是国内新闻出版产业成为国家经济发展新的增长点、加快转变经济发展方式的重要着力点的要求。因此，从宏观的国家的文化体制建设方面来说，人文社科学术期刊的专业化改革势在必行，尽管其进程可能会比较缓慢、过程会比较艰辛、情况会比较复杂。从微观的学术研究来说，学术期刊的专业化更符合学术生态。就学者的学术习惯而言，对专业期刊关注程度会更高。当然，由于国内学术期刊的现状，学术期刊专业化改革应该有计划、有步骤、渐次地进行。这样既符合中国国内的实际情况，又体现了期刊国际化的要求。

总之，在文化全球化和本土化的交融与坚守中，在开放办刊和期刊国际化的道路上，在中国话语的生成上，华文学术期刊特别是人文社会科学学术期刊还有很长的探索之路。学术期刊只有在开放理念下和国际化的思维中，走出一条自己的特色之路，于此，才能有所作为，才能实现其历史使命。

---

①早在 2004 年，国家自然科学基金委员会副主任、鱼类基因工程专家朱作言曾撰文指出："通常情况下，一个国家能办出有国际影响的学术期刊，在某种程度上反映了这个国家的科学技术水平，其影响可能比一个重点实验室的影响还要大。如果我国仅有很好的实验室和科学研究，却没有相应有影响的期刊，那是不全面的，也是令人遗憾的。"（《学术期刊国际化》，北京：《光明日报》2004 年 3 月 1 日）可见，学术期刊国际化既是展示一国学术期刊的发展水平，更是一国学术发展水平的体现。

②丁立群：《普遍性：中国道路的重要维度——一种文化哲学的思考》，哈尔滨：《求是学刊》2012 年第 1 期。

③《中共中央关于深化文化体制改革推动社会主义文化大发展大繁荣若干重大问题的决定》，北京：人民出版社，2011。

④王金宝：《全球化与文化研究范式的转换》，天津：《天津师范大学学报》（社会

科学版）2011 年第 5 期。

⑤韩震：《论全球化进程中的文化多重认同》，哈尔滨：《求是学刊》2005 年第 5 期。

⑥⑦参见刘慧：《全球化时代的中国文化安全战略》，沈阳：《社会科学辑刊》2010 年第 3 期。

⑧王晓德：《美国大众文化的全球扩张及其实质》，北京：《世界经济与政治》2004 年第 4 期。

⑨郑文涛：《人文社会科学若干概念辨析》，北京：《首都师范大学学报》（社会科学版）2008 年第 3 期。

⑩新闻出版总署副署长李东东在中国记协第十七期"新闻茶座"上的讲话（2011 年 11 月 17 日），全国高等学校文科学报研究会网，http://www.cusjs.com/page/Default.asp?ID=592，访问日期：2011 年 12 月 25 日。

⑪蔡曙山：《遵循国际学术规范是中国学术走向世界的重要前提》，北京：《中国科学人》2004 年第 8 期。

⑫王海科：《探寻期刊国际化发展之路》，北京：《中国出版》2010 年 1 月下。

⑬⑭陈颖健、张惠群：《新思维范式》，北京：科学技术文献出版社，2003，第 7 ~ 8 页。

作者简介：李宏弢，黑龙江大学《求是学刊》副主编、副教授。

［责任编辑：刘泽生］

（本文原刊 2012 年第 4 期）

主持人语

刘泽生

在刚刚过去的这一年，国际出版界、期刊界传来了几多令人唏嘘的信息。2012 年 3 月 13 日，《大不列颠百科全书》（*Encyclopedia Britannica*）所在公司正式宣布，停印已有 244 年历史的《大不列颠百科全书》，今后内容将完全数字化，从线下走到线上。纸版《百科全书》的绝唱，既是一种无奈，也是一种必然——不管它是被迫退出，还是主动转型，或是兼而有之，为重生而终结。数字出版乃大势所趋。互联网改变了世界。一个新的出版时代到来了。

面对数字时代的到来，期刊人已经没有过多的担忧与无措。早在 20 世纪末，中国期刊界包括高校的学报群体，就已经开始了数字出版的尝试与运作。21 世纪初，中国教育部开展了"名刊工程"，加快了高校学报专业化、集约化和数字化建设的步伐。2011 年 3 月，由高校入选哲学社会科学"名刊工程"的 17 家学报编辑部自主联合创办的"中国高校系列专业期刊"正式诞生。经过一年多来的艰辛运作，"系列专业期刊"初步达致联合打破校域界限、创建高校一级学科权威期刊的初衷，并广受学界好评。"系列专业期刊"的闪亮登场在中国高校出版史上将具有重要的意义——她开启了中国高校综合性学术期刊的技术转型与制度转型相结合的探索之路，构建了一种全新的期刊样式，在某种意义上，她也将为中国正在进行的期刊体制改革提供一条可供借鉴的路径与经验，在中国学术期刊史上写下亮丽的一笔。尽管她在探索前行的路上还显得有点稚嫩，有点艰难。本期专题发表徐枫、赵东奎等学者就中国传统学术期刊的技术转型与制度转型的大作，就是表达本刊对这一创新尝试的期待与赞赏。

赵文就目前学术期刊的技术转型与制度转型进行了比较分析，并以"中国高校系列专业期刊"为例，认为该系列期刊的创办，并不是简单意义上的由纸质期刊重新组合为专业数字期刊，而是开创了一种全新的办刊模式，探索了纸质期刊和数字期刊、综合期刊与专业期刊、单一期刊与学术共同体三个统一的实现路径，成为目前国内高校首次以自主联合方式与国内主流数字出版媒体合作创办的系列专业期刊。

《浙江大学学报》系上述 17 家试水期刊成员之一，该刊执行总编徐枫对数字化转型感触颇深。徐文认为，当前传统学术期刊正面临着严峻的挑战，网络技术发展对传统出版模式发生着持续的影响力，期刊传播方式日趋多元化，传统的出版模式也在渐趋变化。对大部分没有实力兼做数据运营而选择成为纯粹内容提供方的传统学术期刊而言，仅仅把内容生产与信息处理作分工还远远不够，除了做好一流的内容、一流的编校、一流的装帧设计、一流的出版外，必须根据自身特点及读者需要努力做最好的线上传播。

本期发表的罗骥关于报刊编辑部体制改革背景下学术期刊生存方式转变的议题，则是当前中国学术期刊界所特别关注的焦点之一。

2012 年 7 月，国家新闻出版总署正式出台了《关于报刊编辑部体制改革的实施办法》，主要内容是：除少数代表国家水平的学术期刊外，将主体为科研部门（主要是社科院和社科联）和高校主办学术期刊编辑部的全国非时政类报刊编辑部转企改制为报刊出版集团，或由其他出版企业兼并，或注销办刊资格。"办法"出台后，在学术期刊界引起了很大反响，争议颇为激烈。罗文就学术期刊生存方式转变的内容及其确定性与不确定性进行了颇为深入的探析。作者视野开阔，思路清晰，自成一家之言。本刊将继续关注改革的最新进程。

传统学术期刊的数字化转型：
做最好的在线传播

徐　枫　郭　沁

[提　要] 数字时代，传统学术期刊面临多重挑战，网络技术发展对传统出版模式发生着持续的影响力，期刊传播方式日趋多元化，传统的出版模式也在渐趋变化。对大部分没有实力兼做数据运营而选择成为纯粹内容提供方的传统学术期刊而言，仅仅把内容生产与信息处理作分工还远远不够，除了做好一流的内容、一流的编校、一流的装帧设计、一流的出版外，必须根据自身特点及读者需要努力做最好的在线传播。在这方面，《浙江大学学报》（人文社会科学版）的"在线优先出版"、手机出版、微博传播、平板电脑传播等尝试，为传统学术期刊在数字时代的创新性转型与应用性选择提供了"全媒体整合传播"的成功案例。传统期刊在数字化时代自有其优势。期刊的核心竞争力离不开"内容为王"，数字化只是学术期刊的外在形式，真正重要的在于媒体所传递信息的内容，而不是载体。

[关键词] 学术期刊　新媒体　在线传播　出版模式　数字化转型　全媒体整合传播

多年来，学术期刊的数字化问题一直纠结着办刊人。经过多年的冲击与磨合，面对网络、手机、平板电脑一波未平一波又起的新技术、新挑战，传统学术期刊的编者、作者、读者、审稿人已逐渐适应了不同的新媒体。

如今再谈数字化，人们不再会有最初那种"狼来了"的悲哀和无措，以及关于纸媒消亡的担忧和恐惧，更多的是拥抱和接纳。没有互联网的时代，学术出版波澜不兴，不会有今天这样激动人心的传媒形式和令人兴奋的视觉体验。互联网改变了人类的沟通方式，平板电脑给人类带来了全新的生活体验，微博对媒体的软环境产生着颠覆性的影响，移动媒体给现代人传递着没有终点的信息时空……这一切都让办刊人着迷，也让传统学术期刊面临着新的机遇与挑战，新的困惑与选择，鼓动着期刊人不断去寻求期刊传播的新航线和新手段。

新闻出版总署在关于《新闻出版业"十二五"时期发展规划》中明确提出，以数字出版为代表的新业态已成为新闻出版业发展的新的战略制高点，"十二五"时期将推动学术期刊出版数字化转型，带动原创学术文献数字出版的产业化、规范化、规模化发展。[①]要实现"十二五"时期的发展目标，学术期刊任重道远。分工不等于分离，主营内容不等于切割数字化。对此，传统学术期刊要从战略高度去考量这一关乎学术期刊未来发展的大问题，在更好地发挥自己的长处，集中力量提升刊物品牌与质量的同时，应主动考虑在各种新业态、新传媒纷至沓来时，尝试做最好的在线传播，不能仅单纯把数据内容交付各大数据库。本文即缘此而论，探讨传统学术期刊在数字时代的创新性转型与应用性选择，结合《浙江大学学报》（人文社会科学版）的案例，看看在数字时代中小学术期刊能做些什么，把产品交给数字"厨房"后，我们自己还能再选择些什么，对未来，我们又能准备些什么。笔者认为，无论未来怎样，就提供学术内容的传统期刊社而言，做最好的在线传播无疑是当下相对合适的选择。

一　数字时代：学术期刊的互联网搜索与显示度

数字时代，出版正变得越来越复杂。传统学术期刊除了要占领内容高地，将所办刊物建成具有较高学术水平的、被学术共同体认可的、在学科内具有领先地位并具一定国际影响力的品牌期刊外，还须精心选择一个或几个有实力的数字技术运营商作为合作伙伴。通过一个或多个平台，进入海内外大型的学术数据库，从网络到移动，从手机到平板电脑，去获取更广阔的多媒体、多渠道、多业态的数字化应用空间，达到学术内容云传播的效果。

就传统学术期刊的数字化工作而言，仅仅把内容生产与信息处理作分工还远远不够。信息处理的分工并不意味着刊社与信息处理的分离，更不等于学术期刊与数字化切割。传统学术期刊若把自己交给合作伙伴后就完全置身数字化之外，不仅传播效果受限，还会失去未来面对数字化冲击的应对力。若站在时代高处，主动了解世界期刊的数字化发展趋势，及时发现并主动联系新的合作伙伴，积极尝试各类适合传统学术期刊的新媒体、新业态，坚持做自己力所能及但又是非常重要的、有时甚至是数字技术运营商所难即刻为之的数字化工作，往往会起到一定的辅助作用，有时还会获得事半功倍的效果。在与大型数据营运商合作的同时不忘自身做最好的在线传播，无疑将使传统学术期刊在数字时代获得展翅的双翼。

传统学术期刊要做最好的在线传播，首先要建有自己独立功能变量名称网站，同时要及时了解和分析网络时代学者和期刊人查找信息的最新方式，了解学者需求，通过有效的技术手段搭建编者、作者、读者间的桥梁，及时开发新的服务，努力提升期刊论文的传播效率。期刊人自己也应通过最现代的网络搜索功能去获取最宝贵的学术资源，分享和了解同行的情况，做出更好的内容产品。

当今研究者查找内容的途径非常多，可通过专业的和普通的搜索引擎去查找，如国际著名的谷歌学术搜索、微软学术搜索等，还可以通过各类博客及社区网站查询经过博主个人选择的重要论文或学术信息；而"网址收藏夹"或曰"网摘"作为社会化的书签，则随时可把学者自己电脑上的收藏夹挪移到互联网，便于使用者在不同电脑上访问同一个收藏夹，免去维护多个收藏夹之烦恼，同时也可与他人分享自己的收藏。与传统搜索引擎相比，谷歌、百度的学术搜索覆盖面较广，但分析工具较少；微软学术搜索采用的是基于对象的垂直搜索技术，搜索时列出的结果不是杂乱网页的列表，而是最终对象的集合，从而帮助我们快速准确地抓取某个学术领域中的顶尖学者、最好的学术刊物及重要的学术会议，获取该学术领域产生与发展的详细信息。国内学术期刊重要的合作伙伴中国知网等大型数据库也具备了相应的搜索功能。

网络时代的搜索引擎不仅对学术研究者获得信息非常重要，对选择做纯内容提供方的传统学术期刊而言同样非常关键。期刊人可借此发现某个领域的研究经典、热点和前沿信息，找到某个学科领域最具影响力的作者，以及那些正在冉冉升起的学术新星，去组稿约稿，去策划栏目，去推出更具学科前沿的主题研究、问题研究栏目，包括海内外学者共同参与的国际性栏目，使传统期刊能始终站在学科研究的最前沿，做出更好的内容产品。

据悉，目前国际上已有 35% 以上的论文是由来自不同国家的作者合作完成的，而 15 年前这个比例只有 25%。[②]这一数据表明，互联网给全球不同地域、不同国家的学者带来了很好的互动与合作研究的契机，也为学术期刊约请来自不同国家、不同肤色的学者共同就一个主题进行探讨的国际性栏目提供了助推条件。《浙江大学学报》（人文社会科学版）2012 年最新出版的四期学报中，来自美国、加拿大、英国、德国、瑞士、挪威、比利时、马来西亚、新加坡、荷兰等国及我国香港地区的二十多位海外学者纷纷围绕"国际福利经济"、"非传统安全问题"、"国际休闲文化"、"国际公共治理、公共服务与政府创新理论"等主题发表了原创性论文，英国、美国、加拿大、挪威等国院士或知名教授还纷纷担任了相关栏目主持人。期间，编辑部对稿件的组稿过程就充分利用了各类网络的搜索与抓取功能，借此了解国际相关学科及学者的信息、研究方向与学术成就，为组约国际栏目、筛选栏目主持人和寻找栏目作者提供了很好的信息。互联网搜索已成为学术期刊编辑部面向世界组稿约稿不可或缺的重要工具，而一些海外著名学者主动给浙大社科学报投稿，也源于其对网络信息的搜索与抓取。除了搜索引擎，学术期刊还可通过各类博客及社区网站查询学术信息及相关专业的学者。

对传统学术期刊而言，不仅要善于通过网络抓取学术信息，更要运用网络传播自己的学术产品，提升论文在互联网及搜索引擎中的显示度，无论是元数据，还是论文全文。除了将产品交付国内数据运营商及建立自己的网站外，传统学术期刊还应在坚持并拥有自己独立版权的情况下，通过国际重要的出版平台展示自己的学术产品，通过多种网络渠道尤其是重要的搜索引擎，让海内外读者能在海量的信息中方便地抓取自己刊物的学术内容。

目前，基于科技发展及期刊数字化的"学术信息战"方兴未艾。处于全球各大图书馆及学术机构反制国际出版商垄断数据资源牟取暴利之"旋涡中心"的 Elsevier 出版集团，目前也在思考如何与学术期刊更有效地进行数字内容的合作。基于此，Elsevier 给学术期刊提供了一种基于开放获取方式的创新型期刊出版合作方案：Production and Hosting（P&H）模式。在 P&H 模式中，图书馆、读者将获取免费学术资源，出版商获取服务报酬，学术期刊成为唯一付费者，但获得了出版业务及基于网络传播方面的专业服务，同时保留了版权。笔者注意到，Elsevier 的 P&H 期刊合作模式十项服务约定中，特别为参与合作的学术期刊提供了"搜索引擎优先排名"项目。

所谓"搜索引擎优先排名"，即基于在超海量信息中为参与合作之学术期刊提供在搜索引擎中获得率先抓取的机会，如在谷歌等著名搜索引擎中，输入相关关键词，参与合作方的学术内容将会显示在搜索引擎的最前面。这对学术期刊颇具诱惑力。Elsevier 将搜索引擎显示度作为吸引期刊付费入门的招数之一，表明数字时代学术期刊在海量信息中提升显示度的重要性。众所周知，随着数字时代传播载体、渠道、模式的变化，超海量的信息充斥着互联网。据互联网数据中心（Internet Data Center, IDC）统计，"截至2010 年底，全球数据量已达到了 120 万 PB（即 1.2ZB）。有分析认为，到2020 年，全球以电子形式存储的数据量将达到 35ZB"。如果将这些数据都刻录在 DVD 上，这些 DVD 碟片可从地球垒到月球一个来回（单程约 24 万英里）。[③] 在如此超海量信息面前，我们打开搜索引擎，输入一个关键词，往往会得到百万千万条信息，如何保证期刊内容在最主要的搜索引擎上有较好的显示度，让学术产品为更多读者所见，是国际期刊界一直十分关注的问题；而在数据量爆炸性增长的大数据时代，如何抢占先机，智取、智用并占据互联网的有利位置，也是中国传统学术期刊应予关注的。

值得一提的是，一些学术期刊为提升刊物的影响因子，发文量日趋减少，此举或许赢得了影响因子排名的优势，但在超海量大数据的信息化时代，发文量太少的刊物更容易被淹没。而国际顶尖学术期刊并不会为了提升影响因子而减少载文量：*Science* 周刊，2010 年出版论文 801 篇，综述 61篇，其他文章 1577 篇，总页码达到 7000 多页，影响因子 31.377；*Nature* 周刊，2010 年出版论文也达到了 825 篇，综述 37 篇，加上千余篇其他文章，总页码也达到了 7116 页，影响因子为 36.104。可见，在大数据时代，国际顶尖学术期刊始终不忘致力于提升自身的学术信息量和数据量，其学术影响力与办刊规模也始终呈良性发展态势。国际顶尖期刊把握期刊质与量关系的举措，的确值得我们借鉴。中国学术期刊一方面要拥有不可或缺的优质学术内容，提升刊物的核心竞争力；另一方面，也要注意保有一定的出版规模。没有一定的数量，是难以形成一流影响力的。

二　数字时代：学术出版的创新形式

目前，国际学术出版界普遍采用数字出版技术，绿色出版（green publishing，如再生纸、减少纸张用量等）、开放获取（Open Access）、数字对象标志符（DOI）、期刊单篇论文的预出版（Online First）、期刊在线提前出版、稿件管理系统（EMS）、按需印刷（print upon needs）等影响越来越大。在这场出版转型的变革中，传统期刊的办刊人不能不了解产品传播方式及读者检索和阅读习惯的变化带来的学术出版的创新形式甚至革命性变化。

如前所述，电子时代信息大增，学者的阅读方式也在发生着变化：当今人们阅读学术论文的数量在增加，但百分比则呈下降趋势。为提高单位时间效率，对学者而言，以前每期都要看的本专业权威刊物已较少看，而更多通过网络检索，输入关键词，查找自己关注的问题看，也即学者们看论文不再是一期期看，而是一篇篇看；也不再会注意到期刊整体内容安排的逻辑关系、栏目内容、装帧设计等。因此产生了一个新的契机：网上平台。而检索者输入的关键词往往不是刊名。所以哈佛有教授提出，今后的趋势图书馆可能不再是订购刊物，而是直接向学者订购论文，订一篇文章付多少钱，图书馆把订阅到的论文直接放到网上。该说法在国际上引起很大争议。事实上国际上很多出版商都有这样的共识：纸本期刊所占份额逐渐下降已是不争的事实，虽然纸本图书依然还会存在；造成纸本下降的原因并非传统期刊出现了问题，而是传播环境发生了巨变。当传播介质、传播载体、传播渠道发生变化时，传播模式也会发生相应的甚至革命性的变化。

在传媒业发生巨变的今天，国际学术期刊的出版正在做什么？传统期刊出版将会发生什么变化？这是期刊人不得不关注的。今天的期刊出版，以互联网、移动媒体及平板电脑等为载体的电子书、PDF版与网络版、手机版等各种形式可谓风生水起，纷纷涌现。学术期刊的印刷本会继续存在，但不再是唯一或最重要的出版形式，世界各地的学术期刊都为如何做最好的在线传播而各尽其能。传统学术期刊要做最好的在线传播，就必须关注国际期刊界最前沿的信息和变化，及时跟进。

（一）在线优先出版（Online First）：以单篇论文为发表模式的出版革命

数字时代，就学术期刊而言，多年来，同一刊物的网站平台与该刊的印刷本功能基本相同，现代学术期刊的基本流程也与过去基本相似，虽然形式与技术手段发生很多变化，但功能依然是传播学术，基本学术内容也未改变，期刊依然有评审人进行论文筛选；依然有职业化的专职编辑从事编校审各项基础工作；期刊的同行评议、发行、期卷、目录，论文结构、参考文献，商业模式等，也都与过去类似，从期刊网站我们依然可以认出它是哪本期刊的平台。所以有期刊人认为，从学术期刊的整个操作流程的要素看，近350年来其基本功能变化其实不大。

但我们注意到，2011年开始，一个新的变化出现了。这个变化，在美国物理学会期刊负责人约翰·海尼斯看来，就是出现了在线的单篇论文出版模式（Online First）。④虽然优先出版论文作者的写作方式与结构还是与传统期刊相同，且依然有同行评议、专职编辑编校等，但这一变化毫无疑问是数字时代具有革命意义的变化。美国斯普林格出版集团大约在2007年前后即开始采用Online First，稍后，中国与斯普林格合作的少量英文刊也在美国斯普林格的商业平台上开始了优先出版的尝试。但在中国大陆，在中国自己的期刊平台上，用中文期刊做单篇论文在线优先出版的第一家期刊，则是《浙江大学学报》（人文社科版）。

《浙江大学学报》（人文社科版）推出的Online First论文，均从经同行专家双向匿名审稿和编辑部审定后，已达到学报正式出版要求的稿件中选取，在正式按期次成册印刷出版前，在浙大社科学报以及有电子出版资质的中国知网、万方数据、"教育部科技论文在线"等网站，以单篇论文为单位、以PDF文档形式在线优先发表。在线优先出版后，论文仍将按期出印刷版。从传播角度看，学术期刊作为科研成果的载体和学术交流的桥梁，应尽可能缩短论文出版周期，促进最新成果的快速交流，使作者及早行使作品"首发权"，也为同行间及时交流最新成果创造良好的文献查阅条件。但限于版面和期次，论文发表一般要经若干月或一两年周期，时滞过长不但降低了论文的时效性，也影响了作者投稿积极性。而"在线优先出版"作为数字化出版的一种创新形式，往往比印刷版提前几个月甚至一年以上。

在线优先出版是学术期刊发展史上的一个标志性事件：就作者而言，可以获得研究成果的首发权；对读者而言，可及时获取新知，提升国际国内科研竞争力；对学术期刊而言，可以有效缩短出版时滞，获取优质稿源，获得学术共同体先发影响力，增进期刊核心竞争力。但这还不是最重要的。就期刊数字化进程而言，优先出版无疑是具有革命意义的：一方面，它完全改变了传统的出版形式与期刊出版的操作流程；另一方面，论文由此可顺利对接数字时代的网络大平台，完成以单篇为发表模式的创新性革命，这才是优先出版真正的价值所在。从这个意义上看，优先出版已成为未来学术期刊数字出版模式的先声，也正缘于此，Online First 被业界称为"出版模式的革命"。

网络时代，未来的学术出版将更注重单篇发表，将不再需要每期的第一页，将不再会等到凑齐一定数量的论文、一定数量的页码、单月或双月或季度等时限后再集中发表。在这里，刊期已不再重要，论文可单篇发表，出版已接轨网络。《浙江大学学报》（人文社会科学版）有幸成为中国学术期刊数字时代这场革命的先行者和推动者，离不开该刊始终致力于"做最好的在线传播"的理念和放眼世界的胸怀与视野。

（二）绿色出版：微论文印本加在线全文出版的创新性尝试

数字时代，学术期刊出版的其他各种尝试和创新形式也在国际期刊界频频出现英国 *BMJ*（《英国医学期刊》）的出版形式以网上全文在线出版为主，印刷版仅提供微论文，也即每篇论文仅提供 1 页特别撰写的概述作为印刷版的内容，全文只在网上出版；美国的 *PNAS* 杂志（《美国科学院院报》）印刷本仅提供目录及论文摘要和若干重要论文全文，其他所有论文均在网上全文在线发表；*South African Family Practice* 杂志（《南非家庭实践》）同样只在网上提供所有论文的全文在线版，印刷本只提供论文摘要；*Journal of Bone & Joint Surgery*（《骨关节外科杂志》）印刷本只提供每篇论文的第一页内容，但在第一页右下角均提供了快速识别 QR 码，读者只要用手机扫描一下快速识别码就可获得网上的全文；ACS（美国化学协会）同样在网上提供论文的全文在线出版，但文本只提供了简单的内容介绍。

国际学术期刊出版形式的变化表明，网络时代，绿色出版理念已逐渐深入人心，印刷已不再重要或必要，更多的网上全文在线出版形式不仅方便读者下载阅读，也节省了期刊的办刊成本，符合绿色环保要求。

（三）延伸产业链：从信息打包到信息拆包的全新转变

过去，学术期刊推行的是将信息打包到各大数据库。现在，传统学术期刊更面临着从信息打包集聚到拆分解包的全新转化。现有学术期刊产品销售渠道单一，应充分利用数字时代传媒介质、载体、渠道的改变，思考如何拓展和延伸数字产品的产业链，探索期刊产业价值链的新途径。一本期刊可以多种运用，一篇论文可以拆分到不同电子刊中，不再是通常的信息打包，而是解包，把不同信息分散传播出去，在著作权许可的范围内，将已有的大综合数据重组成一个个专业性数字专辑，读者可以超越时空，跨越期次、卷数和栏目，挑选自己喜欢的数字内容，而不会增加刊社成本。

就此，六年前笔者就曾与台湾某出版社讨论过类似设想和模式，比如将《浙江大学学报》（人文社会科学版）1955 年创刊以来所有数字信息进行解包，拆分为不同的单本或多卷本的专业电子刊；每卷、每本电子刊可分头出售给海内外各大图书馆，按我国台湾地区的规则，数字出版物的价格是印刷本的 2～3 倍。此事虽因杂事太多作罢，但网络期刊拆分解包的多途径运用模式事实上已日渐成为数字时代传统学术期刊的创新形式之一，不仅被期刊界所重视，也为图书出版者所重视。

（四）最新探索：免专业评审与编校的快速出版平台

数字时代，学术期刊除了要好的内容，还要有高效的运行节奏，很好的工作流程，训练有素的员工，良好的软件系统管理平台，优秀的作者和审稿人团队，最快捷的出版流程等。在线优先出版提升了论文发表速度，改变了出版流程，但对各项出版要素的需求与传统学术期刊并无二致。近年来，一种更新的、超越"在线优先出版"的新形式又在期刊界酝酿并发酵。哈佛教授早年提出的关于图书馆今后可能将不再订购刊物，而是直接订购论文上网的观点在沉寂多年后，在当下出现了更深一层的可行性探索。

当今时代，快速出版对出版者而言已愈显重要。如何缩短出版周期成了办刊人尤其是科技期刊办刊人努力的重要方向之一。在约翰·海尼斯看来，学术期刊吸引最好作者的关键因素只有两条：其一是提高期刊的学术影响力，其二就是加快期刊的出版速度。作者投稿往往很现实：一看期刊影响因子，二看出版速度。严格的匿名审稿虽然有很多优势，但无疑需要一定的时间保证，无法建立起快速的评审机制。

以浙大社科学报为例，该刊是中国学术期刊中最早采用国际的同行专家双向匿名审稿制的期刊之一（1997 年开始），且内稿外审，并建立了严格的回避制度。浙大社科学报的审稿管理平台对同行匿名评议设定了一个月的审稿期限和提醒机制，并尽量缩短从收稿到出版之间的流程，但依然赶不上研究者对缩短时滞的需求。匿名审稿十多年来，编辑部深切感受到了催审的麻烦和费时费力。

事实上，国际期刊界一直非常注重缩短期刊出版流程，并非特别需要的流程就尽可能删去。为缩短时滞，不少学术期刊尤其是科技期刊纷纷改变出版频率，月刊、旬刊、周刊纷纷出现。即便如此，学术期刊依然没有放慢缩短时滞的尝试。

据悉，美国化学会的最新动作就是将未经排版的论文直接上网，以此省略排版时间；而国际上部分采用开放获取的期刊则开始对费时费力的同行评议模式做了大切割，向作者提供了更为快速且新颖的出版流程：所有来稿，只要技术无错，逻辑合理，马上在线发表，好坏由读者或曰学术共同体在网上即时评论，质量完全基于单篇文章进行检索与评价。当然，这类基于开放获取的全新出版模式大多是向作者收费的，而且费用比一般期刊更高。美国物理学会旗下的期刊已于 2011 年开始采用这一最新出版模式，并受到热烈追捧，短短 6 个月就收获 2000 多篇来稿。研究者已不再安于传统的图书馆阅览模式，更短平快的网络在线出版模式大受欢迎。

约翰·海尼斯将这一平台称为"激动人心的网站"，但他还未敏感到这可能会是数字时代期刊发展中具有标志性的"撼动人心"的事件。今年 4 月 17 日，哈佛大学的学部咨询委员会发表了一份关于图书馆期刊订购模式已不可持续的备忘录，⑤并向全校师生提出 9 点建议，鼓励学者将自己的学术成果提交到哈佛的机构知识库（DASH），该库是根据哈佛 7 个学院教师投票通过的开放获取政策而建的，库中内容向所有读者免费开放，长期保存。英国大学和科学事务大臣 David Willetts 今年发表在卫报网站题为《学术成果的免费获取：这将是一个巨变》一文称，英国将启动政府投资的学术论文开放获取平台，或作者付费，即时开放获取；或出版后作者自我存入相应知识库，适时开放。⑥David Willetts 称，该平台是一个让全世界科学家合作和共享资源数据并孕育新的科学研究的平台，并将利用新科技实现的对论文评价的全新方式。2012 年 3 月，美国《连线》杂志推出的一篇论文则将传统的评审过程视为数字时代应予改革的靶向目标。文章认为，科研成果应在完成后的第一时间与学界分享，获取自身科学性认定；评论家和编辑则以志愿性的工作来判断论文的重要性及适用范围。这种出版体系开始可能会出现混乱，但长远看，人们绝对可以建立起一个交流、评价真正有价值观点和发明的平台。《科技日报》以《美杂志称美现行论文发布机制弊大于利》为题介绍了该文。⑦

这些平台事实上已经建立，这就是美国物理学会、arXiv 和 Nature Precedings 等已在尝试的"激动人心"的学术期刊"免专业评审与编校"之网络快速出版平台。俄罗斯数学家格里高利·佩雷尔曼证明数学难题庞加莱猜想的论文，就发表在世界著名的美国康奈尔大学图书馆"开放获取"电子文库"arXiv. org"网站上，而非传统学术期刊上。由开放获取引发的类似平台，今后是否会由单纯的存放论文进而发展成一个发表最新学术论文的具有期刊功能的平台？如果类似的平台在世界各大高校或学术团体中相继出现并形成强大的影响力，执掌者可以是未受过专门训练的非职业、非专业编辑的图书馆、数据库机构相关人员，期刊的未来会怎样？开放获取这一带来论文发表和评价模式巨变且孕育着新的科学研究的平台，是否同时也会孕育并引发期刊出版模式的巨变？

对此，我们只能说未知大于已知。就学术期刊"免专业评审与编校"网络快速出版而言，笔者认为，该平台作为网络时代全新的传播模式，是一种推动科技发展的新事物，可以作为传统出版模式的一种有效补充，对科学研究而言也有较好的快速传播和推进作用。但该出版模式来者不拒，一般不对论文质量、抄袭与否等做任何评估（arXiv 也会有文字大量重复等提示），因而与同行评审的在线期刊有着本质区别，显然难以完全取代传统的具有专业评审功能的在线出版模式，读者阅读这类平台的论文时也会慎重些。因而，国内有学者认为这只是一个用来存放科学论文预印本的网站，并不认可为它是一个具备学术期刊出版功能的网络平台。

的确，学术出版单位依据内容的重要性和学术质量进行论文的遴选和编辑，不仅对一名科研工作者获得事业上的成功有着不言而喻的重要作用，对于普通读者而言，严格的质量控制和同行评审工作也有助于判断哪些成果是值得信任的；并且专业评审与出版还有利于读者在超海量的信息中直接阅读到经同行筛选的有价值的文献，起到甄别信息、节约时间和精力的作用，使学者的科研工作更有成效。事实也如此。现如今虽有不少网络自媒体等，但学者依然会把精心写作的论文交给传统学术期刊进行严格评审和编辑出版。

放眼未来，网络技术发展对传统出版模式影响将持续存在。今天，学术期刊编辑出版全过程的数字化已不再是趋势，而是现实。在这个现实中，学者的研究成果和期刊的传播及运用方式早已发生变化，传统的编校方式也已发生改变，未来的出版模式也将继续变化。

面对数字时代传媒业纷纭的变化与挑战，中国传统的学术期刊该如何回应？笔者认为，即使未来学术期刊通过平台出版成为大势，做最好的内容，做最好的在线传播，依然是传统学术期刊目前以不变应万变的法则。美国物理学会采用"免专业评审与编校网络快速出版"模式之所以能获得来自世界各地学者的追捧，得益于其多年来树立的期刊品牌效应和权威性，不是任何一个免专业评审直接上传论文的刊社都会取得如此"激动人心"的回应的。

三 数字时代：坚持"做最好的在线传播"

面对飞速发展的数字时代，纸本学术期刊发生变化是必然的。我们可以这么说：不是所有的问题都有资格关乎学术期刊的未来，但是新技术却有足够的分量关乎期刊的未来，它是我们必须面对的。那么，传统学术期刊究竟该如何做最好的在线出版？以《浙江大学学报》（人文社会科学版）为例，该刊与多数小刊社一样，是传统的单纯提供内容的学术期刊，并无大刊大社的实力去兼做网络运营工作，但在多数期刊没有意识到或意识到但不知如何做的情况下，得益于浙大出版社的推动和具有前瞻性的战略规划，《浙江大学学报》（人文社会科学版）在期刊数字化建设的八个方面做了一些尝试，并成为国内社科期刊中数字化走在前列的期刊之一，该刊的实践或能对传统学术期刊如何做最好的在线出版有所启发。

1. 在全国社科期刊中率先建立在线内容永久数字标识系统：DOI（Digital Object Identifier）

DOI 是一个国际通用的逻辑识别字，具有唯一性、永久性、可操作性、互操作性、可扩展性、可读性等特点，可在国际范围内或整个网际网络上有效。它贯穿了学术期刊出版物产业链的始终，保证了在整个过程中对数字物体的唯一识别，每篇论文都有一个，类似于论文的身份证、产品的条形码。从链接价值（Link Value）看，DOI 可以建立起开放式参考数据链接系统，实现数据库之间，数据与文献之间的交叉参考链接；作为国际化的标识体系，DOI 有利于通过 DOI 技术建立资源间的国际化链接；而且，DOI 标识在促进数据生产者的数据流程量的同时，还扩大了数据本身的影响面，并进一步提高了数据的权威性。

2008 年 2 月，《浙江大学学报》（人文社会科学版）正式采用了 DOI，借此建立了开放式的知识链接体系，并上溯到创刊的 1955 年。而 DOI 所具有的能使电子文档在网络中永久被正确识别、引用、链接的独特作用，也对《浙江大学学报》（人文社会科学版）此后采用在线优先出版做好了先行准备。

2. "开放获取"（Open Access），提供免费下载服务

基于开放存取的理念和网络技术的普及，为及时有效地传播学术期刊的优秀论文，为广大科研人员创造良好的文献查阅条件，《浙江大学学报》（人文社会科学版）于 2008 年初向海内外学者提供全文免费下载服务。目前，已在自己的网站完成所有现刊的网络版、"在线优先出版论文"以及 1999 年以来所有过刊的免费开放工作，并在教育部"科技论文在线"OA 网站、中国科学院科技期刊开放获取平台（CAS-OAJ）等同步上传。与国际上通行的要收取作者发表费不同，浙大社科学报不收取任何版面费、审稿费及开放存取论文发表费，论文对所有用户开放，为人文社科学者提供 21 世纪的论文发表新平台。

个性化服务无疑是今后网络的发展趋势。为避免单一的发表形式，《浙江大学学报》（人文社会科学版）还尽可能利用网络超媒体的表现空间、多层次知识索引等优势，积极拓展内容服务，在开放获取的网络版中向读者提供更多的信息，使传统的出版资源得到更有效的传播和挖掘利用，提升期刊以"读者为本"的服务理念。

3. 2009年2月，尝试"在线提前出版模式"

所谓"在线提前出版"，是指有卷期页码，若干篇已正式排版，印刷本尚未出版的期刊，是期刊印刷本的提前本。它的形式依然是一本网络期刊，除了有提前量，在形式上并没有突破性的改变。《浙江大学学报》（人文社会科学版）在 2009 年 2 月尝试推出一期"在线提前出版"后即停止。

4. 在全国中文期刊中，率先推出"在线优先出版"模式（Online First）

期刊数字出版需要创新出版技术，期刊数字出版更需要创新出版理念和模式。2009 年 3 月，《浙江大学学报》（人文社会科学版）在全国中文期刊中，率先推出"在线优先出版"模式。该模式完全打乱了期刊编辑传统的编校流程，编辑部内部审稿流程包括执行总编签发及排版、5 个校次的编校、外聘的英文审校等工作都是以单篇论文为单位一对一进行的，需多方协调与沟通，其中最艰难的是 5 个校次单独排版完全打乱了排版部的工作流程。经过三四个月非常艰难的调整磨合期，浙大社科学报逐渐理顺关系，开始了全新的、更适合数字时代的以单篇论文为发表模式的全新的发稿、编审校及出版流程，每篇论文都完全做到了单独进行审稿签发、排版、校对、上网出版、提交大型数据库传播等；直至出印刷版时，编辑部才会把已经在线优先出版的论文加以选择及组合后，再行汇编出版。

浙大社科学报的尝试表明，在数字出版业务的环境下，期刊出版流程应该为多渠道的数字出版服务，这就需要对期刊编辑部的资源获取、资源加工、资源发布等编校出版流程进行符合数字出版需求的改造。传统纸媒期刊在向数字出版发展进程中，要及时改变传统的办刊思维，要勇于创新，要善于适应数字时代的需要而改变工作流程，要突破原有"定期"、"整刊齐清定"、"卷数"、"刊期"、"整齐连续性页码"等固有编校流程的限定去凑齐十几篇或几十篇论文来发表的时间约束，向符合多渠道发布的、以短平快为特色的数字化方向创建新的编校与出版流程。

5. 建立网络投稿与审稿系统，实现生产过程的数字化

2009 年 5 月，《浙江大学学报》（人文社会科学版）建立网络投稿与审稿系统，完成了期刊论文编审的全数字化流程，从而实现了生产过程的数字化。值得一提的是，更新后的网站将优先出版内容放在首页显著位置，使该刊成为中国学术期刊中第一个自行设计并请专业公司制作的、拥有"在线优先出版"平台的学术网站。除了论文投稿与编审的数字化流程外，改版后的网站还具备如下功能：提供摘要点击排行、全文下载排行服务；向百度、Google 等搜索引擎开放数字内容或元数据搜索，提升用户接触面，更大程度地抢占用户。今后还将提供新书快读服务手机听书定制服务、个性电子论文选本定制服务；Email Alert 全新电子期刊派发服务；免费的 Alert 按用户需求提供最新目录服务等。

6. 尝试新媒体，开通手机版，首推学术期刊移动阅读与印刷本同步出版的全新传播模式

随着信息技术的快速发展和 3G 网络的日益普及，手机阅读作为移动阅读的一个重要方面，已成为一种新的阅读时尚。所谓移动阅读，是指利用手机或专用手持阅读器作为承载终端的一种阅读行为，用户一般通过移动阅读终端阅读手机报、信息、小说、杂志等内容，具有易传播性、便携性、跨越性等特点，是一个前景非常广阔的新媒体、新产业。

为推进学术期刊的数字化工作和移动阅读的发展，2009 年，浙大社科学报主动与中国移动电子阅读基地建立合作关系，通过浙江大学出版社数字出版部的技术制作，在中国期刊界首推学术期刊移动阅读版与印刷本同步出版的全新传播模式。2010 年 1 月起，《浙江大学学报》（人文社科版）每期学报均同步上传至中国移动电子阅读平台出版，成为全国首家在全媒体整合传播方面进行全新尝试的学术期刊，使得学术期刊的纸质、电子与移动媒体一体化同步出版得以实现，并成为全国首家在全媒体整合传播方面进行全新尝试和同步出版的学术期刊。凡是移动手机用户，无论身处中国哪座城市，都可随时随地浏览，享受"第五媒体"、"第一时间、轻松阅读、尽在掌中"带来的便利。

7. 在全国高校综合性期刊中首开微博

数字时代，微博已成为信息传播中"对媒体软环境有着颠覆性影响"的新平台，并在学术期刊的编读互动及读者参与和分享方面发挥着更为重要的作用。《浙江大学学报》（人文社会科学版）于 2011 年 2 月 15 日在全国高校综合性学术期刊中首开微博，积极融入数字时代大环境，用"微编辑"创新平台整合期刊内容，借"碎片化""浅阅读"开拓数字传播新通道。在不断提高期刊学术质量的同时，积极构建学术期刊与作者、读者"合力性沟通"的有效平台，尝试通过微博等数字化途径获取更多的优质稿源、更宽广的读者空间、更广泛廉价的发行通道、更有效便捷地与读者交流互动的方式。目前，浙大社科学报微博粉丝已逾 13100 人，微粉丝、微转发、微评论均居全国同类学术期刊之首。

8. 试水平板电脑，提供全新阅读体验

今天，传播介质、传播载体、传播通道、传播模式已发生了巨大变化，新技术开启了具有颠覆意义的人类传播活动新纪元，任何人可以在任何时间、地点从事不间断的传播活动，文化传播也已经从受过训练的、职业化的、专业化的、由少数人进行的单向的、周期性的信息发布活动，转为泛在的、人人可为的、多向度的自媒体活动。同时，其传播活动还具有无起点、无终点的无限时空性，我们常规读书的线性时间在互联网上已不复存在，面对超海量的知识和图书，人们看完一本书后结束的成就感也已不复存在，"而 ipad 可以重塑时间线索，开始结束的概念"。[⑧]

2012 年 7 月，《浙江大学学报》（人文社科版）通过浙江大学出版社数字出版中心制作数据，试水学术期刊平板电脑传播新模式。学术期刊的平板电脑传播并非单纯的 PDF 软件播放器，该刊拟在平板设备上向学者提供具有针对性的深度体验内容，方便学者的阅读与检索。比如，可以直接在学术论文的 PDF 上做笔记、画线、提供分享、通过触摸屏进行放大缩小；相关检索内容与中国知网对接并直接弹出；各类名词解释可在 PDF 页面直接进入谷歌或百度搜索；提供论文需要的音频或视频内容；即时的社区交流；等等。当然，这仅仅是个开始，比如目前浙大社科学报还未能提供论文所需的音频或视频的数据。

学术期刊试水平板电脑传播，不仅基于学术期刊全媒体整合传播覆盖面的需要，更基于平板电脑未来的发展态势。苹果 iPad 问世迄今不过两年多时间，但已在教育领域凸显为一项具有颠覆性的技术。PC 显然无法成为纸质媒介的合适替代者，而 iPad 等相关智能设备的性能却会越来越突出，它的一键式界面无疑给读者带来了很大便利，连三岁孩子和年迈老人都知道如何用手指滑动进行操作。国内外不少业内人士纷纷预测，在 iPad、iBooks 和其他智能设备的轮番冲击下，传统教科书的统治地位或将走向终结。

如果未来的课堂是平板之世界，如果"电子课本起飞，印刷书籍跌倒"（预计到 2014 年，电子课本将占据美国课本市场的 18.8%；韩国将投资 20 亿美元，计划到 2015 年将所有课本替换为电子书），这对于纸质教材出版是个可怕的未来，对于传统学术期刊出版，又将带来怎样的变化？浙大社科学报依托浙大出版社试水平板电脑的学术出版，正是希望在这方面有所尝试，占领新媒体，积累学术期刊在平板电脑出版方面的一些经验。

今天，传播介质、传播载体、传播通道、传播模式已发生了巨大变化，新技术开启了具有颠覆意义的人类传播活动新纪元，浙大社科学报的尝试表明，传统学术期刊完全可以根据自身特点及读者需求量身打造自己的数字化道路，除了做好一流的内容、一流的编校、一流的装帧设计、一流的出版外，尝试做一些对技术要求相对较少的新媒体工作，并主动与移动或平板电脑机构寻求合作，努力做最好的在线传播。在尝试中去感受数字时代的激变，去体验新媒体的奇妙，去拥抱数字时代的春天，最终迎浪而上，不被数字化大潮所抛弃。

当然，《浙江大学学报》（人文社科版）的期刊数字化工作才刚刚起步，还处于尝试阶段，是在探索中前行的，还有很多不足，也有许多工作要做，期待与大家共同探讨。

四　结语：全媒体出版，走向竞合时代

在目前这样一个文化大媒体大编辑的时代，阅读已绝不意味着只能采用传统的纸质出版物方式进行，单一媒体的传播日显势单力薄，媒介融合作为新闻传播业发展的趋势，必然在理论与实践方面成为业界研究和尝试的热点之一，这对编辑工作提出了一系列挑战。

早在 1983 年，美国麻省理工学院的伊契尔·索勒·普尔就在其《自由的科技》一书中率先从狭义角度提出了"传播形态融合论"，①认为数字化发

展是导致历来泾渭分明的传播形态聚合的原因，也即各种媒介在数字时代将会呈现出多功能一体化的趋势。美国新闻学会媒介研究中心主任 Andrew Nachison 则进一步从广义视域将媒介融合定义为"印刷的、音频的、视频的、互动性数字媒体组织之间的战略的、操作的、文化的联盟"，⑩强调各个媒介之间的合作和联盟。无论狭义还是广义，媒介内部不同形态之间、媒介与其他一切相关要素间的汇聚与融合，在数字时代都已是不争的事实，传统媒体和新媒体之间的业务融合今天早已是风生水起。这是一个走向竞合的时代，多媒体融合或曰"全媒体出版"无疑是数字时代的一个全新概念。

对传统学术期刊而言，这无疑是一种全新的关乎出版传播的理念，也是一种突破时空的具有远大前途的新型出版传播方式。在全媒体时代，优秀学术期刊可以同时出版纸介质图书、网络版本、手机版本、手持阅读器版本、平板电脑版本等，并在同一时段投放市场，以全媒体的方式同步发布，覆盖到所有需要的用户，还可以在没有时间和空间限制，随时随地都可以传播最新信息的微博上链接发布，快速传播，使学术传播模式从"单一"向"多元"转型，从"单向"向"互动"转变，从有限向无限发展，从而带来版权价值及传播效益的最大化。

未来将是全媒体出版的时代，也是全媒体传播的时代，"一站式数字和印刷发行"或曰"按需出版"将成为学术期刊出版的重要方式。对传统学术期刊而言，今后应在全媒体出版整合传播及营销上进行新的开拓。而浙大社科学报的"在线期刊"、"在线优先出版"、手机出版、微博传播、平板电脑传播等，仅仅是全媒体出版理念中的一部分。笔者相信，无论未来会怎样，相比全媒体出版而言，传统学术期刊首先要做的依然是提供高端内容，提升办刊质量和期刊品牌。数字化只是学术期刊的外在形式，期刊的核心竞争力离不开"内容为王"，真正重要的在于媒体所传递信息的内容，而不是载体。在这个"上网不知身何处"的时代，"内容为王"会让品牌期刊有了底气，尤其在充满大量无用廉价的垃圾信息的互联网上，优质和高端的内容无疑是极具高价特质的稀缺资源。

每个传统学术期刊在整个数字出版海洋中可能只是小小的沙石，勇于试水会带来办刊人思维的改变和期刊传播方式的变革。面对新媒体，传统非营利性学术期刊出版要走出"明知数字出版是未来方向，却不知路该如何走"的迷局，在将数字内容交付数字运营商的同时，尝试从多媒体出版入手试水；未来的学术期刊出版一定是基于网络的，并且是基于多媒体融合的——跨媒体、跨受众、跨终端、跨渠道的超级媒体平台。

---

①国家新闻出版总署：《新闻出版业"十二五"时期发展规划》，http://www.gov.cn/gongbao/content/2011/content 1987387.htm。

②数据来源：全球学术与出版学会月报编辑 Pippa Smart 于 2011 年 10 月在浙江大学出版社期刊中心的讲座："期刊出版正在发生着什么"。

③官建文：《中国媒体业态的困境及格局变化》，北京：《新闻战线》2012 年第 2 期。

④约翰·海尼斯：《学术期刊的品牌建设与学术经营》，北京：新闻出版总署调训班，2011 年 8 月 23 日。约翰·海尼斯曾在英国物理学会、英国皇家化学学会从事学术期刊出版工作，现为美国物理学会负责人，主要负责美国物理学会旗下 200 多种期刊及社交网站。

⑤孙博阳：《哈佛大学宣布图书馆期刊订购模式已经不可持续》，http://blog.sciencenet.cn/blog-411136-579151.html。

⑥孙博阳：《学术成果的免费获取：这将是一个巨变》，http://blog.sciencenet.cn/blog-411136-579588.html。

⑦张梦然：《美杂志称美现行论文发布机制弊大于利》，北京：《科技日报》2012 年 3 月 30 日。

⑧Juan Senor：《2011 世界期刊创新报告》，北京：2011 年中国期刊协会期刊新媒体高级研修班报告。

⑨孟建：《媒介融合：粘众并造就新型的媒介化社会》，北京：《国际新闻界》2006 年第 7 期。

⑩蔡雯：《新闻传播的变化融合了什么——从美国新闻传播的变化谈起》，太原：《新闻采编》2006 年第 2 期。

作者简介：徐枫，浙江大学出版社期刊中心副主任，《浙江大学学报》（人文社科版）编辑部主任、执行总编、编审、博士；郭沁，SCI 来源期刊 *World Journal of Pediatrics* 助理编辑。

[责任编辑：刘泽生]

（本文原刊 2013 年第 1 期）

学术期刊的技术转型与制度转型[*]

——"中国高校系列专业期刊"的创新之路

赵东奎

[提　要] 中国高校的综合性学术期刊有着光荣的历史传统与成绩，同时也逐渐显现出了"全、散、小、弱"等不足。近些年来，一方面由于全球信息革命的兴起，数字出版对学术期刊提出了技术转型要求；另一方面，"名刊工程"和报刊体制改革也为学术期刊的制度转型和未来发展提供了思路。中国高校系列专业期刊的创办与发展，是我国学术期刊技术转型与制度转型的结合，也是学术期刊的一次重大创新之举。

[关键词] 学术期刊　中国高校系列专业期刊　技术转型　制度转型

中国高校系列专业期刊于 2011 年 3 月正式在中国知网以数字版形式面世。它是高校综合性学术期刊面对全球信息化浪潮的数字化、网络化发展特征所做出的技术转型；同时，也是高校综合性学术期刊为改变其自身固有的"全、散、小、弱"的现状，实现教育部"名刊工程"所确立的"专、特、大、强"目标，积极顺应我国报刊体制改革的制度转型。中国高校系列专业期刊的创办与发展，可以说是学术期刊的一次重大创新之举。

---

* 本文的写作源于崔月琴 2012 年 4 月在中国高校系列专业期刊研讨会（武汉）上的报告，同时参考了崔月琴、朱剑、仲伟民等有关中国高校系列专业期刊的观点和论述，作者在此谨表谢意。

一 学术期刊的技术转型

技术转型，又称技术进步、技术变迁，它是人类社会、经济发展的核心动力。[①]世界迈入信息社会以来，产生了无数新技术，如电脑技术、网络技术。新技术的推广和应用产生出了大量新产品、新服务，深刻地改变着人类的生产、生活方式。学术期刊在使用了几百年相对稳定的编辑出版技术之后，在当今这个信息时代又迎来了重大的技术转型——数字出版。

1. 数字出版改变了学术期刊的编辑、出版和管理模式

20 世纪 70 年代，个人电脑和互联网相继问世。从此，在全世界范围内掀起了一场信息革命，对人类社会产生了空前的影响，信息产业应运而生，人类迈向信息社会。以信息技术为基础的产业已占发达国家国内生产总值的一半以上。

信息革命对我国出版产业也产生了重大而深远的影响。迄今为止，我国出版产业的发展经历了两次技术革命：第一次是激光排版技术的出现，第二次是全息数字化技术的出现。[②]"数字出版是指利用数字技术进行内容编辑加工，并通过网络传播数字内容产品的一种新型出版方式，其主要特征为内容生产数字化、管理过程数字化、产品形态数字化和传播渠道网络化。"[③]可以说，数字出版是继图书、报纸、期刊、音像制品等出版模式之后的一种全新出版模式，信息革命的数字化、网络化特征，对期刊的技术转型、未来发展产生了深刻的影响。

从学术期刊来看，技术转型贯穿于编辑出版的整个流程。学术期刊在内容编辑加工过程、管理过程逐步实现数字化。产品从单一的纸质产品转变为纸质产品与数字化产品并存。而对于出版、传播过程则采取了不同的模式。如有些学术期刊自建网站或组建网站群，即自主期刊网络化。而大多数学术期刊则加入到大型学术期刊网站，如中国知网、维普数据库、万方数据库等。数字化、网络化灵活的出版形式进一步拓展了纸版期刊刊载的内容，改变了传统学术期刊的生产方式，也改变了人们的阅读习惯。

与此同时，一些数字学术期刊应运而生。虽然它们由于创办时间较短，尚未得到国家正式认可及社会公众的认同，还处于起步和发展阶段，但是，数字学术期刊的技术起点高、产品周期快等特征表明，其未来发展的前景一片光明。

2. 信息技术的新发展、深化发展要求学术期刊不断进行技术转型

从世界范围来看，信息革命继续深化，新技术、新方法不断涌现，学术期刊以及知识传播方式也在发生着一些新的变化。

首先，网络化在向移动网络化发展。这导致大量新型的期刊阅读终端不断涌现，如平板电脑、手机等。如何不断调整数字期刊的产品形态，以适应移动网络所需，是数字期刊需要面对和解决的问题。比如开发适合于移动终端的应用、相容移动网络操作系统，等等。

其次，"云"（Cloud）技术的出现和大量应用也在改变着信息、知识的传播、处理、计算、存储等方式。随着网络的大规模普及与发展，这种云端集约化规模化的处理、计算、存储方式可以大大节省成本，提高效率。人们只需要一个比较简单的终端，然后通过网络把要处理、计算、存储的数据提交给云端的超级计算机群来处理并把处理结果返回终端。汪新红指出，对于期刊来说，"云出版"实际上是期刊社自主进行数字化编辑、出版，并自主经营数字内容的出版模式，云出版平台是实现这一模式的技术系统。在云出版的框架下，原来的数字出版商转变为平台运营商和技术服务者，负责提供平台建设、运行、维护和产品渠道服务。④

第三，学术新知识、新观点的公布与发表呈零散化、多样化倾向。网络博客、微博的出现与迅猛发展，使学者们有了快速、简捷地公开表达自己学术观点的阵地。很多发表于学术期刊上的文章雏形源于博客上的文章，甚至博客上的文章本身已经是一篇比较完整的学术论文。近几年来也出现了一些全新形式的数字化期刊，⑤如"覆盖期刊"（overlay journal）。⑥

第四，出现了大型的学术网络搜索引擎。如谷歌学术（Google Scholar）。谷歌学术于 2004 年上线以来，对学术知识的快速传播与普及起到了积极的促进作用。它的搜索范围囊括了世界上各个大型学术期刊网站及大部分自主期刊网站，甚至包括学者的个人网站、博客等。

数字化成为学术期刊未来的发展趋势，整个期刊界都经历着以数字化为推动力的出版形态方面的深刻技术变革。信息革命的深化发展要求学术期刊要不断进行技术转型，为自身的发展壮大奠定坚实的基础，将新技术、新方法应用到编审校印发各个流程，提高数字化出版的创新能力。

二 学术期刊的制度转型

中国一直在进行经济、社会、政治、文化等体制的改革。而改革的核心就是各种制度的转型，这一方面是因为原有的制度由于历史原因存在很多弊端，另一方面是因为制度需要与不断发展的社会、经济等水平相适应。学术期刊尤其是中国高校综合性学术期刊，在历史上取得了辉煌的成就，但是也逐渐暴露出许多与整个社会、经济、文化等发展不相适应甚至脱节的地方。中国的学术期刊急需学习国际学术期刊的成功制度模式，"自下而上"地向更先进、更优秀的制度转型；而国家层面、产业层面的报刊体制改革乃至文化体制改革"自上而下"地为学术期刊转型勾画出发展方向和未来。

1. 国际学术期刊与中国学术期刊的制度比较

国际学术期刊与中国学术期刊在管理模式、办刊主体、刊物内容等制度性方面存在着诸多差异。一方面，中国学术期刊有着自己的优秀传统和历史传承，另一方面在与国际接轨方面产生了诸多的困难与障碍。

我国的学术期刊管理具有较高的行政化色彩，这是由于长期的计划经济管理模式的影响。中国的高校和科研院所具有较高的行政化色彩，由此而产生的教学、科研行政化色彩必然影响到学术期刊。学术期刊大多由高校和科研院所创办和管理，形成了出版管理部门、主管部门到高校和科研院所再到学术期刊的行政化垂直管理模式。而国际学术期刊尤其是著名的国际学术期刊大多数由各大学术团体、学会创办，学术氛围浓郁，较少或几乎没有行政化色彩。[⑦]

中国的学术期刊由于历史原因，国际通行的同行评议及双向匿名审稿制度刚刚起步不久，与国际学术期刊相比仍然有较大差距。很多学术期刊的这种制度并不健全或者只是流于形式。但是随着中国学术期刊的国际化、规范化发展，这种制度的实施与贯彻有了明显的提高和完善。学术期刊的开放意识、自主意识、规范意识都有了大幅度的提高。[⑧]

中国的学术期刊中综合性学术期刊占大多数，这在国际上是比较少见的。综合性学术期刊与国际专业性期刊相比存在着诸多问题。诸如期刊定位不清楚、专业性不强、简单拼凑等问题。这导致中国的学术期刊在国际上影响力甚低。即使有些优秀的学术论文，也被湮没在茫茫的综合性学术期刊中，无法突出其专业性而失去了闪光的机会。

2002年，时任教育部副部长的袁贵仁在题为《新世纪新阶段高校社科学报的形势和任务》的主题报告中，指出了学术期刊中的重要组成部分高校学报所存在的四个方面的问题：（1）有些主办单位对学报的作用和地位认识不足；（2）不少高校社科学报满足现状，改革创新意识不强，办刊理念、办刊模式和办刊方法跟不上时代发展的要求；（3）相当一部分学报定位不清，选题雷同，内容重复，个性、特色不够鲜明；（4）高校社科学报还存在着发行量偏小，不同程度地存在求生存、图发展的突出问题。[⑨]

大量学术定位不清的综合性学术期刊的存在，导致了"千刊一面"、"低水平重复"等问题。虽然期刊数量上有增长，但质量上长期停滞不前，甚至有所下降。学术期刊与经济社会文化发展不相适应并渐行渐远。这种现象及问题引起管理层及期刊人的深刻反思，对中国的学术期刊进行制度上的改革，成为各学术期刊的共识与内在动力。

2. "名刊工程"、报刊体制改革的核心都是学术期刊的制度转型

针对中国学术期刊，尤其是数量众多的高校综合性学报存在的问题，教育部于2003年启动了"名刊工程"。名刊工程的目标是："通过国家（包括新闻出版总署、教育部和主办单位）的支持和学报的改革，在五年时间内滚动推出20家左右能反映我国高校学术水平和学科特点、在国内外有较大影响的社科学报及其特色栏目。"2003年底，教育部组织评选出了11家大学学报，首批入选"名刊工程"。此后，第二批8家学报、第三批7家学报于2006年和2009年相继入选"名刊工程"。在2004年2月"名刊工程"首次主编座谈会上，袁贵仁部长指出："名刊工程"应是一个导向工程、一个建设工程、一个创新工程、一个特色工程、一个整体工程、一个质量工程、一个责任工程、一个系统工程。由此足见，"名刊工程"实际承担着救困与复兴的双重使命，要通过"名刊工程"的建设，为高校社科学报找出一条走出困境重现辉煌的成功之路，以"名刊工程"为示范，"每一份高校社科学报最终都将经历一个凤凰涅槃的过程"。[⑩]

新闻出版总署李东东副署长于2009年12月在河北省高校学报建设座谈会上针对高校学报特别指出："高校期刊特别是大学学报在学术成果创新、服务学科建设、培养科研人才方面发挥了较大的作用，但从整体上看仍存在三方面问题：一是封闭办刊、理念落后。缺乏更大范围的学术交流，文章缺乏现实性、针对性和原创性。二是缺乏专业特色，同质化现象严重。几乎所有大学学报都是综合性学术期刊，没有明显的学科特色，个人或研究部门订阅较少。三是资源分散，出版力量单薄，对一流学术论文和创新性研究成果缺乏吸引力。"李东东特别强调报刊体制改革与高校体制学报改革的统一性："这些问题都需要在下一步报刊业改革中加以解决。"高校期刊改革的路径是:"第一,要进一步优化高校期刊结构,鼓励高校期刊向专业化、特色化、品牌化方向发展。坚持区别对待、分类指导,在从严控制、科学评估、扶优汰劣、促进繁荣的原则下,优化高校期刊结构和布局,改变配置刊号的资源方式。第二,要进一步完善学术期刊质量评估标准,建立高校期刊准入退出机制,对大学学报实行优胜劣汰,促进学术期刊质量提高。第三,要进一步深化高校期刊出版单位改革,鼓励高校期刊集约化、规模化发展,构建学术期刊数字出版平台,创新高校期刊出版体制。要把分散的办刊力量集中起来,优势互补、资源分享,借鉴国外先进的办刊经验,形成一批开放型、高水平的学术期刊群。"①

2011 年 7 月,随着我国文化体制改革的推进,新闻出版总署启动了报刊体制改革。2012 年 7 月,新闻出版总署颁发了《关于报刊编辑部体制改革的实施办法》。"实施办法"给出了高校学报改革的路线,其核心就是"转企","不再保留报刊编辑部体制","并入新闻出版传媒企业"或"转为期刊出版企业"。这就意味着高校学报百年来将首次与学术研究这一母体相分离而走向市场化,成为企业。包括高校学报在内的学术期刊体制改革的启动有着特定的背景,一方面,它是国家层面的文化体制改革的组成部分;另一方面,学报不尽如人意的现状也是其被纳入改制范围的重要原因。②

从教育部启动的"名刊工程"和新闻出版总署启动的报刊体制改革来看,学术期刊的发展目标都是做大做强我国的学术期刊,提高在国际上的竞争力和影响力,在国际学术期刊界占有重要的一席之地。而这种目标性的制度转型,需要我们有勇气、有决心、有毅力,"摸着石头过河",不断探索最新的、最优的改革路径,不断发展、完善和优化学术期刊制度。"中国高校系列专业期刊"就是在这种目标性的体制改革指引下,学术期刊积极探索和完善出的一条成功的制度转型之路。

三 中国高校系列专业期刊的创办

摆在中国学术期刊面前的是以数字出版为核心的技术转型和以报刊体制改革为核心的制度转型。这是一种双重的内在动力和外在压力,引发了高校期刊人的自主探索和创新。

由高校入选教育部哲学社会科学名刊工程的 17 家学报编辑部自主联合创办的"中国高校系列专业期刊",于 2011 年 3 月正式在中国知网面世,出版了十种数字化专业学报：《马克思主义学报》、《文学学报》、《哲学学报》、《历史学报》、《政治学报》、《经济学报》、《法学学报》、《社会学报》、《教育·心理学报》、《传播学报》。[13]2012 年，又有 4 家入选"名刊工程"的高校学术期刊加盟中国高校系列专业期刊。[14]中国高校系列专业期刊的创办，开启了中国高校综合性学术期刊的技术转型与制度转型相结合的探索之路，是学术期刊适应新时代、新形势，打破旧传统、旧模式的制度桎梏的改革与发展的重大创新之举。

中国高校系列专业期刊的创办既是一种新的办刊理念的实践，多元主体办刊模式的探索，也是学术期刊编辑与后期出版制作分离的有益尝试。它既是对高校学报"名刊工程"建设的延续，也是综合性学术期刊专业化、集约化、数字化发展的路径探索。它充分体现了三方面的有机结合：传统与现代的结合，综合化与专业化的结合，分散与集聚的结合。中国高校系列专业期刊的创办，是以"名刊工程"的建设目标为宗旨，集高校名刊之优势，打破校域界限，突破传统的期刊包装，由一校一刊、各自为政的综合性期刊经重新编目组合，形成系列数字化专业期刊，为构建高校一流学术期刊奠定基础。从而使"名刊工程"的建设目标可期，同时也为中国正在进行的期刊体制改革提供了可供借鉴的经验。

1. 高校系列专业期刊的创办是技术转型与制度转型的结合，更是创新

第一，高校综合性学术期刊走自主联合办刊之路。中国高校系列专业期刊，是以入选教育部"名刊工程"学报为平台，经自主自愿共同协商的方式，汇聚组成了自主联合体，成立了由各综合性学报专业编辑组成的专业编辑委员会，对拟在各综合性学报发表的文章优选后同步进行数字化、专业化重组，在主要一级学科联合共建系列专业期刊。在目前创办的 10 种专业期刊中，《哲学学报》、《文学学报》、《历史学报》等专业学报彰显了高校学报在这些传统学科上的优势，有读者称不亚于国内的任何专业期刊。

自主联合办刊是一个崭新的课题，如何对分散于各高校的十几家学报进行有效的组织和协调，是创办之初的难点。因此，形成良好的工作秩序和制度机制，形成合理的组织框架和顺畅的工作流程，是保证高校专业期刊的持续性和出版质量的重要前提。为此，各高校学报对专业期刊的运作机制进行了不断的摸索与完善，形成了一整套比较完整和高效的运作机制，包括：（1）成立主编联席会。2011 年初成立了由 17 家学报主编参加的主编联席会作为组织决策机构，商定专业期刊发展和建设的相关事项并做出决策。主编联席会每年 1～2 次，到目前为止，已经召开了三次主编联席会，每次会议就办刊中遇到的问题进行商讨并提出解决方案。（2）设立协调工作小组。协调小组负责办刊过程中组织内外的协调、宣传工作及落实主编联席会的各项决议，及时沟通各方面的情况和信息。（3）成立专业学报编辑委员会。由各家学报的专业编辑组成 10 个专业学报编辑委员会，由主任和副主任负责组织并履行各专业期刊创办过程中的编辑职责，如专业期刊目录的编制、专业期刊制作后的校对、专业期刊的宣传及栏目策划等。（4）建立网络信息平台。运用互联网上的 QQ 群，建设各刊编辑日常联络、处理相关事宜的网络平台，遇到共同的问题，及时召开网络会议予以解决。

高校专业期刊的创办过程是新型的平面化组织形式的尝试过程，平面化的组织里没有科层制式的权威和等级结构，而是采取民主式协商，大家群策群力，为着共同目标而求大同、存小异。

第二，重塑全新的学术期刊样式。中国高校系列专业期刊是 21 家大学学报以全新的专业化和数字化形式呈现。专业数字期刊的创办与纸质期刊有很大的不同。在论文组合上，分别以综合性和专业性见长；在出版载体上，分别以纸本和数字版为主；在出版时间上，基本同步或数字专业期刊更早；在传播途径上，前者以保持纸本传统为主，后者则主打更为迅捷的网络渠道。

系列专业期刊不同于二次文献。首先，系列专业期刊与综合性学报是同时出版甚至更早，两者都是首发，只是同一产品的不同包装，而"二次文献"则有明显的时滞；其次，系列专业期刊与综合性学报是一体两面、合二而一的，而"二次文献"与原刊编辑部并没有任何组织上的关系；再次，系列专业期刊与作者有着直接联系，而"二次文献"编辑部与作者是隔绝的。因此，系列专业期刊是一种全新的期刊样式。

第三，运用数字网络媒体的技术和平台进行整体传播。中国最大的数字期刊数据平台——中国知网在技术环节上全面配合，并在知网首页醒目位置设立专门窗口，可进行仿纸本的全本阅读和进行各种检索，并向专家学者定点推送；还将为系列专业期刊建立专门网页，开辟工作交流及编读往来平台；利用互联网平台和无线移动网络等各种新技术、新手段，强化传播效果，增强影响力，从而构建高校权威的、以主要一级学科为基础的系列专业期刊。

2. 中国高校系列专业期刊创办的意义

首先，中国高校系列专业期刊尝试了全新的办刊模式。它的创办，并不是简单意义上的由纸质期刊重新组合为专业数字期刊，可以说，它开创了一种全新的办刊模式，在一定意义上实现了三个突破：一是突破了高校之间的门户壁垒，尝试了学报间联合办刊的方式；二是突破了纸质专业期刊的单一模式，尝试了专业网络期刊的方式；三是突破了单一主体的办刊模式，实现学术期刊共同体与企业合作办刊的方式。它探索了纸质期刊和数字期刊、综合期刊与专业期刊、单一期刊与学术共同体三个统一的实现路径，成为目前国内高校首次以自主联合方式与国内主流数字出版媒体合作创办的系列专业期刊。[⑮]

其次，推进了"名刊工程"建设。中国高校系列专业期刊为高校名刊学报学术共同体的建立搭建了平台。主编联席会、联合编委会、联合编辑部由所有参与学报共同组成。正如《南京大学学报》主编朱剑所说："它们是高校的，却不再专属于某一校，故而是开放的；以它们为纽带，名刊工程能够真正成为共建共有的开放平台，名校之间的门户之见虽不能彻底破解，但名刊学报之间的壁垒可望就此拆除，名刊背后的名校的群体优势即可尽显。"通过联合办刊，将原来各自为政的办刊思路进行梳理，在更多的学术交流和协商中达成统一的认识和规范，有助于建立起学术共同体的运行机制。它为实现教育部"名刊工程"的建设目标，探索高校社科学报集约化、专业化、数字化发展提供了实践基础。

第三，有助于合理的学术评价机制的建立。中国高校系列专业期刊的创办，将有助于合理的学术评价机制的建立。如朱剑所言："数字化专业系列名刊的创设能有效地锁定作者和读者群，他们将成为对这些期刊最有发言权的评价者，从而有望实现以学术共同体为评价主体的期刊评价机制的重建。同时，数字化专业系列名刊的建立也为期刊人正确对待评价数据创造了条件，可以发挥评价数据应有的作用，而不必再为其所左右。合理的评价必将促进期刊的良性发展。"

第四，实现数字优先出版，扩大了期刊影响力。2011年专业期刊平均比原刊在中国知网资源总库上网提前近一个月，真正实现数字优先出版。数字优先出版减少了出版时滞，加快了知识传播速度。

第五，为未来高校学报的国际交流和传播奠定了基础。国际上的学术期刊以及学术期刊索引以专业期刊为主。而中国高校系列专业期刊无论从内容和形式上都与国际学术期刊形成了一致，更有利于学术期刊的国际交流，更有利于中国学术知识在世界上的传播。

四 中国高校系列专业期刊的发展与未来

1. 中国高校系列专业期刊的社会反响

中国高校系列专业期刊从创办至今，已经一年多了。据中国知网统计的 2011 年全年数据，高校专业期刊全年下载量 26 万多次，超出同期原刊在中国知网资源总库的下载总次数 10 万次以上（见表1）。⑯各专业期刊点击率都在逐步提升，并且无论是点击率还是下载率都是原发纸质刊所无法比拟的。这一方面提升了原发纸质期刊发文的适用率，另一方面有助于原发纸质期刊质量的提升，形成了原发纸质期刊与数字化专业期刊互动发展的良好态势，提高了期刊的学术影响力。

表 1 2011 年中国高校系列专业期刊与原刊下载量对比

原刊名称	下载量	专刊名称	下载量
复旦学报（社会科学版）	7967	传播学报	12883
华东师范大学学报（哲学社会科学版）	7937	法学学报	22287
华中师范大学学报（人文社会科学版）	12316	教育·心理学报	32615
吉林大学社会科学学报	12416	经济学报	46697
兰州大学学报（社会科学版）	8257	历史学报	26055
南京大学学报（哲学·人文科学·社会科学）	9604	马克思主义学报	31603
南京师大学报（社会科学版）	8483	社会学报	16669
南开学报（哲学社会科学版）	7879	文学学报	31302
清华大学学报（哲学社会科学版）	8399	哲学学报	21006
求是学刊	8413	政治学报	23188
陕西师范大学学报（哲学社会科学版）	8907		
思想战线	10689		
四川大学学报（哲学社会科学版）	6116		
文史哲	8492		
武汉大学学报（人文科学版）	6709		
武汉大学学报（哲学社会科学版）	10684		
厦门大学学报（哲学社会科学版）	7435		
浙江大学学报（人文社会科学版）	8504		
合计	159207		264305

中国高校系列专业期刊虽然问世只有一年多时间，但目前这种尝试是富有成效的。从来自学者和同行的反响看，他们对专业期刊给予了高度的关注和良好的评价。2011 年 3～4 月《光明日报》系列报道，来自学报、社科学术期刊、学术界、管理部门的代表都发表了意见，对这一探索性的举措大多持肯定态度。

第一，在综合性学术期刊和学报同行中引起强烈的共鸣。在社科院（社科联）系统合肥、香港两次会议上，都有热烈讨论，不但给予了充分肯定，而且有期刊希望能加盟。学报界十分关注此事，有多位主编或编辑撰文讨论。总之，经过一年多的实践和讨论，高校学报的专业化、集约化、数字化发展方向已得到各方的肯定和支持。

第二，受到各专业学者的重视和好评。对于学术期刊来说，最为重要的是它的读者。各专业学者（从著名学者到青年教师和研究生）几乎众口一词地对高校系列专业期刊表示肯定、支持和欢迎，因为专业期刊使学者们的阅读更加便利，信息量更大。特别是作者，每位主编和编辑平时接触的学者口中都能听到对高校系列专业期刊的肯定和称赞之词，而高校系列专业期刊的高点击率和下载率也证明了它大受读者的欢迎。

第三，得到媒体和相关管理层的高度关注。各大学术媒体对中国高校系列专业期刊给予了关注和肯定。《光明日报》、《中国社会科学报》和新闻出版总署的《传媒》杂志以及各大门户网站对高校系列专业期刊有大量报道。国家新闻出版总署报刊司和教育部社科司的相关领导多次参加自主联合体的会议，并在多次会议上表达对这一探索的支持和肯定。

2. 中国高校系列专业期刊面临的难题

首先，中国高校系列专业期刊的合法性身份问题。目前，加入高校系列专业期刊的各个学报之间的合作是一种"民间合作"，在内部运作机制、对外宣传、争取经费立项等多方面，尚缺乏一个清晰的合法性身份，长此以往不利于系列专业期刊的健康发展。

其次，进一步明确与"名刊工程"建设的关系。创办高校系列专业期刊的初衷是为综合性学报的专业化转型寻找一条可行的路径，它的远期目标是要建设成为高校一流的专业期刊，这与"名刊工程"建设目标是完全吻合的。因此，系列专业期刊与"名刊工程"的关系需要进一步明确，并得到教育部的继续扶持和资助，使"名刊工程"的建设和发展得以延续。

第三，尚未得到国家的立项经费支持。高校系列专业期刊创办一年多来，尽管得到了教育部和新闻出版总署的肯定和支持，但至今仍然没能纳入任何一个项目，也就是说尚无固定的经费来源，全凭各高校学报的热情奉献和中国知网的技术援助，长此以往，难以维持。

第四，联合编辑部的内部运行机制有待完善。而这又与前三个问题交织在一起。

解决上述四个问题的关键是"合法性身份"的确定，最好的办法是明确系列专业期刊是以跨校合作为特征，以"名刊工程"为平台，以创建高校一流专业期刊体系为目的的系统工程。如此，则可为系列专业期刊的健康发展奠定坚实的基础，争取来自教育部和新闻出版总署及国家社科规划办等管理部门的长期经费支持，逐步有条件地向入选"名刊工程"（含名栏）的高校期刊全面开放，完成系列专业期刊的体系建设，早日达成"名刊工程"建设"专、特、大、强"的高校学术期刊的目标。

3. 中国高校系列专业期刊的未来发展及其展望

中国高校系列专业期刊还处于初创和成长阶段，它在期刊体制改革的初期还显得比较稚嫩。但这种尝试为高校学报、综合性期刊的专业化发展提供了可供借鉴的思路。

展望未来，中国高校系列专业期刊期待着做强做大：以名刊名栏为平台；优质优选，提高专业期刊质量；开放式办刊，逐步、稳妥、渐进式地吸收高水平学报以及高水平栏目加入专业期刊。

同时，中国高校系列专业期刊仍将继续探索学术期刊的技术转型与制度转型，引领中国学术期刊的改革方向。比如，尝试创办英文专业期刊，争取部分专刊在国际上发行；适应移动互联网发展的新形势，尝试更多、更新、更便捷的传播途径，如平板电脑应用、手机应用，等等；顺应国家的文化体制及期刊体制改革的要求，尝试更新的更深层的合作办刊模式。

---

①关于技术进步对经济增长的贡献，可以参阅 R. M. Solow 的开创性的理论研究（"A Contribution to the Theory of Economic Growth," *Quarterly Journal of Economics*, 70, 1956, pp. 65 – 94）以及 E. M. Romer（"Increasing Returns and Long-run Growth," *Journal of Political Economy*, 94, 1986, pp. 1002 – 1037）, R. E. Jr. Lucas（"On the Mechanics of Economic Development," *Journal of Monetary Economics*, 22, 1988, pp. 3 – 42）的深入研究。

②王东临：《数字出版：我国出版产业发展的新机遇》，北京：《电子出版》2002 年

第 10 期。

③国家新闻出版总署：《关于加快我国数字出版产业发展的若干意见》，2010 年 10 月。

④汪新红：《"云出版"是期刊社自主数字出版的全新模式》，北京：《中国出版》2012 年 1 月上。

⑤关于国际学术期刊出版的创新，参见 J. Hendler, "Reinventing academic publishing-Part 1," *IEEE Intelligent Systems*, 05, 2007, pp. 2 - 3; B. Whitworth & R. Friedman, "Reinventing academic publishing online, Part I: Rigor, relevance and practice," *First Monday*, 08, 2009。

⑥覆盖期刊并不发表版权属于自己的论文，而是挑选网络上的免费论文发表，有的是全文，有的甚至只是一个题目和相应的网络链接。

⑦比如经济学界权威学术期刊 *American Economic Review* 由美国经济学会主办，*Econometrica* 由计量经济学会主办。

⑧更详尽的学术期刊国际化研究参见崔月琴《中国学术期刊国际化提升机制与路径》，北京：《中国社会科学报》2012 年 5 月 21 日；《学术期刊国际化的反思及路径探析》，澳门：《澳门理工学报》（人文社会科学版）2012 年第 4 期。

⑨袁贵仁：《新世纪新阶段高校社科学报的形势和任务——在全国高校社科学报工作研讨会上的讲话》，北京：《北京大学学报》（哲学社会科学版）2002 年第 6 期。

⑩关于"名刊工程"的详尽讨论和总结，参见袁贵仁《新世纪新阶段高校社科学报的形势和任务——在全国高校社科学报工作研讨会上的讲话》；朱剑：《高校学报的专业化转型与集约化、数字化发展——以教育部名刊工程建设为中心》，北京：《清华大学学报》（哲学社会科学版）2010 年第 5 期。

⑪李东东：《高校学术期刊要集约化规模化发展》，中国新闻网，http://edu.ifeng. com/news/200912/12236978 1485165. shtml，2009 年 12 月 23 日。

⑫仲伟民和朱剑详尽探讨了中国高校学报的传统与未来改革的目标与路径。参见仲伟民、朱剑《中国高校学报传统析论——兼论高校学报体制改革的目标与路径》，北京：《清华大学学报》（哲学社会科学版）2012 年第 5 期。

⑬17 家高校学报包括：《复旦学报》、《华东师范大学学报》、《华中师范大学学报》、《吉林大学社会科学学报》、《兰州大学学报》、《南京大学学报》、《南京师大学报》、《南开学报》、《清华大学学报》、《求是学刊》（黑龙江大学）、《陕西师范大学学报》、《思想战线》（云南大学）、《四川大学学报》、《文史哲》（山东大学）、《武汉大学学报》、《厦门大学学报》、《浙江大学学报》。

⑭新加入的 4 家高校学报包括：《中山大学学报》、《社会》（上海大学）、《现代传播》（中国传媒大学）、《政法论坛》（中国政法大学）。

⑮崔月琴：《打破校域界限，突出专业优势——谈高校系列专业期刊》，北京：《中

国社会科学报》2011 年 12 月 22 日。

⑯黄庭：《中国高校系列专业期刊总结与规划》，中国高校系列专业期刊研讨会报告，武汉：华中师范大学，2012 年 4 月 5 日。数据统计时间：2011 年 12 月 28 日。

作者简介：赵东奎，《吉林大学社会科学学报》编辑部副编审、博士。

[责任编辑：刘泽生]

（本文原刊 2013 年第 1 期）

报刊编辑部体制改革背景下
学术期刊生存方式的转变

罗　骥

[提　要] 我国从 2003 年开始正式实施的文化体制改革，对国家新闻出版总署《关于报刊编辑部体制改革的实施办法》的出台起了决定性的作用，改革的实施只是时间和范围的问题。改革将使学术期刊从事业单位转变为不完全企业，从单一刊物转变为集团刊群，从单一资金来源转变为多元来源，从行政监管主导转变为市场监管主导。生存方式转变中可以确定的结果是学术期刊集中度不断提高，总体办刊水平将提高，资金来源多元化将会实现；最大的不确定性是在转企改制后原有人员身份的确定问题。

[关键词] 报刊编辑部体制改革　学术期刊　转企改制　生存方式　身份

一　报刊编辑部体制改革实施的可能性

2012 年 7 月 30 日，国家新闻出版总署出台《关于报刊编辑部体制改革的实施办法》（以下简称《办法》）。《办法》主要内容是除少数代表国家水平的学术期刊外，将主体为科研部门（主要是社科院和社科联）和高校主办学术期刊编辑部的全国非时政类报刊编辑部转企改制为报刊出版集团，或由其他出版企业兼并，或注销办刊资格。改革的主要目的是：解放和发展报刊生产力，破解报刊业"小、散、滥"的结构性弊端，实现报刊业转型和升级，推动报刊业又好又快发展，增强报刊出版传播能力。《办法》出台后，由于其一举颠覆了长期以来形成的报刊编辑部的"事业"、"公益"身份性质以及生存方式，所以在报刊界，尤其是学术期刊界引起了很大反响，对其原则和具体方法颇多争议，尤其对其实施的可行性和前景更有怀疑。

在此，我们暂不研究该项改革设计是否有据，目标是否合理，实施是否可行，而只讨论其付诸实施的可能性。也就是说，推行的决心究竟有多大，会不会真的实施？要回答这个问题需要对此项改革出台的背景进行考察。近年来与此直接相关的重大事件大致有两个：一个是期刊界关于高校学报现状与出路的讨论，一个是国家的文化体制改革。

（一）期刊界关于高校学报现状与出路的讨论

一般认为，期刊界关于高校学报现状与出路的讨论开始于 2007 年。在是年 10 月 20 日举办的"首届高校学术期刊发展论坛暨《中国政法大学学报》首发式"上，有专家提出"高校学报垃圾论"的观点，认为多数高校学报已成为学术垃圾的生产地。这个观点引起与会者的共鸣；同年 10 月 30 日中新网—《科学时报》为此刊发了新闻报道《高校学报已成学术垃圾产生地　专家：应追求独立性》，也引起读者很大的反响。此后，业内多方就此命题展开讨论，其中，朱剑、仲伟民、姚申和尹玉吉等渐成代表性的人物，讨论的主要阵地为《清华大学学报》（哲学社会科学版）。随着讨论的深入，高校学报症结及其改革的思路也渐次清晰。2010 年朱剑撰文指出，要革除高校学报"全、散、小、弱"的弊端，须实现从综合性向专业化期刊的转型，并以提高刊物的集中度和数字化出版作为其发展的路径。[①]2011年，讨论陡然升级。这年 3 月 21 日至 4 月 2 日，《光明日报》理论版开辟专栏"高校学报出路何在"，对高校学报的现状和出路进行集中而连续的讨论，其规模和强度空前。讨论亦即栏目几乎一边倒的观点是：高校学报现状堪忧；高校学报必须尽快改革；要以"专、特、大、强"革除"全、散、小、弱"。紧接着，《清华大学学报》（哲学社会科学版）2011 年第 4 期同时发表朱剑和尹玉吉两篇针锋相对的文章，[②]双方观点产生了激烈的碰撞。尹文坚守高校学报的现有理念和做法，反对所谓的特色化办刊、专业化办刊、合作数字化办刊。朱文则对尹的论点和方法进行了犀利的反驳。

由于关于高校学报现状与出路的讨论与《办法》的出台时间大致能够衔接，讨论的内容与《办法》的内容也有相似之处，于是有人认为，讨论产生极大影响并得到领导层的赞同，是《办法》出台的主要推力和原因。如果《办法》出台的动力和原因真的是主要由于业内推动、上层赞同的话，那此项改革就存在很大程度的低层性、偶然性和孤立性，不确定因素太多，实施的决心和动力都是很令人怀疑的。

但是，种种迹象表明，讨论对《办法》的出台并没有产生重大的影响，更不用说决定性的影响，因为二者在诸多方面相去甚远。第一，在核心内容上，《办法》是将报刊编辑部"转企改制"，这在讨论中未涉及，连最激进的改革论者都未提到。事实上，对简单化的"转企改制"，讨论中的改革论者一方深感意外，并不赞成。③第二，在范围上，《办法》几乎将所有期刊一刀切，全部纳入转企改制的范围；而讨论只涉及高校学报，甚至是限定在高校文科学报。讨论一般认为或默认社科院系统学术期刊并不存在高校学报所存在的那些弊端。第三，在上层态度上，《办法》是国家新闻出版总署出台的，而讨论除《光明日报》外，更高级别的官方传媒似乎并未卷入。第四，在时间衔接上，《办法》的出台系早在2003年就正式开始的我国文化体制改革的自然延伸，而讨论晚自2007年才开始。

（二）国家关于文化体制的改革

从更大尺度的空间和时间维度来考察此项改革出台的背景和历程，也许有利于我们对上述问题作更加准确的把握。

1992年，邓小平南方谈话和中共十四大召开，标志着社会主义市场经济制度方向的确认，这为我国各项改革，包括文化体制改革奠定了制度基础。2000年10月，中共十五届五中全会文件正式提出了"文化产业"概念，为文化体制改革的市场化取向埋下了伏笔，预设了方向。2001年，中共中央转发中宣部、广电总局、新闻出版总署《关于深化新闻出版广播影视业改革的若干意见》，对文化体制改革作了一系列探索。2002年中共十六大以后，我国文化体制改革步伐明显加快。2003年是我国文化体制改革极具里程碑意义的一年，这年召开的中共十六届三中全会通过的《完善社会主义市场经济体制若干问题的决定》中，对文化产业的改革方向和目标作了明确的阐述：创新体制，转换机制，面向市场，壮大实力。第一次提出文化体制改革的市场化方向和做大做强文化产业建立一批大型文化企业集团。至此文化体制改革的基本原则和思路定型，并坚持至今。这一年成为里程碑更重要的依据是，改革不再仅仅是一种思想、一种理念，而是进入强力实践的进程。这年6月，中央召开全国文化体制改革试点工作会议，专门研究部署文化体制改革试点工作，全国 9 个省市，35 个新闻出版、广播影视、文艺院团单位参加试点。在首批试点成功的基础上，2006 年初，中共中央、国务院下发《关于深化文化体制改革的若干意见》；同年 3 月，中共中央召开全国文化体制改革工作会议，决定扩大试点，全国 89 个地区 170 个单位参加试点。到 2010 年底，全国文化体制改革工作进展顺利，以出版类为例，除少数公益性出版社外，几乎所有出版社（包括高校出版社）都实现了改制转企。2011 年 5 月，中共中央办公厅、国务院办公厅下发《关于深化非时政类报刊出版单位体制改革的意见》，对被称为文化体制改革中"最后堡垒"的非时政类报刊编辑部的改革进行部署安排，"意见"对其中难度尤大的"科研机构、高等学校主管主办的非独立法人的学术期刊编辑部，另行制定具体改革方法"。2012 年下半年，独立法人的非时政类报刊编辑部转企改制大部完成或正在收尾，7 月底，主要针对学术刊物编辑部的《关于报刊编辑部体制改革的实施办法》就应声落地了。

2011 年 10 月，中共十七届六次全会通过《中共中央关于深化文化体制改革的决定》。"决定"实际上是对此前的文化体制改革的理论和实践做出肯定和总结，并在此基础上提出我国文化体制改革的总体方案。

从上可以得出两个结论，第一是文化体制改革对《办法》的出台起了决定性的作用；第二是学术刊物编辑部的体制改革不是一个孤立事件、权宜之计，而是一个高层支持、时空跨度广大、目的明确、思路清晰、步骤协调、衔接紧致的宏大改革计划及其实施的重要一环，具有高度的方向性和确定性，再考虑到前段改革举措之果决、进程之顺利，笔者认为，尽管仍有可能对改革方案做出一些局部调整，如增加一些不予改制的学术期刊（尤其是高校学术期刊），或推迟实施的时间，但如无重大变故，此项改革的原则已定、方向已定，剩下的仅仅是时间和范围的问题。

二 学术期刊生存方式转变的主要内容

如果此项改革行将实施不成其为问题，我们就要分析改革实施后学术期刊的生存方式将会发生哪些转变，并在此基础上考虑应对之策，以有利于自身的生存和发展。转企改制后，学术期刊的生存方式当会有以下变化。

（一）身份性质：从事业单位转变为不完全企业

此项改革的直接目标是"转企改制"，即将本来是事业性质的学术期刊编辑部转为企业，改变其运行机制和发展方式。学术期刊编辑部转企后虽然名义上是企业，形式上也可以建立起法人治理结构，但是就企业的5个特征组织性、经济性、商品性、营利性、独立性来说，转企后的学术期刊编辑部大致能做到组织性、独立性，经济性也勉强可以，不过能否做到企业核心特征的商品性和营利性就大有疑问了。无论是转企前还是转企后，学术期刊的版面可能都是编辑部唯一可以获取经济利益的资源，但是，版面能否作为商品却是十分有疑问的，至少迄今为止无人公开认定其为商品。即便以后情况有所松动，版面能否作为商品仍是一个问题。商品的充分产销对企业至关重要，与企业的发展成正比，对企业十分有益；而经验证明，版面费的产销通常与刊物的质量和声望成反比，因而对企业是有害的。可见，版面不具有商品的本质属性，因而不能当作真正的商品。企业的本质特征在于以盈利为目的，但学术期刊没有一个明确的盈利模式，更不用说一个稳定和核心的盈利模式，因而盈利能力更无从谈起。没有商品性和营利性，转企学术期刊编辑部当然不能视为完全的企业。这也是《办法》遭受反对者甚至原本是改革拥护者诘难的主要问题。转企学术期刊编辑部这种不完全企业的状态将会持续很长的时间，在这漫长的时间里，这种不明不白的身份对于转企学术期刊编辑部来说是非常尴尬的。

从理论上说，转企学术期刊编辑部经过一段过渡时期，会培育出自己的营利模式并不断增强盈利能力，发展成为真正的企业，甚至是强大的企业。但首先这个过渡期是很漫长的；其次很多学术期刊编辑部是等不到这一天到来的，要么他们已经由于各种原因退出行业，要么已经被兼并。

从长远来看，作为转企学术期刊编辑部的经营者，当然要设法缩短从不完全企业到真正企业的过渡期，以在竞争中处于有利地位。从短期来看，转企学术期刊不完全企业特点也有其可利用的好处：一方面企业具有管理优势和较大的自主权，有利于治理；另一方面残存的事业单位性质，又为争取各种渠道的资助提供了理由。

（二）体量内涵：从单一刊物转变为集团刊群

长期以来，学术期刊编辑部基本上都是以刊物为单位存在：主办单位同时举办若干刊物也多是如此，即便在形式上以一个行政部门来管理这些刊物，实际上也往往各自为政，互不相干。刊物人数很少，一般都在十人以下，甚至三两人而已。由于体量小且不属单位（尤其是高校）主体系列，往往不受重视，被边缘化。

按照《办法》规定，通过转企改制这个突变，基本消灭单一学术期刊编辑部，学术期刊都以"集团"的形式和内涵存在，从而初步达到解决学术期刊"小、散、滥"弊端的目的，随后，主事者当会创造条件，鼓励兼并，鼓励资本介入，从而使学术期刊集团不断做大。从单一的刊物到企业集团至少会造成以下两个变化。

1. 管理的多层化、复杂化和大型化

现行《公司法》并没有"企业集团"之说，但企业集团在实践中并不少见。一般认为，企业集团是指具有一定规模的企业法人联合体，其本身不具有企业法人资格。可见，学术期刊出版集团中各个期刊都应是具有独立法人资格的企业，集团本身是否具有法人资格目前不得而知，但作为若干期刊的上层管理组织是没有问题的。企业的管理客体既有作为底层的法人企业，也有作为上层的协调控制组织，还要加上可能的衍生组织，这样就造成了学术期刊管理从单层化、简单化和小型化向多层化、复杂化和大型化转变，随着兼并的进行，集团不断膨胀，这种管理的多层化和复杂化的程度会越来越高。当然，也不排除集团只是形式，各个刊物仍然各自为政的情况，不过主事者会通过相关政策和行政管理来避免这种情况的存在，而且随着市场化的推进，利益驱动也使这种情况成为不可能。

2. 刊物资源的丰富化和结构的合理化

随着体量内涵的转变，学术期刊出版集团的刊号资源从单一种类转变为至少有3个刊物的刊物集群，随着兼并的进行，集团的刊号资源将会更丰富。目前，学术刊物的学科类别结构很不合理，综合性期刊比例太大。张耀铭就曾经指出："学术期刊，尤其是拼盘式的综合性期刊，'趋同化'现象非常严重。中国高等院校文科学报有千余家，综合类的期刊就占了三分之二。"[④]以前，办刊者缺乏改变此现状的动力和条件，转企改制后，资源的丰富和企业的性质使改革变为可能和必然。为满足市场的细分需求，争夺作者和读者，除少数综合性期刊外，多数刊物将会按学科、学科方向甚至学术问题改为专业性期刊。如英国《自然》出版集团旗下除著名的综合性自然科学周刊《自然》外，另拥有至少8种的专业性月刊，其中生物学科占优。[⑤]另外，为追求经营效益的最大化，可能突破学术期刊传统的领域，举办针对不同受众的、与学术期刊学科相关的科普类期刊，甚至可能涉足报纸。这类报纸如办得成功，不但能与其学术期刊相得益彰，在学术上形成深浅、快慢、详略等不同层面上的良好配合，而且能成为集团广告经营的一个重要平台。中国社会科学杂志社目前是六刊一报的格局，其《中国社会科学报》影响力日益提升，如转企改制，杂志社肯定会加强对报纸的投入和运作以对杂志社有更大的贡献。

集团的经营者要尽快适应以上变化，实行分层管理、企业家管理、专家办刊；要特别加强顶层设计、协调发展、市场营销等工作。以市场为导向，调整结构，合理配置刊号资源。

（三）资金来源：从单一资金来源转变为多元来源

作为事业单位的学术期刊编辑部，其经费来源（包括人头费和办刊经费）通常明确而单一，即由主办单位划拨。这种经费的规模通常只能维持办刊和部门工作的正常运转，难以为其建设和发展进行重大投入。转企改制后，独立转企的期刊，甚至并入其他出版企业的期刊并未与原主办者剥离，由于期刊，尤其是独立转企的期刊与主办者的关系并未发生实质性的转变，学术期刊，尤其是优质期刊资源的紧缺性和对主办者相关建设的重要性，主办者大致能保持原有规模的经费投入，否则，会出现刊物难以为继被别的出版集团兼并，从而失去这个重要资源的危险。但是，由于以下原因，这笔经费已经很难满足集团的要求了：一是业内竞争日趋激烈，需要更多的投入；二是分配制度改革，需要更多的分配资金；三是至少新进人员人头费由企业承担，需要新增一笔不小的支出；四是企业需缴纳各种费税。在这种情况下，企业的经营者承受寻求并实现资金来源多元化的巨大压力。就中短期来说，除主办单位划拨以外，企业资金来源可能的渠道大致有以下几种。

1. 争取各种基金的资助

《办法》承诺："积极争取国家各种基金对学术期刊的支持，将国家基础学科和前沿学科的重点科技期刊和学术期刊纳入国家自然科学、社会科学和出版基金资助范围；积极争取中央和地方财政通过安排文化产业发展专项资金、宣传文化发展专项资金等渠道，对重点科技期刊和学术期刊出版单位予以扶持。"目前，影响较大的学术期刊基金资助项目有以下两种：国家社科基金学术期刊资助；国家自然科学基金重点学术期刊专项基金。前者从 2011 年开始，首批有 100 种期刊获得资助，2012 年 4 月已进入第二批，每刊资助额为 40 万元/年；后者从 1999 年开始，已资助 7 批，每批有 30~40 种期刊获得资助，资助额度低于国家社科基金。以上两类资助项目对刊物水平和影响力要求较高，一般刊物难以获得。

2. 广告费收入

长期以来，少数学术期刊或明或暗地利用刊物封页或版面做广告以获取收益，但由于学术期刊本身通常发行量小，受众有限而且狭窄，其广告效益非常有限，加以获得并维持广告业务资格的管理成本较高，所以此项业务很少开展。尽管如此，此项业务仍有其一定空间，其大小与营销力度有直接关系。转企改制后，经营者当会重视并加强这项业务。随着刊物质量与影响力的不断提升和企业不断做大做强，刊物广告业务将有所改善，收入有所增加，在企业总收入中比例不断提高，甚至有可能成为主要收入来源。典型的例子是美国《科学》杂志，其年广告费收入达 2000 万美元，占其总收入的一半。[⑥]

3. 版面费收入

迄今为止，学术期刊收取或多或少的版面费是业内公开的秘密，虽然在道德层面的压力很大，但政府管理部门对此采取默认的态度，除非事情发展到某种极端的地步。版面费成为监管上的一个灰色地带。转企改制后，基于企业的性质和实际，版面费可能会浮出水面，甚至获得合法的地位。如版面费合法，其空间还是比较大的，有消息称，国外学术期刊版面费标准有达 300 美元/页的，[⑦]如此则一篇 10 页的文章可收版面费 2 万元人民币。但是企业可能不会肆无忌惮地收取版面费，除非是以死相搏；企业会在现实经济利益与长远利益之间寻求一种平衡，极端的甚至会以不收版面费来提升自己的美誉度，使其在竞争中处于有利地位以获得更大的利益。

4. 刊物订费收入

长期以来，学术期刊的发行量很少，很多就在千余份以内；定价低，很多不超过 10 元/份。发行类型主要是交换和赠送，只有很少一部分有订费收入。所以，订费收入少得几乎可以忽略不计。转企改制后，如果刊物做大做强到一定程度，再加以积极的营销，刊物订费收入可能会有所突破。仍以美国《科学》杂志为例，其发行量高达 16.5 万份，订费收入高达 1500 万美元。[⑧]有消息称，国外有的学术期刊的年订费甚至可以达到 13 万美元/份。[⑨]当然，这样的刊物应已形成学术信息数据的垄断地位并且没有二次文献出版的干扰，拥有强大的单独定价能力。

5. 版权经营收入

一段时期以来，多数学术期刊编辑部事实上都在进行版权经营活动并有所收入，如参加中国知网、万方数据等大型学术论文文献数据库并获得相应的数据费。但由于双方资源、影响、地位严重不对称，学术期刊编辑部在合作中获得的利益很小，几乎可以忽略不计。有消息称，某大型数据库通过几乎可以忽略不计的价格获取学术期刊刊发论文的数据并进行深加工转手出售，获利惊人，估计年收入高达 20 亿元。[⑩]通过转企改制后，随着体量、实力的持续增大和市场意识的增强，学术期刊出版集团或者是集团联合体可以在与这些数据服务平台公司的博弈中处于更有利的地位，从而获得更多的收益。而有消息称，有的大型数据库已开始按刊物的资质和影响力来分等级给付学术期刊数据费，最多达到数十万元/年。[⑪]

除以上类型外，其他来源还包括咨询费、合作费等。

企业做大做强以后，资金来源亦即盈利模式将会明显扩大，如有偿数据库、经营性网站、营利性学术活动等。

对于企业经营者来说，资金来源多元化工作近短期的重点是在社会上通过有效的运作，获得更多资助；中长期的重点是在市场中提升企业自身的盈利能力并形成核心竞争力，而这些工作的前提是提高刊物的水平和影响力。

（四）政府监管：从行政主导转变为市场主导

目前，作为代表政府对学术期刊进行管理的主体只有新闻出版部门，转企改制后，由于组织身份的根本性改变，学术期刊从事业公益主体转变为市场主体，其政府管理主体也增加了作为市场管理主体的工商、税务、劳动等部门。同时，新闻出版部门也会向市场型管理转变，如制定相关产业政策，提供有利于改善市场环境的政策，建立相关的市场准入与退出机制，等等。例如，对当时文化体制改革提供诸多优惠政策的国务院办公厅2008 年 10 月印发的《文化体制改革中经营性文化单位转制为企业的规定》和《文化体制改革中支持文化企业发展的规定》两个文件，就是新闻出版总署参与制定的。一些传统的监管内容如敏感的政治和民族问题、从业人员资格、刊物年检等将会保持，但其中一些将会逐渐弱化，一些将由社会中介组织来组织实施。

学术期刊出版集团要注意努力适应新的管理部门、管理内容和管理方式，同时也要注意适应并利用主管部门出台的各种有利政策来发展自己。

三 学术期刊生存方式转变中的确定性和不确定性

学术期刊报刊编辑部体制改革背景下的学术期刊生存方式的转变及其

后果，有的是确定的；但由于信息的不对称或者是相关具体政策仍在制定当中，有的仍是不确定的。

（一）确定性

以下生存方式转变及其后果是确定的。

1. 学术期刊的集中度不断提高，"小、散、滥"弊端将被破解。转企改制后，由于大量未达继续办刊条件的期刊需要并入期刊出版集团或其他出版企业，学术期刊集中度亦即单位出版机构旗下期刊数量将在短期内猛增，并在今后很长时期继续增加。据统计，目前学术期刊的集中度大约为 2.0，[12] 估计很快将达到 5.0 以上。结果是，小的学术期刊编辑部将不复存在，主事者乐于看到单一学术期刊编辑部乃至弱小的学术期刊集团的消失；刊号将越来越集中在数量有限的出版机构中；到处都办学术期刊的情景将被消除。在这个过程中，学术期刊的存量总数将不会明显减少，因为总的来说，目前刊号资源还是供不应求，甚至还会出现越濒于退市的刊号越抢手的情景，就像 ST 股一样。这样，当事者能比较容易地破解学术期刊"小、散、滥"的结构性弊端，从而使改革至少取得部分成功。

2. 学术期刊总体办刊质量将会提高。由于学术期刊由不具有或不太具有办刊条件的机构集中到办刊条件较好的机构举办，从理论上说，如不考虑其他因素，学术期刊的总体办刊质量将会提高。

3. 学术期刊学科结构趋于合理。由于学术期刊集中度的提高，办刊者将不得不增加专业性期刊以避免同质内部竞争；由于细分市场、争夺作者和读者，以占领最大市场份额的经营理念的推动，办刊者也需要举办更多的专业性期刊。这些都使学术期刊的学科结构更趋合理。

4. 学术期刊出版集团资金来源多元化将会实现。经过转企改制后仍能生存的学术期刊，其主办单位有动力、有能力提供人头费和基本办刊经费，除非集团的财务状况已健康到可以不提供这笔经费；刊物能轻而易举地收取一定标准的版面费；大型学术文献数据库将会提高付给学术期刊的版权使用费。以上构成了经费来源多样化的基础。基于此，集团至少能保证维持办刊的基本支出，不至于出现目前有人担忧的刊不聊生的境况。

（二）不确定性

学术期刊生存方式转变中最大的不确定性是学术期刊转企改制后原有人员的身份问题。学术期刊转企改制后，期刊编辑部的身份无疑是企业法人，但原有人员究竟是事业编制还是企业编制，就现有的信息而言，是非常不清晰的，而学术期刊原有人员的身份确定是影响此项改革最重要的变数。据分析，学术期刊转企改制后原有人员身份的确定大致有以下几种可能。

1. 全部转为企业编制。目前学报编辑部的编辑，包括管理人员，多数都是高学历、高职称专业技术人员，其中不少还是有成就的学科专家。如果计划将他们转为企业编制，在改革实施以前，这支队伍势必就会散掉。如果出现这样的情况，全国学术期刊多数将瘫痪，难以运转。这种方式的破坏性太大，以前的改革还未见有其先例。

2. 老人老办法，新人新办法。所谓"老人老办法，新人新办法"，就是原有人员原有身份不变，待遇不变；新进人员为企业编制。这个方法承认并维护原有人员的既得利益，以减少转企改制的阻力，使其易于成功，还能保证原有队伍，尤其是编辑队伍不散，有利于刊物的生存和发展。改革开放以来，很多成功的改革都使用了这种方法；而文化体制改革中出版单位的体制改革也使用这种方法。

3. 编、企分离，编辑队伍纳入主办机构的科研机构。这种办法是不让编辑人员进入学术期刊出版集团，而是进入主办机构的科研实体部门，其事业编制身份自然得以保留；进入集团的均为经营性人员，其身份是企业编制，如为"老人"则退休后又恢复事业编制身份。集团与主办机构的科研实体之间的关系是前者委托后者策划组稿、编稿的关系。这种方法具有一定创新性。《办法》中对暂不转企改制的学术期刊要求"建立由科研部门分别编辑、出版企业统一出版发行的运行模式，依托大型新闻出版传媒集团公司搭建学术出版经营平台"。其说法颇具深意，与上述办法有相通之处，实际上也可作为转企改制后原有人员身份确定的一种思路。在西方发达国家学术期刊办刊中，像这样的委托编辑制是学术期刊办刊的一种通行的方法，我们可以予以借鉴。

根据历史和现实的情况来看，转企改制中按第二种方法确定原有人员身份的可能性比较大；也不排除第三种方法；第一种方法的可能性则很小，相信除非出于不得已，当事者或不会出此下策。

---

① 朱剑：《高校学报专业化转型与集约化、数字化发展——以教育部名刊工程建设为中心》，北京：《清华大学学报》（哲学社会科学版）2010 年第 5 期。

②尹玉吉：《论中国大学学报现状与改革切入点》，朱剑：《也谈社科学报的现状与改革切入点》，北京：《清华大学学报》（哲学社会科学版）2011年第4期。

③见仲伟民、朱剑《中国高校学报传统析论——兼论高校学报体制改革的目标与路径》；夏文：《学术期刊编辑部体制改革"实施办法"之理性解读》；陈颖：《编辑部体制的终结与"后学报时代"的来临?》，北京：《清华大学学报》（哲学社会科学版）2012年第5期。

④张耀铭：《中国学术期刊的发展现状与需要解决的问题》，北京：《清华大学学报》（哲学社会科学版）2006年第2期。

⑤见英国《自然》杂志官方中文网站介绍，www.natureasia.com。

⑥⑧王应宽：《美国〈科学〉杂志的成功经验及对中国科技学术期刊的启示》，北京：《出版发行研究》2004年第12。

⑦⑨⑪据2012年11月全国高校文科学报第七次代表大会学术研讨会交流信息。

⑩据2012年11月全国高校文科学报第七次代表大会学术研讨会交流信息及赵枫岳《我国学术期刊发展困境成因研究》（太原：《编辑之友》2012年第2期）。

⑫赵枫岳：《我国学术期刊发展困境成因研究》，太原：《编辑之友》2012年第2期。

作者简介：罗骥，云南师范大学教授，《云南师范大学学报》编辑部主任、主编。

［责任编辑：刘泽生］
（本文原刊2013年第1期）

主持人语

刘泽生

敝刊持续关注学术期刊国际化与数字化的话题，无非就是清晰地向我们的读者传递这样的一个信息——国际化与数字化大潮经已席卷而来，势不可挡。当下国内学术期刊界正面临着两场交错展开、堪称革命性的重大变革——出版体制的变革（转企改制）与出版形式的变革（数字化），期刊人在此变革年代，唯有运筹帷幄，主动应对，以求华丽转身，涅槃重生。

面对这场不期而至又是意料之中的双重变革，朱剑提出了一个"变革年代学术期刊的数字化生存"命题。作为多年来深入研究中国学术期刊改革路径与发展趋势的资深总编，他认为应该将这场报刊编辑部体制改革与数字化变革联系起来，如果体制改革仅停留在目前纸本期刊的范围，将无法为学术期刊赢得未来空间，因为数字化生存才是未来学术期刊基本的生存状态。而只有将这两场都具有划时代意义的变革无缝地对接在一起，将决策者的顶层设计与业界的底层设计完美地结合起来，体制改革和数字化转型才有望获得成功，学术期刊的集约化、规模化发展才可能实现。读者诸君如对这一论题尚有兴趣，或可回味敝刊去年第一期朱剑的另一大作《传统与变革：体制改革前夜学术期刊的艰难抉择》，作者在该文中同样有过若干颇具前瞻性的论述，也许对理解"变革年代"的内涵有所裨益。

应该说，学术期刊国际化的议题目前在业界已经有了比较广泛的共识。去年在俄罗斯举办的"首届世界华文学术名刊高层论坛"，就将此议题作为大会的主题。陈嘉明教授认为，当前人文社科学术期刊离国际化的目标还有相当的距离，影响我国人文社科学术期刊国际化的因素，既有国内人文社科研究本身学术质量的问题，也有办刊体制、评价体制、思想观念等方面的问题，以及如何面对国外的 SSCI 和 A&HCI 这两大引文索引系统的问题，并建议开放办刊许可，利用国际检索平台以增加我国学术的国际影响力。此外，陈文还提出若干颇具操作性的建议，包括建设好 CSSCI，使其成为与 SSCI 和 A&HCI 接轨的检索平台；推动若干高水平学刊进入 SSCI 和 A&HCI，以起示范作用；建议《中国社会科学》在现有英文版的基础上，发行日文版、俄文版等多语种版本，以扩大国际学术影响。

关于来源期刊、核心期刊的论争，也是学术界、期刊界长期以来述论纷纭的热点之一。本刊自去年以来，已先后发表过姜晓辉、叶继元、蔡蓉华、邱均平等学者的宏论，今天，我们再一次将 CSSCI 数据库的讨论聚焦在读者面前。

中文社会科学引文索引（CSSCI）作为我国人文社会科学文献信息的重要检索数据库，其最初的功用在学术界中得到了广泛的关注与认可。但是，随着学术评价在学术资源分配中所起的作用越来越大、与学术利益的关系越来越紧密，关于 CSSCI 的衍生功能——学术评价的论争等，却从未间断过。文军君作为 CSSCI 研制参与者和组织者的一员，对 CSSCI 的建库初衷与设计原理、基本功能与存在问题、改革完善与未来发展，进行了全景式而又不失有重点的扫描与反思，是亦难能可贵矣。尤其文中关于 CSSCI 的完善与发展策略中所提及的根据学术发展的动向，动态调整和扩大 CSSCI 数据库的收录范围（包括港澳台乃至国外创办的优秀中文人文社科期刊）、提高 CSSCI 的文献来源和学科覆盖面等建议，颇具前瞻性。遗憾的是，CSSCI 目前的影响力基本上是停留在内地这个层面上，在境外乃至国际上的影响还有待提升。在 CSSCI 走向世界、借鉴国际检索系统如 SSCI 及 A&HCI 的探索中，还有很长的路要走。

变革年代学术期刊的数字化生存

朱　剑

[提　要] 中国学术期刊正面临着两场交错在一起而又全然不同的变革：出版形式的变革（数字化）与出版体制的变革（转企改制）。如果体制改革仅停留在目前纸本期刊的范围内，并不能为学术期刊赢得未来，因为数字化生存将是未来学术期刊基本的生存状态。只有将这两场都具有划时代意义的变革无缝地对接在一起，将决策者的顶层设计与业界的底层设计完美地结合起来，体制改革和数字化转型才有望获得成功，集约化、规模化发展才可能实现。

[关键词] 学术期刊　报刊体制改革　数字化

在刚刚出版的 2013 年第 1 期《澳门理工学报》"总编视角"专栏的主持人语中，刘泽生总编就已有 244 年历史的《大不列颠百科全书》停印纸版，完全转入数字化线上出版一事慨然叹道："纸版《百科全书》的绝唱，既是一种无奈，也是一种必然——不管它是被迫退出，还是主动转型，或是兼而有之，为重生而终结。数字出版乃大势所趋。互联网改变了世界。一个新的出版时代到来了。"①是的，数字化已成为一股无法抗拒的潮流，纸版的绝唱可能会在全球不同的地方不断地响起。在期刊界，学术期刊很可能成为第一个告别纸版，完全实现数字化传播的期刊类别，而在中国，这个绝唱的序曲早在十多年前就已拉开了帷幕。

然而，对于中国期刊人来说，他们所要面临的变革还不仅仅是数字化转型，同时到来的还有延续了 60 年的期刊体制也将发生根本性的改变。2011 年 5 月，中共中央办公厅、国务院办公厅下发了《关于深化非时政类报刊出版单位体制改革的意见》（以下简称《改革意见》），[②]改革的基本精神就是市场化。2012 年 7 月，新闻出版总署发布了《关于报刊编辑部体制改革的实施办法》（以下简称《实施办法》），[③]市场化被明确规定为学术期刊改革的唯一目标和路径。

因此，学术期刊正面临着两场交错在一起而又全然不同的变革：出版形式的变革与出版体制的变革。无论哪一场变革，都堪称是革命性的，都足以彻底改变业界的面貌。对于人文社会科学学术期刊人来说，两场变革皆非内生——数字化源起于人文学者相当隔膜的电脑及网络技术，体制改革则是国家权力部门自上而下推行的。因此，当变革真正到来之时，特别是当《实施办法》破灭了体制改革会对学术期刊网开一面的幻想之后，管理部门与业界的分歧便清晰地表露出来。许多期刊人采取了消极而又不失激烈的抵抗态度，即使一些主张应该改革的期刊人，对于一刀切地"转企"也表达了深深的怀疑和忧虑。无论是抵制、反对，还是怀疑、忧虑，其最初的冲动都是缘于对自身利益的考量。无庸讳言，变革必然带来原有利益格局的根本性改变，而作为改革对象的期刊人，在这两场皆非内生的变革中，都处于相对弱势地位，首先考虑如何维护自身的利益，乃人之常情。但从长远看，期刊人的利益是与期刊的前途紧紧地联系在一起的，如果改革确实能带来学术期刊的大发展，那么，改革不仅是必要的，而且，期刊人只要应对正确，就应该能通过改革获得更大的利益。因此，期刊人不能为眼前的利益所困惑，而应该冷静地分析改革可能给期刊带来的利弊得失，从而作出明智的选择。

其实，近年来学术期刊人已充分感受到了变革来临前山雨欲来风满楼的压力，一直在苦苦寻找应对体制改革和数字化潮流的合理路径。当笔者回顾近年来业界相关研究时，发现这样一个现象，就是很少有人将体制改革与数字化变革联系起来分析，更少有人将这两者结合起来设计改革方案，而在笔者看来，这两场历史性变革的不期而遇已注定了它们的进程必然会交织在一起，单独地针对其中的一个，很难找到真正的应对之道。本文意在站在学术期刊的立场，从学术期刊发展的角度，分析同时发生在中国的这两场变革的特点及相互之间的关系和影响，以探讨变革年代学术期刊的数字化生存方式。不当之处，敬请方家指正。

一　变革年代之学术期刊体制改革

作为报刊体制改革组成部分的学术期刊体制改革是由中央发动并部署、由新闻出版总署具体施行的自上而下的改革。之所以要进行改革，中央"两办"《改革意见》说得很清楚："非时政类报刊出版单位的现行体制制约了报刊出版业发展，存在数量过多、规模过小、资源分散、结构不合理、市场竞争力弱等突出问题……这种状况既不适应社会主义市场经济深入发展的需要，也不符合社会主义文化大发展大繁荣的要求，迫切需要深化改革。"在决策者眼中，上述判断对学术期刊也是适用的，因为上述问题也普遍存在于学术期刊中。但是，通过"转企"，真的能使一切问题迎刃而解吗？要回答这一问题，需要证明"转企"是一剂针对学术期刊诸多问题的良药。

第一个问题是"数量过多"。这包括期刊的数量和期刊出版单位的数量。具体到学术期刊，数量到底是多了还是少了的问题一直存在争议。单从总数来看，学术期刊的量的确不可谓少，在全国近万种期刊中，学术期刊占据了多半壁江山，但如果平均到每个学科及各学科学术人口，就会看到极不平衡的现象，很多分支学科拥有的学术期刊少得可怜。因此，多与少的问题需要与期刊的分布和结构等问题综合起来看。撇开期刊数量，期刊出版单位过多的问题则是肯定存在的。这些出版单位多为高校和科研院所下设的编辑部，皆属事业单位编制、不能独立承担社会法律责任的非市场主体，按照《实施办法》，编辑部将并入本单位或地方出版企业，或三个以上编辑部成立企业性质的期刊社，再加上转为内部刊物或直接退出的，期刊出版单位的数量将会有大幅度的减少，"转企"在这方面的积极作用是毋庸置疑的。

第二个问题是"规模过小"。这也包括两个方面，一是某一期刊的纸本发行量及数字版的点击量和下载量；二是某一出版单位拥有的学术期刊数量。学术期刊的质量决定了它必然是小众刊物，用发行量来衡量某一学术刊物的规模是没有意义的。因此，学术期刊的规模只有看其出版单位拥有学术期刊的数量。在现行体制下，一个出版单位（编辑部）只有一两种刊物是普遍现象，基本无规模可谈，也难有效率可言，走市场化道路更不可能。按照《实施办法》"转企"后，这种情况将大为改观，即使期刊总量不变，出版单位也会减少一半以上，这显然是一种进步。

第三个问题是"资源分散"。这是与"规模过小"相关联的问题，规模小了，资源必然分散。所谓资源，对于学术期刊来说，本应是创办者拥有的科研能力、学术影响力以及人力财力物力。但在现行体制下，与刊号相比，这些都变得不重要了，刊号才是最宝贵和稀缺资源。作为学术期刊重要一类的高校学报就是典型的例子："一方面，只要是个高校，不管其科研实力如何，都可以办一家综合性学报；另一方面，具有强大科研实力的高校，却也只能办一家综合性学报。这种刊号资源分配中的绝对平均主义使得学术资源面临着双重的浪费：实力强大的高校办刊能力的浪费和实力弱小的高校期刊版面的浪费。"④ 所以，资源分散与资源浪费是同时存在的问题。公正地说，造成这一明显不合理现象的根源不在期刊，而在管理部门，因为刊号资源的配置权，完全掌握在新闻出版总署手中。因此，要改变资源分散的现状，关键在总署，必须彻底改变资源配置的方式。当然，"转企"可以将部分期刊予以集中，对于解决资源分散问题，也是有积极意义的。

第四个问题是"结构不合理"。具体到学术期刊，就是综合性期刊太多，专业和专题期刊太少，这一问题在高校学报中尤为严重，造成了学术研究与学术期刊之间供求关系的错位。这一问题与"资源分散"问题实际上是一体两面，是现行期刊体制下必然产生的问题。相信"转企"后期刊的自主权将会得到加强，至少会有部分期刊可以根据学术研究的需要改变自己的学科定位，体制改革对于解决学术期刊的结构问题的积极意义也是存在的。

第五个问题是"市场竞争力弱"。当上述诸问题汇集到一起时，必然造成学术期刊无法适应学术研究需要这一根本性问题，从市场的角度看，就是产品与市场需求相脱节，其市场竞争力自然也就可想而知了。尤其在国际学术期刊大量进入中国研究者视野的情况下，中国学术期刊的市场竞争力就更弱了。"转企"后，学术期刊人必须直面市场。当然，这个市场不同于一般消费类期刊的市场，而是符合学术研究需要的市场，学术期刊人必须为构建和遵守这样的市场规则而努力，从长远看，对学术期刊的发展是有意义的。

通过以上分析，我们可以看到，上述问题的存在与现行的期刊体制有关，改革现行期刊体制是学术期刊今后获得良好发展所必需的，亦即改革现行期刊体制是完全必要的。⑤ 但是，在期刊体制的形成和运行过程中，学术期刊只是被动的一方，政府才是主导，改革显然不能仅单方面地针对学术期刊，许多看似期刊的问题，根源却在政府，比如以上分析的学术期刊数量多或少的问题，资源分散、结构不合理以及未能形成规模的问题，都是与现行的期刊审批和管理制度有关的。如果改革仅局限于期刊"转企"，而政府的管理体制一成不变，虽然也能产生一定的效果，但效果是间接的，实现的过程是缓慢的，改革也是不彻底的，"转企"只是个治标不治本的办法。

其实，上述问题只是学术期刊问题的表象，透过表象，我们还可以看到更深层次的问题。

问题之一：科学体系的缺失。与走市场的大众期刊不同，学术期刊的体系不能靠一般的市场选择来建构。学术期刊的体系应该由其传播学术的使命所决定，一个国家的学术期刊体系原本应该与该国学术研究的学科体系完全吻合，而学术国际化潮流则促使一些科学强国的学术期刊体系构建体现出了强烈的国际化色彩，成为面向全世界学者开放的公共平台体系。而在我国现有学术期刊体系构建过程中，学科色彩被大大地淡化了，取而代之的是单位色彩，体系所依凭的不是学科，而是单位的行政区划。在这样的学术期刊体系下，定位不清、边界不明、大量同构的数千种学术期刊，看似体量庞大，实则效率极低，数量多只是假象。今天学术期刊种种问题归结到一点，就是没能很好地完成其使命，未能真正成为学科或问题边界清晰、开放的、平等的学术交流平台，更未能成为某一学术共同体的中心。这在很大程度上是因为有用的即真正能满足学科发展的学术期刊的缺失，进而造成了学术期刊科学体系的缺失，这才是问题的本质。重建科学的学术期刊体系，当是学术期刊体制改革的重中之重。我们不可能将重建科学的学术期刊体系的希望寄托在单纯"转企"后的市场化，学术研究的需要不简单地等同于以利润为目的的发行市场的需要，许多高深专业期刊，读者只是很少的人，完全靠发行市场来调节，这部分期刊根本无法生存，但这些专业研究事关国家的软、硬实力，任何一个负责任的国家都不会允许这些期刊被市场所淘汰。

问题之二：门户壁垒的阻隔。在以单位为中心形成的学术期刊体系下，几乎每一本学术期刊都会打上深深的单位烙印，这种强烈的单位色彩的直接后果就是使学术期刊深陷门户壁垒的困境——期刊成了主办单位的"自留地"，学术公信力和学术交流功能的弱化乃至丧失是必然的。不破除单位制，指望单纯的"转企"就能建设开放的具有公共平台特征的学术期刊是不现实的。

问题之三：专家学者的疏离。成功的学术期刊始终是与学术研究密不可分的，而且，一定是某一学术共同体的中心，有着自己独有的作者和读者群体，学者对学术期刊有着真诚的信任感和归依感。其中十分重要的一点是主编和编辑必定来自学术界，亦即首先是学者，其次才是主编或编辑。对照这些要求，今天的许多学术期刊难以达到，特别是跨越了多学科的综合性期刊很难培养起一般学者对它的归属感和认同感，难有自己的忠实作者和读者，学者与学术期刊的疏离就不可避免地发生了，这是一个非常危险的信号。如果某一期刊与学者相分离，那么，这个期刊的生命力也就不复存在了。在这样的情况下实行编辑部"转企"，只会加速学者与期刊的疏离。

以上这些问题大多是学术期刊所独有的，其生成的原因更为复杂，涉及政府、学术界和期刊界多个方面，而且这些深层次的问题比表面上的问题更影响学术期刊的发展。

因此，期刊体制改革不能照搬一般文化事业单位特别是出版社体制改革的套路。改制前的出版社虽然也有计划经济时代遗留下来的种种问题，但远没有学术期刊那样复杂和严重，且从成立之日起就一直在与市场打交道，已具备了丰富的市场经验，以"转企"为目标和手段的改革是水到渠成的事。学术期刊则不同，在上述诸多问题未得到有效解决之前，通过"转企"将学术期刊强行推向市场，并指望就此解决所有的问题，无疑是本末倒置了。可以预见的是，这样的改革还会带来新的问题。第一，学术期刊将与学术研究母体相分离。这完全违背了学术期刊的传统和规律，与国际惯例和学术界对学术期刊的期望完全背道而驰。第二，人才流失。学术期刊的编辑大多身兼研究与编辑二任，近年来，亦有许多著名学者走入了编辑队伍，因"转企"而导致的与科研母体相分离必定使他们选择离开期刊而回归科研队伍。这批人的离去，可能使学术期刊从此一蹶不振。第三，市场失范。大型学术期刊集团并不能因"转企"而自然形成。在一流期刊人才大量流失的情况下，社会上的大型出版集团能为无法赢利的学术期刊投入多少值得怀疑。市场化后得不到资助或资助不足的期刊只能靠收费维持，没人又没钱，提高学术质量只能是空想，而市场混乱却是可以想见的。做大做强学术期刊将无基础可言，学术期刊很可能变得更小更弱。

由此，我们可以得出结论，学术期刊体制改革必定是一项复杂的系统工程，改革必须在政府与期刊相关的各种制度层面上全面展开。"转企"既不是改革的目标和唯一的手段，也无法承担所有的改革任务与责任。但是，自上而下发动的体制改革还是为革新学术期刊提供了一次难得的机遇和一个有力的支点，现在，我们需要找到一个杠杆，让政府与期刊可以联手撬动盘根错节的现行期刊体制，使学术期刊获得新生。在笔者看来，这个杠杆非数字化莫属。

二　变革年代之学术期刊数字化转型

与体制改革不同，数字化对于学术期刊来说，只是出版技术和形式的改变，其意义和影响似乎无法与体制改革相提并论，但实际上可能正相反，这场变革的意义一点也不亚于体制改革。

数字化起源于计算机技术，随着计算机技术和互联网技术的普及，一个革命性的变化已在世界范围内实现——信息时代来临了。在信息时代，"信息/知识成了社会的主要财富，信息/知识流成了社会发展的主要动力，信息/情报源成了新的权力源"。信息技术之所以能取代工业时代大机器和流水线成为时代的主流，正是借助于数字化。数字化彻底改变了人们获取信息的渠道、方式、速度和量级。"随着信息技术的普及，信息的获取将进一步实现民主化、平等化，这反映在社会政治关系和经济竞争上也许会有新的形式和内容，而胜负则取决于谁享有信息源优势。信息和信息技术的本质特点，在社会和经济发展方面也必将带来全新的格局。"[⑥]由此可见，数字化虽然只是代表了一种新技术，但它与历史上催生了工业革命的蒸汽机昭示了大机器工业时代的到来一样，技术革命再一次给予人类社会以开辟新时代的革命性动力。1996年，美国学者尼葛洛庞帝的《数字化生存》一书问世，第二年即有了中文版，[⑦]这本被誉为"20世纪信息技术及理念发展的圣经"风靡一时。随着该书的传播，数字化生存成了我们耳熟能详的新理念。在数字化已成为一种普遍的社会存在和生存方式而成为新时代的标识之时，其意义委实不容小觑。

置身于这样一个时代，我们对数字化技术给整个社会带来的变化都有或多或少的切身体会。从数字化生存的理念被普遍接受至今已过去了十多年，数字化浪潮在人们经济、社会、文化、生活各领域高歌猛进。如果说对于数字经济的发展一般人还缺乏直接的感受，那么，传播领域的变化则是人人都能感受得到的，得益于数字技术，新媒体不断出现，传统媒体努力转型，信息的数量呈几何级数增长，信息的形式更是多种多样，传播已与地理上的距离无关，在世界的每一个角落，只要有互联网，信息的传播就变得既容易又迅捷。不仅人们获取信息的途径和习惯已彻底改变，而且也导致了整个社会生态的改变。

同样属于媒体的人文社会科学学术期刊，按理说应该是数字化技术的最大获益者之一，但实际情况并非如此。早在十多年前，笔者就曾撰文讨论了计算机与互联网技术对社科学术期刊发展的影响，从电脑技术对学术期刊编辑、出版到发行、传播的影响作了全景式的扫描，并指出："应该说，在与学术有关的各行各业中，没有哪一个行业如出版业那般因计算机的介入而发生了如此影响深远的变革……最终必然会导致出版观念的变革。……如何应对这一趋势所给社科期刊编辑带来的种种挑战，也已是一个摆在我们面前十分紧迫的课题。"[8] 然而，尽管数字化技术和理念在人文社会科学期刊界一直呈现出持续不断和步步推进的态势，但相对其他媒体来说却缓慢了许多，数字化的动力始终没有完成从外在到内生的转变，期刊人在数字化进程中，很少主动应对，结果自然处处被动，特别是在期刊传播领域的被动。

传播的变革始于20世纪90年代中期，1997年中国学术期刊（光盘版）电子杂志社成立可以说是一个标志性的事件。该杂志社先后与数千家期刊社签署了合约，以数字光盘的形式，将这些刊社的学术期刊予以汇集再出版，打包发行。这一合作模式意味着学术期刊将数字化传播权拱手让给了光盘版电子杂志社，而将自己置身于事外。1999年，该杂志社实现了从光盘版到网络版的转型，始建中国知网（CNKI），采用数字图书馆技术，建成了世界上全文信息量规模最大的"CNKI数字图书馆"。这实际上是一个欲一网打尽所有学术期刊并向全社会全世界开放的数据库工程。与此同时，类似的万方和维普数据库也先后开建，基本形成了今天学术期刊传播领域中占据霸主地位的"三驾马车"。

中国知网创建伊始，就确立了宏伟的目标："一是大规模集成整合知识信息资源……；二是建设知识资源互联网传播扩散与增值服务平台……；三是建设知识资源的深度开发利用平台……；四是为知识资源生产出版部门创造互联网出版发行的市场环境与商业机制……"[9] 这些目标的意义不言而喻，至于是否已经实现则可另当别论。在笔者看来，以中国知网为代表的大型期刊数据库给学术传播带来的最大变化是读者（学者）阅读学术文献的习惯发生了彻底改变：由读纸本的期刊变为读数据库。

这一变化给予以传统纸本期刊编辑为中心工作的人文社会科学期刊的影响是致命的。如果说期刊数据库将各入编期刊送上了互联网这一信息高速公路，那么，在这条高速公路上跑的显然已不是那纸本的期刊了。在中国知网等大型期刊数据库中，期刊已不再作为传播的基本单元而存在，最基本的单元已变为论文，以最常见的方式检索，如题名、作者名、关键字，所得到的是来自同一检索目标下的各种期刊的一篇篇论文。因此，这样的数据库对读者阅读方式的改变，已不仅仅是介质上的——纸本的还是数字化的，而且，更是实质上的——期刊不见了，因期刊而存在的刊物特色、编辑思想、编排风格、专栏结构、各专栏间的呼应对话统统不见了。社科期刊这一独立存在的个体已迷失在网络的海洋之中。

期刊迷失了，期刊人为之伤心，但对作者来说，论文还在，而且以更独立的姿态存在，传播的目的以更便捷的方式达到了，他们会满意。同时，读者也会欢迎，因为网络的聚合功能使分布于各种期刊的读者感兴趣的论文通过简单的检索就可以全部呈现在自己面前，远较检索和收集纸本期刊方便，且既可以线上阅读，更可以全文下载，所以读者很愿意为这样的数据库而改变自己的阅读方式。当然，这种阅读和下载是需要付费的，目前以中国知网为代表的大型期刊数据库网站都是商业化经营，收费阅读是其基本的营利模式，不过对于有单位的读者来说，与在单位图书馆借阅期刊一样，并不需要自己付费，图书馆一般都会采取减少直至放弃纸本期刊的订阅，省下经费以包库的形式购得全部或部分数据库的线上阅读和下载许可权。因此，唯有期刊人伤心，他们为期刊所作的种种努力和包装随着期刊的迷失大多付诸东流了，而且，让期刊人伤心的事还在继续，那就是随着期刊数据库的风行，期刊纸本的发行量直线下降，且无可挽回。

当回顾学术期刊数字化短短十多年的历程时，我们不能不承认，纸本期刊终将为数字化期刊所取代，而且，这个将来并不遥远。不仅如此，今天的学术期刊人还必须直面这样一个事实：随着数字化的演进，期刊在学术传播中的中心地位已日趋旁落。如果说，学术论文是学术成果的主要形式，学术成果传播主要是学术论文的传播，那么，在纸本时代，学术传播的最小单元是学术期刊，论文不经学术期刊发表，根本无法进入广泛传播的过程，也就难以得到学界和官方的承认，而且，一篇文章只出现在一本期刊中，否则是不道德的一稿两投或多投，期刊可以很好地控制优质稿源，其在学术传播中的中心地位几乎不可动摇。在进入数字化互联网时代后，情况发生了改变。互联网的交互性在理论上使传播成了个人可以独立完成的行为，而公益性的学术论文开放获取（OA）网站、单篇论文优先线上出版等新事物的出现，则在实践层面使个人的传播行为得以真正实现，[①]传播的最小单元已由期刊变成了论文，一篇文章一个"数字对象唯一标识符"（doi），可以无限组合和传播。从理论上来说，针对不同读者的个性化服务可以建立在无限组合基础上。在数字化时代，读者订阅的单元将不再是期刊，而是个性化的专题论文组合。从信息时代信息聚合和权力分散的特征来看，传统期刊将从学术传播的中心被驱赶到边缘并非危言耸听。

从表面上看，单篇论文的走强、期刊的走弱似乎是中国知网这样的期刊数据库网站对学术期刊所采取的垄断式和掠夺式的建库及经营模式造成的，这固然是重要原因，但只是外在的原因，数据库借助数字化技术实现了更好的传播才是问题的本质。如同手工作坊无法抗拒机器化大生产一样，孤立的纸本期刊敌不过具有聚合效应且不受时空限制的数据库是历史的必然。不过，像中国知网这样的大型期刊数据库虽然初战告捷，但远非尽善尽美，它为自己设定的目标也远未达到。在通往其宏伟目标的前程上，有着诸多仅靠其自身难以克服的障碍。

首先，建库的理念还局限于图书馆模式，一味贪大求全。一方面，入库的期刊良莠不齐，大量的学术垃圾充斥其间；另一方面，鲜有个性化组合，无法准确提供读者最需要的文章。数据库虽然实现了数字化传播，但这种传播是初始的和粗放式的，远未达到数字传播的最佳效果和境界。从传统图书馆模式到真正的数字期刊模式，各大期刊数据库还有很长的路要走。

其次，与入编期刊间的紧张乃至对立的关系始终难以缓解。期刊数据库网站几乎无一例外地都选择了商业化运营，其垄断和掠夺式的建库模式虽然使其初始发展迅速，在短时间内完成了原始积累并得实现规模化经营，但与入编期刊的合作从一开始就没有建立在互相信任和平等互惠的基础上，遗留下了诸如入编期刊所获回报过低、作者授权并获得相应报酬难以完全实现等事关发展模式和知识产权保护的关键性问题。随着知识产权意识和数字化生存意识的加强，学术期刊不会长期忍受与数据库网站的不平等关系，也不会放任数字版权的流失。如何重建与入编期刊的关系将是对各大数据库运营商的严峻考验。

再次，商业化经营的数据库网站将面临来自完全公益而非营利的开放获取网站的挑战，特别是由国家资助的大型开放获取网站，这始终是他们的噩梦。近年来，作为对收费阅读以营利为目的的期刊数据网站的一种对抗，以开放获取作为建库模式的学术期刊数据库正如雨后春笋般地在世界各国出现，不仅在发达国家，在许多发展中国家也已渐成一种趋势。①面对开放获取期刊数据库的挑战，商业化经营的期刊数据库将何去何从，这是各大运营商必须认真考虑的问题。

最后，也是最重要的一点是，期刊数据库只是一个掌握了数字化技术的纯粹的产业链下游的发行商，难以介入上游知识产品的生产之中，没有入编期刊的合作，数据库就会成为无源之水，更没有能力完成对入库学术论文进行符合学科发展需要的体系化构建。如何才能留住这些期刊并进行深度合作，各大运营商都得费一番思量。

对于现有的大型期刊数据库来说，上述诸问题每一个都足以致命，解决这些问题的唯一办法就是与入编期刊真诚而平等的合作。离开了期刊的合作，它只能停留在初始的、粗放的阶段，很难再向前推进，更不用说实现知网自己所设定的宏伟目标了。而且，长此以往，在激烈的市场争夺中终将难免被淘汰的命运，而为新兴的后来者所取代。

因此，对学术期刊来说，亡羊补牢，犹未晚也。学术期刊的生命力并未就此而终结，它只不过是在数字化的最初阶段没有跟上时代的步伐而已，从现在开始奋起直追，未始不能赶上数字化的进程，因为期刊人手中仍然握有最重要的砝码——期刊的原始数据。在数字化时代，技术固然重要，但"内容为王"永远也不会改变。只要牢牢控制住和运用好数据源——优质的学术论文，学术期刊就有了走出困境的资本，仍然可以从数字传播的边缘回到中心。当然，信息时代的传播将是多中心的，期刊作为学术传播唯一中心的地位也许已一去不复返，但理应成为中心之一。因此，期刊人必须学会数字化生存。

首先，要将编辑工作的重心从纸本转移到数字化期刊上来。到目前为止，所有学术期刊的工作重心都还在纸本，数字化充其量只是纸本的副产品，期刊在信息时代的种种不适应和被动局面，皆因此而产生。

其次，完成必要的资源聚合。工作重心之所以至今仍难以向数字化转移，主要原因在于单一期刊的数字化转型是困难而没有多大意义的。数字化较纸本的优势除了传播的迅捷以外，还在于资源的聚合，没有足够量级的数据源，数字化这条高速公路就没有车跑，或跑的尽是空车，也就没有意义。因此，期刊数字化的转型必定是批量的和群体的。

再次，要建立符合数字化要求的期刊体系及与之相对应的协同机制。无论是纸本时代还是数字化时代，学术期刊都应该有自己的体系。在论文代替了期刊成为学术传播最小单元的数字化时代，期刊特别是综合性期刊很少能进行整本的传播，但论文的传播并非杂乱无章，而必定是有序的，只不过其序列较纸本期刊更为复杂和多变。以学科和问题为中心对来自各种期刊的数据进行有序组合，将是数字化期刊体系的基本形式。这也决定了批量数字化转型后的期刊群必须进行灵活复杂和不断演变的多重组合，其调整变化的依据是学术界的最新动态。可见，离开了期刊群体内的协同运作，数字化期刊体系的构建也就无从谈起。

最后，在数字化传播方面，既要与大型数据库合作，又要掌握充分的自主权和控制权。不论是数字化转型，还是资源聚合和建构体系，最终目的都是为了更好的传播。但是，进行数字化传播，人文社会科学学术期刊在人才和技术以及设备诸方面均非长项，这样的欠缺一时难以改变，更主要的是，聚合性的传播不可能由某一家期刊独自承担而应该有专业制作队伍和机构。因此，可以有两个选择：其一，学术期刊联合起来共建共用一个数据库并进行开放服务；其二，与现有的大型期刊数据库合作，利用其技术、设备和已建立的发行传播网络，实现顺达的数字化传播。两种选择，各有利弊，如同租船、买船还是造船的选择一样。第一种选择一次性投入大，维护成本高，协调管理困难，效率低，见效慢，但期刊拥有绝对的自主权。第二种选择，无需大的投入和维护管理，现有的数据库毕竟已培养起了读者"读库"的习惯，拥有了广阔的市场，在技术方面更专业，也更符合现代社会为了提高工作效率而强调的专业分工理念，当然前提是能建立双赢的平等合作机制。期刊数据库要与入编期刊重建合作关系，就需要重新设定游戏规则，其要义是入编期刊有权参与期刊数据库的建设，在建库模式、运行规则的制定方面拥有对等的话语权。

由此我们可以得出如下结论：数字化是学术期刊未来发展的方向，纸本期刊被数字化期刊取代是信息时代学术期刊的宿命。目前学术期刊的数字化传播只是初始和粗放式的，学术期刊的数字化转型远未完成，因此，学术期刊应该以积极的姿态迎接这一变革的到来，完成数字化生存的华丽转身，以数字化的方式获得"涅槃重生"。

三　体制改革与数字化生存的无缝对接

在我们明确了数字化的前景后再来回看期刊体制改革，可以发现如下几点：

第一，尽管现实中学术期刊存在的种种问题皆与现行期刊体制有关，改革学术期刊体制的必要性是毋庸置疑的，但是，如果改革仅停留在目前纸本期刊的范围内，仍然不能为学术期刊赢得未来，因为信息时代已经到来，纸本期刊已成明日黄花，数字化将是未来学术期刊基本的生存状态。因此，期刊体制改革只有与数字化变革结合起来，且立足于数字期刊体系的构建，才能获得成功。任何以纸本刊、单个刊为目标的发展规划都注定是落后于时代的，任何以纸本刊、单个刊为目标的改革措施也注定是没有前瞻性的，我们必须在纸本刊、单个刊之外，在期刊集群数字化转型上寻找突破口。

第二，数字化期刊体系的构建更需要对现行期刊体制进行全面改革。如果说现行期刊体制大大制约了纸本期刊的发展，那么，对于全新的数字化期刊体系来说，其构建的过程将受到现行期刊体制更大的束缚。甚至可以说，不破除现行期刊体制，数字化学术期刊体系连基本的生存空间都不存在。总署至今未颁发数字期刊刊号，无刊号的学术期刊在现实中就是"非期刊"，其刊发的学术论文连正式发表都算不上（官方和民间都不承认）。为实现数字化生存而进行的任何一个动作，无论是工作中心的转移、必要的资源聚合，还是协同进行体系的构建和传播，都会触碰以单位制为中心的现行期刊体制，期刊数字化生存最大的障碍恰恰来自于现行的期刊体制，因此，必须从数字化期刊体系的构建和发展的角度重新设计期刊体制改革的路线图。

第三，市场化的改革方向对于学术期刊体制改革而言，其意义需要具体分析。所谓市场化，指的是"以市场需求为导向，竞争的优胜劣汰为手段，实现资源充分合理配置，效率最大化目标的机制"。[12]在市场机制中，商品从市场获得的回报率是衡量其生命力的唯一标准，也由此决定着商品的生死存亡。学术期刊显然具有商品属性，但又不等同于一般的商品，最大的不同在于，其使命事关国家利益，故其创办者从来不以营利为目的，仅从其通过市场销售而回笼的资金来看，投入和产出根本不成比例，谈不上有回报，亏损是必然的。显然，纯粹的市场化标准在这里是行不通的，学术期刊有着实现自身价值的特殊渠道和标准，那就是它的社会效益，即能否通过对学术成果的传播满足学术研究的需求，这是与市场效率相关但又不尽相同的概念。尽管中央"两办"的"改革意见"和新闻出版总署的《实施办法》都强调了体制改革的市场化方向，但因为学术期刊的存在离不开国家财政的巨大投入，较一般商品，价格杠杆对学术期刊的作用极为有限，这就决定了政府对"转企"后的学术期刊仍然不可能以价格杠杆代替管制，仍然会以社会效益作为主要评判标准。如果这就是学术期刊的市场化，那它就是一种特殊意义上的市场化，它的市场导向也只能是学术研究的需求，市场调节只能通过学术界对学术期刊的评价来实现，而不是赢利与否。换言之，所谓"优"和"劣"的评判标准不是赚多赚少，而是能否满足学术研究的需求。因此，我们可以清楚地看到，以"转企"为体制改革唯一手段和目标所体现出的一般意义上的市场化导向，与学术期刊的特殊属性之间存在明显的矛盾和张力，本文第一部分分析的"转企"的有限效果其实在现行体制下通过行政命令同样可以达到，而根本性的问题——符合学术研究需求的期刊体系的构建以提高期刊之社会效益——单纯的编辑部"转企"基本无能为力。

第四，体制改革并未因此而一定走入死胡同，如果在期刊体制改革的同时，引入学术期刊的数字化转型，将这两场都具有划时代意义的变革结合在一起，局面立刻就会不同。纸本学术期刊体制改革要转变的只是编辑部的性质和编辑的身份，并期望通过"转企"这一改变带来学术期刊格局的根本性变化，但这样的期望多半会落空，因为学术期刊不能与学术研究的母体相分离，一切导致学者与期刊疏离的所谓市场化措施都将致使改革失败。而引入数字化变革之后，变革所要求的工作中心的转移、资源的聚合、协同进行的体系构建和传播等，都会直接导致学术期刊格局的根本性变化，并要求学术期刊体制要有相应的变革，即如前所述，数字化可以成为撬动盘根错节的现行期刊体制的杠杆。新闻出版总署的《实施办法》虽然提及了数字化，但只是作为"转企"后纸本期刊的发展方向之一，基本未脱离数字化只是纸本副产品的定位，严重低估了数字化变革的意义，没有将数字化变革作为期刊体制改革的契机，也就没有从数字化变革的角度来设计学术期刊体制改革。

第五，市场化对于学术期刊体制改革仍然具有意义。如果将市场化的标准即直接的经济回报率替换为社会效益标准即学术界的满意程度，这个特殊意义的市场化就很有意义。在这个前提下，市场化的一些基本规则是可以也必须通过体制改革引入学术期刊的办刊机制之中，比如合理的资源配置，效率更高的集约化、规模化发展、健全的专门针对学术研究需求的期刊准入和退出机制、竞争机制等等，可以借鉴市场化标准来考察学术期刊的科学体系构建是否完善，也可以来衡量通过改革重建的体制是否成功。市场化的另一重意义是，无论是与大型期刊数据库合作还是自己建库，学术期刊都必须与市场打交道，参与制定规则，严格遵守规则，充分利用规则等等，都是市场经济大环境下学术期刊面向市场时必须学会的。

基于以上分析，不难看出学术期刊体制改革与数字化变革相结合的必要性以及学术期刊市场化的特殊性，那么，其实现的可能性如何？亦即这两场在同一时空下的不同变革应该如何设计和进行？早在三年前，笔者就提出了学术期刊数字化转型的方案，[⑬] 当时只是个纸上谈兵的方案，如今，它已付诸实践，这就是创办于 2011 年的数字化"中国高校系列专业期刊"。

"中国高校系列专业期刊"两年来的发展也许能为我们提供某些有益的启示。这是最初由 17 家综合性大学学报联合创办的数字化期刊群，有《文学学报》、《哲学学报》、《历史学报》、《政治学报》、《经济学报》、《法学学报》等共 10 种一级学科专业学报。由参与联合各刊共同供稿、协同编辑，由中国知网以开放获取方式进行线上传播和自由下载。[⑭] 创刊以来，该系列期刊阵容不断扩大，至 2013 年初，已由最初的 17 家扩充至 70 家，部分高校主办的优秀专业期刊也加入了联盟，并着手筹建与之并列的数字化"中国高校系列专题期刊"。

不同于以往任何一种学术期刊的"中国高校系列专业期刊"不仅实现了纯数字化的线上传播，而且对传统的期刊体制提出了挑战，创建了一种全新的期刊编辑、制作、出版、传播机制。首先，通过将纸本期刊与数字化期刊分开对待的方法，实现了学术期刊的专业化、数字化转型和集约化、规模化发展。这个转型的意义在于，它不是某一种综合性学报的个体转型，而是数十家综合性学报的集体转型；它将专业化转型与数字化转型和规模化发展完美地结合在一起，充分地体现了数字化时代"聚合"的优势。其次，通过建立联合办刊机制，有效地打破了校域界限，成功地破解了高校间的门户壁垒，"中国高校系列专业期刊"是高校的，但不再单独属于某一高校，而是各校共建共有，成功地恢复了高校学术期刊作为学术界开放的公共交流平台的基本属性。再次，通过设立联合编辑部、主编联席会议、"网刊之家" QQ 群等全新的机构和运用各种信息交流手段，实现了分散在各高校的编辑联合办刊，有效地将各校科研力量和成果整合起来，成功地将各校各学科的编辑人员纳入到专业期刊的编辑群体之中，从而有望解决期刊体制改革中最大的难题——如何将现行体制中的人纳入到改革后的新体制中去。最后，通过将编辑与出版发行分开的方法，达成与大型数字化出版企业的合作，直面学术期刊市场，使双方在学术编辑与数字传播中各展其长。

如果从变革的角度来评价这个全新的办刊机制，可以看到它的两个重要特点：其一，它对现行的期刊体制提出了全面的挑战，不仅在于它不同于现行的体制，更在于它能有效地解决现行体制带给学术期刊的诸多问题；其二，数字化在其中起到了非常关键的作用，通过对数字化种种优势的发挥，实现了专业化转型和集约化、规模化发展。因此，尽管不符合现行的期刊体制和传统期刊模式，但它的出现，不仅是学术界所期盼的，而且恰恰是与报刊体制改革决策者预定的改革目标完全吻合的。[15]这个尝试提示我们，期刊体制改革如果能与最新技术相结合，将会产生意想不到的效果。体制改革与数字化变革可以而且应该完全交融在一起，互相依赖，共同完成。

"中国高校系列专业期刊"的创办从实践层面对体制改革如何与数字化相结合探索了一条可行路径，这就是将纸本期刊与数字化期刊分开、编辑与出版分开的"两分开"改革路径。将纸本期刊与数字化期刊分开，改革可以把主要精力放在数字化期刊体系的建立上。真正的数字化学术期刊体系及其体制目前基本上还是"一张白纸"，很少羁绊，可以从容构建。学术期刊的编辑活动本质上属于学术活动，并不是非"转企"不可，将期刊编辑与出版发行分开，编辑继续留在高校和科研单位中，这既符合学术期刊的传统，也是当今各国学术期刊的惯例，对办好学术期刊来说，更是必不可少的条件，而出版发行则可交给大型出版集团或数字化网站，在明确双方责、权、利的基础上，可以使学术期刊更好地走向并适应学术市场，实现编辑者与出版者的双赢，也可让学术市场来选择期刊，没有出版和发行价值的期刊将会自然退出。[16]实践证明，"两分开"的改革路径既可以实现学术期刊的数字化生存，也可以达到体制改革所要达到的真正目的。

"中国高校系列专业期刊"是学术期刊人试图突破体制的束缚而创办

的，它必然存在与现有体制不相符合之处，它之所以能够在现有体制下成立并运行，是得益于体制改革和数字化变革的大背景，主管部门鼓励创新，包括体制和机制创新，但这样一种新型的办刊模式是否能得到最终认可，亦即是否能得到改革后新体制的保护，现在下结论还为时过早。而在新体制认可它之前，它的存在和运行都处在非常艰难的状态下，除了没有先例可循，缺乏体制的保护使其身份不明和缺乏必要的经费支持是阻碍其继续发展的最大问题。由此观之，尽管学术期刊体制改革是可以而且必须与数字化变革实现无缝对接的，但最终能否导致学术期刊体制与体系的科学重建，还取决于决策者的顶层设计与业界的底层设计能否完美地结合起来。

出自中央政府关于期刊体制改革的方案显然属于顶层设计。学术期刊的改革需要有顶层设计。顶层设计事关改革的方向、目标以及路径，如今，作为顶层设计层面的改革大方向和目标已经明确，但具体实施仍困难重重，问题出在路径设计上，特别是《实施办法》遭到了业界的普遍抵制，可见，仅有顶层设计是不够的。

相对于顶层设计，来自业界的底层设计对改革的成败同样重要。"制度设计是个精细活，既要有顶层设计，统筹全局、高屋建瓴，又要有底层设计，抽丝剥茧、脚踏实地。既要关注历史大势，也不可忽略政治或者经济发展中那些看起来没有分析价值的小事。"[⑰]顶层设计往往着眼于核心制度的变革，通过自上而下的强制性制度变革而实现设计者心目中的合理改革目标，因此，与明确的目标相比，达到目标的路径设计却不免粗疏。面对现实情况的复杂多变和利益的错综纠葛，一刀切地"转企"这样的路径设计很难做到确保改革平滑顺利地进行。在这样的时候，底层设计的重要和必要就充分地体现出来了。

"中国高校系列专业期刊"的设计可谓标准的底层设计。尽管它与中央的顶层设计和新技术革命带来的巨大挑战有直接关系，但对学术期刊现状的不满和寻求新出路的冲动，是提出这一设计的根本原因。它不是缘于空想，而是从现实出发的来自业界的"为争取获利机会自发倡导和组织实施的对现行制度安排的变更或替代，是一种自发性的制度变迁"，[⑱]虽然体现为基层自发的行为，但其归宿还是指向制度的顶层设计，它在改革的方向和目标上，与中央和总署的顶层设计是完全吻合的。

笔者有理由认为，学术期刊体制改革与数字化转型这两场都具有划时代意义的变革能否无缝地对接在一起，决策者的顶层设计与业界的底层设计能否完美地结合起来，将在很大程度上决定体制改革和数字化转型能否获得成功，集约化、规模化发展能否实现。

---

①刘泽生：《总编视角·主持人语》，澳门：《澳门理工学报》（人文社会科学版）2013年第1期。

②中共中央办公厅、国务院办公厅：《关于深化非时政类报刊出版单位体制改革的意见》，中办发［2011］19号。

③新闻出版总署：《关于报刊编辑部体制改革的实施办法》，2012年7月30日，新闻出版总署网站，http://www.gapp.cr/cms/html/21/508/201208/761738.html。

④朱剑：《学术风气、学术评价与学术期刊》，江苏苏州：《苏州大学学报》（哲学社会科学版）2011年第2期。

⑤罗骥对报刊编辑体制改革后学术期刊可能出现的变化有颇为详尽的分析，见罗骥《报刊编辑部体制改革背景下学术期刊生存方式的转变》，澳门：《澳门理工学报》（人文社会科学版）2013年第1期。

⑥"信息化时代"，百度百科，http://baike.baidu.com/view/845511.htm。

⑦尼葛洛庞帝：《数字化生存》，胡泳译，海口：海南出版社，1997。

⑧朱剑：《计算机的介入与社科期刊的发展》，南京：《南京大学学报》（哲学·人文科学·社会科学）2000年第5期。

⑨"中国知网"，百度百科，http://baike.baidu.com/view/775616.htm。

⑩参见徐枫、郭沁《传统学术期刊的数字化转型：做最好的在线传播》，澳门：《澳门理工学报》（人文社会科学版）2013年第1期。

⑪参见陈晋《开放获取十年：2001.2011》，北京：国家图书馆出版社，2012。

⑫"市场化"，百度百科，http://baike.baidu.com/view/1086768.htm。

⑬朱剑：《高校学报的专业化转型与集约化、数字化发展》，北京：《清华大学学报》（哲学社会科学版）2010年第5期。

⑭关于"中国高校系列专业期刊"从最初的设想到创办的情况，可参见朱剑《高校学报的专业化转型与集约化、数字化发展》；仲伟民：《中国高校学报的历史、现状和将来》，澳门：《澳门理工学报》（人文社会科学版）2011年第4期；崔月琴：《学术期刊国际化的反思及路径探析》，澳门：《澳门理工学报》（人文社会科学版）2012年第4期；赵东奎：《学术期刊的技术转型与制度转型》，澳门：《澳门理工学报》（人文社会科学版）2013年第1期。

⑮在新闻出版总署《关于报刊编辑部体制改革的实施办法》中，除了"转企改制"外，还提出了："报刊编辑部体制改革必须……与调整报刊业结构、转变报刊业发展方式相结合，与实现报刊业集约化经营、培育大型报刊传媒集团相结合，与推动传统报刊

业向数字化、网络化现代传媒业转型相结合，与建立健全报刊准入和退出机制、科学配置报刊资源相结合。"简单地说，就是要通过报刊体制改革，实现专业化、集约化、集团化、数字化。

⑯朱剑：《传统与变革：体制改革前夜学术期刊的艰难抉择》，澳门：《澳门理工学报》（人文社会科学版）2012 年第 1 期。

⑰⑱叶娟丽：《中国大学学报：制度变迁与路径选择》，南京：《南京大学学报》（哲学·人文科学·社会科学）2013 年第 1 期。

作者简介：朱剑，《南京大学学报》执行主编、编审。

[责任编辑：刘泽生]

（本文原刊 2013 年第 2 期）

我国人文社科学术期刊
国际化的思考

陈嘉明

[提　要]　虽然中国学术期刊应当实现国际化已经大体成为一种共识，并逐步形成一种潮流，但从现在的状况看，取得的收效还是比较有限的，距离国际化的目标还有相当的距离。影响我国人文社会科学期刊的因素，除了国内人文社会科学本身的水平不高这一基本原因之外，主要还有办刊体制、评价体制、思想观念等方面的问题，以及如何面对国外的 SSCI 和 A&HCI 这两大引文索引系统的问题。我们应当克服一些不恰当的观念，采取积极的做法，包括开放办刊许可，利用国际检索平台来增加我国学术的国际影响等。在我国学术期刊国际化可以选择的多种途径中，一个比较有效可行的办法是加快建设好"中国社会科学引文索引"，使其成为一个与 SSCI 和 A&HCI 接轨的检索平台，从而成为国际上有重要影响的检索系统。

[关键词]　学术期刊　国际化　索引系统

　　随着我国国际影响力的提高，哲学社会科学"走出去"战略的实施，学术期刊国际化的问题已持续引起社会的关注。今年 10 月初，以中国社会科学杂志社为主导，在莫斯科举办了一场"世界华文学术名刊高层论坛"，其主题就是研讨华文学术期刊"走向世界"，亦即国际化的问题。本文的目的，也是针对这一话题提出一些分析和见解，内容包括如下几个方面：我国学术期刊国际化的必要性、迫切性；当前我国学术期刊国际化的状况；
存在的主要问题与不同看法；中国学术期刊国际化的途径等。

一 学术期刊国际化的必要性、迫切性

中国学术期刊应当实现国际化，在改革开放之后，尤其是在近年来国
家推行哲学社会科学"走出去"的发展战略之后，已经大体成为一种共识，
并逐步形成一种潮流，不论是在评价标准方面，还是在期刊本身的努力方
向上，都体现了这一点。

国内学术期刊未能实现国际化的痛楚，一些办刊人那里有着深切的感
受。例如，早在 2001 年，《历史研究》前任主编张亦工到香港参加学术会
议期间，与香港一所大学历史系师生座谈时，表示欢迎他们投稿。不过得
到的回答是，如果我们的文章达到一定水平，首选的将是英语期刊，因为
这对晋级升等有利。这次座谈会给张亦工先生留下太深的印象，或者说相
当大的刺激。[①]类似的情况对于办刊人来说，实在并不少见。基于刊物"等
级"上的差别及其带来的学术影响、晋级升等等实际利益的考虑，我们的
学术刊物不仅难以拿到国外（境外）优质的稿件，甚至连国内的最优质的
稿件也难以拿到，它们更愿意被投到国际上有影响的刊物。毋庸置疑，这
种状况制约着国内学术期刊的发展，制约着它们的国际影响力。因此学术
期刊需要国际化的道理，实在是很明白地摆在那里的。

国家自然科学基金委副主任朱作言曾经就中国学术期刊国际化的问题
发表过精辟的见解。他指出，"一个国家能办出有国际影响的学术刊物，在
一定程度上反映了这个国家的科学技术水平。它的影响可能比一个重点实
验室还要重要得多，还要大得多"。[②]虽然他说的是自然科学方面的刊物，但
这个道理同样适用于人文社会科学。文科学术期刊未能国际化的现状，直
接影响到我国的文化"走出去"的战略，影响到我国人文社会科学学术在
国际上的传播，影响到我国人文社科学者与国际同行的交流。因此，类似
的学术期刊国际化的呼声，近年来可说是持续高涨，形成为一种普遍的意
识，并转化为具体的行动。如下即为这方面的一些表现。

有关主管部门制定的刊物评估标准上，要求"开门"办刊，具体包括
学术期刊编委会的组成要有外籍的编委，外稿的刊登须有一定比例等。

刊物的编排体例上逐步与国际惯例接轨，如文章的英文摘要、关键词
等，已成为普遍的规范。

创办人文社会科学类英文学术期刊的步伐在加快。在 20 世纪整个 80 年代，仅创办出 9 种人文社会科学类的英文学术期刊，90 年代又创刊 6 种。进入 21 世纪之后，人文社科类英文学术期刊创刊的步伐呈现出明显加快的趋势。2000~2005 年，创刊数为 11 种，2006~2010 年又增加了 15 种，这 11 年间增加的英文学术期刊数，相当于 1950~1990 年的创刊数总和。此外，一些有实力的人文社会科学期刊陆续创办外文版，等等。

二 当前我国人文社会科学期刊国际化的状况

尽管采取了上面谈及的一些措施，做出了一些努力，但是从现在的状况看，取得的收效还是比较有限的，距离国际化的目标还有相当的距离。这里的"国际化"，应当包含内部与外部的两方面标准。内部的标准包括学术期刊本身符合国际通行办刊规范的建设，如编委会组成的国际化，审稿机制及其专家的国际化，编辑人员业务水平的提高，文稿的编排体例、注释引文、摘要、关键词等在规范上与国际接轨，最重要的是，文稿的质量达到国际交流的水平，等等。外部的标准包括，进入国际上权威的检索系统（主要指 SSCI 和 A&HCI），被引用率达到国际的前列，发行渠道与发行范围的国际化，等等。

按照上述的标准，我们可以列举一些数据和表现，说明目前我国学术期刊的国际化的程度还是不高的。先来看如下的两组数据。

表 1 SSCI 收录的中国期刊（截至 2011 年）

序号	刊名	主办单位	收录年份
1	China Economic Review	China Economic Review Publishing（香港）	1995
2	Transportmetrica	香港运输研究学会（香港）	2005
3	China & World Economy	中国社会科学院世界经济与政治研究所等（北京）	2006
4	Asian Journal of WTO & International Health Law and Policy	台湾大学法律学院亚洲 WTO 暨国际卫生法与政策中心；台湾大学出版中心（台北）	2007
5	Journal of Chinese Linguistics	香港中文大学（香港）	1980
6	Annals of Economics and Finance	中央财经大学、北京大学、武汉大学（北京）	2007

续表

序号	刊名	主办单位	收录年份
7	*Chinese Journal of International Law*	中国国际法学会、武汉大学法学院（武汉）	2008
8	*China Agricultural Economics Review*	中国农业大学；中国农业经济学会（北京）	2009
9	*Issues & Studies*	台湾政治大学国际关系研究中心（台北）	1967
10	*China Review-an Interdisciplinary Journal on Greater China*	香港中文大学（香港）	2002
11	*Language and Linguistics*	台湾中研院语言学研究所（台北）	2007
12	*Asia-Pacific Journal of Accounting & Economics*	香港城市大学（香港）	2008
13	*Asia Pacific Law Review*	香港城市大学（香港）	2007
14	*International Journal of Design*	台湾科技大学（台北）	2007
15	*Chinese Journal of Communication*	香港中文大学（香港）	2008
16	*Hong Kong Law Journal*	香港大学法学院（香港）	2010

资料来源：SSCI。表中均为英文版。

表2 A&HCH 收录的中国期刊（截至 2011 年）

序号	刊名	主办单位	收录年份
1	*Journal of Chinese Linguistics*	香港中文大学（香港）	1980
2	*Arts of Asia*	亚洲艺术出版公司（香港）	1975
3	中央研究院历史语言研究所集刊	中研院历史语言研究所（台北）	1994
4	外国文学研究（中文版）	华中师范大学（武汉）	2005
5	*International Journal of Design*	台湾科技大学（台北）	2007
6	*Language and Linguistics*	中研院语言学研究所（台北）	2007
7	*Logos & Pneuma-Chinese Journal of Theology*	香港汉语基督教文化研究所（香港）	2007
8	*Sino-Christian Studies*	中原大学宗教研究所（台湾中坜市）	2007
9	*Universitis-Monthly Review of Philosophy and Culture*	哲学与文化月刊社（台北）	2008

资料来源：A&HCI。除标明为中文版外，余为英文版。

从表1和表2可以看出，截至2011年，在SSCI检索系统中，只有16家中国（包括香港和台湾在内）的学术期刊被收录，其中属于中国大陆的仅有 4 家。在 A&HCI 系统中，也仅有 9 家中国的学术期刊被收录，其中中国大陆被收入的期刊数则只有 1 家，即《外国文学研究》，数量更是少得令人吃惊。这样的数字与中国大陆共有 4000 多种人文社会科学期刊的总数相比，[③]实在是不成比例。就以上数字而言，我国的人文社会科学期刊真正能得到国际认可、具有国际影响的确是寥寥可数。

此外，从学术刊物发行的情况看也可印证这一点。我国学术期刊在国外的发行情况是很不理想的。一份发表于 1998 年 9 月的调查报告称，当时国内的英文版学术期刊在国外的订户只有少数可达到百份以上，在国外发行量最大的《中华医学杂志》也仅 500 份，不少刊只有几十份或几份，有的甚至无国外订户。[④]

前面提到，自 80 年代以后，人文社科类英文学术刊物呈现增加之势，但到目前为止，国内的人文社科类英文学术期刊总共也只有 40 多种，与我们这样一个大国及其期刊拥有量相比，数量显然偏少，因为即使按照南京大学"中国社会科学研究评价中心"的 CSSCI 大类学科的分类，人文社会科学共有 25 大类学科，平均起来一个大类的学科也学不到 2 种。

之所以造成上述局面，除了语言障碍的因素之外，我们的人文社会科学的研究水平所导致的文稿质量问题，应当说是其中一个关键的因素。因此从根本上说，中国人文社会科学期刊的国际化，首先取决于中国人文社会科学研究水平的国际化。

三 制约我国人文社会科学期刊国际化的主要因素

除了国内人文社会科学本身的水平不高这一基本原因之外，影响我国人文社会科学期刊的因素，按照本文的分析，主要有办刊体制、评价体制、思想观念问题等。

首先，在办刊体制上，我国学术期刊的办刊体制是由计划经济时代延续下来的，即它采取的是由"单位"（高校、研究院所）办刊的方式，编辑部作为一个独立的行政机构，有专门的人员编制和经费。这种以行政单位为主体来办刊的方式，直接产生的问题是封闭性的办刊模式。由于刊物是单位出资、出人办的，为本单位的教学和科研服务就成了天经地义的事情。这种情况在大学的学报上表现得尤为明显，其主导思想一般是将它作为展现主办院校科研成果的"窗口"，为本校师生提供发表学术思想、进行学术交流的论坛。而对于一些科研水平相对比较低的院校而言，则更是成为教师解决职称问题的一个途径。这种情况虽然随着出版主管部门提出"开放办刊"的评估标准而有所改变，在用稿的比例上增加了一些外单位的来稿，但为本单位服务的性质并没有根本性的改变。

此外，这种以行政方式运作、管理学术刊物的方式还产生了如下困境。一方面，在体制内办刊，虽然有经费、人员编制方面的保障，不论刊物发行、盈亏状况如何，仍可使刊物的生存无忧，也不至于去收取版面费，产生学术腐败。这本来是一件好事，是一种好的办刊条件。但这种以行政运作的方式办刊的方式，却带来如下的弊端，最根本的就是像计划经济一样，缺乏竞争的动力，抱着"铁饭碗"，吃着"大锅饭"。由于刊物办好办坏与编辑部本身的利益关系不大，所以办刊人员也不太在乎刊物自身的利益，如质量、声誉与影响，而时有夹塞"人情稿"的情况发生。特别是在同一个学校之内，投稿者并不难通过某种关系，找到编辑部的人员进行说情、疏通。另一方面，如果把学术刊物转制改企，它带来的问题必定是，学术刊物的发行量本来就有限，因此亏损的问题就会成为致命伤。这样，如果找不到经济上可依托的单位，那么刊物本身只能是"八仙过海，各显神通"，卖刊号的做法可能就会大肆泛滥，从而刊将不刊矣。

就这种状况而言，我认为有效的解决办法，是开放办刊，使学术刊物进入一种充分竞争的状态。由此遵循"优胜劣汰，适者生存"的原则，缺乏竞争力的刊物将自行淘汰退出，而强者必将越强，不断提升刊物水平。这其中可以操作的办法，一是鼓励专业学术团体（如"学会"等）办刊。这可避免上述的一些弊端。学术团体本身是以学术交流、提升学术为目标的。它既有自己丰富的学术资源，办刊也不乏高素质的编辑人才；同时办刊的经费是自筹的，也不致有"铁饭碗"之虞，具有竞争的动力。二是开放出版社的办刊许可。出版社本身就是一种专门的出版机构，由它们来承办、运作学术期刊，属于题中应有之义。而国外期刊的办刊主体，基本上也是出版社。三是开放学者同人办刊。学者同人刊物，在国内有这种传统，它一般是由知名学者们联合起来创办并运作的。比如 20 世纪上半期著名的《新青年》、《语丝》等。学者同人刊物具有的优势是，它们既由名人所办，档次本身就高，自然就有影响力，在获得优质稿源方面胜人一筹，编辑水平也不成问题。这样的刊物，要具有国际影响力也容易一些。

就国外的情况而言，办刊的主体主要是出版社。在 A&HCI 检索系统中，笔者在"哲学（Philosophy）"名下共查到有 67 家杂志。其中由综合性出版社办刊的有 43 家，大学出版社办刊的有 14 家，余下的为由社团等办刊的。如果把综合性出版社与大学出版社合并起来计算，则由出版社办的哲学类杂志总共有 57 家，占总数的 85% 之多。在 SSCI 系统中，以"政治学（Politics）"为名查到的杂志共有 25 家，它们则全部是由出版社所办，其中一般出版社有 18 家，大学出版社有 7 家。可见，在国外，尤其是在欧美，学术刊物的办刊主体基本上是出版社。

体制问题是根本问题。有一个具有竞争力的体制，才有可能产生出具有竞争力的刊物。其余的编辑人员素质的提高，国际发行渠道的打通，以及建立网上投稿系统等具体的或技术性的问题，在体制问题理顺的前提下，都是不难解决的。

此外，影响我国学术期刊国际化的因素，还存在某种程度上的思想观念的问题。由于学术期刊国际化的一个途径，是进入美国的 SCI、SSCI、A&HCI 三大索引系统，即科学引文索引、社会科学引文索引和艺术与人文科学引文索引这三大系统。目前，国际上通行的对一个国家的科学研究水平的高低以及学术影响力大小的重要评价指标，是以被 SCI、SSCI、A&HCI 这三大系统收录论文的多寡来衡量的。由此产生的一个认识问题是，没有进入这三大系统是否就意味着我国丧失了学术评价的话语权？

有的文章持有这样的看法，它们表达了这种担心和不满。例如，有的文章认为，20 世纪 80 年代之后，"中国重新启动了它与西方学术界对接之旅。……西学再次成为学术界的主宰话语系统，并引申为学术认可过程中的重要量度标准，如英语能力和水平、研究水平、SCI 指标等"。[⑤]有的文章同样认为，只要我们认同三大索引系统这样的"国际化标准"，由于"所有的标准和规则都由'先行者'和'领航者'说了算，'准入证'攥在人家手里除了妥协，别无选择"，因此实际上"我们都已将国际学术话语权拱手相让"。[⑥]

确实，在上述三大检索系统中收录的中国期刊是如此之少，接近于零，仅从数量上就很使人感到不平。从前面的表格中我们可以看到，在 SSCI 和 A&HCI 中，收入的大陆期刊确是寥若晨星，这对于收录有 2684 种来源期刊的 SSCI 系统，[⑦]和收录有 1542 种来源期刊的 A&HCI 系统来说，[⑧]其不公正性是显而易见的，因此这对于中国学者和中国的学术刊物都是很不公平的。它们确实造成了我国人文社会科学研究以及学术期刊被边缘化的局面。从办刊的角度说，这种状况同时直接影响了国内学术期刊对优质稿件的获得。

因为在把是否发表于 SSCI 和 A&HCI 中的期刊作为一种学术水平的评价标准的情况下，高质量的稿件自然会选择投向 SSCI 或 A&HCI 的刊物，这样高质量稿件的外流也就是难以避免的了，从而也就影响了国内学术期刊的办刊水平。凡此种种，引起国人对上述状况的批评，也就是不足为奇的了。

不过，现实既已如此，如何正确应对，则有一个策略问题。对此，我认为应当采取一种积极应对的态度和方法。这种情况，类似于我们国家应对世界贸易组织（WTO）的情况。WTO 的平台与规则，同样也不是由我们中国人所打造和制定的，同样我们也有利益上受损的地方，也同样对它有不满和批评。但我们国家并没有因为其中对我们存在的类似于不能掌握话语权之类的不利之处，而采取一种自我孤立的政策。相反，我们利用 WTO 的平台，积极发展我们的对外贸易，使得我国的外贸出口在"入世"后取得快速的增长。

同样的道理也适用于上述的学术期刊的三大国际索引系统。积极的做法同样是应当利用这些平台，来增加我国学术的国际影响。这既包括在收录进这三大索引系统的刊物上发表文章，也包括争取将自己的刊物收录于这三大系统。这属于现实的应对策略。假如我们对它们的存在视而不见，或者停留在一种愤激的情绪上，那将是于事无补的。因为现实的状况是，我们在国际学术界的影响尤其是人文社会科学的影响本来就有限，如果我们不积极加大我们的声音，不利用这些平台争取让我们的话语被国际上所听见，那么我们的影响并不会增大，反而可能会减小。

西方学术界拥有这些检索系统，是不是就意味着它们拥有了学术评价的"霸权"？实际上，学术评价的"霸权"与否，并不是一厢情愿的东西。假如各国的学术界，包括中国，不承认收录在这三大引文索引系统中的期刊属于什么"权威"、"核心"刊物之类，那么它们也就失去了作为学术评价标准的作用。但为什么这三大引文索引系统被接受为评价标准呢？原因在于国际上被认可的顶级的、优秀的学术刊物多数被收录其中，并且它们提供的"引文索引"，即通过搜索先期的文献被当前文献的引用频次，来表明文献之间的相关性及先前文献对后来文献的影响力。这种数据的提供，也是使得 SCI、SSCI、A&HCI 不仅是一种文献检索的工具，而且成为科研评价的一种依据。由此形成的结果是，学界不得不承认它们客观上能够起到的评价作用。因为除此之外，一时并无可以替代的选择。

由上可见，SCI、SSCI 和 A&HCI 这三大引文索引系统之所以能够作为学术评价的标准之一，是有其客观性基础的。因此，认为承认了三大引文索引系统的地位，就会使我们的知识评价被纳入外国的标准，甚至成为唯一的标准，就会丧失知识的话语权，导致知识的非独立性的看法，是值得商榷的。一方面，毕竟期刊及其文章的被引用的数据，从根本上说并不是人为的东西，而是具有客观性的。国内的高等院校和科研院所以发表于这三大引文索引系统的刊物之上的文章，作为职称上的晋级升等、科研方面奖励的一个依据，也是有其道理的。另一方面，至于这方面的做法是否分寸恰当，则属于教育与科研管理行政当局的政策问题。如果对评价标准的设定不妥当，出现过于抬高三大引文索引系统的情况，那么问题是出在这些行政当局之上，而不是出在检索系统本身，不是它们具有什么话语权的问题。

这方面的情况分析到底，症结在于中国的学术水平目前确实与国际相比尚有距离，学术期刊同样也有这样的距离。假如我们的学术水平已经很高，处于国际领先的水平，那么不仅三大引文索引收录的来源期刊的状况会改变，我们自己的评价标准也会改变。因此，要改变目前这种学术评价标准的局面，根本上在于提升我们的学术水平，以及相应地提升我们的刊物的水平。哪一天能够实现这一根本的转变，其他的问题也就迎刃而解了。反之，如果没能看到这一问题的根本，反倒把所谓的西方垄断知识评价标准当成问题的症结所在，其结果只会是又回到一种自我封闭、自我边缘化的状态，阻挠了中国学术及其期刊的国际化进程。

面对这种三大引文索引系统实际上提供了一种学术评价的依据的情况，上面我们说到应当采取积极应对的态度。虽然我国的学术期刊在收录方面受到不公平的对待，但毕竟事情是可以通过人的努力而改变的。除了加强与 SCI、SSCI 和 A&HCI 这三大系统的运行机构的沟通，推介我国的优秀学术期刊之外，更重要的是通过提高我们自己的科研水平，以及提高我们的学术期刊的办刊水平，来增强我们的国际影响力，得到国际学界的认可。就此而言，这三大引文系统所提供的乃是学术游戏的平台，它们就像一些很有吸引力的剧院一样，通常都是优秀的演员在演出，而观众也认可它们，习惯于去这些剧院看演出。这时，假如作为一位演员，你是应当争取进入这类剧院去演出，争取观众，扩大自己的影响，还是愤懑于这些剧院被垄断，是霸权，而一味采取抵制的态度呢？不难想见，前者是积极的做法，后者则是消极的做法。之所以说前者是积极的，因为你通过参与和竞争，就存在争取到观众的机会，反之则丧失这样的机会，即使演技再高超，也是深锁闺中无人知，自我封闭在一种边缘化的状态。

通过积极参与的方式来改变边缘的状态，从而转变为中心的位置，这在改革开放以来并不缺乏例证。奥林匹克运动会是西方的发明，足球、篮球、排球、田径等竞赛的规则也都是西方人定的，但这并不妨碍中国人在奥运赛场上取得金牌，尽管体育竞赛也有不同的价值观。世界贸易组织同样是外国人建立与制定规则的，但也同样不妨碍我们国家在加入这一组织后，利用这一平台来发展我们的对外贸易，取得外贸出口的高速增长。

从办刊的角度看，有的学者认为，承认了三大引文索引系统上的刊物的权威性，会导致优质稿源外流的结果，这不利于国内刊物的发展。不过，想要用人为的办法来留住国内的优质稿源，其结果只会适得其反。因为一方面不仅留不住优质的稿源（高水平的研究者一般不会满足于让自己的学术影响只限于国内，因而总会把自己写得比较好的稿子投到国外更有影响的刊物上去），另一方面还会由于这种消极的做法，而导致中国学术的国际影响的减弱，导致中国产生世界级的学术人物机会的减少。因为毕竟在目前的情况下，发表在国内的刊物与发表在国际上的名刊相比，其影响是不一样的。因而从长远来看，人为地想留住优质稿源的做法，只会是迟滞中国学术走向世界，迟滞中国学术国际化的步伐，减弱中国学术在世界上的声音，从而最终不是拥有更大的话语权，而是越发没有话语权。反之，待到中国的许多学者是世界级的，中国的学术地位提高了，国内的期刊也就更容易国际化，更容易产生国际性的影响，这时自然也就能够吸引国内的优质稿源，甚至能够吸引国外优质的稿源。"将欲取之，必先予之"，这是一种辩证的哲理。

四 中国学术期刊国际化的途径与方法

关于如何使我国的学术期刊实现国际化的问题，学者们已发表了许多建设性的意见。如创办刊物的外文版，邀请国外知名学者参加编委会，使编委会的组成国际化，与国外知名出版社合作，打开国外发行渠道，等等。这些都不失为国际化的一些有效举措。这里，笔者也谈谈自己的一些想法。

学术期刊的国际化，无疑应当采取多种措施、选择多种途径来进行，但在笔者看来，一个比较有效、可行的办法，是加快建设好"中国社会科学引文索引"（CSSCI），努力使其成为一个与 SSCI 和 A&HCI 接轨的检索平台，从而成为国际上的一个有重要影响的检索系统。

"中文社会科学引文索引"（CSSCI）是由南京大学中国社会科学研究评价中心开发研制的引文数据库，用来检索中文人文社会科学领域的论文收录和被引用情况。至今为止，已经收录包括法学、管理学、经济学、历史学、政治学等在内的 25 大类 535 种学术期刊。

作为国内目前最大的人文社会科学引文数据库，它如果能够实现国际化，无疑会对我国人文社会科学的学术影响力的提升起到有力的作用，其意义远比推动个别的学术期刊进入国际三大检索系统要大得多。它意味着直接为国外学者了解中国的人文社会科学研究打开了一个直接的窗口，为他们查找、了解中国的人文社会科学文献提供了直接、便利的机会。进而，随着我国国际地位的提高和国际影响力的增加，CSSCI 发展为收录外国的学术刊物，真正成为一个国际性的人文社会科学引文数据库，也是存在这种可能性的。

CSSCI 如果能够实现国际化，成为一个国际上权威性的检索平台，那么它对提升中国学术刊物的质量的帮助，将是明显的。从稿源上说，由于收录在 CSSCI 上的文章也具有国际影响力，它也将有助于解决优质稿件外流的问题，以及组约国外高水平论文在中国发表的问题。

就目前的状况而言，我认为，恰恰是因为 SSCI 和 A&HCI 基本上没有收录我国的学术期刊，所以实际上反倒给 CSSCI 提供了机会。因为国际上确实存在检索中国人文社会科学研究成果的需求。除了直接研究汉学的国外学者之外，那些关注、研究中国传统文化与现实状况的国外学者，同样也需要利用一个这方面的数据库，并且随着中国学者研究水平的提高，国外这方面的需求也会相应跟着增长。因此，从这一点来说，CSSCI 的国际化是有其客观基础的。

CSSCI 要实现国际化，首先需要做的工作自然是与国际检索系统接轨，提供符合国际通行的检索条件，换言之，也就是能够像 SSCI、A&HCI 那样便利地被检索。由于目前 CSSCI 只提供中文的检索，因此需要建立引文的作者、摘要与关键词等有关数据的英文索引。建立起这套英文检索系统的一个基本条件，是文章本身必须带有这些数据，而目前国内学术刊物所刊发的文章，基本上都已做到这一点，因此是具备这一条件的。假如有些刊物还没能做到这一点，那么 CSSCI 的建立英文索引数据库的工作，反过来也会促进各学术刊物对这项规范的完善。

为了克服语言交流方面的障碍，CSSCI 甚至可以考虑为国外学者提供翻译方面的有偿服务。也就是说，在国外学者检索到有需要的文章，而又无法进行中文阅读时，为他们提供有关的翻译服务。中国的劳务报酬水平在国际上是比较低的，加上学者一般都会有科研经费，因此这项服务应该是会受欢迎的。如果语言的障碍能够被克服，可以想见，CSSCI 将会在国际学界中发挥更大的作用。

对于"中国社会科学引文索引系统"本身，也存在进一步提供公信力的问题。为此，应当继续加强规范入选标准，并严格加以执行，防止出现个别期刊利用数据造假来进入 CSSCI 的情况发生，做到客观、公正地确定来源期刊。

在做好自身规范的基础上，"中国人文社会科学引文索引系统"同时还应做好广告宣传，让国外学者知道有这么一个检索系统的存在。此外，为了做好推广，有必要实施某段时间的"推广期"，在此期限内为国外用户提供免费检索服务。一旦他们感受到了 CSSCI 的益处，CSSCI 也就能够被接受了。当然，要做好推广工作还有其他一些途径，相信只要愿意做出努力，办法总是会有的。

与此同时，另一个可行的措施，我认为是要推动一批能够代表国内人文社会科学研究水平的刊物进入 SSCI 和 A&HCI，例如中国社会科学院的《哲学研究》、《经济研究》和《历史研究》等，以起到某种示范性的作用。这种示范性的作用应当包括国际化的各个环节，例如稿件来源的国际化，编委会的国际化，刊物编排、文章引文、英文摘要与关键词等环节规范上的国际化，发行渠道的国际化，等等。因此这些刊物本身应当以中国学术刊物的国际化为己任，强化这方面的意识，增强主动性，提高自身的办刊水平，积极争取加入 SSCI 或 A&HCI，起到一种带头羊的作用。

在人文社会科学学术刊物国际化方面目前还可以做的一项工作，我认为是提升代表中国人文社会科学研究最高水平的《中国社会科学》的国际化状态。目前《中国社会科学》已经发行有英文版，可以在此基础上进一步发行日文版、俄文版等。这些外文版并非仅是中文版的译本，而是同样可以发表一些原版的论文。这就像中央电视台有多语种的频道一样，《中国社会科学》也可有多语种的版本，这样会有助于扩大其国际性的影响力，有助于中国人文社会科学学术研究高水平成果的传播。要做到这一点，应当说条件并不缺乏，包括资金、编辑人才、发行渠道等。只要这一必要性被认可的话，实现起来并不困难。

---

①徐思彦：《也谈学术期刊国际化问题》，湖南岳阳：《云梦学刊》2004年第4期。

②朱作言：《学术期刊国际化，任重道远》，北京：《中国科学基金》2003年第3期。

③笔者统计了清华大学"中国学术期刊（光盘版）"所收录的人文社会科学期刊数，截至2012年10月已有4201种。

④赵基明：《学术期刊国际化的内涵与保障措施》，北京：《中国图书馆学报》2004年第6期。

⑤阎光才：《中国学术制度建构的历史与现实境遇》，北京：《北京师范大学学报》2008年第6期。

⑥朱剑：《学术评价、学术期刊与学术国际化———对人文社会科学国际化热潮的冷思考》，北京：《清华大学学报》2009年第5期。

⑦截至2009年的数据见"豆瓣网"，http：//www. douban. com/note/64980927/。

⑧截至2010年的数据见"安徽工业大学外国语学院网站"，http：//wgy. ahut. edu. cn/info/1014/1196. htm。

作者简介：陈嘉明，厦门大学特聘教授、博士生导师，《厦门大学学报》编委会主编，厦门大学知识论与认知科学研究中心主任。

［责任编辑：刘泽生］

（本文原刊2013年第2期）

检索抑或评价：CSSCI 功能论析[*]

——兼论构建引文索引数据库的若干问题

王文军

[提　要] 中文社会科学引文索引（CSSCI）是我国人文社会科学文献信息的重要检索数据库，也是进行引文分析的重要工具，同时还能为学术评价提供翔实的数据支持。由于在实践中对 CSSCI 的误用使其在学术评价中的作用产生了异化，也由此带来一系列问题，因此必须加强 CSSCI 检索、分析功能的宣传和推广，同时数据库本身必须在提高收录质量、完善同行评议、扩大收录范围、抵制学术不端、提升国际影响等方面不断进行完善。

[关键词] 人文社会科学　引文索引　CSSCI　数据库　学术评价

中文社会科学引文索引（CSSCI）从创立到现在，已经走过十多年的发展历程。作为一个新生事物，CSSCI 逐渐得到学术界、期刊界和科研管理部门的高度关注和认可，同时，也引起了一些争论和非议。纵观这些争论和非议，可以看出，大部分是由于对 CSSCI 的误解和片面认知引起的。为了使学术界、期刊界和科研管理部门对 CSSCI 的功能有一个更加全面的认识，本文试图围绕四个方面的问题展开分析：（1）CSSCI 的建设初衷是什么？现在有没有实现？（2）CSSCI 的设计原理是什么？来源期刊的遴选原则和程序是什么？（3）CSSCI 的基本功能是什么？如何在实践中全面准确地认识和理解

---

* 本文写作中参考了 CSSCI 创办以来的一系列工作报告和文件。

CSSCI 的功能？（4）在发展过程中，CSSCI 又遇到了哪些新的问题？今后该如何进一步完善和发展 CSSCI？以期通过对这些问题的分析和澄清，能够深化目前学界关于 CSSCI 的认知，进而为 CSSCI 的健康全面发展提供一个良好的氛围。

一　CSSCI 的建设初衷与设计原理

（1）CSSCI 的缘起

引文索引是一种服务于学术研究的检索工具。世界上最早出现的引文索引是美国学者谢泼德（Shepard）于 1873 年出版的"谢泼德引文"（Shepard's Citation）。20 世纪初，苏联学者瓦尔金首次运用引文分析方法研究包括苏联在内的科学家们对化学发展的贡献。[①]20 世纪 60 年代，美国著名情报学家尤金·加菲尔德（E. Garfield）创建美国科学信息研究所（ISI），并于 1963 年创办了"科学引文索引"（Sciences Citation Index，SCI），之后又将索引的学科范围从自然科学推广到人文社会科学，于 1973 年、1978 年分别创办了"社会科学引文索引"（Social Sciences Citation Index，SSCI）和"艺术和人文学科引文索引"（Art & Humanities Citation Index，A&HCI）。[②]这些检索工具的创立为学术研究的蓬勃发展提供了极为重要的工作方法。经过三十多年的发展，它们已经成为衡量一个国家、一个地区和众多研究机构科研水平的重要工具，有力地推动了学术研究的传承和繁荣发展。

我国在引文索引工具的研发和建设上则相对滞后，直到 1996 年，才推出了"中国科学引文数据库"光盘版（CSCD）[③]，而中文社会科学引文索引的研制却尚未被提上议事日程，这显然与国际学术发展的大趋势不相适应。自改革开放以来，我国社会生活发生了翻天覆地的变化，真理标准的大讨论拉开了思想解放的序幕，这种生活和思想上的大转变，为哲学社会科学研究的复苏发展提供了良好的内部环境。在这些因素的作用下，我国的哲学社会科学研究逐渐从传统意识形态的束缚中摆脱出来，呈现出良好的发展态势。进入 90 年代以来，随着社会主义市场经济体制改革的不断深入，有效地记录不同学科的发展轨迹，建构一个开放的、高质量的引文索引平台，全面服务于我国的社会科学研究和理论创新工作，已经成为哲学社会科学发展的一项急迫的要求。此外，在评价体制上，当时我国主要采取同行专家评议制度，由于不正之风的影响，这一制度在某种程度上流于形式。通过技术手段开发一套操作性较强的量化分析工具，建设一个属于中国学界的中文社会科学引文索引数据库，用来检索中文社会科学领域的论文收录和被引用情况，为同行评议提供一个客观的辅助工具，进而为学术评价和科研管理提供一种技术化手段就显得尤为必要。由于历史因素和社会原因，我国的学术刊物在学术规范和办刊规范方面还存在许多不完善的地方。按照国际通行的学术规范，建立一套适应于中文学术期刊的引文索引系统，不断提升中文学术期刊的规范化程度，积极推进中文学术期刊与国际学术规范的接轨，就具有重要的现实意义。

基于上述目的，南京大学在 1997 年率先提出了建设中文社会科学引文索引的构想，并在南京大学作为重大项目正式立项。1999 年，南京大学与香港科技大学正式签订了共同研制、开发这一项目的合作协定，在教育部和国家社科规划办的大力支持下，经过课题组两年多的艰苦攻关，于 2000 年成功研制出了中文社会科学引文索引（1998 年）光盘版。④经过十多年的完善和改进，CSSCI 已成功开发了 1998 年以来来源期刊的相关数据，入库来源文献一百余万篇，引文文献八百余万篇，作者信息一千万条。至此，CSSCI 的建设初衷已经基本得到实现。

（2）CSSCI 的设计原理

所谓学术（academia）是指专门系统的学问，然而，它的原初含义指的是"知识的积累"；而所谓学术研究主要是指根据已有的知识积累，不断推进对现有问题、知识和理论的研究，实现知识的传承和理论的创新。而它的最直接体现之一就是引证文献和被引证文献之间的内在关系：它表明了文献之间的继承和发展关系，反映了学科的发展轨迹和传承情况，从而使不同时期科学家的研究成果能够形成有机的脉络。而引文索引（Citation Index）就是一种以文献之间的这种内在联系为基础的检索工具。⑤

引文索引反映了科学文献之间相互引证的关系和特点，通过分析科学文献之间的引用和被引用情况，可以揭示其数量特征和内在规律，从而发现科学文献之间的纵向继承与横向联系的形态，进而评估学科研究的发展规模和趋势。它的理论依据是文献计量学中的"布拉德福文献分散定律"（Bradford's Law of Scattering），俗称为"文献 80/20 定律"，就是说，某一学科 80% 的高影响论文相对集中在 20% 的期刊上，而其余 20% 的高影响论文则广泛分散在另外 80% 的期刊上。20 世纪 60 年代，加菲尔德从期刊论文的引文入手，提出了"加菲尔德引文集中定律"，同时也证实了布拉福德定律。通俗地说就是，20% 的期刊上发表的论文，可以满足 80% 的论文引用需求。这一定律构成了 CSSCI 的理论依据，也是 CSSCI 的设计原理。

（3）CSSCI 来源期刊的遴选原则和程序

引文索引的特殊检索功能使它不可避免地兼具评价和推荐功能，这是其他检索工具难以做到的。引文索引要将最优秀的文章推荐给读者，收选最有影响力的高质量期刊就成为其最主要的工作。[6]因此，根据合理的学科分类和选择适用的来源期刊是构建引文索引数据库的基础性工作，它包括收录有影响的期刊和兼顾学科覆盖的完整性两个层面。在"中文社会科学引文索引指导委员会"的主持下，经过多年来的反复摸索，CSSCI 已经形成了一套比较成熟、规范的遴选原则和标准，而每两年更新一次的 CSSCI 来源期刊目录是严格按照既定的标准和原则通过统计软件客观生成的。

从期刊的形式要件来看，入选 CSSCI 的来源期刊必须符合四个规范：第一，必须是具有正式连续出版物号（即 CN 号）、以中文为出版语言的人文社会科学学术期刊；第二，刊载内容必须是原创的学术论文或评论等一次文献，且具有一定数量的参考文献或注释；第三，必须要按预定的出版频率准时出版；第四，必须符合学术期刊的编辑规范。属于二次文献、普及性、文学作品、译文为主的或有一刊多版等编辑出版不规范情形的期刊则不予收录。[7]

CSSCI 来源期刊遴选的总的指导思想是：坚持质量优先的原则，总量控制，定量评价与定性评价相结合，动态调整，高进低出，兼顾地区与学科的平衡。具体而言，主要包括以下四个原则。第一是分类评价原则，严格按照国家标准中的"学科分类与代码"（GB/T13745 - 2009）[8]，设立了 25 个一级学科类别，并以此作为遴选期刊的分类标准。第二是定性与定量相结合的评价原则，将同行评议与量化指标有机结合起来。第三是动态原则，即每两年都根据期刊规范化和定性定量评价，来调整来源期刊和扩展版来源期刊目录，在兼顾地区与学科平衡的基础上，对来源期刊进行动态管理。第四是公正公平公开的原则，每次遴选标准、原则、方法、结果和数据都会在一定范围内公开、公示，来源期刊与非来源期刊在每次遴选时都具有同等机会、同等权利。[9]

二 CSSCI 的功能与评价问题

（1）CSSCI 的基本功能

作为引文索引数据库，CSSCI 首先是一种检索工具，这是它最基本的功能。CSSCI 可以从来源文献和被引文献两个方面向研究人员提供相关研究领域的前沿信息和各学科研究发展的现状，准确地记录了某一学科的学术积累、借鉴和继承发展的关系。社会科学研究者可以通过不同学科、领域的相关逻辑组配检索，挖掘学科新的生长点，展示实现知识创新的路径。目前，利用 CSSCI 可以检索到所有 CSSCI 来源期刊的收录（来源文献）和被引（被引文献）情况。其中，来源文献检索提供多个检索入口，包括篇名、作者、刊名、关键词、学科类别、基金类别及项目等；被引文献的检索提供作者、篇名、刊名等。从这个意义上说，CSSCI 可以为社会科学研究者提供一个有价值的学术研究检索平台，从而更好地服务于自己的学术研究和理论创新。[⑩]

其次，CSSCI 也是一种进行引文分析的重要工具，它可以利用文献计量方法对学术论文的发表和引用情况进行各种统计分析，自动生成详细的分析报告，为学术研究、评价评估、政策制定提供客观的文献计量数据。对于管理者，CSSCI 可以提供地区、机构、学科、学者等多种类型的统计分析数据，从而为制定科学研究发展规划、科研政策提供决策参考。对于期刊主办者，CSSCI 提供多种定量数据：被引频次、影响因子、即年指标、期刊影响广度、地域分布、半衰期等，通过多种定量指标的分析统计，可为期刊评价、栏目设置、组稿选题等提供定量依据。

再次，CSSCI 的设计原理是基于文献计量学中的期刊"2/8 定律"，因此，它不可能也无须收录所有期刊上的所有论文，因此在选择数据库来源期刊时，为了能够将最有影响力的高质量期刊收录其中，不可避免地要根据一些量化指标对期刊进行筛选，这样无形之中也就使 CSSCI 具有了一种评价功能。不可否认，引文评价是期刊评价的重要方法之一，作为形式评价的一个重要角度，引文数据库无疑与同行评价共同构成了期刊评价的两个重要维度。而 CSSCI 特殊的检索和分析功能，不可避免地使它在承担前两大功用的同时兼具评价功能。

（2）CSSCI 的评价功能及其局限性

首先，通过上述分析可以看出，CSSCI 的评价功能只是它作为检索工具所衍生出来的一种附加功能，它不是也不可能是 CSSCI 的基本功能。因此，当学界将其无限放大为 CSSCI 的唯一功能时，恰恰阉割了 CSSCI 的基本属性。正如文献计量学专家所指出的，引文索引不是单一的量化工具，而是定性与定量评价相结合的产物。它包含了学术期刊编辑和审稿专家的定性评价，引文数据库的来源期刊遴选也是经过同行专家的审核或推荐，在定量方面，学术期刊的被引数据则是成千上万学者在学术研究中经过筛选、查询、参考和利用的结果。[⑪]

其次，CSSCI 的设计原理，决定了 CSSCI 虽具有一定的评价功能，但引文索引的这种先天局限性，决定了它不可能代替同行评价，成为期刊和论文质量评价的唯一标准。一方面，引文索引是建立在被引数据（"他引影响因子"和"总被引频次"）之上的，而这两者只是对来源期刊作者借鉴、利用文献情况的一种回馈性反映。由于人们对事物的认识和接受需要一个过程，而这个过程的长短则由于事物的不同而各具差异，特别是对于艺术和人文学科而言，更是如此。艺术人文学科研究自身的特点，决定了要对这些学术成果做出即时性评价是相当难的，学界对它们的认知和接受有时需要很长的周期，而被引数据只是短时期内的回馈信息，还不足以全面反映学术成果的实际价值。从这个意义上来说，引文分析只是为同行评议提供一种辅助手段，它不可能代替同行评议，成为论文定性评价的唯一指标，只有把定性评价与定量评价有机结合起来，才能真正全面准确地反映人文社会科学研究成果的科学价值。另一方面，CSSCI 的设计原理，决定了只有20%的期刊能够成为 CSSCI 的来源期刊，但这并不意味着，所有来源期刊发表的论文都是高质量论文，而非来源期刊发表的论文水平一般。从目前 CSSCI 的这种评价功能来看，它既无法全面反映来源期刊发表论文的质量，更无法对非来源期刊上的论文做出全面评估。这种先天局限性，决定了 CSSCI 所衍生出来的评价功能不可能覆盖到所有论文，单就这一缺陷而言，就注定了它绝不可能取代同行评议，成为论文定性评价的最终标准。

再次，CSSCI 实际上只是对各类期刊过去几年被引用情况所作的一种文献计量角度的分析和总结，它既不代表对学术期刊过去质量的评价，也不代表对学术期刊未来发展水平的定性。因此，在现实的实践操作中，绝不能倒因为果，把对期刊过去的定量分析即"以文评刊"颠倒为对期刊未来发展状况的定性评价，更不能武断地采用"以刊评文"的简单做法对论文的水平进行直接评价，这不仅违背了 CSSCI 的本质属性，也抹杀了 CSSCI 的基本功能。

（3）实践中 CSSCI 评价功能的误用及其原因

自 CSSCI 创建以来，它的确在推动哲学社会科学繁荣发展、提升学术质量、推广学术规范、规范办刊行为、改进学术评价和促进科学研究管理创新等方面都起到了积极的推动作用。但在 CSSCI 为学界接受和使用的过程中，也产生了许多片面认识和不合理的使用趋向，甚至把 CSSCI 的评价功能绝对化了，这主要表现为以下几个方面：首先，在科研管理上，把科研人员的职称评定和绩效考核直接与 CSSCI 来源期刊挂钩，将其视为职称评定和绩效考核的唯一标准；其次，在期刊质量评价上，一些期刊把是否进入 CSSCI 来源期刊当作办刊质量的唯一指标；再次，在论文质量评价上，相对弱化"同行评议"机制，把 CSSCI 收录与否和量化指标当作论文质量评定的首要尺度。可以说这些趋向严重夸大了 CSSCI 的评价功能，甚至把它绝对化了。[⑫]

从当前的形势来看，CSSCI 之所以会在实践过程中产生这些不合理的"异化"趋向，是存在多方面原因的。首先，从认识层面来看，一方面，作为一个新生事物，CSSCI 自身存在一个发展、完善的过程；另一方面，学界对其认识和接受也是一个很长的过程，这在一定程度上影响了 CSSCI 的正常传播，引发了一些不必要的误解和片面认知。

其次，从学术评价机制来看，我国现行的学术评价制度亟待进一步完善和发展。同行评议和定量分析是学术评价的两个重要维度，其中前者居于主导，后者只是一种辅助手段。然而，由于一些不正学风的影响，使得同行评议制度在某些时候沦为一种形式，这在一定程度上给片面强化 CSSCI 的评价功能提供了一种制度漏洞。因此，要想从根本上解决这一问题，就必须要积极探索建立多元化的评价体系和标准，进一步完善同行评价机制。

再次，从管理制度来看，许多机构都把科研人员的职称评定和绩效考核与 CSSCI 论文数量直接挂钩，助长了只重 CSSCI 论文数量、不重质量的不良风气，片面强化了 CSSCI 的评价功能。因此，科研管理部门必须要树立科学的质量观，正确把握数量和质量的辩证关系，将创新和质量导向贯穿于科研评价的各个环节，建立健全科学的管理体制，从根本上改变简单以成果形式和数量评价人才、评价业绩的做法，为 CSSCI 的可持续发展营造一个良好的社会环境。

最后，从社会原因来看，学术研究的功利化趋向也助长了学界和期刊界对 CSSCI 的片面认知。对于一些期刊而言，能否进入 CSSCI 来源期刊，不仅意味着一种"荣誉"，更是蕴含着巨大"商机"，它们可以以此为由，向作者征收高额版面费，进行更多的不当牟利。由此，少数期刊不再把办刊重心放在论文质量的把关上，提高办刊质量来服务学术研究，而是通过各种虚假的人为手段，故意制造引用以提高影响因子，来为下一轮的核心期刊遴选和获取经济收入"铺平道路"。这是一种恶性循环，这种功利化的目的已经严重扭曲了学术研究的本质，严重破坏了学术期刊的生态环境，也更加"异化"了 CSSCI 的评价功能。但随着期刊界自律意识的增强，倡导学术规范和职业伦理的呼声日益高涨，期刊界的学术生态正朝着有利于学术进步的方向演进。[13]

当然，出现这些不合理的趋向，CSSCI 的研制者也负有一定的责任，因此，在总结过去经验的基础上，采取有针对性的措施，强化 CSSCI 的检索和分析功能，进一步加大对 CSSCI 的宣传力度，全面、完整地阐述 CSSCI 的功能和作用，使学界、期刊界和科研管理部门科学认识 CSSCI 的评价功能，必须成为 CSSCI 编制者的长期工作重心。[14]

（4）CSSCI 的纠偏措施及效果

检索、分析文献和为学术评价提供帮助是 CSSCI 的主要功能，对此 CSSCI 的建设者始终都有着清醒的认识，在历次"中文社会科学引文索引指导委员会"会议纪要中都明确提出科学对待、谨慎使用 CSSCI 评价功能的意见。在 2009 年，更是向全国高校直接发出了《关于科学对待、合理使用中文社会科学引文索引（CSSCI）的倡议》，呼吁各高校科研管理部门正确认识 CSSCI 的功能，积极探索、建立多元化的评价体系和标准，力戒简单以 CSSCI 数据作为评价指标。[15]2011 年，教育部又下发了《关于进一步改进高等学校哲学社会科学研究的评价意见》，要求各大高校、科研管理机构正确认识 SCI、SSCI、A&HCI 以及 CSSCI 等引文数据在科研评价中的作用，摒弃简单以出版社和期刊的不同判断研究成果质量的片面做法，要求各单位确立质量第一的评价导向，建立和完善多样化的评价体系。在 2012 年公布的 CSSCI 指导委员会第九次会议纪要中又再次强调了这一原则，指出"要大力宣传教育部《关于进一步改进高等学校哲学社会科学研究评价的意见》，倡议高校科研管理部门科学对待和合理使用 CSSCI，加强 CSSCI 的功能及其来源期刊遴选规则的宣传和解释，努力化解学术界对引文评价及 CSSCI 的误解，创造有利于 CSSCI 健康发展的良好氛围，同时积极引导学术期刊向更加规范、更高质量的方向发展"。这些措施虽然取得了一定的成效，使学术界、期刊界和科研管理部门在一定程度上改变了对 CSSCI 的评价功能的认识，但由于社会原因和历史因素的影响，这种改变还是非常有限的。从根本上解决这一问题，不仅是 CSSCI 研制者的责任和义务，也是学术界、期刊界和科研管理部门必须面对的艰巨任务。

在这里，笔者也再次呼吁，希望学术界、期刊界和科研管理部门能够全面正确地认识 CSSCI 的功能：它只是一种服务于学术研究的检索工具，是一种工具性的服务平台，虽然它也可以为科研评价提供一些参考数据和帮助，但绝不能将其视为对学者、期刊和个人成果评价的唯一标准，必须要把 CSSCI 本身的问题与 CSSCI 在接受和传播过程中产生的问题严格区分开来，那种不分青红皂白地把这一工具在使用和实践过程中所产生的问题全部归咎于 CSSCI 本身的做法，是完全不负责任的。

三　CSSCI 发展中遇到的问题

尽管十多年来我国大陆的引文数据库建设取得了一些进展，积累了一定的经验，但由于起步较晚，以及国内学术规范和学术评价机制的不完善，CSSCI 与国外 SCI、SSCI 和 A&HCI 相比，还存在一些需要改进的问题。毋庸置疑，其中一些问题是引文索引系统自身的设计原理带来的先天性问题，是 SCI、SSCI、A&HCI 和 CSSCI 共同面临的问题；有些问题是 CSSCI 的研制者当时尚未碰到以及随后未来得及解决的，而有些问题则是由于学术界和期刊界等片面理解和追求引用和影响因子造成的。从总体来看，可以分为六类问题。

1. 论文收录质量问题。由于 CSSCI 是根据文献计量学中的"2/8 定律"建立的，这就意味着它不可能收录所有期刊上的所有论文，只有那些来源期刊的论文才能被收录进去，这带来了两个问题：一方面，并非所有来源期刊的论文都是高质量论文，因此，CSSCI 应当改进收录方式，将那些不符合学术规范的论文或低质量的论文排除在 CSSCI 的收录范围之外；另一方面，那些非来源期刊上也有高水平的论文，因此，如何把那些非来源期刊上的高水平论文筛选出来收录到 CSSCI 之中，扩大 CSSCI 的文献来源，更好地服务于学术研究就至关重要。但客观而言，这些问题并不仅仅是 CSSCI 面临的问题，也是 SCI、SSCI 以及 A&HCI 面临的问题。

2. 来源期刊遴选的问题。引文数据库是否能够较好地实现文献检索和引文分析两大基本功能，能否全面地反映学术研究的状况，选择适当的来源期刊无疑是最重要的，而来源期刊遴选中最重要的就是如何精选来源期刊和如何实现学科和地域的完整覆盖。目前 CSSCI 主要是按一级学科分类来筛选来源期刊，这一方式导致一些二级学科、新兴学科、交叉学科、边缘学科和专深领域的期刊无法有效地收录进来，另一方面，来源期刊的遴选范围也应当进一步扩大到全球范围的中文人文社会科学学术期刊。因此，来源期刊的遴选必须以推进学术进步为第一要义加以改进。

3. 同行评议问题。由于引文不规范的现象并非偶然，所以光靠引文数据或增加评价指标不能从根本上解决问题，必须通过进一步增强学科专家对来源期刊等的评选力度，建立科学完善的同行评议机制，针对不同的评价对象和评价目的将同行专家的意见与引文数据有机结合起来。

4. 引文的质量问题。由于引文指标已成为来源期刊遴选的重要依据之一，因此有的期刊社把追求被引频次、影响因子作为编辑部的一项重要工作，最典型的表现就是以达到提高引用数据为目的的"定向引用"，由此造成的引文资料失真，直接导致引文分析结果的误判。其中最典型的两种"定向引用"现象是：（1）过度自引。所谓期刊自引是指某期刊上发表的文章引用该期刊以前发表过的文章。在自然状态下，期刊自引是必要的、合理的，按照一般的国际惯例，期刊自引一般不会超过20%，国际一流期刊一般在5%左右。而目前少数期刊为了功利目的，片面追求引用率而过度自引，这是必须加以遏制的不良学风。为了使来源期刊与非来源期刊处于同一起跑线上，实现遴选的公平原则，剔除自引是必要的。（2）互惠引用。所谓互惠引用是指固定的两个或多个期刊之间以获取高引用率进行有目的的相互引用。在正常情况下，期刊之间的引用是学术研究和发展的必然体现，也是符合学术规范要求的。然而，少数期刊为了提高自身的影响因子和引用率，就人为地与另一些期刊达成"交易"协定互惠引用，这是一种严重违反学术伦理的不道德行为。但是，这种互惠引用问题比自引更为复杂，必须采取及时曝光公示、增加"自引率"、"机构自引率"、"引用集中率"指标等方式限制或抑制非正常引用的产生和蔓延。总之，除了基本的形式要件外，必须要在引文规范上对来源期刊设立较高的入门条件，有助于减少不当的"定向引用"对引文数据可靠性的影响。[16]

5. 来源期刊数量的问题。数据库来源期刊的变动会带来引文数据库学科收录总量的频繁变动，即使同一期刊年度间文献计量指标也会逐渐缺乏可比性，来源期刊中大量综合性期刊的存在使得学科收录总量的年度差异变得更难把握。笔者认为，应按照学术资源、学术成果、学科人群分布等指标对各学科文献的收录数量进行测算，并以此为依据来确定各学科来源期刊的数量，同时按照学科文献收录数量为依据对综合性期刊进行选择性收录。

6. CSSCI 的国际影响力问题。教育部 2011 年下发了《高等学校哲学社会科学"走出去"计划》的通知，做出了推动我国学术走向世界的一项战略部署。而在这个过程中，CSSCI 应当发挥其应有的功能，它对于中国哲学社会科学走出国门，扩大中国学术的国际影响力，构建面向国际学术界的中文学术话语体系，都具有极为重要的意义。然而从目前来看，CSSCI 的影响力还基本停留在国内，在国际上影响甚微。因此，如何采取积极有效的措施，将 CSSCI 做大、做强，不断提升 CSSCI 的国际知名度，并通过这一平台积极推动中国哲学社会科学研究成果走向世界，是一个重大的现实问题。

四　CSSCI 的完善与发展

CSSCI 从开始创建到现在只有短短的 14 年，作为一个新生事物，不可能一蹴而就，尽善尽美，问题总是伴随着发展存在的，因此积极面对发展中的问题，创造性地提出解决方案，才是一种负责任的态度。这一方面需要国内学界的宽容和大力支持，营造一个适于 CSSCI 持续健康发展的良好氛围；另一方面，CSSCI 自身也应当采取进一步的改革措施，不断提高、完善 CSSCI 的功能，努力将其打造为一个共用、开放和高效的服务平台。基于这种认识，笔者认为，在总结 CSSCI 建设经验的基础上，应当在以下几个方面进行改革和完善。

1. 牢固确立质量第一的导向，使 CSSCI 真正成为提升学术质量、推进理论创新的有效工具。CSSCI 应当稳步提高公共服务功能，使 CSSCI 真正成为提升研究质量、促进学术规范、推进理论创新的有效工具。同时必须加大对 CSSCI 收录论文质量的审查，严格把关，确保高水平论文的完整收录。突出 CSSCI 的推优和引领功能，在定性和定量评价相结合的基础上，将那些学术质量高、学术影响比较大的优秀成果筛选出来并推向学界，构建一个高质量、高影响力的学术成果传播平台，全面服务于我国的哲学社会科学研究。

2. CSSCI 必须进一步完善同行专家评议机制，以提升科学性和权威性。一是需要进一步加强"大同行"专家评议机制建设，强化专家在期刊定性评价中的作用；与此同时不断强化"小同行"评议机制建设，保证不同学科进行分类评价的专业性。二是应当吸收各个学科的权威专家进入"中文社会科学引文索引指导委员会"，使其成为一个名副其实的覆盖各个学科、各个层面的重要咨询决策机构，增强其权威性，进而不断完善 CSSCI 的遴选机制和发展战略。

3. 根据学术发展的动向，动态调整和不断扩大 CSSCI 数据库的收录范围，逐步提高 CSSCI 的文献来源和学科覆盖面。一是应当扩大 CSSCI 期刊数据库的收录范围，将港澳台地区乃至国外创办的优秀中文人文社会科学期刊也收录进来，使 CSSCI 成为名副其实的"中文"社会科学引文索引数据库。二是加快"CSSCI 学术集刊引文数据库"、"CSSCI 学术图书引文数据库"（CSSCI - BKCI）的建设步伐，使得各种形式的学术成果完整地通过这一平台呈现出来。三是动态调整来源期刊的收录范围，逐步完善 CSSCI 的学科覆盖面，更多地关注新兴学科、交叉学科和边缘学科的学术期刊，比如，在扩展版来源期刊中进一步增加这些学科期刊的收录数量。四是借鉴国外经验，适时进行综合性期刊收录方式的尝试性改革，将以综合性期刊为收录单元改变为以论文为收录单元，以学科为基础、以高质量论文为收录对象，选择性地收录综合性期刊或一些非来源期刊刊载的高质量学科论文。五是在学术研究的研究领域和研究范式逐渐国际化的形势下，引文索引数据库的建设也应当能够与时俱进，按照国际惯例和国际通行的标准建立一个新的数据库模式，在可能情况下，分别编制社会科学和人文艺术引文数据库。例如，在学科分类上，应当采用参照国际通行规范进行分类和标注，社会科学引文索引和人文艺术引文索引应当采用不同的标准进行建设，尤其是人文和社会科学不同的研究方式和引文习惯，也要求数据库的编制者必须关注到这一问题。

4. 由于引用动机的复杂性和引文不规范，也导致引文数据中存在着诸多问题，在某种程度上影响了引文分析的客观性和科学性，尤其是"评价导向"使得期刊存在着一些"急功近利"的不规范做法，如使用期刊自引、机构自引、虚引伪引、互惠引用等"定向引用"的方法提高引用率，对此 CSSCI 必须采取一系列措施切实有效地遏止这种严重学术不端行为的蔓延。一是借鉴国外经验，排除期刊的异常引用和机构自引，客观反映不同学科期刊的影响力，进一步提升 CSSCI 的客观性和科学性，并以年度数据报告的形式向全社会公开发布，增强 CSSCI 的公共服务功能。二是对期刊的引文规范性和引文勘误率进行深入考察，适时推出规范化指标作为 CSSCI 来源期刊的入选标准。三是完善监督机制，推进期刊的学术规范建设，如引入知名期刊主编等同行专家组成的咨询会议，以学术共同体的形式就期刊的学术规范、学术自律等问题提出解决方案。

　　作为目前国内中文社会科学引文数据库中较为权威的工具之一，CSSCI 清晰记录了我国人文社会科学各研究领域的发展轨迹，展示了当前中国哲学社会科学研究的最高水平。因此，CSSCI 不但应当成为国内哲学社会科学研究的检索、分析与学术评价的有力工具，还应当利用 CSSCI 业已形成的品牌效应，为国际学界了解中国社会科学的发展历程、基本现状和整体水平提供一个最佳窗口，积极提升 CSSCI 的国际影响力，使国外学者接受、承认并广泛使用 CSSCI 数据库，使之成为一个学术期刊推介和研究成果展示的国际化平台，也为国内学者厘清差距、寻找定位、"走出去"提供平台和方法指南。

　　①包昌火：《情报研究方法论》，北京：科学技术文献出版社，1990。

　　②④⑤邹志仁：《中文社会科学引文索引（CSSCI）之研制、意义与功能》，南京：《南京大学学报》（哲学·人文科学·社会科学）2000 年第 4 期。

　　③中国科学引文数据库（Chinese Science Citation Database，CSCD）创建于 1989 年，收录我国数学、物理、化学、天文学、地学、生物学、农林科学、医药卫生、工程技术、环境科学和管理科学等领域出版的中英文科技核心期刊和优秀期刊千余种，目前已积累从 1989 年到现在的论文记录 300 万条，引文记录近 1700 万条。

　　⑥⑪沈固朝：《合理发挥引文索引在学术评价中的作用》，北京：《中国社会科学报》2010 年 4 月 1 日。

　　⑦叶继元、宋歌：《博导系列访谈：叶继元教授》，长沙：《高校图书馆工作》2004 年第 5 期。

　　⑧国家标准化管理委员会：《GB/T13745－2009 学科分类与代码》，北京：中国标准出版社，2009。

　　⑨有关 CSSCI 来源期刊遴选的指导思想在邹志仁、叶继元、沈固朝等专家撰写的相关论文中均有详细论述。

　　⑩有关数据库的检索方法在 CSSCI 检索平台网站（http://www.cssci.com.cn）有详细说明。

　　⑫一段时期以来，对核心期刊的批评主要集中在科研考核、职称晋升、硕博士毕业等环节对 CSSCI 来源期刊目录、"北大核心"等目录的误用上，如方广铝、杨玉圣、余三定等知名学者都对将 CSSCI 作为学术评价标准的做法进行了批评。

　　⑬李文珍：《65 家期刊签署〈沈阳宣言〉，共同倡导学术期刊自律》，北京：《中国社会科学报》2012 年 9 月 18 日。

⑭朱剑：《重建学术评价机制的逻辑起点——从"核心期刊"、"来源期刊"排行榜谈起》，北京：《清华大学学报》（哲学社会科学版）2012年第1期。

⑮中文社会科学引文索引指导委员会：《关于科学对待、合理使用中文社会科学引文索引（CSSCI）的倡议》，http://cssci.nju.edu.cn/news_show.asp?Arficleid=73。

⑯朱剑：《面对学术评价现实的改进尝试——简评2012～2013年"CSSCI来源期刊目录"》，江苏镇江：《高校教育管理》2012年第2期。

作者简介：王文军，南京大学中国社会科学研究评价中心副主任。

[责任编辑：刘泽生]

（本文原刊2013年第2期）

主持人语

刘泽生

　　交友之道，颇讲缘分。初晤子夜兄，竟是在遥远的莫斯科。去年金秋十月，因出席在俄罗斯举办的世界华文学术名刊高层论坛，遂有缘相识。开幕式上朋友介绍说，这位就是加拿大《文化中国》的执行主编。哦，神交已久，子夜兄！比起张志业，培凯兄则算是老朋友了，多次研讨会上领略过他睿智儒雅的风采。培凯兄曾任教于纽约州立大学、耶鲁大学、佩斯大学，上世纪 90 年代末到香港城市大学，出任中国文化中心主任、《九州学林》主编。元瑾博士则来自中国的近邻新加坡，系南洋理工大学中华语言文化中心特聘高级研究员、《华人研究国际学报》主编。有缘邀得海内外三位资深主编同期赐稿，乃一乐事矣。

　　当前，华文学术期刊如何走向世界，正成为学术界、期刊界热议的话题。当我们关注中国学术期刊国际化的同时，一个十分重要的内容就是海外华文学术期刊的"中国化"与"国际化"话题。海外华文学术期刊——相对于中国大陆和台湾地区之外的华文学术期刊，是世界期刊家族中的一个独特群体。海外华文学术期刊是既血缘于中国本土学术文化之根，却又生于海外以华文为主要语言的学术期刊，是一种特殊的历史现象组合。子夜兄作为海外华文期刊的编辑者，以其对海外华文期刊的深入研究与身临其境的切身感受，提出了海外华文学术期刊生存境遇、价值立场以及路径选择诸问题，这些问题对于正急于实现国际化的中国学术界和期刊界来说，无疑是一个极好的参照系；该文对期刊作为中西学术对话平台的定位、对多元语境乃至多元文化形成的重视、对新技术革命给学术研究影响的预警等，都值得期刊界同人深思。

如果说子夜兄的《多元语境下的身份和价值取向》是一种宏观的论述，那么，培凯兄的大作则是对一份学术刊物入木三分的刻画。《九州学林》是一份以中国传统文史哲为主，兼及中国传统视觉艺术与表演艺术的学术季刊。《〈九州学林〉的前世今生》系作者对其参与创办《抖擞》到主持《九州学刊》、《九州学林》的回顾，在叙述中阐发了作者及同时代人关于海外汉学研究及华文学术期刊的见解和主张，以及由此而形成的期刊特点，读者从中或可体悟到一份学术刊物的成长艰辛、编者和著者对传统文化的学术坚守与忧国忧民的文化关怀，领略期刊人的学术担当与学者风采。作者在《九州学林》发刊词中的话语——"我们有着共同的文化信念，相信严肃的学术研讨才能更新并创造灿烂的文化，相信扎实的文史根底才是人文思维的基础，相信实证而有创意的学术方向才有助于中华文化的承继与发展"，于今仍令人深省。

相对于子夜兄与培凯兄，元瑾博士的大作则是以新加坡华文学术期刊八十载沉浮，分析其在不同阶段所面临的困境与机遇，为海外华文学术期刊，尤其是人文社会科学学术期刊的发展，提供了一个重要的案例。新加坡是中国以外唯一一个以华族为主的国家，华族占全国总人口的比例长期维持在75%以上。新加坡华文学术期刊的创刊与发展历程具有一定的启示意义。本人非常赞同元瑾博士的观点，世界华文学术期刊的发展需要中国大陆、港澳台以及海外华人学界的共同努力。踏入21世纪，随着中国元素的加强和全球化进程的加速，海外华人的华文事业正出现新的曙光，为华文学术期刊，尤其是华文人文社会科学学术期刊的发展带来了新的希望。

学术期刊是我们共同的精神家园。作为一群特殊的家园守护人，我们衷心地期待海内外学术界、期刊界同行，一如既往地关注我们的"总编视角"。本刊将乐于利用这方小小园地，为同行们提供一座沟通的桥梁与研讨的平台。

多元语境下的身份和价值取向

——论海外华文学术期刊的中国化与国际化关系

〔加拿大〕子　夜

[**提　要**] 海外华文学术期刊的出现，是一个比较特殊的历史现象组合。本文针对多元语境下的身份和价值取向，讨论海外华文学术期刊在处理中国化与国际化关系中的相关问题。由于传播技术的革命性改进，多元语境呈现更加复杂的局面，海外华文学术期刊不但增加了更多的信息资源和信息优势，同时又被迫面对一系列新的难题和挑战。在持守学术科学本身独立性的同时，海外华文学术期刊应充分利用自己在中国本土文化与世界交接中的特殊地位，为文明对话探索出新的路径。

[**关键词**] 华文学术期刊　多元语境　中国化和国际化　价值取向

前　言

　　虽然作为文化研究的语境（context）提出较早，但大量地使用语境概念探讨文化和学术研究，尤其是研究多元语境下的华文学术期刊问题，则是较近年代的事。讨论海外华文学术期刊的中国化与国际化关系，需要有一些基本的前提和定位。海外华文学术期刊的出现，是一个比较特殊的历史现象组合，即在血缘于中国本土学术文化之根，却又诞生或萌芽于海外，以华文为主要语言的学术期刊。从学术主阵来说，中国本土文化包含大陆和台湾两大块，因为，即使在政治和社会存在分歧乃至分裂状态中，这两块地域在学术身处的话语背景（民族、文化、历史等）和表达的基本工具（如语言、文献资料等）两大结构要素，基本上没有发生大格局的质变。因此，所谓海外华文学术刊物，在广义上可涵容为除这两大块之外所有的华文学术刊物，重点地区如东南亚、大洋洲、北美洲，同时，也包括已经主权回归但同台湾情况有所不同的香港、澳门。香港、澳门两地情况相对特殊，主要是其正处在动态的变化过程中，本身已经或正在摆脱历史变故的后果，并且正在进一步转型中（包括向中国本土文化的中心话语靠近）。但在目前情况下，这两地的学术环境正是海外学术刊物面对的最典型的多元语境，这无疑又是中国本土文化与世界交流或接轨的最恰如其分的桥梁。在空间上进行如此区分后，整体的所谓"海外华文学术期刊"这一范畴便得以廓清，有一种浑然天成、血肉相连的感觉。同时，在这样一种视野下，讨论海外华文学术期刊的身份认同及其作用，可以相对地从容和有的放矢了。

一 孤独与独厚：多元语境下的身份

在多元语境的背景下，明确海外华文学术期刊的中国化与国际化关系，首要的一点是确定自己的身份和地位。

作为一种特殊的历史现象组合，海外华文学术期刊的出现，有一种生存的孤独。从近代到现代，当全球在追求经济和政治现代化的过程中，国际学术也进入最蓬勃发展的年代，而这个时期，恰是中国连年外患内乱。我们现在所指陈的海外华文学术期刊，便是在这种历史条件下应运而生。全球许多国家，都有以该国语言为主的海外学术刊物，但没有出现过如华文海外期刊这样长期甚至蔚为奇观的现象。在中国文化面对西方文化的强大进攻和挑战中，首先产生于本土的学术期刊，在同西方进行比较的过程中持守本身的学术传统，同时又极其宽敞地扩大自己的全球视野。但是，随着长期的政治变化和动荡，以华文为主要话语体的学术刊物，出现了在海外寻找发展空间与生存阵地的现象。

正是因为这样一种语境特点，我们现在所指陈的海外华文学术期刊的概念，在主要层面上不涵盖国内学术期刊的海外版。正如本文开头所指，海外华文学术期刊是一个比较特殊的历史现象组合。所谓特殊的历史现象组合，有两个组合元素，一是作为五千年文明古国的中国在同国际交流中承担的文化使命，二是承担如此使命的一个大国在近代以来所遭遇的困境和尴尬。在海外形成一个文化上的中国，便是一种比较特殊的历史现象组合的产物。"文化中国"泛指当今人类文明圈中的一种文化现象，乃至一种有意识的文化活动（运动），是以中华元素为特征的文化圈，或曰中华文化圈。八十年代初，首先是海外的华人学者提出了"文化中国"一词，认为除了政治上的中国、地理上的中国外，还存在一个文化上的中国。这是在世界人类中存在的中国文化，如华人集中或影响力较深的东南亚诸国，后来并包括华人足迹所至的欧洲、美洲、澳洲等，都不能否认实际存在一个无形却是实在的文化中国。[①]

在这种多元语境所沿革的历史下，海外华文学术期刊的身份认同，显然不能是国内学术期刊的海外版，同时，也不是西方语言（例如英语）学术期刊的中文版。海外华文学术期刊是一个独立的文化学术现象，是与中国、国际等学术链条中处于一个相对平等的环节。

所以，它往往是孤独的——在海外强势外国语言的包围下，海外华文学术期刊的资源和作用对象相当促狭，惨淡经营，举步维艰，薪火相传，有一种悲壮的孤独。同时，它又往往是独厚的——正因为处在海外强势外国语言的包围下，海外华文学术期刊从一开始就要面对和学习语境的多元化。无论相比西方的外国语言刊物，还是相比中国本土的中文刊物，海外华文学术期刊都有一种独厚多元语境的自身特点。

在身处强势外国语言文字的语境中，尽管孤独和悲壮，但海外华文学术期刊必须接受自己既不能是中国本土文化刊物的海外版，也不能是西方外语刊物的中文版这样一个定位，它的身份必须反映自己在海外的相对独立地位。

这个身份来自多元文化，来自多元文化大背景下的学术语境，即目前海外华文学术期刊表现独特的多元语境。人类文明经过多种洗礼，从最初的以战争和争夺解决生存和毁灭的选择，逐渐趋向通过各种非暴力手段进行交往和沟通（例如外交手段），总的一个走向，实质上就是相互认同，寻求对话，继而通过对话走向理解和共赢。如有学者指出："二十世纪是价值冲突的世纪。……从表面上看，价值冲突的原因是市场配额的不等，利润瓜分的不公平，生息领地的有争议和宗教信仰的有分歧。但从实质上看，一切冲突都根源于非此即彼、主客二分、你死我活、势不两立的不相容价值抉择。"[②]西方社会目前越来越多国家认同多元价值，即本文下面要提到的"彩虹文化"（Rainbow Culture）或"马赛克文化"（Mosaic Culture）。

多元本身成为一个特色，对海外华文学术期刊来说，不仅仅是一种色彩的综合，而且为本来极为艰辛的生存空间带来了更多思考和回旋余地。我们可以看到，由于历史的沉积，包括台湾在内的中国本土文化，不但由于社会、经济、民族、政治的不同而存在的纷争，导致学术观点和派别的纷杂，一部分属于正常的、自然的学术争鸣，但有一部分则是明显的宗派、政见的异同效应，这部分所形成的文化和学术内耗，会直接投射到学术期刊上。各国包括西方学术刊物，也不会完全避免这个现象，但中国本土文化在这方面的内耗及其资源的流失，可能更为触目惊心。因此，从这个角度而言，海外华文学术期刊可以同本土文化中有可能造成学术资源流失或失衡的内耗保持一定的距离。我们检视一下海外华文学术期刊，大部分都在致力于保持文化/学术的独立性，十分珍惜和呵护自己在文化学术领域中的独特角色。在这个问题上，谨守身份是最关键的要害。而且，谨守身份可以成为可能，正是独厚于海外的多元语境的背景。孤独与独厚，便是海外华文学术期刊在多元语境下的身份。

二 价值与取向：多元语境下的选择

语境从表面上看是文化尤其是文字表达的工具性的讨论，但其背后蕴含的显然是某种文化或文明的价值。海外华文学术期刊的中国化与国际化关系，在定位明确之后，面临的主要就是价值与取向的问题。

不容否认，由于中国传统文化在世界文明中的特殊地位，以及其特殊的语言表达方法在海外形成的不同吸引力，世界上存在一个规模相当庞大的华文商业市场，涉及领域包括新闻传播、图书出版、影视艺术、华文教育等。但是，我们清醒地看到，在世界各国已经或可能形成的华文商业市场上，显然没有海外华文学术期刊的一席之地。本文第一部分所提的"孤独"现象，在华文商业市场中尤其突出，海外华文学术期刊无法从商业市场中去获取自己的地位。在多元语境环境下的海外空间，海外华文学术期刊的唯一生存取向便是持守自己的价值取向。

（一）语境：消失的和重组的

就海外华文学术期刊本身的性质来说，语境问题，实际上应该关注的是其有两个意义范畴。一是我们现在经常套用的狭义的语言条件和背景，即语言的种类工具、工具对象的区别（所谓主题）、信息表达的程序特点、语言在特定情景下使用的规律、相同或不同语言使用者之间的关系、特定人类群体（如民族）的心理和文化习俗差异，等等。二是从广泛视域中观察到的语境意义，即上一类狭义层面的语境意义，已经铺垫了更广泛意义的语境指向，不同的语言工具、对象的主题、表达的程序、特定情景下的关系、民族心理和文化习俗差异，这些元素最终会综合成我们所称的特定文化和价值判断。所谓狭义的或广义区分，不是对语境简单的区分或分类的隔离，事实上是整个语境意义的综合。例如，我们现在谈到海外华文学术期刊的语境特点时，经常会困惑倾向于哪一种语境，是高语境的？是低语境的？就特定的"海外华文学术期刊"这个概念来说，假如说我们倾向于高语境，那么，又如何体现"海外"的特点？假如说我们倾向于低语境，那么，又如何体现"华文"的特点？我们无法自圆其说地认为，由于中国学术期刊正在逐步国际化，这两种不同的语境的差别正在消失，或者以某一种方法在重新组合。事实上，语境和国际化在某种意义上不能相比提论，何况目前为止尚未看到这种融合出现。我们却可以很清醒地看到，高语境和低语境之分，恰恰是整体文化或民族思维的不同和差异所形成的，其背后实际上隐藏着不同文明或价值判断的区隔。起码在我们可以预见的未来，这种区隔是不会消失的。

区隔不会消失，于是面临一个重组的问题。由于不同语境的区隔不会消失，这就使海外华文学术期刊面临一个非常微妙的境地。这种情况使海外华文学术期刊无法在语境中作出更多的选择，例如，在所谓的高语境和低语境的纠结中，我们不一定非彼即此，有我无你，而是糅合两者，贯通两者，高中有低，低中有高，自己营造一种体现海外华文学术期刊的语境。同时，正如上文所提，语境差异的背后，实际上折射了或隐藏着不同文明或价值判断，从要害上说，是涉及了价值判断和文明取向的深层，在多元文化的背景下，这实际上就是一种多元语境的重新组合。这一点，恰恰是海外华文学术期刊可以发挥的地方。

笔者不想轻易地使用"文化产品"这个术语，但因为要相对于或衬托于其他文化活动，那么，如果说海外华文学术期刊也是某种文化产品的话，则正如上文所说，这是整个海外华文市场无法立足的唯一事物。在排除了商业市场取向后，海外华文学术期刊的取向则变得相对单纯——价值取向，可能是唯一的取向。

（二）从个别价值观走向共同价值观

我们注意到这样一个现象，在世界各国或地区中的海外华文学术期刊，在领域分类中，与中国大陆和台湾并不相同，即没有严格的专业分类。海峡两岸的华文学术期刊，除了一部分综合性的社会科学刊物，还存在大量的专业领域学术刊物，包括人文科学的各方面（文、史、哲等），自然科学的各专门领域，如医、工、理、农等，而海外华文学术期刊大部分为综合性人文社会科学性质，自然科学专门领域的学术刊物并不多见。这里的问题，并不仅仅是在于资源的不足，可能更重要的是各自负担的使命不同。无论如何，在中国本土的学术领域同外部各国的学术领域之间，存在一个必须由海外华文学术期刊承担使命的广阔空间，注定了综合性的论域将是其最适合的论述对象。在这种论述对象特定限度和规定中，多元语境便促使海外华文学术期刊进行价值的取向和类比，在带动中国同世界的接轨中，注重比较、磨合、吸纳、融合、沟通，从个别的价值走向共同的价值。

多元语境下的价值取向，在某种意义上可能折射了价值理性与工具理性的关系。非常有意思的是，在价值与取向方面，海外华文学术期刊恰恰面临着中国传统文化所处的价值理性与工具理性的矛盾处境。"中国传统文化和哲学，主张价值理性和工具理性相统一，即主张在统一和结合中，把握人的生存意义、终极价值和人的生存手段、谋生工具，而不同意将二者分离开来、对立起来。这种结合意识，具有鲜明的文化优势，对人类迈向新的世纪，具有重要的启发意义。"[③]中国文化有一种明确的优势，就是统合，包括价值与工具的统合。由于海外华文学术期刊主要不是以分类领域的专业刊物，而主要是综合的人文主题，当然也更多体现在这种统合上所发挥的优势。

从目前来说，中国正在快速地摆脱与世隔绝的局面，进入全球格局。海外华文学术期刊面临着"五四"以来从未见过的价值冲突和判断，在维系中国传统价值和融入全球化的磨合中艰难地进行自己的选择。对于海外华文学术期刊来说，非此即彼的"选边"已经不可能在多元语境下形成价值取向的模式。就海外华文学术期刊本身的身份和地位来说，也许选择的方法本身就是一种价值取向。

（三）推动对话本身就是一种价值观

围绕近年海外学术期刊所关注的主题，在价值取向的选择中涉及重大问题，我们可以发现几乎都是"五四"以来积蓄而又有待回答的，就是中国语境的独特性和全球语境多元化的融合性。我们失去了什么？我们又建构了什么？中国文人长时期在自卑和自大之中来回摇摆，或者无视外部世界的发展，或者忘却自身内部的经验教训。其实，最大的问题就是缺少对话。因此，对海外华文学术期刊来说，推动对话本身就是一种在多元语境下的价值取向。

美国 L. 斯维德勒教授在其著名的《全球对话的时代》一书中，曾有一段话："在过去，从人类一开始，我们一直总是同自己谈话，也就是说，我们总是同像我们一样思考或者应当像我们一样思考的那些人谈话，我们总是唱独角戏。在过去一个半世纪里，我们慢慢地向一种祛除真理绝对化的方向移动，我们慢慢地开始意识到，任何个人，任何一个团体、文化、宗教或文明都不能表达出全部关于特殊的实在，特别是关于终极实在人们所知道的东西。因此，我们正在开始意识到，我们必须进入与那些思想和我们不相同的人的对话中，不是教给他们真理，而且去学习更多的单靠我们自己不可能了解的实在，我们正不可避免地进入对话。"[④]

对话就是多元语境背景下处理不同文化冲突的第一步。学术刊物不可能没有自己的特定立场，但这种特定立场不能是某种特种群体或派系的狭窄域界。学术刊物也不可能没有自己的特定价值取向，但这种特定价值取向也应是广泛的能容纳具有同类质比而彼此能互相吸纳。从 20 世纪末，尤其是 80 年代至 90 年代之后，海外华文学术期刊已经注意到国际间关于价值观的争议，实际上很大的一个原因就是缺少对话的渠道。所以，海外华文学术期刊不约而同地倡导在多元语境下的对话和聆听。许多海外华文学术期刊在选题和版面安排上，导出"对话"作为期刊的主要行为方式，努力营造多元语境和谐相处的氛围，致力于以对话取代暴力手段（包括权力、语言暴力）的矛盾解决方法，这个时期海外期刊的一个特征是在平等的地位上进行言论、文字和观点的交流，这种平等，包括空间的，时间的，资源的，主事者有一种这是构成文明对话基本前提的共识。目前世界的知识传播出现了一系列新的情况，而曾经以造纸术、印刷术推动世界文明进步的华人世界，同样可以期待经过当代新技术、新知识的洗礼，为世界文明对话作出新的贡献。震惊世界的"9·11"恐怖主义袭击发生后，文明冲突从理论估计变成恐怖现实，从而促使学术界更加对文明对话予以重视并持续开展。海外华文学术期刊用不同的方式和方法，进行一系列推展的对话中，其中，最引人注目的是推动象征西方文明的基督教文化与伊斯兰文明的不同信仰进行对话。在这个影响下，海外华文学术期刊扩展了包括基督教领域、伊斯兰教领域、儒家领域、道家领域、佛教领域作为对话的空间。

这是一种更加广泛的多元语境。同时，"对话"成为学术交流甚至扩而大之的文化交流、社会处理的一种理性价值和共处模式。对话当然是不同价值取向的交流和交锋，但对于海外华文学术期刊来说，在多元语境下，这本身就是一种价值性的取向。海外华文学术期刊在对话领域的开拓和努力，其在国际文明交往中的意义不应低估。

三 此岸与彼岸：多元语境下的参与

多元语境的背景就是一种语境重组的过程。海外华文学术期刊由于自己的身份和地位，永远不可能在此岸和彼岸之中作出选择。我们在本文开头便鲜明地提出，海外华文学术期刊既不是中国本土文化的海外版，也不是外国尤其是西方文化的中文版。海外华文学术期刊是既血缘于中国本土学术文化之根，却又生于海外以华文为主要语言的学术期刊，是一种特殊的历史现象组合。在学术领域，整体的所谓的"海外华文学术期刊"这一概念，是一种有浑然天成、血肉相连感觉的特别空间。它既是多元语境下的参与，又是有自己独特的语境。就如桥梁，它可以连接此岸与彼岸的不同空间，但是，谁也无法将其定位在此岸或彼岸的某一空间，它本身就是一个谁也无法取代的性质空间。我们不能否认，这将是讨论海外华文学术期刊的中国化与国际化的关系中非常关键的一种判断。

（一）对话空间的成熟

不同语境重组成一种新的语境空间，海外华文学术期刊在这种空间中，实质担任的是桥梁和沟通的角色。我们在上文中特别谈到对话在海外华文学术期刊中的重要性。从目前来看，这种对话空间正在成熟。有学者指出："二十世纪是价值冲突的世纪。两次世界大战，半个世纪的冷战，无数的局部战争和地区冲突，是其显著特征。………从表面上看，价值冲突的原因是市场配额的不等，利润瓜分的不公平，生息领地的有争议和宗教信仰的有分歧。但从实质上看，一切冲突都根源于非此即彼、主客二分、你死我活、势不两立的不相容价值抉择。"[⑤]那么，对话空间的形成和成熟，有助于在多元语境下，消除"非此即彼、主客二分、你死我活、势不两立的不相容价值抉择"。作为学术交流平台的期刊，海外华文学术期刊具有重要的支撑和扶持功能。包括《文化中国》在内的海外华文期刊，近些年来，一直尝试在吸引多元的、不同的甚至对立/对峙立场的思想、文化、信仰等进行会面和交流，在这种文化的会面中，消解误解，减除偏见，避免长期以来因文化偏见而形成的错误判断，尤其是一些会造成大规模冲突的错误判断。

对话空间的成熟，也就是从多元语境到多元文化的形成。多元文化是人类文明走向和谐共处的重要发展。经长时期的冲突和融合，实质上已经具备了本文下面论述的可以形容为"彩虹"的文化特征。

（二）多元语境与马赛克文化

基本上，在跨越 20 世纪和 21 世纪的将近二十年时间里，包括《文化中国》在内的海外华文学术期刊一直推动的是以"彩虹文化"的实境下进行多元的会面和对话的工作，查阅这一个时期的刊物，出现频率较高的关键词包含了：多元性、对话、互信、互动、开放、聆听、会面、忠恕、拆墙、共赢、沟通、和谐、了解、和好、仁爱、感通、共融，等等。

海外华文学术期刊对这种多元语境的体会可以说是感同身受。以加拿大出版的《文化中国》为例，其比较早地注意到"彩虹文化"这个命题。2000 年，加拿大前总理特鲁多（Pierre Elliot Trudreau）因病去世，死讯引发了普遍悲伤，全国上下都在怀念这位老人，《文化中国》注意到这里有其发人深省的原因，即特鲁多是西方国家最早对冷战进行反省的领导人之一，而且也在实际上尝试如何摆脱冷战思维，首先建立双语文化，尊重和保障法语和法裔文化，让法语和英语同样成为加拿大的法定语言，以后，随着其他少数族裔的增加，采取了更加宽容的多元文化政策，这是全世界第一个以多元文化建国的领导人，一直到现在，加拿大还是以多元文化为建国的特征。这是一个重要启示，因此，当年在由该刊总编辑梁燕城撰写的卷首论语中，[⑥]首先肯定了由这种启示导出的"彩虹文化"（Rainbow Culture），也可称为"马赛克文化"（Mosaic Culture），如罗马彩拼图，以多色融为一美丽画图。同样观察和思考当然也适用于世界各国。此前讨论全球化问题时，西方社会学家也认为全球化不能只是以西方独大的文明，不是以西方为主带来的一种全球化，而应该是全球不同民族文化都能够对全球有所贡献，是另类全球化的观念。各国在参与的时候，都把他们文化的内涵价值带进全球化里。这是最属"彩虹"形态的文明。

正如我们说过，任何一本学术期刊，其主持者或主事者，不可能没有一定的立场或信仰，或出于不同角度，观点和观念均有自己的一定之见，但在一个开放的文明对话时代，聆听已经成为一种重要的学术心态。海外华文学术期刊可以有一家之言，但不能局促于一家之言，可以有不同的、差异的、冲突的甚至对立的，重要的是看到一种聆听和对话的空间已经形成。大家致力把这种空间编成一种能容纳不同域者不同色彩的对话和交流平台。大家有自己的信仰和立场，但相信自己不掌握绝对的真理解释权。只有清醒地认识到自己在真理解释方面的权力所限（即海外华文学术期刊曾经长期讨论过的"有限性"问题），便可以避免文化会失去活力。因为，从历史上看，一旦文化失去本身的活力，极易形成语言和文化的暴力。事实上，语言变成暴力，或者暴力代替语言在中国历史上由来已久，不但一些人成为这种暴力的受害者，而且文化所应有的对话空间便也由此压缩，文化乃至整个文明陷入暴力循环。与之相反的"彩虹文化"（"马赛克文化"）所辟开的空间，使改革开放的学术期刊出现百花齐放百家争鸣的景象。每一本学术期刊，自己参与并成为这个大彩虹中的一道颜色，而自己本身也充满不同的色彩，本身也有一个"小彩虹"。不仅是海外华文学术期刊，而且从整个华文学术界，尤其是中国大陆学术界，90 年代特别是进入 21 世纪后，除了原先占主流地位或体制内的学术刊物外，出现了一大批由民间力量创办的期刊，其中有些在今天中国学术界有相当大的话语空间。这不是简单办刊的问题，而是显示了一个民族的文化承担力正在扩展，由上而下，纵横开放，参与到整个世界的文明对话过程中去了。这种在多元语境下的价值取向，是中国百余年来所未见的，我们当珍惜。

（三）海外华文学术期刊国际化的若干问题

多元语境下的身份和价值取向厘清之后，我们基本能把握到海外华文学术期刊的中国化与国际化关系中的一些基本原则。但是，近些年讨论到华文学术期刊的国际化问题时，无法回避技术手段改进的挑战。

这种技术手段的改进，主要运用于传播的途径。我们尚不明确传播技术手段改进对多元语境的直接影响，以及与学术期刊国际化的关系，在整体意义上会是如何，或者究竟会处于一种什么样的矛盾境遇，但是起码包括两个最基本的层面：一是改变了学术表达所需要的工具手段，二是这种技术行为本身就是海外华文学术期刊寻求国际化的一个重要标志。中国文明曾以自己技术上的革命，例如造纸术和印刷术，使人类早期文明传播和对话出现了新局面。从普遍原则讲，传播手段与学术表达应是呈正比例发展的。但这需看我们如何把握，相关的关系可能不那么简单。例如，传播手段的日益工具化和细致化，会导致学术研究的经济化或学术表达的经济化，又衍生一系列外延领域，造成了更多的细精分工，外围而不是直接创造学术成果，当然不可能不稀释具体研究领域本身的投注精力。这种更多地以外延形成的学术产业化，有助于学术期刊获取原先并不容易的经济利益，但可能相对减少学术研究本身的科学和成果含量。电子技术可以使人的对话和交流空前地迅速化和扩大化，但同时会带来机械式的冷漠和制式化的虚假，这恰恰是学术对话和沟通最想避免的事物。

对海外华文学术期刊来说，在技术手段改进方面进行国际化是最得天独厚的，包括近一二十年来的电子化。在多元语境下，从表面上看这仅是技术性的，但由于渗透了大量的文化背景元素（例如，关于平面媒体和电子媒体对传统文明的争论是最典型的），海外华文学术期刊所面临的纠结，理所当然地需要得到关注。

这里有几个问题需要引起讨论。

第一，从期刊来说，海外华文学术期刊主要特点是提供和发表研究成果，但由于原先中国文字手段具有明显的民族性和地域文明特点，所以这种学术表达手段不仅仅是一种技术的工具理性，也隐含着一定的文明价值。例如，文字和图像的变化，可能动摇多元语境原本结构要素，或者起码带来不确定性。"书写文化依赖于文字符号系统。文字的能指与所指是疏离的，这种疏离本身即已包含了人类思维对于外部世界的凝聚、压缩、强调或删除，电子媒介系统启用了复合符号体系，影像占据了复合符号体系的首席地位。与书写文化相比，影像与对象是合二为一的，在人们的意识中，影像就是现实本身，影像的真实外观遮盖了人为性的精心设计，观众有意无意地在其呈现形式的引导下认可或服从影像背后的某种价值体系的立场，这就是电子媒介系统的强大效果：让观众在独立自主的幻觉中接受某意义的暗示。"⑦这种"暗示"，是一种不确定性，往往造成学术疏离真实的潜在危机。

第二，多元语境可能被多元技术所假冒。无论何种新技术，包括电子媒体，大量进入作为文化学科的金字塔——学术领域及其刊物，问题是这种进入并不是以学术本身含量进入参与，而是大量地利用信息传播手段的扩展，以信息代替学术研究。信息功能大量地体现在学术领域，有一种潜在的危机，就是当信息不但大量而且形成泡沫时，实际上就是泛信息化，而泛信息化从根本上就会使学术领域消解原先的学院性、独立性、专业性的学术特点，这样当然会解构原先相对稳定的学术论域。一个社会，必须要承认任何一个学术领域都要有自己的学院性，要有自己的金字塔，这种特权性是一个社会必须承担和供养的。泛信息化恰恰稀释了这个。有学者已经担心网络发展会带来某种危机："数字化的网络世界，虽不同于现实物理空间，但并不是虚无，而是具有虚拟性的数字化的全新世界，由于虚拟而更具隐秘性、开放性和快捷性，因而现代信息网络世界给人类的生活、交往、思维方式带来了美好的'数字化乐园'，但同时，也隐藏着种种杀手和危机。"⑧

第三，在学术领域，所谓"技术改进速度与学术同步发展"很可能是一厢情愿的估计，事实上，热衷技术现代化会动员刊物的非学术经营。学者永远也赶不上新技术的发展，原本可以独立完成的，现在往往要靠一个庞大的团队。这也是一种学术的稀释。对大多数海外华文学术期刊来说，历来就存在动员资源匮乏的困境，如果再陷于信息的巨大泡沫之中，选择、过滤、筛选、提取、储存、应用表面上看很丰富，但实质上无效劳动甚多，相对的学术科研含金量下降，这是一个不容否认的危机。

第四，由于技术手段的变化，所谓泛信息化/泛电子化潮流，一方面固然有助于学术"跨界"，引出许多交叉学科的出现，但另一方面却也在某种程度上打乱传统学科分类的严谨性，会打破学科分界本身潜在的分科秩序，"领域跨界"往往变成"领域混锅"，而特定学科概念的语言定义，又容易流于大众化甚至庸俗化。

小　结

针对海外华文学术期刊的中国化与国际化关系，本文着重点是讨论其在多元语境下的身份和价值取向。我们一方面看到中国本土学术期刊正在适应全球的多元语境，而海外华文学术期刊无疑又是中国本土文化与世界交流或接轨的最恰如其分的桥梁。同时，不但由于技术手段的改进，多元语境呈现更加复杂的局面，信息的互相渗透，甚至使许多学术期刊逐渐摆脱以往固守自己专业领域的书斋风格，以更多目光随着国际事件予以关注。从 20 世纪末至 21 世纪初的嬗变，华文学术期刊也摆脱不了更新和变脸的拷问。在多元语境下，海外华文学术期刊探索中国化与国际化的关系，不但发掘了更多的理论和研究资源，同时，又被迫面对一系列新的难题和挑战。但有一点不容置疑的是，在持守学术科学本身的独立性同时，海外华文学术期刊应充分利用自己身处多元语境的背景，适时调整本身在中国化与国际化中的独特位置和方向，不但与国际接轨，也与古老的文明相通。曾经以文化智慧和四大发明推动世界文明进步的华人世界，同样可以期待经过多元语境的洗礼，为世界文明对话探索新的路径。

---

① 为区别广泛意义和特定刊物名称，如特指加拿大期刊《文化中国》，将特别标有书名号，其余则指广泛意义上的"文化中国"。

②⑤⑧ 张立文：《儒学与网络、生命、环境伦理》，国际儒学会编《儒学与当代文明》，北京：九州出版社，2005，第82、82、88页。

③ 赵馥洁：《论中国哲学中价值理性与工具理性的统合意识及其当代意义》，《中华文化与二十一世纪》下卷，北京：中国社会科学出版社，1999，第611页。

④ L. 斯维德勒：《全球对话的时代》，刘利华译，北京：中国社会科学出版社，2006，"序言"，第2页。

⑥ 《彩虹文化的灵魂》，《文化中国》2000年12月卷首论语。

⑦ 陈定家：《再论互联网与文学艺术的革新》，北京：《中国政法大学学报》2010年第6期。

作者简介：子夜（本名张志业），加拿大文化更新研究中心研究员，加拿大《文化中国》执行主编，加拿大不列颠哥伦比亚大学访问研究员，上海师范大学都市研究中心研究员。

［责任编辑：刘泽生］

（本文原刊2013年第3期）

一份华文学术期刊的诞生与成长

——《九州学林》的前世今生

郑培凯

[提　要]《九州学林》的办刊宗旨是以现代学术的方法整合中国传统的文史哲和艺术。溯其前缘，始于 1970 年代的《抖擞》（双月刊），继而发展为《九州学刊》。刊名《抖擞》摘自龚自珍"我劝天公重抖擞，不拘一格降人材"；《九州》则不仅具"禹贡九州"之意，也契合诗的头两句"九州生气恃风雷，万马齐喑究可哀"，点出两本刊物的承继关系。90 年代《九州学刊》停刊，上海《学术集林》亦停刊，遂有王元化之建议，因办刊理念相同，应汇合两者资源复刊定名为《九州学林》，在原有的基础上，扩大学术研究的视野与接触，阐释并拓展中国文化研究。

[关键词]《抖擞》《九州学刊》《学术集林》《九州学林》

一

　　《九州学林》这本学术季刊，是以中国传统文史哲为主的刊物，但也兼及中国传统视觉艺术与表演艺术，宗旨是以现代学术的方法，来整合传统学术的文史哲与艺术，以期符合现代学术的专业规范，同时也不至于丧失中国传统学术可以贯通文史学艺的精神。学刊的英文名称是 *Chinese Culture Quarterly*，目前由本人主编，范家伟博士担任编辑部召集人，由香港城市大学资助，香港城市大学中国文化中心出版。《九州学林》的英文刊名，承袭自其前身《九州学刊》的英文刊名，一字未动，显示了这两份学术季刊虽然中文名称不同，却一脉相承，有着紧密的承袭关系。《九州学刊》是 1986年我在美国创办的中文学术刊物，编辑部设于纽约市佩斯大学（Pace University）的群芳东亚研究中心（Kwan-fong Institute of East Asian Studies）。由于当年出版印刷技术的限制，在美国出版印刷中文学术刊物十分困难，同时费用不菲，出版后如何在两岸三地发行也是个问题，因此，编辑部设在纽约，而出版、印刷、发行的部门，则先后设于香港中华文化促进中心（1986～1991）与台湾皇冠出版社（1991～1995），前后延续了十年。然而，真要说起《九州学林》的前世今生，以及我前后主编《九州学刊》及《九州学林》的渊源，还得溯源到更早的一份学术刊物，那就是 1970 年代在香港创刊的《抖擞》。

1970 年代初，我当时还在耶鲁大学历史研究所攻读博士，经常使用哈佛大学燕京图书馆，结识了一批参加保钓运动的年轻文史学者。其中有两位来自台湾大学的学长，一是就读哈佛大学历史系的龚忠武，二是从伯克利加州大学来哈佛搜集资料的郭松棻，先后与我联络，说香港大专院校和教育界的十几位朋友，创立了《抖擞》双月刊，是一份综合性的文化学术刊物，希望我也能参与组稿。《抖擞》双月刊当时在香港出现，反映了香港学术界与海外学者对中国学术及文化前途的忧心，希望能在海外尽一份薄力，葆育学术文化的种子。主要的刺激来自中国"文化大革命"对传统的破坏，同时又受到当时西方文化界流行探讨 C. P. Snow "两种文化"（Two Cultures）的影响。一方面是感到中国大陆"政治挂帅"，打倒一切，抹杀文化传统，身在海外的知识人责无旁贷，必须对中国文化传统进行深刻反思，思考中国文化的前景；另一方面则是感到自然科学与人文学科的鸿沟愈来愈大，科学家与人文学者不但缺乏沟通，而且没有相互沟通的语言与思维环境，因此，必须跨越科学与人文的畛域，使两种文化有所交汇，共同携手开创中国文化的未来。

现在回顾起来，创办《抖擞》学刊的朋友，颇有些堂吉诃德精神，但又继承了传统儒家士大夫忧国忧民的文化关怀，知其不可而为之。虽然他们自以为政治上倾向社会主义的人间关怀，但在社会实践的具体行动上，却发扬先忧后乐精神，强调振兴学术文化。学刊名"抖擞"，乍听起来有点奇怪，但却取自当时流行的一句古诗，倒是"文革"期间大家耳熟能详的"革命语言"。1974 年 1 月，《抖擞》创刊号出版，过了一段时间我才收到刊物,发现封面设计素雅大方,版面尤其清爽,内容则以人文思辨为主,同时涉及中国科学史及科学方法的探索。在"发刊辞"右上角印着龚自珍《己亥杂诗》的末二句:"我劝天公重抖擞,不拘一格降人材。"刊名《抖擞》,原来意义深重,暗含着原诗的头两句:"九州生气恃风雷,万马齐喑究可哀。"在"文革"横扫一切文化学术的时代环境,命名《抖擞》,虽然表面沿用了"文革"期间的"革命诗句",实质上也批判了"文化大革命"蔑视学术的风气。我记得大学期间,读梁启超《清代学术概论》,说"初读《定庵文集》,若受电然"。我当时看到《抖擞》引用龚自珍的这首诗,感觉也是如此,好像胸中有口郁然沉寂的大钟,被人隔着太平洋,重重敲了一击,心灵受到震撼。

从此我就和《抖擞》结下了不解之缘,也认识了一批香港的朋友,一同为了九州的文化生气,抖擞精神。从未谋面的朋友,为了信念走到一起,而可以合作无间,是十分幸福的。最先是写稿,1976年兼任海外编辑,主要负责书评栏目,最后则直接参与编务,承担文史部分的编辑工作,直到1978年还兼任北美编辑部主任。我对香港的印象是模糊的,只在1976年与1978年暑假期间路过,但我热爱那片土地,因为那里有许多朋友在撒种,把麦粒埋进土里。他们的音容还不时会浮现在我眼前:抽烟斗的梁鉴添、瘦削清癯的文志成、表面木讷心里却燃着一团火的岑懋基、仪表矜持却笑容可掬的姚德怀……

我和《抖擞》的同仁,因为编辑刊物的联系,书信往返频繁,保持了十年以上的同事亲密关系。有趣的是,我们编辑《抖擞》,全是义务劳动,不但没有薪资,还总要为刊物的出版筹集经费,自掏腰包。刊行近十年,邀约、投稿的作者,有不少是国际知名的学者,"在科学、哲学、历史、社会和语文的各种报导或论述中,有近60种'研究'资料"。①当时的社长香港大学理学院院长梁鉴添就在"发刊词"中说到,大家要同心协力,分享交流各种文化资源。希望把刊物办成一个开放的园地,期待读者群不局限于知识分子,而能"使具有一般文化水平的人士感兴趣,因此内容必须做到多元化,从文史哲、政治社会以至科技、艺术音乐都无所不容。文章的体裁应该不拘一格:从轻松的随笔、小说、诗歌以至较富学术性的专门文章也无所不纳"。②我还记得,当时直接参与组稿与写稿的,有大陆的周有光、程千帆、徐朔方,海外有叶嘉莹、任之功、王浩等名流学者。由于当时还是70年代,大陆的"文革"尚未结束,海外仍然弥漫"恐共"的思想，《抖擞》这个自由讨论的平台，希望沟通海内外的学术讨论，刊登了不少大陆学者的论文，以及探讨西方马克思主义人道哲学的文章，以致有人认为《抖擞》带有左翼的色彩。

记得中英协议前后，岑崚基经常寄关于香港回归的材料给我，希望我了解香港的前途，共同为香港的文化前景思索一条出路。《抖擞》的营办资金，主要靠的是同仁捐助，随着政局的变动，香港前景难料，不少同仁移民海外，刊物的经营也就愈来愈困难。经过十年的惨淡经营，随着经费与人力的短缺，《抖擞》只好暂时停刊。

二

1985 年左右，岑崚基从香港传来了好消息，告诉我，香港新创立了"香港中华文化促进中心"，有意创办一份学术刊物，继续《抖擞》的精神，但以研究传统中国文化为宗旨。"香港中华文化促进中心"是一个非牟利的民间文化团体，始创于 1985 年 1 月，由"霍英东基金会"赞助，旨在发扬中华文化，联系香港和各地文化界及学术机构，推动香港和海内外华人文化界的沟通，促进中华文化的发展，增强中外文化的交流。许多促进中心理事会的成员，都在过去参与或资助过《抖擞》，希望通过创办一份研究中国文化的学术刊物，在学术含量上超越《抖擞》，内容则以传统中国文史哲为主，借以促进中国大陆与海外的学术交流，活跃国内的思想风气。

过去的《抖擞》同仁举荐我作为这份学术刊物的主编，一方面是因为我的研究领域是中国文史传统，另一方面是我在美国已经教书多年，而且在美国东部任教过不同的大学，人脉广，可以联络美国的人文学者，特别是因为我当时已经固定在纽约市执教，是最佳的联络交流枢纽。宗旨呢？理事会说，你定吧。编辑方针呢？你定吧。最后告诉我：你全权处理吧，香港方面则负责一切经费与制作发行工作。我不由想起诸葛亮在《前出师表》里说的"不以臣卑鄙，猥自枉屈，三顾臣于草庐之中，咨臣以当世之事"。香港朋友如此推心置腹，我能不鞠躬尽瘁吗？

我当然不是诸葛亮，可是我有一批才气俱不亚于诸葛亮的师友。首先是学术刊物要有刊名，不能再用《抖擞》了，用什么呢？朋友集思广益，想了不少刊名，最后几乎决定使用质朴得笨拙的《文华》了，忽闻执教于普林斯顿大学的高友工先生说，叫《九州》。《九州》好！既契合《己亥杂诗》的前两句"九州生气恃风雷，万马齐喑究可哀"，仍旧是龚定庵诗意，又点出了《九州学刊》与《抖擞》的承继关系。一锤定音。

正式宣布刊名《九州》那天，是在当时仍任教于耶鲁大学的业师余英时先生家中，刚好有几位国内学者参加晚宴。庞朴先生的神态如今还历历在目，他扬起右手，像是配合他昂扬矗起的灰白头发，声若洪钟，说："《九州》好，有气派，先是华夏九州，以后就是大九州，囊括全球九洲。"大家都首肯，就这么正了名，香港中华文化促进中心理事会也十分赞同。《九州学刊》出版后，曾与大陆出版界达成一个协议，在内地出版《九州选辑》，可以选刊《九州学刊》发表的论文，以书代刊，但条件是不可增删论文，一字不能易。这个选辑只出版了一辑，便无疾而终，不知是否怕惹麻烦。那一辑的封面印着四个大字："九洲选辑"，把我们的刊名改了，或许出版单位受到下意识影响，也想发扬中华文化，把事业推展到全球九洲。

《九州学刊》创刊号的封面，是文楼设计的，字体用的是"颜勤礼碑"，字体雄奇，精美华丽，呼应了龚自珍诗句的苍郁雄浑，彰显了刊名寓意的气势。创始之初十分热闹，我组成了顾问委员会，邀得十七位在美国汉学界赫赫有名的学者担任，其中最积极的几位是王浩、张光直、余英时、高友工、杜维明、赵如兰等，主要是提供咨询意见。我还邀请了三位非华裔的美国汉学家担任顾问，分别是哈佛大学的孔飞力（Philip Kuhn）、耶鲁大学的史景迁（Jonathan Spence）、伯克利加州大学的魏克曼（Frederic Wakeman）[3]，他们虽然不用中文从事著述，但却完全支持美国的汉学研究应该有一份中文的学术期刊。顾问们都是资深学者，除了提供咨询意见，有时也帮着组稿，介绍优秀的研究成果。真正参与具体编辑事务办事的人，则是青年学者，组成编辑委员会，有李文玺、张隆溪、周质平、孙康宜、巫鸿、王德威、谢正光等十六人。我们一伙人的年纪相当，志趣相投，开起编委会，意气风发，指点江山，就好像身系中国学术前景的发展似的。

《九州学刊》可能是80年代欧美汉学界唯一的中文学术期刊，运作的方式完全依照美国人文学界的规范，匿名评审。为了配合学刊的推广，我们决定与哈佛大学燕京学社合作，以学刊名义，每年在哈佛"燕京礼堂"举办中国文化研讨会，从宏观与微观两个方面探索中国文化的不同侧面。研讨会由杜维明教授与我主持，每年订立专题，邀请各方学者参加，以汉语发表学术研究报告。杜维明经常强调，研讨会要持续举办，建立一个新的"文化中国"传统。他引述芝加哥大学社会学家席尔斯（Edward Shils）

的看法，说传统之建立，在于持续进行，一个文化现象持续三次以上，就成了传统。中国文化研讨会持续了二十多年，到现在还是每年一度，成了哈佛的一个传统。杜维明后来说"哈佛已经成为在英语世界中经常用普通话谈论'国学'的道场"，④部分也是因为每年举办中国文化研讨会的缘故。

1980 年代我在纽约任教，同时还兼任哈佛大学费正清东亚研究中心的研究员，因为工作的安排，经常奔波于波士顿与纽约两地，也就顺便在奔波之中联系《九州学刊》的编务，因为大多数的顾问与执行编委都生活在美国东北部这一带。旅途穿越整个新英格兰的南部，开车单程就要五个小时，途中一定要休息用餐，最适中的地点就是耶鲁所在的新港市。那时余英时已从哈佛转到耶鲁任教，吩咐我以他家为驿站，我也就老实不客气，遵从师教，每隔一两个星期便在傍晚时分造访，刚好赶上晚饭。饭后泡上一杯酽茶，师生两人天南地北，无所不聊。《九州学刊》的一些安排，也就在茶余饭后浮现了雏形。

香港中华文化促进中心全心全力支持《九州学刊》的出版事宜，从校对到印刷发行，任劳任怨，让我十分感激。由于海外刊物无法在中国内地发行，促进中心特别与国内相关部门做了安排，每期致送五百本，给全国各大图书馆、各大学人文科系图书室及知名的人文学者，免费赠阅。后来又帮我做了安排，请饶宗颐先生担任专辑主编，出版过三期敦煌学专号，使我对敦煌学有所关注，也结识了敦煌学的研究专家，开拓了学刊的研究面向。

《九州学刊》由香港资助了五年，后因香港中华文化促进中心经费短绌，无法全额资助出版印刷经费，我只好另觅资助。1991 年，适逢台大历史系出身的平云接任台湾的皇冠出版社社长职务，决定为文化事业尽一分力，慨然为我们提供了全部的印制经费，还拨了两位编辑协助出版流程。香港中华文化促进中心则继续按期寄赠五百本给大陆的图书馆与研究机构。因此，《九州学刊》与台湾学术出版也有一段渊源，是由出版文艺刊物的皇冠出版社斥资，无私无悔，甚至违背其商业运作的模式，支持曲高和寡的《九州学刊》，而且延续了五年之久。最值得称道的是，在 90 年代初期，香港的中华文化促进中心与台湾的皇冠出版社，因为我个人所做的联系，得以携手合作，搭了一座沟通学术思想的桥梁，使得海外与大陆的文史学界可以进行直接沟通。

三

到了 90 年代中期，还是因为经费的问题，《九州学刊》终于停办了。之后不久，我于 1998 年应聘来到香港城市大学，创办中国文化中心，开辟在大学推展中国文化的新局面。香港对我，是个既陌生又熟稔的地方。我从来没在香港住过，却有许多因为《抖擞》或《九州学刊》的编务而经常书信往来的好友。在香港住定之后，不断在多种场合见到神交已久的老朋友。有许多是从未谋面的，也有不少是只有一面之雅，但是一说起来，都有十几年乃至于二十几年的交谊了。见面的温馨与热情，洋溢着我们年轻时代的理想，心中回荡风起云飞的歌声，与眼前的苍苍白发相映成趣。在一次宴会中，有人叫我名字，回头一看，面生得很。他笑了，说"我是吴清辉，认识二十多年了"。是的，他是编辑《抖擞》时候神交的朋友，终于见面了。还有一次与香港普通话电台的台长张圭阳聊天，他突然神秘兮兮地笑了，说有个秘密要告诉我，是他当年为《九州学刊》做过校对。我听了，只有感激，话都说不出来。心里不禁疑惑，我来到香港，是不是冥冥之中自有天数，回到了我文化情怀的家乡，学术编辑事业的故里？

来到香港不久，与复旦大学的朱维铮教授一同拜访王元化先生，谈起学术期刊的出版。此时王先生主编的《学术集林》暂时停刊，面临与《九州学刊》类似的情况。王先生特别提到，大家都想办好一份学术刊物，提供一个独立自主的园地，让研究中国文化的专家学者，能够不受非学术因素的干扰，深入探索思想文化议题。独立的学术期刊虽是曲高和寡，吃力不讨好，但学术界必须有人承担下来，既巩固学术文化的基础，同时也有助于中国文化的普及。

《学术集林》创刊于 1994 年，是王元化的心血结晶，强调重新审视中国文化传统，通过细密的学术研究，深刻反思文化的意义。他在创刊号的"编后记"写道："我们只是想做一些我们认为有意义而别人没有做的事"，"希望《学术集林》发表的文字，多一些有思想的学术和有学术的思想，让知识分子负起责任，在知识领域发挥作用"。[⑤]他的话正道出我心中所想。季羡林曾经这样评价《学术集林》："《学术集林》实为高规格高水平的学术文丛，不按时好，朴实无华，然而篇篇内容充实，言之有物，与时下流行的许多刊物，以新名词、洋名词哗众取宠者迥异其趣。"[⑥]《学术集林》的成就有目共睹，后来是因为人事调动和资金的问题，中止了出版。

由于《九州学刊》和《学术集林》都面临暂时停刊的局面，王元化先生指出，我们理念相同，应该可以汇合已有的资源，合起来复刊。他授权朱维铮为《学术集林》的代表，与我共同商议细节，希望能汇聚两岸三地和海外的学者，继续办一份立足于实证研究，放眼跨科际整合，探索中国文化的宏观议题，却绝不为时髦理论框囿的学刊。我负责在香港筹集出版经费，重新整合顾问委员会，并且在香港城市大学及上海复旦大学，分别成立执行编辑小组，重新出刊，期望做到海内外共享学术研究成果，沟通与联系国际汉学研究所关心的学术议题，为阐释和创新中国文化尽力。王元化先生同时建议，合刊复版的名称，应该包涵《九州学刊》和《学术集林》的原名，所以，就定名为《九州学林》。

经过一年多的商讨及磨合，合并的《九州学林》在 2000 年再度复刊了，由香港城市大学与上海复旦大学同步出版。城市大学出版繁体字版，复旦大学出版简体字版，内容完全一致。除了在沪港两地刊行，也会在台湾、澳门以及海外多个地区发行。回顾我自己这半生，三十年来从事的学术编务，都与龚自珍"九州生气"这首诗有关，更与香港的文化耕耘有关。有人说香港是文化沙漠，我却但见其绿洲，以及在绿洲上撒麦种的人。⑦

四

《九州学林》正式出刊，我被推为主编，执行编务分别由香港城市大学中国文化中心及复旦大学出版社担任。编委并合了原来《九州学刊》与《学术集林》的顾问，共三十一人，阵容十分强大，其中包括王元化、余英时、饶宗颐、李欧梵、李泽厚、杜维明、张灏、许倬云、叶嘉莹、刘再复等，都是中国文化界及汉学界的重量级人物。饶宗颐先生不但身兼编委，还为《九州学林》的封面题字，笔墨酣畅，颇有古意。他在"文化飨宴：香港城市大学中国文化中心成立五周年暨《九州学林》创刊特展"上，打趣说《九州学林》的创刊，"是香港和上海在文化上结婚，期盼两地结合能带来新的文化景象"。⑧这是他对我们的祝福，也是我们共同的愿望。

创办《九州学林》之初，我深有感慨，特别是受到王元化和朱维铮的重托，决心在《学术集林》与《九州学刊》过去发展的基础上，扩大学术研究的视野与接触，办好这一份阐释与拓展中国文化的《九州学林》。我征求了王、朱两位先生的意见，以自己长期追求的理念，写定以下几段话，作为《九州学林》的宗旨：

一、我们决定汇集海内外的资源，共同创办一份研究中国文化的学刊。我们有着共同的文化信念，相信严肃的学术研讨才能更新并创造灿烂的文化，相信扎实的文史根底才是人文思维的基础，相信实证而有创意的学术方向才有助于中华文化的承继与发展。

二、我们反对抱残守缺，相信传统中国文化有其开放的空间，有其海纳百川的特质，有其吸取及融会外来因素的雅量，而绝不是固步自封、不假外铄的。我们反对盲目的子曰诗云，反对一切文化思维都要祖述炎黄尧舜，也反对言必称希腊与希伯来，反对以莎士比亚与贝多芬作为古今中外一切文艺的唯一评判标准。然而，我们同时也主张，所有的中国人文学者不但要熟知孔孟老庄、诗经楚辞、史记通鉴，要能理解《文心雕龙》，欣赏唐诗宋词与《红楼梦》，也要知道荷马与但丁，接触过柏拉图与亚里士多德，对康德、黑格尔、马克思不至于心存畏惧。

三、只有对人类过去累积的文化资源有了基本的认识，我们才能了解自己的文化定位，不至于夜郎自大，臆必固我，以为自己站在时代进步的尖端，可以睥睨古人，可以任意批判与践踏前人创造的功绩。我们也强调，尊重前人的贡献并非亦步亦趋，埋首于故纸堆中讨生活，而是关心文明发展的前途，通过对过去文化资源的阐释，或扬弃，或发挥，或更新，为文化的未来尽一份心力。宋儒张载尝言："为天地立心，为生民立命，为往圣继绝学，为万世开太平"，说得毋宁太过，把知识人的能耐作了无限度的自我膨胀，但是，那信念的坚决诚挚与敢于担当，却令人钦佩，值得我们效法。

四、刊名"九州"，当然令人想到古代的禹贡九州，而联想这份学刊是研究古代中国的。或许有人循着邹衍的谈天之术，发挥后结构、后殖民的玄想，"推而大之，至于无垠"，建议我们推动文化中国的全球化，阐扬大九州之说。对于这样的期许，我们有自知之明，承受不起，只能敬谢。倒是需要在此对"九州"的出典稍作说明：古典是大家熟悉的，说到禹贡九州，当然最直接的学术研究范畴是历史地理学，这也是顾颉刚主编《禹贡》学刊的命意所在。然而，"九州"的今典，则是出自龚自珍的《己亥杂诗》，我们也祈望《九州学林》可以汇集这一代海内外的人才，抖擞精神，为阐释并创新中国文化尽力。⑨

五、我赞成中国传统文化研究也要国际化，也要达到国际水平，也要和世界各地汉学家保持紧密联系与沟通。反对的是，硬性规定研究中国传统文化的学者，必须在欧美（甚或澳洲）的外文期刊中发表论文，才算达到高等学术水平，而在中文期刊中发表的学术成果，不管有多少创见，都属于次等的成就。这是甚么逻辑？假如钱钟书晚生半世纪，他的学术成就，是不是只算他在《天下》写的英文论文，而《管锥编》这样的专书，根本不算国际水平？假如陈寅恪晚生五十年，他的学术成果是否只有在《哈佛亚洲研究》上出现的英文论文，而《柳如是别传》根本不合国际学术规范？我举这两位学术大师为例，是要指明，他们通晓多国语文，对西方学术的前沿是有清楚认识的，也有能力汲取西方汉学的研究成果，然而，他们最重要的学术创见，都以中文来表达。这不仅是因为他们相信，只有用中文（甚至可以用古文）来探索中国的文化传统，才能触及最精微奥妙的肯綮，也因为只有通过现代的研究与诠释，才能使传统累积的文化资源，出现创新与再生的可能。

六、我们出版《九州学林》，以中文为表达学术成果的媒介，从来没有回避过国际化的目标，但坚决反对为了"国际化"就要采用西方语文来研讨中国传统文化，也要提醒主管学术评核机制的单位，多费些心思，对不同领域的学术评鉴做出正确的认识。[10]

五

以往去上海时，我总会造访王元化先生，每次得他谆谆督嘱关于本刊编辑的事宜。王先生一直坚持的理念是，要发展"有学术的思想和有思想的学术"。这个提法，在中国近半世纪的学术发展脉络中，有特殊的意义，与陈寅恪一再强调的"独立之思想，自由之精神"可说是一脉相承的。

讲独立自由的学术精神，讲不为俗见所拘，讲六经注我，人人都会讲，但陈寅恪讲"独立之思想，自由之精神"，不只是泛泛而论，人云亦云，而是坚持自己的信念，靠的是文化积蕴转化而成的独立自主思想，也是对学术追求的真诚。我们景仰陈寅恪，最主要是钦佩他这种"衣带渐宽终不悔，为伊消得人憔悴"的坚持。

王元化强调的"有学术的思想和有思想的学术"，虽与陈寅恪的独立自主精神一脉相承，反映出来的具体历史文化语境却有所不同。王先生信仰过马克思主义，也为人类整体的幸福与解放做过奋斗，这是与陈寅恪"议论近于湘乡、南皮之间"的历史背景大不相同的。在他来说，马克思主义是一套哲学思辨的系统，提供了发展独立自主思想的方法，而不是封闭的教条与口号，用来桎梏学术思想的探索。王先生也见到改革开放之后，揭去了政治挂帅的符咒，学术思想混乱，莫衷一是，走向市场通俗的哗众取宠现象。王先生绝不反对学术思想的普及，但他反对学术思想的庸俗化，特别反对为了博取名利而制造学术业绩的倾向。中国学术界目前少了政治干预，却多了官僚化的机械式评比，更充斥了毫无思想价值、以量取胜的著作。

对于意识形态干预学术，现在大家都知道其害无穷，王先生有段话说得精辟：

> 我认为学术思想的价值，只存在于学术思想本身之中，学术研究必须提供充分的论据，作出科学性的论断；而不能以游离学术之外的意图（哪怕是最美好的）、口号（哪怕是最革命的）、立场（哪怕是最先进的）这些东西来顶替充数。因此，我反对学术应依附于某种力量，或应为某种意识形态服务这类长期以来支配学术界的主流观念。我认为学术是有其独立自主性，是有其自身价值的。[①]

意识形态明显支配学术界的情况，目前大有改变，很少有人在原则上赞同以学术来配合政治任务了。但是，在实际运作上，还是有许多人不以学术本身为价值核心，而是为了职称、科研项目基金、拓展权力架构而努力。言利而不言义，是人之常情，无可厚非。但是，我们还是寄望学者，不要因利而害义，不要制造太多学术垃圾。

王先生对商业大潮影响学术文化，也有很深的戒心，曾说：

> 表面上并不那么有害的大众文化，也有潜在的消极意义。比如它具有商品拜物教的特征，它的标准化、统一化、和同质化的生产，是排斥真正的个性和创造力的，久而久之会生产出同质、平面的社会主体，一个以时尚为主导的社会文化中，是没有真正深度的精神生活可言的。而商品的规律使它具有强烈的支配力量，控制和规范着文化消费者的需求。主张一元化（如市场至上等）的意识形态同质，产生着

新的压抑形式。所以我赞成知识人在大众文化面前保持清醒的头脑和批判的意识，这样可以尽力去保证一个社会在发展中不至于产生太多的文化泡沫。⑫

我们生活在一个民主化、大众化、知识普及化、价值平等化的时代，一方面要庆幸阶级界限的逐渐消弭，同时也要自我警惕。作为一个知识人，我们有我们需要扮演的角色，为了人类文化学术发展尽点力，而不是随波逐流，在学术商品化的浪潮中捞一网渔获。

王先生是《九州学林》的创办人之一，虽然已经仙去，但他的想法也明确反映在我们办刊的宗旨之中，他的一些思辨言论，更与我的想法若合符节，谨记于此。

六

学术发展的理想状态，是学者追求知识，追求真理，相信自己所学对社会人群，及至于人类的未来，有所贡献。因此，努力从事学术，其中有信念，有理想，有坚定的学术道德基础。老师如此教导学生，学生如此效法老师，有师承，有传统，规规矩矩，兢兢业业，即使因为能力有限而出现偏差，总因追求真理的共识，通过时间的考验，而得以矫正。韩愈在《师说》一开头便说"师者，所以传道、授业、解惑也……"头一项提的是"传道"，也就是有一种信念，有一种维系知识传承的道德力量。

这种中国传统学术精神，在近代出现了变化。因为传统知识体系受到西方新潮的冲击，传统道德信念在反复的革命与战乱中逐渐消失，我们所依赖的，只有借鉴西方学术界的标准与体制。然而，中国现代学术体制的建立过程，为时尚短，表面的共识虽已建立，但内在对客观标准的认识，对学术辩争的开放与容忍，对学术视野与职场竞争的分界，还有待学习。20世纪的中国，多灾多难，大学与高等研究机构的发展有限，是在极其困难的情况下维持的，主事者与从者多半是为理想固守学术，茁壮繁荣都谈不上，腐败的机会也就不多。

21世纪的中国学术界急速发展，大学与高等科研单位如雨后春笋，一夜之间可以冒出几个大学。学术追求的平民化，符合了政治社会变化的要求，但缺乏清楚的内在规范与学术道德机制。最明显的发展，就是学术商品化，学校职场化，教育政策广告化，学术追求金钱化。中国学术界近年来的腐败现象值得我们深省。中国学术界的问题很多，体制不健全，又搞假大空，有泡沫化倾向。学术界需要有自省的能力，也要有明辨是非的信念与勇气，期共勉。⑬

---

① 吴淑钿：《从出版刊物看近五十年香港的古典文学研究》，台北：《汉学研究通讯》总93期，2005年。

② 梁鉴添：《发刊辞》，香港：《抖擞》第1期，1974年。

③ 1980年代初，Wakeman汉文名字仍用魏克曼。英文全名为 "Frederic Evans Wakeman, Jr."，中文译名作"魏克曼"或"魏斐德"。

④ 杜维明：《哈佛心影录·序》，见张凤《哈佛心影录》，上海：上海文艺出版社，2000。

⑤ 王元化：《学术集林·编后记》卷一，上海：上海远东出版社，1994，第370页。

⑥ 傅杰：《王元化先生与〈学术集林〉》，广州：《南方周末》2009年5月14日。

⑦ 郑培凯：《假如麦粒死了——怀念〈抖擞〉与〈九州学刊〉》，香港：《明报》2003年6月27日。

⑧ 张紫兰：《九州文化联姻学林重抖擞》，香港：《亚洲周刊》第17卷第28期，2003年7月13日。

⑨ 以上"一"到"四"点，刊登在《九州学林》的《发刊辞》上。郑培凯：《发刊辞》，《九州学林》创刊号，2003年秋季，香港：香港城市大学中国文化中心。

⑩ 以上"五"到"六"点，刊登在《九州学林》的《编后记》。郑培凯：《编后记》，《九州学林》第2卷第2期，2004年夏季，香港：香港城市大学中国文化中心。

⑪⑫ 郑培凯：《编后记》，《九州学林》第2卷第4期，2004年冬季，香港：香港城市大学中国文化中心。

⑬ 郑培凯：《编后记》，《九州学林》第4卷第3期，2006年秋季，香港：香港城市大学中国文化中心。

作者简介：郑培凯，香港城市大学中国文化中心主任、教授，《九州学林》主编。

[责任编辑：刘泽生]

（本文原刊2013年第3期）

新加坡华文学术期刊的发展：困境与机遇

〔新加坡〕李元瑾

[提　要] 本文将新加坡华文学术期刊的发展分成两个阶段：第一个阶段是从起步到茁壮（1940～1970年代），南洋大学是主要推手，民间团体也不遑多让；第二个阶段是从萎靡到振作（1980年代至今），大专学府与民间团体的主导角色出现了轮替的现象。循着历史脉络，笔者纵向探讨新加坡华文学术期刊的沉浮，分析其在不同阶段面临的困境与机遇，思考其未来的发展。新加坡的境遇，为海外华人的华文学术期刊，尤其是人文与社会科学学术期刊的发展，提供了一个重要的案例。

[关键词] 新加坡　华文学术期刊　人文与社会科学　困境与机遇

一　前言

众所周知，期刊的主要功能在于知识的传播与交流，而学术期刊则发表经过同行评审的学术专文、评介新近的研究著作、报告学术活动的现况等，亦即为学术成果的传播与交流扮演桥梁的角色，提供对话的平台。由中国社会科学杂志社于2012年在俄罗斯联邦财经大学主办的首届世界华文学术期刊高层论坛——"走向世界的华文学术期刊：知识传播与文明对话"，其最大的意义，就在于为从事"学术桥梁"的工作者，搭起另一座对话的桥梁，铺设另一个交流的平台，有益于促进世界各地华文学术期刊的发展与提升。笔者以新加坡南洋理工大学的学者兼《华人研究国际学报》主编的身份躬逢盛会，得以借用这样一个国际平台，为大家阐析新加坡华文学术期刊的发展起落和未来走向，并聆听专家学者的意见；同时借用这样一个机会，了解世界其他地区华文学术期刊的发展状况，分享各位在相关方面的经验与心得。

本文系笔者根据提供该次会议之文稿修订而成，文中探讨的新加坡华文学术期刊，主要以人文与社会科学类期刊为研究对象，但必要时，也扩大至非人文与社会科学类，以加强论证。新加坡国家图书馆在 2008 年出版的《新加坡华文期刊 50 年》，将 1940～1980 年代的华文期刊分成"文艺、综合类"、"学术类"、"其他类别"、"少年、儿童类"四项，其中有关"学术类"期刊的定义与选择，可再商榷，但所列资料足以勾勒出这半个世纪学术期刊发展的重要轮廓，因此有其参考价值。①它搜集的"学术类"期刊共有 66 种，其中属于人文与社会科学范畴者则占 51 种。可见新加坡华文学术期刊是以人文与社会科学为主。这种现象在后来的发展中越来越明显。

本文将新加坡华文学术期刊的发展分成两个阶段：第一个阶段是从起步到茁壮（1940～1970 年代），第二个阶段是从萎靡到振作（1980 年代至今）。循着历史脉络，笔者纵向探讨新加坡华文学术期刊的沉浮，分析其在不同阶段面临的困境与机遇，思考其未来的发展。从 1940 年代谈起，那是因为新加坡第一份学术期刊——《南洋学报》，诞生于 1940 年；②以 1970 年代为第一阶段的终结，那是因为当地华文学术期刊的主要推手——南洋大学（简称"南大"），在 1980 年与新加坡大学合并成为今天的新加坡国立大学，其华文大学的本质随之消失殆尽，从此新加坡华文学术期刊即进入低靡的时期。

二　从起步到茁壮（1940～1970 年代）

新加坡是中国大陆、港澳台以外唯一一个以华族为主的国家/城市，华族占总人口的比例长期维持在 75% 上下。二次大战前，当地大部分华人深受中国政治与文化的影响，重视中华文化的传承。于是，华商与知识分子致力于发展华文教育、兴办华文报刊，使新加坡在文教方面成为东南亚的一大重镇。不过二战前，新加坡的文化阵地主要是报章的副刊，华文期刊还未发展起来，因此数量极少。第一份华文学术期刊——《南洋学报》，迟至 1940 年才出现。1950 年代，南洋大学诞生，为贫瘠的学术土壤增添养料，也为苍白的华文学术期刊局面开拓契机。

前述《新加坡华文期刊 50 年》一书中的"表二：学术类"，为笔者即将探讨的第一阶段提供了基本的素材。本文也根据这份资料，从 66 种期刊中抽出人文与社会科学类 51 种，另外制作一表（见附表），以方便分析和理解。这两个表提供以下几个关于新加坡华文学术期刊的重要讯息。

首先，从创刊时间来看，这 51 种（人文与社会科学类）之中，1940 年代出现 2 种，1950 年代 7 种，1960 年代 21 种，1970 年代 14 种，1980 年代 7 种；即 1960 年代增加得最多，1970 年代也有许多新学术期刊出现，不过发展势头已减弱。其次，从出版处来看，51 种之中，17 种是出自南洋大学，占了三分之一；即 1950 年代出现 4 种，1960 年代增加 11 种，1970 年代则仅添 2 种，亦以 1960 年代最盛。第三，同样是从出版处来看，51 种之中，26 种出自大专学府，23 种出自民间团体，2 种出自教育部，可见大专学府与民间团体分担了创刊的任务。第四，从语言来看，51 种之中，14 种是中英双语（12 种）或多语的刊物；换言之，纯华文的学术期刊其实只有 37 种。第五，从学术性质来看，51 种之中，有一部分是属于半学术性质，另有一些（约 6 种）是专门刊载学生的文章或师生合著的文章；换言之，此阶段的学术期刊，学术水平参差不齐。第六，综观上文所提的 66 种华文学术期刊（也包括理科、商科、电脑和中医各类在内），前述五项特征都很显著。

上一段第一、二、三、六项的讯息，揭示了 1940～1970 年代新加坡华文学术期刊的纵向发展概况，在短短 40 年间，它经历了起步、发展、攀高、下滑的过程，呈现出类似倒 U 字形的发展轨迹。而南洋大学作为东南亚最高等的华文学府，对这一发展轨迹的形成，产生了重要的影响。南洋大学在 1953 年倡办，1956 年迎来第一批大学生，从此校园内的学术活动日趋频繁，华文学术期刊也开始发展与茁壮。根据《新加坡华文期刊 50 年》中的"表二：学术类"，从 1950 年代到 1970 年代，人文与社会科学类和非人文与社会科学类的期刊，总共有 57 种创刊，其中 30 种（超过半数）出自南洋大学。由此可见，南洋大学在新加坡华文学术期刊发展上，扮演了举足轻重的角色。其倒 U 字型的发展轨迹，亦极其明显，从 1957 年至 1959 年的7 种，升至 1960 年代的 17 种，然后下跌到 1970 年代的 6 种。

上述现象的出现，与新加坡的语言政策和华文教育的演变有着密切的关系。在殖民地时代，华校蓬勃发展。二战之后，华校从战火中复兴，并在 1950 年代随着南洋大学的诞生形成了完整的华文教育体系。南大创建后，校园内的各院系和学术团体纷纷出版华文学术期刊，缔造了 1960 年代的盛况。然而，另一方面，二战后，新加坡的英文教育发展非常迅速。1954 年，英校生的人数首次超越华校生。此后双方的差距越来越大。1960 年代初期，新加坡中华总商会领导的母语教育运动失败。1970 年代之后，华校小学生的人数跌势峻厉，1977 年华校小学生新生人数只占四源流（华、英、巫、印）新生总数的 13.9%。可想而知，华文中学和高中也受到冲击，学校关闭或转型是迟早的事。南洋大学的发展，也因此变得不甚乐观。南大原本是私立大学，迟至 1968 年新加坡政府才承认其学位，并开始"国家化"进程。而当时新加坡"国家化"的特征便是"英语化"。1975 年开始，除了中文系外，南大各院系都以英文作为教学媒介语。③英文的强势和华文教育的疲弱，深刻影响着新加坡任何与华文华语有关的文化事业，南大校门内外的华文学术期刊也难幸免，其发展势头在 1960 年代达至高峰，1970 年代尚可往前发展，但已无力继续往上攀升了。

上述的背景，也有助于说明前面的第四项讯息，即为何新加坡的华文学术期刊会有可观的一部分具有中英双语甚至多语的特色。在 51 种人文与社会科学类的期刊中，只有 37 种是纯华文的期刊。如果加上理科、商科和中医科三类，情况更为明显，即 66 种之中，纯华文的期刊不超过 40 种，其他的主要是中英双语，其中一小部分后来偏重英文或转为英文期刊。南洋大学自不例外，其 30 种华文期刊之中，16 种是纯华文的期刊，另外 14 种主要是中英双语。这 14 种非纯华文期刊，有 10 种是数理化商类，而这 10 种之中至少有一半后来偏重英语或转用英语。换言之，大势所趋，此阶段新加坡纯华文的学术期刊不多，而且越来越少，其中非人文与社会科学类迅速地走到尽头。

简言之，从 1940 年代至 1970 年代短短的 40 年，新加坡的华文学术期刊已经经历了起步、发展、攀升的阶段，1970 年代继续发展，但已显得攀爬乏力。新加坡华文教育的衰退和语文土壤的变质，深刻地影响着岛国的华文学术期刊的发展。南洋大学的创办为华文学术期刊带来了契机，而南洋大学快速的"英语化"和"国家化"，也使华文学术期刊很快地陷入困境。

三　从萎靡到振作（1980 年代至今）

随着南洋大学并入新加坡国立大学，当地的华文学术期刊即面临发展的危机。如前所述，新加坡 1980 年代前的华文学术期刊，主要是靠大专学府和民间团体来推动。根据《新加坡华文期刊 50 年》，66 种的华文学术期刊中，有 40 种是出自大专学府，24 种出自民间团体，还有 2 种则出自教育部。大专学府扮演最重要角色，民间团体也不遑多让。然而，随着 1980 年南洋大学走入历史、校园内的华文学术期刊停刊，大专学府的角色也就淡出，民间团体则苦苦支撑。1980 年代，新加坡的华文学术期刊进入萎靡时期，只有 9 种创刊，其中 7 种是出自民间团体；④人文社科类则只有 7 种创刊（另外 2 种非人文与社会科学类的期刊是中医学报），其中 5 种出自民间团体，另外 2 种分别出自教育部和大专学府。

扼要介绍 1980 年代这 7 种人文与社会科学类的期刊，可以从中窥探新加坡华文学术期刊在这一时段的发展。其中由民间团体创刊的 5 种是：新加坡华文中学教师会的《中教学报》（1981 年创刊）、新加坡亚洲研究学会的《亚洲文化》（1983 年创刊）、新加坡华文研究会的《华文》（1987 年创刊）和《华文研究》（1988 年创刊）、儒学研究会的《儒学学报》（1989 年创刊）。另外 2 种是教育部课程策划署华文专科视学组的《华文老师》（1987年创刊）和新加坡国立大学中文系的《学丛》（1989 年创刊）。

上两段中的资料揭示了 1980 年代的概貌：第一，因为华文教育的式微和南洋大学的消失，华文学术期刊已迅速进入低靡状态；第二，华文学术期刊创刊数目不仅大大减少，而且是以人文与社会科学类为主，理科和商科之类的期刊显然稀缺；第三，民间团体承接了创刊的责任，大专学府创刊的只有《学丛》；第四，内容缩窄了，华文、华文教学、儒学等成为期刊探讨的核心；第五，在学术界和教育界服务的南洋大学的校友，在创刊以及编辑和撰写方面，扮演着重要角色。

1980 年代，华校系统分崩离析，华文前景暗淡，中华文化发展极不乐观，从而激发了文教界中受华文教育的知识分子成立组织、创办刊物，以期挽狂澜于既倒。新加坡亚洲研究学会的发起人便是一群在学术、文化和教育界服务的南洋大学校友，笔者也是其中之一。学会的简史有这么一段文字："1980 年前后，新加坡经济建设虽然取得辉煌成就，但人们却逐渐重视物质、追随潮流，对东方传统文化，母族语文，视若敝屣，遑论精神文明？这种价值观的迅速改变，顿使知识分子不得不为未来深思，谋求善策。"⑤

新加坡亚洲研究学会在 1982 年创立，第二年即出版《亚洲文化》，主编一直是由南洋大学校友担任。⑥上述其他民间团体和学刊，便是在相同的文化环境下，尝试为华文、儒学而尽绵力，其主事者或参与者不少是南大校友。⑦于是，这一时段的华文学刊发展出现了上述第三、四、五项的特征。然而，时势比人强，这些期刊，大部分无法持久。《华文》第 2 期改为《华文研究》，并于 1991 年停刊。《儒学学报》自 1994 年那一期之后，就没再出版。至于《学丛》，则于 2000 年出版最后一期。换言之，在 1980 年代发刊的 7 种华文学术期刊，至今只剩下《中教学报》、《亚洲文化》和《华文老师》，其中《亚洲文化》在 1990 年从半年刊改为年刊。

我们再把时间往后推移，探讨从 1990 年代至今新加坡的华文学术期刊（人文与社会科学类）的发展概况。在这一时段，除了纯学刊，也出现了一些半学术期刊。纯学刊方面，严格而言，只增加了 3 种，且都是出自大专学府。1990 年代只有 1 种，即《南大语言文化学报》（1996 年创刊），由新加坡南洋理工大学中华语言文化中心出版，至今出版了 14 期。该学报刊载各地学者有关华族语言、文学、历史、哲学、艺术、社会、政治、经济等方面的研究心得。⑧2000 年代则出现 2 种，即《华文学刊》（2003 年创刊）和《华人研究国际学报》（2009 年创刊）。《华文学刊》在 2009 年之前是由新加坡华文教师总会出版，后来南洋理工大学旗下的新加坡华文教研中心也联出版，主要刊载华文教师、华文教育工作者、国内外从事华文教学与研究的专家学者的教学与研究心得。该刊至今出版了 19 期。⑨《华人研究国际学报》则是由南洋理工大学中华语言文化中心、英国曼彻斯特大学中国研究中心、中国社会科学院海外华人研究中心、新加坡世界科技出版公司八方文化创作室联合出版，⑩刊载世界各地学者的华人研究论文，至今已出版 8 期。

另一方面，1990 年代至今，民间团体也有一些华文学术期刊创刊，但大多数是属于半学术性质的。比较受人瞩目的有：公民团体圆切线出版的《圆切线》（2000 年创刊），这是一份思想性的刊物，探讨社会、政治、文化等课题，其中不乏一些学术性文章，至今出版了 12 期，从第 5 期开始以中英双语呈现，从 2010 年起，改以书本的形式出版；⑪新加坡斯雅舍出版的《新世纪学刊》（2001 年创刊），是一份"限量正版学术性年刊"，主要是邀请中国、日本、马来西亚和新加坡的学人，专门探讨新加坡、马来西亚的文学艺术教育课题与中国文史哲课题，至今出版 12 期；新加坡炎黄文化研究会创办的《炎黄文化》（2003 年创刊），旨在弘扬与承传炎黄文化，并为当地热爱炎黄文化的人士，特别是退休专业人士，提供发表园地，至今出版 16 期；[13]怡和轩的《怡和世纪》（2010 年出版），至今出版 18 期，前面 10期是《怡和轩会讯》，属于综合性刊物，其中也有小部分学术性的文章。[14]

从纯学术华文期刊来看，新加坡现在正在发行的只有 7 种，即新加坡最早创刊的《南洋学报》（也刊登英文文章），1980 年代的《亚洲文化》（也刊登英文文章）、《中教学报》和《华文老师》，1990 年代的《南大语言文化学报》，2000 年代的《新世纪学刊》、《华文学刊》和《华人研究国际学报》。

从以上三段资料提供的讯息可以看到，近 20 多年来新加坡华文学术期刊发展有几个特色。第一，1990 年代已经陷入最低潮，除了南洋理工大学中华语言文化中心出版《南大语言文化学报》，民间在创刊活动上可谓一片静寂。第二，纯学术期刊的创刊任务逐渐回到了大专学府，而且集中在南洋理工大学。这与该大学在中国元素的刺激下逐渐重视中华语言文化有关，它在 1994 年和 2008 年分别成立中华语言文化中心和新加坡华文教研中心，并出版《南大语言文化学报》、《华人研究国际学报》和《华文学刊》。第三，进入 2000 年代，民间团体出现了几份华文期刊，虽然属于纯学术的非常少，但其中有一些正在努力增加学术的色彩，尝试穿插学者深入浅出的论文。第四，民间团体历史较久的重要学术期刊——《南洋学报》、《亚洲文化》和《中教学报》，坚持出版至今，使当地的华文学刊发展不至于断层，而前两份学刊同时刊登中英文论文，以此吸引更多作者和读者。第五，无论如何，1990 年代的萎靡状态已经结束，大学与民间的华文学术期刊开始振作起来。

简言之，从 1980 年代至今短短 30 余年，新加坡的华文学术期刊经历了1980 年代的衰退和 1990 年代的萎靡，以及 2000 年代逐渐振作的历程。其发展过程深受内外环境——中国元素和当地文教政策——的影响，而民间团体和大专学府在不同时段相继扮演了重要角色。

四 结语

新加坡华文学术期刊的创刊与发展，从 1940 年到现在的这 80 年间，受到客观环境所制约，困境与机遇不断转化。庆幸的是，在大专学府和民间团体的努力下，华文学术期刊在逆境中求生存，在契机中谋发展。在本文所述的第一阶段（1940～1970年代），华文学术期刊经历了起步、发展、攀升的过程，而南洋大学是主要推手，民间团体也不遑多让；到了第二阶段（1980年代至今），则经历了渐显萎靡至逐步振作的过程，而大专学府与民间团体的主导角色出现了轮替的现象。

时至今日，因为国内外环境改善，我们看到了新加坡华文学术期刊的振作，看到了大专学府和民间团体在这方面的努力，看到了学刊发展的前景；而建立在南洋大学旧址、延续南洋大学历史的南洋理工大学，正在发挥其推动作用。南洋理工大学近20年来相当重视华文和中华文化的发展，校园里陆续成立了多个相关的教学与研究机构，包括：新加坡国立教育学院中文系（该学院的历史长达70余年，于1990年代归入南洋理工大学）、中华语言文化中心（1994年创立）、华裔馆（1995年创立）、人文与社会科学学院中文系（2003年创立）、孔子学院（2005年创立）、新加坡华文教研中心（2008年创立）。于是，大学里有关中华语言与文化的学术土壤，不再那么干枯贫瘠。如上所述，今日新加坡三份大专学府的华文学术期刊，都出自南洋理工大学。这里还可以补充一点，那就是这三份大学学刊的主编都是南洋大学校友。[15]换言之，在南洋理工大学任职的南洋大学校友，也在推动华文学刊的发展上，扮演了承传的角色。

笔者参与主编的《华人研究国际学报》正是在这样的文化氛围下诞生，而国际著名历史学者王赓武教授就是该学报的催生者。王教授认为，是时候在新加坡出版一份国际性的华人研究中文学术期刊了。于是，《华人研究国际学报》便在新加坡南洋理工大学中华语言文化中心、英国曼彻斯特大学中国研究中心和中国社会科学院海外华人研究中心的合作下面世。该学报刊载世界各地学者之华人研究心得，探讨华人个体与群体的现象、他们在居留地的遭遇与处境、在区域与国际间的跨界活动、与中国的联系网络等课题。它设立严格的匿名评审制度，提倡华人研究的原创性、多元性、前沿性。它面向华人世界的学者与读者，积极引介非华文世界有关海外华人研究的重要著作及活动。《华人研究国际学报》的出版可以作为当地华文学术期刊振作的辅证，而且比照过去和现有的学刊，它在许多方面都有突破性的发展，特别是其走向世界的努力。

世界华文学术期刊的发展需要中国大陆、港澳台以及海外华人学界的共同努力。海外华人，尤其是东南亚华人，其华文教育、华文和中华文化，可谓历尽沧桑，华文学术期刊的发展一波三折。踏入 21 世纪，随着中国元素的加强和环球化的加速，海外华人的华文事业出现曙光，为华文学术期刊，尤其是华文人文与社会科学期刊带来了希望。新加坡华文学术期刊的演变，提供了一个重要的案例。

附表　1940～1980 年代新加坡的华文学术期刊（人文与社会科学类）

序号	刊名	创刊日期	出版社	备注
1	南洋学报	1940 年 6 月	南洋学会	现也刊登英文文章
2	中国学会年刊	1949 年 12 月	中国学会	华英双语
3	东方学报	1957 年	东方学会	——
4	社会科学研究集刊	1957 年 10 月 31 日	南大社会科学研究会	——
5	南洋教育	1958 年 6 月 2 日	南洋大学教育学会	——
6	南洋研究	1959 年	南洋大学南洋研究室	——
7	教育	1959 年	教育出版社	——
8	星加坡马来亚大学中文学会学报	1959 年 12 月 15 日	星加坡马来亚大学中文学会	华英双语
9	南洋大学中国语文学会年刊	1959 年 12 月 30 日	南洋大学中国语文学会	——
10	史地	1960 年 11 月	南洋大学史地学会	——
11	南大中文学报	1962 年	南洋大学中国语言文学系	——
12	教育年刊	1962 年 6 月 20 日	新加坡华校教师总会暨职工会	——
13	册府	1962 年 9 月	南洋大学图书馆	——
14	新加坡大学中文学会学报	1963 年 5 月 1 日	星加坡马来亚大学中文学会	华英双语
15	南洋教育	1964 年	新加坡中学华文教师会暨职工会	——
16	义安学院院刊	1965 年	义安学院	华、英、巫三语
17	艺潮	1965 年	新加坡工艺学院中文协会	——
18	南大校讯	1965 年 3 月 30 日	南洋大学	——
19	东南亚研究	1965 年 12 月	东南亚研究所	华英双语
20	经济年刊	1967 年	南洋大学经济学会	华英双语，后期以英语为主

序号	刊名	创刊日期	出版社	备注
21	南洋大学学报	1967 年	南洋大学	——
22	读史杂志	1967 年 4 月	南洋大学历史学会	华英双语
23	经济月报	1967 年 5 月	新加坡中华总商会	——
24	新社学报	1967 年 12 月	新社	——
25	读史劄记	1968 年	南洋大学历史学会	华英双语
26	南洋大学中国语文学报	1968 年 7 月	南洋大学中国语文学会	——
27	地理集刊	1968 年 9 月	南洋大学地理学会	——
28	新社季刊	1968 年 9 月	新社	——
29	政行学报	1969 年 2 月	南洋大学政治与行政学会	华英双语
30	社会科学研究	1969 年 5 月	新加坡社会科学出版公司	——
31	教育	1970 年 5 月	新加坡教育部	华、英、巫、淡四语，后转为英语
32	今日教师	1970 年 6 月	新加坡师资训练学院	——
33	东南亚研究学报	1970 年 8 月	新加坡大学历史系	——
34	教育学报	1971 年 6 月 20 日	新加坡华校教师总会暨职工会	——
35	语文论集	1972 年	新加坡语言学会	华英双语
36	文物汇刊	1972 年 6 月	南洋大学李光前文物馆	华英双语
37	南洋大学学生会学报	1973 年	南洋大学学生会	——
38	教育专题论文集	1975 年 1 月	新加坡华文中学教师会暨职工会	
39	语文论集	1976 年	新加坡语言学会	——
40	语文	1976 年 4 月	新加坡华文第二语文教师协会	——
41	人文与社会科学论文集	1977 年	全国职工会奋斗报	华英双语
42	报人	1978 年	新加坡全国新闻工作者协会	
43	经济季刊	1978 年 1 月	新加坡中华总商会	——
44	教育学报	1978 年 8 月	新加坡教育学院	——

续表

序号	刊名	创刊日期	出版社	备注
45	中教学报	1981 年	新加坡华文中学教师会	——
46	亚洲文化	1983 年 2 月	新加坡亚洲研究学会	华英双语
47	华文老师	1987 年 4 月 10 日	教育部课程策划署华文专科视学组	——
48	华文	1987 年	新加坡华文研究会	——
49	华文研究	1988 年	新加坡华文研究会	——
50	儒学学报	1989 年 6 月	儒学研究会	——
51	学丛	1989 年 12 月	新加坡国立大学中文系	——

注：本表制作者系南洋理工大学中华语言文化中心研究助理暨《华人研究国际学报》出版编辑郭诗玲小姐。她从《新加坡华文期刊 50 年》的 "1940～1980 年代期刊分类表——表二：学术类" 中筛选出属于人文与社会科学类的期刊，制成此表。

资料来源：王连美、何炳彪、黄慧丽编《新加坡华文期刊 50 年》，新加坡：新加坡国家图书馆，2008，第 29～38 页。

---

①王连美、何炳彪、黄慧丽编《新加坡华文期刊 50 年》，新加坡：新加坡国家图书馆，2008，第 13、29～38 页。此书对于华文学术期刊的定义与筛选有待商榷，因此根据其资料得到的统计数字也不可能非常精准，但不失参考的价值。

②《南洋学报》是东南亚地区刊龄最长的一份国际性华文期刊，一年一期，至今出版 65 卷。创刊之初刊载的内容包括东南亚的人文科学与自然科学，现今内容范围缩小至人文科学，以东南亚课题为主，文章包含中英文专论。学报由民间学术团体——南洋学会出版，从第 63 卷开始，由八方文化创作室制作兼发行。主编一直是在大学任教的学者。请浏览八方文化创作室网站：http://www.globalpublishing.com.sg/chinese/bookshop/jsss/g063.html。

③1987 年，新加坡政府统一各语文源流（华、英、巫、印）小学。从此，新加坡只有一种以英文为主要教学媒介语、母语为第二语文的小学。中学、高中、南洋大学的 "英语化" 发展，也极其相似。参阅李元瑾《新加坡华文教育变迁下知识分子的保根心态（1959～1987）》，杨松年编《传统文化与社会变迁》，新加坡：新加坡同安会馆，1994，第 49～55 页。

④值得一提的是，新加坡宗乡总会在 1986 年创刊的《源》，也一度刊载了一些学术性的文章。2012 年《源》从季刊改为双月刊，至今共出版 96 期。

⑤《新加坡亚洲研究学会 20 周年纪念特刊（1982～2002）》，新加坡：新加坡亚洲

研究学会，2002，第 4 页。

⑥《亚洲文化》前 14 期的主编是陈田启，第 15 期至今的主编是廖建裕，另一位近期加入的主编是梁秉赋，陈、廖二人分别毕业自南洋大学中国语言文学系与历史系。

⑦例如，新加坡儒学会成立时的副会长陈荣照，也是《学丛》的主编；新加坡亚洲研究学会的发起人之一吕振端，曾担任《儒学学报》主编。他们都毕业自南洋大学中国语言文学系。

⑧学报主编是云惟利（南洋理工大学），详细资料请浏览南洋理工大学中华语言文化中心有关学报网站：http://www.cclc.hss.ntu.edu.sg/publications/journals/nandayuyuan/Pages/Nantahjournaloverview.aspx。

⑨学刊主编是陈之权（南洋理工大学），详细资料请浏览新加坡华文教研中心网站：http://www.sccl.sg/cos/o.x?c=/wbn/pagetree&func=view&rid=1116521。

⑩自 2010 年 10 月起，因为人事变动，英国曼彻斯特大学中国研究中心退出。其他机构依旧合作，唯八方文化创作室易名为世界科技出版公司八方文化创作室。学报主编是李元瑾（南洋理工大学）、刘宏（南洋理工大学）、曾少聪（中国社会科学院），详细资料请浏览南洋理工大学中华语言文化中心有关学报网站：http://www.cclc.hss.ntu.edu.sg/publications/journals/IJDCS/Pages/IJDCS.aspx。

⑪详细资料请浏览世界科技出版公司八方文化创作室有关《圆切线》之简介网站：http://www.globalpublishing.com.sg/chinese/bookshop/journals/g000.html。

⑫请浏览 http://detail.china.alibaba.com/page/offerdetail_855511744.html；2008 年，新加坡斯雅舍又创办《新世纪文艺》，这是一份促进亚细安（东盟）华文文学创作和交流的半年刊刊物，设定了成为研究世界华人文学的理论性刊物的目标，请浏览 http://detail.china.alibaba.com/offer/855475199.html。

⑬请浏览 http://reocities.com/yanhuangculture/yhcra32.htm。

⑭请浏览怡和轩俱乐部有关出版网站：http://www.eehoehean.org/index.php?ctl=Web&act=publish。

⑮《南大语言文化学报》主编云惟利和《华文学刊》的主编陈之权都毕业自南洋大学中国语言文学系；《华人研究国际学报》的主编之一李元瑾则毕业自南洋大学历史系。

作者简介：李元瑾，新加坡南洋理工大学中华语言文化中心特聘高级研究员，博士，南洋理工大学《华人研究国际学报》主编，厦门大学文学院兼任教授。

［责任编辑：刘泽生］

（本文原刊 2012 年第 3 期）

主持人语

刘泽生

何谓集刊？目前学界尚无定论。《现代汉语词典》的解释是"学术机构刊行的成套的、定期或不定期出版的论文集"。《汉英词典》中的解释是 collected papers（of an academic institution）。析文不失其简洁、明晰，但似有所欠缺。刚刚上网试运行的《中国集刊网》对学术集刊的定义是"特指除期刊、报纸之外，近年来被国内学界和社会公众广泛接纳的一类介乎期刊与图书之间的汇集学术论文的新出版方式"，读来颇觉通俗、易懂，却又似乎少了一点内涵。以上释义虽略有差异，但其学术性、专业性、连续性、特色性的特征，却是共通的。

学术集刊的出现是学术发展的必然产物。学术集刊既不是近年的"新生事物"，也非中国所独有的学术现象。只是在近一二十年，由于中国学术研究的快速发展，现有的出版管理机制滞后，供需关系严重失衡，在严酷的期刊出版博弈夹缝中，才催生了集刊"井喷"的独特文化景观。目前中国究竟有多少学术集刊？有人认为大概有 500 种，我以为是被大大低估了，现实的情况或许至少在 1000 种之上。2011 年 CSSCI 所做的来源刊评选，即选出了 20 个学科 120 种集刊，其中法学学科就达到了 18 种，历史学科则为 16 种，其数量不可谓不多，其学术影响力实不可小觑。

学术集刊是中国学术出版界的一朵"奇葩"。虽然目前中国的学术集刊发展并不平衡，或谓良莠不齐，但总体而言，其学术价值与文化品位是较高的，在某种意义上甚至可以说，其整体的专业学术水平或优于学报的平均水平。作为当前我国人文社会科学领域最新成果的重要载体，集刊被学界普遍认为是国内外学术交流的重要平台之一，对于彰显学术科研成果、拓展学术交流渠道、促进学报学术竞争、推动学科交叉对话、培育学术流派成长，均具有重要的意义。

遗憾的是，长期以来，学术集刊受到了种种的限制与"不公"，多数集刊迄今尚处于"名不正言不顺"的尴尬境地，既没有正式的出版刊号（包括 CN 号、ISSN 号），也没有纳入期刊的评价体系。对于集刊的学术成果，几乎所有的文摘刊物都不予转载。更严重的是，多数高校及研究机构的科研管理部门也均不予承认。这对于作者、读者、编者都是一种极大的不公，严重制约了集刊的正常发展，对学术研究来说也是一种极大的浪费与损失。学界与出版界的有识之士曾多次呼吁，当前亟需为学术集刊正名，给予集刊合适的发展条件与空间。要优化学术与管理制度，要重视学术期刊与学术集刊的共同健康发展，为学术创新与整体发展创造良好的条件。

叶继元教授多年关注、研究学术集刊的发展，对当前学术集刊的状况作了颇为深入的剖析，提出了构建学术集刊评价体系的六大要素，并就学术集刊的发展提出了四点建议。陶教授作为资深的集刊主编，认为学术集刊的生存和发展是一个复杂的系统工程，而不仅仅是一个学术问题。在当下中国的学术语境中，集刊需要解决其体制内生存问题、资金问题与学术质量三大问题。庆新兄则以其创办《海洋史研究》为例，认为当下学术集刊面临的困境，要解决并不复杂，只要像对待一般期刊那样对待学术集刊，同等条件，同等要求，一视同仁，不厚此薄彼即可。期刊集刊，共同繁荣，多一有分量的集刊，就有可能多一个学术增长点和创新点，岂非学界值得成全、值得庆幸之大好事？说得令人为之动容——已经有点悲壮了。

我们专题策划并集中刊发叶继元、李庆新、陶东风诸公的文章，也是表达了本刊对中国当前学术集刊现象的高度关注，希望学术界、期刊界乃至社会各界，尤其是相关的出版管理部门和决策部门，共同为中国学术集刊的健康发展尽一份心力。如是，善莫大焉！

学术集刊的性能及其评价

叶继元

[提 要] 学术集刊的出现有利于拓展学术交流渠道，促进学术流派形成，推动中国学术"走出去"，丰富学术出版格局。文章对学术集刊的内涵与外延做了界定，并在此基础上从评价主体、评价客体、评价目的、评价方法、评价标准及指标、评价制度六个维度探讨了学术集刊质量评价体系，并对学术集刊的发展提出了四点建议。

[关键词] 学术集刊 性能 评价体系

学术集刊是进入新世纪以来学术界涌现出的一股"新兴力量"，虽然部分学术集刊创办时间已有二三十年，但真正为学术界所重视还是近十几年的事。然而，学术集刊的真实属性与出版形式不一致［实为连续出版物但无连续出版物号（CN），只有书号］，导致其发行传播受限，收藏不易，获取利用不便，被认可并得到客观、公正的评价也较困难。目前，除南京大学 CSSCI（中文社会科学引文索引，Chinese Social Science Citation Index）自2006年以来专门评选"来源集刊"外，国内其他主要检索期刊和数据库，如《新华文摘》、《中国社会科学文摘》、《高等学校文科学术文摘》等均未收录学术集刊，多数学术机构和高校科研管理部门、人事部门也未承认学术集刊所发表的大量成果。

近年来学界对于学术集刊的专门研究渐渐增多，一些研究主要侧重于如下几个方面：第一，对于某个学科如宗教类、马克思主义哲学类、语言学类等单独一个学科的学术集刊进行探讨分析,[①]这类文章的撰写主体是与该学科有关的研究人员;第二是从图书馆管理和利用学术集刊的角度来研究;[②]第三是一些期刊编辑人员对学术集刊的研究,其侧重点更多的是从其编校等形式层面及未来发展的角度展开的;[③]除此之外还有其他学界一些人员对学术集刊的关注,如叶继元、杨玉圣等。从目前的研究来看,除少量的涉及学术集刊的"内部"外,多数文章仅停留在学术集刊的"外部"研究,对什么是学术集刊,目前有多少种,其特性和功能有哪些,质量如何得到客观、全面、公正的评价,怎样发挥其潜力等问题缺少必要的研究,本文则正是针对这些问题在现有研究的基础上撰写而成,希望对读者能有所助益。

一 学术集刊的界定

评价学术集刊,发挥其功能,首先必须弄清什么是学术集刊。"学术集刊"是近几年才逐渐被接受并相对统一使用的术语,早些时候都是以"以书代刊"、"年刊"、"丛刊"等名号来称呼此类出版物,可谓参差不齐。然而名称虽相对统一,其概念尚未完全统一,笔者多年前基于对全国学术集刊状况的调查分析,给学术集刊下了一个定义:"学术集刊是指具有相对稳定、统一的题名,以分册形式,以年、半年、季度、双月、月、半月、双周、周定期出版(包括在一年内不定期出版若干期),并有年、卷、期等标识序号,计划无限期出版,具有正式书号(或 ISSN),能反映当前我国哲学社会科学或各个学科、领域最新研究成果的连续出版物。"[④]学术集刊目前主要存在于人文社会科学领域,所以这个概念也有一定的针对性。根据近几年学术集刊的实际发展和变化,并听取了同行的一些建议,此定义可有如下修改:学术集刊是指具有相对稳定、统一的题名,以分册形式,大多以年、半年、季度、双月、月、半月、双周、周定期出版(包括在一年内或一年以上不定期出版若干期),并有年、卷、期等标识序号,计划无限期出版,具有正式书号,通常能反映当前我国哲学社会科学或各个学科、领域最新研究成果的连续出版物。它包括期刊性学术集刊(具有书号的期刊)、年度学术集刊和丛刊学术集刊等。

从这个定义可以看出,学术集刊至少有三大类型:大多数是期刊性学术集刊(具有书号的期刊)和年度学术集刊,但也有少量的丛刊学术集刊。出版周期为一周以上、一年以下的学术集刊为期刊性学术集刊;每年出版的为年度学术集刊；二年及以上周期定期出版，或不定期出版的为丛刊学术集刊。目前学术集刊通常能反映当前我国文科最新研究成果，但也有一些资料性、传统性的内容。

这个经过修改的定义既能比较全面地反映国内学术集刊的现状，也能与国际有关概念相衔接；既能有助于学术集刊种数的统计、分析，也有利于对学术集刊性能的阐释和质量的评价。从这个概念中，可以概括出学术集刊所具备的四个特征。

1. 连续性。连续性是学术集刊最基本的特征，不难发现目前出版的绝大部分学术集刊的封面上都会明确标出编号（如第××卷第××辑、总第××辑等）或年月（××年××月、××年春/秋季号等）等具有连续性含义的标识。

2. 一致性。学术集刊的形式一致性，是由连续性所引申出来的另一个特点，为了保证连续性，必然要求学术集刊在装帧形式、开本大小、内容编排、出版周期等形式层面上保持一致。

3. 学术性。目前出版的学术集刊大多是由北京大学、南京大学、复旦大学、中国人民大学、武汉大学、中国社会科学院等国内著名高校及科研机构所创办，主编也是由某一领域内知名学者担当，不少学术集刊还具备相当一部分的国际编委，其宗旨（除少量的以刊载资料性内容为主的期刊外）都是坚持以学术为导向，坚持同行评议及匿名审稿制度，对稿件质量要求较高。这几年的实践也的确证明，学术集刊在推动学术研究方面的作用越来越明显，不少学术集刊还具备了一定的国际学术影响力。

4. 特色性。学术集刊作为一种连续出版物，然而却没有连续出版物号，其存在形式本身就是一个特色；其次，国内学术集刊主要存在于人文社会科学学术领域，自然科学领域鲜有触及，在这些集刊中，多数是某学科或某专业领域的集刊，相比于我国文科期刊中综合性期刊占三分之一强的现状，显然有其特点；再次，学术集刊研究视角独特，内容、形式多样。目前拥有正式连续出版物号的学术期刊研究视角较为单调，几万字的长篇论文较少，除论文外，书评、学术随笔等也不多，而多数学术集刊办刊方式灵活，论文字数可长可短，相较于正式期刊更能体现出版物的特色。

二 学术集刊的现状

（一）学术集刊种数分析

如今我国文科学术集刊到底有多少种？尚无十分精确的统计。根据

《全国总书目》及各大图书馆馆藏书目查找、统计不易，因为从出版物的书目信息中很难判断，该出版物是意图无限期连续出版的学术集刊还是有限集合的"丛书"，因为二者都有"编号"，出版形式相同，具有统一的题名，但不能确定是"有限"还是"无限"，故不能确定是学术集刊还是丛书。如果要从图书馆大库中逐册翻阅、核实、统计，工作量极大，尚未进行。但目前大致的统计种数还是有的。据 2005 年杨玉圣教授的调查，当时中国大陆有学术集刊四五百种，此次调查可以说是对学术集刊发展状况的一次"尝试性摸底"。继此之后，笔者也于 2007 年通过南京大学中国社会科学研究评价中心，在参考教育部社科司、学术批评网等机构资料的基础上，对学术集刊进行过一次相对彻底的问卷调查统计，发现截止到 2007 年 6 月，中国有目录控制的学术集刊共有 539 种。⑤2009 年杨玉圣教授又对学术集刊进行了一次补充，发现截止到 2009 年 2 月共有学术集刊 456 种。⑥2011 年南京大学中国社会科学研究评价中心在评选 CSSCI 来源集刊（2012~2013 年）时，收集到的集刊目录和集刊实物共计 600 余种。以上这几次调查由于上述原因，肯定都存在遗漏，并不能反映中国学术集刊发展的全貌，但可以认为，如今期刊性学术集刊总数至少有 600 种，集刊总数估计有近千种。目前我国文科学术期刊是 2800 种，几百种、近千种的学术集刊约为期刊的三分之一，其实力与作用不可低估。

（二）学科分布情况

学术集刊的分布情况到底如何，这从 CSSCI 近几年收录的学术集刊所涉及学科也能有所反映，其情况如表 1 所示。可以看出，2006 年 CSSCI 第一次评选来源集刊时，共划分了 11 个学科评选出 33 种来源刊，到 2007 年第二次评选的时候，学科已经由原来的 11 个增加到 19 个学科，来源期刊的种数也从 33 种增加到 86 种，而到最近 2011 年这一次，学科数又在前基础上增加了一类，达到了 20 个学科，来源集刊种数也增加到了 120 种，学科门类的逐年增加反映出学术集刊在各个学科中有所发展。

表 1 CSSCI 来源集刊

单位：种

学科	2006~2007 年	2008~2009 年	2012~2013 年	学科	2008~2009 年	2012~2013 年
宗教学	1	4	5	管理学	1	4
语言学	4	5	7	考古学	2	3

学科	2006～2007 年	2008～2009 年	2012～2013 年	学科	2008～2009 年	2012～2013 年
中国文学	4	5	7	马克思主义	3	3
外国文学	1	3	3	社会学	3	4
艺术学	1	2	4	图书馆、情报与文献学	2	3
历史学	11	12	16	新闻与传播学	2	4
经济学	1	5	8	哲学	3	5
法学	5	15	18	政治学	4	6
民族学	1	2	3	人文经济地理		1
教育学	1	3	3			
综合性（社科）	3	10	13			

（三）区域分布

通过对 2012～2013 年 CSSCI 所收录最新的 120 种学术集刊所在区域的调查，结果显示如下（考虑到有些集刊如《跨文化对话》、《金融学集刊》、《文化研究》等是由不同单位轮流主办，因此暂时忽略）。

表 2　2012～2013 年 CSSCI 来源集刊区域分布

地区	数量	地区	数量	地区	数量
北京	42	浙江	2	湖南	1
上海	25	吉林	2	云南	1
湖北	10	四川	2	安徽	1
江苏	9	天津	2	重庆	1
山东	8	陕西	2	香港	1
广东	4	山西	1		
福建	2	河北	1		

由表 2 可以看出，学术集刊主要还是分布在经济、文化比较发达的北京、上海、湖北、江苏等区域，而中西部省份相对偏少，而这与笔者数年前调查的情况也是相类似的。此外，尤其值得一提的是，香港地区有一种学术集刊入选 CSSCI 来源集刊目录，这一方面表现了 CSSCI 对于香港地区学术集刊的重视，另一方面也反映出香港和大陆地区学术交流增加的趋势。

（四）主办单位类型

学术集刊主办单位的类型大概可以分为如下几种：高等院校（含一所高等院校主办及多所高等院校合作主办），研究院所（如中国社会科学院、上海社会科学院等）、研究协/学会（如中国唐史学会、唐研究基金会等）、跨系统合作（主要是指不同系统单位之间的合作，如中国中外文艺理论学会与四川大学中文系合作主办，安徽大学古籍所与安徽省古籍办合作等），其他（主要是出版社，如人民文学出版社、商务印书馆等）。而通过对 2012~2013 年 CSSCI 所收录最新的 120 种学术集刊的主办单位统计发现，高校占 82%，研究院所占 7%，协/学会占 4%，跨系统占 5%，其他占 2%。从各种类型所占比例情况可知，学术集刊主要还是由高校主办。从目前主办高校来看，大部分都是北京大学、清华大学、南京大学、复旦大学、武汉大学等重点高校，而这也在一定程度上保证了集刊的质量。

（五）出版周期

笔者以 2012~2013 年 CSSCI 所收录的 120 种来源期刊为样本，对其出版周期作了调查，在最新的 CSSCI 来源集刊中，主要还是年刊，其数量约占总数的 50.8%，其次为半年刊，约为总数的 28.3%，而季刊主要集中于经济学、法学等学科，其数量约占总数的 10%，另外还有 10.8% 左右的来源集刊其出版周期不定，有时为两年出一期，有时则为 13~15 个月出一期，有时不到半年就出一期。

三　学术集刊的功能

学术集刊具有编辑人员、经费、稿源，坐落于高等院校和学术单位，具备连续出版物的各种要素，实际上是连续出版物但形式上是图书，这种奇特的出版物既能弥补正式期刊某些不足，也能刺激正式期刊的加速转型。

（一）拓展学术交流渠道

为适应学术交流的需要，1665 年 1 月 5 日，法国《学者杂志》（*Journal des Scavans*）正式创刊。此后不久，英国的《哲学汇刊：世界各地有创造才能者当今的探索、研究和劳动的若干总结》（*Philosophical Transactions：Giving Some Account of the Present Understanding, and Labors of the Ingenious in Many Considerable Parts of the World*）亦出版，时至今日《哲学汇刊》仍然是国际上一种重要的学术期刊。中文期刊相较于国外则晚了一百多年，直到 1815 年由传教士马礼逊（R. Marrison）在马六甲海峡创办的《察世俗每月统记传》（也有人认为最早的中文期刊是 1772 年唐大烈在苏州创办的《吴医汇讲》），随后中国各地掀起了办刊的热潮，学术期刊也随之诞生。可以说，学术期刊的诞生就是为了适应学者及时学术交流的需要，然而此前，学术交流的渠道主要是科学家们之间的通信、报纸等，而学术集刊的出现，为学者提供了学术交流的新渠道，大大有利于学术研究的开展。

此外，从集刊上所刊载的论文来看，"长文"所占的比例明显多于普通的学术期刊，近年来不少期刊为了收取"版面费"，严格控制文章字数，能够刊载"长文"的期刊不断缩减，然而我们知道，文科尤其是人文科学，由于其特殊性，不少文章都是"长文"，而学术集刊的出现很好地扭转了这个局面，为内容详实的"长文"发表提供了一个重要平台。

（二）促进"学术流派"形成

上文已经谈到学术集刊主要是由著名高校主办，如北京大学的《现代中国》、南京大学中华民国史研究中心的《民国研究》、南京大学域外汉籍研究所的《域外汉籍研究集刊》、华中师范大学中国教会史大学研究中心的《基督教与中国文化丛刊》、中山大学的《公共管理研究》等，这些学术集刊都有着鲜明的特点，即其侧重点与主办单位的研究旨趣联系十分紧密，如《民国研究》就很好地反映了南京大学中华民国史研究中心的研究特色，传播了其在民国史研究领域的成果，大大提高了南京大学中华民国史研究中心在该领域内的学术影响力，为民国史研究领域的"南大学派"奠定了重要基础；又如《基督教与中国文化丛刊》，该刊由章开沅先生主编，通过该刊很好地向外界展现及宣示华中师范大学在"基督教教育"尤其是教会大学史研究领域的旨趣及影响力……众多经济学、法学类学术集刊，在这个方面表现更为明显，所以说学术集刊在反映科研机构学术研究特色与重点，促进学术流派形成方面扮演了重要的角色。

（三）推动中国学术"走出去"

学术集刊，较之正式的学术期刊，还有一个显著的特点就是其国际化水平较高。虽然目前大部分集刊还是以中文为主，英文等外文文种所占比例不高，但总体来说其国际化水平较之普通学术期刊还是高出不少。同样以南京大学的《民国研究》为例，该刊在创办伊始就邀请了众多国内外民国史研究专家担任编委，据笔者统计，在全部编委中大陆地区编委占全部编委的 45%，港台地区的占 10%，美国、日本、德国、法国等国外学者占编委的 45%，而该刊上除发表大陆学者的文章之外，海外地区的文章也占有一定的比例，由此也能看出该刊在世界民国史研究领域的学术影响力。一些调查显示，世界其他国家对于我国学术集刊的订购收藏较之普通学术期刊为多。近两年我国正在积极提倡学术"走出去"，无疑，学术集刊的出现推动了我国学术"走出去"的步伐。

（四）丰富学术出版格局

学术集刊这种"新生事物"的出现，在中国学术出版格局中也属于一朵"奇葩"，它虽然是以图书的形式出版，但内容的组织依旧是按照学术期刊或年刊的形式进行，笔者认为应该将其归入连续出版物的范畴，但是它与图书、期刊依旧存在交叉，三者之间的联系颇紧密，正是如此，学术集刊的出现给新闻出版部门的管理带来了一些问题，新闻出版部门一度曾对这种类型的出版物颇为"棘手"，管理很严格。但是从近几年的发展来看，这种局面有所缓解，一方面学术集刊对于学术的推动作用愈来愈明显，另一方面学术集刊的出现顺应了丰富学术出版格局的需要，相较于国外，国内学术出版物类型略显单调，因此学术集刊的出现和发展有利于出版的多样化。

从以上论述不难发现，质量好的学术集刊对于学术研究、科研院所、出版市场等都有着重要的作用，然而目前所出版的学术集刊并非都是高质量的，也存在一部分质量不尽如人意的集刊。主要存在以下六大问题。

一是审稿不严。一些学术集刊所发论文水平不高，缺乏外部同行专家审稿制度，仅仅为完成各项科研成果的形式指标而出版，成为本单位自说自话的场所。二是编辑、出版规范有待加强。一些期刊没有摘要、关键词，引文注释不规范。三是好稿源不充分。由于多数学术机构、高校没有将学术集刊纳入评价体系，学术集刊的好稿源缺乏，尽管一些高层次的学者，不受目前评价体系的影响，将好稿件投给学术集刊，但毕竟数量有限。四是分散经营。多数学术集刊单打独斗，人手不足，编辑效率不高，远离集团化、规模化。五是传播有限。由于学术集刊作为图书征订、发行，不能预订，经常漏订、缺订，影响力受限。六是网络化、数字化程度不高。相当多的学术集刊仍是传统编辑方式，远端投稿、审稿系统、学术不端检测、开放获取等新技术应用不多，传播能力有限。

总体看，学术集刊发展势头不错，潜力很大，一些学术集刊的水平并不亚于高水平的正式学术期刊，但并非均为精品，实则良莠不齐，发展不平衡。为了激励高质量的学术集刊，带动后进，提高学术集刊整体水平，目前迫切需要完善学术集刊的评价机制。

四　学术集刊的评价

当下制约学术集刊发展最重要的一个因素就是我国学术评价体系的不完善，存在着过度"数量化"、过分"形式化"等倾向，过分重视拥有正式连续出版物号的学术期刊上的文章，对于学术集刊缺少充分的认同，其结果一方面导致普通学术期刊"负担"过重，另一方面使得学术集刊刊发的研究成果不被重视，无法纳入相关的评价奖励体系，从而导致学术集刊流失了不少优质稿源，极大影响学术集刊的长远发展，其最终结果必然也会造成学术文化建设在传播通道上被无形地扭曲和变形。[7]因此必须重视和改进对学术集刊的评价。

（一）学术集刊评价现状

南京大学中国社会科学研究评价中心是国内最早开始对学术集刊进行评价的单位，从 2006 年开始评选 CSSCI 来源集刊，目前已经进行了三次，分别是 2006 年（评选 2006～2007 年 CSSCI 来源集刊），2007 年（评选 2008～2009 年 CSSCI 来源集刊），2011 年（评选 2012～2013 年 CSSCI 来源集刊），评选结果如表 1 所示。CSSCI 来源集刊的评选主要是根据总被引次数、影响因子和同行专家评议所得出的结果。

CSSCI 虽然在学术集刊的评价方面迈出了重要的一步，但是不容否认的是，这几次评选来源集刊仍然有需要改进之处，如评选的标准之一是创刊 5 年以上，这就使得一部分刚创刊不久的优秀集刊未能入选；又如，各学科收录集刊的数量是根据该学科申报集刊总数的一定比例确定，这就导致有些学科由于集刊数量过多或过少而存在一些问题。尽管也注意到定量与定性评价的结合，但在具体评价上，如何更加重视同行专家的定性评价，而不是简单地将定量评价与定性评价平均加权累计，等等问题，都值得继续探讨。因此，我们认为，今后对学术集刊的评价，要注重学术集刊整体质量评价与特色评价，在定性定量评价相结合的基础上，以同行专家评价为主导，引文等文献计量数据仅仅作为专家评价的参考、补充和校正。

（二）学术集刊评价体系的构建

任何一个评价体系，至少涉及六大要素：评价目的、评价主体、评价客体、评价方法、评价标准及指标、评价制度。学术集刊质量评价也不例外。

1. 学术集刊评价目的。评价学术集刊，首先要解决评价目的问题。为什么要评价学术集刊，是内容质量评价还是形式评价，是等级评价还是合格评价，等等，都是评价目的问题。不同的评价目的，就会有不同的评价方法、评价指标和选择不同的评价专家等，可以说，学术集刊的评价目的制约着学术集刊整个评价的方向及实际操作。如需要评价某个学科的学术集刊在装帧设计、排版质量等方面质量如何，那么这类评价相对简单，容易操作，只需请一些装帧设计方面的学者对其进行评价，并参考读者、作者等意见以及每期的错字率等客观指标即可；如果需要评价某种学术集刊的学术影响力，这就涉及内容评价，一方面需要参考该种学术集刊的一些客观指标，如影响因子、载文量、被转载量等，另一方面还要请学术同行对内容进行精读、评议，这里的学术同行就不同于之前的装帧设计方面的专家，最后以同行专家评价意见为主，参考定量评价，得出最终的结论。

2. 学术集刊评价主体。明确了评价目的，就能解决评价主体的问题。从中国当下学术评价活动来看，其主体是多元化的，既包括同一领域的学术共同体，也包括科研管理部门，及由社会媒体（网络、电视、报刊等）及相关部门组成的第三方机构，但是目前学术共同体、管理部门、第三方机构这三者之间没有形成一个良性的互动，管理部门过于强势，学术共同体及第三方机构略显弱势，理应改变。对学术集刊的评价，其主体仍然需要这三者共同参与，但首先还是应突出学术共同体的作用，坚持以同行评议（peer review）为主，管理部门为辅，第三方机构加强组织与监督（鉴于目前缺乏具有较高资质及公信力的第三方机构，如果这种第三方机构出现，也可以由该机构与学术共同体共同实行评价，管理部门负责监督）。

3. 学术集刊评价客体。学术集刊评价客体或对象当然是学术集刊，但在具体进行评价的时候还需要对集刊进行区分、细化，必须遵循"按类评价"的原则，是按学科分类，还是主题分类；是评价某一种集刊，还是集刊上的某一篇文章，亦或者是集刊的某位特定作者，都需明确。不同的评价客体有着不同的评价方法与指标。

4. 学术集刊评价方法。目前评价方法众多，但是概括起来不外乎三种：一是定量评价，侧重于客观指标，如影响因子、载文量、文摘量、被转载量等；二是定性评价，主要是同行评议；三是定量与定性相结合的方法。

笔者 2010 年曾经在吸收国内外人文社科评价理论与实践的基础上，提出了形式评价、内容评价和效用评价三个概念组合或评价方法。[⑧] 所谓形式评价就是指评价主体对评价客体一些外部特征的评价，如影响因子、篇均被引、总被引等一些指标；内容评价就是指同行专家对评价客体进行评价；效用评价就是指实践、历史对评价客体实际作用、价值的最终评价，其既强调一段时间、有限的实践、已有的历史事实来评价，更注重长时间、更多实践和事实的评价。它既依赖于学术共同体的评价（因学术共同体最能认定实践、事实的意义），但又有独立性，不以任何人的主观意志为转移。形式、内容、效用这三种评价或多或少都包含了定量与定性的评价。

形式评价虽然具有一定的客观性，但是不能夸大其作用。笔者对《语言学论丛》、《中国文字研究》（2012 年 CSSCI 来源集刊）和《古文字研究》（非 2012 年 CSSCI 来源集刊）做了一个对比调查，通过查阅 CSSCI 中心数据库，发现截止到 2013 年 1 月 30 日，《语言学论丛》累计被引篇次为 376，在 241 篇被引文章中，其中最高的一篇被引 9 次，被引 3 次（含 3 次）以上的文章只有 29 篇，篇均被引 1.56 次；《中国文字研究》累计被引篇次为28，在 27 篇被引文章中，其中最高的一篇被引 2 次，被引 2 次的只有 1 篇，其余 26 篇都只被引 1 次，篇均被引 1.04 次；《古文字研究》累计被引篇次为 392，在 311 篇被引文章中，其中最高的一篇被引 5 次，被引 3 次（含 3次）以上的文章只有 18 篇，大部分只被引 1 次，篇均被引 1.26 次，从以上数据就不难发现，被引情况多种多样，且这些引用次数被同等看待，不能区分出被谁引用，引用了什么内容，而同行专家通过精读文本全文做出的评价却能解答这些问题。此外，从这个例子也可以说明，来源期刊或来源集刊上的文章不一定都是高质量文章（仅从文献计量学指标来看），笔者之前也多次强调这一点，因此，不能将文献计量方法绝对化，也不能片面地强调"以刊评文"。

通过上例也说明，在评价学术集刊时形式评价只能作为参考，必须以内容评价为主，笔者在上文曾提到目前出版的学术集刊有一个显著的特色就是内容、作者的多样性，因此在进行内容评价时，一定要注意采用跨学科评价（transdiscipline/interdiscipline evaluation）的方法、综合评价法，在这方面我国目前还较薄弱。概括言之，在评价学术集刊时，应以文献计量学方法为代表的形式评价作为基础，内容评价作为主体或核心，一定实践、时间内的效用评价为根本，对于一些特殊的例外情况，可以特别处理。

5. 学术集刊评价标准及指标。评价标准是评价主体在评价活动中的一种价值反映，对于学术集刊的评价与其他评价活动一样，必须坚持客观、公正等最基本的但又是最重要的评价原则，在客观、公正的基础上坚持以质量、创新为导向的评价标准，确定了这个评价标准一方面易于得出客观、公正的评价结果，另一方面对于学术集刊主办方、作者形成一个很好的导向，引导他们重视文章的内容而不是以前的引文等形式标准（笔者此处并不是否认引文的作用，但是之前在评价活动中对于引文的过分重视，引发假引、误引、合作互引等现象）。评价指标则是对评价标准的进一步细化，可以有客观性、创新度、研究深度、复杂度、资料丰富度、论证高度、学者认可度等指标。

6. 学术集刊评价制度。学术集刊的评价制度是由一系列制度组成的，如同行专家遴选制度、专家审读制、回避制、公示制、反馈制、元评价制（包括规定适用引文等文献计量评价来制约）、奖励制、刊（书）评制等。可以由教育部或其他比较权威机构，通过文献计量法和专家评价法建设专家数据库，动态增加专家有关信息，包括专家评价档案信息，以便有效控制和保证评价质量。对学术集刊的评价要建立定期化、常态化制度，从 CSSCI 对来源学术集刊三次评选来看，其时间没有定期化。此外，要建立监督制度、评价对象申诉制度、评价结果共用制度等，这些都是学术集刊评价过程中不可或缺的制度保障。

在学术集刊评价过程中，以上六个要素是相互促进相互影响的：评价目的是集刊评价中的龙头和动因，评价主体中的学术共同体是学术集刊评价的主力，分清评价客体是学术集刊评价的基础，而评价标准与指标、评价方法、评价制度则是学术集刊评价过程中的核心、手段与保障。

2011 年 3 ~ 10 月，笔者及其团队根据上述的"六大要素"的"全评价"体系，对国内法学、图书馆情报学期刊进行过示范性验证评价。2012 年 3 ~ 11 月，配合中国图书馆学会编译出版委员会对第七届图书馆学优秀期刊进行了应用性评价。评价结果证明了"全评价"体系的可行性和有效性。可以预计，该评价体系同样适合于学术集刊的质量评价。

五　对学术集刊发展的建议

学术集刊在国内历史不长，今后仍有发展的空间。学术集刊是形式上是图书（具有书号）而内容上是连续出版物的出版类型，其中期刊性学术集刊在国内为多数，且具有重要作用，此类集刊与国外的"Mook"［期刊性图书，是期刊（Magazine）的首字母和图书（Book）的后部字母合在一起而成，台湾人把它翻译成"书志"］有些许相似，二者都介于 Magazine 和 Book 之间，亦书亦刊，但也有不同，前者的内容类似期刊，而后者的内容却类似图书。Mook 在国外出版界，尤其在文学界是一个新兴的出版形式。国内经济、政治、文化、学术发展的大环境和 CN 号管理体制制约着学术集刊的发展，而学术集刊的发展又对经济、出版管理等有很大影响，这种作用与反作用，笔者谓之为"社会与集刊互动论"。

近十多年来，我国大陆经济等有很大的提升，GDP 总量已据全球第 2 位。相应地大陆学术研究和学术集刊亦有所发展。从学术发展趋势看，随着科研经费、科研机构（基地、中心等）不断增加，学术研究的深度和广度将大为拓展，学术研究成果的数量将增多，质量将更被重视，研究及其成果的多样性、个性化会有大的发展，类似于发达国家学者办刊的情况将有增无减，因此，在 CN 号管理制度基本不变的情况下，学术集刊的数量也将增加，其质量也会逐渐提高。

从出版管理看，大陆出版社的改革力度较大，报纸期刊社的改革则相对滞后。例如，全国几百个出版社的改制早在几年前就已完成，而期刊社的改制则刚刚启动。国际标准书号（International Standard Book Number，简称 ISBN）和国际标准连续出版物号（International Standard Serial Number，简称 ISSN）的引进也能说明这一点。早在 1988 年，中国各出版社就采用了 ISBN，完全取代了先前使用的"统一书号"。而对 ISSN 则部分采用，ISSN 号与 CN 号（中国连续出版物号）共同组成"中国标准连续出版物号"，但 CN 号的重要性远远超过 ISSN，它是出版管理部门批准的正式连续出版物的标志。只要有 CN，就能到北京图书馆相关部门申请到 ISSN。如果没有 CN，在大陆则申请不到 ISSN（但在港澳台地区除外）。连续出版物（serials）也是一个引进的术语，在大陆它取代了期刊，并把期刊、报纸、年度出版物（annual）和丛刊（series）均包括在内，变原来的图书与期刊并列为图书与连续出版物并列。连续出版物一个重要特征是"计划无限"出版，而从属于图书的丛书则是"意图有限"出版。一开始，出版部门只给期刊、报纸配置 CN 号，而对年度出版物，如年鉴、年度报告等，原先是配置书号，近几年才配置 CN 号，如《中国期刊年鉴》等，但包括集刊在内的非刊、报、年度出版物则没有配置 CN 号，而在国外却配置连续出版物号，致使国内连续出版物概念的引进与实际管理不一致，造成诸多不便，建议尽快设法解决。

从上可知，造成学术集刊，尤其是期刊性学术集刊不断增多的一个原因是报刊等连续出版物的改制滞后及 CN 号的设置和管理不到位。

学术集刊发展至今，也经历了管理部门从禁止到观看、默认、认可的过程。原出版部门曾要求图书出版单位不得以中国标准书号出版期刊，不得以出版丛书等名义或其他形式变相出刊，但没有提到年度出版物和丛刊，因此不能从根本上解决集刊配号问题。随着学术集刊的增多，作用日益明显，出版管理部门不再固守陈规，派人出席学术集刊首届年会，并讲话鼓励。这说明，只要学术集刊办好了，不仅对学术发展有反作用，而且对出版管理部门的科学管理亦有促进作用。

随着出版体制改革的深化，学术期刊质量评价将进入实施阶段，"优胜劣汰"势在必行，劣者被取消的 CN 号将被重新配置，按照学术规律配置 CN 号的理念将被更多的管理者所接受和遵循，"一号难求"的情况将有所改变，一批质量高、学界反映好的学术集刊有望获得 CN 号，学术期刊的结构将会不断优化。

对于学术集刊而言，不论是否能转成正式期刊，最为重要的，仍然是"内容为王"，即在继续保持学术集刊学术性强、内容专深、学术品牌与学术流派特色明显等优势基础上，尽快解决一些集刊稿件范围不广、审稿不严、发表周期长、编辑、出版不大规范、出版不准时、编辑力量较弱、分散经营、传播有限、网络化、数字化程度不高等问题。加强集刊自身建设，加强与学界、社会实践的联系，加大国际化步伐，扩大传播力和影响力，推进集刊出版规范化。只要集刊的质量提高了，就能为获得 CN 号创造良好的条件，即使没有获得 CN 号，也并非不幸，仍然可以彰显个性，贴近学术，避免"官样文章"。应该相信，随着学术评价体系的逐步完善，好的学术集刊也一定能得到应有的评价和认可。

学术集刊的发展，一方面需要完善现有的评价体系，另一方面则需要加强如下几个方面的具体工作。

（一）建立学术集刊全文数据库

目前中国并没有一家完整的收录学术集刊全文的数据库，北京清华同方公司的 CNKI 数据库只是收录了少量的几种集刊，国内几个图书全文数据库也不曾或很少收录，这给读者利用造成了很大的不便。究其原因主要还是各界对于学术集刊性质的误解，期刊各数据库认为这些学术集刊属于"图书"，而图书数据库认为学术集刊是"期刊"，所以现有的几家全文库公司都不收入集刊或收录不全，然而从长远来看，我们建议建立专门的学术集刊的全文数据库，这需要数据库商、学术集刊主办者、出版社等单位协同合作。只有真正建立了全文数据库，实现学术集刊的数字化与网络化，学术集刊才能更好地适应数字时代的发展需要。

然而建立全文数据库只是一个基础，更重要的是要建立与之相适应的全文阅读、利用系统，尤其是移动技术快速发展的今天，需要开发相应的移动检索、利用系统，以更好地满足读者的需求，扩大其学术影响力。

（二）正式建立和完善学术集刊的引文数据库

要完善学术集刊的评价体系，必须正式建立专门的学术集刊引文数据库，即以学术集刊为统计源。虽然目前 CSSCI 学术集刊引文数据库已开始建立和试用，但还有诸多需要完善的地方。

完善的学术集刊引文数据库，具有如下的一些作用。一是完善我国索引体系。传统的索引主要是通过篇名、作者、途径进行检索，而引文数据库是利用引文进行检索，而目前我国的索引体系主要还是基于期刊的，如果建立学术集刊的索引数据库，那么对于丰富我国索引体系，促进学术研究将有重要的作用。二是促进学术集刊评价。上文谈到过学术集刊的评价需要一个多种评价方法相结合，而其中重要的一种就是引文评价方法，而引文评价方法必须基于完善的引文数据库，因此建立完善的学术集刊引文数据库对于促进学术集刊的评价大有裨益。三是了解学科发展情况。目前的人文社会科学期刊中有三分之一多是综合类期刊，某一学科或专业的期刊相对不足，通过学术集刊引文的分析，可以了解这一学科的活跃程度、国际化水平、发展动向等。

（三）定期发布学术集刊优秀论文、作者、机构等评价、推荐信息

学术集刊虽然发展很快，但是学界不少人员或机构对于这一"新事物"了解的还不是很清楚，原因主要是有关学术集刊的信息太少。因此为了学术集刊更好的发展，建议有关部门诸如出版机构、出版社，或评价机构如南京大学中国社会科学研究评价中心等单位建立学术集刊信息的定期发布机制，每隔一个季度或半年，发布一次有关学术集刊相关信息或报告，以期让更多的人了解学术集刊发展现状，主动利用有关信息和成果，促进更多创新成果的出现。

（感谢南京大学信息管理学院博士研究生谢欢同学在本文资料收集方面提供的帮助）

---

①此类代表性成果有尚荣《中国宗教学类学术集刊的现状分析及趋势展望》，重庆：《重庆大学学报》（社会科学版）2012年第4期；孙乐强：《中国哲学马克思主义类学术集刊的现状分析及趋势展望》，重庆：《重庆大学学报》（社会科学版）2012年第4期；赵嫚：《中国语言学类学术集刊的发展现状及其趋势分析》，《重庆大学学报》（社会科学版）2012年第4期；赵嫚：《我国文学类学术集刊的发展现状及趋势分析》，成都：《天府新论》2012年第6期；陈进文、徐浩：《国内经济管理类学术集刊和教育部基地期刊述略》，北京：《商场现代化》2008年第32期；等等。

②此类代表性成果有张羽《学术集刊著录分析及其他问题探讨》，哈尔滨：《图书馆建设》2010年第12期；金梅：《高校图书馆学术集刊的管理和利用》，贵州凯里：《凯里学院学报》2012年第5期；等等。

③此类代表性成果有阎现章《论学术集刊的创构、编辑特色与出版价值》，郑州：《郑州大学学报》（哲学社会科学版）2011年第6期；阎现章：《论学术集刊建设与发展的几个问题》，山西临汾：《山西师大学报》（社会科学版）2011年第6期。

④叶继元、魏瑞斌、宋歌：《中文人文社会科学学术集刊现状的调查分析》，北京：《中国出版》2006年第10期。

⑤叶继元：《中国哲学社会科学学术期刊布局研究》，"附录"A，北京：社会科学文献出版社，2008。

⑥杨玉圣：《中国人文社会科学学术集刊名录》，http://www，acriticism.com/article.asp?newsid=10310，2013年1月20日。

⑦阎现章：《论学术集刊建设与发展的几个问题》，山西临汾：《山西师大学报》（社会科学版）2011年第6期。

⑧叶继元：《人文社会科学评价体系探讨》，南京：《南京大学学报》（哲学·人文科学·社会科学）2010年第1期。

作者简介：叶继元，南京大学信息管理学院教授、博士生导师，中国人文社会科学评价国家创新基地副主任。

［责任编辑：刘泽生］

（本文原刊2013年第4期）

学术集刊发展取向浅议

——以《海洋史研究》为例

李庆新

[提　要] 学术刊物向专业化发展是当今国际学术的一个潮流。无论集刊还是一般刊物，其共同目标都指向发表高水平的学术成果，追求高品位学术境界；有所不同的是，一般刊物以综合见长，集刊则以专精取胜。因而集刊欲在学术期刊中占据不可取代的一席地位，就应该扬长避短，立足专业，将专业优势转化为集刊优势，在优长领域做特做强，占领学术高端位置，引领学术潮流，为学术创新、学科建设、学术流派发展多做贡献。集刊不惧"曲高和寡"而最忌平庸趋俗，集刊人应该拥有"素心人"情怀，用心凝聚志同道合的研究团队与学者共同体之智慧，向学术界贡献纯粹精湛的学术成果。当前集刊面临诸多困境，应该创造合适的条件与资源支持，使优秀集刊在上档次、国际化等方面获得更大的上升空间，形成具有国际前沿水平、掌握学术话语权和规模效应的名优集刊群。同时集刊本身也须行内自律，加强编辑出版的科学化、规范化、制度化建设，实施"进入—退出"机制，优胜劣汰，确保集刊在规范轨道上向专业高端发展。

[关键词] 学术集刊　专业优势　学术定位　发展取向

一

近现代中外学术史表明，有实力与影响力的学术机构、学术流派或学术群体，往往拥有一份出色的学术刊物，作为践行理念、展示成果、对外交流的园地；而有影响的学术刊物，在学术史上往往扮演着引领潮流、推进学术创新的重要角色。

19 世纪末 20 世纪初，科学的发展，既丰富了人类对社会的认识，又对传统的人文学科提出挑战，旧学科畛域被打破，新兴学科纷纷兴起。新史学的一个趋向，就是打破史学研究的专业局限和学科局限，从以往注重政治史，转而关注经济、社会历史。英国、法国、德国、美国等国大学先后开设经济史课程，推动经济史学、社会史学等新学科的成长，与此同时，各国经济史学者陆续创办了多种专业刊物，对欧洲各国经济史、社会史学发展发挥至关重要的作用。1893 年，维也纳经济史学者创办了《社会经济史季刊》（*vierteljabrsschrift für sozial und wirtschaftsgeschichte*）。1926 年，艾伦·鲍尔（Eileen）、托尼（R. H. Power）、李普森（E. Lipson）在牛津大学成立"经济史学会"（Economic History Society），出版《经济史评论》（*Economic History Review*），标志着经济史成为一门独立的学科。1929 年，吕西安·费弗尔和马克·布洛赫创办《经济与社会史年鉴》（*Annales d'histoire économique et sociale*），一反传统史学只重视政治、军事、外交的倾向，而以经济史、社会史研究为重，标志着年鉴学派的成立，影响了一代学风。

受欧风美雨洗礼，20 世纪 20～30 年代，中国学人创办了《学衡》、《禹贡》、《食货》等一批优秀学术刊物，凝聚学界同人，增进新学术成长，形成有重要影响的学衡派，创建历史地理学、经济史学等新兴学科。民国"四大学术名刊"（《国学季刊》、《清华学报》、《燕京学报》、《中央研究院历史语言研究所集刊》）对新史学、考古学、语言学等学科发展的巨大作用与深远影响，更是众所周知，至今仍可感受到其不朽价值与影响力。70 年代末以来，国内改革开放，拨乱反正，学术不断进步，一批颇有影响力的学术刊物应运而生，如历史学领域的《唐研究》、《中国社会历史评论》等，都堪称其中之佼佼者。

20 世纪 60 年代，欧美历史学出现一个新的学科方向。1960 年，"国际海洋史委员会"（International Commission for Maritime History）成立，这个国际组织以欧洲和美国海洋史专家为主，包括有 20 多个国家的历史工作者，促进各国海洋史方面的交流、合作、分享研究成果，主要研究海洋探索、海军战史、海洋经济（包括造船、海上贸易、海上捕捞）等。由于范围太窄，对海洋社会与文化方面的缺乏关注，海洋史研究乏善可陈，一度出现受冷落和被边缘化趋势。90年代，欧美海洋史学开始注重社会与文化生活。例如研究港口发展史对全球化的影响，海洋生态史对全球生态史的影响，海洋气候的变化对全球变暖的影响，海洋捕捞对全球生态的影响等，这一新趋势既给海洋史研究注入新的活力，也开辟了新的研究领域，被称为"新的海洋史"。2008年，美国历史学界最大的学会——美国历史学会（American Historical Association）首次承认海洋研究史是历史研究的一个专门学科，跟其他专门史一样，可以组织专门的学术讨论会，参加一年一度的美国历史研究的年会，海洋史研究成为一门专门史，首次被历史学界承认。目前，欧美从事海洋史研究的国家主要有美国、荷兰、瑞典、英国、德国、澳大利亚、加拿大。他们都拥有自己的学术组织、学术刊物、学术年会，比较有名的刊物是英国的海洋研究所出版的《海员的镜子》（*Mariner's Mirror*）与《海洋史国际刊物》（*International Journal of Maritime History*），由国际海洋史经济学会出版。①

东亚的日本对海洋史研究相当重视，处在国际海洋史学前列。90年代以来，日本海洋史研究从以日本海洋史与东西交涉史为重心的日中交通史、南岛史、南洋华侨史研究等传统领域，转而以东亚海域史研究为中心，探索海域内部及海域之间的交流，以及民族、区域的比较研究，对亚洲海洋史研究贡献颇多。例如滨下武志教授以"海域融合"观念阐释近代亚洲历史，把亚洲作为一个区域和整体来把握，关注海域内网络模式（如中介地研究、朝贡体系和华人网络等）、港口之间的模式、海域之间的模式（如跨海商人集团、跨海城市关系、跨海经贸往来、跨海货币流通、跨海移民和劳务等问题）、海洋管理及利用模式（如沿海宗教信仰、民间与官方冲突与利用问题等）、腹地模式等方面的研究，建构以朝贡贸易为核心的具有"亚洲价值"、"亚洲模式"的近代亚洲经济圈，展示了东亚海洋史研究在理论与范式上的新建构，在国际海洋史学拥有不可忽视地位。②

中国是个海陆兼备的古老国家，无论历史、现实到未来，海洋都是中国发展的一个重要因素。海洋史研究在20世纪初已经出现，在中西交通史、经济史、华侨华人史以及历史地理等领域，已经出现不少"涉海"研究成果。1978年，中国海交史研究会与福建省泉州海外交通史博物馆联合主办《海交史研究》，数十年来刊发大批专业文章，大体上反映了中国海外交通史研究的总体水平。台北中研院人文社科研究中心（原三民主义研究所）海洋史专题研究中心自1983年以来每隔两年举办一届国际性海洋史学术研讨会,汇集不少高水平力作,目前出版了 11 部论文专辑。2009 年举办第 11 届"中国海洋发展史研讨会",其成果以连续专刊"海洋史研究丛刊"公开出版。厦门大学为中国社会经济史研究重镇,在海洋史研究上也"开风气之先",杨国桢先生主编的《中国社会经济史》一直注重发表相关成果。

然而,毋庸讳言,中国海洋史研究乃至整个海洋人文社科问题研究,总体水平仍不及美欧、日本等国,从学科建设上也没有得到学界应有的足够重视。迄今为止,国内高校、研究机构尚未建立起独立的海洋史专业研究机构,也没有组织起全国性专业研究组织,海洋史学科体系建设有待学界进一步努力。东京法政大学早在 1978 年就编写出一本《南海史》通信教育教材,但对南海拥有主权的中国,迄今未见一部完备的《南海史》。当下东海、南海岛屿海权纠纷升级,加强海洋问题研究具有十分迫切的必要性和重要性。

确实如冯尔康先生所指:"大力开展海洋史研究,此其时也!"③因应国际学术潮流及国家海洋事业发展需要,2009 年 6 月,广东省社会科学院以历史研究所为依托,成立了国内第一个海洋史研究机构——广东海洋史研究中心(下称"中心"),以华南沿海与南海海域历史研究为中心,以世界视野,构建一个具有区域特色、国际水平的海洋史研究基地和交流平台,为中国海洋史学建设尽一份力量。

鉴于国内仍无一本具有明确学科定位的专业刊物,中心建立之初,即决定创办专业刊物《海洋史研究》(下称"本刊"),每年出版一辑,作为中心展示研究成果和对外交流的学术载体。这一计划获得广东省社会科学院和社会科学文献出版社的支持,并得到国内外同行的积极回应。2010 年 3 月,本刊创刊号顺利面世。

二

中心把专业研究与编辑出版工作相结合,因而《海洋史研究》编辑工作成为中心主体功能的一部分。科研人员既是专业工作者,又是本刊编辑人员,主办《海洋史研究》是全新的尝试与挑战。

主办一份学术集刊,需要解决从人力、物力、财力到编辑、出版等一系列问题,需要面对许许多多繁琐的事务,其中关键环节莫过于稿源。它关系到集刊文章的质量,进而制约着集刊的整体水平,质量可靠的稿源可保集刊的高水平并可持之以久。在国内现行报刊管理体制下,相对于时下一般学术刊物，严格来说，集刊属于"不规范"的"书刊"——非书非刊，即通常所谓的"以书代刊"。集刊以这种形式出版实属不得已，原因并不复杂，无需多言。一般而言，因集刊不能纳入国内各类"权威期刊"、"核心期刊"、"引文索引期刊"体系，因而很难进入高校、研究机构的科研管理、考核与评价体系，从科研绩效、工作计分，到职称评定，集刊都受到另眼相待，低人一等。近年国内涌现越来越多高水平的学术集刊，某些集刊有幸进入"核心期刊"等指标体系，境况有所改善，但无法从整体上改变集刊遭受"制度性歧视"的基本格局。正如杨玉圣先生指出，集刊的专业学术价值和文化品位，就总体而言，要远远超过有正式刊号的学术刊物。就因为是以书号出版，故按图书发行，又因其专业性强，故流布不广。因为是图书形式，故其所载论文亦不被相关论文检索数据库所检索，集刊处在一种被现行学术评价机制（尤其是在高校）"不承认"的荒诞、尴尬的境地。④这种境况对集刊发展相当不利，集刊无法获得一般期刊所拥有的常规条件和发展空间，很难与之在公平条件下竞争。这对集刊的稿源制约非常致命，不难理解，一般作者不会把集刊作为第一投稿对象，除非有特别资源，稿费等方面的补偿特别丰厚。

在当下学术环境，集刊要获得满意的稿源，显然不是轻而易举。以国内海洋史研究为例，作为新兴学科，目前不断升温，但专业工作者实际上并不多，大多是其他学科专家（如中外关系史、社会经济史以及历史地理等）兼顾海洋史，散布于高校或研究机构。所以集刊除了密切关注相关学科动态、掌握相关专家信息外，还必须另辟蹊径，另觅他途，在一般期刊覆盖的空间之外寻找新的稿源。笔者以为，集刊的主事者应该发挥比一般刊物编辑"高出一筹"的专业高度，高处着眼，特别关注国内外的高端作者，通过人脉关系、业缘关系与网络资源，凝聚起学科背景不同而关注面相同的高端作者群与网络圈；依靠高水平作者，获得可靠的高水平稿源。只要稿源质量有了可靠保障，大体上就可以破解办刊的最要紧瓶颈，解决其他问题相对比较容易。

所谓高端作者，依笔者之见，大概属于这么些学者：在国内，他们总体上是居于专业金字塔上层的一群人，有着高远的学术境界。他们的学术研究已经脱离或者可以脱离现有科研管理体制上的束缚，可以不参加这样那样的类似旧时生产队"工分制"的业绩考核，或者对体制因素可以忽略不计。他们注重学术效益，只关心成果是否"发得其所"，而不在乎是否

"核心期刊"、"权威期刊",因而乐意将成果投给专业的、有影响的集刊。具体可分为两类:一是专业上卓有建树的前辈,他们已经退休或者接近退休,但宝刀不老,属于学术常青树,"工分"对他们不起作用,或基本不起作用;二是年富力强的专业骨干,他们成果丰硕,创造力旺盛,对"工分"也不太在乎。在境外(包括台港澳),高水平专家可作为另一类高端作者。他们完全可以不理会国内科研管理、科研考核,也无须乎计较刊物是否"核心"、"权威",只认刊物是否合符国际规范,是否有水平,只要合适,他们会很乐意以稿相投。

面对高端作者,要求集刊主事者具备良好的学术修养、专业造诣和人脉关系,以其对学术的虔诚和热忱,人格魅力,去感动"上帝",乃可奏效,获得高端作者饱含学术与真情的"人情稿"——当然这里的"人情稿"不是指通常令国内期刊老总、编辑们厌烦不已的"人情稿"。本刊从创办之初,即确定主打高端作者的定位,获得不少当世学界耆宿俊杰的回应,如中国学者(含台港澳学者)杨国桢、张椿年、蔡鸿生、陈春声、钱江、金国平、郑德华、汤开建、王颋、王振忠、陈国栋、郑永常、汤熙勇、刘序枫、张珣,法国学者 Claudine Salmon(苏尔梦),德国学者 Roderich Ptak(普塔克)、Ralph Kauz(廉亚明),澳洲学者 Judith Cameron、李塔娜(Li Tana),美国学者 Robert Antony(安乐博)、Paul A. Van Dyke(范岱克),比利时学者 Angela Schottenhammer(萧婷),日本学者滨下武志、松浦章、中岛乐章,新加坡学者 Geoffrey Wade(韦杰夫),印度学者 S. Jeyaseela Stephen等,这些高端作者的"人情稿"成为本刊举足轻重的宝贵稿源。

相对于一般刊物,集刊有其"先天不足",然而能否改变难有作为的天然宿命呢?关键看如何扬长避短,以己之长,克彼之短,集刊与一般期刊之优劣形势,完全可以倒转过来。笔者认为,集刊立足专业根本、高端定位非常重要。定位高端,高位发展,其发展创新空间就越广阔;而且高端定位的纯学术标准可以使集刊排除各类非学术因素干扰,令某些动机不纯、企图牟取非学术利益者望而却步,知难而退,从而使集刊保持较清纯的学术品位和较高的学术水平。前文提到的一些民国名刊,时下在各个学术领域拥有影响力的专业名刊,走的都是高端定位,集国内外专业同好之所长,形成自己独特优势,立于不败之地。

(一) 依托学科优长,研编结合,使专业优势转化为集刊优势

笔者所在研究机构素有海洋史研究的传统。20 世纪 80 年代以来,广东社会科学院历史研究所属下广东地方史、中国社会经济史、港澳史三个研究室，在研究领域与研究方向上均侧重于区域体系，同时也都具有浓厚的海洋意识与"涉海"取向，在海洋社会经济史研究上颇多建树，例如叶显恩、蒋祖缘、邓开颂、刘泽生教授等对明清珠三角社会经济史、广东地方史研究、港澳史的研究，在国内外享有声誉。近年笔者在明清海洋贸易、中外关系、海上丝绸之路、海外华人等研究上也取得一定进展。上述研究均成为广东有特色的优长学科，为海洋史研究奠定良好的基础。

中心成立后，在传统优长学科积淀基础上，致力于建构有区域特色的海洋史学科体系，近年承担了国家"十二五"期间（2011～2015年）重点图书出版规划项目"南海史"，国家社科基金重大招标项目子项目"南海交通历史地理研究"，国家社科基金项目"17～18世纪华人南渡与越南社会"、"明代广东海防体制转变研究"，国家海洋局南海分局课题"国内外断续线画法沿革与法理依据研究"、"'九段线'管辖权法理证据研究"、"民国时期中、英、法、越南海地图图例比较与国际法研究"，广东省社科规划基金项目"晚清海权观演进研究"、"近代广东沿海地区的民间管治"等，取得可喜成就，为近年广东学术的一个亮点，在全国也有较大的影响。

围绕中心科研重点与学科方向，中心把专业研究与本刊编辑工作衔接起来，研编结合，彼此为用，使专业优长转化为集刊的优势。科研人员在编辑过程中获得多方面的锻炼，获取大量专业知识和前沿动态，拓展了视野，提升了科研能力；而科研人员在办刊过程中努力贯注中心的发展理念与学科方向，发挥好集刊所依托的团队优势、专业优势及其集群效应，焕发出一般期刊难以企及的专业化、规模化竞争力和影响力。

迄今为止，本刊已经出版4集，共发表专题论文49篇，专题笔谈3篇，书评、学术综述13篇，第5、6辑正在编辑之中，内容涵盖亚太海洋贸易、海上交通、海洋政策、海防海盗、华侨华人、海洋信仰等问题，主体内容与中心工作大体一致，很好地达致相辅相成、互相促进、优势互补的效果。

（二）关注学科前沿，在优长领域做特做强

根据学科发展需要，本刊追踪学术潮流与热点，注重在专业、特色上下功夫，以大篇幅的专题策划，向海内外同行及读者提供新成果。每一集均发表若干组专论文章，构成若干个专题板块和专题组团；这些专题板块每集或隔集推出，保持稳定性和延续性。目前，诸如南海贸易、东亚海盗、宋明海外遗民、北部湾海域历史、越南华人等专题，已成为本刊核心性主

题板块。

对有新意有创见的好稿原则上不限篇幅，本刊发表的专题论文大多在两三万字，超过 5 万字的长文有 3 篇之多。此外，本刊对论文所附表格、图录、照片，一般也不加限制。图表往往是作者多年爬梳史料、田野调研所积累的非文字史料，有其独特的学术价值。例如笔者撰《郑玖、郑天赐与河仙政权（港口国）》所附照片、碑刻，是笔者多年来在越南河仙及中国北部湾、雷州半岛等沿海奔波考察所得。苏尔梦（Claudine Salmon）教授撰《从梵钟铭文看中国与东南亚的贸易往来》、《碑铭所见南海诸国之明代遗民》等力作附录大量梵钟、会馆、碑铭图片、拓片及统计表格，是她数十年来在印尼、新加坡、马来西亚、越南等国家田野考察所得，也有东南亚史名家傅吾康（Wolfgang Franke）教授等的贡献。范岱克教授（Paul Van Dyke）撰 New Sea Routes to Canton in the 18th Century and the Decline of China's Control over Trade 所附 17 ~ 18 世纪广州行商记录、来华欧洲商船及南海航路海图，是他多年从西班牙、葡萄牙、荷兰、英国、美国、丹麦、瑞典和中国大陆、台湾、香港、澳门有关文献、档案资料，特别是荷兰东印度公司、英国东印度公司档案中爬梳整理出来的。此类历史数据、航海地图、实物照片，本属于难得的独家史料或第一手材料，弥足珍贵。这些论文配以相关图表，图文并茂，文表结合，只会锦上添花，相得益彰。而且循着图表所透露的信息和线索，读者可以进一步深度解读历史，深化研究。

突显集刊特色与水平，必然需要未雨绸缪，有计划地做好策划组织工作。一个比较令人满意的例子，是本刊第二辑"亚洲海峡研究专题"。近年来，随着海洋史研究的不断拓展，诸如三角洲、湾区、港口、岛屿等海洋地理单元相继进入学者的研究视野，成为一新的趋向。2010 年，中心顾问、德国慕尼黑大学普塔克教授访问本中心，并作亚洲海峡历史研究的专题报告，从"海峡的视角"探究亚洲海峡区域独特的自然、人文、历史发展轨迹，寻求构建海峡作为人类文明交流的"海洋通道"的功能与作用的历史解释和理论模式。这是一个很新颖、很有启迪的话题，这种"海峡本位"视角为海洋史研究开启了一个通向幽深的门径。因而我们与普塔克教授商议进一步合作研究，分头邀请学者撰写专题文章，在本刊开辟"海峡历史研究"的专题板块。一年后我们收到来自德国、葡萄牙、国内四位学者撰写的专题论文，深度探索亚洲海峡的历史与功能，普塔克教授专门写了一篇"导言"，一并在本刊第 2 辑发表。该专题受到国内外同行的好评，影响很大。普塔克教授讲座的英文版发表在 *Crossroads-Studies on the History of Exchange Relations in the East Asian World*（2010）。《中国社会科学报》专题推介本刊第 2 辑，刊发了普塔克教授的"导论"。"中国经济史论坛"等知名专业网站全文转发该专辑多篇文章。2011 年 9 月，"亚洲海峡：历史与功能"国际学术研讨会在德国波恩大学举行，来自德国、比利时、日本、中国、新加坡、英国、法国、葡萄牙、伊朗、印度的 20 多位学者出席了会议，宣读论文 16 篇，在德国出版的国际学术刊物 *Journal of Asian History*（《亚洲历史杂志》）2012 年第 2 期（总第 46 期）以专辑形式发表了其中 5 篇文章，涉及马六甲海峡、新加坡海峡、琼州海峡、台湾海峡和传统的从台湾航行到吕宋的狭长通道，还包括菲律宾群岛内中心部分的众多通道。

从中国粤西到越南北部的北部湾海域及沿海地区，秦汉以降长期处在中原王朝直接管辖之下，深受中华文化浸润，经济社会联系密切，具有别致的海洋气息，以至于有西方学者将北部湾海域称为"小地中海"。2008 年 3 月，澳大利亚国立大学与广西社会科学院联合举办了"小地中海：北部湾历史与未来"（"A Small Mediterranean Sea"：Gulf of Tongking through History）国际学术研讨会，随后出版了 *The Tongking Gulf through History*（2011）。2011 年，本刊在中心顾问、澳大利亚国立大学李塔娜教授，考古学家裴蒂丝·卡梅伦（Judith Cameron）教授，德国学者碧姬·博雷尔（Brigitte Borell）博士，以及中国学者郭声波、冯孟钦教授等支持下，组织了一组专题论文，刊发在本刊第 4 辑，从历史学、考古学、历史地理学等多个视角探讨史前至唐代交广地区社会生活及其经济联系、行政管辖等问题，反映了这一区域早期历史的海洋特色。北部湾海域史关系到中越关系、南中国海海域史及其未来，仍将会受到国际学界重视，本刊第 5 辑将刊发另外一组由 7 篇相关论文组成的专题板块。

中心与本刊以海洋史学为本位，注重理论建构与方法创新，提倡多学科交叉与多元视野，第 1 辑即开辟"专题笔谈"专栏，刊发学界对海洋史学科建构、学术创新的理论思考，成为有特色的栏目。普塔克教授《亚洲海峡的地理、功能和类型》、李红岩教授《"海洋史学"浅议》等视角新颖，眼光独到，颇受学界关注。2012 年底，本刊有幸邀约到前辈大家杨国桢教授、张椿年教授、蔡鸿生教授等撰写宏文，为海洋史学研究开示门径，指点幽津，真知灼见，将在第 5 辑"专题笔谈"刊出。

（三）依靠中心对外交流网络，加强对外学术合作

学术乃天下之公器。海洋史研究空间如同浩瀚海洋那般广阔，因而海洋史研究一定要加强与海内外学者的联系与交流，推动有关领域的进步。2009年，中心成立时，聘请了国内外19位知名专家为学术顾问，其中5位来自德国、澳大利亚、日本、荷兰。他们在中心与集刊工作中发挥十分重要的作用，通过他们的人脉关系，中心、本刊与国内外同行建立起密切的联系，获得多方面的友情支持，功不可没。

本刊使用中英两种文字，旨在将集刊办成国际同道交流合作、共同耕耘的开放型学术园地。本刊每一集均有境外学者的文章，1~4辑53位作者中，中国内地作者27人，占总数的51%；台港澳地区作者9人，占总数的17%；国外作者17人，占作者总数32%，分别来自德国、澳大利亚、日本、新加坡、越南、印度、美国、葡萄牙、比利时。国内、境外作者比例几乎各占一半，体现了本刊作者在结构上的国际化特点。本刊1~4辑共刊发66篇文章，其中中文文章47篇，中译外文（英、法）文章13篇，英文文章6篇。

中心定期举办"史学前沿论坛"、"海洋广东论坛"，加强与国内外相关机构、学者的交流合作，与德国 *Journal of Asian History*，*Monumenta Serica*（《华裔学志》），法国 *Archipel*（《群岛》），比利时 *Crossroads*，澳大利亚 *Chinese Southern Diaspora Studies*（《南方华裔研究杂志》）等国际知名学术刊物建立起联系。

中心与境内外大学、研究机构合作，成功举办多次国际学术会议，为本刊开拓另一可靠稿源。例如2011年7月，中心联合澳门大学中国文化研究中心、德国慕尼黑大学汉学研究所、日本关西大学东西学术研究所，举办了"大航海时代的澳门、广东与东南亚"国际学术研讨会，来自德国、日本、美国、葡萄牙以及中国大陆、香港、澳门、台湾的40多位学者出席会议，收到论文37篇，其中17篇在第3辑刊出。2012年12月，中心再次联合上述机构，举办"澳门、广东与亚太海域交流史"国际学术研讨会，国内外学者近50人参加研讨，其中10余篇论文经专家评审，将在本刊第6辑出版。

三

中国社会科学院历史研究所资深研究员、《丝瓷之路》主编李锦绣教授

认为，现在专业刊物并不罕见，但有主旨、有学术理念的刊物不多，很多是同类的论文集而已。《海洋史研究》强调于海洋本位和国际视野，致力于构建具有区域特色的海洋史研究体系，难能可贵，在现今学术刊物中，属凤毛麟角，成果和影响，都不可限量。

本刊以海洋史学专业为根本，力图通过高端定位，走特色发展与国际化路径，中长期目标是将本刊经营成有区域特色、有影响力的国际性学术交流平台，为海洋史学建设贡献微薄之力。2010年，本刊第1辑甫一面世，就受到学界关注。张丽、任灵兰教授《近五年来的中国海洋史研究》指出，广东海洋史研究中心与《海洋史研究》的创立，"或许可以成为中国海洋史研究的新起点"。⑤2011年，刘苏里先生在《2011年度思想学术文化类图书印象——民国热，党史热，启蒙也热》将本刊列为国内年度热门学术思想类图书，⑥相关评论在"万圣书园"、"腾讯"、《南方周末》等传媒流传。中国社会科学院主办的《中国社会科学报》、"中国世界史研究网"、"中国经济史研究网"以及"中国国家博物馆网"等均介绍过本刊，国外有网站将本刊誉为近两三年崛起的海交史/海洋史研究杂志的"新秀"。⑦

今年初，中国人民大学报刊资料中心《历史学文摘》第1期专门设立了"特别推荐——海洋史研究"专栏，转载本刊2012年出版的第3、4辑的5篇论文。最近，社会科学文献出版社计划将一批国内知名集刊推荐至牛津大学出版社出版英文版，扩大国际影响，本刊也在推荐之列。

本刊创刊时间不长，但开局令人满意。作为海洋史专业研究者、非专业的集刊主编，笔者深深体会到要办好一份优秀集刊并可持续发展，殊非易事。本刊同样面临其他集刊所面对的种种困难，例如集刊"身份"尴尬，至今名不正言不顺；在学术科研考核、成果评奖、职称评定中，经常受到"不公平"待遇；在经费、人力上，缺乏长期、稳定的制度性支持；等等。解决专业集刊当前的困境，笔者以为，应该注意如下几方面。

一是为学术集刊的尴尬身份正名，给予集刊合适的发展条件与空间。当世主持学术期刊事务、科研管理之衮衮诸公，皆学界中人，固深明学术大义，当与时俱进，优化学术环境与管理制度，为学术创新、整体发展创造良好的条件。当下学术集刊面临的困境，要解决并不复杂，只要像对待一般期刊那样对待学术集刊，同等条件，同等要求，一视同仁，不厚此薄彼即可。毕竟集刊的主事者大抵都是有觉悟的学界精英，专家办刊，专业理念，专业水平，大体上是有保障的。期刊集刊，共同繁荣，多一有分量的集刊，就有可能多一个学术增长点和创新点，岂非学界值得成全、值得庆幸之大好事？

二是给予合乎规范的优秀集刊适当的支持（例如纳入国家"名刊工程"资助计划，推动名刊外译出版计划），使优秀集刊在上档次、国际化等方面获得更大的上升空间，形成在国际上具有前沿水平和规模效应的名优集刊群。据杨玉圣先生统计，2005年中国的学术集刊达到500种左右；而谢寿光先生估计，全国每年出版的集刊，应该能在学术图书里占1/4左右，可见集刊数量庞大。不可否认，集刊与众多学术刊物一样，存在诸多问题，良莠不齐，当然亦有水平泛泛甚至不入流者，然而就总体而言，相当部分集刊专业学术价值和文化品位远远超过有正式刊号的学术刊物。⑧那些由著名学者主掌的、有强大研究团队支撑的知名集刊，具有较强学术话语权和影响力，对中国学术走向世界，无疑是最精锐、最有水平的主力军之一。所以，在支持各类学术刊物发展的时候，不应忽视这批特种优秀集刊。

三是集刊行内要形成共识，建立适应集刊发展的管理、评估体系。毫无疑问，现有的集刊存在诸多缺陷，体例不规范，出版周期比较随意，水平参差不齐，从整体层面上缺乏一套完善的稿件征集机制、评审机制、准入机制，等等，所以集刊需要自警自纠，在集刊编辑出版的科学化、规范化、制度化上向优秀期刊看齐。实施"进入一退出"机制，优胜劣汰，确保集刊在规范轨道上向专业高端发展。2012年12月，由社会科学文献出版社、广东社会科学院主办的全国"首届人文社会科学集刊年会"召开，中心有幸承办了这次会议。全国地方社会科学院、高校以及科研院所的百余名专家学者齐聚广州，从学术研创和出版规范等角度，对学术集刊的发展进行了全方位、深层次的探讨与交流，在集刊的编撰、出版、评价、推广等方面形成"广州共识"，可视为集刊界集体有意识地"华丽转身"，推进自身规范化发展，致力于推动中国学术园地的建设和学术繁荣的标志性事件。可以相信，集刊的路子将会越走越宽广。

四是将集刊纳入专业机构长期发展规划中，使集刊获得可持续发展的可靠条件与保障；发挥集刊优势，建立并巩固专业集刊特有的、其他学术期刊中不可取代的优势地位。国际上有些成功的集刊可供参考借鉴，例如国际知名的汉学刊物《华裔学志》（*Monumenta Serica*），1935年创办于北平辅仁大学，1949年后迁至日本名古屋南山大学（Nanzan，Nagoya）、美国洛杉矶加州大学（University of California, Los Angeles, UCLA），1972年迁至德国北莱茵威斯特法伦州圣奥古斯丁市（sankt Augustin），目前已发展成为既是一份汉学刊物，又是一间出版机构，还是一家藏书丰富、独具特色的汉学图书馆，国际知名的汉学研究机构"华裔学志研究院"（MONUMENTA SERICA INSTITUTE）。"华裔学志"鼓励东西方学界的互动与中国学者的参与，对传教史、中西文化交流史的研究尤其关注，出版《华裔学志》杂志、"华裔学志丛书"（Monumenta Serica Monograph Series，始于 1937 年）和"华裔选集"（Collectanea Serica，始于 1964 年）。作为一家有近 80 年历史的汉学杂志，在欧洲与世界汉学界中的地位与影响，只有《通报》（Toung Pao）可以媲美。这种由单一功能的学术集刊向多功能综合性学术机构发展的趋势，具有更强大的学术生命力和影响力，或许是中国有实力、有理想的集刊及相关机构发展的一个可能选项。

钱锺书先生说："大抵学问是荒江野老屋中二三素心人商量培养之事，朝市之显学必成俗学。"⑨笔者认为，无论集刊还是一般刊物，其共同目标都指向发表高水平学术成果，追求高品位学术境界。有所不同的是，一般刊物以综合见长，集刊则以专精取胜。集刊不惧"曲高和寡"，最忌平庸趋俗；集刊人应该有"素心人"情怀，在专业高端专心致志，凝聚志同道合的研究团队与学者共同体之智慧，向学术界推介纯粹精湛的学术成果，为学术创新、学科建设、学术流派发展多作贡献。《海洋史研究》坚守专业根本，高端定位，特色发展，国际视野，不仅是中心同人耕耘的田园，也是向海内外同行开放、用心灵共建的精神家园。笔者相信，这也是学术集刊追求的基本目标和发展取向。

---

①许光秋：《国外海洋史研究状况》，2012 年 3 月 1 日在广东省社会科学院历史研究所"史学前沿论坛"的演讲。

②孟凡东：《亚洲区域模式论——滨下武志教授的"亚洲史重构"研究》，上海：《历史教学问题》2005 年第 5 期。

③北京：《中国社会科学报》2010 年 6 月 8 日。

④杨玉圣：《中国人文社会科学学术集刊名录》，"杨玉圣的博客"，http://blog. sina. com. cn/yangyusheng。

⑤北京：《世界历史》2011 年第 1 期。

⑥北京：《中国青年报》2011 年 12 月 20 日。

⑦马光：《〈海洋史研究〉第 1～4 辑简介与目录》，比利时根特，http://www.

maguang. net/ 。

⑧参见杨玉圣《中国人文社会科学学术集刊名录》，"杨玉圣的博客"，http://blog. sina. com. cn/yangyusheng；谢寿光：《首届人文社会科学集刊年会开幕词》，"中国集刊网"，2013 年 4 月 7 日。

⑨罗厚辑注《钱锺书书札书抄（64，与郑朝宗）》，钱锺书研究编辑委员会编《钱锺书研究》第 3 辑，北京：文化艺术出版社，1992，第 314 页。

作者简介：李庆新，广东省社会科学院历史研究所所长、广东海洋史研究中心主任、《海洋史研究》主编，研究员，博士。

［责任编辑：刘泽生］
（本文原刊 2013 年第 4 期）

当下人文社会科学集刊的生存状况及发展策略

陶东风　和　磊

[提　要]　学术集刊的生存和发展是一个复杂的系统问题。在中国当下的政治文化语境中，集刊往往会受到政治与经济力量的双重夹击。在此情况下，集刊要想获得生存和发展，首先不应当完全排斥体制，应通过与体制的协商和磨合，为自身赢得一定的政治和经济保障。但这并不意味着放弃自己的独立立场。坚持民间立场是学术集刊的立刊之本。其次，集刊要提高自身的学术质量，还需要加强自身的专业化、精品化、国际化，做好选题策划，特别是对某一领域的重要问题做深度挖掘。最后，集刊的发展还需要学术共同体的支持以及集刊主编的个人学术声誉和学术公信力。

[关键词]　集刊　学术共同体　文化体制

无可否认，人文社会科学集刊①在当代中国的知识生产中发挥着重要作用，很多集刊发表的论文就学术质量而言绝不在正式刊物之下，乃至不在那些所谓"核心刊物"、"权威刊物"之下。但即便如此，当下中国人文社会科学集刊的生存状况仍不令人乐观。随着 2008 年 2 月国家新闻出版总署《图书出版管理规定》（同年 5 月 1 日正式实施），以及 2012 年 7 月《关于报刊编辑部体制改革的实施办法》等文件的出台，人文社会科学集刊的生存问题更加严峻地摆在了我们面前，令许多富有学术使命的学者及刊物编辑人员忧心忡忡。本文将通过分析这类期刊生存和发展的社会文化语境特别是制度性语境，关注它们的生存状况，并尝试提出这类刊物进一步发展的策略。事实上，这类集刊的生存状况，在一定程度上正反映了当下中国的知识生产状况。

一 集刊创立的文化体制语境

当下中国人文社会科学集刊的创立，有着深刻的社会文化体制语境。首先，国家对期刊的创办有着诸多的政策管控。从 1988 年国家新闻出版总署颁布《期刊管理暂行规定》起始，中国关于期刊的各种法规、规定、条例、办法等，不下十几个，而颁布者除了国家新闻出版总署之外，还有国务院、教育部、中共中央办公厅、国务院办公厅、国家科委等部门。这么多部门出台如此多的关于期刊的法律法规，可见国家对期刊出版工作的重视。其实，法规的出台更多的是为了强化对期刊的监督与控制，比如国家对刊号实行严格控制。2005 年的《期刊出版管理规定》就明确规定，创立期刊必须"有符合新闻出版总署认定条件的主管、主办单位"。[②] 单凭这一条，个人申请到刊号就几乎是不可能的，因为在中国，个人办刊物是很难找到主管、主办单位的，尤其是主管单位；即便你有单位，而且单位采纳了你的意见并申请得到了刊号，它也会成立一个由单位组织的领导班子（一般为"编委会"），并由组织直接任命主编。这样的刊物不可能成为某一个或几个学者可以自主控制的学术阵地。而且即使由单位申报办刊，申报成功的概率也很小（特别是 20 世纪 90 年代之后）。有学者统计，集刊申请到刊号的例子极为罕见。[③] 由于刊号控制如此之严，客观上使得许多想办刊的学者或单位只能采取以书代刊的办法，集刊的出现走的就是这个"曲线救国"之路。这是一种无奈，但也正是在这种无奈中，彰显了众多有志于中国学术发展的知识分子的勇气和担当。已故著名学者邓正来在《中国社会科学季刊》创刊词中提出了"直面中国，以学术为本；求索发展，弘理性精神"的办刊宗旨，[④] 他还在《中国书评》（性质同《中国社会科学季刊》）创刊词中提出了"提升中国社会科学，确立学术批评体系，严格学术规范要求"的办刊宗旨。几乎所有创办集刊的主编学者们都怀有这样的使命和美好的愿望（虽然现实并不总如人意）。

其次，就国家出台的众多法规来看，其政治和意识形态标准始终是第一位的，报刊出版业的"意识形态属性"不断被突出强调。[⑤] 同样主要根据政治和意识形态标准，国家把期刊分为时政类期刊和非时政类期刊（主要包括学术类和娱乐/商业类），前者的办刊条件远优于后者。而在这种划分中，学术期刊受到的重视程度是最低的，几乎完全被划在了非时政类期刊之中（除了一部分党政刊物之外）。事实上，学术期刊承载着一个国家的知识生产与传递，是一个重要的知识生产阵地，在建构中国学术传统和实质性地推进中国学术发展方面发挥着重要的作用，[⑥]但在这些法规中并没有给予应有的区分对待（比如与娱乐类加以区分），甚至以"小、散、滥"为借口加强管控。[⑦]有正式刊号的学术刊物尚且如此，以书代刊的集刊类出版物就更不要说了。

最后，学术集刊大量出现的重要原因，是当下中国的学术评价量化体制，特别是高校职称评审及科研工作量考核的量化机制所致。这种制度一方面带来了学术论文的大爆炸，另一方面也形成了期刊周期越来越短（经常搞增刊，或把双月刊改为月刊，月刊改为半月刊）、版本越来越多、页码越来越多、字号越来越小、文章越来越短等种种"期刊现象"。有学者指出，这些论文膨胀现象并非真正意义上的学术繁荣，而是学术浮躁化和泡沫化的表征，其根源在于急功近利的学术"大跃进"思维，而直接原因则主要是为了职称评定和学位获取等功利目的。

面对如此恶劣的学术环境，学术界某些有识之士展开了重构学术环境的艰难探索，希望在体制外构建一个崭新的"学术市场"，实现学术环境的变革。集刊就是这种探索的一种。

由是观之，集刊的出现，未尝不是中国学术环境重构的一线生机，[⑧]这也是许多人为集刊叫好的重要原因。[⑨]可以说，尽管办刊艰难，但经过几十年的积累，集刊到今天显然已经成为当代中国一股不可忽视的学术力量。这也促使国家相关部门不得不予以正视，不敢一刀切地予以封杀。2005年，周宪教授主持的《人文社会科学集刊调查研究》课题获得教育部立项（人文社会科学研究规划基金一般项目），[⑩]这可以看作是国家在一定程度上承认了集刊的合法地位。同年9月19日，南京大学中国社会科学研究评价中心发函，开始在全国范围内进行哲学社会科学学术集刊的调查，并于2006年8月1日发布《关于2005年度CSSCI来源集刊遴选结果的公告》，其中被纳入CSSCI的来源集刊共33种。2012发布的CSSCI来源集刊（2012~2013年）增至120种。[⑪]从中也可以看出集刊发展的速度之快，影响之大。

然而，事情似乎并不总是一帆风顺。在期刊主管者眼里，以书代刊的集刊好像是一个爱打擦边球、总想逃避管理的顽皮孩子，总担心"他"会闹出什么乱子来，甚至会出现政治性、导向性方面的偏差。[12]果不其然，2010年，韩寒《独唱团》出事，[13]对以书代刊的出版物的审查再次收紧，全国几乎兴起了一场查办集刊的运动，[14]有的刊物甚至因此被迫停刊，如《东方丛刊》。[15]尽管如此，丛刊依然在艰难中生存着，为人文学科建设贡献着自己的力量。

二 集刊发展之路举要

《文化研究》集刊的创刊完全出于偶然。大约是在1999年的一次会议上，《文化研究》的创办者（本文第一作者）和几位对文化研究感兴趣的朋友，以及天津社会科学院出版社的史建先生在一起聊天的时候，觉得文化研究现在已经成为一个重要的学术生产领域，欧美国家和港台都有专门的刊物，但大陆却没有，这是一个很大的遗憾。在这种情况下，本文第一作者有意牵头，朋友们愿意写稿，史建愿意出版，于是就做起来了。《文化研究》既没有挂靠单位，也没有主办或主管单位。因此，从创刊伊始大家就明确了《文化研究》的民间的、非体制化的性质，或曰同人性质：没有主管单位或挂靠单位，没有编辑部。创办此刊完全缘于几个朋友对文化研究有共同兴趣，完全没有名利观念。从政治立场和学术兴趣的角度看，从公共性的角度看，他们更多希望它成为一个公共平台小圈子的喉舌，"左""右"兼顾。可以说，本着纯粹的学术理念办刊，是很多优秀集刊主编们基本的办刊宗旨。比如《中国研究》编委会在《发刊词》中就明确指出，这份刊物属于全球中国学界展示睿智的公共空间，而不是少数编辑、学者的封闭领地。它将成为面向全球中国学界的开放的学术园地，承担起海内外学术同仁沟通和交流的媒介作用，为促进中国研究领域的日益精进而努力。[16]

就具体的学术研究方向而言，《文化研究》在第Ⅱ辑《前言》中就指出了办刊的初衷和目的："介绍国外文化研究的历史、最新研究成果以及中国的文化理论家，翻译西方文化研究的经典文献，研讨中国当代文化问题（如大众文化问题、传媒与公共性问题、后殖民批评问题、民族文化认同与族性政治问题、性别政治问题、文化研究与人文学科重建问题、知识分子角色与功能问题等），考辨西方文化理论在中国的传播与运用，探索西方文化理论与中国本土经验之关系等。"办刊的宗旨是"介绍西方的文化研究（包括理论家、理论观点及流派等）与推进中国自己的文化研究并重"，[17]而在并重中，更"注重发表以中国为对象的文化研究，尤其注重本土学者的成果"。⑱

可以说，文化研究在传入中国大陆之后，立即显示出了其旺盛的生命力和巨大的影响力，对推进中国人文学科的自我反思和发展，起到了积极作用，成为中国人文学科新的知识增长点和理论探索阵地。在这种情况下，创办《文化研究》这样的学术期刊，无疑会进一步推进中国的文化研究。但即使是这样一个怀着美好愿望、负载巨大现实意义的学术期刊，其生存和发展同样面临重重困难。我们先看下面这份到目前（2013 年 3 月）为止《文化研究》全部 14 辑的统计（见表1）。

表1 《文化研究》14 期统计

辑号	出版社	出版时间	主办方	受资助情况
1	天津社会科学院出版社	2000 年 6 月	无	无
2	天津社会科学院出版社	2001 年 4 月	无	无
3	天津社会科学院出版社	2002 年 1 月	无	无
4	中央编译出版社	2003 月 8 月	无	无
5	广西师范大学出版社	2005 年 5 月	无	无
6	广西师范大学出版社	2006 年 10 月	南京大学人文社会科学高级研究院	无
7	广西师范大学出版社	2007 年 10 月	南京大学人文社会科学高级研究院 首都师范大学文学院	无
8	广西师范大学出版社	2008 年 12 月	南京大学人文社会科学高级研究院 首都师范大学文学院	无
9	社会科学文献出版社	2010 年 4 月	南京大学人文社会科学高级研究院 首都师范大学文学院	受到首都师范大学"211"项目资助
10	社会科学文献出版社	2010 年 10 月	南京大学人文社会科学高级研究院 首都师范大学文学院	得到南京大学人文基金资助
11	社会科学文献出版社	2011 年 6 月	首都师范大学文学院 南京大学人文社会科学高级研究院	封面正式标注为"CSSCI 来源集刊"

辑号	出版社	出版时间	主办方	受资助情况
12	社会科学文献出版社	2012 年 5 月	首都师范大学文化研究院 南京大学人文社会科学高级研究院	文化研究院资助, 成为院办刊物
13	社会科学文献出版社	2013 年 3 月	南京大学人文社会科学高级研究院 首都师范大学文化研究院	文化研究院资助, 成为院办刊物
14	社会科学文献出版社	2013 年 3 月	首都师范大学文化研究院 南京大学人文社会科学高级研究院	文化研究院资助, 成为院办刊物

表 1 很明晰地呈现出了《文化研究》在编辑、出版过程中的坎坷经历。首先,出版社一换再换,一共才 14 辑,但有四家出版社参与出版,其中一家只出版了一期。其次,出版时间不确定。这种不确定虽然与约不到好的稿件有一定关系,但与出版社频繁更换也紧密相连。比如在第 4 辑到第 5 辑更换出版社之间空了近两年,2004 年一整年就没有出版。第 8 辑到第 9 辑更换出版社之间也有一年多,2009 年一整年也没有出版,不仅无法实现一年出两辑的最初设想,一年出一辑竟然也难以实现,实在让人唏嘘。再次,主办方有一定的变化。最初可以说是主编个人集合了一批对文化研究感兴趣、希望为文化研究做点事的学者教授,如金元浦教授、高丙中先生一起出版的,带有明显的个人色彩。后来南京大学人文社会科学高级研究院参与进来,主办过一期,再后来是首都师范大学文学院与南京大学人文社会科学高级研究院合办。2012 年,随着首都师范大学文化研究院的成立,《文化研究》变成了首都师范大学文化研究院和南京大学人文社会科学高级研究院合办(轮流主办),并几乎成为文化研究院的院办刊物。主办方的变动一方面与学术联合有关系,比如身为南京大学人文社会科学高级研究院院长的周宪先生在文化研究方面有很高的建树,他的加入显然可以增强期刊的影响力;另一方面,设立主办方的背后有明显的经济考虑,尤其是在第 9 辑之后,刊物有了明确的资金资助,也就是从这辑开始,《文化研究》的出版才算真正走向正常,当年(2010 年)就出了两期,而文化研究院的成立,更使《文化研究》的出版有了充足的资金保障,仅 2013 年 3 月就接连出版了两期。

由以上分析我们可以看到,《文化研究》所走的路的确不是很平坦,但这绝不是因为论文质量出现了什么问题。《文化研究》始终把学术质量看得高于一切，宁缺毋滥。事实也雄辩地证明，《文化研究》所刊文章大多数经得住时间考验。2008 年《文化研究》被确定为 2008～2009 年的 CSSCI 来源集刊，[19]正明确显示了它的质量。《文化研究》所走不平坦之路的背后，有着深刻的体制方面的原因。作为一本体制外的学术集刊，根本不可能获得什么刊号，也很难受到出版社的青睐，不仅在经济上出版社基本无利可图，在当下学术评奖机制下，这样的体制外的学术集刊也几乎没有多大的资源利用价值。由此，出版社不愿意接受这本刊物，也是可以理解的。正是在这种情况下，当中央编译出版社同意出版《文化研究》第 4 辑的时候，主编说了一句感谢的话："感谢他（中央编译出版社一位副社长——引者）的慧眼、胆识和果决。"这样的感谢让我们感到，出版社在当今社会出版一份学术期刊似乎成了一件悲壮的事，需要下很大的勇气。但这份悲壮又何尝不是许多集刊的共同命运呢？在《文化研究》的第 6、7、8 辑中，我们陆续体会到了主编们的悲壮乃至感伤。编完第 6 辑，主编感觉到的是"真累"。在第 7 辑中，主编直言"《文化研究》丛刊和当代中国的文化研究一样走得步履艰难"。就连第一次做主编（第 11 辑）的周宪先生也觉得近些年来，所做的不少丛书的策划工作，"都不如《文化研究》执行主编的活儿这么艰难……没想到编辑工作是如此耗费精力"。[20]

颇具中国特色的是，编辑和出版集刊的艰辛实际上主要体现在与体制的磨合上，这点从《文化研究》不断变换的合作方及资助来源中就可以看出来。成为首师大文化研究院的院办刊物之后，《文化研究》显然也获得了来自体制内稳定而充足的资金支持。但《文化研究》并没有因此而失去了其自身的独立和自由。事实上我们看到，无论是与南京大学人文社会科学高级研究院、首都师范大学文学院合办，还是成为文化研究院的院办刊物，《文化研究》一如既往地坚持自己的办刊理念和方向，绝没有因此而失去其学术独立性。从这里我们也可以看到，在体制内未必就不能坚持民间立场，这需要看主编的心胸、胆识以及执着的信念，当然还有策略。

与《文化研究》的命运多舛不同，同为文化研究集刊的上海大学文化研究系出版的《热风学术》辑刊（乃至相关的"热风"系列丛书），出版却顺利得多。《热风学术》已出版的 6 辑，除第 1 辑由广西师范大学出版社出版之外，其他均由上海人民出版社出版；而且从第 3 辑开始，还受到了上海市第三期重点学科（中国现当代文学）的资助。即便没有专项资助，相信在文化研究系的支持下，出版也不会有多大问题。这其实也是国内很多集刊生存的一种基本方式，即依托所在的单位或研究基地（特别是教育部挂牌的人文社会科学重点研究基地）办刊，因为这样很容易获得单位或基地的资金支持，刊物也会慢慢成为单位或基地的刊物（正如后来的《文化研究》）。在当下民间资金支持（如企业赞助等）极为欠缺的情况下，[20]这或许是一种最简易的办刊方式。[21]比如在 2005 年南京大学社会科学评价中心第一次遴选 CSSCI 集刊中，依托教育部普通高等学校人文社会科学重点研究基地或教育部省属高校人文社会科学重点研究基地的刊物，就有 13 种，约占全部 33 种 CSSCI 来源集刊的 40%。而 13 种集刊几乎都是所依托的研究基地的机关刊物；基地反过来又以所办集刊为中介，有力地促进这些基地本身的学科建设和发展。而 CSSCI 集刊库的建立，也进一步激发了这些研究基地建设高水平集刊，来展示了自己的研究成果。[22]2006 年有学者统计，教育部人文社会科学重点研究基地主办的集刊达到了 62 种。[23]

无论是在没有主办单位的情况下只身艰难前行，还是有了依托后相对从容出版，出版者始终怀着一种对学术的虔诚和执着。而也正由于此，真正用心编辑的集刊在学术界的影响力越来越大，有的集刊甚至会掀起某一研究领域的学术热潮，引领中国社会科学的思潮和走向。如 20 世纪 90 年代市民社会问题的探讨，就有《中国社会科学季刊》的功劳。在《中国社会科学季刊》创刊号上，发表了邓正来和景跃进合写的《建构中国市民社会》、孙立平的《国家与社会的结构分化》，第 3 期又刊发了邓正来的《市民社会与国家——学理上的分野与架构》，第 4 期的"主题研讨"栏目更是汇集了中外学者关于"国家与市民社会"讨论的系列文章。此后的第 5 期、第 7 期和第 8 期继续延续了相关讨论。毋庸置疑，"国家与市民社会"研究范式的引入，成了 90 年代的重大学术事件之一。[24]集刊的影响力可见一斑。

三 集刊的发展策略探析

由以上分析我们可以看到，集刊要获得长足的发展，需要解决三个问题，一是体制内的生存问题，二是资金问题，三是集刊自身的学术质量问题。那么，在当下中国的学术语境中，集刊要采取何种策略解决这些问题呢？在这里我们试着提出几点设想。

首先，从战略上看，集刊要做到在体制内坚持独立立场。

在当下中国的社会现实中，作为非正式刊物的集刊必须寻求与体制的结合。这样做出于以下几方面的考虑：一是在政治上可以避免一定的风险；二是可以获得资金支持。两者都增加了集刊的稳定性和连续性。通过宏观梳理和个案分析，我们可以清楚地看到，集刊最大的劣势就是没有体制内的名分。在当下中国，"名不正"必然伴随着"言不顺"。如此，一方面，集刊可能会时不时遭受到来自官方的"关注"；另一方面也会面临组稿困难的窘境，因为现在很多学者写文章是为了考核评估，而考核评估的标准与刊物的所谓"级别"是紧密相连的，在所谓"核心刊物"上发表文章会名利双收，而在集刊（特别是没有进入 CSSCI 来源集刊的那部分。即使已经进入 CSSCI，很多学校也不承认，被《新华文摘》、《人大复印资料》等转载的可能性也小得多）发表文章，考核时得分很少，甚至根本不算"科研成果"，这就导致了集刊稿源的紧张，特别是名家稿子和好稿子，少而又少，得之殊为不易。如此，集刊在体制和稿源的双重夹击下，其生存的艰难可以想见，甚至哪一天会被消掉或自我停刊也说不准。由此，集刊如果与体制结合，既可以在最大程度上规避风险，也可以增加稿源。

无法进入体制也会在很大程度上导致办刊经费匮乏。资金不足，编辑力量不足，几乎是所有集刊所面临的学术之外的重要问题，尤其是在创刊之初。比如《文化研究》一直以来都没有编辑部，没有专业编辑人员，没有办公室，很长一段时间也没有专门的资金支持（兼职主编的家成了"办公室"，经常有大批样书堆放在家里）。这种情况在其他集刊中也普遍存在。在全社会特别是企业界还没有形成尊重知识、投资学术期刊的氛围，办刊人很难获得来自民间的资金资助（如企业家赞助）的情况下，进入体制就成为集刊获得资金支持的主要甚至是唯一的办法。

与此同时，在当下中国，体制也已不再是铁板一块，知识人利用体制所让渡出的空间来做自己的事情并不是绝对不可能。目前集刊纷纷进入体制内，正体现了这一点。但获取体制内身份并不必然要放弃体制外立场，虽然这里面有艰难的协商与磨合，也需要"夹缝中求生存"的艺术。集刊和体制离得远固然给自己带来了一系列不利因素，但是也因此拥有了自己的最大优势，这就是受体制的限制少，自主性程度相对较高，主编或以主编为核心的学术圈的学术思想能够得到更好的贯彻，更能够按照学术的标准把关，而且学术腐败的现象相对少，除了出版社最后对稿子把关以外，没有什么层层叠叠的审稿制度。对集刊的主办者而言，重要的是：进入体制并获得体制的经费资助，同时又不屈从或投降于体制的压力。不排斥与体制的结合，并能在体制内坚持民间立场，这是集刊所必须要把握的两个基本策略，是关系到集刊继续发展的基本原则，而这并不是绝对不可以做到的。

其次，就集刊本身具体的学术质量的把握来看，应该在专业化、精品化、国际化三个方面下功夫。这些都涉及知识分子的独立学术追求。

专业化与精品化紧密相关。所谓专业化和精品化，就是要彻底放弃通俗和普及的路子，放弃发行量的考虑，一心一意搞学术精品，以同行的认可、学术共同体内部的认可为自己的最高追求目标。具体到某个集刊，就是要吃准一个相对小的专业圈子，做到这个小圈子的人每期必看（由于中国的人口基数大，这个"小圈子"其实也是一个不小的数字）。在当下学科分类越来越细的情况下，即使在知识界，想要兼顾各方也是非常困难的（兼顾大众读者则根本不可能）。李庆新教授的《海洋史研究》是一个很好的例子。对于不是这个圈子内的人而言，再通俗、再普及也不会有人买。有学者统计，目前人文学科的集刊几乎涉及每门学科，有的学科甚至有很多种，如 2012～2013 年的 CSSCI 来源集刊中，单法学学科，就有 18 种集刊，历史学也有 16 种。这些内容并不重复的集刊，几乎涵盖了此种学科的各个层次，甚至延伸到三级学科，从而具有极强的专业性，进而可以更好地加强深度研究。[26]

与专业化和精品化相关的是主题化，即每一期设定一个或几个主题，围绕着主题组稿，这样就可以对某一主题做更深入和系统的研究。事实上，主题化一直是集刊的优势所在，因为它对条块分割的学科体制的依赖性更小，不必考虑学科分类体制及其背后的各种利益集团，而按照主题、专题组织文章，并且可以连续几期抓住某个主题深入地做，还可以发挥篇幅优势发表长篇论文乃至三万字以上（甚至五万字以上）的超长篇论文。《新国学研究》更是明确以刊发二至十二万字的长篇学术论文为主[27]。这样，某些集刊实际上类似于一个专题论文集，集中了全国乃至世界学术界关于某个问题的高水平研究成果，对于那些研究兴趣对口的学者而言，这些集刊是非常有保留价值的。这也代表了世界学术发展的趋势。就《文化研究》来看，目前出版的 14 辑除第 1 辑没有专题之外，其他各辑都有专题，只是有时候主题多一些有时候主题少一些，到目前为止，《文化研究》已经讨论过的主要专题包括：视觉文化、身体消费与政治、大众传播、影视（影像）、亚文化、粉丝、明星文化、性别、种族、文化机构、空间问题、话语分析、文化记忆、文学与文化、文化与权力、知识分子专题（纪念哈贝马斯和布迪厄）等。这些专题，几乎涵盖了文化研究的所有方面，其中，第8辑几乎用了整整一期（16篇文章）来探讨"文化研究的中国问题与中国视角"，关注文化研究本土化问题；而第10辑除了一篇是"其他"文章外，其余28篇文章（包括回应的文章）都是关于空间研究的文章，主题明确集中，研究的也就更为深入，这些在传统学术期刊中是不可能的。其他的学术集刊也几乎都采取这样的组稿和编排的方式。

关于国际化问题，一方面，中国的学术期刊在国际上的影响力较弱，[28]在当今全球化的时代，加强国际合作对于促进中国学术的发展具有重要意义；另一方面，国内集刊完全可以利用主编的学术影响力及其在国际上的知名度，与国际期刊或相关领域的国际学者合作，以此提高集刊的学术质量，也可以进一步提升中国学术期刊的国际影响力。事实上我们也看到，目前许多集刊都设有包括外国学者或外籍华人学者在内的编委会，如《文化研究》、《马克思主义美学》、《跨文化对话》以及《中国社会科学辑刊》等。

第三，寻求学术共同体的承认与认同。

学术集刊的命运与学术共同体休戚相关。一方面，集刊的质量需要得到学术共同体的支持；而另一方面，集刊往往又会以其自身的学术规范和学术操守，促进学术共同体的发展和壮大。两者是相辅相成的。

所谓学术共同体，就是从事学术活动的学者们根据共同的学术道德和学术规范和某一专业领域的特殊规范结成的学术组织或团体。这些学者遵守共同的道德规范，相互尊重、相互联系、相互影响，以推动学术发展为己任。也有学者把学术共同体称作"学术部落"，并认为不同的学科领域有不同的学术部落，而且相互之间必然有不同的文化传统、价值信仰及行为方式。[29]

有学者在分析中国的学术共同体形成特点时指出，在中国的单位制度下，资源并不掌握在自己手中，加上在政治权力本位的制度环境下，单位，即使是学术单位，往往自身也无法保持学术独立性，因此，在单位内部建立学术共同体非常困难。但这不等于学术共同体没有存在的可能和必要。恰恰相反，正是由于单位制度的存在，超越单位的学术共同体建构就更为必要，它可以使学者在现实空间之外拥有相对自主的知识生产场域和精神活动空间，保持独立个体的姿态和立场。[30]体制外或与体制关系并不十分紧密的集刊，在某种意义上承担着建构中国学术共同体的责任；如果一种集刊成为国内外公认的学术共同体的标志，那么，在这个刊物发表文章就意味着获得了进入该共同体的身份证明。这是很多学者愿意给那些学术声誉良好的集刊（即使不是什么核心刊物）投稿的主要原因。

另一方面，集刊的质量和自主性显然也需要学术共同体的支持。这一点尤其明显地体现在学术共同体的同行评议机制上。学术共同体最根本的特征是独立性、自主性，这是同行评议制度运行的载体，也是其存在的前提与基础。没有独立的学术共同体，真正的同行评议是不存在的。一个不健康或不完善的学术共同体同样不可能有高水平的、令人信赖的同行评议活动；而学术共同体的发展也离不开同行评议。㉚当下中国几乎所有的集刊都采取匿名评审制度，它所诉诸的就是学术共同体的同行评议机制，没有学术共同体的支持，集刊的公信力显然会大打折扣。

由此我们可以看到，集刊在建构中国学术共同体的同时，也必须依靠学术共同体的支持，这是一个问题的两个方面，是不可分割的。能否以集刊为核心建立一个高水平的学术共同体，常常取决于主编的影响力和公信度。事实上我们清楚地看到，几乎每一种集刊，其主编都是某一领域的大家或领军人物，如我们前面提到的《中国社会科学季刊》的主编邓正来、《马克思主义美学》的主编刘纲纪（现为王杰）、《中国诠释学》的主编洪汉鼎、《道家文化研究》的主编陈鼓应、《跨文化对话》的主编乐黛云、《知识分子论丛》的主编许纪霖、《中国教育：研究与评论》的主编丁钢、《刑法论丛》的主编赵秉志，等等。

事实上，也正是有这些在各自领域的领军人物作主编，才使得集刊能够获得传统学术期刊难以获得的声誉和知名度，同时也在一定程度上保障了集刊的学术质量，进而吸引更多的学术共同体的学者向集刊投稿，扩大集刊的声誉和影响力。当然这也反过来给主编们增加了压力，促使其不断提高集刊的质量。由此我们可以看到，知名学者与集刊及学术共同体一道，共同促进了中国学术的发展，这是一种良性循环，与传统的学术期刊相比，这是一个很大的优势。即便主编们感受到累，这种累也是快乐的，值得的，因为在这其中有他们对发展中国学术的信念、执着和美好的理想！这不正是我们当前学术发展所需要的吗？

简短的结语

以上的分析也许并不周全，但我们还是可以看到，学术集刊的生存和发展是一个复杂的系统工程，并不仅仅是一个"学术"问题，同时也是一个政治问题，一个经济问题，一个学者的学术信念问题。集刊是中国特色的知识生产和传播方式的产物，它所依托的是中国特色的学术知识生产体制，因此，解剖这种知识生产方式，可以暴露中国知识生产的一些深层次问题，这都值得我们做进一步的研究和思考。

---

①"集刊"一般是指没有正式刊号、以书代刊的连续性出版物，对此大陆有多种不同的称谓，如"丛刊"、"集刊"、"辑刊"、"论丛"等。南京大学人文社会科学评价中心以"集刊"来指称这类出版物，这也是较为通用的称谓，本文据此称谓，统一称这类出版物为"集刊"。

②http://www.gapp.gov.cn/news/1675/110683.shtml.

③㉔叶继元等：《中文人文社会科学学术集刊现状的调查分析》，北京：《中国出版》2006年第10期。

④该刊没有中国大陆的正式刊号，因此不能在大陆通过邮局发行。但它有一个香港的刊号，在中国大陆印制，在书店出售，在同行中赠阅，其实性质和集刊相似。

⑤中共中央办公厅、国务院办公厅：《关于深化非时政类报刊出版单位体制改革的意见》，http://cyc.ahaas.cn/showart.asp?art_id=89。

⑥邓正来：《中国学术刊物的反思与发展》，北京：《光明日报》2005年7月28日。

⑦中华人民共和国新闻出版总署：《关于报刊编辑部体制改革的实施办法》，http://www.gapp.gov.cn/news/1303/87163.shtml。

⑧于洋：《重构中国学术环境的一线生机——对社会科学ISBN类刊物的评论》，邓正来主编《中国书评》第3辑，广西桂林：广西师范大学出版社，2005，第120~121页。

⑨石湾：《以书代刊：开辟出版新局面》，北京：《中国文化报》2008年7月8日。

⑩http://www.sinoss.net/2005/0921/68.html.

⑪http://cssci.nju.edu.cn.

⑫肖武：《"以书代刊"两面观》，北京：《出版参考》2001年第10期。

⑬韩寒《独唱团》停刊虽然并不完全是书报审查的原因，但审查不过关的确是其中最为重要的一个原因。韩寒曾在一篇《太紧》（http://blog.sina.com.cn/s/blog_4701280b0100h2p8.html）的博文中就指出了审查之紧。后来韩寒虽然解释《独唱团》停刊并非相关部门施压，好像有小人从中作梗，但显然这不能解释已经印刷好的一百多万册的《独唱团》第二期被迫销毁的个中缘由。http://blog.sina.com.cn/s/blog_701280b010176x6.html.

⑭参阅石剑峰《只出两期，〈大方〉杂志被叫停刊》，上海：《东方早报》2011年

11 月 3 日；郦亮：《"以书代刊"风声日紧写手们为捞一票顶风办刊》，上海：《青年报》2011 年 11 月 16 日；《"以书代刊"出杂志将被禁止》，http://book.ifeng.com/shuhua/detail_2011_11/03/10383446_0.shtml，等等。

⑮由广西师范大学出版社出版、广西师范大学中文系主办（后又加入了中华美学学会、中国比较文学学会、中国中外文艺理论学会等联合主办）的《东方丛刊》是 1992 年创刊的，2008 年获得 CSSCI 来源集刊，2010 年 9 月在出完第 3 辑，出版了近 20 年后停刊。

⑯周晓虹、谢曙光：《中国研究·发刊词》（2005 年春季卷总第 1 期），北京：社会科学文献出版社，2005，第 1~2 页。

⑰陶东风等主编《文化研究》第 1 辑，天津：天津社会科学院出版社，2000，"前言"第 4~5 页。

⑱陶东风等主编《文化研究》第 2 辑，天津：天津社会科学院出版社，2000，"前言"第 1 页。

⑲参见 http://cssci.nju.edu.cn/news_show.asp?Articleid=167. 但是因为信息沟通不畅等原因，直到第 11 期才正式标注"CSSCI 来源集刊"字样。

⑳本节所引主编的话，皆见当期《文化研究》中的"主编的话"。

㉑邓正来当初用香港的刊号主办《中国社会科学季刊》的时候，还收到了企业家每年 10 万元的资助。见邓正来《"学在民间"与中国社会科学的发展——对〈中国社会科学季刊〉与〈中国书评〉的分析》，合肥：《学术界》2006 年第 5 期。

㉒20 世纪 90 年代以后，特别是新世纪以来，资助学术集刊的民间企业越来越少，与此同时，政府财政对于各大学的财政支持明显加大，出现了集刊领域国进民退的现象。

㉓马晓军：《2005 年度 CSSCI 来源集刊述略》，南京：《学海》2007 年第 2 期。

㉕邓正来：《"学在民间"与中国社会科学的发展——对〈中国社会科学季刊〉与〈中国书评〉的分析》，合肥：《学术界》2006 年第 5 期。

㉖参阅于丽英《集刊评述》，哈尔滨：《图书馆建设》2009 年第 2 期。

㉗汕头大学新闻学研究中心编《新国学研究》第 1 辑，北京：人民文学出版社，2005，"编者的话"，第 3 页。

㉘一个鲜明的例子，就是中国期刊在国际几大检索系统中的数量很少。可参阅中国高校科技期刊研究会的统计，http://www.cujs.com/article/UploadPic/2012-12/2012123110252943339.xls。

㉙林培锦：《西方学术共同体的形成及其与同行评议的关系》，福州：《福建师范大学学报》（哲学社会科学版）2012 年第 5 期；芢光锤、李福华：《学术共同体的概念及其特征辨析》，江苏徐州：《煤炭高等教育》2010 年第 5 期。

㉚王晓渔：《学术共同体的消逝与重建》，北京：《中国图书评论》2008 年第 4 期。

㉛林培锦：《西方学术共同体的形成及其与同行评议的关系》，福州：《福建师范大学学报》（哲学社会科学版）2012 年第 5 期。

作者简介：陶东风，首都师范大学文学院教授、博士生导师，首都师范大学文化研究院常务副院长兼首席专家，《文化研究》集刊主编；和磊，山东师范大学文学院副教授。

［责任编辑：刘泽生］
（本文原刊 2013 年第 4 期）

主持人语

刘泽生

　　学术期刊之于学术研究乃至社会文明发展，其重要性毋庸置疑。读史以明镜。学者们对期刊史的追溯探究，无疑将有益于当下期刊改革的思路与学术探索的启示。

　　从世界史的角度考察，学术期刊的出现还是近代以来的事。目前一般认为，1665 年分别在巴黎、伦敦创刊的《学者杂志》（*Journal des sçavans*）与《皇家学会哲学会刊》（*Philosophical Transactions of the Royal Society*）是世界上最早的学术期刊，迄今将近三个半世纪。而中国境内最早出版的刊物是 1832 年的《中国丛报》（*The Chinese Repository*）。中国大学学报的出现则要更晚一些，如早期的《东吴月报》（1906 年）、《清华学报》（1915 年）、《北京大学月刊》（1919 年）等，迄今也仅有百年历史。至 20 世纪 20~30 年代，一批新的人文社科类学术期刊，如《学衡》、《国学季刊》、《禹贡》半月刊、《食货》半月刊等纷纷问世，并在中国学术期刊史上留下了值得追忆的印记。

　　耀铭兄的《顾颉刚创办〈禹贡〉半月刊的学术启示》一文，对顾颉刚与其创办的《禹贡》半月刊进行了深入的研究，认为《禹贡》作为中国第一份专业研究"历史地理"的学术期刊，不仅记录了当时社会的变迁，同时也成为推动这些改变的工具，在学术史上留下了浓墨重彩的一页，也给当下学术期刊主编诸多有益启示：一是研编并举，互为促进；二是长袖善舞，广结人脉；三是扶植新人，造就新人；四是无间新旧，兼容并包；五是引领学术，创建学派；六是经世致用，学术救国。耀铭兄以其独到的视角、慎密的思考与出彩的文字，对这份学术遗产写下了甚具见地的总结——《禹贡》半月刊所倡导的独立精神、思想自由、学术争鸣、兼容并包，至今仍值得我们认真研究，顾氏在办刊中坚守的求真精神和人文情怀，更是今天期刊同仁学习和传承的宝贵财富。

学术期刊何以引领学术？如何定位学术期刊在学术发展中的作用？如何认识学术期刊与学术乃至学术共同体之间的关系？这是原祖杰教授在《学术期刊何以引领学术》一文中所重点探索的问题。祖杰兄以中外期刊史之演变、30年代《学衡》杂志与学衡派的异军突起，学术期刊与学术团体、学术生态关系，对学术期刊如何引领学术进行深入的探索，指出学术期刊要想发挥引领学术的作用，其所承载的内容应当是学术界关注的热点和前沿性问题。而要达到这一目标，学术期刊必须具备三个方面的条件：一是专业化与特色化的办刊目标；二是需要有先进、有效的传播手段；三是办刊人应对学术动态有准确的把握，能够成为学术活动的组织者。只有让学术期刊回归学术共同体，服务于学者和学术研究，才能真正承担起引领学术的使命。

本刊向读者诸君推荐的另一佳作《叫现代学术说中国话》，作者桑海博士是清华大学的一位年轻学者，对学术期刊史的研究颇有所得。桑文从冯友兰先生的"叫现代学术说中国话"谈起，对西方学术本土化、中国学术国际化到中国化的世界学术，进行了富于哲理的解读。作者认为，西方学术本土化和中国学术国际化都推动了中国现代学术的发展，但总体上并未脱离西方中心的逻辑，中国化的世界学术即进行根植于中国文化传统、母语思维和生活实践的原创性研究，做出兼有中国品格和世界水平的学术贡献，并以全球化的形式进行表达，是在会通中西基础上的重构和创造，理应成为中国学术特别是人文学术的努力方向。

学术史上总有一些人和事值得期刊人的传承与品味——从本专栏中的顾颉刚到冯友兰，从《学衡》到《禹贡》半月刊，还有冯氏的经典论述——"叫现代学术说中国话"。

顾颉刚创办《禹贡》半月刊的学术启示

张耀铭

[提　要] 历史学家顾颉刚于 1930 年代创办的《禹贡》半月刊 (*The Chinese Historical Geography*)，是中国第一份专门研究"历史地理"的学术期刊。《禹贡》在学术史上留下了浓墨重彩的一页，也给当下学术期刊主编诸多的有益启示：一是研编并举，互为促进；二是长袖善舞，广结人脉；三是扶植新人，造就新人；四是无间新旧，兼容并包；五是引领学术，创建学派；六是经世致用，学术救国。

[关键词] 顾颉刚　禹贡学会　《禹贡》　半月刊　历史地理

民国不是一个好的时代，但却是一个色彩斑斓的时代，是一个"新学和旧学碰撞，中学和西学融汇"的混沌时代。①民国时期很多知识分子特立独行的生活方式和精神气质，被当下部分文人称之为"民国范儿"，作为一种趣味、一种风尚、一种美学在谈论。的确，文化是要有一个生态的。民国初期，教育比清朝独立，新闻出版比清朝自由，知识分子非常活跃。所以，"民国的艺术与学术，基本还保留了精神的多样性，使得各类人物有了驰骋的机会。超人的激情与禅林之风，左翼斗士与自由主义绅士，托派与安那其主义，遗老和西崽，演绎了诸多的故事"。②民国时代，名师辈出、群星璀璨：文学方面有文言派的黄侃、刘师培、陈介石等，白话派的有胡适、陈独秀、刘半农、周树人、周作人等；史学方面有信古派的陈汉章、柳诒征、刘掞藜等，有疑古派的钱玄同、沈尹默、顾颉刚等；社会科学方面有马寅初、陶履恭、王星拱、陈大齐、赵元任、何廉、萧友梅，自然科学方面有李四光、翁文灏、丁文江、任鸿隽；在对待文化思想的态度方面，有提倡新文化的陈独秀、李大钊、胡适，也有保守派的辜鸿铭、吴宓、梁漱溟。其时文人办刊已成风气，陈独秀、李大钊、胡适、周作人、鲁迅、张东荪、傅斯年、胡汉民、戴传贤、郭沫若、林语堂、郑振铎、冯至、高长虹都曾借期刊一试身手、登高一鸣。影响力较大者有北京的《新青年》、《新潮》、《每周评论》、《努力周报》，以及上海的《解放与改造》、《建设》、《星期评论》等。

"史学是当时人文学术研究的总枢纽，一端集旧学之大成，一端启新学之门径"，③史学界涌现出了一批大师级的学者，如王国维、梁启超、陈寅恪、陈垣、胡适、顾颉刚、傅斯年、吕思勉、徐中舒、蒙文通、柳诒征、董作宾等，他们以渊深的国学根底，融通中西，不仅开创了学术研究的新领域，更展现了极富个性的治学方法与学术风范。20 世纪 20 年代史学期刊开始兴办，发展至 30 年代逐步成熟。学者们通过史学期刊这一媒介讨论问题，形成思潮，继而发展成为学派。"如《史地学报》、《史学与地学》、《史学杂志》、《史地杂志》与史地学派的形成，《中央研究院历史语言研究所集刊》与史料学派的产生，《禹贡》半月刊与历史地理研究的兴起，《食货》半月刊与社会经济史研究的勃兴，都是其突出的代表。"④其中影响最大的当属顾颉刚创办的《禹贡》半月刊，她不仅记录了社会时事的改变，同时也成为推动这些改变的工具，在学术史上留下了浓墨重彩的一页，并且也给当下学术期刊主编诸多的有益启示。

启示之一：研编并举，互为促进

顾颉刚（1893～1980），江苏吴县人，1913 年就读北京大学预科，1916 年升入北大本科，原倾心于章太炎的学问，后与同学傅斯年双双转至胡适门下。1920 年顾颉刚毕业之际，罗家伦在致胡适的信中说："颉刚的旧学根底，和他的忍耐心与人格，都是孟真和我平素极佩服的。所以使他有个做书的机会，其结果决不只完成他个人求学的志愿，而且可以为中国的旧学找出一部分条理来。"⑤胡适不负罗家伦之托，为顾颉刚谋取了北大图书馆的职事。由于图书馆的薪酬较低，入不敷出，顾颉刚又求助于胡适。胡适让他标点《古今伪书考》，得到一些报酬。顾颉刚利用图书馆丰富的藏书，钩沉索引，考镜源流，探幽发微。他在研究中发现：中国古史里裹藏着许多偶像，帝系所代表的是种族的偶像，王制所代表的是政治的偶像，道统所代表的是伦理的偶像，经学所代表的是学术的偶像。这些封建偶像支配着中国的古史。因此，为了建设真实的、科学的古史体系，必须彻底摧毁这些偶像。1923 年，顾颉刚在《读书杂志》第九期发表《与钱玄同先生论古史书》，第一次公开提出了"层累地造成的中国古史"的观点。他认为中国传说的古史系统，不是自古就有的，而是由不同的时代"层累式的造成的"。他把这个基本的古史观的思想内涵及历史演化归结为三个方面。第一，"时代愈后，传说的古史时期愈长"。例如，周代人心目中最古的圣贤是禹，到了孔子时代出现了尧舜，及至战国时代出现了黄帝、神农，到了秦代又出现了"三皇"，到了汉代以后则出现了"盘古"。第二，"时代愈后，传说中的中心人物愈放愈大"。例如，舜，在孔子时代只是一个"无为而治"的圣君，到了《尧典》就成了"家齐而后国治"的圣人，到了孟子时代就成了一个孝子的模范了。第三，我们即便不能知道某一件事的真确的状况，也可以知道某一件事在传说中最早的状况。例如，我们即使不能知道东周时的东周史，也至少能知道战国时的东周史；我们即使不能知道夏商时的夏商史，也至少能知道东周时的夏商史。这个"层累地造成中国古史"的历史观的核心思想是：承认传说的古史并非自古皆然，而是由无到有，由简单到复杂，逐渐演化而成，这既是伪造传说古史的过程，也是传说古史由简单到复杂的演化过程。⑥顾颉刚以疑古辨伪的态度考察了孔子与六经的关系，断定六经绝非孔子"托古"的著作，六经没有太大的信史价值，否定了儒家利用六经编成的整个古史系统。这如同在史学界引爆了一个炸弹，一时间众说纷纭，批评者众多。在这关键时刻，胡适撰文支持顾颉刚。1924 年 2 月，胡适在《读书杂志》发表《古史讨论读后感》一文，胡适称，"顾先生的'层累地造成的古史'的见解真是近日史学界的一大贡献"，并认为"一个中心学说已替中国史学界开了一个新纪元"。胡适的话一出，无疑为顾颉刚在史学界赢得一定地位起到了至关重要的作用。1926 年，由顾颉刚编著的《古史辨》第一册出版，再次轰动史学界，胡适称之为"中国史学界的一部革命的书，又是一部讨论史学方法的书"。从1926 年到1941 年《古史辨》论丛共出版七大册，其中一、二、三、五册为顾颉刚编著，四、六册由罗根泽编著，七册上中下三编由吕思勉、童书业编著。古史辨学派的诞生,《古史辨》论丛的出版,无疑是 20 世纪中国所发生的最为重大的学术史事件之一,意味着源远流长的中国上古史知识框架已经崩溃,从而开辟了中国史研究的新局面。

民国时代,思想界最引人注目的变化是刊物创办者往往兼有大学教授的身份。而且不单教授们在办刊物,许多有抱负的学生也都在创办刊物。"大学与刊物结合,使民初思想界呈现出有别于晚清的图景。"⑦1915 年陈独秀创办《新青年》杂志,最初汇聚的主要是安徽籍的读书人,影响有限。1917 年出现了一个重大的历史机遇,蔡元培先生诚邀陈独秀带着《新青年》走进北大,并让其当上了文科学长。由此,刊物的"撰稿人则几尽是北大的教员和学生,《新青年》迅即成为北大革新力量的言论阵地"。⑧胡适、钱玄同、高一涵、李大钊、刘半农、周氏兄弟、沈尹默、陶孟和等,一时成为刊物的主要角色。有了《新青年》与北大的结合,也就有了新文化运动和五四运动。顾颉刚深受北大传统与文化的影响,在任北京大学、厦门大学、中山大学、燕京大学、云南大学、齐鲁大学、复旦大学、兰州大学教授时,先后创办了《国学季刊》、《厦门大学国学研究院周刊》、《民俗周刊》、《燕京学报》、《禹贡》、《边疆周刊》、《齐鲁大学国学季刊》等学术期刊。那时,"学者学有所得,常即发为演讲,布诸杂志,以相讨论,以求增益。一二年所得,罕有刊成书册者。治一学,而欲知新,而欲与时皆进,乃非读其学之杂志不可"。⑨大学教授投稿报刊,已然成为一种生活形态。顾颉刚抓住契机创办刊物,充分发挥学术合作、学术交流平台的作用,并搭建起沟通社会的桥梁。顾颉刚创办刊物,优势有四:一是作为教授,他的周围聚集着一些学术团体和学生队伍,可以保证刊物的稿源和质量;二是他有很高的学术水平,对所从事研究领域的发展现状及学术前沿、发展趋势有清楚的认知,可以敏锐判断学术的创新点和突破点;三是他是知名学者,在学术界有一定影响,能够提升学术期刊的知名度和影响力;四是他有写稿、投稿的经历,其中甘苦自知,因此在编辑中所透析与发散出来的那种难以割舍的和一以贯之的人文情怀,催人思考,亦感人至深。

反传统的人其实是站在传统的基点开始起航的。顾颉刚深味传统的弊端,才有了摧枯拉朽的渴望。他教书育人、钻研学问、创办刊物一身三任,目标迥异,但却成绩斐然,充分显示了作为优秀史家的互为补充、互为促进的功力之长,由此奠定了他"大师级"的历史地位。

启示之二：长袖善舞，广结人脉

在 20 世纪中国学术史领域内，胡适的两位弟子傅斯年和顾颉刚都是举足轻重的人物，他们在学识、才干等方面势均力敌，堪称两种不同又彼此无法取代的学术组织模式的代表。傅斯年（1895～1950）的事业具有官方色彩，他与蔡元培、朱家骅、胡适等人交往密切，"一手抓住美庚款，一手抓住英庚款，再加上中央研究院历史语言研究所掌门人这个职位，拥有旁人难以企及的丰厚学术资源，已足以做到呼风唤雨、号令天下的地步"。⑩顾颉刚的"学术思潮"具有民间色彩，他靠创立现代史学新范式的学说崛起于学术界，事业鼎盛时居然身兼数职：燕京大学历史系主任、北平研究院史学研究所主任、禹贡学会及其半月刊主持人、通俗读物编刊社负责人等。1936 年，为了到北平研究院上班和应酬方便，他购置旧汽车一辆，这在北平学界是绝无仅有的，因此招致许多人的嫉妒和反对。正因为傅斯年与顾颉刚在学术社群中扮演的不同角色类型，最终导致他们由"同门弟子"走向了"阋墙之争"，二人之间的关系也成为一个长久不衰的热点话题。其实，一个学派的生存延续，一个导师的同门弟子，不都是一种色调，同门学生的差异性，其实也丰富了学术的内涵。如章太炎的学生中，既有狂放不羁的，也有书斋气十足的，他们跟随老师读书，得其一点而大加发挥，遂成学界一家，足以令人叹为观止。

顾颉刚曾在《古史辨》第一册自序中说："如果我们要求真知，我们便不能不离开了人生的约束而前进。所以在应用上虽是该作有用与无用的区别，但在学问上则只当问真不真，不当问用不用。学问固然可以应用，但应用只是学问的自然结果，而不是着手做学问时的目的。"不少学者据此认为顾颉刚抱有"学术至上"的观念，是固守在"象牙塔"里死读书的学究，其实这是一种误读。余英时通过对《顾颉刚日记》的研究，发现"他的'事业心'竟在'求知欲'之上，而且从 1930 年代开始，他的生命形态也愈来愈接近一位事业取向的社会活动家，流转于学、政、商三界"。⑪顾颉刚交游之广，当时学界中人罕有其匹，不仅有青年学生、中外教授、社会名流，还有商界领袖、蒙古王公、地方大员、党国要人。这些人脉关系，这些交际活动，无疑给他的事业带来很多好处。

禹贡学会成立之初，学会的筹备处和刊物编辑部就设在顾颉刚的家中，顾颉刚、谭其骧负责内容，顾颉刚女儿顾自明担任发行，"经费主要靠顾、谭月捐二十元，有时捐四十元维持；一部分来自会费：他们广泛邀约班上的学生及平、津、沪、宁、杭、穗等地的熟人参加学会，普通会员每月收费一元，学生会员收五角。刊物不设稿酬，写稿、审稿、编辑和全部工作都是义务的"。[12] 为了改变这种捉襟见肘的办刊状况，顾颉刚多方游说教育部长王世杰、行政院秘书长翁文灏、交通部长朱家骅、燕京大学校长司徒雷登等，争取提供经费，并主动拜访中英庚款董事会、中山文化教育馆、民间出版商和书店，谋集资金支持，从而取得了很好的效果，使禹贡学会调查边疆现状、研究边疆历史、出版边疆丛书得以实现。由此我们得到一点有益的启示：在推动学术发展的进程中，并非只有作者、学者是主动的，刊物同样也可以是主动的，而编辑在社会与学者之间扮演的中介作用不能忽视，尤其是那些具有专业背景、博学多识、人脉资源丰富、社会活动能力强的名主编在学术史上发挥的作用更为突出。

启示之三：扶植新人，造就新人

1929 年夏，顾颉刚自广州北上赴燕京大学任教，途经苏州时结识了仅为中学毕业的钱穆。钱穆把写好的《刘向歆父子年谱》交给顾颉刚，文稿以坚实的证据批驳了上至廖平、康有为，下迄顾颉刚、钱玄同等人论述的牵强武断，认为康有为所主张的刘歆伪造诸经之说不能成立，对当时流行的现代疑古思潮发出诘难。顾颉刚不以学历论高低，不介意对自己的批评，反而将这篇文章发表在自己主编的《燕京学报》第 7 期（1930 年 6 月出版）上，后又编入《古史辨》第五册中。文章出版之后，震惊北京学术界，钱穆由此名声大噪。顾颉刚遂推荐钱穆先在燕京大学任国文系讲师，后转任北京大学历史系教授，开设中国上古史、秦汉史等课，讲授史学，终成一家之言。晚年的钱穆回忆时还感叹：《刘向歆父子年谱》"不啻特与颉刚争议。颉刚不介意，既刊余文，又特推荐至燕京任教。此种胸怀，尤为余特所欣赏。固非专为余私人之感知遇而已"。[13]

童书业连中学都没上过，却记忆力惊人，酷爱文史，以熟悉历史资料见长。他沿着顾颉刚疑古辨伪的思路，写出《礼记考》和《虞书疏证》。顾颉刚为他的学识震惊，便请他做自己的助手。1935 年 6 月，童书业应约抵达北平时，顾颉刚亲赴车站迎接，并让童书业担任自己在燕京大学和北京大学教授"春秋史"课的助教，薪金由顾颉刚自己支付，食宿也在顾颉刚的家里。此后，童书业不仅主编了《古史辨》第七册，还与顾颉刚合写了

《夏史三论》，对"古史辨派"做出了重要贡献。

1935年3月28日，顾颉刚在致谭其骧的信中明确表达："我办这刊物，固要使你成名，但世界上埋没了的人才何限，可以造就的青年又何限，我们纵不能博施济众，但必应就力之所及，提拔几个，才无负于天之生才。例如钟风年先生，年逾五十，以十余年之精力费于《战国策》上，然而世上有什么人知道他？因为世人不知，而他的文字又不足以表达学问，以致困顿不堪，不能给衣食。此等人我不帮他一下，再有什么人帮他？又如孙海波君，其学力为世所希见，而其文字颇有疵类，不为他改竟不能登。难道我为了爱惜自己的时间而使他失去了发展的机会吗？又如马培棠君，有学问，有见解，又会写文章，这种人是很能脱颖而出的，但因他寡交游，没有人为他揄扬，就埋没在一个中学校里。现在我们常登他的文章，竟使注意他的人愈来愈多，我到南到北都听见提起他的姓名了，又有人托我介绍和他通信了。这样地使许多有志有为的人都得到他的适当的名誉和地位，岂不是人生一乐？所以我们若为自己成名计，自可专做文章，不办刊物；若知天地生才之不易，与国家社会之不爱重人才，而欲弥补这个缺憾，我们便不得不办刊物。我们不能单为自己打算，而要为某一项学术的全部打算。"[14]顾颉刚的这种操守和格调，曾经鼓舞过一代又一代后学，也充分证明：一本刊物的不朽和成功，不仅在于她能团结和吸引多少名家，更在于她能发现、扶植和造就多少新人。

启示之四：无间新旧，兼容并包

1932年，顾颉刚在燕京大学、北京大学开设"中国古代地理沿革史"课程，专讲《禹贡》。1934年2月4日，"禹贡学会筹备处"成立。同年3月1日，《禹贡》半月刊正式出版，由顾颉刚、谭其骧（后为冯家升）任主编。1936年5月24日，禹贡学会在燕京大学正式成立，选顾颉刚、钱穆、冯家升、谭其骧、唐兰、王庸、徐炳昶七人为理事，刘节、黄文弼、张星烺三人为候补理事；选于省吾、容庚、洪业、张国淦、李书华五人为监事，顾廷龙、朱士嘉二人为候补监事；并通过了学会章程。《禹贡》半月刊共出版了7卷82期，至1937年七七事变爆发，被迫停刊。在短短三年多时间中，禹贡学会联络组织志同道合的学者，做了大量历史地理研究工作。《禹贡》半月刊作为学会的学术刊物，共刊登了300余位作者的700余篇文章，[15]在海内外学术界产生了很大的影响。

　　《禹贡》半月刊作为学术研究的重要平台和中介，顾颉刚在"发刊词"、"纪念辞"中多次强调："我们无间新旧，兼容并包，使得偏旧的人也薰陶于新方法的训练，而偏新的人也有旧材料可整理，他们有相互的观摩和补益而没有相互的隔膜和冲突。我们常有剧烈的争辩，但这争辩并不是有所挟持以凌人，而是把自己搜集来的材料和蕴蓄着的意见贡献出来，共同讨论一个问题，寻求适当的解决。"[16]顾颉刚不仅这样说，而且身体力行。他倡导学术争鸣，更欢迎学术批评。例如，他曾经认为"禹是蜥蜴"一类的虫，经人指出谬误后，立即放弃。他也曾提出对夏史的怀疑，但一旦听说偃师二里头遗址发掘后，便马上认为："说不定是夏代物"，并指出"河、洛之间为夏代政治中心"。[17]傅斯年在《蔡元培先生六十五岁论文集》上发表了《夷夏东西说》，认为夷夏对立，夷在东方，而夏在西方。杨向奎不同意这种说法，写了《夏代地理小记》反驳，认为夏起于东方，夏中叶之前活动的中心以山东地区为主，后来向两边的山西等地发展。杨向奎把文章交给傅斯年看，傅斯年不同意杨向奎的观点，看后退还了论文。杨向奎便把文章交给了老师顾颉刚。一位权威教授，一个二年级学生，并不势均力敌的对手，但顾颉刚却能平等对待。他把杨向奎的文章发表于1935年出版的《禹贡》杂志第1卷第1期。杨向奎得到激励，继而向老师顾颉刚发起挑战。顾颉刚曾断言《周礼》与《左传》这两部古文经书，都是两汉末年刘歆伪造之书。杨向奎经过多方稽考，撰写了《论〈左传〉的性质及其与〈国语〉的关系》，发表于1936年出刊的《史学集刊》第2期上，确认《周礼》与《左传》二书都不是伪作。顾颉刚以"古史辨"鸣世，他的得意弟子却在做着颠覆导师的工作，令学人大开眼界。

　　民国学人的豪情、胆气、文采、激进，是当时文化的一道景观。《禹贡》半月刊刊载的争论文章中，不仅有著名学者之间的学术切磋，也有青年学者对学术权威观点的挑战，更有不同学派"对手"之间的争鸣。刘掞藜（1899～1935）作为"信古派"代表、"南高史地学派"干将，以《史地学报》为主要阵地，与顾颉刚倡导的疑古思潮开展论战，仅在1924年就先后发表《读顾颉刚君与钱玄同先生论古史书的疑问》、《与顾颉刚讨论古史第二书》、《与顾颉刚先生书》、《与顾颉刚先生书（三续）》等多篇文章予以批评，那份咄咄逼人，每每耸动天下。顾颉刚对刘掞藜文，既有反驳，又有肯定，体现了以理服人的学术精神。刘掞藜36岁早早离世，让人无限感伤。为纪念这位"有志之士"，顾颉刚在《禹贡》半月刊发表了他的论文

《晋惠帝时代汉族之大流徙》，并加"按语"寄托哀思："我想我们总有握手的一天，我想将来我们该再来打古史的官司，直到把我们心头的问题打出一个结果为止，哪知道到了现在只断定是一个虚愿呢!"从中显示了他的情感暖意和思考观察，在徐缓从容中可见波澜和洞见。青年学者张荫麟（1905～1942）1925年4月在《学衡》第40期发文《评近人对于中国古史之讨论》，激烈批评顾颉刚误用默证方法，给史学研究造成很大的负面影响。顾颉刚没有直接反驳这位青年学子，但却把其文章收录于《古史辨》第二册，以供学界和读者阅读欣赏、辨别是非。1941年张荫麟出版《中国史纲》，"改变了信古的初衷，思想认识向顾颉刚靠近"，"符从了顾颉刚的理念"。[18]最早提携张荫麟的"学衡派"创始人吴宓对《中国史纲》极为不满，批评说："宓素以荫麟为第二梁任公，爱其博雅能文，而惜其晚岁《中国史纲》之作，创为新体，未免误入歧路。"[19]1945年顾颉刚出版《当代中国史学》，将张荫麟《中国史纲》与钱穆《国史大纲》、吕思勉《中国通史》、邓之诚《中华二千年史》、陈恭禄《中国史》、缪凤林《中国通史纲要》等著作并列，赞扬是当代"较近理想的通史"，[20]而此时距张荫麟去世已近三年，尤其令人感动。学问可以靠努力为之，而人生境界，仅靠读书恐怕是得不到的。

启示之五：引领学术，创建学派

1934年2月，顾颉刚正式邀请谭其骧共同发起筹组禹贡学会，创办《禹贡》半月刊为学会的会刊，并商定以北大、燕大、辅仁"三校学生为基本成员，并以学生们的习作为主要稿源"。[21]顾颉刚常出题目、提供资料、教导方法，让学生写成文章，再提修改意见，或者亲自补充润色，仍用学生的名字在《禹贡》发表，意在培养一批人才。史念海就利用乾嘉学术方法，撰写了《两汉郡国县邑增损表》、《两唐书地理志互勘》、《两汉侯国考》等论文，受到顾颉刚的欣赏，发表在《禹贡》半月刊上。1937年，年仅25岁的史念海就与顾颉刚合著了《中国疆域沿革史》，成为我国沿革地理学中最重要的著作。侯仁之大学毕业就参与了《禹贡》的编辑工作，顾颉刚让他边工作边习作，还特地为他拟定了写作题目《汉书地理志中所释之职方山川泽寝》，这篇习作很快就在《禹贡》半月刊登载出来。后来侯仁之回忆："尤其使我惊异的是这篇文章的绪论和结语，都经过了颉刚老师的修改、补充和润饰，竟使我难于辨认是我自己的写作了。这件事大大激励了我，我决心去专研古籍，就是从这时开始的。"[22]

《禹贡》半月刊出版之后，顾颉刚又广泛邀约平、津、沪、宁、杭、穗等地的熟人参加学会，他"希望能聚集若干肯作苦工的人，穷年累月去专研，用平凡的力量，合作的精神，来造成伟大的事业，因为惟有这样才有切实的结果，正如砖石建筑胜于蜃气楼台。我们确实承认，在这个团体中的个人是平等的，我们的团体和其他的团体也是平等的。我们大家站在学术之神的前面，为她而工作，而辩论，而庆贺新境界的开展，而纠正自己一时的错误。我们绝对不需要'是丹非素'的成见，更无所谓'独树一帜'的嘘声"。[23]顾颉刚海纳百川、兼收并蓄的胸怀和气度，吸引了更多的学者，聚集在"禹贡学会"的周围，如谭其骧、钱穆、冯家升、翁独健、唐兰、王庸、徐炳昶、刘节、黄文弼、张星烺、梁思懿、郑德坤、朱士嘉、张维华、顾廷龙、段承泽、薛文波、王守真、陈增敏、杨向奎、侯仁之、史念海、童书业等，形成了日本学者森鹿三称之为"禹贡学派"的强大学术阵容。可以毫不夸张地说，中国现代历史地理学中的大家名家全部出自顾氏家门（杨向奎语）。并称为中国现代历史地理学"三驾马车"的谭其骧、侯仁之和史念海，都曾是顾颉刚的学生。无论在中国学术史上还是中国期刊史上，顾颉刚都扮演了重要的角色，他既是重要的学术史见证人，又是重要的学术史创造者。

启示之六：经世致用，学术救国

在顾颉刚学术生涯中有三件事与三所大学紧密联系，并值得大书特书：一是在北京大学倡导古史辨运动，二是在中山大学倡导民俗学研究，三是在燕京大学倡导历史地理学研究。他从最初抱有"学术至上"的观念，经"经世致用"的实践，最终转变到"学术救国"的学术价值取向。顾颉刚与燕京大学结缘有多种因素，如燕大实行"中国化"、人际关系、从事学术研究的优良环境、待遇丰厚等。据《燕京大学执行委员会会议记录》（1929年8月1日、2日）记载，执委会表决接受哈佛—燕京学社关于顾颉刚教授任教的报告，报告内容为"哈佛—燕京学社以月薪275美元邀请顾颉刚教授充任该学社研究教授，并以同意他在历史学系任教不多于3小时为条件"。[24]顾颉刚的年薪达到3300美元，与同行相比也是比较高的。"在同一宗档案中还讲到了历史学系讲师张星烺的薪水问题，此时张星烺的年薪为1000美元"，"历史学系研究生助教朱士嘉的月薪仅有30美元"。[25]从1929年6月开始执教，到 1937 年"七七事变"后离开，顾颉刚前后有 8 年时间留恋在燕京大学。

1931 年九一八事变后，热河失守，华北危机，顾颉刚深感亡国的威胁，"予亦不能自止其敌忾之心，以文字参加抗日工作"。㉖他参加燕京大学中国教职工抗日会活动，任宣传干事；创办"三户书社"，取意于"楚虽三户，亡秦必楚"表达救亡决心，编写、出版大量鼓词宣传抗日；与此同时，他又发起成立禹贡学会创办《禹贡》半月刊，学会的宗旨明确写着："反对'为学术而学术'，力求把研究地理沿革、民族演进，与发扬光大民族文化的爱国热情结合起来，使这种研究贯穿经世致用的精神。"㉗1934 年 8 月，顾颉刚与郑振铎、吴文藻、谢冰心、雷洁琼等专家考察绥远时，深感"察、绥两省旦夕有继东北四省沦亡的危险，心中着急，想唤起国人共同密切注视边疆问题"。冯家升也指出了研究东北史地的迫切性："我国学者对于自己的边疆素少研究，在前清时代和别国起了疆界问题交涉时，已不知吃了多少大亏。民国以来，一旦遇上这类问题，仍是受人欺骗。如东北四省，就历史上、地理上、法律上说，明明是中国的领土，而日本为了施展领土野心，早几年前就在国际上宣传矢野仁一的'满蒙非支那论'，可怜我国学者没有一个能来加以有力反驳。"㉘由于身处日本侵华加剧、中国出现边疆危机这一特殊环境，禹贡学会遂把边疆史地作为这一阶段研究的重点，《禹贡》半月刊的内容也由此"转到了研究边疆历史和记录边疆现状为主"。㉙《禹贡》半月刊共发表研究边疆史地、边疆问题文章百余篇，以对内蒙、东北、西北边疆的研究为重点，既包括对古代边疆历史、民族、地理的文献考察，又包括对当时边疆地区民族分布、地理现状、交通运输、经济开发、基础建设等的实地考察，无论新领域的开拓、新方法的使用，还是新成果的产生，都具有拓荒性质。尤其是后者，更体现出经世致用、学术救国的色彩。

顾颉刚十分重视边疆研究，1936 年又组织各方面的专家进行了后套水利和察绥地区两次实地调查。1937 年 6 月童书业撰写的《〈禹贡半月刊〉序言》称："自从东北四省失陷以来，我们的国家受外侮的凌逼可算到了极点，所以有血气的人们大家都暂时放弃了纯学术的研究而去从事于实际工作。至于留在学术界的人物，也渐渐转换了研究的方向，即如本刊的由研究地理沿革而转趋到边疆调查，就是这种潮流的明显的表现。"㉚从1936 年 7 月 1 日至 1937 年 2 月 16 日，禹贡学派同仁以问题为中心开展研究，然后集成专号，先后策划出版《利玛窦地图专号》、《西北研究专号》、《东北研究专号》、《后套水利调查专号》、《南洋研究专号》、《康藏专号》、《察绥专号》、《古代地理专号》，力图从学术视野廓清我国疆土范围，从而激发国人的自信、自强："使得荒塞的边疆日益受本国人的认识和开发，杜绝了野心国的觊觎。我们要把我们的祖先努力开发的土地算一个总账，合法地承受这份我们国民所应当享有的遗产。"[31]《禹贡》还率先倡导和支持加强西北回族伊斯兰教的研究，出版《回教专号》、《回教与回族专号》两种，并把民族问题上升到关系国家安定、统一的高度来认识。所有这一切，无不反映出顾颉刚强烈的救亡图存的爱国思想，也彰显了知识分子在道德良知上的表率性。正由于此，日军占领北平后将顾颉刚列入黑名单。

1937 年七七事变爆发，《禹贡》半月刊第 7 卷第 10 期出版（7 月 16 日）即被迫停刊，顾颉刚与禹贡学会主要成员先后离开北平。禹贡学会在北平的房屋、图书资料，由于有赵贞信、冯世五、吴丰培等人的守护，得以保全。抗战胜利后，顾颉刚由重庆飞回北平。1946 年 3 月 10 日，他在太庙（今劳动人民文化宫）图书馆召开禹贡学会复会会议，参加会议的老、新会员近 50 人。会议决定，将《禹贡》半月刊改为季刊，由翁独健负责编辑。季刊未出版之前，先在《国民新报》上辟一个专栏——《禹贡周刊》，由王光璋、张政烺、侯仁之任编辑。之所以选择《国民新报》，顾颉刚在发刊词中明文写道："所憾物价奇昂，一时不容印行巨帙。"《禹贡周刊》出了10 期停刊，后又在北平《经世日报》出了 16 期，终因时局多变、资金无着，彻底停刊。1954 年 8 月顾颉刚就任中国科学院历史研究所第一所研究员后，便与禹贡学会原理事、监事们做出结束学会的决定。1955 年 2 月 6 日，顾颉刚等将房屋捐献政府，现金慰劳军队，图书赠送民族学院，刊物分送大学图书馆后，在日记中写下"禹贡学会从此终了矣"。曲终人散，留下许多回忆，留下许多无奈，也留下许多感慨！

顾颉刚的学识对同代人冲击很大，流音所在，许多领域都有他的余响。民国时代因这样的一批人的存在，变得丰富和神奇起来。他们不仅在旧学里坚持独立的思想和人格精神，而且在新的学问里保持思想的自由、开阔的视野。他们在困境中思考学术、人生、社会等问题，给后人留下了许多宝贵的学术遗产。

《禹贡》半月刊停刊已有 76 年，但其倡导的独立精神、思想自由、学术争鸣、兼容并包，至今仍值得我们认真研究和总结；而顾颉刚在办刊中坚守的求真精神和人文情怀，更是今天期刊同仁学习和传承的宝贵财富。

斯人已去，风范长存！

---

①张军：《民国那些大师·代序》，武汉：湖北人民出版社，2008。

②孙郁：《在民国·自序》，杭州：浙江人民出版社，2008。

③⑩李扬眉：《学术社群中的两种角色类型——顾颉刚与傅斯年关系发覆》，北京：《清华大学学报》（哲学社会科学版）2007年第5期。

④程文标：《近代史学研究公共领域的形成及其影响》，北京：《清华大学学报》（哲学社会科学版）2012年第6期。

⑤《胡适来往书信选》，（上），北京：中华书局，1979，第54~55页。

⑥赵吉惠、毛曦：《顾颉刚"层累地造成中国古史"观的现代意义》，北京：《史学理论研究》1999年第2期。

⑦章清：《民初"思想界"辨析》，北京：《近代史研究》2007年第3期。

⑧陈万雄：《五四新文化的源流》，北京：三联书店，1997，第1~23页。

⑨张嵩年（申府）：《劝读杂志》，北京：《新青年》第5卷第4号，1918年10月15日，"通信"，第433页。

⑪余英时：《未尽的才情——从〈日记〉看顾颉刚的内心世界》，《顾颉刚日记》第1卷，台北：联经出版事业股份有限公司，2007，第1~2页。

⑫㉑葛剑雄：《顾颉刚、谭其骧创办〈禹贡〉半月刊始末》，济南：《历史学家茶座》2010年第4期。

⑬钱穆：《师友杂忆》，北京：三联书店，1998，第89页。

⑭顾潮：《历劫终教志不灰——我的父亲顾颉刚》，上海：华东师范大学出版社，1997，第164页。

⑮黄艳林、郝玉香：《论〈禹贡〉半月刊的编辑特色》，福州：《福州大学学报》（社会科学版）2013年第3期。

⑯㉛《纪念辞》，北平：《禹贡》第7卷第1、2、3合期，1937年4月1日。

⑰朱佳木：《顾颉刚先生治学生涯的启示》，北京：《中国史研究》2003年第4期。

⑱乔治忠：《张荫麟诘难顾颉刚"默证"问题之研判》，河南开封：《史学月刊》2013年第8期。

⑲《吴宓日记》第8册，1942年10月26日，北京：三联书店，1998，第404页。

⑳顾颉刚：《当代中国史学》，上海：上海古籍出版社，2002，第82页。

㉒侯仁之：《回忆与希望》，上海：《历史地理》1981年创刊号。

㉓《发刊词》，北平：《禹贡》第1卷第1期，1934年3月1日。

㉔Minutes of the General Faculty Executive Committee，August 1st and 2nd，1929，北京：北京大学档案，YJ1929011。

㉕丁超：《燕京大学时期顾颉刚的学术事业与禹贡学会》，山东曲阜：《齐鲁学刊》2010 年第 6 期。

㉖顾颉刚：《〈史林杂识〉小引》，《史林杂识（初编）》，北京：中华书局，1963，第 2 页。

㉗韩儒林：《回忆禹贡学会》，上海：《历史地理》第 2 辑，1982 年。

㉘冯家升：《我的研究东北史地的计划》，北平：《禹贡》第 1 卷第 10 期，1934 年 7 月 16 日。

㉙顾颉刚：《文革交代〈禹贡学会简史〉》，引自顾潮《顾颉刚年谱》，1934 年 8 月 8 日，北京：中国社会科学出版社，1993，第 223 页。

㉚童书业：《〈禹贡半月刊〉序言》，北平：《禹贡》第 7 卷第 6、7 合期，1937 年 6 月。

㉛《本会三年来工作略述》，北平：《禹贡》第 7 卷 1、2、3 合期，1937 年 4 月 1 日。

作者简介：张耀铭，《新华文摘》原总编辑、编审，南开大学兼职教授。

［责任编辑：刘泽生］

（本文原刊 2014 年第 1 期）

学术期刊何以引领学术

——兼论学术期刊与学术共同体之关系

原祖杰

[提　要] 近年来，"引领学术"被中国大陆的很多学术期刊重新确定为办刊目标，这一现象也可从现代学术期刊发展史上获得足够印证。然而相关讨论却很少触及期刊引领学术的必要条件，那就是期刊背后学术团体的作用，而这一作用的发挥又同时取决于一个健康的学术生态环境。如果期刊编辑脱离学术共同体，甚至将学术期刊凌驾于学术共同体之上，学术期刊不仅无法实现引领学术的目标，还可能进一步破坏学术生态。只有恢复"编研一体"的办刊模式，让学术期刊归依并根植于学术共同体，学术期刊才能担负起引领学术发展的使命。

[关键词] 学术期刊　《学衡》　学术共同体　学术生态　编研一体

学术期刊何以引领学术？对于这个问题可以从两个层面来理解：首先是学术期刊能不能引领学术；其次是学术期刊如何引领学术。对于第一个问题，很多当代中国期刊界人士的回答是肯定的。张耀铭认为："一本优秀的学术期刊，必须引领学术潮流。在学术发展史上，学术期刊一直扮演着重要的角色。在一定程度上可以说，学术期刊引领着中国学术的发展。"[①]田卫平也曾发表文章，强调学术期刊对学术的引领作用，认为"重'展示'，轻'引领'"是"学术期刊发展的缺位"。[②]《中国社会科学报》近来"特别策划"了一系列笔谈，更为全面地论述了学术期刊在学术发展中的引领作用：一哲的文章开宗明义地指出"学术期刊是引领学术发展的旗帜"，学术期刊"担负着引领、推动和传播科学理论的独特功能"；③柯锦华提出学术期刊编辑的三种境界："从'旁观者'到'参与者'再到'引领者'，标志着学术期刊编辑办刊理念的成熟和办刊境界的提升，意味着其编辑思想的自我超越与主体意识的自觉。一流学术期刊编辑有勇气有能力不断超越自己，不断接近学术引领者的最高境界和理想目标。"④可以看出，学术期刊引领学术几乎成为期刊界的共识。但不同的声音依然存在，既是学者又是期刊人的吴承学几年前就曾警告学术期刊编辑"不要妄谈'引领学术'"。他指出："学术发展有自身的规律，作为编辑，就是应该能认识和把握这种规律；编辑最理想的境界是达到能与第一流学者交流和对话的水平，能够为发表第一流的学术成果服务。"⑤如何回应这两种不同的声音？如何定位学术期刊在学术发展中的作用？如何认识学术期刊与学术乃至学术共同体之间的关系？这是本文力图加以辨析和探讨的重点。

一 对期刊引领学术的历史回顾

很多期刊人和学者之所以得出期刊引领学术的判断，所依据的主要还是一些既往的历史现象。学术期刊从 17 世纪诞生之后，就成为现代学术活动的核心平台，一些重要的学术期刊上发表的科研成果和学术信息往往会被当作学术研究的风向标。而近代学术史上一些颇具影响的学术流派也往往是围绕一份学术期刊而形成的。因此，对这些历史现象做一简单回放，或许会有利于我们加深对这一判断的理解。

一般认为，世界上最早的学术期刊是 1665 年分别出现在法国巴黎和英国伦敦的《学者杂志》（*Journal des sçavans*）和《皇家学会哲学会刊》（*Philosophical Transactions of the Royal Society*）（以下简称《哲学会刊》）。学术期刊的出现是早期近代新思想、新观念孕育与发展的需要。在学术期刊出现之前，学者之间主要靠通信方式交流思想心得与科学发现。1665 年 1 月 5 日，法国巴黎一位叫丹尼斯·戴萨罗（Denis de Sallo）的学者发表了一本仅有 12 页的小册子，命名为《学者杂志》，其主要内容为几位学者之间有关科学和学术发现的通信。戴萨罗声称，设计这份杂志的目的是将通信中的新发现定期公之于众。杂志的宗旨主要有二：其一，告知读者欧洲面世的新书，并简要介绍新书的内容和研究领域；其二，报告新观察、新实验和新发现。他自豪地宣称："没有哪件发生在欧洲而值得学者关注的事，不能从这份杂志中找到。"⑥似乎这份杂志囊括了欧洲学术的全部热点，或者说这份杂志没有涵盖的内容也不值得学者们关注。尽管可能言过其实，但也道出了学术期刊的最根本的功能和使命，那就是要反映学者们所关心的最新的学术动态。换言之，学者们如果想了解学术界正在关注和讨论什么，他们就可以期望在他们认可的期刊中找到踪迹。

比《学者杂志》晚几个月面世的《哲学会刊》，其支持者是五年前成立的伦敦皇家学会。在科学时代的曙光里，一批志同道合的欧洲学者为了交流学术发现和学术见解，经常在伦敦的格雷沙姆学院和牛津大学校园周围聚会，并于 1660 年成立皇家学会，作为科学爱好者的联络组织。《哲学会刊》的出版第一次让科学交流有了一个稳定的平台。该刊承载了近代西方引领科学革命的最重要成果，包括伊萨克·牛顿的《关于光与色的新理论》和其他 16 篇文章、查尔斯·达尔文的地理学研究成果以及本杰明·富兰克林在电学实验方面的发现，让这个交流平台成为学者了解新发现和新思想不可或缺的信息库，成为科学革命的一面旗帜，当然也成为启蒙时代学术的引领者。

近代学术风气云涌，学派林立，如以主要成员所在机构得名的牛津学派、法兰克福学派、威斯康星学派、芝加哥学派，以学术领袖得名的兰克学派、凯恩斯学派，以研究对象或研究特征而得名的边疆学派、制度学派，其中也不乏以期刊或者连续出版物而得名的，如代表 18 世纪法国启蒙思想的百科全书学派⑦和对当代学术思想和研究方法影响显著的年鉴学派等。还有一些学派，即使不是以期刊命名，也往往围绕一两份学术期刊而形成，如法兰克福学派，其代表人物霍克海默在 1932 年创办了《社会研究杂志》，之后就将这份期刊打造成该学派的旗舰。

年鉴学派可能是以期刊引领学术的典范。这个以关注长时段社会史为特征的历史学派对 20 世纪的历史研究，尤其是对早期近代史研究的引领作用是广为认可的。学派以其第一代领军人物吕西安·费弗尔（Lucien Febvre）和马克·布洛赫（Marc Bloch）于 1929 年联合创办的《社会经济史年鉴》（*Annales d'Histoire Économique et Sociale*）而得名，该杂志以后虽然屡易其名，但终究不脱"年鉴"两字，因此就成了引领学术发展的一面旗帜。

尽管起源于中国汉代的邸报被认为是世界报纸的先驱，但作为近代化产物的学术期刊对中国来说却是舶来品。中国第一份学术期刊，是由英国传教士马礼逊（Robert Morrison）于 1815 年创办的《察世俗每月统计传》

月刊，1815～1821 年在马六甲出版，主要介绍现代科学知识。而在中国境内出版的第一份传教刊物是 1832 年由美国人俾治文（Elijah Coleman Bridgman）在广州创办的月刊《中国丛报》（*The Chinese Repository*），直到 19 世纪 50 年代该报依然是西方研究中国的严肃学术的主要窗口。⑧鸦片战争以后，传教士在中国陆续创办了一批以介绍现代科学知识为主要内容的期刊，包括《六合丛谈》（1857～1858）、《中外新报》（1858～1861）、《教会新报》（1868～1907）等。⑨1876 年在上海创刊的《格致汇编》月刊，由英国传教士傅兰雅（John Fryer）创办并主编，是一份以介绍科学知识为主的专门性刊物，在当时刚刚兴起的洋务运动中，发挥着引领科学风气的作用。⑩

从晚清格致书院出现到民国成立的半个多世纪，中国现代学术经历了一个从无到有、从引进到自主的过程，虽几经挫折，却数度繁荣，出现了几个在当时颇具影响的学派，从这些学派的形成和成长历程中，我们也可以看到学术期刊引领学术潮流的影子。19 世纪末 20 世纪初，在上海、北京等地开始陆续出现了一批由国人自己创办的科学专业刊，如由农学会创办的《农学报》（1897）、教育家黄庆澄创办的《算学报》（1897）和《史学报》（1898）、由实业家朱开甲创办的《格致新报》（1898）、由教育家杜亚泉先后创办的《普通学报》（1901）和《中外算报》（1902）、由中国地学会创办的《地学杂志》（1910）等，成为现代科学知识的重要载体。这些期刊或者由致力于国家富强和社会进步的有识之士操刀，或者是由刚刚组织起来的一些新型学术团体经办，目标都在于推动现代科学的普及，也自然成为引领中国现代学术发展的旗帜。

民国成立之初，尽管政治上仍旧动荡不安，但各个领域的学术活动却在多种社会力量的推动下进入一个活跃期，学术期刊也如雨后春笋般成长起来。晚清以来，将中国被动挨打的局面归因于科技落后成为朝野共识，因此发展现代科学也就成了有识之士的当务之急。基于"没有科学，无以立国"的认识，1915 年 1 月，留美归国的任鸿隽在上海创办《科学》杂志月刊，旨在"阐发科学精义及效用"，介绍"西方最新的科学研究成果和科学发展的状况"，成为民国时期最早的综合性科技学术期刊。《科学》杂志不仅在思想、内容上成为现代学术的引领者，而且在版面形式上也开启了文字"横行"的先河。⑪

与科技类学术期刊不同，人文、社科期刊的学科边界要相对模糊一些，民国之初出现的几份有影响的学术期刊，如《新青年》等往往兼具政论和学术双重功能。而真正可以称得上学术期刊的文科类杂志大多涌现于 20 世纪二三十年代。根据齐思和的记述："到了民国十年以后，专门的学术杂志便纷纷的出现了。其中最著名的如《北京大学国学季刊》（一九二三），《清华学报》（一九二四），《燕京学报》（一九二七），《史学年报》（一九三〇），《辅仁学志》（一九二八），《金陵学报》（一九三六），《武昌大学社会科学季刊》（一九二〇），《地学杂志》（一九〇九），《禹贡半月刊》（一九三四），《食货半月刊》（一九三四），《中山大学历史语言辑刊》（一九二七），《中央研究院历史语言研究所集刊及专刊报告》（一九二八）、《田野报告》（一九三六），《北平研究院史学研究所史学集刊》以及其他学报杂志不下数十种，我们史学的拓荒工作，多半在这里发表……"⑫从名称上即可看出，这批中国最早的人文社会科学期刊大多由起步不久的高等院校主办，也有一部分由学会等民间团体创办。回顾这段中国早期期刊发展史，我们不难发现，尽管很多综合性期刊学术地位相对较高，但能够对当时学术发挥强劲引领作用的多是北京大学《国学季刊》、《禹贡半月刊》和《食货半月刊》这样一些学科边界比较清晰、专业方向比较明确的期刊。有学者注意到，"利用《国学季刊》，胡适发起了'整理国故'运动，一度甚至引导了学术研究的风气，影响深远"。⑬如果将引领学术看作是一份学术期刊追求的最高境界，那么民国之初抗战之前的四分之一世纪就是中国期刊发展的黄金时期。

二　旨在引领学术的《学衡》杂志

除了前面提到的一批卓有影响的期刊之外，还有一个较为典型的案例，那就是立足于东南大学，并试图在思想大潮中力挽狂澜而引领学术的《学衡》杂志。《学衡》杂志是由留美归国的梅光迪、吴宓和胡先骕等人于 1922年创办的。创刊后引起的新旧之争表现出中国现代化过程中学术界不同思想流派之间的碰撞与冲突，其所承载的以期刊引领学术的主观意向在某种程度上影响了其发展轨迹和最终命运。

在民国初年的留美学生中存在着对中国传统语言文化的两派之争，以"文学革命"为己任但在美国却"不能多得同志，结伴同行"的胡适，⑭回国后因获得陈独秀及其所创《新青年》的支持而如鱼得水，将酝酿着变革的中国文坛搅得风生水起，让迷恋于传统文化而又获得以白璧德为代表的美国人文主义学派青睐的吴宓、梅光迪、胡先骕等留美海归们深感窘迫。

胡先骕写了一篇针对胡适《尝试集》的评论文章，"历投南北各日报及各文学杂志"竟然无一为之刊登，[⑮]足见当时新文化运动风头之劲。古典派文人于是愤而抵抗，于1921年10月在东南大学成立学衡杂志社，并于翌年1月创办《学衡》杂志。从1922年1月到1926年底，《学衡》杂志连续出刊60期。后来又断断续续地出了十几期，共79期。对胡适倡导的文学革命或改良持异议的文人们自觉地汇集到《学衡》杂志周围，从而形成了新文化运动中最有力的反对派——学衡派。《学衡》杂志简章将其宗旨确定为："论究学术，阐求真理，昌明国粹，融化新知。以中正之眼光，行批评之职事。"无论是以时人还是以今人的眼光看，《学衡》杂志的出现无疑是对已成主流的新文化运动的"反动"，但对于一批服膺于白璧德人文主义的留美、留欧学人来说，这一举措却带有与世界学术接轨并引领中国学术的意向。与《新青年》倡导文学与思想革命所蕴含的政治色彩相比，《学衡》杂志提出的上述宗旨甚至还要更为学术一些。尽管其稳定出刊时间前后不过五年，客观上也未能在急剧变革的中国社会与文化中发挥期望中的中流砥柱作用，但围绕该杂志而形成的特色鲜明的学术风格让其成为近代中国期刊引领学术的典范之一。

毫无疑问，《学衡》杂志的创立为新文化运动大势下文化保守主义的异军突起提供了一个重要平台。从文本上看，《学衡》的宗旨是温和而理性的，足以获得一批对中国传统文化中人文主义精髓充满留恋与挚爱的同道学者的认同。杂志创办的目标之一也是要聚拢一批志同道合者作为其会员而与新文化抗衡，而成为其会员的标志就是在该杂志上发表文章："凡有文章登载于《学衡》杂志中者，其人即是社员；原是社员而久不作文者，则亦不复为社员矣。"[⑯]为《学衡》撰文的既包括对胡适等人倡议的新文化极其反感的梅光迪、胡先骕、柳诒徵等人，也包括对传统文化充满留恋却又对新文化持宽容态度的王国维、梁启超、陈寅恪甚至朱自清等人。如果将《学衡》杂志的所有作者都归于被后人界定为新文化运动对立面的学衡派，未免难以获得当事人的完全认可，但有一个基本事实恐怕也不能否认，那就是大多数作者与《学衡》杂志有志趣相投的一面。

《学衡》杂志创办的初衷既然是要在文化变革的大时代洪流中发挥坚守传统文化的作用，就不可避免地要与求新求变的新文化派产生冲突。实际上，《学衡》从创刊伊始就卷入了这种新旧文化之争。在创刊号里，梅光迪以《评提倡新文化者》一文，批评新文化的倡导者们"犹以工于自饰，巧于语言奔走，颇为幼稚与流俗之人所趋从"，认为所谓新文化者"非思想家乃诡辩家也"、"非创造家乃模仿家也"、"非学问家乃功名之士也"、"非教育家乃政客也"。[17]胡先骕的《评〈尝试集〉》矛头直指新文化运动的旗手胡适。刘伯明的《论学者之精神》也对新文化派"于新知之来不加别择，贸然信之"的做法进行了批评。[18]这些批评自然招致鲁迅、周作人、胡适等新文化派的反击。无怪乎胡适在其日记中称："东南大学梅迪生等出的《学衡》，几乎专是攻击我的。"[19]周作人（式芬）、鲁迅兄弟也先后撰文回击了胡先骕等人对新文化的指责，对《学衡》所刊文章的诸多谬误痛加批驳，语多讥讽，学术探讨之外更添意气之争。[20]

进入 30 年代以后，救亡压倒了启蒙，文化上的新旧之争让位于政治上的投靠与站队。曾经是《学衡》杂志主要对手的《新青年》在 1923 年就成了中共中央的理论刊物，专事介绍马列主义与国际共运，其早期支持者也因政见不同而分道扬镳；失去斗争目标的学衡派也因内部人事纷争以及主要支持者的凋零而渐趋瓦解，文化保守派以期刊引领学术的梦想在 30 年代剧烈的社会动荡中烟消云散。总结《学衡》杂志相对短暂的学术历程我们不难发现，一份学术期刊的学术特色往往是由办刊人的学术倾向所决定的，而一份学术期刊的生命力则来自于其所根植的学术土壤。特色化过强的学术期刊往往寿命短暂，持久的生命力来自于其目标的宏阔和内容上的包容，因为这样的学术期刊所依附的学术团体和学术资源是持久不衰的。

三 学术期刊背后的学术团体

学术期刊诞生于新旧交接的 17 世纪中叶，其早期生存经常要仰仗于中央和地方权贵们的庇护。如《学者杂志》从创刊之日起就依靠路易十四时代著名国务活动家让 – 巴普蒂斯特·柯尔贝尔（Jean-Baptisce Colbert）的权力支持，而《哲学会刊》在其早期发展中也曾从复辟后的查理二世那里获得很多特权，[21]说明在学术生态环境尚未健全的社会中，外在的支持常常是学术期刊得以生存和发展的必要条件。然而，近代学术期刊持续稳定地发展所依靠的主要还是不断壮大的学术共同体。这一点可以从《哲学会刊》的早期发展史中得到印证。有学者认为："《哲学会刊》不只是来自于皇家学会的实践活动，而且是其实践活动的体现。"[22]尽管其早期运转主要有赖于主编亨利·奥尔登堡（Henry Oldenburg）个人的努力，但由于其带有学会的出版认可标记，而且至少在最初阶段其文章须由编委会成员读后许可才能刊发，因此读者们多认为"会刊代表了学会本身的观点和决定"，欧洲大陆的哲学家和数学家们纷纷对会刊规则表示认可，并将自己的成果投寄给它。㉓正是在欧洲学术界的支持下，《哲学会刊》才在历史上发挥了引领学术的旗舰作用。

由此我们看出，一份学术期刊能否持久地引领学术，更多地取决于这份期刊背后是否有强大的学术团体作其支撑，而学术团体的盛衰则往往是与时代发展的脉搏相呼应的。代表历史发展方向的学术团体充满生命力和创造力，其所支持的学术期刊也常常成为新的学术思想的旗帜，从而对学术产生引领作用；而一些在思想上相对狭隘、保守，与历史潮流背道而驰的学者和群体及其所创办的学术期刊，尽管也能自称一派，其存在也颇为符合思想文化多样化的道理，但却难以被赋予长期引领学术发展的使命，因其呼者日渐凋零，而应者愈加寥寥，前文中谈到的《学衡》杂志就是这样的例子。当然，我们在历史回眸中常常会发现梅光迪、胡先骕、吴宓等文化坚守者的可敬之处，会发现《学衡》杂志无论是在拯救旧文化还是在衔接新文化方面做出的可贵努力，甚至也不排除在未来思想的峰回路转中光芒再现。但这种长时段的观察却不能否定短时段的历史事实，那就是这些逆历史潮流而动并试图力挽狂澜的努力几乎注定会被身处社会变革中的时人所忽视和抛弃。

纵观三个半世纪的学术期刊史，我们不难发现，一份有生命力的学术期刊背后一定站着一个思想活跃的学术团体，而这个学术团体应该是一个世界性的学术共同体的有机组成部分。学术共同体一词由科学共同体引申而来，源于匈牙利裔英国科学哲学家迈克尔·波兰尼（Michael Polanyi）对科学共同体的论述。在其发表于 20 世纪 30 ~ 50 年代的一系列论文中，㉕波兰尼针对苏联和布哈林主张的中央领导科学活动提出了"自然秩序"（spontaneous order）理论。他认为，就像市场上产品的价值由消费者决定一样，科学是一种自然秩序，是专家们公开论辩的结果。当科学家能够自由地追求真理时，科学就会走向繁荣。根据他的观点，"科学家们自由地选择他们的问题，并根据他们自己的判断探索这些问题，事实上是作为一个紧密联结的组织而彼此合作的"。在他看来，"这种在独立的创意之间形成的自觉合作所导向的结果是任何一个提出这些创意的人始料不及的"。因此，"任何试图去组织这种合作……将其置于单一权威之下的努力终将消除他们独立的创意，令他们的共同效益让位于来自中央的个人效益。其结果是瘫痪他们的合作"。㉖显然，按照波兰尼的观点，学术共同体的独立性与自发性是互为依存的，外在权威的组织和引导可能会窒息其生机。

相对独立的学术共同体在内部构成上对其成员的知识素养和学术活动是有一定的要求的。首先，须接受严格的学术训练。现代学术是经历17、18世纪启蒙运动之后而成长起来的一套具有严格规范的心智活动。学术研究要求研究者必须接受系统的学术训练，从而将训练不足的业余爱好者不是拒之门外就是挤到边缘，进而失去发言权。其次，须遵守学术规范与学术伦理。这种规范和伦理未必是白纸黑字公之于众的，更多表现为共同体中形成的对于一些原则性问题的默契。由同行学者自发组成的学会和研究会等学术团体，在学术共同体中发挥着组织和领导作用，并在一定程度上维护着学术共同体的伦理和秩序。第三，要密切关注学术动态，积极参与学术活动。欧美国家一些较为知名的研究型大学对教师有个基本要求，就是"学术进取"（academic active）。所谓"学术进取"，其基本要求包括经常参加学术会议并提交会议论文，但更重要的衡量指标还是出版专著和在同行评议期刊上发表论文。因此，学术界有句流行的口号叫作"发表，或者毁灭"（publish or parish），足以说明大学教师，尤其是在研究型大学任教的教授们所面临的学术压力。在一个生态状况良好的学术共同体中，学者们通过会议和发表形成经常性交流与对话，从而推动学术发展。最后，是要具有全球化视野。人类进入现代文明和科学时代以来，科学研究成果的交流从开始就是无界的。即使有某些国家出于国防原因而限制一些与军事科技有关的成果交流，但从长时段看，全世界范围的科研交流一直是学术界的主流。由于科学研究是跨越国界的，学术共同体自然也是全球性的。

现代学术在其发展过程中形成了不同的学科分支，而学术共同体也是由从事于不同的学术领域的学者构成的。一个不容否认的事实是，与自然科学相比，人文、社会科学研究往往带有较强的主观性：即使在人类社会进入科学和理性时代之后，对真理的追求和对理想社会的界定都会受到主观愿望和所选择的研究方法的影响而难以保持一致。关怀目标与采用方法上的认知差异进而导致学术思想上的分野，这种分野又往往因为师传而被继承、发扬，形成不同的学术流派。当一个学派的成员经常通过一份或者几份学术期刊来发表他们的成果的时候，由于学术共同体成员之间的交流与对话所产生的影响力，就造成了期刊引领学术的表象。而事实却是，那些常常会服膺于各种学派的学者和学术群体通过学术期刊引领了学术。这里需要强调的是，带有不同学术倾向的学派的存在与发展，是以其观点、方法能够与学术共同体的其他成员保持正常的学术交流和对话为前提的；一个孤立于学术共同体的学派是不会有生命力的。

一份学术期刊的成长与壮大离不开学术群体的支持，也离不开与学术群体之间的互动。很多学术期刊因其较为鲜明的特色而受到学界的重视，这是一些依托某一学派或特殊群体的期刊能够声誉鹊起的原因。期刊因学派而成名，学派也因期刊而壮大。学术史上不乏一些重要的学派通过一份或者几份学术期刊而发挥着持久影响的例子。除了前文中提到的学衡派与《学衡》杂志，更著名的当属法兰克福学派。任教于法兰克福大学的马克斯·霍克海默（M. Max Horkheimer）1930 年担任了法兰克福社会研究所所长。针对当时德国的社会矛盾，霍克海默于 1932 年创办了《社会研究杂志》，并使之成为以德国工人阶级为主要研究对象的交流平台。这份杂志很快成为该学派的一面旗帜，其影响也遍及全球。

由此可以看出，期刊对学术的引领总是受到其背后的学术团体左右的，是学术团体引领学术的表象。如何看待这种引领作用？是顺其自然还是刻意而为？这些问题都不是简单的是与否可以回答的。正确认识学术期刊与学术团体之间的相互作用，既关系到学术期刊自身的信誉与影响，也关系到整个学术生态的健康与稳定。过于夸大期刊的引领作用，甚至无视学术发展的自然规律而在期刊上发表过多的命题作文，很可能会导致学术资源的浪费。

四　学术期刊与学术生态

学术群体对学术的引领往往受到学术生态的影响和制约，而学术生态的变化又与学术群体的构成密切相关。姚申曾在文章中援引学术界和传媒界对中国 80 年代和 90 年代两代学人的看法，认为当代中国学术已经完成了由"反叛"的 80 年代学人到"建设的"90 年代学人的过渡：80 年代学人"大多是从正统意识形态阵营中反叛出来的，没有受过完整的学科教育，与其说是现代意义上的学者，不如说是传统意义上的'理论工作者'。他们擅长用正统意识形态的逻辑和语言来揭露正统意识形态的弊端，以致掩盖了这一代学人在学理上的准备不足"。而 90 年代学人"受过严格的现代学术规范的训练，能够与世界对话"，"注重更新学术语言，与国际学术接轨"，他们已经"接过学术正规化建设的重任"。[27]在这里姚申以历史的眼光肯定了中国大陆在学术共同体建设上取得的重大进展；在他看来，当代学术界之所以更为关心学术不端行为，至少部分原因在于学术群体的更新以及新学人对于学术失范现象越来越难以容忍。那么如何解释学界普遍关注的学术失范与学术不端行为"于今在国内愈演愈烈之势"呢？姚申在另一篇文章中首先将其归结为学术研究体制化带来的诸多副作用："现行学术体制化主要是由政府组织推行，而学术体制化所应该遵循的原则、学术体制内部的运行规则理应由更具权威性的学术共同体（academic community）来制定，而这一点恰恰做得非常不理想。"㉘

同样是从历史变迁的角度，丁东对中国学术生态的演变则持更为悲观的态度，批评也更为尖锐。他认为从 70 年代后期到 80 年代末，"中国学术出现了一次中兴。平反冤假错案，使知识界走出恐惧。真理标准讨论，让学人开始挣脱对领导人的思想依附"。虽然经历了一些反复，"但学术界总体上是追求真理，崇尚创新，关注现实，勇于批判，与人类文明的主流接轨"。而从 80 年代末开始，"学术生态再次恶化"："政治权力对学术的控制，保持了与毛泽东时代的一脉相承性，又形成了市场经济条件下的新特点"，具体表现为："一是以官治学，权利本位"，"国家行政机构掌控学术资源"；二是量化管理造成了大量平庸之作；三是"设租寻租，权钱交易"。㉙丁东对 80 到 90 年代中国学术生态变化的估计显然忽视了前文中姚申提及的学者群体更新这一积极因素，但他对学术生态恶化原因的分析也的确值得政学两界高度重视。

其实，无论是政府部门、教育机构，还是学者和办刊人，对于当前中国学术生态存在的问题及其症结所在都有不同程度的认识，并且意识到这些问题对学术期刊发展的影响。作为学术成果载体和学术评价指标的学术期刊被认为是影响学术生态发展的一个重要因素。朱剑在《学术风气、学术评价与学术期刊》一文中指出，对于近年来愈演愈烈的学术不端和学术腐败问题，尽管来自学术界的批评不绝于耳，教育部和各高校出台了各种措施加以遏制，期刊界也屡颁宣言共同防治，但"收效并不明显"，原因在于所开的药方"并不特别对症"。他引用并支持余三定的观点，认为造成当下中国学术腐败的一个重要原因是"学术评价过度症"，并进一步论述说："学术评价之所以与学术不端和学术腐败联结到了一起，原因在于学术评价不仅越来越深地介入到学术资源和利益的分配中去，而且大有主导资源和利益分配的势头。"㉚仲伟民则将当前中国学术期刊存在的诸多问题归纳为

"十个被颠倒的关系"，包括"学术期刊与学术研究之关系的颠倒"、"学术期刊与作者之关系的颠倒"等。他指出："我们可以看到，在历史上学术期刊能成为某一学术共同体中心的时候，其主编一定是这个学术共同体的领军人物之一，其编辑也一定是这个学术共同体的成员，他们都不会外在于这个学术共同体。也就是说编研一体，主编和编辑首先是学者而且是优秀学者，是造就优秀的学术平台不可或缺的必要条件。但在学术期刊与学术研究分离的情况下，主编和编辑将不可避免地外在于学术共同体，那么，期刊还能成为学术共同体的平台和中心吗？作者和读者对期刊还会有归依感吗？……作者和读者对学术期刊没有了归依感，学术共同体当然也就失去了对期刊的评价权，评价机构垄断了对学术期刊的评价权的结果，进一步隔离了学术期刊与学者之间的关系……"③

学术期刊脱离学术共同体而受制于种种外在因素，不仅是造成学术生态恶化的重要原因，也使期刊引领学术成为空谈。换言之，学术期刊只有根植于一个全球化的，独立、活跃、共享的学术共同体，才能使作为作者与读者的广大学者产生归依感，也只有在这样健康的学术生态之下，学术期刊才能担当起引领学术的使命。

除了前文中讨论的学术共同体的作用，健康的学术生态还包含另外一个关键因素，那就是学术自由。历史上，对言论的钳制曾经存在于各个文明之中：书报检查制度（censorship）由来已久。中国有秦代的焚书坑儒，清代的文字狱，十年动乱时期的现行反革命罪；西方有苏格拉底被鸩毒，伽利略被审判，布鲁诺受火刑，以及美国麦卡锡时代的政治迫害，等等。事实上，学术期刊从诞生之日起就受到宗教、政治和道德伦理等因素的种种约束。《学者杂志》在其创刊号上就承诺接受宗教和世俗权威的审查。但总体而言，自启蒙时代以来学术讨论已经基本摆脱了意识形态羁绊，自由的学术环境催生了现代学术思想的一次又一次重大飞跃。

在学术期刊发行日趋集团化的当今世界，如果缺少了自由的学术生态，期刊还可能为学术发展带来另一种隐忧，那就是学术话语的垄断和专制。权威期刊可能形成的学术专制可以依靠学术共同体内部成熟的评价体系而得到消解，但商业利益的大规模入侵很可能成为学术自由的另一种威胁。试想掌握着先进传播技术和数千种学术期刊发行权的爱思维尔，如果不尊重学术自由，不尊重科学无国界的原则，出于某种国家利益或意识形态偏见而有意扼杀某一领域的研究或阻止某种话题的讨论，将会给学术发展带来多么大的危害。目前为止商业集团对学术期刊的掌控尚未达到支配地位，学术共同体还保存了一定的制约力量。但随着期刊发行越来越多地依靠科技手段，纸质媒体逐步退出学术传播平台，这样的垄断集团很可能成为被放出宝瓶的魔鬼。因此，为防止出现学术发行上的大规模垄断，学术期刊的个体地位和独立性都应该尽量保留。

要维护学术共同体的独立地位，除了要提防商业利益的侵蚀，还要抵御各种政治权力的干预。学术研究的目标是追求真理；学术只服膺于真理而非政治。如果学术话题被限定在某些条条框框之内，如果处处都是红线，学术出版动辄得咎，也就不敢采用具有前沿思想的选题，不敢应对别人的相关话题，势必庸人自扰，作茧自缚。作者的思想被期刊的禁忌所桎梏，期刊引领学术也就无从谈起。正如张耀铭所指出的，"学术期刊有它自身的特殊性和规律性，应该给学术生产创造一个宽松、和谐的环境，创建一个比较合理、建设性的学术体制，从而生产出高质量、高品位的学术成果"。

此外，当今世界各国普遍存在通过给学者提供学术资助而试图影响或者引领学术研究的做法，这些资助无疑推动了学术进步。然而，只有在课题引导与学者兴趣巧妙地结合、金钱和政治的干预不至于偏离学术探索的基本原则的情况下，才能产生符合学术研究基本规律的成果，也才能为学术共同体所接受。非学术性干预色彩越重，成果的学术影响力就会越弱，不是由学者在"自然秩序"下自由选择的"命题作文"是不可能引导学术的。同样，一份期刊如果不尊重学术研究规律而试图将自己的意志强加于学术共同体，不仅无法引导学术，甚至可能被学术共同体所抛弃。

五　学术期刊如何引领学术

从以上分析可以看出，学术发展史上期刊对学术的引领，实际上是从属于学术共同体的某个学术群体在良好的学术生态之下通过学术期刊而完成的。有感于此我们不能不承认，职业编辑无视学术研究基本规律而单方面强调期刊引领学术，不仅颠倒了期刊与学术群体之间的关系，所透出的还有学术期刊对其所依归的学术共同体的傲慢。如果职业编辑以学术领袖自居，将其所服务的期刊当作一种权利资源，一种学术指挥棒，只会使不健康的学术生态进一步恶化。或许正因为如此，吴承学才警告"编辑莫妄谈'引领学术'"。诚如他所指出的，"如果编辑把用不用稿作为一种个人权力和资源，那是很危险的。我们要求编辑对作者绝不能有一种居高临下的

心态，不要妄谈'引领学术'，而是要敬畏学术，理解学术，服务学术"。㉞
这应该是从学术共同体立场出发而表达的正确的主编观点。职业编辑只有
正视前文所讨论的期刊引领学术的必要条件才能探讨期刊如何引领学术
问题。

既然要依靠学术共同体并受制于学术生态，那么，期刊在学术发展中
能否发挥主观能动作用呢？学术期刊的编辑们如何才能让自己的期刊引领
学术的发展？基于前边的认识，我们可以做出一个基本判断，那就是学术
期刊要想发挥引领学术的作用，其所承载的内容应当是学术界关注的热点
和前沿性问题。而要达到这一目标，学术期刊需要具备以下三方面条件：

其一，专业化与特色化是学术期刊的理想目标。对此，近年来很多办
刊人表达了相似的愿望和诉求。有关社科类学术期刊的综合性与专业性问
题位列朱剑讨论的"社科期刊的十个两难选择"之首。㉟仲伟民在其最近讨
论的"社科期刊十个被颠倒的关系"中又强调了专业刊和综合刊问题："从
学术界实际情况来看，专业刊比综合刊更符合学术发展的内在需要。尤其
在经过改革开放 30 多年中国学术已经有了较大发展的形势下，学术界对专
业刊的需求更加强烈。"㊱可见推动人文社科期刊逐步向专业化、特色化发展
不仅是学术界的要求，在办刊人中也已近成共识。

对于学术共同体来说，学术期刊的基本功能主要有二：一是发表和记
录研究发现；二是参阅和引用已有成果。前者针对的是作者，而后者针对
的是读者。成果的水平决定着期刊的水平，而成果的接受和引用范围则决
定着期刊的影响力，二者显然成正比关系。科学研究发展到今天，科学家
和学者大多被归属于不同的学科领域，这样，符合专业领域特点的专业刊
自然是该领域学者首选的参考资料。专业化、特色化期刊更符合学者们的
研究习惯，也更容易引领学术发展。

其二，要有先进、有效的传播手段。学术期刊的出现，让学术通讯完
成了现代传播史上的第一次飞跃。学术期刊诞生以后 350 年来，纸质媒体一
直是学术交流的主要方式，人文社会科学的研究者们靠出入图书馆和档案
馆收集自己的研究资料，在纸质媒体上公布自己的研究发现，直到人类在
工业革命之后迎来改变自身生活方式的又一次革命——信息革命。信息化
时代的一个重大突破就是以计算机和互联网为核心的信息传播技术的数据
化和网络化，让学者们过去熟悉的纸质媒体走向末路。人们的阅读习惯在
过去 20 年逐步发生变化。《二十一世纪经济报道》在一篇针对纸媒转型问

题的文章中写道："媒介首先是一种技术，这种技术的发展带来传播方式的变化，传播方式的变化又影响了受众的接受方式和思考方式。信息革命正是成为这种复杂状态的原生点。……以前，无论是印刷的力量还是电子的力量，都没有改变传播的线性单向特性，而从原子到比特，传播变成了交互多向的方式……"[37]朱剑在近期发表的一篇文章中也提及学术传播形式的变化给纸质期刊带来的冲击："在过去的很长时间里，学术传播的最小单元就是学术期刊，论文不经学术期刊发表，就难以进入传播过程，学术期刊在学术传播中的中心地位几乎不可动摇。但在信息时代，学术传播发生了革命性的变化，随着纸本为数字化传播所替代，传播的最小单元已由期刊变成了论文。……今天的学术期刊人必须直面这样一个事实：随着数字化的演进，传统期刊在学术传播中的中心地位正在日趋旁落。"[38]

正在崛起的网络平台很可能取代纸质书刊成为将来学术交流的主要园地，传播方式的革命究竟会给学者、学术共同体乃至未来的学术研究方式带来多大的冲击，我们现在还难以准确估量，但《连线》（Wired）杂志的创始主编凯文·凯利（Kevin Kelly）的断言无疑是正确的："你可以减缓技术发展的速度，但是你不可能阻挡它的进程。"[39]在这样一个传播技术突飞猛进的时代，一份以引领学术为目标的学术期刊不能忽视传播手段的先进性和有效性。正如朱剑所言："做最好的传播乃是当今学术期刊的使命所在。"[40]

其三，办刊人需要对学术动态有准确的把握，能够成为学术活动的组织者。张耀铭曾对"一本优秀的人文社会科学期刊应该具备哪些品质"这一期刊界共同关心的问题做出解答，其中包括"突出问题意识"、"直面和回答重大现实问题"、"肩负学术研究导向的使命"等期刊界广为认同的标准。[41]这些品质与其说是对期刊的要求，不如说是对期刊主编和编辑的要求，因为它们都是与办刊人的主观能动性相关的。一份期刊要引领学术，就是要在这些基本品质上下功夫，要求办刊人能够准确把握学术动态，及时了解学术界关心的热点问题，包括学理问题和现实问题。而了解和掌握学术动态与热点的最佳途径是参加学术会议，参与学术讨论。欧美国家的学术期刊主编都会尽量参加本学科的全国性和区域性学术年会，并在会上充当主持人、评论人或论文发表人。通过参加学术会议，期刊编辑不仅可以较为全面地掌握学术动态，而且能够保持学术活动参与者的身份，牢牢扎根于学术共同体之中。除此之外，学术年会还会为期刊提供联系本刊编委的便利；很多期刊都是在学术年会上召开编委会，听取编委的指导意见。

期刊主编和编辑要有广泛的学术人脉，至少要与本学科的学术带头人建立较为密切的联系。仲伟民和朱剑在其回顾中国高校学报传统的文章中强调了"编研一体"的特征："早期高校学报，无论是专业性还是综合性的，还都有一个独到之处就是编研一体，编辑者的身份首先是学者，而且多为著名学者。"⑫这自然为编者建立广泛的学术人脉创造了条件。因此可以说，"编研一体"的编辑结构是一份期刊获得学术共同体支持的理想形式，也是很多国外学术期刊一直遵循的办刊模式。

总之，既往的学术期刊发展史和现存的学术生态弊端足以说明，只有根植于学术共同体的期刊才能实现引领学术的使命。办刊人不能疏离于学术共同体，更不能凌驾于学术共同体之上。当今中国大陆的众多学术期刊在办刊模式上尽管具有一定的自身优势，但所存在的问题，尤其是为学术界诟病的学术质量问题也是毋庸讳言的。在学术期刊改革面临的很多选择中，逐步走向"编研一体"是实现期刊引领学术的合理路径。而学术期刊完全市场化则只会加剧期刊与学术群体的隔膜，同时让编辑更加职业化，其结果则是远离引领学术的理想目标。只有让学术期刊回归学术共同体，服务于学者和学术研究，才能真正承担起引领学术的使命。

①张耀铭：《学术期刊肩负的使命和职责》，澳门：《澳门理工学报》（人文社会科学版）2012年第3期。

②田卫平：《重"展示"轻"引领"：学术期刊发展的缺位》，重庆：《重庆大学学报》（社会科学版）2007年第4期。

③一哲：《学术期刊是引领学术发展的旗帜》，北京：《中国社会科学报》2013年7月12日。

④柯锦华：《学术期刊编辑三境界：从旁观者到引领者》，北京：《中国社会科学报》2013年7月12日。

⑤㉞吴承学：《编辑莫妄谈"引领学术"》，北京：《光明日报》2009年6月22日。

⑥*Le Journal des sçavans*，http://listerstravels. modhist. ox. ac. uk/?page_id=727.

⑦百科全书学派得以成名的《百科全书》虽然并非期刊，但却连续出版了20年（1751~1772），从而具备了一定的期刊特征。

⑧⑩Benjiamin Elman, *On Their Own Terms：Science in China*, Cambridge, MA：Harvard University Press, 2005, pp. 285, 340.

⑨方汉奇：《中国近代报刊史》，太原：山西人民出版社，1981，第10~20页。

⑪赵慧芝：《任鸿隽年谱》，北京：《中国科技史料》1988 年第 2 期；马拉：《任鸿隽 28 岁在美创办〈科学〉比肩陈独秀〈新青年〉》，重庆：《重庆晨报》2011 年 9 月 22 日。

⑫齐思和：《近百年中国史学的发展》，北京：《燕京社会科学》第 2 卷，1949 年 10 月，第 34~35 页。

⑬㊷仲伟民、朱剑：《中国高校学报传统析论》，北京：《清华大学学报》（哲学社会科学版）2012 年第 5 期。

⑭曹伯言、季维龙编著《胡适年谱》，合肥：安徽教育出版社，1986，第 105 页。

⑮⑯吴宓：《吴宓自编年谱》，北京：三联书店，1995，第 229 页。

⑰罗岗、陈春艳编《梅光迪文录》，沈阳：辽宁教育出版社，2001，第 1~7 页。

⑱黄秀梅：《〈学衡〉杂志创刊始末》，北京：《中国社会科学报》2011 年 6 月 21 日。

⑲胡适：《胡适日记》，合肥：安徽教育出版社，2001，第 546 页。

⑳《学衡》杂志出版后引发的争论散见于《胡适日记》、《胡先骕文存》、《梅光迪文录》等资料，朱正在《〈学衡〉谈往》（上海：《万象》2005 年第 12 期）一文中有较为系统的介绍。

㉑㉒㉓Adrian Johns，"Miscellaneous Methods：Authors，Societies and Journals in Early Modern England，" *The British Journal for the History of Science*，Vol. 33，2000，No. 2，pp. 165 – 167.

㉔至于《学衡》杂志，我们看到从 20 世纪 80 年代以来随着文化保守主义的卷土重来，不少学者对其人文主义思想和文化承传精神给予更多的肯定，如乐黛云的《世界文化对话中的中国现代保守主义》、旷新年的《学衡派对现代性的反思》和《学衡派与现代中国文化》、罗岗的《历史中的〈学衡〉》、沈卫威的《回眸"学衡派"——文化保守主义的现代命运》等，具体参见张贺敏《学衡派研究述评》，北京：《中国现代文学研究丛刊》2001 年第 4 期。

㉕㉖波兰尼的相关论文被收入《自由的轻蔑》（*The Contempt of Freedom*，1940）和《自由的逻辑》（*The Logic of Liberty*，1951）中。参见 http：//en. wikipedia. org/wiki/Michael_Polanyi#Freedom_and_community。

㉗姚申：《当代中国学术：失范与规范》，上海：《中国比较文学》1998 年第 1 期。

㉘姚申：《学术体制、学术评价与学术风气》，重庆：《重庆大学学报》（社会科学版）2010 年第 6 期。

㉙丁东：《中国当前的学术生态》，http：//wenku. baidu. com/view/90ec5022aaea998fcc220e35. html。

㉚朱剑：《学术风气、学术评价与学术期刊》，江苏苏州：《苏州大学学报》（哲学社会科学版）2011 年第 2 期。

㉛㊱仲伟民：《缘于体制：社科期刊十个被颠倒的关系》，南京：《南京大学学报》（哲学·人文科学·社会科学）2013 年第 2 期。

㉜有关学术期刊商业化的利与弊，参见拙文《学术期刊：西方的困境与中国的机遇》，济南：《文史哲》2013 年第 2 期。

㉝张耀铭：《中国学术期刊的发展现状与需要解决的问题》，北京：《清华大学学报》（哲学社会科学版）2006 年第 2 期。

㉟朱剑：《徘徊于十字路口：社科期刊的十个两难选择》，北京：《清华大学学报》（哲学社会科学版）2006 年第 2 期。

㊲㊴《纸媒转型：一场"没有地图的旅行"》，广州：《二十一世纪经济报道》2013 年 9 月 23 日。

㊳㊵朱剑：《做最好的传播：信息时代学术期刊的使命》，北京：《中国社会科学报》2013 年 3 月 20 日。

㊶张耀铭：《学术期刊的使命与魅力》，成都：《社会科学研究》2009 年第 3 期。

作者简介：原祖杰，四川大学历史文化学院教授，《四川大学学报》（哲学社会科学版）常务副主编，《中国历史学前沿》（*Frontiers of History in China*）主编。

［责任编辑：刘泽生］

（本文原刊 2014 年第 1 期）

如何"叫现代学术说中国话"

——从西方学术本土化、中国学术国际化到
中国化的世界学术

桑 海

[提 要] 冯友兰在1929年提出了"叫现代学术说中国话"的说法，认为这是中国人文学术发达之前提。对此至少可做出三种不同的解读：一是西方学术本土化，即把西方学术著作翻译成汉语，这同时也意味着西方学术范式的引进，这应是冯氏之原意；二是中国学术国际化，即以英语等国际通用语言发表中国学术成果，在国际学术界发出中国学者的声音；三是中国化的世界学术，即进行根植于中国文化传统、母语思维和生活实践的原创性研究，做出兼有中国品格和世界水平的学术贡献，并以全球化的形式进行表达。西方学术本土化和中国学术国际化都推动了中国现代学术发展，但总体未脱西方中心的逻辑，中国化的世界学术则是在会通中西基础上的重构和创造，理应成为中国学术特别是人文学术的努力方向。"叫现代学术说中国话"是中国学者和学术期刊责任所系，如何"叫现代学术说中国话"，值得学界和学术期刊界同仁深思。

[关键词] 现代学术 世界学术 学术国际化 中国传统文化 冯友兰

    1929年，冯友兰先生在《清华周刊》上发表了一篇文章，其中写道："在德国学术刚发达的时候，有一个人说，要想叫德国学术发达，非叫学术

说德国话不可。我们想叫现代学术在中国发达，也非叫现代学术说中国话不可。"①"叫现代学术说中国话"可以看作冯友兰为中国学人指出的治学路径。对此至少可以做出三种不同的解读：一是西方学术本土化，即把西方学术著作翻译成汉语，同时也意味着西方学术范式的引进，这应是冯氏之原意；二是中国学术国际化，即以英语等国际通用语言发表中国学术成果，在国际学术界发出中国学者的声音；三是中国化的世界学术，即进行根植于中国文化传统、母语思维和生活实践的原创性研究，做出兼有中国品格和世界水平的学术贡献，并以全球化的形式进行表达。

以上三种解读，恰好也是中国现代人文学术发展的几种典型取向，本文将以冯友兰等学者的有关言论和做法为例，就这些学术取向进行讨论，并对中国学者和学术期刊的使命进行思考。

西方学术本土化

从上下文看，冯友兰所说的"叫现代学术说中国话"原意其实很简单，就是用汉语翻译西方学术。他说的"现代学术"其实就是西方学术，"中国话"就是汉语。有些论者把本土化与国际化、西化等相对立，强调中国本位的文化，其实本土化应该指某种外来的事物为适应本地特征而进行的改变，如跨国公司麦当劳为适应中国人口味而卖油条。尽管本土化过程必然有本地文化的参与和改造，如"马克思主义中国化"甚或霍米·巴巴的"杂交性理论"，但其基本范式和概念仍然是外来的而非本土生长出来的。西洋学术的本土化与中国学术的西化，实乃一体之两面，只是从不同的视角来看而已。

冯友兰在这篇文章中写道，"我觉得现在中国所最需要的事情之一，就是译书"。②他强调："我们要想叫现代学术到中国来，我们还是要先教现代学术说中国话。我们还要用张百熙、盛宣怀的译书政策。"③他把引进西方学术看作一条发展学术、实现强国目标的捷径。这让人不由想起20多年前梁启超的话："今日之中国欲为自强，第一策，当以译书为第一义。"④冯友兰认为清华大学应该做到教学、研究及翻译三足鼎立，翻译甚至比教学研究更重要："我并非不主张教授要做研究的工作，研究是必要的。不过研究工作见效迟，翻译工作尤适合现在社会的需要。"⑤此时冯友兰刚卸任清华大学秘书长，来年即将实际主持清华校务，这番议论自然不是兴之所至的闲谈，而是深思熟虑的产物。其实几年前在中州大学时，他就有了类似的主张：

在中国办有规模的大学，应设本科、研究部、编辑部三个部分，大学教员教学研究的同时，还可以兼任编辑员。⑥按他的设想，编辑部的工作就是编译西方学术书籍，这与他后来在清华提出的"教学、研究及翻译三足鼎立"的主张并无二致。

比翻译西方学术著作更重要的是，中国学者引进了西方学术的观念和学术范式。所谓中国现代学术，就是在传统学术于剧烈世变中走向衰微之际，以西方学术为镜鉴而形成的。本文仅以中国哲学的学科建构为例，做简单的讨论。

冯友兰把胡适看作中国哲学史学科的开创者："在中国哲学史研究的近代化工作中，胡适创始之功，是不可埋没的。"⑦余英时曾借托马斯·库恩的理论，指出胡适的《中国哲学史大纲》的意义在于建立了新的范式，在他看来，章太炎、梁启超和王国维都已经走到了新范式的边缘，而"最后一小步"则由胡适来完成，从而实现了学术范式的现代转化。⑧冯友兰曾说起一件事：1921年蔡元培访问纽约，在中国留学生欢迎会上讲了一个点石成金的故事，并说："你们在这里留学，首先要学的是那个手指头。"冯友兰补充说，那个手指头就是方法，即西方学术研究的方法，中国较早使用这个指头的人是胡适。⑨胡适的《中国哲学史大纲》既然接受了"哲学"这一西方舶来的学科概念，走上了中学西解的理路，便如蔡元培在该书序中所说的那样，就"不能不依傍西洋人的哲学史"。⑩

在冯友兰撰写其《中国哲学史》时，胡适所开辟的道路已是大势所趋。但其过于西化的疑古倾向也遭到不少质疑，故冯友兰试图在自己的著作中兼有"哲学性"与"民族性"。冯友兰在多处谈到自己与胡适的差异，如在《三松堂自序》中他花费了大量笔墨与胡适划清界限，比如胡适是"疑古"而自己是"释古"，胡适是重考据的"汉学"传统而自己是重义理的"宋学"传统。尽管这些区别确实存在，但从学术范式的层面，两人都取了西方哲学的基本概念和框架。金岳霖在审查报告里敏锐地指出，冯友兰的《中国哲学史》"把中国的哲学当作发现于中国的哲学"，这意味着该书完全符合哲学这一西方学科的要求，即遵循了现代学术的范式。冯友兰说得很清楚，"哲学本一西洋名词。今讲中国哲学史，其主要工作之一，即是就中国历史上各种学问中，将其可以西洋所谓哲学名之者，选出而叙述之"。⑪他所说的中国哲学，"即中国之某种学问或某种学问之某部分之可以西洋所谓哲学名之者也"。⑫

冯友兰明确指出，研究中国哲学史的方法，第一条就是"钻研西方哲学"，因为"西洋哲学史之形式上的系统，实是整理中国哲学史之模范"。⑬冯友兰本人的学术生涯，就起始于对西洋逻辑学的兴趣，进而喜欢上了西方哲学。当年考北大哲学门的时候，他就是冲着西洋哲学门去的，只是因为西洋哲学因故没有开成，无奈之下才进了中国哲学门。从1919年底开始，他才如愿以偿地在哥伦比亚大学开始系统地学习西洋哲学。他后来走上研究中国哲学之路也并非初愿："回国以后，本来想继续研究西方哲学，作一些翻译介绍西方哲学的工作，当时的燕京大学叫我担任中国哲学史这门课，讲中国哲学史。"⑭

有趣的是，金岳霖在给冯友兰《中国哲学史》上册写的审查意见中，用了不少篇幅批评胡适的《中国哲学史大纲》："我们看那本书的时候，难免一种奇怪的印象，有的时候简直觉得那本书的作者是一个研究中国思想的美国人（原稿作'美国商人'，发表时，我征得金先生的同意删去'商'字）；胡先生于不知不觉中所流露出来的成见，是多数美国人的成见。"⑮金岳霖以为，冯著优于胡著的关键点，即在于胡适是以一种哲学的成见写中国哲学史，冯友兰虽有自己的成见，却没有全以成见来处理哲学史，而是对中国固有之哲学抱有同情的态度。比如冯友兰讲到中国哲学之弱点时说："中国哲学家之哲学，在其论证及说明方面，比西洋及印度哲学家之哲学，大有逊色。"但接下来，他又话锋一转，为中国哲学家辩护："此点亦由于中国哲学家之不为，非尽由于中国哲学家之不能。"⑯

从胡适这一代学者开始，中国现代哲学的主流，走上了一条脱离经学、与西方"接轨"的道路。胡适、冯友兰等人起到了现代学术"转辙器"的作用，他们的贡献在于输入和移植西方学术，乃至以西方为蓝本，用西方的方法和眼光研究中国本土的问题。当然，在这一过程中，他们也在不同程度上吸收了中国意识和观念，促成了水平各异的中西融合，这就是"西方学术本土化"。直到今天，尽管在主导范式上出现过"西方资产阶级学术"与"马克思列宁主义"的轮换，但"西方学术本土化"始终是中国学术生产的主导逻辑。

致力于"西方学术本土化"的同时，冯友兰也非常强调"学术独立"："中国现在须力求学术上之独立。"⑰冯氏讲的"学术独立"，从上下文看大约有两层含义。第一层含义是不依傍于政治或资本的力量，没有实用之目的，奉行"为学术而学术"。这不同于儒家学与政互为表里的传统，主要源自西方学院传统，是"五四"前后中国学界的一种流行观念。冯友兰认为"为学术而学术"包含三方面的思想："一方面是有关于个人研究学问的目的的思想。另一方面是有关于对于学术的看法的思想。更另一方面是有关于对于研究学术的方法的看法的思想。"在冯友兰看来，在第一方面，"照主张为学术而学术的思想，学术的价值，就在于发现真理，而真理的价值就在于其本身"。⑱第二方面，"学术"应该是独立的，而不是任何东西的附属品。冯友兰引了陈独秀在《新青年》上发表的一条随感录《学术独立》为这种观念的代表，其中说道："中国学术不发达之最大原因，莫如学者自身不知学术独立之神圣。"第三方面，冯友兰引用了严复的《救亡决论》来说明研究学术不可有致用之心，反而能得到学术的大用。⑲

学术独立的第二层含义是中国本土可以独立培养掌握现代学术的学者。在冯友兰看来，若"教学、研究及翻译三足鼎立"的设想可以付诸实施，"再假以时日，中国亦可有像样的学者，而中国学术亦可独立矣"。他认为，中国学术之所以不能独立，就是因为"中国现在对西洋学术有较深的研究之人甚少"，而解决的途径恰恰是"充分地输入西洋学术"。⑳他在 1980 年代的一次访谈中还强调："清华发展的过程就是中国近代学术走向独立的过程"，其中重点讲了罗家伦任校长期间的一些举措，如提高中国课程地位、压低洋人地位等。㉑这还可以与胡适任北大校长时拟定的《争取学术独立的十年计划》相对照，其中第一条就是"世界现代学术的基本训练，中国自己应该有大学可以充分担负，不必向国外去寻求"。㉒

值得反思的是，不论冯友兰还是胡适，都没有觉得输入西方学术会对中国学术独立造成丝毫损害，正相反，他们恰恰将其视为中国学术独立的前提。换一种眼光看，这种所谓的"学术独立"之路，是否也是一条通向学术依附之路呢？

冯友兰 1921 年在哥伦比亚大学哲学系系会上宣读的一篇文章中，引用了他的导师杜威的一段话："中国正在急剧变化：若还是用旧时帝制的中国那一套来思索中国，就和用西方概念的鸽笼子把中国的事实分格塞进去来解释中国，同样地愚蠢。"㉓杜威在此处强调了"变化"，不能用古代的范式来思考今天的中国，正如不能用西方的范式来硬套中国一样。在摆脱传统范式这一点上，冯友兰无疑做得很好；但是，他真的摆脱了"西方概念的鸽笼子"吗？

中国学术国际化

如果不把"中国话"的含义限定于"汉语",而理解为"中国的声音",则"叫现代学术说中国话"也可以理解为中国学者在国际学术界发出自己的声音,当然一般而言使用的语言不是汉语,而是以英语为主的国际通用语,这就是"中国学术国际化"。

随着中国国力和民族自尊的增强,特别是到了1990年代之后,学术界出现了国际化的热潮。其实,"中国学术国际化"并非一个新现象,而是与"西方学术本土化"相伴发生的。有论者指出:"百年多来的中国现代学术史就是一部国际化的历史,早在19世纪末中国渐渐融入世界体系时,'国际化'就已成为中国现代学术的宿命。"㉔

梁启超曾这样总结晚清新学失败的教训:"晚清西洋思想之运动,最大不幸者一事焉,盖西洋留学生殆全体未尝参加于此运动;运动之原动力及其中坚,乃在不通西洋语言文字之人。坐此为能力所限,而稗贩、破碎、笼统、肤浅、错误诸弊,皆不能免:故运动垂二十年,卒不能得一健实之基础,旋起旋落,为社会所轻。"㉕没有精通西洋语言文字的、有国际化交流能力的学者,引进西学,进而实现"西方学术本土化"就是不可能的。

待以胡适为代表的"五四"一代学人进入学界,梁启超所遗憾的状况终于得以改观。中国文化界寄希望于西方文化,而限于语言和学力,绝大多数人对西方文化却很茫然,此时最需要的就是熟悉中西语言和文化,把西方文明带到中国来的文化"传教士"。胡适就在这个恰当的时刻扮演了恰当的角色。胡适不但在国内暴得大名,在国际上也成为知名度很高的学者,被西方人称为"白话文之父"、"中国文艺复兴之父"。他频繁参加各种国际交流和演讲,长期在美国旅居,抗战期间还曾担任中国驻美大使,其国际化程度之高毋庸置疑。

冯友兰与胡适有很多有趣的共同点,比如他们都曾在中国公学就读,都在哥伦比亚大学师从杜威完成博士论文。冯友兰和胡适一样,在国际学界享有很高的名望。他的《中国哲学简史》据他1947年在美国宾夕法尼亚大学上课的教材编写而成,此书译为十多种语言,销售数百万册,是西方各国大学中国哲学史课程必用的教科书。民国时期,像胡适、冯友兰这样的具有国际影响力的人文学者不在少数,比如陈寅恪、赵元任、金岳霖、钱锺书等,不胜枚举。

所谓的中国学术国际化，有两个最值得注意的特点：一是注重语言能力，特别是能否使用以英语为代表的国际通用语；二是学术上以欧美为尚，比如学术上唯欧美学者马首是瞻，看重欧美留学背景，学术评价上向欧美看齐，强调以欧美学术惯例为基础的学术规范等。

先来说说语言问题。一个现代学者具备较强的外语能力，可以阅读外语文献和参加国际学术交流，当然是非常必要的。正如一位国外学术杂志主编看到的那样："我认为中国学术若要走向世界，将其翻译成英语以及其他语言至关重要。除东亚研究尤其是汉学领域之外，国外绝大部分学者并不熟悉汉语，因而无法阅读以汉语出版的学术著作。目前，即使是中国最优秀的学术著作，若不以国际通用语言出版，恐怕也难以为世界学界所知。"[26]这种对外语的重视不可推到极端，如果产生了英语等外语优于汉语的观念，甚至认为英文论文的水平高于中文论文，英文刊水平高于中文刊，就有点走火入魔了。近年来，中国人文社科学界掀起了兴办英文学术期刊的潮流。英文刊对促进国际交流起到了积极作用，但也存在一些值得担忧的问题。比如，在2011年对200多种英文刊的质量检查中，编校质量合格的英文刊只有20%；大多数英文刊发行量和国际影响都很小，很难得到西方学者的关注。我们应该努力办出更多更好的英文学术期刊，但就中国学术期刊总体而言，首要的使命还是用汉语传播中国学术。

语言绝不仅是一种简单的工具，正如德国语言学家洪堡特所说，"每一种语言都包含着属于某个人类群体的概念和想像方式的完整体系"。[27]日本思想家竹内好也说："语言是意识的表像，故语言没有根即意味着精神本身并非是发展着的，这也意味着文化成了没有生产性的东西。"[28]只有懂得一种语言，才能真正了解说这种语言的人们和他们的文化，人文社会科学特别是人文学科是根植于母语之中的。一位学者这样描述人文社会科学与母语关系："人文社会科学成果是否立得住，一定是要求通过母语表现出来，思想只有在母语里才能产生足够的震撼力与吸引力。翻译过的作品毕竟是二手作品。近代德国人一开始用拉丁文做哲学，慢慢开始用母语做哲学，一直做成了伟大的德国古典哲学传统，以至于今日做哲学，好像不懂德语便总觉得愧疚。"[29]

人文社会科学与自然科学之间存在很大的差异。冯友兰认为："'数学就是数学'，没有'中国的数学'。"[30]赵元任也曾这样讨论数学问题："算学就是算学，并无所谓中西，断不能拿珠算、天元什末跟微积、函数等等对待；只有一个算学，不过西洋人进步得快一点，他们是世界上暂时的算学先生，咱们是他们暂时的学生。"㉛其实，数学尽管不像人文学科那样有明显突出的文化属性，但其本身也反映了不同民族的思维特征，未必没有"中国的数学"。不过基本可以达成共识的是，数学和自然科学的民族差异，确实不像人文学科那么突出，而社会科学的情况则介于二者之间。究其原因，就是因为人文学科与民族的语言和文化有更加密切的血肉联系。冯友兰曾区分过不同学科在民族特性上的差异："确实有'中国的'哲学，'中国的'文学，或总称曰'中国的'文化。"㉜他认为，中国哲学之所以不同于其他民族，原因之一"可能是语言、文字方面的问题。中国的语言是单音节的。中国的文字一直到现在是方块字的权字，其来源是象形文字。这都不利于用字尾的变化表达词性"。㉝

此外，语言中还包含着一种权力和尊严。比如，在 19 世纪中叶之前，中国人比较自大，不肯学习外国语言文字，外交文书都是用汉文书写的，并且拒绝设置翻译人员。这一状况到 1858 年签订的中英《天津条约》，才因为军事上的失败而被彻底打破。条约中有这样的规定："嗣后英国文书俱用英字书写，暂时仍以汉文配送，俟中国选派学生学习英文、英语熟习，即不用配送汉文。（此句英文本无）自今以后，遇有文词辩论之处，总以英文作为正义。"㉞通过确立本国文字在条约中的优先地位，英国显示了作为战胜国的优越感。

如果放弃汉语的中心地位，而把汉语看作英语的附庸、一种次等的语言，我们不但会远离中国文化的精髓，同时也失去了民族的尊严。对于一个中国学者而言，首要的能力应该是用汉语表达中国学术，这不仅是语言工具的选择问题，更是选择一种有清醒自我意识的学术取向。

下面仅以国内学者对国际引文索引的态度为例，谈谈"学术上以欧美为尚"的问题。

由于学术评价机制的原因，中国学者非常青睐被 SCI、SSCI、A&HCI 等几大引文索引收录的学术期刊。SCI、SSCI 等的开发者加菲尔德 2009 年访华时，对自己受到的隆重欢迎感到惊讶。这一场景正好就是中国 SCI、SSCI 热的最好表征，好像合情合理，却又莫名其妙。近年来，中国作者 SCI 期刊发文量不断攀升，目前数量已仅次于美国。然而，这却造成了科技期刊优质稿源流失严重，中国学者的成果反而不能被中国学界首先获知，大量科技经费被用于支付国外期刊版面费或国外数据库回购。更值得反思的是，相对于中国学者文章惊人的数量，其总体影响力之微弱却是令人遗憾的。

笔者在与清华大学一位社会科学领域青年教师的交谈中了解到，他把主要的时间精力用来撰写英文论文，投向国外的 SSCI 期刊。因为在考核时 SSCI 期刊上的文章与《中国社会科学》上一样是最高分，而在后者的发表难度要大得多。他还透露了发表英文文章的一些小窍门：一是从小处着手，注重计量和实证；二是投合其意识形态偏好；三是选择中国特有的，对西方人而言具有猎奇性的题材。以 SSCI 作为人文社会科学研究的评价标准有"自我殖民化"的风险：首先，要接受英语，而放弃母语写作和母语思维；其次是学术语言的西化，大量运用移植来的术语；再次是从西方社会的历史脉络思考问题，从西方人习惯的视角观察和分析问题。这些倾向都可能使中国学者迷失主体意识，沦为西方学术的模仿者和附庸者。

乍看上去，"中国学术国际化"与"西方学术本土化"处处相反。从语言上说，一个是把中文翻译成外文，一个是把外文翻译成中文；从学术流向上说，一个是学术的输出，一个是学理的输入。但无论是"西方学术本土化"，还是"中国学术国际化"，都未能摆脱"西方中心"的主导逻辑，都包含着一种迫切希望获得西方承认的心态。从客观上看，"学术上以欧美为尚"既是不平等历史产生的结果，也是当代国际学术体制和权力关系的折射；从主观上看，这是一种在文化上缺乏自信的表现。

正如一位论者所言："人文社会科学有太多的不能抽去和归一的东西，其国际化必定是有限度的，其标准必定是多元的，其平台必定是多样的，其语言必定是丰富的。"⑤因此，中国人文学术真正地实现国际化，最关键的障碍恐怕不是语言，也不是与西方学界接轨不够。中国学者还是要回到自身，思考如何创造出既根植于中国语言文化，而又能丰富和发展世界学术的新贡献来。

瓶与酒之辩

冯友兰很喜欢以瓶和酒为喻，他的瓶与酒之辩，大致上是在内容与形式的意义上谈论的，瓶与酒可以看作学术思想与学术范式的隐喻。关于瓶与酒的讨论是西方学术本土化过程中出现的重要话题，胡适、郑振铎、郭沫若等学者对此都发表过重要的议论。此处我们仅讨论冯友兰与陈寅恪的瓶酒之辩，因为从中可以看出对西方学术和中国传统态度上的微妙差异。从对瓶与酒的关系的思考中，也可以隐约窥见"叫现代学术说中国话"的门径。

《中国哲学史》下册序言中写道:"盖旧瓶未破,有新酒自当以旧瓶装之。必至环境大变,旧思想不足以适应时势之需要;应时势而起之新思想既极多极新,旧瓶不能容,于是旧瓶破而新瓶代兴。"㊲这可以看作冯氏瓶与酒理论的基本原理。冯友兰先是用这样一套瓶与酒的理论描述了西洋哲学史上古、中古、近代的更迭,然后便按照西洋哲学史的模式,也把中国哲学史分为相应的上古、中古、近古三个时期。不过美中不足的是,中国哲学史实际上只有上古、中古两个时期,因为按照西方哲学史的标准,中国的近古哲学不过刚刚萌芽而已。上古是孔子到淮南王的子学时代,中古是从董仲舒到康有为的经学时代,"此时诸哲学家所酿之酒,无论新旧,皆装于古代哲学,大部分为经学之旧瓶内"。直到近代西学传入,经学的"酒瓶"才被打破:"西洋学说之初东来,中国人如康有为之徒,仍以之附会于经学,仍欲以旧瓶装此绝新之酒。然旧瓶范围之扩张,已达极点,新酒又至多至新,故终为所撑破。"㊳

陈寅恪在 1933 年为《中国哲学史》下册撰写的审查报告中说:"寅恪生为不古不今之学,思想囿于咸丰同治之世,议论近乎湘乡南皮之间,承审查此书,草此报告,陈述所见,殆所谓'以新瓶而装旧酒'者,诚知旧酒味酸,而人莫可酤,姑注于新瓶之底,以求一尝,可乎?"㊴这段话往往被看作陈寅恪思想的一次重要表述,近年为越来越多人所重视。其实,这正是陈寅恪对冯友兰瓶酒之喻的回应。

冯友兰本人对陈寅恪的这段话有过解释,他认为咸丰同治之世的主要思想斗争,是曾国藩和太平天国之间"名教"与"反名教"的斗争,曾国藩认为太平天国是用西方基督教毁灭中国传统文化。曾国藩、张之洞的"同治维新",是要引进西方的科学和工艺,但要使之为中国传统文化服务,即"中学为体,西学为用"。他还举俞樾会试试卷中的一句诗"花落春仍在"深受曾国藩赏识,作为"中学为体,西学为用"的寓言。冯友兰对"中体西用"不以为然:"我是主张体用不可分的,有什么体就有什么用,有什么用就可以知道他有什么体。"他对王国维、陈寅恪虽不能认同,却存有一份深切的同情和尊敬,赞美他们是当代文化的伯夷、叔齐。㊵在冯友兰看来,王国维之自沉,陈寅恪之突走,都是因为闻革命军至,以为花落春亦亡,他们的共同点是"爱国家,爱民族,爱文化,此不忍见之心所由生也"。

其实陈寅恪并不是像张之洞那样以体用对待中学和西学，他真正关切的是如何为中国文化之旧酒铸造出新瓶，进而使之得以存续。他指出中国思想文化于其他思想"无不尽量吸收，然仍不忘其本来民族之地位"，[40]因而能发展扩大。他非常重视佛教思想传入中国后，宋明理学吸收佛家思想后形成的新义理，因为这使中国文化延续传承了几百年。陈寅恪对冯友兰的期待，或许是像儒学吸收佛学而产生宋明理学那样，在西洋思想传入之后，开创一种新的学术系统来承载中国文化，延续他心目中的"文化神州"。[41]然而，冯友兰《中国哲学史》的写法，基本上要算是"新瓶装新酒"，直到"贞元六书"特别是《新理学》，接着程朱理学讲，才有了些"旧瓶装新酒"的意思。[42]然而，由于冯友兰对陈寅恪所说的"旧酒"并不以为然，他的工作与陈寅恪"新瓶装旧酒"的旨趣还是相去甚远。

那么，在瓶与酒的问题上，冯友兰和陈寅恪的实质性差别究竟在哪里呢？

冯友兰曾这样讲述自己的思想演变："我的思想发展有三个阶段。在第一个阶段，我用地理区域来解释文化差别，就是说，文化差别是东方、西方的差别。在第二阶段，我用历史时代来解释文化差别，就是说，文化差别是古代、近代的差别。第三阶段，我用社会发展来解释文化差别，就是说，文化差别是社会类型的差别。"他发现当时流行的主张文化是东西方差别的见解不对，因为"向来认为是东方哲学的东西在西方哲学史里也有，向来认为是西方哲学的东西在中国哲学史里也有。我发现人类有相同的本性，也有相同的人生问题"。[43]在冯友兰看来，似乎人类的哲学存在一种共通的体系，只是不同地域的哲学发展的阶段不同，存在古今差异，或者说是进步与落后的差异。

在冯友兰和强调东西文化差异的梁漱溟之间，于是有了一道明显的分野：像梁漱溟那样过于强调东西文化的差异，容易把文化差异本质化，可能忽略不同文化间的共同性，也可能忽略某种大文化之下具体的区域、民族和个体差异；但像冯友兰这样，用古今差异和社会类型来解释东西文化差异，会把文化看成普适的，而忽略文化的复杂性和传承性，冯友兰的这种观念与胡适是很相似的。胡适曾说"文化之进步就基于器具之进步"，[44]在他看来文化不过是一种工具，所以他会说"东西洋文明的界线只是人力车文明与摩托车文明的界线"。[45]坐人力车的中国处于中世纪，而骑摩托车的西方人则进入了现代。难怪汪荣祖说："从胡适的观点看，所谓西化也就是走出中世纪而进入现代",胡适眼中"只有文化进步问题,并无文化冲突问题"。⑯正因如此,冯友兰对待"酒"的态度和陈寅恪迥然不同,陈寅恪视为至宝的"旧酒",即"中国文化",在冯友兰那里却可以很轻松地被替换为"新酒",即西方学术,更不用说"旧瓶"了。

我们还可以从"中国观"和"文化观"两个角度,进一步比较冯友兰和陈寅恪在"瓶与酒"问题上的差异。

先来看看他们对"中国"的理解有什么不同。冯友兰很喜欢引用《诗经》中的"周虽旧邦,其命维新",说自己的使命在于"阐旧邦以辅新命"。"旧邦"指的是中国,而"新命"则指现代化和建设社会主义。很明显,冯友兰所讲的"中国",主要是一个政治、民族、地理上的概念。他曾这样表述:"就现在说,'中国'就是中华民族所占有的疆域和所组织的国家。"⑰而陈寅恪心目中的中国则是"文化神州"。冯友兰与陈寅恪心目中,一个是"中国的"文化,一个是"文化的"中国。无论是张之洞赏识的"花落春仍在",还是冯友兰说王国维、陈寅恪误以为的"花落春亦亡",其中的"春"指的都是文化上的中国,而冯友兰心目中的"春",则是政治、民族、地理意义上的中国。正因为是从政治、民族、地理层面而非文化层面来认同中国,胡适等"五四"一代学人,才会认同西方文化而采取"全盘性的反传统态度";⑱也正是因为从文化的层面认同中国,王国维和陈寅恪才会对中国传统文化抱有那样的深情和眷恋。

我们再来借助汪荣祖对"文化单元论"和"文化多元论"的区分,了解冯友兰和陈寅恪"文化观"上的差异。汪荣祖认为康有为和章太炎分别代表着两种文化观:康有为认为文化的发展像科学一样没有国界,放之四海而皆准,是"文化单元论"的;章太炎则认为各国家民族有其独特历史经验形成的文化特性,不必互斥而应该共存,中国文化可以吸收西方文化,但西方文化不能取代中国文化,否则就等于中国文化的灭亡,这是一种"文化多元论"。⑲冯友兰似乎和康有为、胡适一样,倾向于"文化单元论"的文化观,而陈寅恪则类似于章太炎,采取了"文化多元论"的态度。汪荣祖构建的两种文化观,尽管仍有简单化的嫌疑,但可以帮助我们理解冯友兰和陈寅恪的文化观念。

综而论之,冯友兰所说的"新酒"指的是西方学术思想;而陈寅恪的"旧酒"则指的是中国传统文化。在冯友兰看来,既然中国有了"新酒","旧酒"是不那么值得留恋的;而在陈寅恪看来,倒掉"旧酒",就连"中国"也一起倒掉了。

"叫现代学术在中国发达"的根本办法

冯友兰说译书"不是根本办法，但这是根本办法的先决问题"。[59]那么，"叫现代学术在中国发达"的根本办法是什么呢？对此，他并没有给出明确的答案。

中国人文学科和部分社会科学学科，本来就有着独立于西方知识体系的优秀传统。中国学者的目标应该定位于开掘中国文化和思维中的智慧，通过学术概念的铸造、学术方法的生成、学术范式的突破，改变世界学术的面貌，而不只是做一些枝枝节节的工作，我们可以大胆地将其称为"中国化的世界学术"。"中国化的世界学术"并非是要建立某种中国的学术霸权，而是在欧美主导的世界学术中，发展一种原创性的、根植于中国语言文化的、具有跨文化启示意义的学术。

一位学者曾写道："当年陈康曾发誓，做存在论一定要让西方人以不懂中文为恨，他当时做的毕竟是西方的存在论……今日中国人要做的，恰是形成与这一时代中国人的追求相匹配并为中国未来发展立道立言的哲学；这样的哲学，如果外国朋友们真的看不懂，那才真的叫以不懂汉语为恨。"[51]他的说法揭示了"中国化的世界学术"的部分要义，即根植于中国生活实践和母语的学术，他的目光主要指向现在和未来。他没有强调但或许更加重要的是，中国学术还应把目光投向过去，从被渐渐遗忘的中国传统文化中获得更多的滋养和灵感。唯其如此，中国人文学术才能为人类的现在和未来做出独特的贡献。

这是一项复杂的长期系统工程，特别是百年以来，汉语和中国文化都发生了重大的变化，中国学术界需要进行更长久的积淀，付出更艰巨的努力，才有可能实现。从大端而言，中国学界应当树立以下一些基本共识。

首先，中国学者应该树立起一种文化上的自信，并敢于把中国传统文化看作自己学术上的根基和源泉。陈寅恪写道："窃疑中国自今日以后，即使能忠实输入北美或东欧之思想，其结局当亦等于玄奘唯识之学，在吾国思想史上，既不能居最高之地位，且亦终归于歇绝者。其真能于思想上自成系统，有所创获者，必须一方面吸收输入外来之学说，一方面不忘本来民族之地位。"[52]在接受国际化这一宿命的同时，中国现代学人不能放弃创建与"本来民族之地位"相称的学术系统这一理想。傅斯年在撰写于1928年的《历史语言研究所工作之旨趣》中说，"我们要使科学的东方学正统在中国"。当年的陈垣也曾对汉学中心不在中国而在欧洲和日本的状况心有不甘。然而，八九十年过去了，我们似乎仍然很难理直气壮地说东方学或汉学的正统在中国，也没有像萨义德那样对东方学和汉学提出深刻而有力的批判。这表明我们民族文化的自觉意识和自信心还有待加强，没有自信和自立的国际化只能是邯郸学步。

其次，中国学者应该要看到，"现代学术"已经不像五四时代一样，只是"西方学术"的另一种说法，而具有了涵括东西的"世界学术"的含义。二战后特别是冷战结束以后，世界的概念发生了很大的变化，正如有论者指出的："21世纪的世界已从西方称霸的一元化、中心化的世界逐渐发展为经济一体化、政治多极化、文化多元化、各民族国家差异共生的世界。"[53]与半个世纪前相比，今日的状况已经发生了重要变化，因为全球化和多元化的趋势日益强化，西方中心论在其故乡也遭到了质疑和批判。王元化敏锐地指出："我不认为'五四'时期对待西学的态度及吸收西学的方式都是天经地义不可更改的。我认为那时以西学为座标（不是参照系）来衡量中国文化，是和国外那时盛行的西方文化中心论有着密切关系（'五四'时期陈独秀即称西学为'人类公有之文明'），二战后西方批判了西方文化中心论，而提出多元化的主张。"[54]其实，早在1906年，王国维就提出了"世界学术"的观念："异日发明光大我国之学术者，必在兼通世界学术之人，而不在一孔之陋儒固可决也……夫尊孔孟之道，莫若发明光大之，又莫若兼究外国之学说。"[55]

最后，中国学者需要一种更加包容和多元的学术智慧。王元化曾表述过一种学术姿态："研究中国文化不能以西学为座标，但必须以西学为参照系"，因为"出自任何单一文化视角的价值观都无法提供合适的框架去理解波及全球的种种变化"。为要想实现"中国化的世界学术"，既不能像胡适那样以西学为主体，拿中国的东西去比附；也不能以国情和特色为理由，拒绝承认各民族共通的人性原则和价值准则。他很欣赏汤用彤和陈寅恪"提倡中外文化融贯说，主张将西学化于中国文化中"的治学取向，并对汤用彤的《魏晋玄学论稿》和胡适的《中国哲学史大纲》进行过比较和点评，认为从中可以看到汲取西学的两种不同态度。他批评道，"胡适以传统文化去比附西方文化，阻碍了他对传统文化进行比较深入的理解"，"胡适既以西学标准为本，因此他将文化传统中不同于西方标准的许多成分一概置于绳墨之外"。⑤而汤用彤虽然"学兼中外，通梵文、巴利文，在印度文化方面有精深的素养。早岁留学美国，曾钻研西方哲学"，但在《魏晋玄学论稿》中却无一字谈及西方哲学，"他所具有的深厚的西方哲学功底，倘不细察，是无法从字里行间寻出蛛丝马迹的，如撒盐水中，化影响于无形，不露任何痕迹"。⑤这种不拘泥于西方范式、"将西学化于中国文化中"的治学境界，已经离"叫现代学术说中国话"的理想不远了。

从中国期刊界的角度看，为了实现"叫现代学术说中国话"的理想，也有不少事情可以做。比如，应当向致力于开掘中国传统文化、深入辨析不同文化中的特有观念、努力实现中西融通的稿件和作者倾斜，而对套用西方学术模式分析中国材料的研究持谨慎态度。同时，应当向扎实深厚的基础研究倾斜，而不追求时髦新颖的方法，即便影响了刊物的转载率和影响因子，也应坚持自己的学术理想。此外，努力提升办刊水平，创建有中国气质和风度的名牌学术刊物，努力提高刊物在国际上的能见度，比如规范英文标题、摘要和DOI（数字对象唯一标识符）等，并通过主动接触和谈判，努力使更多中文学术期刊加入国际学术索引。再有，中国学术期刊应当加强协同合作和数字化水平，比如学术期刊之间联合起来成立刊群或联盟，建立像爱思唯尔（Elsevier）和斯普林格（Springer-Verlag）那样的大型期刊集团。最后，宜加强大陆学术期刊与港澳台及海外华文学术期刊的协作，联合汉语文化圈的学术力量，共同维护和发展"文化中国"。

"叫现代学术说中国话"，是冯友兰先生的夙愿，中国学界和期刊界有责任在冯先生所做思考和学术实践基础上更进一步，真正推动中国学术之发达。但愿以上围绕"叫现代学术说中国话"所做的粗浅阐释，能够促使更多的学者和期刊人关注和思考中国学术的未来，相信这也是冯友兰先生愿意看到的。

---

①②③⑤⑥⑦⑰⑱⑲⑳㉑㊴㊵㊿冯友兰：《三松堂全集》第14卷，郑州：河南人民出版社，2001，第42、40、42、43、30、195、30、179、189、30、221、307～309、307～309、42页。

④梁启超：《饮冰室合集》第1册，上海：中华书局，1936，第52页。

⑧参见余英时《〈中国哲学史大纲〉与史学革命》，见氏著《现代危机与思想人物》，北京：三联书店，2005，第184页。

⑨⑫冯友兰：《三松堂全集》第1卷，郑州：河南人民出版社，2000，第185、

249页。

⑩胡适：《中国哲学史大纲》，上海：上海古籍出版社，1997，“序”，第1页。

⑪冯友兰：《中国哲学小史》，北京：中国人民大学出版社，2005，第3页。

⑬冯友兰：《怎样研究中国哲学史？》，上海：《出版周刊》第233、234期，1937年5月15日、22日。

⑭㉚㉜㉝㊸㊼冯友兰：《冯友兰自选集》，北京：首都师范大学出版社，2008，第1~3、501、501、497、4~5、501页。

⑮冯友兰：《三松堂全集》第1卷，第194页。括弧中的话系冯友兰所加。

⑯㊱㊲冯友兰：《三松堂全集》第2卷，郑州：河南人民出版社，2000，第249、9、9页。

㉒胡适：《争取学术独立的十年计划》，上海：《教育通讯》1947年第4卷第6期。

㉓冯友兰：《中国哲学小史》，第81页。杜威的原文发表于《新共和》(*New Public*) XXV卷，1920，纽约，第188页。

㉔㉟朱剑：《学术评价、学术期刊与学术国际化——对人文社会科学国际化热潮的冷思考》，北京：《清华大学学报》(哲学社会科学版) 2009年第5期。

㉕参见梁启超《清代学术概论》，北京：中国人民大学出版社，2004，第218页。

㉖《学术期刊“走出去”：中国学术国际对话的桥梁——访〈文学与环境跨学科研究〉主编斯科特·斯洛维克》，北京：《中国社会科学报》2012年12月14日。

㉗威廉·冯·洪堡特：《论人类语言结构的差异及其对人类精神发展的影响》，姚小平译，北京：商务印书馆，1997，第50、70~71页。

㉘竹内好：《近代的超克》，北京：三联书店，2005，第192页。

㉙(51)邹诗鹏：《“人文社会科学研究国际化”的质疑与反思》，北京：《中国社会科学报》2010年3月18日。

㉛赵元任：《赵元任全集》第8卷，北京：商务印书馆，2005，第7页。

㉞王铁崖：《中外旧约章汇编》第1册，北京：三联书店，1957，第102页。

㊳(52)陈寅恪：《金明馆丛稿二编》，北京：三联书店，2001，第285页。

㊶陈寅恪《挽王静安先生》诗中有“文化神州丧一身”之句。

㊷冯友兰在写《新理学》时，金岳霖也在写一部哲学著作，他们的主要观点相同，但冯友兰是接着程朱理学讲，而金岳霖是西学的脉络，于是冯友兰说：“我是旧瓶装新酒，他是新瓶装新酒。他提出了一些新的看法，并且创造了一些新名词。”见冯友兰《三松堂全集》第1卷，第215页。

㊹胡适：《胡适选集》，“杂文”，台北：文星出版社，1966，第17页。

㊺胡适：《胡适文存》三集，合肥：黄山书社，1996，第26页。

㊻汪荣祖：《学人丛说》，北京：中华书局，2008，第199页。

㊽参见林毓生《中国意识的危机》，贵阳：贵州人民出版社，1986，第158页。

㊾参见汪荣祖《康章合论》，北京：新星出版社，2006，第 122 页。

㊝张政文：《差异中的共生与共生中的差异——走向世界的中国学术道路与价值》，北京：《中国社会科学报》2013 年 3 月 22 日。

㊤㊗王元化：《九十年代反思录》，上海：上海古籍出版社，2000，第 132、40 页。

㊙王国维：《王国维文集》第 3 卷，北京：中国文史出版社，1997，第 71～72 页。

㊛王元化：《胡适的治学方法与国学研究》，北京：《读书》1993 年第 9 期。

作者简介：桑海，《清华大学学报》（哲学社会科学版）编辑，博士。

［责任编辑：刘泽生］

（本文原刊 2014 年第 1 期）

主持人语

刘泽生

自 2012 年 7 月 30 日国家新闻出版总署出台《关于报刊编辑部体制改革的实施办法》以来，业界的争议颇为激烈。一年过去了，争论仍在继续。改革的大势似乎不可逆转，而改革的实施却举步维艰，似有搁浅之虞。未来发展，路在何方？学术界、期刊界均表达了极大的关注。

毋庸讳言，报刊编辑部体制改革是一场涉及面广、情况复杂、政策性强的重大改革，但对于如何进行改革，各方远未达成共识。主管部门以市场化为切入口、以转企改制作为改革的唯一目标与路径，在学术期刊界激起了极大的争议。学界的论争既有尖锐的批评，也有深刻的反思。近期，本刊编辑部就收到多篇极具学理性、建设性的佳作。叶娟丽摒弃了简单的批判性论争的做法，借用公共选择理论的相关概念，从公共物品的供给角度，就中国学术期刊为何不能市场化的问题进行了颇为深入的剖析，认为市场化与其说是中国学术期刊救赎的良方，倒不如说是一个新的悖论。基于以上的判断，作者认为，寻求第三条道路已是迫在眉睫的事。叶文指出，作为一种公共物品或者准公共物品，学术期刊要由长期以来的政府提供一刀切改为市场提供，短期内可能可以解决效率的问题，但终究会引发新的问题。学术期刊也许不像住房、医疗、教育那样与眼前的现实的民生利益直接挂钩，但学术期刊关乎整个学术的健康发展，关乎一个民族创造力、想象力与思维力的培育与保护，并且它终将在更高的层面、更远的未来为民族的繁荣兴旺、国家的发达富强提供支撑。因此，在政府失灵的窘境下，迫切地开出市场化的药方，并不能真正解决中国学术期刊发展体制目前面临的困境。参照准公共物品的提供模式，倚重非营利机构等第三方力量办刊，也许是中国学术期刊走向新生的一种明智选择。叶文独辟蹊径，视野开阔，论述精当，其观点无疑值得有关方面的思考。

陈颖主编也是这场体制改革浪潮中的弄潮儿，此前已在《清华大学学报》等报刊上发表过多篇有关学术期刊体制改革的大作。陈颖认为，当前高校学术期刊体制的改革有必要围绕这场改革的根本目标，思考和厘清如下四个方面的前提条件：一是改革的顶层设计与底层承受之间的关系；二是学术期刊与非学术期刊改革之异同；三是学术期刊的自我完善与外部力量的牵制；四是处理好尊重历史与体制创新的关系。陈文指出，要解决当前高校学报存在的所谓"全、散、小、弱"弊端，简单地采用激进的转企改制办法实非上策。学术期刊的改革首先不是解决结构性的弊端问题，而是解决政府的监管手段落后于学术期刊发展的问题。作为一家之言，作者认为在保留现行办刊体制基本框架的前提下，通过建立科学的质量评估体系逐渐淘汰那些不思进取、质量低下者，才是比较符合学术规律的可行办法。尊重传统而不囿于传统，顺应历史潮流勇于变革创新，才是高校学报改革应取的态度。

在当前学术期刊的这场变革中，本刊当然无法置之度外、独善其身。加强编辑部的内部建设，练好内功，提高学术质量，才是应对外部变革之道。《澳门理工学报》的组稿审稿工作除了本校的专家学者和编辑部自身的力量外，主要系依托于学报编委会及学报专家库的特邀评审专家的共同努力。近期，本刊编辑部进一步强化了组稿审稿制度建设，召开专题讨论会，就学报的专题策划、特色化建设与制度化建设进行了专题研讨。现借用"总编视角"之一角，刊发与会部分同行专家学者的高论。其中不乏有中肯的总结与殷殷之期望，当然也或有同行的鼓励乃至溢美之辞，我们将当之一种激励与鞭策，努力工作，以不辜负读者、作者诸君之期望。

公共物品与市场化：一个关于
中国学术期刊的悖论

叶娟丽

[**提　要**] 学术期刊无疑是公共物品，而公共物品应主要由政府提供。事实上，多年来，中国学术期刊都是政府主管甚至主办的。但随着学术环境的改变，在微观经济领域的政府失灵日益显现在期刊管理方面：缺乏核心竞争力，低水平重复，效益低下，等等。基于此，市场化作为中国学术期刊改革的预期目标被提了出来。但对于作为公共物品的学术期刊，市场化与其说是救赎良方，倒不如说是一个新的悖论。因此，寻求第三条道路，已迫在眉睫。

[**关键词**] 学术期刊　公共物品　市场化

学术期刊作为学术研究成果的载体，反过来成为学术研究的对象本身，是 21 世纪以来中国学术界一种值得关注的现象。以"学术期刊"作为"题名"关键词，在"中国知网"搜索，结果呈现 8016 条；其中，发生在 1990 年前共 75 年间的成果只有 75 条，[①] 1990 ~ 2000 年有 690 多条，2000 ~ 2010 年达 4260 多条；而 2010 年以后的成果，则约有 3000 条。可见，对"学术期刊"本身的研究，在新世纪出现了井喷，尤其是近三年，"学术期刊"俨然成为学术研究的热词。

这种现象的出现，究其原因，应与中国学术期刊面临的双重转型有关。

有人说，中国社会正处于双重转型中，一方面是社会的转型，由传统走向现代；另一方面，是体制的转型，由计划走向市场。与此相适应，中国社会的诸多层面，从制度到理念，也处于急剧的转型当中。就拿中国学术期刊来说，也呈现出双重转型，即朱剑所说的"出版形式的转变与出版体制的转变"。②出版形式的转变是基于新技术对传统出版模式的挑战——数字化，而出版体制的转变则是基于大文化管理体制的变革与创新——市场化。一方面是技术强力，世界潮流；另一方面是行政强制，不可逆转。总之，无论是哪一种转型，对于中国的学术期刊来说，都是革命性的。正是这种对学术期刊的革命形势，触动着每一位学术期刊的从业者，因此，对"学术期刊"的研究成为今天中国各主要学术期刊的热点话题，也就不足为奇了。

但分析这些研究，尤其是近三年来关于学术期刊的研究成果，我们可以发现，市场化似乎更能触动学术期刊从业者的神经。而他们"关于转企改制的讨论，基本上是一边倒的负面声音"，有不少人是从学报难以适应市场的角度反对市场化的，还有人以强调学报的学术性来质疑转企改制，总之，强调学报的公益性是反对转企改制最常见的理由。③我们知道，学术讨论可以有情绪，但更需要理性。学术期刊的定性定位是什么，它为何必须市场化或者为何不能市场化，我们还需要更多更系统的理论研究。基于此，本文拟借用公共选择理论的相关概念，从公共物品的供给角度，谈谈中国学术期刊为何不能市场化的问题，以与各位关注中国学术期刊前景的有志之士商榷。

一　公共物品及其特性

现代经济学中对公共物品的系统研究起源于萨缪尔森（Samuelson）。在《公共支出的纯理论》（*The Pure Theory of Public Expenditure*）一文中，他首次明确假设存在两类物品，即"私人消费品"（private consumption goods）和"集体消费品"（collective consumption goods），④并以精确的数学表达式来界定这两个概念。根据他当时的假设，私人消费品在不同的个人之间分配使用；而集体消费品由所有人共同使用，且任一个个人的消费不会减少其他个人对这类物品的消费。为了进一步解释这两个新概念，1955年，萨缪尔森又发表了《公共支出理论的图解》（*Diagrammatic Exposition of a Theory of Public Expenditure*）一文，并开始使用公共消费品（public consumption goods）替代了集体消费品的概念。⑤随后在他与诺德豪斯（Nordhaus）不断再版的合著《经济学》中对公共物品的定义又做了修正和完善。第12版中，他们提到："与来自纯粹的私有物品的效益不同，来自公共物品的效益牵涉到对一个人以上的不可分割的外部消费效果。相比之下，如果一种物品能够加以分割，因而每一部分能够分别按竞争价格卖给不同的个人，而且对其他人没有产生外部效果的话，那么这种物品就是私人物品。公共物品常常要求集体行动，而私有物品则可以通过市场被有效率地提供出来。"⑥在这里，他们强调了公共物品的不可分割性，以及私人物品的市场提供。而在第16版中，他们进一步指出："公共物品是指那种不论个人是否愿意购买，都能使整个社会每一成员获益的物品。私人物品恰恰相反，是那些可以分割，可以供不同人消费，并且对他人没有外部收益或成本的物品。"⑦这里，他们补充强调了公共物品的公益性和外部性。到了第17版，他们则主张："公共物品是指这样一类商品：将该商品的效用扩展于他人的成本为零；无法排除他人参与共享。"⑧在这里，他们更加强调公共物品的非排他性。

综合萨缪尔森等人的一系列理论，可以发现，公共物品有两个最基本的特征，即消费的非竞争性（Non-rivalry）和受益的非排他性（Non-excludability）。其中，公共物品的非竞争性意味着增加的消费者引起的社会边际成本为零，在公共物品的消费上，人人都可获得相同的利益。具体又包括两方面的含义：一是边际成本为零，即增加消费者，不会导致公共物品生产成本的增加；二是边际拥挤成本为零，每个消费者的消费都不影响其他消费者的消费数量和质量，如国防、外交等，不会因增加或减少了一些人口对某些公共服务的享受而影响其他人口的享用。

而公共物品受益的非排他性则是指任何人对于公共物品都不具有所有权，在一个既定的供给水平下，公共物品一旦提供，不能阻止另外一些人从中受益，所有社会成员都可以同时享有同等的消费利益。其原因，一是排斥其他受益者在技术上不可行，即不可能将既消费公共物品又不付款的那些人排除在公共物品的收益范围之外；二是排斥他人消费公共物品的成本巨大，经济上不合算。

公共物品的非竞争性和受益的非排他性，又引申出公共物品效用的不可分割性（Non-divisibility）、公益性（Commonweal）⑨和外部性（Externality）。公共物品是面向全社会提供的，所有人共同消费，其效用所有人共同享有，不能将其进行分割，要么向所有人提供，要么不向任何人提供。这既包括可供公共消费的物质产品，也包括政府提供的各项管理与服务，甚至还包括精神和制度方面的公共产品。

公共物品的非排他性、不可分割性，又与其公益性紧密相连。作为公共物品，它的存在目的是满足公共利益，体现公共价值。公共物品被生产出来后，就会使一定范围内的全体成员或大多数成员共同受益。

所谓公共物品的外部性，是指公共物品可能存在的对其他非供给者产生的有利或不利影响；或者说，可能存在的对其他非消费者产生的有利或有害的影响。只是公共物品的外部性，或者说其外部效应或溢出效应，主要呈现为正的外部性。

公共物品的上述特点，导致了它在生产与提供方面的一些特殊性。

一是不能充分内部化。[⑩]有人可能承担了成本，但不能完全享有收益，因为排他成本过高，或者根本不具有排他的可能性；或者有人享有了收益，但根本不用承担成本，如"搭便车"。这就导致公共物品的生产或提供根本无法建立起成本与收益之间的确定关系。如果严格按照收益来提供公共物品，因为付款的消费者可能极少甚至没有，则必须把那些不付钱的人排斥在消费者之外，这就会导致公共物品提供的严重不足；如果严格按照需求来提供公共物品，由于公共物品的提供者有可能得不到任何收益，其巨额的生产成本将无法得到弥补。

二是缺乏一种表达需求和定价的机制。我们知道，产品的最优供给量由需求和供给的均衡所决定。在私人物品的市场上，供求均衡决定商品的最优数量，此时社会处于帕累托最优状态，其中的市场需求曲线是所有消费者的单个需求曲线横向相加所得。与私人物品一样，公共物品的最优数量也是由市场供求均衡所决定的。与私人物品不同的是，消费者在同一时间同时消费同一数量的公共物品，但是公共物品的非排他性和非竞争性使得对单个消费者的消费数量增加，并不等于提供公共物品的总成本。因为增加消费者，不仅不影响其他消费者消费公共物品的数量与质量，而且对公共物品的生产与提供成本没有任何影响。

正因如此，经济学理论认为，凡是具有外部性的地方，都会导致市场失灵。因为外部性使得按私人边际成本等于私人边际收益的原则所确定的公共物品的价格和产量，不能弥补公共物品提供的总成本，从而导致公共物品的供给量低于有效率的水平。市场制度的这一缺陷，只能由政府来弥补。或者说，提高效率最根本的途径是外部经济的内在化，政府统一提供就成为必然选择。比如国防是典型的公共物品，具有消费的非竞争性和受益的非排他性，其受益范围涉及本国范围内所有的人，并以特殊的方式提供给社会的各个成员，不能期待每一个社会成员积极主动去购买国防这一产品，如果依然按照市场等价交换的原则行事，就会导致供给失败。

基于其公益性，公共物品可能表现为某种特定的服务，具有某些特定的用途，这也超越了私人机构提供的范畴。此外，公共物品由于涉及潜在的消费者数量巨大，其提供往往需要巨额投资，其中有些超过私人机构的水平。至于政府提供这些公共物品所需要的资源，则不是市场经济下通过商品交换来实现的，而是采取另外一种形式，即征税的方式来实现的。因此，公民有纳税的义务，政府也有向社会提供公共物品满足社会公共需要的职责。

事实也是如此。一些对人民福利影响深远、涉及范围广泛的公共物品，如国防、义务教育、立法、社会保障和救助、重大基础设施、科学研究等这些公共物品，是任何一个社会发展所必需的，涉及全体公民的利益，涉及国家整体的长远利益，在实践中通常是由政府兴办的。在社会发展进程中，公共物品的作用是无法替代的。提供公共物品，满足全体社会成员的公共需要，追求全社会成员的共同幸福，也是政府职能题中应有之义。因此，政府提供公共物品，既是由公共物品本身的特性决定的，也是由政府的职能决定的。

二　作为公共物品的学术期刊

根据《辞海》，"期刊又称'杂志'。根据一定的编辑方针，将众多作者的作品汇集装订成册，定期或不定期的连续出版物"；而"学术指较为专门、系统的学问"。[11]据此，学术期刊应是关乎专门的系统的学问的连续出版物。

又根据维基百科，"学术期刊（academic journal）是一种经过同行评审的期刊，发表在学术期刊上的文章通常涉及特定的学科。学术期刊展示了研究领域的成果，并起到了公示的作用，其内容主要以原创研究、综述文章、书评等形式的文章为主"。[12]据此，学术期刊有如下几个特征：一是公示某一特定领域的研究成果；二是这些公示的成果需经同行评审；三是这些成果以原创研究为主。

而所谓原创研究，顾名思义，即属于作者自行创立、原本由作者自己提出，且未经公信力确认的研究。或者换句话说，原创研究代表未经确认的理论、数据、评论、概念和想法，以及对既有资料的重新分析和阐释。原创研究的目的是制造新知识，而且是未经证实的知识。

根据这些特点，学术期刊无疑是公共物品。

首先，学术期刊具有典型的消费的非竞争性。一本学术期刊一旦完成出版印刷进入发行程序，尤其是当今时代经数字化后通过网络发行，任何读者对学术期刊的使用，其社会边际成本都为零。多一些人阅读或者引用学术期刊上的成果，并不会导致学术期刊生产成本的增加；而且，多一些人阅读或者引用学术期刊上的成果，也并不会影响其他任何人对学术期刊利用的数量与质量。其消费的边际成本为零，边际拥挤成本也为零。而且，这种消费还不是即时的，它会延续到此后的很多年，像今天我们很多人做研究，言必称孔子或者亚里士多德，而孔子和亚里士多德的研究成果都产生在 2000 多年前，今人的阅读与引用，丝毫不会增加当初他们研究成果的生产成本，也不会影响过去的历史进程中甚至若干年后，任何其他人阅读与引用他们研究成果的数量与质量。正是从这个意义上，我们说，学术期刊具备了典型的公共物品所内在的消费的非竞争性。

其次，学术期刊具有典型的受益的非排他性和不可分割性。同理，一本学术期刊一旦完成出版印刷进入公开发行后，其发表的学术成果就对所有的读者开放，其研究成果中的新思想与知识，任何人都不再具有独占的权力，所有社会成员都能平等地从其研究成果中得到收获和启迪，任何人都不可能阻止另外一些人从中受益。一方面，思想的传播本来就如星星之火，期刊的主办者将那些主办单位之外的读者排斥在本期刊思想传播范围之外，或者拒绝将本期刊上的研究成果向主办单位范围之外散播，本身就违背了学术期刊公示学术研究成果的基本职能，技术上也是行不通的。另一方面，即使主办者出于收益与成本相关的考虑，一定要杜绝未为期刊前期出版印刷付费的人来使用期刊上的研究成果，其要为此付出的代价将是巨大的，从经济上看终究也是不合算的。总之，学术期刊只要公开发行，就会对整个社会产生作用。当然，"学术研究的公共性并不体现在其大众性和普及性"，⑬客观上使用学术期刊的，主要是从事学术研究的那一部分人，但我们并不能主观地将社会上的人进行人为的划分，谁可能受益，谁可能没受益，在学术期刊的利用上，具有典型的不可分割性。

再次，学术期刊具有典型的公益性。学术期刊以公示某一特定领域的科学研究成果为职能，研究自然与人本身，发现自然规律，研究社会问题，可以说是每一种学术期刊的基本内容。就学术期刊而言，其一方面可以实现人们对世界认知成果共享的需要，使得知识在时空上得以延伸和扩张，得以传播和共享；另一方面，迅速、及时和有效的知识成果传播与分享将更好地指导和检验人们的社会生产实践。"原创研究"是学术期刊的主要标签，它不同于其他新闻媒体的本质之处，在于"它是对人和社会本原的信息收集、编码和回馈，是对于本原世界和人化世界的诠释形成的早期知识。这些稀缺的新知识、新观念，一旦被发现，并被学术期刊公开，便成为点燃其他蜡烛的蜡烛，给别人带来亮光的亮光，迅速被其他媒体扩张、复制、演绎，产生巨大的社会价值，推动一个国家文化和生产力发展"。[14]可见，作为重要的思想传播与学术交流平台，学术期刊在释疑解惑、观念引导、构建社会价值理想等方面，都起着积极的作用。

如中国早期的学术期刊，无一例外地将自身视为交流学术的平台和工具，而交流的目的则在于通过学术来推进国家建设。很多学术期刊的发刊词，都充分阐释了学术期刊与民族的命运与社会的进步、国家的前途之间的密切联系。[15]这样的定位下，学术期刊因学术研究而生，但它不仅仅为学术而存在。它存在的意义，一方面是为学术研究和学术传播服务，为学术研究搭建成果发布和交流的平台，共同推进学术研究的发展；另一方面，关注现实，直面社会，倡导理想，同样是中国早期学术期刊的基本定位。通过多年的发展和历史的沉淀，目前的中国学术期刊，还兼具政治导向和学术导向的双重功能。[16]并且，随着市场社会的发展，人类的交往空间得到拓展，现代意义上的公域空间开始形成。学术期刊，"尤其是人文社科类学术期刊，本身已经成为社会公共生活的一个重要平台"。[17]

此外，学术期刊具有典型的正的外部性。学术成果的受惠面超越国界，惠及后代，是非常普遍的现象。因此，学术期刊受益的非排他性和不可分割性，也就决定了它典型的正的外部性。

正因如此，学术期刊的提供超越了私人机构承受的范围。首先，就其成本收益比较而言，学术期刊的成本分广义与狭义两个方面。狭义的成本显然只包括与编辑出版该期刊直接相关的费用，而广义的成本除了期刊本身印制发行的费用以及编辑出版人员的支出外，应该包括为学术期刊提供稿件的作者的培养教育成本以及研究过程中的所有付出。

　　再来看学术期刊的收益。学术期刊以学术为第一载体，通过服务学术的创造性、知识性来实现学术传播或学术认知的需要。由于读者的小众化，销售量小，其经济收益是非常微薄的。仅就经济收益而言，学术期刊的成本收益比较，差距是巨大的，无论是狭义的成本还是广义的成本，学术期刊的经济收益都不足以弥补。支撑学术期刊的，是其社会效益。我们知道，学术这种独特的产品的复制与再生能力是我们无法用理性计算的，一本学术期刊上的研究成果可能衍生出无数个相关的成果，但这种社会效益超越了时空，超越了工具理性的范畴，是无法用数字进行估量的。再说，学术期刊登载的是未经证实的原创研究，这种原创研究的未来价值，还有待实践的检验，其间需要的过程可能很长，也使得学术期刊的收益无法进行计算。

　　根据学术期刊消费的非竞争性和受益的非排他性，我们说学术期刊无疑是公共物品，只不过它是一种特殊的公共物品。这种特殊的公共物品的特殊性，首先在于它的经济利益与社会效益的冲突。学术期刊在理论上不以追求特定的经济利益为目标，在现实中也很少有学术期刊能够取得可观的经济利益，因此成本收益分析不适用于学术期刊。但它并不完全排斥经济利益，事实上学术期刊既有通过社会效益来促进其经济利益的先例，也有经济利益与社会效益严重不匹配的反例。但无论如何，学术期刊的收益主要体现在社会效益方面，体现在对整个科学研究的促进，进而在认识自然与人类自身发展规律、推动人类认识进步，进而促进社会发展方面的独特贡献。它所承载的是知识与思想，而知识与思想的价值是高度抽象的，其检验与印证需要更多后续的研究加以支撑。因此，对其价值的认定不是一个人、一个组织能够简单完成的，它需要借助很多专业的知识与手段，需要借助于一个共同体，因此，总体而言，它的收益是长期的、可持续的，它是可能跨越时空的，因而也是无法估算的。

　　其次，学术期刊这种公共物品的特殊性，还在于其特定人群使用与所有人受惠的冲突。学术期刊因其专业性和学术性，事实上阅读与使用的仅仅是某些专业人士。但科学研究所产生的影响，又注定是要惠及所有人的，因科学研究而引致的思想进步和社会发展，终究会让整个社会所有人受益。因此，学术期刊表面上是少数人在使用，但其效应却是惠及整个社会乃至后世社会的。

　　正因为学术期刊所承担的是一种抽象的价值，不确定的未来，甚至有可能是后世的收益，因此，它的公共性往往不为人们所认定，其公共物品的特性往往被一些假象所遮蔽，如个别学术期刊可观的经济效益，它仅供小众使用的高端性，等等，往往使人们忽略掉了学术期刊最基本的东西，那就是它的非竞争性和非排他性，而这正是它作为公共物品的最重要特征。

三　中国学术期刊的市场化

一直以来，作为公共物品，中国的学术期刊大多是由政府主管或者主办的。但是近年来，诚如在其他公共物品提供过程中所出现的政府失灵一样，中国学术期刊这个公共物品的提供出现了明显的政府失灵。具体表现为：学术期刊数量增长与质量进步并不一致，出现大量学术泡沫，学术期刊不能适应或者回应学术发展和时代发展的要求，高水平的学术期刊很少，一方面大量的学术期刊低水平重复建设，另一方面大量学术成果找不到适当的发表途径，总之，在学术期刊这个问题上，出现了比较典型的公共物品提供中的无效率、低效率、短缺和消费拥挤问题。

应该说，在学术期刊提供上的政府失灵，其原因既有当今政府的共性，也有中国政府的个性。共性在于：由于政府提供学术期刊这个公共物品存在垄断权，即没有竞争对手提供同样的服务，而且基于公共物品的数量和质量都难以直接界定，公众很难对政府产出进行有效监督，从而容易出现政府机构膨胀、低效但公共物品短缺的现象。此外，政府决策机制也是导致供给不均衡和不公平的一个重要原因。政府有效提供公共物品的一个重要假设前提是存在着一个"仁慈"、"全能"的政府，它知道消费者对于公共物品的真实偏好。然而在现实中，政府只能掌握有限的信息，并且往往按照多数原则自上而下地决定公共物品的种类和数量。这样的决策机制一方面导致受益人群的分布不均，部分人享受过多，部分人享受不足；另一方面导致公共物品供需不匹配，公众需要的某些公共物品供给不足，而不需要的公共物品却被屡屡提供。从实践的角度看，20世纪70年代以来，西方国家"大公无私"和"能力非凡"的神话被打破，其传统的公共物品供给模式的理论基础得以颠覆。伴随着理论上的声讨，20世纪80年代西方国家开始了反对公共物品全部由政府提供的浪潮。

对于中国而言，近些年来，随着生产力发展和科技进步，中国社会对学术期刊这类公共物品的需求呈现多样化特点，公众的需求日益复杂化，且数量不断增长，而政府的提供方式仍然单一，财力有限，对公共需求的数量与结构缺乏明晰的定位和及时的回馈，从而导致公众对学术期刊的需求不能及时地转变为政府的公共物品，因而出现政府提供低效或者短缺的问题。

正是基于政府在提供学术期刊这一公共物品中的失灵，以及世界范围内对政府提供公共物品理论与实践模式的反思与批判，中国开始了轰轰烈烈的报刊体制改革。而这场改革的目标就是要让报纸期刊彻底告别过去的政府提供模式，改由新型的市场提供模式。具体目标任务则是：分期分批按照规范的程序转制，在清产核资的基础上，核销事业编制，注销事业单位法人，进行企业工商登记注册，整合出版资源，既实行严格的报刊出版市场准入机制，同时建立健全市场退出机制。总之，市场化是当前报刊体制改革的导向，是学术期刊改革的唯一路径和目标。⑱

从理论上，外部性为公共物品提供的市场化设置了障碍。但随着理论与实践的发展，准公共物品⑲概念的提出，又为公共物品的市场化提供了可能。根据"科斯定理"⑳，外部性可通过产权与谈判得以克服，但这里涉及的只能是准公共物品。如教育、文化、广播、电视、医疗、科学研究、体育等事业，都可算作准公共物品，学术期刊也是准公共物品的范畴。准公共物品既可由政府提供，也可由准公共组织提供，还可以由私人提供，但私人提供的前提是：界定私人对某一公共物品的产权，并且有一系列制度来保护产权的行使，从而使产权所有者形成对产权的良好预期，私人才会有动力来提供某一公共物品。正是在这个意义上，有经济学理论认为，公共物品的市场化提供也是可能的。

但事实上，目前中国公共物品的市场化，还不具备产权谈判的条件。一方面，公共物品市场化要求政府承担基本的责任，提供基本的产权制度保障；另一方面，市场化对外部环境也有一定的要求，而中国目前在公共物品市场化进程中，在外部条件方面还存在很大的缺陷，其中主要是市场发育还不够成熟，一个完善的市场经济体系还远没有建立起来。具体到学术期刊的市场化，阻碍也是明显的。第一，我们的审批体制不可能允许学术期刊完全按照市场需求自由办刊；第二，我们的主管主办制度决定了学术期刊无法在同一个起跑线上自由竞争；第三，我们的学术评价机制阻碍了学术期刊实现真正的优胜劣汰。

近年来，我国某些公共物品提供领域的过度市场化，其教训也是深刻的。有些地方有些领域，跨越历史发展阶段，简单地谈与西方接轨，与市场接轨，采取政府退出的简单做法，盲目推行公共物品供给市场化，一些公共物品例如教育、基础医疗的市场化改革就出现了很多问题。公共物品提供的市场化并非政府责任的市场化，如国有资产流失、公共利益受损等，已经违背了政府的公共责任，导致社会公益目标被弱化、损害甚至被抛弃。此外，有些地方不区分政府与市场的合理界限，无条件地把本该由政府承担的公共物品供给职能简单地推给市场，导致义务教育、公共卫生、公共文化等基本公共物品的缺失。

在中国目前的市场机制与学术环境下，实行学术期刊的市场化，放弃对学术期刊这种强外部性物品的公益性制度安排，结果无非是以下几种。一是社会整体收益最大化被私人利益最大化所取代。由于无法预期经济收入，学术期刊的数量大幅度减少，从而导致学术成果发表途径不畅，科学研究萎缩，最终的结果必然影响整个科学研究和学术繁荣。换句话说，就是相对于整个社会对学术成果发表的需求，学术期刊的提供将会出现严重不足。而且，"学术成果的发布是学术创新、知识生产的重要环节，学术期刊作为学术成果发布的平台，是学术创新知识生产的重要组成部分，而且我国现行学术期刊的体制和运行机制，是与我国整个学术制度、科研体制紧密联系在一起的，是整个学术体制的有机组成部分。如果整个学术体制没有改革，而单独简单地把成果发布平台推向市场，把这个关键环节单独进行转企，必然要带来国家知识生产秩序的混乱，助长学术腐败"。[21]二是政府由以前直接主办学术期刊，改为对出版学术期刊的企业进行税收减免和补贴。从根本上来说，这并非真正的市场化，也并不能减轻政府在提供学术期刊这一公共物品方面的成本支出，并没有解决公益效率的关键问题。[22]

笔者认为，政府的职责就是建立集体的共享的公共利益，在公共物品提供政府失灵的情况下，政府的选择不是找到某些快速解决问题的方案，而是要创造共享利益和共同责任的新机制；同样，政府允许其他供给模式提供某些公共物品，也绝不意味着政府在此方面责任的让渡，因为无论是纯公共物品，还是准公共物品，其目的都是满足公共需求，实现某种公共利益。而公共物品的市场供给模式，存在有违公共利益的可能。而且，像政府提供公共物品会出现"政府失灵"一样，市场提供公共物品同样会存在效率与公平双双受损的情况。因此，出于公益的目的，政府急于脱手或者撒手不管，都是不可取的。学术期刊事关国家的软、硬实力，不能单纯地以是否赚钱作为孰优孰劣进而实行优胜劣汰的标准，学术期刊的投入和产出根本不成比例，谈不上有经济回报。在决定学术期刊数量、规模、资源结构这些应该由政府解决的问题没有任何解决方案的情形下，一刀切地让期刊"转企"，是很明显的责任让渡。市场化对于中国学术期刊而言，与其说是救赎的良方，倒不如说是一个新的悖论。

正因如此，中国报刊体制改革的市场化目标提出以后，学术界与期刊界反对声云起。原因是，中国学术期刊市场化的条件还不具备，或者说，在提供学术期刊这一公共物品的问题上，中国的市场是存在明显缺陷的。但正如布坎南所说，市场的缺陷并不是把问题交给政府去处理的充分条件，"政府的缺陷至少和市场一样严重"。[23] 继续交由政府主办，已经被证明并不是中国学术期刊的康庄大道；市场化提供，显然尚不成熟。寻求第三条道路，已经迫在眉睫。如非营利组织的替代提供，或许就是一种选择。

所谓非营利组织，是指"具备法人资格，以公共服务为使命，享有免税优待，不以营利为目的，组织盈余不分配给内部成员的机构或组织"。[24] 这些组织由个人和单位提供资金创建，并不期望取得投资报酬，甚至不期望收回投资，它们不以微观的经济效益而是以宏观的社会效益为目的。近年来，在全球范围内越来越多的非营利组织介入到公共物品的提供当中来。相比较市场机制，非营利组织的"非营利"模式更加符合公共物品的本性要求。其管理不是靠"利润动机"的驱动，而是依靠"使命"的凝聚力引导，经由能反映社会需要的使命与宣传来获取外部的支持和捐助，并实现其组织内部的协调运作。在政府失灵或者政府提供成本过高的情况下，最好的解决办法就是由非营利组织来弥补。相较于市场，非营利组织不那么关注成本与利润；相较于政府，非营利组织更能灵活应对社会的需求，它既具有政府部门的公共性或公益性特征，又能以更类似于私人机构的方式运行。当服务的购买或消费处于某些特殊的环境，或者受服务本身特殊性的影响，特别是对那些要由技术知识和专门技能或专家提供的服务，消费者可能无法准确地评价某些服务的质量或数量，即信息不对称时，由追求利润的私人企业来提供就存在着欺骗的诱因，而消费者又很难通过普通的契约来约束和有效控制服务提供者的投机行为，这时非营利组织就是政府失灵时公共物品提供的一个最好的替代选择。

在西方发达国家，由非营利组织主办学术期刊，已经是一种比较普遍的现象。重要的学术期刊，都由政府设立的各种各样的基金会出资扶持。如美国，学术期刊的资金主要来自包括校友、慈善机构、众多基金会（如国家科学基金会、国家人文基金会、梅隆基金会、福特基金会、拉南基金会等）的大力捐赠；日本政府的科学研究费补助金当中，就包括研究成果发表促进费，用以资助重要学术期刊数据库建设及研究成果发布传播。总之，西方发达国家的学术期刊的办刊资金多数来自基金会、国家直接投资、国家减免税收、出版社的盈利以及其他非出版性公司资助。⑤在澳门，半官方性质的澳门基金会，作为"行政、财政及财产自治的公法人"，其职责中重要的一项就是"出版资料性、实用性以及展示澳门人文社会科学领域最新研究成果的书籍和期刊"，一些在澳门理论或实务界颇有影响的学术期刊，就是由澳门基金会主办、合作主办或资助出版的。而非营利是这些学术期刊共同的基本特点。

随着经济的迅速发展，各类非营利机构在中国的社会和文化生活领域也不断显现，自治或自主开始成为这些领域的关键词。具体到学术期刊领域，也开始出现类似的自治机构或者组织。比较典型的如由中国科学技术协会主管、中华医学会主办的系列医学学术期刊，即我们通常所说的中华医学会系列杂志，就已经形成规模，为学术期刊将来过渡到完全由行业学会或者独立基金会主办，而提供了典范。还有正在成长发展中的中国高校系列专业期刊，其弱化原主办单位——各高校的行政管制的努力与强化行业间协同创新的趋势，也为中国学术期刊改变由政府单独提供的现状提供了新的思路。

当然，从长远看，由非营利第三方机构提供学术期刊的替代方案可能可以减轻政府的负担，但对其可能带来的公共责任的空白我们必须有充分的估计。因为，无论是何种提供模式，政府都不应该把公共物品的供给当作包袱甩掉，提供模式可以让渡，但公共责任不能让渡，政府要为政府提供与市场提供之外的第三条道路创造良好的制度环境，这是政府退出部分公共物品提供后的重要职责。

四　结语

中国学术期刊的改革已然是山雨欲来风满楼。作为一种公共物品或者准公共物品，学术期刊要由长期以来的政府提供一刀切改为市场提供，短期内可能可以解决效率的问题，但终究会引发新的问题。改革开放30多年来，某些重大民生领域的一刀切式的市场化，教训是深刻的也是显而易见的。学术期刊也许不像住房、医疗、教育那样与眼前的现实的民生利益直接挂钩，但学术期刊关乎整个学术的健康发展，关乎一个民族创造力、想象力与思维力的培育与保护，并且它终将在更高的层面、更远的未来为民族的繁荣兴旺、国家的发达富强提供支撑。因此，在政府失灵的窘境下，迫切地开出市场化的药方，并不能真正解决中国学术期刊发展体制在目前所面临的困境。参照准公共物品的提供模式，倚重非营利机构等第三方力量办刊，也许是中国学术期刊走向新生的一种明智选择。

---

①数据截至 2013 年 8 月 1 日。最早一篇文献为池哲一的《谈学术期刊的文风》，载上海的《学术月刊》1958 年第 6 期。全篇只一个页码。

②朱剑：《变革年代学术期刊的数字化生存》，澳门：《澳门理工学报》2013 年第 2 期。

③桑海：《视差之见与跨越性反思——近期高校社科学报改革讨论述评》，济南：《文史哲》2013 年第 2 期。

④Paul A. Samuelson, "The Pure Theory of Public Expenditure," *Review of Economics and Statistics*, Vol. 36, No. 4 (1954), pp. 387 – 389.

⑤Paul A. Samuelson, "Diagrammatic Exposition of A Theory of Public Expenditure," *The Review of Economics and Statistics*, Vol. 37, No. 4 (1955), pp. 350 – 356.

⑥〔美〕保罗·A. 萨缪尔森、威廉·D. 诺德豪斯：《经济学》（第 12 版）下册，高鸿业等译，北京：中国发展出版社，1992，第 1194 页。

⑦〔美〕保罗·萨缪尔森、威廉·诺德豪斯：《经济学》（第 16 版），萧琛等译，北京：华夏出版社，1999，第 268 页。

⑧〔美〕保罗·萨缪尔森、威廉·诺德豪斯：《经济学》（第 17 版），萧琛主译，北京：人民邮电出版社，2004，第 29 页。

⑨刘茜：《公共物品供给机制与政府定位研究——基于实验经济学的分析》，天津：南开大学博士学位论文，2010，第 17 页。

⑩杨龙、张振华：《公共物品供给中的难题：基于新制度主义的解读》，哈尔滨：《理论探讨》2007 年第 5 期。

⑪《辞海》，上海：上海辞书出版社，1999，第 2825、4170 页。

⑫维基百科，http://zh. wikipedia. org/wiki，访问日期：2013 年 8 月 13 日。

⑬王雪松：《对学术期刊转企改制的思考——以高校文科学报为中心的讨论》，哈尔滨：《哈尔滨师范大学社会科学学报》2012 年第 6 期。

⑭袁玉立：《学刊要回应市场冲击》，北京：《光明日报》2004 年 2 月 11 日。

⑮仲伟民：《缘于体制：社科期刊十个被颠倒的关系》，南京：《南京大学学报》（哲学·人文科学·社会科学）2013 年第 2 期。

⑯张耀铭：《中国学术期刊的发展现状与需要解决的问题》，北京：《清华大学学报》（哲学社会科学版）2006 年第 2 期。

⑰韩璞庚：《公共理性·公共价值·学术期刊》，银川：《宁夏社会科学》2009 年第 6 期。

⑱朱剑：《量化指标：学术期刊不能承受之轻——评〈全国报纸期刊出版质量综合评估指标体系（试行）〉》，北京：《清华大学学报》（哲学社会科学版）2003 年第 1 期。

⑲在萨缪尔森之外，有些学者又发展出准公共物品的概念，认为准公共物品是具有消费的非竞争性但不具有受益上的非排他性，或者具有受益的非排他性但不具有消费的非竞争性的物品。其中，后者由于具有排他性，因而有可能通过市场提供。参见〔日〕植草益《微观规制经济学》，朱绍文等译，北京：中国发展出版社，1992，第 232 ~ 285 页。

⑳科斯定理（Coase Theorem）是由罗奈尔得·科斯（Ronald Coase）提出的一种观点。他认为在某些条件下，经济的外部性或曰非效率可以通过当事人的谈判而得到纠正，从而达到社会效益最大化。通俗地说就是，只要产权明确，并且交易成本为零或者很小，那么，市场配置即可达到帕累托最优。

㉑夏文：《学术期刊编辑部体制改革〈实施办法〉之理性解读》，北京：《清华大学学报》（哲学社会科学版）2012 年第 5 期。

㉒王薇、李金丽：《学术期刊市场化改革的语境分析——社会价值还是私益价值，常态市场还是异态市场》，长春：《东北师大学报》（哲学社会科学版）2012 年第 6 期。

㉓〔美〕布坎南：《自由、市场和国家》，吴良健等译，北京：北京经济学院出版社，1988，第 28 页。

㉔谢泗薪、张金成、踪家峰：《西方非营利组织管理理论及其借鉴》，天津：《南开学报》（哲学社会科学版）2002 年第 2 期。

㉕尹玉吉：《论中国大学学报现状与改革切入点》，北京：《清华大学学报》（哲学社会科学版）2011 年第 4 期。

作者简介：叶娟丽，《武汉大学学报》（人文科学版）常务副主编、教授、博士生导师。

[责任编辑：刘泽生]

（本文原刊 2014 年第 2 期）

论高校学术期刊体制改革的
目标与前提

陈　颖

[提　要] 高校学术期刊体制改革正逐渐步入深水区，但改革的根本目的尚不十分明确，因此有必要围绕高校学术期刊体制改革的根本目标，认真思考和厘清以下四个方面的改革前提：一是改革之顶层设计应当与底层承受相适应；二是明确学术期刊与非学术期刊改革的异同；三是学术期刊的改革必须克服外部力量的牵制才能实现体制完善；四是要妥善处理好尊重历史沿革与体制创新的关系。

[关键词] 高校学术期刊　体制改革　顶层设计　底层承受

学术期刊体制改革问题，近一两年引起了业界特别关注，《清华大学学报》、《南京大学学报》、《文史哲》、《澳门理工学报》等高校学术期刊都密集发表了多篇宏论，[①] 从方方面面把问题剖析得十分深刻和透彻。笔者作为这场学术期刊改革讨论的参与者之一，虽然已在多家学术刊物上发表过若干浅见，但随着改革进程中不断出现新的情况，依然有话要说。

高校学术期刊改革虽然是个老话题，但也始终是个热门话题，并且与近 20 多年高校学报社团活动相伴随。20 世纪 80 年代末，随着全国高等学校文科学报研究会的成立，学报改革就成为研究会学术研讨中常议常新的主要话题之一。但此一时期学报界主要关注和讨论的多是现行体制下高校学报如何自我完善的问题,如学报编辑体制和内部管理运行机制的完善、学报功能和学报编辑社会角色的定位以及学术评价制度对学报的影响等。进入新世纪,教育部召开了"全国高校社科学报工作研讨会",针对高校学报"全、散、小、弱"的积弊,提出了若干改革措施,意欲在不改变现行办刊体制的前提下,通过实施"名刊名栏工程"的示范作用、走特色化和内涵式发展道路等积极举措,实现学报"专、特、大、强"的目标。然而,教育部启动的这一改革举措实际效果如今看来并不十分理想,"名刊名栏工程"的实施的确提高了部分名校学报的质量,部分改变了学界对高校学报质量低于社科院系统专业期刊的固有印象,但对绝大多数地方普通高校学报质量的提高并无多大触动,反而是一些学报既然与名刊名栏无缘,干脆以追求"经济效益"为上,滥收版面费,使学报的整体学术声誉不升反降,以至于有人大代表在全国人代会上呼吁,"每个领域能否都有一本不用交钱就能发论文的核心学术刊物",[2]可见,由于部分学术期刊滥收版面费导致社会对这一行业的误解有多么严重。与此同时,学术界热炒"学报垃圾论",武汉大学前校长、著名教育家刘道玉甚至主张"应当砍掉三分之二的大学出版社和学报",原因是"中国大学众多的出版社和学报成了'学术垃圾的生产地'"。[3]凡此种种,都增添了人们对高校学报的负面印象。2011 年 3 月下旬至 4 月上旬《光明日报》以"高校学报出路何在?"为题,连续发表系列访谈文章,探寻学报的改革发展之路,引起学术界和学报界的高度关注。在高校学报界内部,围绕学报功能和作用的基本定位、学报是否需要改革以及如何改革等问题也展开了激烈争论。南京大学朱剑先生、清华大学仲伟民先生等从当今时代信息化数字化迅猛发展的现实出发,主张高校学报走数字化、集约化、专业化的发展道路,[4]并利用中国知网平台出版"中国高校系列专业期刊",积极尝试高校学报数字化专业化集约化转型的可能。山东理工大学尹玉吉先生对此不以为然,他从中国大学学报的历史考察、系列权威数据的对比、大学学报功能定位、学报特色反思以及中西学术期刊的比较中得出中国高校学报业绩辉煌的结论,以此反驳对学报的种种责难。而他所主张的从攸关质量的审稿入手进行改革,更与朱剑等的改革着眼点大异其趣。[5]高校学报界内外的改革争论无形中把高校学报推到了改革的风口浪尖上。在国家启动文化体制改革的大背景下,学报的改革便逐渐由业界的理论探讨演变为政府的行政作为,也就是所谓的由学报界自发形成的诱致性制度变迁演变为由政府主导的强制性制度变迁,[6]特别是 2012 年

7月原国家新闻出版总署《关于报刊编辑部体制改革实施办法》的下发，学术期刊体制改革中的许多理论问题陡然间成为严峻的现实问题摆在了业界同仁面前，令人猝不及防。虽然，一个时期以来在学术界和学术期刊界的强烈反对下，当下学术期刊"一刀切"转企改制似有被上下一致否定的迹象，但学术期刊必须改革，这个共识已基本达成，只是应该如何改革目前尚在争论和探讨中。顶层设计者似乎也放缓了改革的急促步伐。然而，不管是自上而下的强制性制度变迁，还是自下而上的诱致性制度变迁，我们亟需弄明白的是，学术期刊改革的终极目的究竟是为了什么？是为了做大做强而转企改制吗？还是为了集约化、数字化发展而编发分离？我以为这些恐怕都不应该是学术期刊改革的终极目的。那么，什么才是学术期刊改革的最终目的——是为了中国学术事业的健康发展，还是为了学术期刊自身的使命回归，答案见仁见智。笔者想从四个层面思考高校学术期刊体制改革的目标及实现目标的前提条件。

一 改革之顶层设计与底层承受

改革是最近30多年中国社会的核心关键词，已经成为当代中国人的思维惯性。虽然中国这30多年的改革最初源于社会的最基层——农村和农民，但改革触及体制和机制问题的时候却基本上是由顶层设计者决定并推动。改革说到底是一种利益的重新分配，改革的红利是由顶层设计者和底层当事者共同享有，但当改革产生了失误所导致的后果却基本上由底层承受。因此，改革有时会成为一种上下或官民的博弈。高校学术期刊的改革亦无例外，从20多年前学报界同仁大声呼吁强烈要求应有的身份和职业待遇，到今天业界强烈反对学术期刊由事业转为企业，归根结底都是当事者在争取权利和义务的平衡，或者说是改革的顶层设计者与底层承受者之间的一种博弈。当下，学报界同仁似乎比以往任何时候都更加关注学术期刊的改革，我以为一方面是被顶层设计者曾经贸然和激进的改革设计触痛了敏感神经，另一方面也是与高校学术期刊长期所处的尴尬地位多少有些关系。众所周知，无论是在出版队伍中，还是在高校殿堂上，高校学术期刊都处于边缘地位。在人多势众、动辄创造利润数以千万计的图书或大型期刊出版界看来，高校学术期刊无疑是小众，无论是办刊的规模，还是读者的数量、刊物的发行量，都与图书或流行期刊不可同日而语。而在高校母体中，学报等学术期刊又通常被作为教学或科研的辅助单位对待。尽管教育部曾多次下发文件强调高校学报的编辑人员应当享受教学科研人员的同等待遇,⑦但多数高校仍然视学报编辑部为低于科研或教学单位一等的辅助单位,甚至把它当作机关党务或行政单位对待,以至于当高校改革的红利愈来愈向高校主体——教师或行政管理人员倾斜的时候,有些学报从业者还在为自己身份的不确定而犯愁。为此,多年来学报界诸多同仁或通过行业协会上下沟通奔走呼吁争取应得权利,或利用学报平台撰写文章从专业角度论证学报的特殊属性,或通过自己的学术努力和研究成果证明自己不亚于教学科研人员的学术实力。前些年,学报界热烈讨论的关于学报编辑学者化问题,在我看来,除了是对学术期刊回归学者办刊的一种呼吁,在一定意义上亦是学报从业者向学术界宣示和证明自己学识和能力的一种主观意愿,以为自己争得社会的重视和学术界的平等对待。遗憾的是这样的讨论基本上成为自话自说,并未引起顶层的重视和赢来地位的提高。不过,当高校母体的体制尚未进行以企业化为指向的重大改革的时候,学报业者虽然处于边缘,但尚能在体制内自我完善,保持一分学术的尊严和几许社会的担当。但当顶层设计者偏要把高校中的边缘人单独拎出施以断奶和休克式的所谓转企改制的时候,这一改革之顶层设计便与底层承受之间出现了严重的错位,由此引发了激烈的矛盾便在情理之中。无论是人们的传统观念,还是现行的社会体制,人们都很难想象,在崇尚学术的高等学府中,以创新学术为己任的高校学术期刊能够与服务师生日常生活的后勤产业等走在企业化的同一条道路上。一个是服务学术生产精神产品的形而上的事业,一个是提供衣食住行服务的形而下的企业,两者之间可谓风马牛不相及。也许,顶层设计者的初衷是企图通过大刀阔斧的强制性制度变迁,使学术期刊一夜之间消灭"小、散、滥"的结构性弊端,实现报刊业转型和升级,从而实现文化产业既定的 GDP 目标。然而,我们要追问的是,即便通过这样的转企改制实现了集约化和集团化经营的目标,就能大幅度提高学术期刊的水平和质量吗?显然,顶层设计者只过分关注了改革的手段,却忽视了改革的目标,甚而相反,是与学术发展和文化繁荣的改革大方向背道而驰。显而易见,学术期刊的诸多先天不足,如发行量少、读者面窄,是无以通过转企改制来克服的,相反,当学术期刊失去作为社会公共学术平台的事业支持,转而以谋求商业利润为生存手段的时候,收费刊稿等潜规则必然浮出水面成为堂而皇之的显规则,如此,学术的尊严和科学精神势必为金钱所锈蚀,学术无可避免沦为"学俗"。可是,这种为了少数顶层设计者的某种政治功利（据说是为了完成文化产业 GDP 指标）和做表面文章（貌似做强做大）的非理性改革的苦果却要由最无辜的底层（学术期刊从业者和学术界人士）来承受，这就超出制度变迁范畴，而蜕变为一个人道和人文关怀的大问题。此非危言耸听。打一个不尽恰切的比喻，明明知道某人不会游泳却强行把他推到水里，此人的最终命运只有被溺毙。当下，需要顶层设计者重新认真思考学术期刊改革的根本目的，而不能急功近利为改革而改革，底层承受者亦需反思现行体制下学术期刊存在的种种弊端，上下联动，找准改革的方向，正确定位改革的目标，设计改革的合理路径。只有当改革的顶层设计与底层承受之间达到一种动态平衡时，学术期刊的改革才能以最小的社会成本达成最理想的目标。

二　学术期刊与非学术期刊改革之异同

如前所述，在现今中国的大文化产业或事业中，期刊只能算小众，而学术期刊又是期刊中的小众。从创造文化产业 GDP 的角度来看，学术期刊更是小众中的小众，几乎可以忽略不计。谁都知道，学术期刊不仅不能通过扩大发行量赢利，而且绝大多数都在做着"赔本"的生意。但是，如果从创造思想、创新学术、服务社会、造福人类这些似乎看不见摸不着的形而上层面看，学术期刊又是一个绝对的大众。面对这样一个既小众又大众的特殊群体，改革的顶层设计者如果不具备多维立体宏观的改革思维，就必然使改革走向歧途。遗憾的是，现今中国的一些改革措施之所以半途而废，多是因为顶层设计者没有充分顾及改革承受大众的利益和感受，一句放之四海皆通用的"改革需要付出代价"或"改革需要承受阵痛"就有意无意把公众利益置之脑后。报刊编辑部体制改革的实施办法，便是典型的只看眼前不顾长远、只为顶层不为大众的急功近利式的改革冒进。这一针对所有期刊的改革措施最令人不可接受的是它完全忽视了学术期刊的特性。从我国学术期刊与非学术期刊的体制看，两者之间，有同有异，但异远大于同。期刊作为一种连续出版物，虽然种类繁多，但大致归纳，不外乎以下三大类：一是主要为党政工作服务的时政类期刊；二是为大众服务的通俗类期刊（包括文化、卫生、科学普及等类别）；三是为科研教学服务的学术类期刊。从读者面的角度看，显然通俗类期刊占有绝对优势。通过提高刊物发行量扩大读者面赢得市场占有率，从而创造商业利润，为自己赢得更大更好的生存空间，通俗类期刊不仅能够做到，而且应该做到，让它们走市场化道路完全合乎市场经济规律，于刊物于读者都有利而无害。《读者》、《故事会》等通俗类期刊都创造了成功的范例，此自不需多言。时政类期刊和学术类期刊由于都是面对特定的读者群，读者面窄、发行量低自在情理之中。长期以来，政府对这两类期刊都采取人员和经费保障的扶持政策，不仅有益于刊物自身的健康发展，而且合乎公众利益和社会的价值取向。我们不否认，这种长期按照公共服务的事业模式运行，衣食无忧，不考虑发行量，不计较成本的办刊模式的确滋生了不少弊端，如一些刊物不注重提高质量赢取作者和读者的信任、一些主编和编辑不思进取得过且过，只要刊物不发生政治方向的错误就可以高枕无忧。这些带有计划经济时代色彩的弊端需要通过改革加以克服，但绝不是彻底改变公共服务性质的转事为企。改革的顶层设计者不是不明白，学术类期刊其实是与时政类期刊一样都是以社会效益为上的，但顶层设计者（政府）却独独保护时政类期刊，而把学术类期刊推向市场。所谓非时政类报刊改革所设定的改革对象就已经把时政类报刊排除在外，而人们寄予希望的科研单位和高等学校所主办的学术期刊另行制定改革方案，不过是管理层的缓兵之计。原国家新闻出版总署《关于报刊编辑部体制改革实施办法》虽然目前遇到强大阻力尚未具体实施，但管理层也未正式发话就此废止。因此，学术期刊仍然存在着与通俗类期刊一样转企改制的命运。我们不得不再次呼吁顶层设计者，无论怎样的改革，都不可超越事物的本质和特性，政治清明、经济发展、社会安定固然需要时政类期刊在宣传舆论上的保障支持，难道学术繁荣国家进步人类文明就不需要学术期刊的理论力量吗？因此，创新学术促进社会文明当是学术期刊改革的最大公约数，也是学术期刊体制改革的根本目标，只有符合这样的公共利益和根本目标，改革才能进行下去。

三 学术期刊的自我完善与外部力量的牵制

当下学术期刊的问题之所以变得如此复杂，是与外部力量的自觉或不自觉介入有着极大关系。所谓外部力量，大而言之，是整个学术生态环境；小而言之，是各种企图主导或影响学术期刊发展方向的社会机构，如各种学术期刊评价机构、网络平台等。这些社会力量相互交织千方百计对学术期刊施加影响，使得学术期刊自觉不自觉按照他们的指挥棒在许多非学术的"诗外功夫"上花费人力和物力。众所周知，中国近20年功利学术急剧抬头，学术生态环境已经受到严重污染，学术期刊置身于这样的学术环境中，既是学术环境恶化的受害者，某种程度上也是学术环境恶化的推波助澜者。许多学术期刊之所以难以做到洁身自好自我完善，是由于受太多的外部力量的牵制。学术研究本是一种超功利的高尚的精神创造，一旦被赋予金钱地位等功利目的，问题就变得不单纯了。同样，作为学术成果载体的学术期刊，一旦被功利学术拿下，便失去了神圣的光环和学术的勇气。作为学术期刊的一名从业者，我深信，绝大多数的同仁与我一样是不希望自己爱护的刊物成为功利学术横冲直撞的舞台，但我们又不得不面对这样的现实：当我们在努力维护自己的学术声誉的时候，网上网下却大量充斥着各种"山寨"版学术期刊和擅越"疆界"刊发论文的非学术期刊，这些冒牌学术期刊浑水摸鱼滥收版面费，制造了大量"学术垃圾"，不仅搅浑了学术的清白，而且让大量严肃的学术期刊的清名受到玷污。我们不否认，少数有影响的学术期刊和部分高校学报也在收取版面费，这其中有的是因为办刊经费不足不得已而为之，有的纯粹是为了刊物小团体的利益，有的是企图通过收取高额版面费阻吓劣质稿、人情稿，但笔者认为不管出于何种理由，学术期刊收取版面费都绝非良策，除了不利于学术的健康发展，助长学术腐败外，亦会给政府主管部门实施包括转企改制在内的监管措施提供依据。⑧因此，当前高校学术期刊的改革有必要在版面费这个看似无关紧要的枝节问题上达成共识——如果以公共学术平台定位自己的期刊，则刊物主办单位就必须完全保障办刊人员和经费，而不允许通过收取版面费等补充办刊经费的不足；如果愿意通过市场化改革谋取更大的商业利益，则刊物应与高校脱钩，完全依靠市场的手段谋求生存和发展。殊不知，所谓国际通行的收费刊稿规则，在当下中国可能成为决定学术期刊改革方向的一个杠杆，或曰压垮学术期刊的一根稻草，决不可以小觑。

正是源于学术生态环境的恶化，在西方国家司空见惯的学术评价机构在中国则被赋予了超常的学术生杀权力。本来在一个各方面机制健全的社会里，不仅需要各种学术评价机构的存在，而且还能以其公信力对学术生态的平衡起调节作用。而学术期刊作为公共学术平台也有义务接受包括各种学术评价机构在内的社会公众的评价，问题是在中国现行学术体制下，这些评价的作用和目的已经变得不单纯，表面上它是针对学术期刊的，实际上它更指向学术成果，并且在很大程度上决定了学者的学术利益和学术前途。因为，面对学术评价机构提供的各种"核心期刊"、"来源期刊"排行榜，任何一个学者都不可能置之不理，因为你的研究成果的水平和效应将直接与这些排行榜相关联，谁不希望自己的研究成果发表在较具学术影响力的核心期刊上，这就造成"核心期刊"和非核心期刊之间处于实质上不平等的竞争状态，那些数量众多的非核心期刊由于在学术评价中处于低端，即便主编和编辑使出浑身解数也难以吸收到足够数量的高水平来稿，少数期刊甚至陷入无像样稿件可刊难以为继的窘境，巧妇再巧也难为无米之炊。而那些"核心期刊"则被巨量来稿挤破门槛。学术期刊稿源投向的这种"箭垛效应"一方面反映了刊物品牌的影响力，是鼓励学术期刊办出精品的巨大推动力量，另一方面现行人才评价机制对"核心期刊"的过度信赖和政策倾斜，对于建立良性和平衡的学术生态并非好事，何况对高校学术期刊来说，主办学校自身的品牌和地位也是左右刊物学术影响力的一个重要外部牵制力量。凡此种种综合作用于高校学术期刊，就使其难以通过自我完善提高水平增强学术竞争力。我们设想，如果没有评价机构给一些学术期刊冠以所谓"核心"的名头，从而把刊物人为地分为三六九等，进而如果没有体制内评审职称或学者专家享受各种特殊待遇以所谓成果发表的刊物等级作为一个重要依据，那么，学术期刊的生存发展环境就会变得相对单纯一些。这便意味着只要刊物的学术水平质量得到同行和作者读者的认可，那么，你的出身（刊物主办单位）和血统（刊物类别）就变得不重要了，这也意味着只要主编和编辑主观上足够努力，就有希望开辟出刊物发展的新境界和广阔天地。因此，学术期刊的改革如果不解决外部环境问题，即创造一个公平竞争的学术环境，是难以达成促进中国学术事业健康发展的最终目标的。

四 高校学术期刊的历史沿革与体制创新

任何社会改革都是对既往的某种"否定"，既往可以为改革提供某种借鉴，也可能成为阻碍改革的重负。中国的现行改革基本上是一种补墙式和渐进式的现行体制的自我完善，也就是某些学者所谓的"我们需要的改革不是'另起炉灶'，不是'推倒重来'，而是要破除弊端、完善体制机制，构建系统完备、科学规范、运行有效的制度体系，使各方面更加成熟、更加定型"。[⑨]这就决定了历史的沿革在改革中具有重要分量。高校学术期刊发展到今天，哪些优良传统需要继承？哪些积弊应该扬弃？现行办刊体制中哪些是合理的？哪些是不合理的需要改革？对于历史的背负，政府的责任和学术期刊从业者的权利需要进一步厘清，凡此种种都需要改革的顶层设计者和底层承受者共同思考慎重抉择。仅以高校学术期刊的办刊体制和刊物数量而言，可以 1949 年新中国的成立作为大的分水岭，这之前高校学术期刊数量较少且编辑出版体制基本上是以校内专家办刊为主，师生共同参与为辅。[①]1949 年后陆续创办了一批以学报为代表的高校学术期刊，这些刊物开始有了独立的机构和专职的编辑人员，专家的作用逐渐弱化（许多专家挂名主编实际不参与具体编辑工作）。"文革"结束后至 1998 年前高校学术期刊复刊和新办的数量亦不多，1998 年高校学报大扩容后，[①]取得正式刊号的高校学术期刊数量剧增，达到至少一校一刊的空前水平。这些新增学报多是学术力量较薄弱的新升格本科高校或专科学校主办的，办刊经验和刊物水平质量与老本科高校学报不可同日而语。也正是从这时起，高校学报开始被学界所诟病，且逐渐暴露了所谓"全、散、小、弱"的结构性弊端。如今回首反思，造成这种弊端的责任归根到底是在政府，由于中国实行的是审批制的报刊出版管理办法，期刊数量的控制权完全掌握在政府手中。高校学术期刊的结构性弊端问题诚然需要解决，但是采取激进的转企改制办法期望一夜间解决所有积弊实非上策。我以为，学术期刊的改革首先不是解决结构性的弊端问题，而是解决政府的监管手段落后于学术期刊发展的问题。在保留现行办刊体制基本框架的前提下，通过建立科学的质量评估体系逐渐淘汰那些不思进取质量低下者乃是比较符合学术规律的可行方法。尊重传统而不拘囿于传统，顺应历史潮流勇于变革创新，我以为这是对高校学报改革应取的态度。至于改革的前景如何，将取决于顶层设计者与底层承受者之间博弈的平衡。作为改革的底层承受者，我们只有主动出击才能避免被动挨打，学报界同仁们正在尝试的种种改革措施，如由 17 家教育部名刊发起的"中国高校系列专业期刊"目前已扩容到 90 多家，这种克服传统纸质出版的弊端和充分利用数字出版的优势而浴火重生的高校学报编辑出版的新模式，集数字化、专业化、集约化优势于一身，我以为是值得肯定的高校学报改革的一种方向。当然，面对全国 1300 多家高校社科学报这一巨大群体，只有 90 多家学报参与的"中国高校系列专业期刊"显然有一定的局限性。未来的高校学报，如何切实改变目前"千刊一面"的陈旧面孔，在保持各刊特色的基础上实现整体水平质量的提升？高校学报如果编发分离，在实现体制机制创新的同时将可能面临哪些新情况新问题？如何建立一套符合学术期刊特点的质量评估体系以实现学报的优胜劣汰等，都是摆在业界面前的新课题。我们要有信心通过自下而上的诱致性的制度变迁，实现高校学术期刊整体强大，进而更好地服务和促进我国学术事业健康发展的"中国梦"。

---

①详见《清华大学学报》2010年第5期发表的朱剑的《高校学报的专业化转型与集约化、数字化发展——以教育部名刊工程建设为中心》，2011年第4期发表的陈颖的《体制之弊与纠偏之路——也谈高校学报的专业化转型》、尹玉吉的《论中国大学学报现状与改革切入点》、朱剑的《也谈社科学报的现状与改革切入点——答尹玉吉先生》，2012年第5期发表的仲伟民和朱剑的《中国高校学报传统析论——兼论高校学报体制改革的目标与路径》、陈颖的《编辑部体制的终结与"后学报时代"的来临?》、夏文的《学术期刊编辑部体制改革"实施办法"之理性解读》，2013年第1期发表的朱剑的《量化指标：学术期刊不能承受之轻——评〈全国报纸期刊出版质量综合评估指标体系（试行）〉》;《南京大学学报》（哲学·人文科学·社会科学）2013年第1期发表的叶娟丽的《中国大学学报：制度变迁与路径选择》，2013年第2期发表的仲伟民的《缘于体制：社科期刊十个被颠倒的关系》;《文史哲》2013年第2期发表的原祖杰的《学术期刊：西方的困境与中国的机遇》、桑海的《"视差之见"与跨越性反思——近期高校社科学报改革讨论述评》;《澳门理工学报》2012年第1期发表的朱剑的《传统与变革：体制改革前夜学术期刊的艰难抉择》，2012年第4期发表的崔月琴的《学术期刊国际化的反思及路径探析》，2013年第1期发表的罗骧的《报刊编辑部体制改革背景下学术期刊生存方式的转变》，2013年第2期发表的朱剑的《变革年代学术期刊的数字化生存》等。

②全国人大代表谢佑卿发言，见新华网2006年3月10日。

③刘道玉：《彻底整顿高等教育十意见书》，广州：《南方周末》2009年2月26日。

④参见朱剑《高校学报的专业化转型与集约化、数字化发展——以教育部名刊工程建设为中心》、《也谈社科学报的现状与改革切入点——答尹玉吉先生》等系列论文。

⑤详见尹玉吉《论中国大学学报现状与改革切入点》，北京：《清华大学学报》2011年第4期。

⑥叶娟丽：《中国大学学报：制度变迁与路径选择》，南京：《南京大学学报》（哲学·人文科学·社会科学）2013年第1期。

⑦1998年教育部办公厅下发的《高等学校学报管理办法》（教备厅［1998］3号）第十二条规定"学报编辑人员属于学校教学科研队伍的一部分，学报编辑人员的职务评聘、生活待遇以及评优表彰等方面应与教学科研人员同等对待"。2002年9月《教育部关于加强和改进高等学校哲学社会科学学报工作的意见》（教社政［2002］10号）再次强调"学报编辑人员是学校教学科研队伍的一部分，应列入教学科研编制，享受与教学科研人员同等的待遇"。

⑧关于版面费问题的理论阐述可参见拙文《版面费：学术期刊之殇——以高校学报为关注点》，福州：《福建行政学院学报》2011年第1期。

⑨孙煜华：《我们需要什么样的改革》，北京：《求是》2013年第2期。

⑩仲伟民：《中国高校学报的历史、现状和将来》，澳门：《澳门理工学报》2011年第4期。

⑪1998年4月，新闻出版署在《关于建立高校学报类期刊刊号系列的通知》（新出〔1998〕109号）中，将具有10年以上办刊历史的内部发行的高校学报全部转为公开发行，颁发正式刊号。由此，我国高校社科学报数量迅猛增长，总数接近一千家（其中相当部分为文理综合学报）。

作者简介：陈颖，《福建师范大学学报》（哲学社会科学版）主编、编审，博士。

［责任编辑：刘泽生］

（本文原刊2014年第2期）

创新是学报发展进步的永恒动力

左连村

本人作为《澳门理工学报》的一名忠实读者、热心作者，多年来一直关注该学报的发展，尤其是 2011 年改版以来的新版学报，给我留下了深刻印象，感受最深的是《澳门理工学报》散发出来的创新精神。

首先是杂志整体形象、风格的创新。改版后的《澳门理工学报》，从整个封面来看，以理工绿为设计主色调，干净、柔和、悦目，清晰简洁、典雅大方，具有极强的学术内涵。研读之余，整体给人以学术厚重、品位高雅、特色鲜明、编辑规范、设计大气、装帧美观的印象，有很强的翻阅吸引力。《澳门理工学报》已经成为重要的学术名片与对外交流的桥梁，人们开始通过这张名片和这座桥梁了解和认识澳门理工学院，认识和了解澳门，认识和了解世界。

其次是栏目的创新。《澳门理工学报》在栏目设置方面具有鲜明的个性特征，实行的是动态管理和静态管理相结合的栏目管理模式。除了部分比较固定的栏目之外，整体上实行的是栏目设置动态化，即根据不同的专题和主题需要灵活地进行论文组团发表。从固定栏目来看，对部分栏目实行静态管理，集中力量办出特色，不仅有利于提高学报的学术水平，而且有利于扩大学报的社会影响力和提升社会知名度。以"港澳研究"栏目为例，该栏目首先是突出了学报的本土性，展示了学报的特色。澳门理工学报重点研究港澳问题，这是优势所在，是港澳以外其他地区的杂志难以竞争的。从该栏目的内容看，一是纵向展示了港澳的历史和现状，体现了历史与现实的统一；二是横向体现了内容的广泛性，涉及历史、人文、经济、社会、环境以及国际国内的联系等方面，从而提供了一个全面了解港澳的平台和渠道；三是跟踪港澳研究的前沿和热点问题，具有重要的理论和现实意义。设置该固定栏目，也容易吸引同领域的高水平论文的集聚，形成局部优势或局部学术高地，从而成为提升学报竞争力的重要支撑点。"名家专论"的固定栏目则是通过名家的学术观点吸引读者，成为学报的又一重要支撑点。"总编视角"的固定栏目不仅体现了特定领域的研究特色，更是集中了该领域的高水平文章，也同样形成了局部学术高地，这体现出澳门理工学报丰富的学术资源和广泛的学术人脉。

从动态栏目来看，对大部分栏目实行动态管理对提升开办杂志的主动性、灵活性和创造性具有很大好处。社会在不断发展进步，新的东西不断涌现，杂志要及时反映社会发展中的新问题和新情况，同时也会有不同主题和不同风格的学术文章出现。实行栏目的动态管理，发挥栏目设置的灵活性特点，不仅有利于及时反映各种新问题和新情况，更有利于有特色和有创新的文章的发表，这对于杂志的不断进步具有积极推动作用。实行栏目的动态管理，给杂志的编辑工作也带来很大主动性，有利于根据主流舆论环境，实施主编的编辑意图。实行栏目的动态管理，也有利于杂志从新的视角寻找新的编辑内容，有利于杂志的整体创新发展。《澳门理工学报》在实行栏目的动态管理过程中，有部分栏目也不断出现并呈现出鲜明特色，比如中西文化、语言翻译、方言文化、文学研究、海洋经济等栏目，这些栏目都体现着澳门的本土特色和很好的学术视野。"主持人语"也是理工学报的一个重要创新点，在标有栏目名称的栏目下，通常带有"主持人语"的导读，这给读者以全新的感觉。虽然是导读文章，但导读的内容却往往给人带来很大的启迪作用。短短的主持人语本身就是一篇难得的小小论文，有观点，有点评，令人耳目一新。

第三是文章内容的创新。杂志内容的创新是杂志创新的基础。阅读杂志主要是要了解杂志所承载的思想内容。凡是办杂志者一般都希望形成独特的办刊理念和核心竞争力，而这种核心竞争力主要来自文章的内容，即要让读者通过阅读该杂志能得到在别的杂志得不到的东西。简单来说，当人们在研究某个问题时，就会想到要翻阅该杂志的某些相关内容，或者在订阅杂志时人们首先会想到这个杂志是否是一本有用的杂志。要能做到这一点，关键的环节就是要在内容上进行不断创新。长期阅读某种杂志的读者，去掉封面，也会知道文章的来源，就是这种独特理念和核心竞争力的体现。

《澳门理工学报》改版以来，除了在形式和栏目进行创新之外，更重要的是十分注重文章的质量。不管是固定栏目文章，还是动态管理栏目的文章，大都能突出学报的本土性、现实性和学理性等特色，关注学术前沿和现实中的新情况，强调思想的创新意识和创新观点，及时反映最新研究成果，使学报质量迅速得到提升，在全国杂志中的位次大大提前。我作为学报的审稿人员，对学报在内容上的学术严谨性感触很深。从文章审稿前后以及所发表出来的成果看，编辑人员对文章的质量要求之高、审稿之认真，堪称楷模。

要做到内容的不断创新，最核心的问题是要确保高水平文章的持续供给，这又需要一个庞大的高素质的作者群来支撑。导致高素质作者群聚集的原因可能是多方面的，但最重要的是杂志自身的吸引力。高质量的杂志造就高素质的作者群，而高素质的作者群造就高质量的杂志，这是一个良性循环，实现这一目标的关键在于文章内容的不断创新。

要做到内容不断创新，需要经常对读者、作者、审阅者、竞争者以及上级管理者对杂志的反映进行调研，经常听取他们对杂志的各种意见和需求倾向。要根据形势的新发展和各种需求倾向来确立创新的方向和重点。《澳门理工学报》每年组织对学报发展的征询意见座谈会，邀请全国各地专家参与其中，充分听取各方面对学报的意见，对学报的创新发展起到了积极推动作用。

第四是主编思维的创新。创办一份高水平的学报，其前提条件是学院理事会的正确决策与博大胸怀。而影响学报创新的关键变量则是学报主编的创新能力。良好的创新素质要求主编的知识要渊博，思想要灵活，反应要敏锐，等等，即要具备良好的创新素质基础。超前的创新理念要求主编要有超常洞察力和科学的预测力，不落俗套，只有这样才能产生思维的创新。敢于开拓的创新精神要求主编要具有创新的勇气和胆识，其中也包括坚忍不拔的毅力、决心和风险承受力，最根本的是主编的开拓创新精神来自对出版事业的热爱以及强烈的事业心和责任感。主编在学报创新中所处的关键地位，不仅表现为主编是整个杂志的策划者、编辑者，更重要的是论文创新与否的把关者。主编的思维创新是学报学术创新的重要保证，离开了主编的思维创新，学报的学术创新就难以把握。《澳门理工学报》的主编在推动学报创新的道路上悉力进取，孜孜以求，值得同行效仿。从澳门理工学报的创新风格可以看出主编的创新意识和进取精神。

我们处在改革开放的时代，创新发展的时代。社会的发展进步需要不断创新。杂志要发展进步，创新是永恒的动力，也是杂志的灵魂。《澳门理工学报》坚持发扬进取精神，不断创新发展，特色鲜明，优势突出，赢得了同行的赞扬和尊重。祝愿《澳门理工学报》越办越好。

作者简介：左连村，广东外语外贸大学国际经济贸易学院教授。

[责任编辑：刘泽生]

（本文原刊 2014 年第 2 期）

从本土化到国际化的学术期刊之路

郑英隆

承蒙不弃，近年得《澳门理工学报》之垂爱，每期受惠赠阅。我也特别珍惜这份同行情谊，每期必读。读内容，读作者，我更读办刊人精神。自 2011 年正式全新改版以来，可谓成效初见。从封面到内容均焕然一新，栏目上，有比较固定的，如"名家专论"、"港澳研究"、"总编视角"等；也有不定期的专题讨论，如"中西文化"、"海洋经济"、"语言翻译"等；学有所问，厚实而不失争鸣；论文质量明显提高，学界反映良好，影响力增强。综合两年多来《澳门理工学报》的栏目设置和一些论文，明显感到改版后的办刊宗旨体现了主办单位的办学宗旨："扎根澳门，背靠祖国，面向世界，争创一流。"校刊理念与办学理念的一致性，校刊构成学院整体发展的一个有机组成部分，关系和谐，这实质上是在自己拓展学术载体空间。看"港澳研究"、"总编视角"等栏目，特色鲜明，品位高雅，思路开阔，令人感慨良多。

一　特色栏目与专题研究

特色栏目，或品牌栏目，或名家主持栏目，或专题讨论，已成为国际化专业期刊发展趋势下内地综合性学术期刊力图走出"综而不合"困境的一种战略安排。一些名校大刊联盟外加中国知网联手的专业论文重构，以打破综而不专格局，是另一种选择。借助互联网平台做相关专题的链接，是网络开放角度的突围。但真正做得好的并不多。我认为《澳门理工学报》

的一些栏目做得是比较成功的，正在形成自己的学术风格与特色。

1. 港澳研究栏目

栏目体现"扎根澳门"这一立命之本，更深一层意思是全球化观照下的澳门本土化发展理论探讨。比如澳门的微型经济体研究、澳门的人文历史研究都是比较厚实的。澳门经济社会问题研究不是《澳门理工学报》所独有，不少学术期刊也在组编这类稿件，有的还列入特色栏目来经营。但做得像《澳门理工学报》这样有立体感、有张力的并不多。比如 2012 年第 2 期《博彩行为的博弈理论研究范式》、2012 年第 4 期《基于投注者行为的博彩信息传播与规范》、2013 年第 3 期《中国彩票业的规管：保护脆弱群体角度》和《论中国内地经济政策的变化及对澳门博彩业的影响》、2012 年第 1 期《唐诗中的博彩描述探究》等，有的尽管不是澳门问题，但却是与澳门博彩业独大的产业结构特点紧密相关的，组织与驻地经济主业特点的相关问题研究或话题延伸，起加强特色栏目的作用。这种跳出特色论特色的文章组编工作长期坚持下去，会让大多数研究或关注博彩业的学者，要研究澳门或研究博彩业就必不可少地检索《澳门理工学报》文献来参考，这个栏目就成功了，这个刊物也成功了。

澳门有它经济社会结构的特殊性与个性。随着全球一体化向高度和质量发展，城市或地区的个性特点会越来越突出，或说越来越具有竞争力。学术期刊意义上的个性首先要在内容上有体现，有组织者话语，如主持人语。像《澳门理工学报》这样有个性的学术期刊也将变得越来越受重视，越来越有价值。学术期刊不只是一些人所喻称的主办单位的名片，而更是一个网络平台。刊物个性越鲜明，关注度越高，其网络平台就越大。为此建议编辑部利用期刊这一网络平台，组织编发一些本区域经济发展模式方面具有独特意义（如博彩业研究）的论文，将有利于学术刊物的适度本地化，同时巩固《澳门理工学报》的刊物特色。我相信，这对那些缺乏驻地根基，与主办单位的主营业务不相干，缺乏组织支持，带有很大程度的个人主观性或临时性的所谓特色栏目或品牌栏目将是一个有益的范本。

2. 学术期刊发展栏目

面对复杂多变，越来越多不确定性因素的世界，作为思想载体的学术期刊如何自知自智，修正定位，调整发展路径，使之既适应世界变化又适合自己理念，是一个大方向问题。这其中我们有诸多困惑，也有许多交流，主要是三个方面，一是全球开放大趋势；二是期刊评价体系改革；三是国际互联网技术与数字化世界的冲击。三者正对中文学术期刊发展构成重大影响，这类文章也为期刊人特别关注。所以我对《澳门理工学报》总编视角的几组关于学术期刊发展方向与走势的专题讨论是比较看重的。这几组文章讲究集成性和匹配性，让读者从不同角度审视和思考学术期刊的趋向颇有启示。

中国加入世界贸易组织前后，期刊主管部门对中文社科学术期刊如何应对文化全球化挑战组织各种的战略研讨，还推出影响面极大的"中国期刊方阵"（包括 1000 种"双效"期刊，200 种"双百"期刊，100 种"双奖"期刊，若干种"双高"期刊）、扩大世界影响力等的总体部署。一些期刊社跟着策划中外合作、增出英文版来提高国际影响力，以期于世界学术期刊丛林抢占一席之地。但 13 年过去了，结果并不尽如人意。个中原因很多，一个很重要的问题可能与中西语言不同和学术文化差异有关。中文学术期刊走向国际化是大势所趋，但如何走向世界，不可能只有一个模式、一种路径。相对来说，科技类学术期刊的国际交流可能比人文社科类学术期刊的国际交流要来得容易一些，这可能与同行专业术语和表达方式相对比较简明统一有关。《澳门理工学报》近两年来组编的几组文章对思考和探索中文社科期刊国际化之路是富有启发性的。比如 2012 年第 4 期 3 篇和 2013 年第 2 期 3 篇文章对中文学术期刊国际化进程中提出的接轨问题与中国话语问题意识，2013 年第 3 期 3 篇关于海外华文学术期刊发展的总结与思考，分别从价值取向、《九州学林》的诞生与成长、发展困境与变革这三个角度进行了深度掘进，有思想也有践行。如上《澳门理工学报》着力经营"港澳研究"专栏，对中文社科期刊探索国际化之路也是有启示的：把本土特色做强了，做好了，借助于葡语系（或其他语系）交流渠道优势，拓宽空间，让更多海外专家学者参与进来，共同攻克中外文化交流上的困难，对打破对外传播中文学术思想的局限与交流障碍是比较切实可行的。

再从数字化世界方面说，基于国际互联网的开放存取期刊（open access journal，OAJ），兴起于 1990 年代中后期的在线出版物，是期刊出版模式的一项创新，对中文人文社科学术期刊国际化发展也是一种机遇。开放存取期刊初创的目的是要打破传统纸质出版模式在学术信息交流与科学研究的成本和交流障碍，因而其对作者和读者都是革命性的。形式灵活多样，有作者免费发表和读者免费阅读使用的（只需支付上网费用），也有收费的，收费方式又分统一价格和分级收费：作者发表论文，有需要经过严格的专家匿名审稿制的，有只要经过论文格式审查即可免费发表的。在开放存取出版模式下，研究人员可以通过互联网即时免费访问他人的研究成果，从而实现最新学术成果信息的无缝获取。而在数字化世界中，中文学术期刊在语言上是弱势的，因互联网技术从一开始就是美式英语占主导的；受制于学术传统和学术范式的国际化不足，中文学术传播与国际交流上也是弱势的。这些弱势使中文社科学术期刊应对数字化世界挑战的手段和方法都是不多的。但肩负开掘民族思想使命的期刊人又不得不关注、研究数字化世界的强烈冲击与严峻挑战，重认本体，因势利导，在适者生存中求发展。《澳门理工学报》从学术期刊主编的层面抓其面对新挑战的所思所想不失为明智之举。比如 2013 年第 1 期《传统学术期刊的数字化转型：做最好的在线传播》、第 2 期《变革年代学术期刊的数字化生存》等，内中不乏可圈可点之处。还有如 2012 年第 1 期《引文数据库来源期刊（核心期刊）评选的得失与出路》与 2013 年第 1 期《检索抑或评价：CSSCI 功能论析——兼论构建引文索引数据库的若干问题》，各从不同视角观察和分析同一个引文数据库问题，对同行是有参考价值的。在现实操作层面上，适应数字化变革趋势，《澳门理工学报》的网站设计理念，对我们内地许多学术期刊借助互联网走向世界，与世界同行交流、对话，也是值得学习的。笔者以为，《澳门理工学报》或可借鉴国外一些学术期刊的有益做法，采用工作论文的方式，让一些经编辑部从选题、研究方法、论证、格式等初步认可而尚未经过专家评审的论文提前公之于世（这不影响其在期刊上正式采用），或可发可不发的论文发布在网站上，给作者增添交流的机会，同时扩大作者读者与编者的互动空间。工作论文方式既利于提高学术成果的时效性，实际上也是低成本扩大刊物的容量，增加刊物内容的丰富性和形式多样性，提高刊物的社会关注度和社会影响力。

二　期刊发展与人文生态

学术期刊是最新科研成果发表的连续出版物，也是一种小众的思想产品，有其特定的生存、发展规律。要促进真知，提高品位，富有学术个性，就要有百家争鸣的学术氛围和海纳百川的胸襟。从这个意义上说，学术期刊生存在一定的人文生态中，在人文生态中寻求发展机遇与空间。学术连续出版物的可持续发展需要有比其他类期刊更高的人文生态要求。人文生态首先是一个学术价值观问题，有什么样的价值观，就有什么样的学术理念、学术精神以及相适应的社会支持系统，就会导致什么样的思想产品。学术期刊的学术思想载体性质决定期刊人与学术研究者的不解之缘，决定两者价值观的一致性。研究者的"什么问题值得研究，什么问题不值得研究"与期刊人的"什么研究成果值得发表，什么成果不值得发表"，两者基本上是相通的。否则就会因缺乏通约性而难以同呼吸共命运，也就谈不上共同发展。其次是思想自由与学术争鸣氛围。期刊同仁，每每相聚常有缺失创新性作品或有个性有特色论文之慨叹，也深知思想自由与学术争鸣在其间的价值与意义。一个思想得不到自由发挥、表达的空间是不可能造就创新性学术产品的，一个缺乏百花齐放、百家争鸣的氛围也是不可能产生真知的。同理，一个受困于各种数字指标管理，受制于各种清规戒律的监管环境也是很难培育和弘扬社科学术期刊的人文精神的。再次是社会组织支持系统。对学术期刊这种小众产品，有其不同于其他媒体的运行模式，走市场路线，往往难以达到3000份以上订户的盈亏平衡点。也就是说靠读者付费是难以实现收支平衡的。由作者付费以达到出版收支平衡也因研究经费拨款制度因素和作者习惯，而难以推行。而在由政府财政拨款，或主办单位出资常常入不敷出的条件下，人文社会组织的经济资助就显得非常重要。《澳门理工学报》能因应学术结构环境变化做出从栏目、专题选题到具体文章甚至观点提法的调整，实现成功改版，与澳门，与澳门理工学院开放有序的人文环境分不开。另一方面，学术期刊的发展又在不断适应、改进、优化其所处的人文生态。我相信，有澳门，有澳门理工学院这么一个开放有序的人文环境，《澳门理工学报》一定会越办越好，不断跃上新台阶。我们充满期待。

作者简介：郑英隆，暨南大学产业经济研究院研究员、《产经评论》执行主编。

[责任编辑：刘泽生]

(本文原刊 2014 年第 2 期)

简谈《澳门理工学报》办刊风格的形塑

刘京希

综合性人文社会科学学术期刊尤其是高校学报，既往的那种拼盘式的、面面俱到的办刊模式，在当下竞争可谓"惨烈"的办刊环境下，已成末路。转而走特色化办刊之路，逐渐成为业界共识。不过，"特色化办刊"的口号喊起来容易，能否真正把准具体期刊所处的学校、地域的学科与区位优势的脉搏，从而摸索出一条切合期刊自身实际的特色化办刊之路，则完全是另外一回事。本文试图通过对《澳门理工学报》（人文社会科学版）办刊风格演变的梳理，去寻找学报主办单位学科与区位文化优势及造就特色学术期刊的内在关联。

《澳门理工学报》创刊于 1998 年。初创时期，期刊主要定位为服务于本校的教学与科研人员，为他们提供发表与交流科研成果的园地，内向性、多学科平衡性，是学报在初创时期所表现出的主要特征。所刊发的文章分布在多个学科，虽有一定的学科倾向性，但缺乏编者的主体策划性和组织性。目录编排只是一个基于学科的基本排序，并无栏目划分，也谈不上对编辑思想的体现。因此，澳门理工学院的学科优势，以及学报所处地域——澳门——的区位文化特色，没有能够通过学报的编辑理念充分地展示出来。

其实，无论是澳门理工学院，还是学报所处地域——澳门，都有其鲜明的学科或地域文化特色，而这正是学报赖以办出特色的不可复制的学科与地域优势。

中西融合的历史文化传统，使得澳门呈现出独一无二的人文样态。明嘉靖三十三年（1554），葡萄牙人进入澳门，经过 400 多年欧洲文明的洗礼，东西文化的融合共存使澳门成为一个风貌独特的城市，留下了大量的历史文化遗迹。1999 年 12 月 20 日中国政府恢复对澳门行使主权，澳门经济、社会发生了巨大的变化，成为实践"一国两制"的成功典范。澳门作为一个自由港，其独特的地理位置和历史背景，决定了澳门文化是有着深厚传统内涵的中华文化和以葡萄牙文化为特质的东西方文化共存的并行文化，是一种以中华文化为主、兼容葡萄牙文化的具有多元化色彩的共融文化。

澳门理工学院独特的人文学科设置与结构，以及澳门中西兼容的历史文化传统和现实人文样态，应当说，为学报的发展和办刊风格的形塑，奠定了独具特色的客观环境基础。从学报创办初期十余年的情况看，其刊文的学科分布，还是有所集中的，即主要集中于有关澳门经济、政治、社会与文化的多角度研究。但其不足也是显而易见的，即缺乏总体性的、在一定的编辑理念指导下的顶层设计，和相应的包装策划。总之，一个明显的感觉，是缺乏编辑主体意识的介入。

学报风格的骤变始于 2011 年第 4 期。自该期始，《澳门理工学报》全面改版。改版后的学报，从封面设计到版式安排甚至印刷用纸，无不给人耳目一新的感觉。更令人称道的根本性变革，是办刊理念的转型，这比形式化的单纯改版远为重要。诚如澳门理工学院李向玉院长在该期的改版感言中所说："《澳门理工学报》不仅仅属于理工学院，属于澳门，更属于国际人文社会科学界。"由此可以见出，《澳门理工学报》的办刊理念开始出现根本转型，已经跃升到更为开放和富有包容性的新高度，这为改版前的较为封闭的办刊理念所难以企及。

办刊理念的这一根本转型，并非不切实际。因为它虽然抱持着走向国际人文社会科学界的雄心，但它首先是以澳门理工学院的学科基础和澳门的区位文化优势为立足点。这样的立足点，是学报赖以生存和发展不可舍弃的根本，以及在此基础上形成自身特色的基石。立足于这一基石，学报才有进一步走向国际人文社会科学界的现实可能性；也只有立足于这一基石，才能最大限度地凸显期刊的地域特色，从而吸引国际学术界的注意力和关注度。只有民族的，才是世界的；只有特殊的，才是普遍的。这一颠扑不破的真理，用在这里同样恰如其分。

在此既充满理想又不脱离实际的办刊理念的指导下，只要办刊者有足够的智识、胆识和魄力，再付出艰苦的努力，一系列凸显期刊特色的顶层设计的出台和实施，就顺理成章、水到渠成了。好在，办好一本期刊所需要的这些要素，理工学报并不缺乏。于是，我们欣喜地看到，一本充分贯穿着编者的主体性编辑理念的全新的理工学报，展现在了广大读者面前。

以改版后的首期即 2011 年第 4 期为例。比之改版前，该期不仅栏目划分富有创意，而且更为可喜的是，栏目设置采用了更为细化的专题设计而不是粗放的学科设置方式。这样的栏目设置，内含着编者的主体性和导向性，为作者投稿和读者阅读提供了极大的便利。尤其是，以"港澳研究"、"旅游博彩"等为龙头的主打栏目设计，充分考量了学报所置身的办刊环境——澳门理工学院的学科基础和澳门的区位文化优势；辅以其他栏目，形成了主次分明、特色鲜明的栏目设置体系。再加上每个主打栏目的"主持人语"，更加体现出编者的匠心。

一分耕耘，一分收获。改版短短三年，《澳门理工学报》围绕"港澳研究"、"旅游博彩"等主打栏目，进行特色化办刊；以"名家专论"、"总编视角"等栏目的针对性约稿，来保障期刊的内在学术质量和品位，形成了"综中有专，专综结合"、"学术为本，质量立刊"的办刊模式和总体格局，给人以个性化风格上的强烈视觉冲击。短短几年的时间，《澳门理工学报》就引起学界和业界的注目。因此，从籍籍无名到进入人大复印报刊资料中心高校学报排名全文转载率前列，自然就水到渠成了。以至于业界有人惊呼，《澳门理工学报》的办刊理念及其思路，已经成为一种足以令人关注的"理工现象"。

其实，综合性学术期刊办刊难、难办刊，是个困扰学术期刊界的老大难问题，一直没有找到解决之可行路径。尤其是综合性大学所主办的综合性学报，肩负着为本校教研人员提供学术交流的园地、展示本校科研成果的窗口、培养学术研究梯队以及对外学术交流等多重职能，因此，在办刊过程中，要兼顾学科平衡、院系平衡、内外平衡。如此办刊体制，瞻前顾后，束手束脚，自然就严重限制了期刊的个性化成长与发展，更谈不上自身风格的形塑。四平八稳、"全、散、小、弱"，似乎成为高校人文社科综合性学报的宿命，也因之招致学术界的诟病。在此背景下，《澳门理工学报》充分利用得天独厚的学科与区位优势，短短几年的时间，即寻找到突破口，坚决走"综中有专、专综结合"、特色化办刊的路子，形成了自身的

独特风格，确实值得学报界同仁观摩、研究。作为一名同业者，衷心希望
《澳门理工学报》在所探索出的既有模式的基础上，进一步解放思想，充分
利用自身所处的中外文化汇聚、交锋与交融的区位环境优势，在坚守澳门
本土特色的同时，积极拓展国际化视野，充分做好本土化与国际化两结合
这篇大文章，继续加大力度做好做强诸如"港澳研究"、"总编视角"等现
有特色栏目，探寻期刊发展新的特色化生长点，相信当会更上层楼，开出
一片新天地。

作者简介：刘京希，山东大学《文史哲》副主编，教授。

[责任编辑：刘泽生]
（本文原刊 2014 年第 2 期）

"港澳研究"的专栏特色

黎熙元

2011 年《澳门理工学报》改版。自改版以来，刊物开设了一个新的栏目"港澳研究"，每期固定刊登 3~4 篇有关港澳经济、社会、历史等研究，或港澳与内地关系的论文。该专栏完全符合特色栏目的设想，从栏目的设立到论文的选择均反映出编者的精心构思及透过专栏显示出来的办刊理念。作为同行人，结合本人主编中山大学港澳珠三角研究中心刊物《当代港澳研究》多年的体会，谨对《澳门理工学报》的"港澳研究"专栏谈两点观感。

一 《澳门理工学报》"港澳研究"专栏的特征

一是切合国家发展的需求。港澳发展是国家发展的重要组成部分，这一点不但反映在历次中央政府工作报告当中，党和国家领导人在许多公开发言中都反复强调港澳对国家发展具有重要意义；也反映在各省市仍然致力于深化与港澳的关系，以提升自己的发展速度与水平，显示经历改革开放 30 年，港澳依然对内地的地方发展具有实质性的促进和互利作用。由此可见，港澳研究既具有重要的理论意义，也具有独特的现实意义。当前港澳研究受到国家决策部门的特别重视，国务院港澳事务办公室主任王光亚日前在全国港澳研究会成立大会致辞中指出："当前港澳的发展都处于一个新的关键时期，机遇和风险并存，有许多重大和紧迫问题亟待解答。"加强港澳研究，将为"一国两制"事业构建起有力的学术支撑。

二是具有地方优势和特色。港澳研究是以特定区域为对象的研究，港澳地区的学者具有天然的获取资料便利和特定的内部（insight）理解，能够与内地学者的外部（others）理解形成富有启发性的学术对话。由《澳门理工学报》设立"港澳研究"专栏，能够发挥境外刊物聚集港澳台学者、内地学者乃至国外学者的地方优势，使刊物的论文和水平能够有别于内地的港澳研究刊物，树立起自己的地方特色。《澳门理工学报》近年的引用率、转载率节节攀升，虽然不能完全归功于"港澳研究"专栏，但专栏设立毫无疑问有直接的推动作用。例如2012年第3期的"港澳研究"专栏刊载了一篇由广东学者撰写的《服务贸易自由化与粤港合作——CEPA下粤港先行先试的创新思维》，两篇由澳门本地学者撰写的《澳门经济适度多元发展探讨》、《关于粤澳合作的政策思考》论文，三个不同角度把粤澳经济关系和澳门发展联结成一个互相关联的区域发展大论题，突出体现了刊物作为学术讨论和交流平台的能力。

三是以小见大，意义深远。受国家发展需求的激励，内地刊物的港澳研究论文大多以当前问题和热点问题为论题，其应用性和对策性特点明显。港澳研究并不仅仅是经济的研究。《澳门理工学报》的"港澳研究"专栏另辟蹊径，自2013年第2期起开辟专门篇幅集中展示澳门历史研究的专题论文，而且论文的作者都是澳门历史研究中的佼佼者，相关论文把学界部分已经淡忘的历史意识重新带回来，使读者认识澳门发展和澳门研究是一个连续的过程，它是世界史研究、世界文化研究的组成部分。因此澳门史研究成果虽然论题看似小，但其学术意义却远远超出澳门地域。同时，专栏的澳门历史研究能够引导境内外学者重新关注和审视区域发展过程当中各种国际因素和本地因素相互影响的过程与结果，使当前的政策研究能够从中吸取历史经验和养分。

二 港澳研究专题刊物的办刊思考

港澳研究是一个地域性和应用性很强的领域，和基础学科及理论研究领域相比，这种领域在学界的作者和读者群体都比较小，稿源的稳定性和稿件的质量就难免受到限制。因此，港澳研究专题刊物发展需要考虑有针对性的办刊策略。基于作者本人的办刊经历，有几点策略建议似值得思考。

其一，注重稿件的时效性和对策性。基础学科和理论研究刊物的稿件通常注重科学性、规范性和创新性，港澳研究是应用性的区域研究，需要适当注重其时效性和对策性，即及时反映区域热点论题，并对论题的政策意义做出讨论和提炼。但是，追踪热点论题的同时需要讲究运用学术理论思路对论题做出深入、规范的分析，这是学术刊物和通俗刊物等大众媒体的主要区别。对于一般学术刊物的编辑来说，所谓关注热点论题的行为逻辑是等待作者反应形势变化而撰稿，编辑只需要对稿件的时效性做出判断。而要办好港澳研究专题刊物，编辑需要有更高的自我要求。他们需要更加敏感地反映区域变化，及时根据论题向具有相应研究基础和能力的作者组稿。富有创意的专题策划能力与组稿能力是对学术期刊尤其是专题性期刊编者水平的一种考验。

其二，培育作者群体。一般刊物多从市场效应考虑，注重培养读者群体。而对于专题学术刊物来说，由于稿件的针对性很强，其读者群体往往和作者群体有较大的重叠。因此，培育作者群体对刊物发展来说更加重要。能够及时刊发热点论题的学术分析，需要刊物致力于聚集一群具有较高学术研究分析能力并热心撰稿参与时事讨论的资深作者，刊物也需要通过这个学术园地，培育和扶持新生研究者。作者群体的稳定和扩大，也就意味着刊物影响力的提升。从这一点来看，专题刊物对编辑也提出更高要求，编辑不能简单基于审稿人的判断来处理稿件，还需要根据专题的策划引导作者修改稿件，即所谓刊物培养作者。

其三，面向内地。由于历史原因，港澳学界和内地学界一直处于相对分隔的状态，而且两个学者群体和读者群体具有不同的倾向性。港澳作者倾向于面向国际学界，喜欢讨论港澳与国际的联系；内地学者倾向于面向国内，喜欢讨论港澳与内地联系。如果仅从学术讨论的角度来看，两种学术兴趣各有价值。面向内地包含两方面工作，一是刊发稿件的论题注意在讨论港澳本地时，也需要扩展到港澳与内地关系的讨论。当前国际学术界正在流行"中国研究"热，把港澳研究扩展到港澳和内地关系研究，理应能够得到更多国际学界关注。二是发展内地作者群体。内地作者的文稿不仅能够在学术刊物上和港澳作者直接对话，形成学术讨论，内地作者也具有作者带动作者、作者带动读者的能力和效应。《澳门理工学报》作为境外刊物完全有条件在这方面发挥更好的作用。

第四，发展地方特色。通观当前内地有关港澳研究的刊物和专栏，经济、政治分析居多，社会文化分析偏少，时事热点分析居多，历史分析偏少。其中国际学者、港澳和内地学者又各有不同倾向性，国际学者较倾向历史研究，港澳和内地学者较倾向现实研究。《澳门理工学报》专辟篇幅刊发澳门历史研究论文，是发展刊物地方特色的重要起点。期望这种地方特色的培育能够扩展到其他研究领域，例如对澳门经济和政治的历史研究、对澳门社会和文化的现实研究，等等。通过发展地方特色，使《澳门理工学报》的港澳研究专栏形成有别于内地港澳研究刊物及专栏的区位特色，使《澳门理工学报》更上一层楼。

作者简介：黎熙元，中山大学港澳珠三角研究中心教授、博士生导师，《当代港澳研究》执行主编。

[责任编辑：刘泽生]
（本文原刊 2014 年第 2 期）

全球化背景下华文文学
研究的平台

申洁玲

《澳门理工学报》自改版以来，取得了很大的成绩，"人大复印报刊资料"转载率进入全国高校文科学报100强之列，这个排名彰显了《澳门理工学报》学术影响力的迅速提升，在此我们要祝贺澳门理工学院和《澳门理工学报》。

就文学而言，文学栏目也发表了不少好的文章，逐步形成了自己的特色，并在学术界具有一定的影响，起到了推动学术进步的作用。文学栏目的成功，主要有三个方面的因素。

第一个因素是栏目的定位准确。《澳门理工学报》作为一个季刊，一年所能发的文学研究文章极为有限，而一个学科的范围是极广的，那么栏目就面临着在该学科范围内进行取舍的问题，即所谓有所为有所不为的原则，否则难以形成自己的特色。澳门作为中西文化交汇之地，自1554年葡萄牙人进入澳门以来，经过400多年的中西文化融合，已经成为东西文化荟萃之地。澳门理工学院自1991年成立以来，也以"中西融通"为校训，以"小而美、小而精、出精品"为方向，以"扎根澳门，背靠祖国，面向世界，争创一流"为办学宗旨。结合上面这些因素，《澳门理工学报》自改版以来，文学栏目以"华文文学研究"为重点。现在看来，这个定位很好地结合了澳门的地域和历史文化以及澳门理工学院的特点，在学界产生了较大的影响。

回顾改版以来文学栏目的文章，基本是两个部分，一部分是华文文学研究的文章，另一部分是其他领域的文学研究，其中"华文文学研究"的文章占到一半以上。这些文章中，有关于澳门土生文学与中西文化关系的探讨，有中韩文学的比较研究，有台湾文学研究，也有中国文学的海外传播研究，更有关系到学科发展的深入理论探讨。这些文章，标识了《澳门理工学报》文学栏目的学术领域特色，获得了该领域专家的认可，也引起了《中国社会科学文摘》、《高等学校文科学术文摘》、"人大复印报刊资料"等二次文献的关注。可以说，文学栏目特色已经基本形成，今后进一步建设，需要拓展稿源，继续增加"华文文学研究"领域的文章。

与文学栏目邻近的是"语言翻译"研究。"语言翻译"是澳门理工学院的一个优长学科，学报予以扶持和重视是理所当然的。这一部分也发表了不少好文章，不过"语言翻译"是否需要单独作为一个栏目，可以再考虑。一方面，语言文学可以视为一体；另一方面，如果将"语言翻译"并入文学栏目的话，可以充实文学栏目的内容，也在大华文的范畴内，而且，有些翻译研究，其实是以文学文本为对象的，这也是可以合并的一个理由。

第二个因素是作者队伍的建设。就"华文文学研究"的定位而言，作者队伍的分布，一是内地，二是港澳台，三是欧美海外。两岸四地作者是刊物的主要作者或者说基本作者，海外作者是刊物应该吸引的新资源。从已经发表的文章中，我们看到内地学者和港澳台学者都有亮相，提供了高质量的稿件。今后要做的，就是同这一领域的学者建立更广泛的联系，争取更多更好的稿源。目前内地有数家专门的华文文学研究刊物，他们在乎取稿源方面有各种便利条件和优势。在这种情况下，文学栏目要争取作者，获得优质稿源，还需要从多方面做工作。一是通过各种途径扩大影响。目前由于某些局限，内地作者对《澳门理工学报》还缺乏充分的了解，因此扩大知名度是一件重要的工作。二是了解华文文学研究的前沿和动向，就重要问题和前沿问题约请有关专家撰稿，这对于推动华文文学的学术研究非常重要。三是利用刊物的"主持人"制度优势争取高端作者。《澳门理工学报》的"主持人"制度，是非常有创意的一个编辑制度，可以最大限度地将社会资源引入编辑工作之中，这是其他刊物基本不具备的条件。《澳门理工学报》的其他栏目已经通过这种制度引入了学界权威来主持专题栏目，获得了很好的反响。文学栏目也可以寻找本领域的学科带头人，就某一专题组织文章，或者就某一学术热点组织文章，或者是参与学术争鸣，刊与人与文互相推动，能够有力地推动学术的发展。四是要尽量地争取港台和海外的本领域作者，可以通过组稿编辑同这些地方的研究者建立广泛的联系，获取高质量的文章。他们对华文研究更具发言权，能及时了解华文文学发展的动态，有条件站在华文文学研究的前沿做更深入的观察。五是提供版面，吸引海外当代华文作家进行交流。条件成熟的话，可以约请海外华文创作者发表一些笔谈，这些笔谈会成为这一研究领域的重要资料。就华文研究来说，如果栏目能够团结两岸四地和海外研究者及华文创作者，有理想的作者队伍的构成，就能够成为一个沟通各地华文文学研究者和华文文学作者的平台，同时也能成为华文研究领域成果展示的重镇，推动学术发展。

第三个因素是文章的选题。文章的选题要体现问题意识，关注当下，回应现实，这是一个刊物学术活力的根本。诚然，象牙塔式的学术研究亦有其价值，但从出版来说，象牙塔式的研究宜以专著出版，而学术杂志要连接作者和读者，要找到大家共同的兴趣点，则宜以问题为纽带。就华文文学而言，它的生命力更在于关注现实，关注华人在迁居到世界各地之后的生存状态和他们的各种各样的问题、困惑与思考。随着全球化进程的加剧，新的问题还会不断产生。因此，在华文研究的文章中突出问题意识，是这一学术领域本身的要求。在已经发表的文章中，关注度比较高的也都是问题意识浓厚的文章。今后文学栏目约稿、选稿中要继续突出和强化问题意识。

现在世界正在全球化的进程之中，全球化既有碰撞也有融合。一方面是异质文化的差异在碰撞中越来越明显，越来越难以沟通，当今世界的种种动荡和流血冲突在一定程度上来说就是这种碰撞的结果。这种碰撞式的融合以美欧强势文化为主导，在相当长的时期内人们还难以评估其意义和代价，世界未来的希望也许并不在这种碰撞之中。而融合性的进程虽然缓慢且并不明显，却不断积累，终有一天冲出地表而奔流成势。只有融合才能带来和解，形成沟通和理解的基础，并带来文化创新的力量。中国近现代文学的发展就是如此，它是中国传统文学和西方文学在不断的扬弃、调适、融合中形成的"新文学"。黄修己先生曾经呼吁要在全球化的语境下研究中国现代文学，要以全人类认同的价值标准来评价、研究和阐释中国现代文学。在全球化的背景下，华文文学的研究就显得尤为有意义，因为华文文学是文化融合的产物，它在一定的程度上可以被视为未来全球化环境中中华文化与异质文化融合的预演，既可以帮助我们认清自我，也可以帮助我们认清他者。像《澳门理工学报》这样的学术刊物，得天时（华文文学的研究从 20 世纪 80 年代末以来已经进入相对成熟的阶段）、地利（澳门本身是文化融合的样板）、人和（澳门自由开放的学术氛围已经或正在吸引各地学者）的优越条件，在此基础上来建构华文文学研究平台，可以说把握了时代发展和学术发展的趋势，大有可为。当然，任重而道远，需要付出艰辛的努力。

最后，笔者想表达一个真诚的期待：祝《澳门理工学报》文学栏目越办越好！

作者简介：申洁玲，华南师范大学文学院副研究员，文学博士。

[责任编辑：刘泽生]

（本文原刊 2014 年第 2 期）

综合性学术期刊的特色化发展

周联合

相对于专业性学术期刊的良好发展势头，综合性学术期刊确实面临着挑战。不管是作者队伍还是读者群，在寻找学术成果发表平台和学术成果检索载体时，都会重点考虑专业期刊，这是不争的事实。但是，综合性学术期刊的价值决不会因为这一问题而丧失，因为基于人们精神生活的丰富性、复杂性和整体性，人文社会科学的研究决不能陶醉于学科间的自我封闭，学科的划分亦非画地为牢的藩篱，不管是论文的作者还是读者，对于综合性学术期刊所"综合"展示的学术成果和学术发展态势，是不能也不应该忽视的。因此，综合性学术期刊自有其学术的、文化的、历史的价值。而在数字化时代，综合性学术期刊所面对的并非全是"危"而没有"机"，有学者敏锐地指出，"在数字化平台上，专业性学术杂志和综合性学术杂志被检索、被阅读的机会实际上是平等的"。论文是否被阅读、被下载，是否能发挥其作为学术成果的影响力，关键在于论文本身的质量而不在于其是发表于专业性学术期刊还是综合性学术期刊，即所谓"质量为王"。同时，综合性大学、综合性研究机构的存在，也使综合性学术期刊的存在和发展具备了充分条件。不管学科、专业如何发展，学术评价体系如何变化，类似于《中国社会科学》、《北京大学学报》这样的综合性学术期刊必将继续存在和发展。

另一方面，综合性学术期刊要提升和坚守自己的学术品位和学术价值，却又不能不走特色化发展之路。事实上，每一种学术期刊，必有其特有的地域、历史、文化、人文环境，这些特有的环境和条件因素自然会表现于刊物之内容与形式上。更何况，学术期刊作为主办单位和编辑团队的"产品"，要有"销路"和"市场"，要有学术史上的价值，也必须有其特色，否则，难免某种程度的湮没。因此，期刊主办单位和编辑团队对于刊物特色的主动把握和创设，对于学术期刊的发展至为关键，而这对于综合性学术期刊来说尤其重要。唯其具有特色，才能在专业性学术期刊的压力下、在综合性学术期刊之间的激烈竞争中脱颖而出。《澳门理工学报》改版以后，其特色化的发展思路给我们留下了深刻印象。作为地处南海之滨的后起之秀，《澳门理工学报》不走传统大刊的老路，而是突出特色，跳跃式发展，表现出了后来居上的气势。

首先是特有的办刊理念。《澳门理工学报》以澳门理工学院"扎根澳门，背靠祖国，面向世界，争创一流"的理念为办刊理念，以"博通今古，融贯中西，阐发学理，传播学术，集思广益，以资考镜"为办刊旨趣，既有鲜明的澳门特色，又有强烈的学术自觉。澳门中西方文化的交流与融合时间长，又是"一国两制"下的特别行政区，其特有的政治、法律、经济、文化、社会环境，其国际视野和特区思维，其来自祖国的传统文化，其来自欧陆的人文精神，一起滋养、浇灌着《澳门理工学报》这块学术园地。《澳门理工学报》对于港澳研究，对于地域文化，对于多元文化，对于文化的交流与融合都给予了强烈的关注，在刊物的内容上体现出鲜明的个性特色。即使从刊物的装帧设计、版式设计、栏目配置、文字处理等技术方面，也不难看出刊物蕴含的"澳门理工"元素，体会出其海纳百川、追求真理、传播学术、融贯中西、光大文化的胸怀。

其次是独特的栏目设计。面对专业性学术期刊的竞争优势，面对期刊国际化、数字化大潮以及各种传播技术发展所带来的冲击，综合性学术期刊只有坚持"内容为王"、"质量第一"的理念，才能拥有属于自己的一片蓝天。而只有在内容上体现出自己的鲜明特色，综合性学术期刊的特色化发展才能最终落到实处。期刊界公认，专题化是综合性学术期刊扬长避短的发展方向，是个好办法。《澳门理工学报》正是通过学术专栏和专题的设置来体现自己的学术特色，既适应学术期刊的发展潮流，又注重突出自己的个性，在这一点上，《澳门理工学报》是极其用心的。它的栏目设置是深思熟虑的结果，体现了编辑部的匠心独运，真正体现了"有学术的思想和有思想的学术"。有关的专栏安排坚持了有所为、有所不为的原则。比如，"名家专论"栏目，选用的都是学术名家的佳作，努力推出刊物的"拳头产品"，这对于迅速提升刊物的学术水平与学术影响，效果明显。当然，这一栏目的成功运作必须依赖办刊者本身的学术地位、学术影响和在期刊界的人脉资源，栏目的成功是建基于办刊者的才识之上的。再如，"港澳研究"栏目，这是《澳门理工学报》真正的特色栏目和重点栏目，其学术理论价值自不必说，在实践我国"一国两制"伟大构想的进程中，本栏目研究成果展示的现实意义和深远的历史意义亦不言自明。同时，这个栏目也是刊物"扎根澳门"理念的具体实践。这个栏目的容量是非常大的，涉及经济学、政治学、社会学、历史学、哲学、法学、文学等学科，特色鲜明，又范围广泛，可谓伸缩自如，发挥空间极大。又如"总编视角"栏目，这是办刊者学术资源的典型发挥，独一无二。没有主编特有的办刊经历、人脉资源、学术地位，单有想法是做不出这种"产品"的，可谓特色之特色。今后，涉及港澳研究、学术期刊发展等问题，我们恐怕不能不看《澳门理工学报》的"港澳研究"和"总编视角"这两个栏目了，这就是把综合性期刊办出了专业性期刊的效果。这两个栏目将来在学术史上必有其地位。从版式上看，这几个特色栏目在目录的位置摆放，都是经过慎重考虑的，位置固定，字体醒目，以突出其特色。这种专栏的设置对于固定作者和读者群，形成刊物特色极为重要。

再次是特有的国际化条件。澳门的中西方文化交流与融合源远流长。今天，澳门作为中国的特别行政区，其经济、社会、文化发展中的国际化特点自非祖国内地可比，与国际接轨在这里绝非空话或矫情。葡国文化乃至欧陆文化在这里也已历数百年的发展、演进、融合。澳门理工学院和澳门本地的其他高校、研究机构，来自境外的教职员工和科研人员为数不少，他们作为作者和读者群，既是《澳门理工学报》的资源，自然也会强化其国际化特色。至于与欧美等海外的高校、科研机构及其科研人员的联系与交流，《澳门理工学报》更具有其得天独厚的优势，与香港、台湾地区的交往就更方便了。因此，《澳门理工学报》的稿源、稿件处理以及研究对象、研究角度、研究规范都会有更鲜明的国际化特色。诚如该院院长李向玉教授所言，"《澳门理工学报》不仅仅属于理工学院，属于澳门，更属于国际人文社会科学界"。国际化已经成了《澳门理工学报》的一大特色。

毫无疑问，《澳门理工学报》办刊人对于期刊特色的把握和发展方向的设计，决不是"心血来潮"的灵机一动，而是建立在理性分析和审慎研究的基础之上，更是编者学识学养、学术资源等自身优势的发挥。刘主编曾经表示，《澳门理工学报》这个杂志未必能很快成为名刊，但我们有的栏目应该有条件可以争取成为名栏。正是办刊人在综合性学术期刊特色化发展上的这份清醒和这份明智，成就了《澳门理工学报》今天的特色，也必将成就《澳门理工学报》明天的辉煌。

作者简介：周联合，广东省社会科学院法学研究所副所长、研究员，《广东社会科学》法学编辑，博士。

［责任编辑：刘泽生］

（本文原刊 2014 年第 2 期）

主持人语

刘泽生

今年四月，国家新闻出版广电总局相继出台了多个文件，其中与学术期刊出版直接有关的有 4 月 3 日发布的《关于规范学术期刊出版秩序促进学术期刊健康发展的通知》（新广出发〔2014〕46 号），以及 4 月 24 日由国家新闻出版广电总局与财政部联署的《关于推动新闻出版业数字化转型升级的指导意见》（新广出发〔2014〕52 号）等。文件对当前学术期刊的改革提到一个新的高度，认为提高国家文化软实力，关系"两个一百年"的奋斗目标和中华民族伟大复兴中国梦的实现。而学术期刊是国家科研和国家文化软实力的重要组成部分，在繁荣学术研究，推动文化创新，促进经济社会发展和科学技术进步等方面发挥着不可替代的作用。期刊改革的目标与路径又一次吸引着学术界、期刊界同仁的关注。学术期刊也许将面临新一轮的洗牌。

关于近年来学术界、期刊界所共同关心的数字化转型升级问题，"指导意见"也给予了极大的关注，认为面对数字化与信息化带来的挑战与机遇，传统新闻出版业只有主动开展数字化转型升级，才能实现跨越与发展。开展数字化转型升级是进一步巩固新闻出版业作为文化主阵地主力军地位的客观需要，是抢占未来发展制高点、参与国际竞争的重要途径。并提出通过三年的努力，"支持一批新闻出版企业，实施一批转型升级项目，带动和加快新闻出版业整体转型升级步伐。……促进新闻出版业建立全新的服务模式，实现经营模式和服务方式的有效转变"。

学术期刊改革是一项事关大局的系统工程，尤其是期刊编辑部体制的改革，千万要慎之又慎，不能把学术期刊（学报）一刀切地推向社会、推向市场了事。上述的"通知"、"指导意见"既涉及学术期刊的质量标准与准入制度，也涉及新闻出版数字化转型升级的目标、任务与保障措施，提出了一系列新的理念与思路，很值得期刊界同仁思考。

本刊一直以来高度关注期刊数字化的论题，先后发表过朱剑、徐枫等学者的大作。虽然关于期刊数字化转型升级的话题现在并非什么新鲜的论题，面对数字化时代的到来，期刊人已经没有过多的担忧与无措，"中国高校系列专业期刊"等也已有相当成功的尝试，但不同的视角与不同的解读，总会为读者带来不一样的感受。武京闽教授的《学术期刊数字出版模式探析》，从对学术期刊数字出版的发展历程进行全面回顾的基础上，比较和分析了国内外学术期刊采取的不同数字出版模式，提出在出版体制改革的背景下，学术期刊从传统出版向数字出版的转型应坚持以内容为主导、以技术为推动，唯有如此，学术期刊才能步入良性的发展轨迹，获得持久的生命力。

作为资深的期刊人，杜敏教授则从人类媒介形态的变革历程中探求学术期刊生存与发展之路。作者认为，新旧媒介既是共存与演进的关系，也在不断竞争与博弈。纸质学术期刊在新的数字媒介形态下虽然不会快速消亡，但需要不断地进行自我适应与调整，以求生求长。它需要扬长就长而与新媒介不断融合，这不仅发生在技术层面，也包括在资本、机构、运作方式等不同层面。

在我国大陆高校主办的1300多种人文社科期刊中，绝大多数都属于综合性学报，寻求这种综合性学报向专业化转型的突破将是一件极其艰难的抉择。京希兄以其"人文小综合"的《文史哲》为例，认为"大专业"或"小综合"模式，专业性模式，专题性模式以及专业网刊模式，将是专业化转型可资尝试的方向，并提出专业化转型进一步发展的愿景，当是实质性地打破主办单位的行政界限，通过强强联合、"同质"联合或以强并弱等方式，形成诸多专业期刊联合体，展现集约经营的优势。诸君以为然否？"总编视角"期待您的高论。

学术期刊数字出版模式探析

武京闽

[提　要] 伴随着现代信息技术和网络技术的迅速发展，传统学术期刊开始探索向数字出版转型的路径。从国内外学术期刊数字出版的发展过程看，学术期刊的数字化可分为两种模式：一是以内容提供商为主导的数字出版模式；二是以技术提供商和数据库运营商为主导的数字出版模式。由于受到期刊成长环境及管理制度和运作模式的限制，我国学术期刊数字出版的发展主要采取了第二种模式。但从学术期刊的长期发展来看，以技术为主导的数字出版模式存在着不容忽视的问题。学术期刊要想获得持久的生命力，必须走以内容为主导、以技术为推动的数字出版之路。

[关键词] 学术期刊　传统出版　数字出版模式　转型

从 20 世纪 90 年代开始，学术期刊的数字化进程推进速度很快，数字化已经成为学术期刊无法绕过的节点，不管你愿不愿意，计算机和互联网的广泛使用已经改变了人们的阅读方式、信息获取途径甚至生活方式，也给学术期刊的出版带来了便利、效益和挑战。在现代信息技术和网络技术迅猛发展的今天，已经不是讨论要不要进行数字出版的问题了，而是要研究如何实现从传统出版向数字出版转型，什么样的数字出版有益于推动学术期刊更好地发展，学术期刊如何摆脱"不做等死，做了找死"的尴尬局面。本文将在对学术期刊数字出版发展历程进行回顾总结的基础上，比较和分析国内外学术期刊采取的不同数字出版模式，提出在出版体制改革的背景下，学术期刊从传统出版向数字出版的转型应坚持以内容为主导、以技术为推动，唯有如此，学术期刊才能步入良性的发展轨道，获得持久的生命力。

一　学术期刊数字出版发展过程的回顾

20 世纪 80 年代以来，现代信息技术和网络技术的迅猛发展，不仅带来了工业社会的重大变革，而且极大地推动了出版行业的发展，出版形态、传播形态及方式、出版运作机制都发生了巨大变化，人类进入传播史上一个崭新的年代——数字化、网络化的传播时代。

期刊的数字化进程可以分为两个阶段。第一阶段，数字技术在期刊编辑业务中的应用。20 世纪 50 年代末，期刊的编辑开始使用电子技术，进行图文处理和传递、创作艺术作品和广告、排版及日常管理工作。第二阶段，数字传播技术在期刊中的应用——电子期刊的发展。电子期刊是指以数字形式存储在光、磁等储存器上并可以本地或远程阅读的机读型连续出版物。1961 年在美国正式出版的《化学题录》是世界上最早的用计算机编辑出版的电子期刊。随着技术的发展，一些发达国家逐步采用计算机来储存和检索期刊文献，电子期刊受到读者的欢迎。电子期刊的发展经历了连线电子期刊、单机型电子期刊和网络型电子期刊三个阶段。[①]我们现在所说的数字出版是指第三代电子期刊——网络型电子期刊，即期刊以数字化的方式在互联网上的出版。而所谓从传统出版向数字出版的转型，即是指从基于纸质媒介的期刊出版形式转向以计算机和网络为核心的新的期刊出版形式。

综观国内外学术期刊数字化的过程，起主导性作用的主要是两大主体，一是具有内容优势的期刊出版单位，二是具有技术优势的技术提供商和数据库运营商。它们利用自己的优势实现了传统媒体与数字媒体的融合，为读者提供了比传统媒体更便利、更快捷、更广泛的服务。

国外学术期刊的出版模式主要有大型出版集团模式、学会（协会）出版模式和期刊社经营模式等。世界主要的大型出版商大都将学术期刊的编辑出版作为一项重要的业务内容，拥有数百种甚至上千种学术期刊。例如，荷兰 Elsevier 是世界上最大的医学与其他科学文献出版社之一，该公司旗下每年出版 2000 种期刊；[②]德国 Springer-Verlag 出版公司 2012 年出版 2200 余种英文科技期刊；[③]美国 Sage 出版社是世界第五大学术出版商，每年出版 700 多种期刊；[④]英国剑桥大学出版社 2014 年出版的期刊数也达到 356 种。[⑤]这些国际知名出版商在数字技术开始应用于出版领域时，就意识到了发展数字技术可能会对学术期刊的传播与出版产生重大影响，纷纷依托自身丰富的出版资源，抢占了数字出版的先机，占据了市场主导地位。一方面，它们将学术期刊的内容进行有效整合，建立了海量数据库和特有资源库，使原有的期刊内容实现了价值增值，创造了更大的赢利空间。Elsevier早在1960年就开始了电子数据库的建设，20世纪90年代中期又投入5亿英镑，建立了真正意义上的科技信息和数据平台。2009年，该公司提供的科技信息平台和数据库平台服务的收入就达到了65亿英镑。2010年，其数字出版业务的产值又比上一年增长了37%。⑥另一方面，它们根据读者需求，调整营销方式，比如在期刊销售方面，采取了灵活的定价方式，对纸质出版物和数字出版物实行分别定价或捆绑定价销售。应该说，这些大型学术期刊出版商在为读者提供高质量内容的同时，充分利用数字技术和互联网技术，实现了传统媒体与数字媒体之间的相互补充和相互促进，保持了利益关系上的一致性，使这些有着较长历史的"百年老店"能从容应对数字出版带来的冲击，焕发出勃勃生机。

在我国，学术期刊数字出版的发展则主要是由技术提供商和数据库运营商推动的，这与我国学术期刊的出版状况和管理体制有直接的关系。我国对学术期刊实行主管主办制度，分散在全国各地的科研机构和高等院校中，属于不同的地区、部门、行业、学校等，出版单位出版期刊的品种很少。有资料显示，2009年底我国有期刊9851种，分别属于数千家出版单位，即使是拥有期刊资源最多的单位，其拥有的原发期刊也不会超过百种。学术期刊的出版单位大多数是不具备独立法人资格的编辑部或期刊社，规模普遍很小，多则几十人，少的只有几个人，而且期刊的编辑、出版、经营业务通常是由期刊编辑部或期刊社承担的；办刊经费绝大部分来源于财政拨款和主办单位投入，仅能维持编辑部或期刊社的基本运转需要。另外，由于对出版单位实行的是严格的业务分工和专业分工，报纸、期刊和图书等媒体之间的业务界限分明，创办新刊需要经过严格的审批，因此期刊自身发展空间有限，也难以对不同单位、不同类型的媒体资源进行整合。在这样的情形下，传统的学术期刊出版单位面对数字技术和互联网技术对纸质出版的冲击不知如何下手，一筹莫展。

我国学术期刊传统管理体制和运行模式方面存在的问题阻碍了出版单位的数字化建设步伐，但也给那些目光深远、有技术优势的技术提供商和数据库运营商创造了机会。从20世纪90年代开始，中国知网、万方数据库、重庆维普、龙源期刊网等数据库陆续建立。这些数据库利用其独立于期刊主管主办单位之外的有利地位，打破了地域及行业的界限，将分散在全国各地的学术期刊资源整合起来，形成了以技术提供和数据库运营商为主导的期刊数字出版格局。这些数据库或依托于国家研究机构，或自筹资金，借助国家政策、资源、项目等的支撑开展数字出版业务，发展迅速，在利用互联网扩大学术期刊内容的更广泛传播方面发挥了重要作用，初步形成了我国期刊数字出版的产业形态。但相比于期刊产业发展的要求来看，这种学术期刊数字出版模式也暴露出一些问题。首先，几大数据库运营商几乎同时起步，在发展过程中，虽然选取内容有所侧重，但普遍存在着希望更多地占有市场份额，形成垄断或独占地位的倾向，因此，存在着产品和市场同一、内容大量重复的问题。其次，由于几家数据库的产品不具备不可替代的特征，为抢占市场，产品的定价明显偏低，结果导致一方面在国内市场上的竞争加剧，另一方面在国际市场上却竞争力不足。再次，期刊数据库属于商业化经营，直接面对市场的压力，赢利是其经营目标。而近几年，在全球范围内兴起了学术期刊开放存取、免费阅读浪潮，这显然与数据库运营商的经营目的不符，会对经营内容和资源掌握相对单一的数据库的生存与发展形成极大的冲击。最后，技术提供商和数据库运营商大多是通过征得出版单位授权的方式获得了整合期刊资源的权利，在作者的著作权保护方面存在明显的问题。

近年来，伴随着计算机技术和网络技术的发展，我国学术期刊数字出版呈现出新的变化。主要表现如下：（1）传统媒体开始试水数字出版，探寻数字化转型之路。有越来越多的学术期刊在通过大型数据库进行数字传播的同时，借用计算机技术和网络资源，搭建自己的数字传播平台，引入数字化的采编平台系统，初步实现了收稿、编辑、出版、传播的数字化。（2）期刊出版集团开始组建，集约化的学术期刊数字出版平台出现，打破了数据库一枝独秀的局面。如前所述，我国学术期刊出版单位的规模较小，如自主发展数字出版，则会成本高，效益低，难以形成影响力和竞争力。2010年10月，科学出版社正式注册成立了北京中科期刊出版有限公司，吸引有学科代表性、行业代表性、地区代表性的270种优秀科技期刊加入科学出版社期刊集群，提供期刊集约化生产、数字化平台建设、市场化推广与营销、国际交流、编辑培训等出版服务，实现了科技期刊编辑出版、经营管理、技术咨询、广告发布、期刊营销、业务培训、数字出版等业务的一体化。（3）从纯商业化运作转向商业化经营＋公益性免费阅读。2013 年 7 月 16 日，国家哲学社会科学学术期刊数据库上线仪式在京举行。该数据库建设以"公益、开放、协同、权威"为基本定位，以整合学术期刊数据资源，推进学术资源的公益使用、开放共享，推进学术研究方法和手段创新，推进科研成果普及转化，推动哲学社会科学繁荣发展为目标。计划用两年时间，完成学术期刊数据库的建设工作；在"十二五"末，初步建成一个国家级、公益性、开放型的国家哲学社会科学数据库。（4）期刊跨媒体出版平台正在搭建。所谓跨媒体出版，是指可以跨过多种媒体来重新使用内容而无须对原来的内容进行重新制作。2010 年，北大方正电子有限公司推出了期刊跨媒体出版解决方案。该方案包括三个部分：一是建立一个完善的、面向未来的、全流程、全媒体内容生产平台，以同时实现纸质期刊、电子期刊的快速制作；二是打造一个以期刊社的核心资产管理为中心的全媒体媒资管理系统，实现数字期刊的自动化制作、按需出版及在新媒体应用平台上的多渠道应用；三是搭建数字内容新媒体应用平台，为期刊社提供多种新传播媒介，为刊社及读者之间的交流与沟通提供通道。[⑦]

虽然媒介环境的变化推动了期刊数字化的发展，但从我国数字出版发展格局来看，数字期刊在数字出版产业中所占的份额很小。2013 年 7 月中国新闻出版研究院发布了《2012～2013 中国数字出版产业年度报告》，报告显示：2012 年我国数字出版产业整体收入规模为 1935.49 亿元，比 2011 年整体收入增长了 40.47%。其中，互联网广告收入达 753.1 亿元，网络游戏收入为 569.6 亿元，手机出版（含手机彩铃、铃音、手机游戏等）收入为 486.5 亿元，博客收入为 40 亿元，电子书（含网络原创出版物）收入为 31 亿元，在线音乐收入为 18.2 亿元，数字报纸（不含手机报）收入为 15.9 亿元，互联网期刊收入为 10.83 亿元，网络动漫收入为 10.36 亿元。[⑧]从上述数据可以看出，数字期刊的收入仅略高于网络动漫，在数字出版产业中所占的份额仅为 0.56%。中国期刊，特别是学术期刊从传统出版向数字出版的转型任重道远。

二 以内容为主导、以技术为推动，实现学术期刊数字化转型

在互联网和数字技术的冲击下，近年来全球纸质媒体呈现出整体下行的趋势，发行量和销售额都大幅度下降，一些世界知名纸媒（如美国《新

闻周刊》）甚至不得不宣布停止纸媒出版，只出数字版。就连世界上最知名也是最权威的《不列颠百科全书》也于 2012 年 3 月宣布停印英文的纸质版，全面转向数字版。在这种情势下，不少人认为纸质媒体即将走到尽头。甚至有人认为，报刊将因此而面临消亡。

实际上，纸张与互联网一样，都是学术期刊借以传播的一种介质。美国学者伊丽莎白·爱森斯坦在《作为变革动因的印刷机——早期近代欧洲的传播与文化变革》一书中说：15 世纪中叶兴起于欧洲的机器印刷技术"改变了书籍生产、发行和消费的条件。但这种改变的完成方式是很具欺骗性的——它不是靠抛弃手抄书文化的产品，而是靠在前所未有的规模上复制手抄书文化的产品"。[9]同样，我们也不能因为纸质印刷量的减少就断定学术期刊行将消亡，如同竹简、羊皮一样，纸张只是记录文字内容的一种载体，依托于计算机和数字技术的互联网及阅读终端等也是如此。数字媒体的出现并不意味着学术期刊将至"末日"，它改变的不是学术期刊的内容和本质，而是改变了传统的传播形式和展示方式。数字媒体是纸质媒体的内容的扩展，弥补了纸质媒体传播方式的不足，使学术期刊的内容得到多样化的展现和更广泛的传播。

数字出版的快速发展与印刷技术的广泛使用一样，它们都是传播史上的一次革命。美国媒介理论家保罗·莱文森曾提出"补偿性媒介"（Remedial Medium）理论，认为人在媒介演化过程中进行着理性选择：任何一种后继的媒介都是一种补救措施，都是对过去的某一种先天不足功能的补救和补偿。[10]从学术期刊发展的历史来看，它经历了以印刷为主要技术支撑的平面化生存时期。在数字化时代，学术期刊要利用新的媒介技术，拓展生存空间，实现数字化生存和网络化生存，换句话说，就是要通过多种媒体的融合，完成从传统出版向数字出版的转型。

所谓数字出版，有狭义和广义之分。狭义的数字出版，是指纸质出版内容的数字化及其传播。而广义的数字出版则是指利用数字技术进行内容编辑加工，并通过网络传播数字内容产品的一种新型的出版方式，其主要特征为内容生产的数字化、管理过程的数字化、产品形态的数字化和传播渠道的数字化。[11]我国学术期刊最早的数字出版应该是狭义的数字出版，现有的数据库模式也不过是对纸质出版物的二次传播。近年来，随着技术的不断发展完善和人们对数字出版的认识日益深入，很多学术期刊已经突破狭义的数字出版界限。台湾出版人陈颖青指出："完整精确地复制纸质书的内容与表现，如实地搬到网络上的电子书模式，注定不会有前途。"⑫积极探索和推进更广意义上的、真正的数字出版才是学术期刊未来发展的必由之路。

对于学术期刊而言，数字化转型将带来如下变化。

首先，从传播模式看，数字出版改变了纸质媒体"点对点"的单向传播模式，变为传播者与接受者之间互动式的双向传播，并进一步发展为社会网络式传播，传播的范围扩大了，传播的速度加快了，传播的成本降低了。

其次，从传播载体看，从纸质印刷物这个单一载体发展为多种形式的电子文件和阅读终端，从有形的实物载体转变为无形的网络化载体。载体形式的多样性，使得读者获取内容的通道日益增多。特别是互联网和数据库的出现，使得人们在获取学术信息时，广泛地使用了搜索引擎，从而在很大程度上突破了时空的限制，打破了期刊的界限及学科、专业的界限，读者能够更容易地在浩如烟海的知识宝库中找寻到对自己有价值的信息，"长尾效应"显现。例如，在纸质学术期刊的使用中，人们对专业期刊的关注大于综合性期刊，这并非一定意味着专业期刊的学术质量和影响力大于综合性期刊，而是因为综合性学术期刊所能给读者提供的有用的、专业性强的信息量有限，其信息传递遇到障碍，而数字技术和互联网技术有助于消除这种障碍。因为"互联网是一个真正的'疏而不漏'的'天网'，大量在大众市场中没有价值（无法找到消费者）的产品都能够在长尾市场中实现价值交换"。⑬

第三，从编辑过程看，运用电脑和互联网接收稿件、在电脑上编辑加工、利用专用软件排版制作，在一个平台上加工制作在多种媒体上发布的内容，工作效率提高了，出版周期大大缩短。特别是网络投稿与审稿系统的使用，既能方便作者投稿、了解稿件的审稿状况，也有利于期刊编辑过程的网络化管理。

第四，从出版模式看，一方面，数字技术和互联网的运用，可以改变传统的按期出版模式，实现单篇文章的在线优先出版。另一方面，利用数字技术提供的集成平台，可以打破纸质期刊各期内容相对独立、缺乏联系的状况，对期刊内容进行多次整合和深度加工，为读者提供更全面、更精准的服务，使原有的期刊内容增值。

第五，从发行方式看，传统学术期刊的发行受限于邮局的发行网络，发行范围有限，而且读者仅仅需要阅读其中的一篇文章，却需要支付整本期刊的价格；而实现数字出版以后，读者可以只对某本期刊中他所需要阅读的那篇文章付费，或者对数据库中有价值的内容按下载页面数量付费。目前在实现数字出版的出版社中已经有为单篇文章付费的形式。

　　展望学术期刊数字出版未来的发展，作为内容提供商的学术期刊出版单位应该在数字化转型中发挥更大的作用。对比国内外不同的学术期刊数字出版发展过程，我们不难看出，由于国外大型出版集团较早地实现了学术期刊的集约化经营，认识到了发展数字出版的重要意义，所以，很好地完成了传统出版和数字出版的融合，利用数字传播技术对期刊内容进行了有效整合，使期刊价值更大化，形成了较好的数字出版营利模式，为学术期刊从传统出版向数字出版的转型打下了良好的基础。反观我国，虽然以技术为先导的数字出版模式顺应了我国学术期刊发展的实际情况，推动了学术期刊数字化的发展，但我们必须承认，这种数字化发展模式是不得已而为之，虽然对学术成果的数字化传播起到了非常积极的作用，但与此同时，也对学术期刊从传统出版向数字出版的转型造成了一定的障碍，数据库自身的发展也进入了"瓶颈"期。首先，我国几大数据库虽然运用搜索引擎、信息导航等工具为读者查询、阅读所需的文献提供了极大的便利，以至于改变了人们的信息获取习惯，但是，我们也看到，数据库模式的优势在于对技术的掌握和创新，数据库的内容仅仅是对纸质出版物内容的复制，而无法对庞大的数据库资源进行深度加工。其次，数据库运营商和内容提供商之间未形成良性互动和共赢局面。其原因在于，一方面，数据库运营商虽然在数字技术的应用方面抢占了先机，但因前期投入需要大量的资金支持，有的运营商采用了负债经营的方式，面临的风险和压力很大。为了降低成本，他们与作为内容提供商的期刊社签订的利润分成比例极低，只相当于国家规定的稿酬标准的最低线。而且，这一标准并未随着数据库运营商经营状况的好转和盈利的增加而有所改变。另一方面，期刊社虽然也意识到了数字出版是不可避免的趋势，但由于自身的规模小、资金少，不具备自主进行数字出版的基本技术条件，无奈之下，为了扩大传播范围，不得不以极低的价格将数字出版权拱手相让，使得期刊编辑部从数据库传播中获得的收益根本无法弥补纸质期刊发行销量锐减所造成的损失。正是由于这两方面的原因，学术期刊的利益受到严重侵蚀，未能实现与数据库同步发展，学术期刊难以建立有益于长期发展的数字出版营利模式，与数据库之间的合作受到一定的限制，难以结成利益共同体。再次，几大数据库经过二十多年的建设，已经将我国绝大部分学术期刊的内容囊括在内，数据量很庞大，社会影响力和市场占有率也都很大。虽然一些单位酝酿通过行政手段或市场手段对学术期刊及其内容资源进行整合，借鉴国外大型出版集团的模式，以内容为主导推动数字出版的发展，但我国现有的学术期刊出版单位的规模仍然偏小，内容资源、传播资源及数字出版人才资源的积累不足，要想在现有的学术期刊数字出版格局和市场竞争中分得一杯羹，可谓是困难重重。因此，我们需要对已有的数字出版模式进行反思，探寻学术期刊数字出版的发展规律，顺利完成从传统出版向数字出版的转型。

在学术期刊数字化转型过程中，要充分发挥内容和技术两个方面的作用。首先，在学术期刊的数字化过程中，应坚持内容为主导。因为，学术期刊未来能否获得更大的发展，能否继续生存，关键不在于其是以纸质的形式存在还是以数字媒体的形式存在，而是要看作者是否还需要通过学术期刊来传播他们的研究成果，读者是否还需要通过学术期刊来获取他们想要得到的有用信息，要看哪种媒体形式更能满足期刊读者的阅读需要。学术期刊作为以刊载研究发现和创新成果的学术论文、文献为主的定期连续出版物，内容的独到性和创新性是其优势所在。在新媒体的冲击下，学术期刊的数字化转型依然需要以内容吸引读者，满足读者需要，并适应其已然变化的媒体接触习惯和阅读喜好。

其次，学术期刊从传统出版向数字出版的转型，离不开技术的推动。传统媒体数字化转型不是要传统媒体从业人员自己去开发数字出版新技术，而是要实现传统媒体与互联网、计算机等新技术的有机融合，二者在合作的基础上实现媒体内容的最大范围的传播，完成出版内容和出版过程的数字化转型。在新技术的推动下，学术期刊无论是在出版编辑过程中还是在传播形式上，都发生了诸多变化，而且这种变化会随着新技术的出现和人们创造力的发挥，不断地给学术期刊的编辑出版和传播带来新的变化、新的惊喜。

总之，在学术期刊从传统出版向数字出版的转型过程中，内容的创新和技术的创新缺一不可，谁也不能替代谁。没有优质的内容，技术再先进，也迟早会被抛弃，如在我国曾经风靡一时的几十种数字阅读器，就是因为缺少优质的数字内容做支撑而成为"过眼烟云"，上市不久就消失得无影无踪了。同样，没有技术的创新和推动，优质的内容也难以得到快速、有效的展现，很可能像淹没在海洋中的一朵浪花，渺无踪影，无处探寻。因此，要让数字出版走得更远、路途更顺畅，就必须将二者有机地整合起来，消除学术期刊出版单位与技术提供商和数据库运营商之间的利益壁垒，形成合理的产业分工，打造完整的出版产业链条，为学术期刊出版搭建更广阔的发展空间和发展平台。

三 出版体制改革与学术期刊数字化转型

从前面的分析中可以看到，虽然我国学术期刊数字出版的发展方向日益明确，但要真正实现从传统出版向数字出版的转型，实现学术期刊的多媒体互动，仍然存在着很多问题和困难，现有的学术期刊数字出版状况还不能令人满意，传统学术期刊的出版人仍然深陷于"不做等死，做了找死"的困惑之中。为什么国外的大型出版商能够抢占先机，引领数字出版的潮流，而我国的传统出版业却寻路无门，不见起色，其中，有许多深层次的原因值得我们思考，传统的学术期刊管理体制、运营机制、领导体制等都亟须做出调整和改革。我国正在进行的报刊体制改革，在改革方案的设计和总体规划上，应该考虑数字出版的特殊要求和学术期刊的特性，通过改革，推动学术期刊数字化转型的进展，为学术期刊的未来发展注入持久的动力。

第一，发挥政府宏观调控作用，为学术期刊从传统出版向数字出版转型营造良好的环境。

政府应进行顶层设计，制定促进数字出版产业发展的相关政策，对学术期刊的数字化转型给予政策上和经济、技术方面的支持。近日，国家新闻出版广电总局和财政部联合下发了《关于推动新闻出版业数字化转型升级的指导意见》，就新闻出版业数字化转型的总体要求、主要任务及保障措施做出了部署。[11]就学术期刊的数字化转型而言，在宏观管理层面，应在以下几个方面有所改变，消除学术期刊数字出版的发展障碍。

（1）改变现有的期刊管理体制，促进学术期刊出版单位的有效整合，打造具有一定规模的学术期刊出版集群，改变学术期刊编辑部规模小、分布散、力量弱的情况。由于我国报刊管理的主管主办制度在短期内还不能改变，也不可能在短期内打造出如英、美等国那样的大型出版集团，因此，学术期刊出版集群的组建可以先在部门内、行业内或地区内进行，条件成熟后可以打破部门、地区、行业的界限，实现跨部门、跨地区和跨行业联合，实现学术期刊的规模化、集约化经营。在整合的同时，学术期刊出版集群可以着手发展以内容提供商为主导的学术期刊数字出版，或者联合技术提供商和数据库运营商，共同开发有利于学术期刊发展的数字出版模式。从我国学术期刊数字出版的过程及国外学术期刊数字出版的经验来看，如果传统学术期刊出版单位自建网站独自经营，其从点击率和下载率中获得的收益不会很大，甚至是微不足道的，从而难以完成从传统出版向数字出版的转型。可行的路径是：多个出版单位联合起来，形成具有一定规模的学术期刊出版集群，提高资源聚集度，进行已有资源的整合和再开发，建立拥有海量资源的学术期刊数据库，形成合理的产业链和营利模式。新的期刊出版集团的打造，将会改变目前我国学术期刊数字出版由技术提供商和数据库运营商独揽天下的局面。

（2）政府应加大对学术期刊数字出版的扶植力度，在资金投入、税收政策等方面对学术期刊提供支持。我国学术期刊数字化的发展情况不理想，与缺乏融资渠道、资金投入量小有直接的关系。学术期刊是以发表学术性研究成果为主的，受众范围有限，很难通过发行量和广告实现盈利。而目前在我国，政府运用经济手段进行期刊管理的经验不足，对所有期刊实行同一税率，这对于学术期刊的发展不利。因此，在学术期刊数字化转型的过程中，政府有关部门应加大资金支持力度，成立专门的学术期刊出版数字化转型升级基金，或者发挥财政资金的杠杆作用，使学术期刊出版单位在政策的引导和规范下利用各种融资渠道，发展数字出版业务。

（3）鼓励学术期刊在出版纸质期刊的同时出版数字期刊。我国对期刊的管理实行的是审批制，这给学术期刊进入数字出版领域设置了门槛。我国的大部分学术期刊出版单位是没有独立法人资格的编辑部，在没有完成转企改制的任务之前，无法得到同时进行数字出版的许可。数据库运营商拥有的是数据库的经营许可而不是期刊的数字出版权，无法为单本学术期刊提供数字出版的便利。因此，目前我国学术期刊中进行一次出版的数字期刊数量很少，而将现有纸质期刊内容上网是属于二次出版的性质。鉴于这种情况，为了鼓励传统出版单位直接参与到数字出版的过程中去，应该在数字出版的管理和准入方面做出相应的调整。

（4）政府应尽快完善与数字出版相适应的期刊管理办法，制定数字出版环境下知识产权保护的法律法规。数字出版的发展，还需要相应的管理措施和法律法规来配合和规范。我国现有的《出版管理条例》和《期刊出版管理规定》中都缺少与数字出版有关的内容，明显落后于数字出版规范化发展的需要。另外，数字传播条件下著作权的保护是摆在出版界面前的一道难题。一方面，在数字化传播过程中，侵权现象严重，一些机构和个人在未得到学术期刊出版单位和作者授权的情况下，擅自将期刊内容收入数据库并以此谋利，损害了学术期刊和作者的利益。另一方面，按照我国著作权法的规定，出版单位对期刊行使的是"著作权的邻接权"，这使得出版单位在对传播内容进行再加工、再集成、再整合时受到限制，难以有效地利用出版资源。因此，要利用现代数字技术和互联网技术发展学术期刊数字出版，法治环境的营造是不容忽视的重要因素。期刊出版管理部门应根据迅速发展的数字出版的需要，适时地修改和调整相关的法规和管理办法，为数字出版的有序、顺利发展创造良好的环境。

第二，借鉴国外经验，建立学术期刊非营利出版制度。

学术期刊是刊登学术创新成果，进行学术交流、学术传播的主要载体和平台，这决定了学术期刊具有公益性质，属于公共产品，因此，不应被完全推向市场。但这并不意味着政府对学术期刊要包揽一切，将学术期刊与市场彻底分隔开。考察国外学术期刊的办刊机制，我们可以看到，为了扶持学术的发展，许多发达国家的学术期刊虽然是以市场化运作为主，但政府却把大学出版社和学术期刊都界定为非营利性质，实行免征增值税或减税政策，并通过基金资助或补贴的方式对学术期刊给予经费上的支持。我国应借鉴国外学术期刊的运作模式，加快我国非营利出版机制的形成和完善，让学术期刊在获得政府和社会支持的前提下，参与市场运作。实行非营利出版，由于期刊出版活动的目的不是为了营利，而是服务于学术交流等特定目的，这样既可以使学术期刊在市场经济条件下运作，开展市场经营活动，又可以保证学术期刊公益性目标的实现，保证其服务学术交流和科学文化发展职能的正常发挥。

第三，发挥期刊出版主体的作用，使学术期刊数字出版步入良性发展的轨道。

出版体制改革可以为传统学术期刊向数字出版转型营造良好的宏观环境和提供必要的政策支持，与此同时，作为数字出版直接参与主体的学术期刊出版者也应积极探索数字出版和数字传播的规律，善于运用数字出版和数字传播的新技术、新方法，尽快从数字出版的困惑中走出来。由于中国出版业的管理体制和产业环境与英、美等出版业发达的国家有很大差异，因此，不能简单地复制国外的成功经验，要探索新的、符合中国学术期刊实际情况的数字出版模式。学术期刊的出版者在做好优质内容的同时，要改变传统出版的思维定式，积极参与数字出版的过程，发挥主体作用，充分利用互联网和数字技术提供的制作手段，对整个编辑流程实施网络化管理，同时运用多种媒体形式，对期刊内容资源进行深度挖掘、利用和广泛传播，使内容资源的价值更大化。就目前的状况看，传统的学术期刊出版单位仍要和技术提供商、数据库运营商加强合作，以新技术的开发和运用为学术期刊的数字出版提供技术支持和内容传播通道。但在合作的过程中，学术期刊出版单位要顺应数字出版的要求和规律，按照市场运作的规则，强化期刊内容的版权保护意识和自身的利益诉求，增强谈判能力，探寻更加合理、有效的合作方式，为学术期刊出版的数字化转型升级及期刊的可持续发展赢得主动。技术提供商和数据库运营商也应在巩固自身优势的基础上，调整经营模式和经营理念，树立互惠共赢、协同发展的合作理念，与学术期刊一道，为作者和读者打造不受时空和地域限制的内容服务平台、信息获取平台和交流互动平台。

---

① 周蔚华等：《数字传播与出版转型》，北京：北京大学出版社，2011，第69~70页。

② http://china.elsevier.com/elsevierdnn/ch/关于爱思唯尔/概览/tabid/625/Default.aspx.

③ http://www.springer.com/about + springer/what + we + do/publishing + fields?SGWlD = 0 - 176004 - 0 - 0 - 0.

④ http://www.sagepub.com/home.nav.

⑤ 剑桥大学出版社2014年期刊价格一览表，http://journals.cambridge.org/action/stream?pageId = 4820&level = 2。

⑥ 刘建生：《数字出版需要大整合和大投入》，http://finance.sina.com.cn/hy/20110108/20409223269.shtml。

⑦ 刘晓昆：《IT技术引领期刊出版变革推动期刊领域走向转型》，北京：《传媒》2010年第11期。

⑧ 郝振省主编《2012~2013中国数字出版产业年度报告》，北京：中国书籍出版社，2013。

⑨ 〔美〕伊丽莎白·爱森斯坦：《作为变革动因的印刷机——早期近代欧洲的传播与文化变革》，何道宽译，北京：北京大学出版社，2010，第102页。

⑩〔美〕保罗·莱文森:《数字麦克卢汉——信息化新纪元指南》,何道宽译,北京:社会科学文献出版社,2001。

⑪新出政发〔2010〕7号:《新闻出版总署关于加快我国数字出版产业发展的若干意见》,2010年8月16日,http://www.gov.cn/gongbao/content/2011/content_1778072.htm。

⑫陈颖青:《数字出版与长尾理论》,北京:华夏出版社,2013,第20页。

⑬吴伯凡:《专家推荐序二》,〔美〕克里斯·安德森:《长尾理论》,北京:中信出版社,2012,第XVI页。

⑭国家新闻出版广电总局、财政部:《关于推动新闻出版业数字化转型升级的指导意见》(新广出发〔2014〕52号),http://www.gov.cn/xinwen/2014-04/30/content_2669106.htm。

作者简介:武京闽,《中国人民大学学报》副主编、编审。

[责任编辑:刘泽生]

(本文原刊2014年第3期)

不同媒介形态下学术期刊的
共生与变革

杜　敏

[提　要] 人类先后经历了口头语言、文字语言、数字语言三大媒介形态阶段，这是人类传播技术不断演进与发展的结果，又必然带来人类社会的加速度进步与发展。在新的媒介形态下，新旧媒介既是共存与演进的关系，也在不断竞争与博弈。学术期刊作为纸质文字传媒形态之一，在新的数字媒介形态下虽不会快速亡故，但需要自组织而不断适应与调整，以求生求长。它需要扬长就长而与新媒介不断融合，这不仅发生在技术层面，也将发生在资本、机构、运作方式等不同方面。

[关键词] 媒介形态　口头语言媒介　文字语言媒介　数字语言媒介　学术期刊　媒介融合

异军突起的新媒介——网络正深刻地改变着我们的社会生活以及我们获取信息、处理信息的方式和方法。据中国互联网信息中心 2013 年 1 月 15 日发布的第 31 次《中国互联网发展状况统计报告》显示，截至 2012 年 12 月底，我国网民数量达到 5.64 亿，[①]互联网的普及率达 42.1%。手机网民的规模已达 4.2 亿，较 2011 年底增加 6440 万人，年增长率为 18.1%。新型微博用户持续增长，已达 3.09 亿，较 2011 年增加 5873 万人，年增长率为 6%；网络购物的用户达 2.42 亿，较上年增加 4807 万人，增长率达

24.8%。^②我们获取相关信息、进行商务交易、人际交流、娱乐游戏、视频观赏以及作品阅读等，均可在网上快速实现。作为社会的一员，我们欣喜地感受着新媒介技术带来的便利与快捷，又深深地忧虑它给传统媒介包括学术期刊带来的种种冲击——纸本订户的下降、未来发展之路不明等。本文试从人类媒介形态的变革及新媒介发展应用的一般规律探求新旧媒介变革中的生存与发展之路。

一　媒介形态及其演变

人类传播最显著的特点就是信息在时空上的流动性，这种流动性必须借助一定的符号形式并依附于一定的物质载体，借助一定的技术来完成，造就逐渐形成了各种各样的媒介形态。

1. 媒介形态及分类。对媒介形态人们只有大致的判断而少明确的界定。有人认为媒介形态就是媒介的物质实体的外在形象及其在信息生产与传播过程中的表现。^③这种认识从形象特征出发，一方面强调了媒介形态的外在形象，另一方面又认为各媒介生产与传播过程以人为主体，以整个社会为背景，以经济条件为前提，将各因素综合在一起。这对于我们从宏观角度观察媒介形态的变化具有一定的帮助，但其较少关注媒介承载信息的方式等微观层面。有人认为，媒介形态即媒介的生存状态、生存依据、媒介的传播方式和方法以及由此展示的媒介功能与特征。^④这种看法，着重媒介生态的角度，对媒介的功能等问题进行探究，但较少社会层面的关注与分析。我们以为，媒介形态是人们在特定的社会环境中，依据信息的编码方式、信息依附的物质载体、信息制作及传播技术而对媒介的一种综合判定。媒介形态随社会的发展而不断丰富。从技术的角度看，可分为手抄媒介形态、印刷媒介形态、电子媒介形态、数字媒介形态等不同类别。从媒介所附的物质载体，可分为石质媒介、金属媒介、布帛媒介、纸质媒介、磁带胶片、数字硬盘等不同形式。但不论何种媒介技术及媒介形式，其本质是为了将编码后的信息传播到不同的时空。所以，从传播时信息的编码符号形态可将媒介形态分为有声语言符号形态、文字符号形态、数字符号形态三大类。

2. 媒介形态的符号差异。符号是人类用来指代事物、负载信息的代码系统，是人类在漫长进化过程中创造的"优化生命品质、磨砺人类精神的特殊'武器'"。人类可以将自己的所见所闻、所思所想等信息转化为符号，储存起来，进行转换和组合，解读和还原，能够随取随用，广泛传播，使信息通之千年，遗之子孙。⑤目前而言，人类用于交流信息的符号分为有声语言、文字语言和数字语言三大类。而每一类语言形态的发展均伴随着媒介技术的巨大变革与发展，必然带来多种媒介物的更替与推进，给整个社会的传播及发展带来巨变。

（1）有声语言符号形态。借助随时可用的便携性发音器官，以声音形式传达各种意义，这是人类经过漫长进化而选择的语言编码形态，也是当时最自然、最简洁的一种语言形态。它传递着各种信息，承载着思维的结果，凝结着人类的智慧。首先，它将人和其他动物区别开来。正如德国符号学家恩斯特·卡西尔把人定义为创造和使用符号的动物，"象征符号化的思想和行为是人类最富有代表性的特征，并且人类文化的全部发展都依赖于这些条件"。⑥其次，它使早期的人类得以结合成更大的群体，能有意识、有组织地处理他们与自然环境、社会环境的关系，增强抵御自然的能力。再次，使人类的知识传承、经验传递、文化发展得以进行。如果没有口头语言，就没有人类复杂的思维过程，不会形成鲜明的意识观念，也不会使灿烂的文化延续并发扬，使人类在发展之路上快步行进。但它也存在显著不足：其一，声音符号的传播，转瞬即失，使信息受到时间和空间的限制，难以远达异时异地；其二，信息内容往往因传播所用声音符号的相似性而出现接受上的歧义，使信息难以准确表达。其三，有声语言符号是有限的、抽象的，而现实是无限的、具体的，这常带来信息传播的障碍和不当。因此人类在自己的交往与传播中，不断寻找更优化的符号形态，造就为文字符号的出现带来了现实需要的契机。

（2）文字语言符号形态。文字作为记录口头语言的书面形态，使人类的信息传播进入到崭新的历史时期、更高的文明阶段。首先，文字将转瞬即失的声音信息转化为视觉可见的符号，完成了信息形态的转变，并借助于一定的物质载体——甲骨、石碑、布帛、泥版、钟鼎、竹简、纸张等记载和存储，传播得更为久远，扩展了人类交流的时空范围。其次，使信息的存储方式外化到大脑之外可供查阅的资料与文献，既可承上习得，又可下行传播。再次，文字符号使各类信息得以进行更加独立的审视与加工。如学术期刊的信息，正是通过对文字的解读而被编辑和把关，又通过对文字的加工而优化，通过对文字的编排而出版，最终读者又通过文字而获知最新的研究成果和学术信息，并在此基础上进行更深层次的探究，推进学术的再发展。最后，文字符号承载的信息，可以通过多种物质载体传播——书籍、报纸、期刊等，带来新闻及出版业的持续快速发展，使人类全面进入到文字符号形态的时代。

（3）数字语言符号形态。用数字 0 和 1 的编码来处理信息的数字语言被开发出来后，通过计算机、光缆、通信卫星等设备，可用来表达、加工、处理和传输各种信息。数字语言通过转译程序又为人与人之间的沟通提供了可能，使人类传播出现了区别于传统媒介的显著特点。首先，数字信息的交互性、即时性传播，使传播速率及效率均达到了空前的状态，获得极大的突破。其次，数字信息的存储和复制不再受传统技术的影响和限制而可以无限地复制及压缩，受众也可以按自己的时间和需求获取各种信息。这种信息"共享正是信息社会最基本、最重要的特征"。⑦再次，与数字语言联系在一起的就是新媒介的多样化和融合化。数字语言使信息传递的技术方式、承载的物质形态均与前发生巨变，出现诸如数字杂志、数字报纸、数字广播、手机短信、数字电视、数字电影等数字新媒体，同时出现了印刷的、音频的、视频的、互动性数字媒介之间的战略的、操作的、文化的联盟。正如美国托马斯·鲍得温等学者指出的："我们现在对理想的宽带通信系统（broadband communication systems）有了一个更为明确的认识，这个系统集声音、图像、数据于一体，并有按需存储和交互的功能。以前，电信、有线电视、广播和计算机业务各自为政，现在汇流到一起，产生了整合宽带系统。"⑧再其次，数字符号创造的虚拟世界，实现了人的思维观念的再造，生成仿真性、超越性、虚幻性的虚拟实体，把抽象的概念、事物甚至未来图景创造出来并加以体验，以此形成虚拟生活被创造、现实生活被还原的状态。⑨

二' 不同媒介形态与社会的发展

人类社会依靠不断丰富的媒介形态传输各种信息，实现组织社会、发展社会的基本功能。可以说，无论何种媒介形态均以自己的活力对社会成员及社会结构产生着有力的影响，均成为人类社会发展的基本动力和决定性力量之一。具体表现在以下几端。

1. 不同媒介形态承载的信息内容是社会发展的重要资源。社会发展建立于社会各系统正常运作的基础之上，而社会系统的正常运作与社会的政治信息、经济信息、文化信息等准确、及时、有效传播给个人、机构与组织是联系在一起的。各类媒介通过其提供的丰富信息，帮助人们熟悉社会环境，了解社会变革与发展，进而不断融入社会、服务社会、发展社会；它还可以帮助人们学习各种知识与技能，不断充实自己，发展自我而促进社会的持续进步；另外，各类媒介提供的大量信息内容，往往可以影响并修正信息的接受者，使他们在特定的环境中改变自己原有的态度、行为，甚至价值观念，以销蚀对立的矛盾，协调社会而和谐发展。

2. 不同媒介形态及其相关技术是国家经济发展的基础，是生产力的组成要素。加拿大麦克卢汉在对媒介价值与功能进行高度概括的基础上提出"媒介即讯息"的论断，就是言媒介具有和信息一样的巨大价值，它是人类漫长社会发展的决定性力量。人类有了某种媒介，才有可能从事与之相适应的传播和其他社会活动，形成各种各样的传媒行业。"正是媒介在形式上的特性——它在多种多样的物质条件下一再重现——而不是特定的信息内容，构成了传播媒介的历史行为功效。"⑩从现实中看也是如此。当今的传媒业已突破传统的媒介范畴，形成由传统媒体、网络媒体与移动媒体三大板块相互交叉融合，演变出无数的新媒体，并最终成为新的媒介行业，成为经济社会中的重要产业。《2013年中国传媒发展报告》指出，中国传媒产业近年来一直保持高于GDP的持续增速，2012年传媒产业的总产值为7600.5亿元，比2011年增长13.4%，而2013年全年总体产业规模超过8800亿元。从整体趋势上看，传媒产业与国民生产总值增加值的变化具有明显的相关性。⑪

3. 媒介形态的发展带来社会主体感知能力的扩展与延伸，形成"媒介即人的延伸"。麦克卢汉将媒介看成延伸人体器官及其技能的中介性工具。诚如印刷媒介是人视觉的延伸，广播是人听觉的延伸，电视是视觉、听觉和触觉综合能力的延伸。可以说，任何新媒介的产生，不但极大地影响到人类的感官能力，使人类控制外在世界能力不断上升和发展，"而且会触发社会组织和社会结构的变化"。⑫如口头传播使人类主要以人际交往的方式组织在一起，而网络本身为我们塑造了新的人类团体及活动的形式，使我们置身于新的生存环境中。不仅如此，网络媒介在打破传统的传播控制后，还将改变社会结构。⑬"历史上一些重大而又关键的技术进步、生产力飞跃，往往会导致生产关系的大幅度调整，互联网就是这样的生产力。"⑭

4. 媒介形态的发展构成了人类社会不断进步的历史。人类在生产和交往活动中，不断创造和使用了各种新的传播媒介，使社会信息系统不断走向发达和完善。如语言媒介符号系统的产生，标志着人类彻底摆脱了纯动物的传播状态。印刷及电子媒介等体外信息系统的形成，标志着人类传播能力的不断扩展和效率的不断提高，意味着社会信息系统的自立性不断增强，对人类社会发展的推动和制约作用不断加大。[15]但媒介在随社会的发展而发展中，不是随意的衍进，而是越来越具有人性化的特点。美国学者保罗·莱文森作为纽约学派的领军人物，提出媒介技术的进化是人的体外进化的一个重要方面，它"使人类的传播从身体之间的近距离面对面传播，发展到机械媒介之间的远距离传播，最后上升到电子媒介形似零距离的远距离音像传播"。[16]大脑作为综合处理各种信息的中枢机构，处理了包括思考阅读、计划、记忆以及视觉、听觉、味觉等在内所有的事。而媒介会向着人类处理信息的这种功能和形态发展，进化中的媒介具备越来越多的功能，直到所有的设备都融合在一体，就像人的大脑一样可以综合完成各种任务。[17]可见，媒介及其相应的技术发展，受到人类信息处理方式的影响，同时又因这些媒介技术和设备而反影响于人类，使人类传播速度、范围、效能、深度等不断发展。

综上，无论是书籍、杂志、报纸抑或广播、电视及网络，这些不同的媒介所代表的产业已成为不同时期的中心产业，不仅实现了信息传播的文化价值，也带来巨大的经济价值；不仅促进社会的发展，也促使人不断提升自己；不仅是社会进步的见证，也使媒介逐渐趋于综合化，形成多媒介融合的特点。

三　新媒介形态下新旧媒介的关系

媒介形态是一个不断发展与变化的过程。每一媒介新技术的出现都导致产生新的传播手段和新的传播形式，进而出现新的媒介形态。如数字技术的出现，使我们进入到数字媒介形态。而每种新媒介形态出现之时，人们总是追问这样的问题：新兴媒介是否会快速取代旧媒介而独霸天下？如"网络媒介是一种有许多优势的新媒体，它会不会取代传统媒体？这曾经是人们关心和议论的问题。这一情况非常类似于我国当年广播与电视的关系"。[18]但以往媒介发展的历史与实践均证明"它们之间不是相互替代的关系而是一种相互融合、相互补充、相互促进的关系"。[19]在网络媒介形态下，新媒介未能替代旧媒介而是形成新老媒介共存的状态，这是来自科技、经济、社会等多方面因素相互影响的必然结果。

1. 新旧媒介的共存与演进。正如美国传播学家罗杰·菲德勒所言："当新的媒介形式出现时，比较旧的形式通常不会死亡——它们会继续演进和适应。"⑳因为新技术引入传播之后，每一种传媒会受到系统内部发生的自组织过程的影响，一切媒介都在一个不断扩大的、复杂的自适应系统内共同相处并共同演进。主要体现在以下几个方面。

第一，新媒介的技术脱臼于旧媒介，自然与旧媒介存在无法割舍的技术关联。任何新媒介不是自发地和孤立的出现，都是从旧媒体形态脱胎而出的，当较新的形式出现时，旧的形式就会去适应而不是选择死亡。

第二，新媒介叠加了旧媒介的功能，并不断传承下去，为旧有媒介的发展提供了新的平台与发展的契机。新媒介形式会增加原先各种形式的主要特点，增长旧媒介的功能，使之获得一种再生的机会。一般都有使用便利、结构简约、可靠性强的特点。

第三，在新技术支撑下的新媒介应用滞后，它要取得商业上的成功，就要花费比预期更长的时间，这也为旧媒介的演进提供了时间上的准备。㉑如美国加州门罗公园未来研究所所长保罗·莎弗曾提出：过去5个世纪里，新思想完全渗透到一种文化必须的时间一般是30年，因之称为"30年法则"。第一个10年，新技术带来许多的兴奋和困惑。第二个10年，新技术形成的产品不断外传。第三个10年，新技术广泛普及。新技术的采用，先是相对平稳，缓慢增长，其次是急剧而迅速地上升。㉒如以计算机和软件为核心的数字技术是人类历史上最为伟大的发明之一，它的出现及日益普及在全球掀起了一场意义深远的数字化革命浪潮，但这一过程是逐渐为人们认识并不断应用的过程。数字化是以数字技术为出发点的，一般包括数字编码、数字压缩、数字传输、数字调制与调解等技术。但数字技术并不等同于数字化，只有当数字技术日益获得了人们的认同并大量应用，进而将电子、电信、电脑技术真正融合起来之后，广泛的数字化才能出现，我们才全面进入到数字化媒介时代。

第四，新媒介的发展不仅仅是技术上的优势，还需要社会的、政治的、经济上的理由，在此过程中，为旧媒介的自适应及再发展创造了条件。罗杰·菲德勒曾言："传播媒介的形态变化，通常是由可感知的需要、竞争和政治压力，以及社会和技术革新的复杂相互作用所引起的。"这种政治压力、技术革新、经济发展和公众需要以及媒介间的竞争就是媒介生存和发展的外部因素，而外部因素给媒介造成的压力，能诱发媒介内部自发或被迫进行技术、管理体制、经营理念诸方面的变革，从而导致媒介内部的变化。如网络技术所蕴藏的空前先进性和空前革命性本身就体现了先进文化的技术特性。但是，"技术权力从来不是单独在社会中发挥作用，科技传播向社会传播的转换需要社会本身的引导和制约"。㉓如在亚洲甚至全球传媒业居于领先的日本，为发展新型媒业业，于 2001 年制定了《高度信息通信网络社会形成基本法》；2007 年又出台了《信息通信法》草案，以实现通信和广电产业的整合。在韩国，为适应全球范围内三网融合趋势，拓展媒体发展的渠道，韩国政府于 2008 年 2 月 29 日首先对通信业及广播电视行业的原有管理框架进行重大调整，成立韩国广播通信委员会，隶属总统直接领导，着手制定与融合相关的法律和政策框架，对发展态势高涨的一系列宽带网络服务如 IPTV、DMB（移动数字电视）、直播电视和视频点播业务等作出明确的规定，推动数字广播、三维立体节目广播、数字电视有条件接受测试等工作的快速发展；2008 年 10 月，又成立了韩国数码媒体产业协会，负责并促进韩国新媒体融合业务，使移动互联网、无线广播电视和移动报纸等迅速发展。㉔

在中国，传媒产业结构也发生着变化，手机报、信息点播、移动终端 APP 应用程序等新媒介构成了媒业业的新版图，与互联网相关的移动增值、网络广告、网络游戏等占据传媒业半壁江山。其原因，一方面是社会经济的发展，为传媒的增长提供了空间；另一方面，国家强调文化大繁荣、大发展的产业政策为之带来了巨量追投资本；再一方面，受众的根本变化、竞争环境的变化，鼓励社会资本进入传媒的资本力量均成为传媒业不断发展的影响因素。㉕

可见，社会机构及政策上的调整、相关政策下资本的大量投入，使日本、韩国、中国等亚洲国家的新旧媒体均获得了快速的发展。

2. 新旧媒介的竞争与博弈。任何媒介的存在与发展都不是孤立的，具有多种媒介形态和媒业业态并存的重要特征，来自同类媒介间的竞争以及不同媒介间的竞争，是媒介发展的基本动力。

其一，新旧媒介间的竞争日趋激烈。传播媒介"目前至少有传统媒体、网络媒体和移动媒体等三大类"。与之相关的媒介产业包括传统媒体、网络媒体和移动媒体等三大媒体集群或行业。㉖来自网络媒体、移动媒体的冲击正重塑着传播产业的发展图景。

在日本，从产业结构上看，尽管书籍、报纸、杂志等传统的新闻出版业市场规模逐渐缩小，但传统的广播电视业目前仍保持稳定的市场规模，与新媒体相关的移动通信业、信息服务业市场规模在逐渐扩大，出现此消彼长的状态。增长最快的是通过网络方式对手机用户、网络媒体提供音乐、游戏、漫画等的市场，增长率达 288.3%，甚至 1764%。至 2008 年，日本有 75.2% 的人接入互联网；2009 年有 77.7% 的人接入互联网，其中手机上网人数 8010 万，同比上涨 3.5%，电脑上网 8514 万，同比上涨 3.1%。而传统的图书出版、报纸、杂志等领域出现负增长，报业市场规模从 1998 年的 25630 亿日元，下降至 2008 年的 21510 亿日元，市场缩水 4120 亿日元。2010 年报纸总销售额为 19323 亿日元，同比下降 3.5%。㉗图书等出版领域从 1998 年的 25210 亿日元，下降到 2008 年的 18940 亿日元，收缩 6270 亿日元。2010 年图书销售额 8213 亿日元，同比下降 3.3%。杂志销售连续 13 年下降，2010 年为 10535 亿日元，同比减少 3.0%。㉘

在韩国，对媒体技术数字化的探索一直走在世界前列，发展新媒体已成为韩国传媒产业发展的主题。到 2012 年，韩国数码电视广播覆盖率达到 96%，人们可以一边走路一边观看高清晰度的电视，并进行电子商务交易。韩国政府在 2013 年前，投入 34 兆韩元，构筑超宽频双向广播通信网，形成广播与通信融合发展的局面。同时，韩国大力推进手机媒体等相关产业，它是继日本之后最先发展全球商用手机电视业务的国家。㉙

在中国，传媒各行业呈现出不断发展的态势。2011 年，报纸、电视等传统媒体占传媒市场总值 31%，而新兴的互联网及移动媒体占市场总值 42%，图书、音像收入增长率低于 GDP 平均数，市场滑坡十分明显。㉚

在全球范围内，传统的纸质图书也是市场萎缩，产业下跌明显。英国 2010 年的图书销量下降了 3.2%，美国大众图书销售下降了 4.4%，德国下降了 3.3%，法国下降了 1.5%。这种下降趋势难以阻止。㉛

在新媒介快速发展冲击旧媒介的同时，旧有传统媒体不断向新媒体进军，通过网络化不断推进自己的不断发展。在韩国，KBS 在早在 1997 年就开设网页，2000 年陆续开设了多语种网页；韩国 MBC 专门设立了受众数字分析部门以及影像资料网站；韩国《朝鲜日报》已经启动"e 报纸"服务，使用电子纸阅读装置，出现"ireader"数字报纸的新概念。但受固有生产模式的影响，传统媒体的新闻网站的发展也受到了一定的限制。但互联网的出现，使普通市民充当记者的"我的新闻"网站获得快速发展，成为"韩国最有影响力媒体"前十位，也是唯一成为十强的网络媒体，打破了传统媒介的垄断地位。㉜在日本，报业借助纸媒的数字化来维持发行量，自 iPad

出现后，日本的每日新闻社、西日本新闻社等多家报业均向 iPad、iPhone 等提供收费服务。出版业则寄希望于大力发展电子书来吸引读者群。2010 年，被称为日本的"电子书元年"，其市场规模同比增加 113.2%，至 650 亿日元。③

其二，同类媒介间的博弈不断加剧。无论是新媒体或是旧媒体，同类媒介之间的竞争是必然存在的，也形成了媒介发展的动力。

一是传统媒介间的竞争持续不断。以中国期刊业而言，期刊市场出现高度集中的态势，文摘类、时尚类、汽车类排名前三，分别占 19.56%、15.97%、11.98%，占市场总量 47.51%，将其他诸如摄影类（占 0.9%）、电影类（占 1%）、潮流类（占 1.2%）、科普类（占 1.4%）等期刊远远甩在后面。而女性类时尚类杂志又密集地集中于几种期刊，这又占到其销售额的 50% 以上。汽车类杂志，虽然整体销量有所增长，但各刊差距不大，竞争十分激烈。④

二是新媒体间的竞争硝烟正起。不同国度之间、同一国度不同媒体间、同一媒体不同部门之间均在进行技术竞争、市场竞争。如韩国特别注重 3G 技术的应用，是全球 3G 业务发展最快的市场，从语音市场的增值业务到手机电视、手机音乐、手机游戏、手机定位等 3G 数据业务，都发展较快，其用户数占移动用户数的 34.95%，比欧美国家 28% 的平均水平高。⑤在中国，2011 年手机网民的数量达 3.56 亿，3G 用户占移动用户的 12.2%，其中手机通信、手机搜索、手机音乐、手机文学、手机社交网站、手机微博和手机游戏占到前几位。目前，4G 技术已势如猛虎，正不断吞并 3G 的市场。又如网络游戏，中国网络游戏除占据国内市场外，不断开拓海外市场，并取得较好业绩；除大型客户游戏外，还注重抢占手机网游、网页游戏。仅网络游戏而言，受众的要求越来越高，品味不断提升，对网络游戏开发者提出越来越高的要求。⑥

可见，新旧媒介的并存与演进是媒介发展的基本规律，其竞争与博弈也是生存与自适应的一种必然。

四　新媒介形态下学术期刊的发展之路

从媒介演进的一般规律可见，学术期刊作为传统的纸质文字形态，在数字形态下虽不会短期亡故，但需要自组织而不断改变自己，以求生求长。我们以为其未来的发展路径必须扬长就长，进行多途径的发展。

1. 纸质学术期刊的长处。学术期刊作为传统纸媒，在新媒介形态下虽难以遏止定数下滑的总趋势，但仍有自己生存下去的一些长处。

第一，对获取信息的技术要求低，对获取信息的文化水平要求高，能长时间地被使用，便于读者深度阅读和思考。因为它与其他印刷媒介一样属于占有空间的媒介，与讲求时间的广播、电影、电视及网络相比，更便于传播艰深的观念、细致的情报、严谨的材料，因之占有一定优势。同时，纸质学术期刊体现了人类思维的逻辑性、研究的创新性，具有相对严密的逻辑结构，以章节作为写作的路径和顺序；而读者也依这样的章节连贯性，聚精会神地进行理解、思考和把握，因之它是一个深度阅读理解、体会的过程。[30]

第二，能满足读者使用纸质文献、存储纸质文献的需求。纸质文献的生产、传播与使用，使之成为人类最重要的传播行为之一。与之相伴的阅读活动，也是人类持续时间最长的一种精神活动。人们通过文字符号组构起来的线性句子把握文本的信息内容，获得精神的内在需求。可以说，纸质文本阅读已成为人们长久以来的习惯和需求，所以，它仍有自己的忠实需求者。同时，纸质学术期刊，在信息存储的恒久性上也较其他媒介形态强，可以世代阅读和保存下去。

第三，在信息的处理和把关上较为严格，享有较高权威性。纸质学术期刊承载着人们对某领域前沿问题的深入思考与研究，是作者创造性劳动的一种外化和表现。它的传播经过了作者的研究与外化，经过了学术机构的信息过滤和选择，再经过学术期刊机构的把关及精细化加工，是一个信息不断精确化、科学化的过程。它是人类获取最先进知识并不断创新的重要信息文本，其权威性仍然难以撼动。纸质期刊的这些长处，使人们在面临媒介形态转变的情况下首先进行了学术期刊数字化的转换。

2. 数字化学术期刊的优势。目前的数字期刊，是将纸质文本内容与编排方式数字化而呈现于网络之上，是学术期刊的另一传播形态。与纸质期刊相比，它是纸质媒介的一种数字形态。其优势体现在以下几个方面。

第一，它借助网络媒体的优势来传播，使纸质信息获得广泛的传播面，并能快速被搜索而提高使用的速率。

第二，信息传播打破时空与国度的限制，但又便于反馈，为进一步优化学术信息传播提供了科学的判定依据。如通过相关阅读平台，读者及编辑可以迅速获知文本转载、下载、引用的基本情况，对自己的传播效果及范围等进行评估。

第三，突破传统的线性阅读方式，它可以在信息之间跳转和链接，在一定程度上实现信息的立体化传播。如在阅读及信息处理平台上，通过阅读关键词、参考文献等方式可以进行同类信息的链接及点读，使信息量快速骤增，既方便读者，又增加文献的阅读点击率，可谓一举几得。

总体而言，纸质学术期刊的数字化形态，是借助网络介质传播，使其原有功能进一步放大和延伸的方式之一。但这并不是学术期刊的唯一发展路径，它仅是学术期刊数字化后的初级阶段，是一种狭义化的媒介融合。在新媒介形态下，如何把握网络新媒介的特征并发挥学术期刊自身的优势进行内容生产、发行创新、受众服务的创新，及至更深层次的变革，是我们目前仍面临和要解决的根本性问题。

3. 纸质学术期刊的未来发展

保罗·莱文森提出："媒体一直沿着这样的路子发展——补救性媒介，指的就是修正之前媒介缺点的媒介。"[⑧]如果说目前的数字化学术期刊是数字技术与纸质媒介的一种融合，是对纸质期刊传播上的一种补救，那么在此基础上，两种媒介形态融合可进一步深化。

一是发挥纸质传媒在内容生产上的优势，使之通过数字化媒介再度延伸其功能。无论纸质媒介或网络媒介，优质内容的选择仍然是核心中的核心。要适应网络传播的，学术期刊人必须进行观念及组织机构上的转变。首先是整合分散于各研究机构、学术单位及高校的学术期刊，将其组构成以原学术期刊为单位的大型数据库，打包发行与传播，借助网络媒介发挥其整体影响力。目前的万方数据库、中国知网、龙源期刊网等均与学术期刊进行了内容的合作。其次是各学术机构打破单位界限与壁垒，整合原学术期刊的内容，对之进行新的组织与编排，形成另一形式的学术期刊集群与系列内容产品，在网络上进行文献的再次传播。目前，中国高校学报的专业刊已进行了很好的尝试与探索。再次是网络媒介委托某学术机构或自建学术机构，进行学术信息的选择与把关，将之编辑成适合网络传播的学术媒介。在英国、荷兰、美国等西方诸多国家的大型数字出版商均已进行这样的实践。

二是发挥传统纸媒深度阅读、反复使用的优势，与数字化的平板阅读器等有效衔接。因为平板电脑及移动阅读器已增进并拓展纸质期刊的主要特征，会成为纸质期刊的有效替代品之一，借此扩大学术期刊的传播面及影响力。

　　以上两种类型的融合，是以纸质学术期刊转化为内容生产提供者为前提的，在此过程中学术期刊人应树立强烈的版权意识，确立纸质学术期刊与网络形态媒介的关系，将内容作为核心资产进行运作与经营。另外，要熟悉数字技术的支持商，如万方、方正等，他们虽无内容版权却能提供数字内容加工平台。还要了解数字阅读硬件设备商如汉王科技等，他们虽无版权，同时要依靠数字技术平台，但他们具备阅读终端的技术及设备。学术期刊人要熟悉他们，要善于与之进行交往与合作。⑨

　　三是在纸质期刊与网络媒介分工合作的基础上，探究业务与运行方式上的深度融合。近年，中国的图书及报业均在探索自己的出版之路，但陌生的技术、高额的投入、技术商资源的集成、发行商的阻击、复合人才的缺乏等，都使这些传统媒介举步维艰。一些人提出要突破数字媒介出版中的劣势，媒介融合要分几步走：第一层次是建立突破媒介形态局限的大编辑部，进行产品内容的融合；第二层次是资本的融合，使媒介形态的融合渗透到生产、消费、交易等各个领域；第三是渠道融合，即信息内容发布渠道和反馈渠道的融合；第四是辅助业务的融合，拓展信息生产的"小品种，大批量"、定制个性化服务与版面、多次售卖信息等业务。⑩以上这些举措及想法，对纸质学术期刊的未来发展具有一定的启示：能否突破学术期刊编辑部的地域界限、媒体界限，组建中国学术期刊网络出版集团，在融资基础上，统一进行内容、发行、经营等深层次的融合活动，实现媒介形态的真正融合，这也是符合政策期望、技术可能以及市场要求的一种深层次融合。总之，在新媒介形态下学术期刊的未来发展之路，需要每个期刊人密切的关注与积极的践行。

---

　　①中国内地上网人数在 1995 年仅有 1.5 万人，1997 年仅有 62 万人。参见崔保国《信息社会的理论与模式》，北京：高等教育出版社，1999，第 79 页。

　　②中国互联网信息中心：《中国互联网发展状况统计报告》，2013 年 1 月。

　　③《如何正确理性地看待媒介形态的变化》，百度文库，http://wenku. com/view//ccb8eff5102debd960588a2. html，浏览日期：2013 年 8 月 1 日。

　　④㉛杨军：《媒介形态变迁与阅读行为的嬗变——以印刷媒介与网络媒介为例的考察》，天津：《图书馆工作与研究》2006 年第 2 期。

　　⑤邵培仁：《传播学概论》，北京：高等教育出版社，2000，第 125 ~ 129 页。

⑥转引自《西方学术思想论丛》第1辑，上海：学林出版社，1989，第152页。

⑦⑬崔保国：《信息社会的理论与模式》，第65、89页。

⑧〔美〕托马斯·鲍得温、斯蒂文森·麦克沃依、查尔斯·斯坦菲尔德：《大汇流：整合媒介、信息与传播》，宫希明等译，北京：华夏出版社，2000，第1页。

⑨孟威：《网络"虚拟世界"的符号意义》，北京：《新闻传播与研究》2001年第4期。

⑩〔美〕D. J. 切特罗姆：《传播媒介与美国人的思想》，曹静生、黄艾禾译，北京：中国广播电视出版社，1991，第185页。

⑪《2013年中国传媒发展报告》，中央政府门户网站，http://www.gov.cn，2013年5月7日。

⑫佘绍敏：《传播学概论》，福建厦门：厦门大学出版社，2003，第194页。

⑭胡延平：《互联网：中国改革新动力》，见陈卫星等《网络传播与社会发展》，北京：北京广播学院出版社，2001，第3页。

⑮郭庆光：《传播学教程》，北京：中国人民大学出版社，1999，第40页。

⑯李曦珍、楚雪、胡辰：《传播之"路"上的媒介技术进化与媒介形态演变》，北京：《新闻与传播研究》2012年第1期。

⑰㊳付晓光、田维钢：《媒介融合的前世、今生和未来——美国著名媒介理论家保罗·莱文森访谈》，南昌：《声屏世界》2012年第1期。

⑱⑲杨正泉：《代序》，见陈卫星等《网络传播与社会发展》，第3页。

⑳㉑㉒〔美〕罗杰·菲德勒：《媒介形态变化》，北京：华夏出版社，2000，第19、24~25、6~9页。

㉓《前言》，见陈卫星等《网络传播与社会发展》，第1~2页。

㉔㉙㉜㉟龙耘、胡蓓蓓：《韩国传媒产业发展报告》，见胡正荣主编，李继东、唐晓芬副主编《全球传媒产业发展报告（2011）》，北京：社会科学文献出版社，2011，第59~68页。

㉕㉖㉚崔保国、侯琰霖：《在融合中转型的中国传媒产业》，见崔保国主编《2012年：中国传媒产业发展报告》，北京：社会科学文献出版社，2012，第11、2、4页。

㉗㉝南真理：《日本媒体发展概况》，见崔保国主编《2012年：中国传媒产业发展报告》，第362、362~371页。

㊲刘斌、郭尧：《日本传媒产业报告》，见胡正荣主编，李继东、唐晓芬副主编《全球传媒产业发展报告（2011）》，第45~56页。

㉛张新华、李杰、王健：《全球图书出版产业发展报告》，见胡正荣主编，李继东、唐晓芬副主编《全球传媒产业发展报告（2011）》，第318~319页。

㉞田珂、崔江红、蔡正鹏：《中国期刊产业发展报告》，见崔保国主编《2012年：中国传媒产业发展报告》，第90~99页。

㊱吕宇翔、熊澄宇:《中国互联网产业发展报告》,见崔保国主编《2012年:中国传媒产业发展报告》,第208～217页。

㊴程美华:《出版媒介的融合方式及其发展》,重庆:《重庆社会科学》2011年第5期。

㊵林如鹏、顾宇:《媒介融合背景下的报网融合探析》,广州:《暨南学报》2009年第1期。

作者简介:杜敏,《陕西师范大学学报》(哲学社会科学版)编辑部主任、编审,博士生导师。

[责任编辑:刘泽生]

(本文原刊2014年第3期)

高校综合性人文社科学报专业化转型：发展趋势与可欲模式

刘京希

[提　要] 我国高校主办的人文社科期刊有1300多种，除去少数专业性高等院校主办的专业性学报，综合性高等学校主办的人文社科学报，基本上都是综合性学报。高校人文社科综合性学报的专业化转型，早已为业界所瞩目，它既是教育部启动高校哲学社会科学名刊工程的题中应有之义，也与总署集约化、规模化的总体改革思路相契合。基于人文社科学术期刊的办刊实践，"大专业"或"小综合"模式，专业性模式，专题性模式，以及专业网刊模式，将会是专业化转型可资尝试的几种模式。专业化转型进一步发展的愿景，当是实质性地打破主办单位的行政界限，通过强强联合、"同质"联合或以强并弱等方式，形成诸多专业期刊联合体，展现集约经营的优势。

[关键词] 学报　综合性　专业化　出版体制　改革　集约经营

自2012年7月国家新闻出版总署发布《关于报刊编辑部体制改革的实施办法》（以下简称《实施办法》）以来，有关高等学校学报体制改革的讨论不绝于耳。虽然，《实施办法》以企业化为主旨的改革思路屡受诟病和反对，学报编辑出版体制改革因此暂缓，但是，这并不等于说，高等学校学报不存在改革的必要。只是说，在充分调研的基础上，一旦时机成熟，改革办法还会以新的形式出台。也就是说，"警报"并未解除，那只改制的"靴子"迟早还会落下。退一步说，即使是现有《实施办法》，也并非一无可取之处。《实施办法》指出，"科技期刊和学术期刊编辑部体制改革要根据科技期刊和学术期刊的实际和特点，本着突出重点、打造品牌、整合资源、加强保障的原则实施改革"，无论怎样改头换面，这种改革的大方向是不会改变的。

回过头来看看高校人文社科学报界的整体办刊状况。综合性是高校人文社科学报的普遍存在状态。受制于综合性的办刊模式，高校人文社科学报存在"千刊一面"的同质化、单一化的严重问题。加之各刊的办刊水平参差不齐，尤其是比起办得风生水起的专业性学术期刊，更显落差，高校人文社科学报一度遭到学界的严厉批评，甚至被指斥为"垃圾"，[①]也在情理之中。面对此种尴尬处境，业界屡现学报专业化的呼声。[②]其实，专业化就内涵着"实施办法"所倡导的"突出重点、打造品牌、整合资源、加强保障"的改革原则。只有走专业化的路子，学术期刊才能最充分地实现"突出重点、打造品牌、整合资源、加强保障"的要求。在这几个方面要有所作为，囿于既定框架，目前的综合性学术期刊显然已经有心无力或无能为力。但是，对于高校人文社科学报能否走专业化的路子，业界还多有争议。[③]本文的目的，是通过对于综合性办刊与专业性办刊的各自优劣的比较，以及对于国家有关期刊出版体制改革政策导向的梳理，和学术期刊界通行做法的比较，得出专业化是高校人文社科学报发展方向的结论。尤其是基于人文社科学术期刊的办刊实践，尝试探讨高校人文社科学报专业化转型的几种可行模式，以便为这一结构性转型提供具体的路径。

一 综合性是高校人文社科学报的普遍存在状态

根据"人大复印报刊资料"目录索引统计，我国高校主办的人文社科期刊有1300多种，包括普通本科高校学报、专科高校学报、文理大综合学报、各类高等职业院校学报等。其中，基本以高校校名命名的学报约有1150种。[④]也就是说，除去少数专业性高等院校主办的专业性学报，综合性高等学校主办的人文社科学报，基本上都是综合性学报，且绝大多数以高校校名命名。

新中国成立以来，人文社科学报就以综合性的面目出现，内容涉及多种学科；办刊宗旨也多是为本校的科研与教学服务，主要是为本校科研与教学成果提供发表的园地。十年"文革"，与学术研究进入严冬一起，学报普遍遭遇停刊的命运。十一届三中全会以后，伴随着各个领域的拨乱反正，人文社科学报进入蓬勃发展时期，无论是数量还是质量，都呈现显著的飞跃态势，回归学术成为此一时期人文社科学报发展的典型表现。一些由学报为主发起的学术讨论，引起学界广泛瞩目。如在20世纪80年代由《北京大学学报》发起的"社会主义市场经济"的讨论，《文史哲》发起的"文化史"讨论，等等。1998年，教育部颁布了《高等学校学报管理办法》，对高校学报的性质进行了清晰的界定："高等学校学报是高等学校主办的、以反映本校科研和教学成果为主的学术理论刊物，是开展国内外学术交流的重要园地。"但老实说，在20世纪90年代以来学报大扩容的特定背景下，人文社科学报未能延续80年代在质量上的跃升之势。相反，在全民经商、一切"向钱看"的短视与浮躁的社会背景下，拜金主义思潮冲击大学校园，一方净土不再清净，人文社科学报也被裹挟其中。最先是办增刊、卖版面；后来在以影响因子为代表的各种量化评价体系的挤压下，又"翻新"出了期刊人为操作"自引"、组织"互引联盟"等恶劣行为，严重危及学术期刊界的声誉。除少数人文社科学报尚在苦苦支撑、坚守学术净土外，高校学报总体学术质量一路下滑，最终引起学界的口诛笔伐。

不过，细加分析，上述问题只是影响人文社科学报内在质量的外在因素。制约人文社科学报学术质量、让读者作者对学报兴趣索然的更为根本的内在因素，是其大拼盘式的综合性办刊模式。

大拼盘式的综合性办刊模式，至今仍为高校人文社科学报所普遍采行。这种办刊模式的源出，在于高校的综合性办学与科研体制。不同于先发国家高等教育"专综结合"的多元化发展模式，对于学科门类齐全的求大求全的价值偏好，是中国高校办学的普遍风气。当然，教育管理部门在调控和管理上的缺位，也难辞其咎。时至今日，与社会需求相脱节、盲目追求专升本、学院升大学、争办综合性大学的浪潮，仍是一波接着一波，让人目不暇给。而在刊号资源由政府专控、受制于有限计划的状况下，置身于综合性大学，学报就只剩下"综合性"这一条路子可走了。

既置身于综合性大学，又受制于刊号资源的稀缺性，还要谨记"以反映本校科研和教学成果为主"的办刊宗旨，不偏不倚地为各具体学科服务，高校人文社科学报的大拼盘式综合性办刊模式的确立，也就是命中注定的了。即使是有的学报试图对本校的优势学科予以适当倾斜，以其在所处学校的边缘化地位和处境，也绝无可能打破基本的学科平衡的局面。最要命的是，"以反映本校科研和教学成果为主"的办刊宗旨，为封闭办刊、低水平重复提供了借口，严重影响到学报办刊质量的提升，更限制了学术成果的大范围交流。"中国学术期刊的综合性、分散性和内向性等特征已经与现代学术的发展格格不入。"⑤这使得办刊人总是处于有劲使不上、深感无能为力的尴尬境地。

高校人文社科学报千刊一面、低水平重复的客观状况，不仅招致学界的严重不满，自然也引起教育行政主管部门的注意。在学界的尖锐批评声浪之中，在中国社会科学院各专业刊办得风生水起的重压之下，教育部终于有所动作。2002 年 9 月，教育部发布《关于加强和改进高等学校哲学社会科学学报工作的意见》，委婉地对高校人文社科学报的封闭的办刊模式和千刊一面的沉闷办刊局面提出批评，指出，要转变高校社科学报的办刊理念，打破传统封闭的办刊模式和千刊一面的局面，鼓励各高校根据自己的实际情况，积极引进新的办刊机制，在管理体制和办刊模式等方面作出有益的探索，不断增强刊物的活力和竞争力，使高校社科学报的工作更加适应新世纪发展的要求。作为进一步的行动，同年，教育部决定启动"高校哲学社会科学名刊工程"，意在优化学报结构，走内涵式发展之路。2003年，教育部正式启动高校哲学社会科学名刊工程。"名刊工程"建设的总体目标，是通过国家（包括新闻出版总署、教育部和主办单位）的支持和学报的改革，在五年时间内滚动推出 20 家左右能反映我国高校学术水平和学科特点、在国内外有较大影响的社科学报及其特色栏目。其中，拟培育出5～10 种国内一流、国际知名的社科学报，逐步改变目前高校社科学报"全、散、小、弱"的状况，实现"专、特、大、强"的目标。请注意，这里的"全、散、小、弱"，是对高校社科学报现实状况的总体客观概括。而矛头所指，也是以"全"为表征的拼盘式综合性办刊模式。只有打破以"全"为表征的拼盘式综合性办刊模式，走专业化办刊之路，其余"散、小、弱"的症结才可迎刃而解。在后来"名刊工程"实施的过程中，特别强调"特色化"办刊，应当是在现有体制下的无奈之举，也可说是促使学报向着专业化演进的渐进性举措。

二 综合刊与专业刊各自的优劣

那么，业界对于专业化发展路向持何态度？综合刊与专业刊各自的优势和劣势在哪里？搞清这些基本问题，对于高校人文社科综合性学报未来发展的模式选择，才会有一个基本的判断。

业界对于人文社科学报的专业化改革路向，大多还是抱有肯定态度的。作为极其关注业界动态且对相关问题颇有研究的从业者，朱剑先生基于学术研究学科细分与综合互动共存的时代趋势，作出学术期刊应当"以专为主，专综结合"的判断：由于综合研究应建立在大量专业研究之上、刊物的宏大选题应建立在专业问题的支撑之上、专业期刊更容易使学者产生归属感、综合性的学报定位的雷同阻碍传播等因素，因此，专业期刊应该占据学术期刊大多数甚至绝大多数。[6] 对此，仲伟民先生持认同态度："从学术界实际情况来看，专业刊比综合刊更符合学术发展的内在需要。"[7] 陈颖先生也有同感。他认为，高校综合性社科学报数量偏多是不可否认的客观事实，"一校一（综合性）刊"这一不合理状况必须改变也是毋庸置疑的，我国高校社科期刊的结构需要重新调整和优化。[8] 朱蕴波先生具体分析了高校学报专业化的优势：一是有利于办出特色；二是有利于编辑的专业化；三是有利于开展各种学术交流活动。[9] 原祖杰先生从编作关系的独特角度阐述了专业刊的优长：一份学术期刊的维护与发展离不开相关学者的专业认同。这种认同对于一个只需获得较小学术圈子支持的专业刊应该不是问题，但对于一份跨越几个不同学科的综合性学术期刊，比如学报，要同时建立起专业认同是不可能的。[10]

对于综合刊的专业化改革，也不乏非议之声。例如，陈双燕、蔡永明二位先生认为，高校学报要走出目前的困境，最需要解决的不是"专业化"或"综合性"办刊方向的问题，而是要提高学报的整体学术水平。[11] 张雪山先生的看法是，"许多学报界同仁将学报缺乏社会影响力的原因归咎于人文社科学报的综合性，其实综合性正是人文社科学报的特长，以文、史、哲、政、经、教研等综合性选题集于一身，恰恰可以将期刊办得更加丰富多彩，办得学术性与趣味性并存，办得更有综合性特色。关键还是学术思想和创新观念的打造。当前已有的一些人文社科学术期刊的成功经验说明，真正好的社科学术期刊恰恰不一定是专业类期刊"。[12] 尹玉吉先生更是综合性办刊的坚决维护者。他在一篇讨论学报改革的文章中说："我们需要'全、散、小、弱'，我们喜欢'全、散、小、弱'，目前的所谓'全、散、小、弱'，符合事物发展的客观必然性，符合事物发展的自然辩证法。人为过早消灭'全、散、小、弱'，就是拔苗助长，结果将是灾难性的。"[13]

当然，也有在综合性与专业化之间寻求平衡的居间之论：专业性与综合性，一直以来都是高校学报的两难选择。专业性具有"专门"、"集中"和"高水平"的特点，更符合传播学的特点；综合性则是为了适应高校多学科成果的承载需求。我们必须正视高校学报之间的差别，依据学校的办学特色和学科优势，围绕逐步实现中国报刊"专、特、大、强"的目标，从细分和优化高校学报结构入手，用数字出版打破高校学报综合性和专业性学报的边界，实现读者使用文献的专业性。[14]

业界同人之所以陷于高校人文社科学报专业化转型的论争，原因既在于对当前人文社科学报办刊水平认知的差异，更在于对综合刊与专业刊各自优劣的认识存有分歧。[15]因此，有必要对综合性与专业化各自的优劣予以分析比较。当然，这一比较是建立在人文社会科学学科发展之学科细分与学科融合互动共在的时代氛围基础之上的。

首先看期刊品牌的形成与社会认知。

一般而言，商品的品牌包含三个层面的含义。从物质层面而言，品牌包含"品"与"牌"两层含义，"品"指商品；"牌"指商品所拥有的"牌子"。从精神层面而言，品牌指"具有品质的、具有品位的"的牌子。从传播和推广层面而言，品牌指"具有一定知名度和美誉度的牌子"。而要打造一个商品的品牌，实质产生广泛的社会美誉度，必须实施品牌战略，包括品牌定位、命名、推广、传播、塑造、保护等。[16]从消费心理的角度看，"消费"的过程，就是消费者对商品及其品牌从"感知"到"认知"再到"认同"的过程，进而产生购买的动机，最终达到"购买"的目的。这个过程，就是"消费心理"。

对于学术期刊的消费者——读者来说，一份内容与形式构成完美结合、形成有机统一，进而上升为品牌的学术期刊，更易受到他们的青睐，从而产生购买和阅读的强烈冲动。这是读者的消费心理。如此看来，以学校名称命名的高校人文社科综合性学报，显然天生地就不具备这样的品牌优势。基于为学校教学与科研服务的内向性办刊宗旨，综合性学报在创刊伊始，压根儿就未从学术消费市场拓展的角度，理性地考虑读者的消费心理问题，当然也就更谈不上对于期刊品牌进行多层面的认知和命名的考量。在内向性办刊宗旨的单一考量下，稿件的来源多限于本校师生。很多学报对于内外稿比例甚至都有不成文的内部要求。其客观结果是，由于缺乏开放办刊条件下的稿件质量的比较和优选，期刊的内在品质严重不足。又由于以本校现有院系与学科布局为办刊出发点，所以综合性学报在办刊形式上，基本都是生硬的"大拼盘"模式，栏目设置多以一级学科为界限，而不是围绕专题或问题来进行。如此，就使得以学校名称命名的人文社科综合性学报，无论内容还是形式，都存在先天的缺陷，难以形成品牌效应。

与之形成鲜明对比的是，中国社会科学院各专业所所办专业学术期刊，无论是创刊于20世纪50年代的《历史研究》、《哲学研究》、《法学研究》、《经济研究》，还是改革开放以来创办的《社会学研究》、《政治学研究》，无不办得风生水起。这恐怕既得益于主办机构的学术权威性，更受益于这些期刊的专业性和开放性的定位，以及基于专业性定位而形成的对于基本作者群和读者群的锁定。

从品牌的形成和社会认知的角度分析，中国社会科学院各专业所所办专业学术期刊，其"专业化出品"的定位，贴合了市场细分的规律，因此奠定了形成期刊"牌子"的潜在基础；其主办机构的高端专门研究的性质，又为期刊成长为"具有品质的、具有品位的"专业性品牌，提供了科研制度保障。这样一些先天优势，伴随期刊成长过程，逐渐转化为期刊品牌效应，进而形成读者和作者的广泛的社会认知，最终使期刊步入了良性发展的轨道。

其次看期刊个性和风格的养成。

在如林般的学术期刊的激烈竞争之中，期刊人无不深知，鲜明的期刊个性和风格，是一份期刊屹立不倒的根本。当然，这里的个性和风格所指，更根本的是指学术期刊基于学术内涵的个性和品格，而不是空洞的外在形式。

老实说，高校人文社科学报拼盘式的办刊模式，千刊一面，毫无生气、个性与风格可言，因此屡受诟病。学报办刊人对此虽有自觉，但限于诸多因素的制约，一直无力自拔。新世纪以来，随着办刊模式由内向型向外向型的转变，尤其是教育部有关高校哲学社会科学"名刊工程"的实施和推进，提供了一种制度性契机，逼使综合性人文社科学报界在办刊模式上作出改变。这一工程也确实取得了实效，综合性人文社科学报在整体质量上确实呈现出跃升之势（令人扼腕的是，"名刊工程"在实施了一期之后，就偃旗息鼓了。业界虽不断有继续实施新一期"名刊工程"的呼声，但至今未见推出新一期的动向）。与此同时，一些期刊也试图在个性和风格上尝试突破。其最显著的表征，就是有些学报或基于学缘优势，或基于地域文化优势，不约而同地找寻自身的优长之处，进而有意识地予以突出、培植和强化，以期形成独特个性和风格。这种探索的比较成功的例证，突出地表现在《思想战线》、《华中师范大学学报》、《广西民族学院学报》、《滨州学院学报》等期刊的办刊思路的调整上。《思想战线》、《广西民族学院学报》充分利用学校所处的区位优势，以及由此所形成的民族学和人类学学科优势，以民族学和人类学研究为主打栏目，持续开展相对集中的研究，逐渐形成了自身的个性和风格。同样，《华中师范大学学报》基于学校"农村问题研究"的学科优势，也形成了自身风格定位。《滨州学院学报》虽置身地方院校，无一般意义上的区位优势，但它却能够利用自身所处"孙子故里"的独特区位优势，开设专栏，十数年坚持开展"孙子兵法"研究，召开高端学术会议，出版相关丛书，也取得了意外的成功。但是，不可回避或令人困惑的是，所有这些找寻期刊个性和风格的可贵探索，无一不遭遇到探索的瓶颈制约——综合性期刊的框定以及内容上的集约化与刊名的矛盾。前者使得这种探索不能走得太远，还要顾及学报主办单位不同学科成果发表的总体平衡，否则就会面对纷至沓来的责难；后者实质上是内容与形式的矛盾，当着特色化的探索转变为一种恒常的模式的时候，二者的冲突和矛盾，就会危及期刊的进一步的发展。期刊名实不符，必然是名不正而言不顺。这既不利于对作者和优质稿源的吸引，更不利于读者群的销定和扩展。学术期刊的价值体现于对学术成果的传播，也即占有读者。没有传播，学术期刊就失去了赖以存在的根由。⑰

与高校综合性人文社科学报相比，专业性学术期刊个性和风格的养成，无疑具有独占性优势。它既无多学科学术资源对于既定办刊方针的干扰，更不存在期刊内容与期刊名称的矛盾冲突。这样一些先天优势，自然使得一批专业性学术期刊办得风生水起，很快形成了自身的个性和风格，进而拥有了相对稳定的读作者群体，和更为广泛的社会影响力。在 20 世纪八九十年代，中国社会科学院主办的专业性学术期刊，在订数上一般要多于重点高校主办的综合性学报；本世纪初各种期刊评价体系产生以来，从美誉度和两年影响因子指标来看，这些专业性学术期刊同样要普遍高于重点高校主办的综合性学报。

三 专业化是国家相关政策的导向

正如前述，2002 年 9 月，教育部颁布《关于加强和改进高等学校哲学社会科学学报工作的意见》，在对高校人文社科学报封闭的办刊模式和千刊一面的办刊局面提出批评的同时，也明确指出，要转变高校社科学报的办刊理念，打破传统封闭的办刊模式和千刊一面的局面，鼓励各高校根据自己的实际情况，积极引进新的办刊机制，在管理体制和办刊模式等方面做出有益的探索，不断增强刊物的活力和竞争力，使高校社科学报的工作更加适应新世纪发展的要求。首次"倡导高校学报走整合之路，创办代表我国高校哲学社会科学学术水平的专业性学报"。因为只有走专业化的新路，各擅所长，才能够突破"千刊一面"的沉闷局面。教育部社政司 2003 年 1 号文件下发的《教育部高校哲学社会科学名刊工程实施方案》，应当说是落实《教育部关于加强和改进高校社科学报工作的意见》的一个重大举措。教育部启动高校哲学社会科学名刊工程，旨在通过典型的示范、引导作用，促进社科学报进一步深化改革，开拓创新，整体水平再上新台阶。"名刊工程"的总体目标，是逐步改变目前高校社科学报"全、散、小、弱"的状况，实现"专、特、大、强"的目标。在这里，"专业化"是被作为首要目标标举出来的。无疑，在当时的历史条件下，这一举措抓住了高校人文社科学报诸多矛盾和问题的"牛鼻子"。正因为高校综合性人文社科学报向来以"全"为本，才形成了零散、弱小的办刊状况。而只有走专业化之路，才有可能谈得上特色，才能够奠定横向联合、做大做强的基础。2010 年 4 月，教育部副部长李卫红在"高校哲学社会科学第三批名刊工程座谈会"上的讲话，更是把"综合性与专业性"作为一对矛盾予以突出："在我国社科期刊大系统中，高校社科期刊具有特殊性，承担着特定的任务。一些期刊存在的某些问题，如低水平重复、同质化竞争等，是亟需改变的；有些问题如综合性与专业性、分散化与集中化、学术化与市场化的关系等，需要认真研究、把握规律，从实际出发，逐步加以解决。我们要特别注意把握学术期刊发展的规律，特别是高校社科期刊的特有规律，坚持办刊宗旨，实现刊物的可持续发展。"[18]主管部门既然把"综合性与专业性"作为一对矛盾提出来，当然，就是期望人文社科学报界勇于创新，探索出一条化解这对矛盾的路子来。

客观地说，教育部"名刊工程"方案的实施，对于促进入选期刊的内在学术质量的提升，尤其是对于促进入选期刊走特色化办刊之路，起到了它应有的作用。诸多期刊基于"名刊工程""特色化办刊"的要求，对原有办刊方针进行了调整，集中优势学科力量和编辑力量，在办好特色重点栏目上下功夫。与此同时，"名刊工程"实施期间，由教育部社科司主持召开的系列性"名刊工程高端论坛"，对于入选期刊互相学习、取长补短、共同提高，也发挥了建设性作用。经过近十年的苦心经营和培育，一批综合性人文社科学报逐渐形成了各自鲜明的办刊风格，"综中有特"，重点突出，体现出鲜明的特色化办刊指导思想。但是，受制于现有办刊体制的束缚，教育部"名刊工程"对于综合性人文社科学报的专业化转型，未能发挥其应有的最大能量。如果"名刊工程"能够继续实施的话，它的下一个政策性目标，应当是通过制度性措施，打破各自为战的办刊体制，通过集约化经营和联合办刊的方式，实现专业化办刊的体制性突破，彻底化解"综合性与专业性"这对矛盾。

引发业界极大震动的，是2012年7月国家新闻出版总署匆忙出台的《关于报刊编辑部体制改革的实施办法》（以下简称《实施办法》）。该《实施办法》的目标要求是，"报刊编辑部体制改革必须按照中央有关报刊出版单位体制改革的总体部署和要求，与调整报刊业结构、转变报刊业发展方式相结合，与实现报刊业集约化经营、培育大型报刊传媒集团相结合，与推动传统报刊业向数字化、网络化现代传媒业转型相结合，与建立健全报刊准入和退出机制、科学配置报刊资源相结合。通过改革，解放和发展报刊生产力，破解报刊业'小、散、滥'的结构性弊端，实现报刊业转型和升级，推动报刊业又好又快发展，增强报刊出版传播能力"。概而言之，就是通过"四个结合"的结构性改革，实现报刊业的升级与转型，逐步形成参与国际报刊出版市场竞争的能力。

由于缺乏充分调研和针对性，《实施办法》的出台有"一刀切"的"偷懒"嫌疑。因为，办法要求，包括学报在内的学术期刊的体制改革，也被要求与社会性期刊一样，走企业化的路子，直面市场竞争。这无疑混淆了公益性期刊与营利性期刊的本质区别。如果照此办理，造成唯利是图的市场因素对于学术期刊界的"合法"侵蚀，必然违背学术研究的规律，严重危及整个国家的学术研究事业的正常发展，甚至进而危及整个国家文化事业的繁荣。因此，《实施办法》甫一出台，即在学术期刊界产生巨大冲击波，屡遭质疑甚至诟病。在此背景下，《实施办法》暂停实施。《实施办法》虽然被暂时搁置，但在中央推进文化事业大发展、大繁荣的时代背景下，报刊编辑部体制改革的总体思路是不会改变的。具体到高等学校主管主办的科技期刊和学术期刊，《实施办法》所明确规定的"根据科技期刊和学术期刊的实际和特点，本着突出重点、打造品牌、整合资源、加强保障的原则实施改革"的思路和原则，仍然是有的放矢的。尤其是，"通过改革，解放和发展报刊生产力，破解报刊业'小、散、滥'的结构性弊端"，更是切中高校人文社科综合性学报的流弊。高校人文社科综合性学报寻求专业化突破，无疑与总署的总体改革思路相契合。据了解，中央有关部门正在各地进行充分调研，集思广益，为制定新的更为切实的改革措施作前期准备。⑲

四　专业化转型的可欲模式或类型

业界同仁对于人文社科学报专业化转型的趋向多有预测和探讨，但涉及具体的转型路径或者说专业化的具体模式，少有系统的论说。本文试图作出具体的分类尝试。

基于人文社科学术期刊的办刊实践，大体区分，专业化转型有以下几种模式可资尝试。

1."大专业"或"小综合"模式

所谓"大专业"或"小综合"，即"人文大专业"与"社科大专业"，或"人文小综合"与"社科小综合"。严格说来，这种形式并非真正的专业刊形式，而是介乎综合刊与专业刊之间的一种中间形态，因而称之为"小综合"或"大专业"。其存在根据在于，在传统的学科划分意义上，文、史、哲三科同出一门，同源同根，被人们习惯性地称为"人文学科"。同样，政、经、法等学科，被人们习惯性地称为"应用学科"。从人文社会科学研究的现状与趋势看，一方面，是学科细分，分工更加细密、专门，以深入探究一些偏微观性的专业性问题；另一方面，则是分中有合，学科交叉融合，以利于探讨一些偏中观、宏观性的综合性问题。"人文小综合"或"社科小综合"的办刊定位，正是适应学术发展"专综结合"的态势而形成的。这一类型或模式，以主办部门进行明确分工之后的《文史哲》与《山东大学学报》（社会科学版）为代表。

1951 年创刊的《文史哲》，基于山东大学"文史见长"的学科背景，逐渐形成了以刊发传统人文学科稿件为主的学术期刊。当然，也适当刊发一部分与人文学科有近缘关系的社会科学类文章。因此，长期以来，《文史哲》所给予学界的印象，是一本以人文学科为偏好和特色的比较厚重、持重的学术期刊。以教育部于 2003 年底实施的"名刊工程"为契机，《文史哲》开始由"人文特色"向"人文小综合"转型。在保留综合性期刊特色的基础上，淡化学科意识，同时依靠山东大学文史见长的优势，打通文、史、哲近几十年西洋化之后所产生的壁垒，进行"人文性、小综合"的新尝试。到 2005 年，这一转型更是上升到政策层面。根据"名刊工程"实施方案"专、特、大、强"的办刊目标要求，学校在政策层面，对《文史哲》和《山东大学学报》予以明确分工，前者走"人文小综合"的路子，后者向"社科小综合"转变。其间在校内虽屡有争议，但通过具体的政策性引导，这一转向一直坚持下来，且取得了良好的效果。经过近十年的有意识的摸索，《文史哲》"亦文亦史亦哲，非文非史非哲"的"人文小综合"或"人文大专业"的思路和定位，日渐清晰和明确，而今正在朝着"人文综合、问题导向"的方向扎实迈进。正是得益于"人文综合、问题导向"的办刊原则，"疑古与释古"、"中国社会形态问题"等专题讨论，开展得如火如荼，有声有色。与此同时，受益于"社科大专业"的办刊模式，《山东大学学报》也从原来的默默无闻，到影响因子大幅提升，到入选 CSSCI 来源期刊，再到进入"国家社科基金资助期刊"名单，获益良多。

"大专业"或"小综合"这一类型期刊的出路，在于需要更加凸显其"问题"意识，以"问题综合"求得专业性期刊的效果。

2. 专业性模式

"大专业"或"小综合"的办刊样式，虽然比起"拼盘式"综合刊进了一步，但显然还不能完全满足学科细分的学术发展要求。基于自身的办刊传统，和办刊模式多样化的客观要求，一小部分期刊可以尝试走"大专业"或"小综合"的路子，但对于大部分综合性期刊而言，唯有进行彻底的专业化转型，才是拓展自身生存空间的出路。而且，专业化转型，更加符合期刊出版体制改革的潮流。走向专业化，是学术期刊走出"小、散、滥"的结构性迷局、实现出版体制改革所倡导的集约化、规模化经营目标，必然要迈出的关键一步。正如前文所说，专业化办刊，是全行业集约化、规模化经营的前提，实现"特、大、强"目标的基础。

目前来看，进行专业化转型将是大部分综合性期刊必然要选择的出路，但为了避免低水平重复和恶性竞争，建议新闻出版管理部门，以及有关主办、主管部门和单位，协同探索出一条可行性思路或办法，以便专业化转型和集约化、规模化经营取得预期效果。比如，可先行试点，选取几家学科背景相近的学报，联合进行"综转专"尝试。内容包括办刊体制机制的创新、数字化出版与传播的转型。待取得经验，再逐步推广。

说点题外话。既然公认"名刊工程"建设取得成功，为什么不一鼓作气，根据出版体制改革政策的精神，推出新的举措，而是浅尝辄止呢？强烈建议名刊工程总结前期的经验和得失，充分利用主管部门的政策资源，趁热打铁，把"名刊工程"建设的重心转移到对于学报专业化与数字化的推动和引导上来，实现高校综合性人文社科学报专业化的战略性突破。

3. 专题性模式

专题性，也可作为高校综合性人文社科学报专业化的一种选择模式。专题性学术期刊，就是每一期围绕一个选题组织文章、开展学术讨论的编辑出版模式。这一模式以由联合国教科文组织编辑出版的英文版《国际社会科学杂志》为典型代表。该刊中文版由中国社会科学杂志社主办，季刊，每期一个主题。以该刊中文版 2000 年各期为例，第一期讨论"地区整合的社会与文化方面"；第二期探究"全球化"问题；第三期围绕"医疗政策与社会价值"展开讨论；第四期论辩"社会发展的各种政策"。与《国际社会科学杂志》相类似，《文史哲》编辑部正在紧锣密鼓地进行编辑出版英文版的筹备工作。该刊英文版也是每期限定一个主题。初拟第一期讨论"中国社会形态问题"，第二期则为"中西文明对话"。

专题性期刊的特性可以作如下概括：刊名综合，内容专业；单期专题，多期宏阔。即是说，专题性期刊刊名具宏观综合性，内容却是专业性的；虽然每期只限一个专题，但多期加总，内容上却又带有综合性特征。其优势是每期集中力量从不同角度研究一个问题，这无疑很对相关专题研究者的胃口，因此很具有收藏价值，就像珍贵的文物藏品一样，足可为专业读者反复鉴赏。当然，专题性期刊也有其先天不足，即专题的游移性。选题游移不定，就无力形成持续的、固定的风格。

4. 专业网刊模式

由高校入选教育部哲学社会科学名刊工程的 17 家学报编辑部自主联合创办的"中国高校系列专业期刊"，从 2011 年 3 月正式在中国知网面世。17 家编辑部在教育部社科司的肯定和支持下，克服重重困难，冲破传统纸质期刊和各家独立办刊的方式，联手进行创新性尝试，以崭新的联合体组织模式和知网平台，通过集约化和专业化的重组，实现并创办起高校系列专业网络期刊。至 2013 年初，联合编辑部成员刊已增至 70 余家。

目前，"中国高校系列专业期刊"包括《马克思主义学报》、《文学学报》、《历史学报》、《哲学学报》、《政治学报》、《经济学报》、《法学学报》、《社会学报》、《教育·心理学报》、《传播学报》、《民族·人类学报》、《艺术学报》等12个一级学科专业期刊，以及《三农问题研究》、《儒学研究》等专题期刊，还准备围绕学界热点继续创设新的专题期刊。这种全新的编辑模式和期刊出版方式一经出现，即引起期刊界、学界、管理层的广泛关注。

专业网刊模式的可取之处至少有三点。其一，以巧妙的方式超越了困扰综合性人文社科学报由综合性向专业性转型的体制问题。其二，多单位联合、协作的运作模式，符合学术期刊集约化经营的发展趋势，且具有编辑出版体制上的创新价值。其三，以专业化的方式进行数字出版，既解决了单刊的数字化转型问题，扩大了期刊的学术影响力，又形成数字出版的集群化、规模化优势，避免了数字传播"碎片化"的弊端。

需要说明的是，上述前三种专业化转型的可欲模式，无论哪种专业化形式和探索，都应当在个刊自我探索的基础上再向前跨出关键性的一步，走向横向联合与协同创新，即学科优势相近的学校进行联合，通过资源整合，共同打造专业期刊，就像专业网刊模式正在探索的那样。专业化转型进一步发展的愿景，应当是实质性地打破主办单位的行政界限，通过强强联合、"同质"联合或以强并弱等方式，形成诸多专业期刊联合体，展现集约经营的优势。如此，管理者和业界所苦盼的品牌专业期刊，自会脱颖而出。否则，不突破体制的束缚，只是单兵突进式的专业化探索，既无力纾解主办单位学科平衡欲求的压力和制约，也不能吸纳本就有限的上佳稿源，早日推出优质期刊，更难以在学术发展国际化的时代大潮中经受住外来学术期刊的竞争和冲击。

---

①2007年10月20日，首届高校学术期刊发展论坛暨《中国政法大学学报》首发式在京举行，清华大学教授李伯重在发言中对高校人文社科学报的总体水平表达强烈不满，并提出尖锐批评："全国1000多份学报，大部分学校都是为本校的学术职务晋升或者是种种关系发表文章，连基本的学术规范、学术标准都谈不上，造成了极大的社会浪费，而且造成了我们国家文科学术产品质量非常恶劣的声名。"
②⑥朱剑：《高校学报的专业化转型与集约化、数字化发展——以教育部名刊工程建设为中心》，北京：《清华大学学报》2010年第5期。
③朱剑：《徘徊于十字路口：变革中社科期刊的十个两难选择》，北京：《清华大学

学报》2007 年第 4 期。

④高自龙：《我国高校人文社科学报发展现状与思考——基于人大〈复印报刊资料〉2008～2011 年转载论文数据分析》，载全国高等学校文科学报研究会网站。

⑤朱剑：《传统与变革：体制改革前夜学术期刊的艰难抉择》，澳门：《澳门理工学报》2012 年第 1 期。

⑦⑰仲伟民：《缘于体制：社科期刊十个被颠倒的关系》，南京：《南京大学学报》2013 年第 3 期。

⑧陈颖：《体制之偏与纠偏之路——也谈高校学报的专业化转型》，北京：《清华大学学报》2011 年第 4 期。

⑨朱蕴波：《对高校综合性学报改革之路的探索》，西安：《今传媒》2009 年第 12 期。

⑩原祖杰：《学术期刊：西方的困境与中国的机遇》，济南：《文史哲》2013 年第 2 期。

⑪陈双燕、蔡永明：《高校学报"综合性"及"专业化"办刊方向之探讨》，上海：《学报编辑论丛》2006 年刊。

⑫张雪山：《高校人文社科学报社会影响力弱化原因刍议》，圣才学习网，2010 年 4 月 20 日。

⑬尹玉吉：《论中国大学学报的现状与改革切入点》，北京：《清华大学学报》2011 年第 4 期。

⑭周小华：《高校学报的专业性与综合性分析》，见邓建元主编《学术期刊编辑学理论与实践》，北京：化学工业出版社，2010。

⑮桑海：《学报改革中的"视差之见"》，济南：《文史哲》2013 年第 2 期。

⑯林海斌：《品牌视觉形象与消费心理》，中国心理学家网，网址：www.cnpsy.net。

⑱《在高校哲学社会科学第三批名刊工程座谈会上的讲话》，全国高校学报研究会网站，2010 年 4 月 14 日。

⑲在拟定本文的写作提纲的时候，本打算设专节考察发达国家人文社科学术期刊的编辑出版模式，尤其是综合刊与专业刊何者为主何者为辅的问题，限于资料准备不足，只得作罢。但据笔者了解，在发达国家，人文社科学术期刊多为专业学术团体或学术机构主办，因此基本以专业刊的形式编辑出版。

作者简介：刘京希，山东大学《文史哲》副主编，教授。

[责任编辑：刘泽生]

（本文原刊 2014 年第 3 期）

主持人语

刘泽生

学术期刊是一个国家文化软实力的重要组成部分。一个国家的文化发展水平乃至其学术期刊的生存状况，与其国家整体的政治、社会、经济发展水平是密不可分的。中国随着改革开放三十多年的快速发展，国家整体实力的增强举世瞩目，GDP 在 20 世纪末已先后超越传统的西方七大工业国。2010 年，中国的 GDP 已经达到 58786 亿美元，超过日本 4044 亿美元，成为世界第二大经济体，在国际事务中正发挥着举足轻重的影响。当然，中国还是一个发展中的国家，其人均 GDP 与发达国家相比，还有较大的差距。但中国的崛起，已是不争的事实。

随着中国整体经济社会的发展，高等教育与社会科学研究、文化出版事业也取得了极大的进步。以大学学报为例，有统计显示，1949 年中华人民共和国成立前夕，中国内地高校学报不足 30 家。至"文化大革命"前夕的 1965 年，内地高校学报共 160 余家，其中文科学报仅 40 余家。1978 年改革开放以来，高等教育发展迅速，大学学报也得到了同步的发展，尤其是八九十年代以来，进入了前所未有的发展时期。1988 年，全国高校人文社会科学学报达到 440 家。进入 21 世纪，更出现了井喷式的发展，2001 年达 1130 家，2013 年更是达到了历史的最高峰 1310 家。当前正是中国内地学术期刊发展进程中的一个非常难得的时期。另一方面，随着全球化与数字化时代的到来，传统媒体与数字媒体的融合，极大地推动了学术期刊的发展。自 20 世纪 90 年代开始，中国知网、万方数据库、重庆维普、龙源期刊网等数据库陆续建立并投入使用。没有国家经济社会整体水平的提升，就不可能有中国学术期刊三十多年来的快速发展。

全球化、数字化、网络化的浪潮正在改变世界。传统学术期刊的办刊理念、编辑模式、行销策略，正经受着前所未有的冲击。两岸四地乃至国际学术期刊间的交流研讨，将推动不同国家（地区）、多元文化形态下华文学术刊物间的相互交流与借鉴，这对学术研究与文化交流来说，都是一种极具意义的活动，也将是学术期刊自身建设、提升学术话语权的有益尝试。

在构建、提升中国学术评价机构影响力的过程中，中国社会科学院的《中国人文社会科学引文数据库》（CHSSCD）、南京大学的《中文社会科学引文索引》（CSSCI）等中国本土开发的检索工具与数据库，已经在学术界、期刊界产生了广泛的影响，其作为中国人文社会科学文献信息的检索数据库、引文分析工具与学术评价数据支撑，已发挥了一定的作用；但如何完善其检索功能与评价机制、提高学术水平与国际影响力，则还有很长的路要走。CHSSCD、CSSCI等应该在练好内功的同时，大胆地尝试"走出去"，尝试与国际"接轨"。时至今日，CHSSCD、CSSCI连港澳地区的学术期刊都未能正式收录，不能不说是一个遗憾。目前，CHSSCD和CSSCI已经具备了国际化发展的基础条件，学术界与期刊界也对其寄予厚望。假以时日，CHSSCD、CSSCI或将成为与国际三大索引SCI、SSCI、A&HCI具有同等（或相近）影响力的检索系统，那将是学术界、期刊界的福音，对华文学术期刊的国际化将是一个极大的推动。这需要社会各界的共同关注与长期努力。中国学术界、期刊界应该有这种学术自信。

关于人文社会科学学术评价机制的研究、学术论文评价方法的研究、学术编辑成果评价功能的研究等课题，都是近年国家社科基金资助项目的研究内容之一。与学术评价紧密相关的则是关于学术期刊的评价问题。这些问题都受到学术界与期刊界的广泛关注，也是本刊专题发表杨红艳、任全娥、韩帅这组文章的初衷，希望能推动学界同行对此进一步的深入探讨。

学术评价如何推动成果创新[*]

——对人文社科学术评价机制的探讨

杨红艳

[提　要] 人文社科学术研究分为自由型和课题型两大类，其研究过程主要涉及预备评价、交付评价和后端评价三个环节，共包含立项评价、出版评价、采纳评价、结题评价、学者自觉评价、专业机构评价、管理评价和大众自觉评价八大类评价活动。这些学术评价活动理应有效推动人文社科成果创新。从学术评价机制角度来看，其推动路径至少包括四个：一是充分体现人文社科成果创新与评价的特殊性；二是区分学术研究过程中各类评价活动的差异；三是理顺学术评价对成果创新的作用机理；四是切实改进现有学术评价机制存在的不足。

[关键词] 学术评价　成果创新　机制　人文社会科学

近年来，各类学术评价活动铺天盖地并时刻挑动着利益相关者的神经。毫不夸张地说，几乎每家学术研究机构都设置了专门的评价部门或人员，人文社会科学领域也不例外。高校或科研院所纷纷成立了专业评价研究机构，开展人文社科学术评价理论方法研究，一系列有影响力的评价成果也相继发布。然而，人文社科学术评价炙手可热的同时还伴随着从未间断的

---

* 本文系国家社会科学基金青年项目"创新和质量导向的中国人文社科学术成果评价管理控制机制研究"（项目号：12CTQ022）的阶段性成果。

质疑和诟病，批判性文章常见于知名高校学报或权威报纸理论版。其中，学术评价是否有效推动了成果创新，是学者们讨论较多的一个问题，这从侧面说明当前的推动力度还不够，甚至存在制约或阻碍。

在"建设国家创新体系"的总战略指导下，人文社会科学创新得到了中国政府的高度重视。2011 年，《教育部关于深入推进高等学校哲学社会科学繁荣发展的意见》指出，"到 2020 年，基本建成高等学校哲学社会科学创新体系，为国家哲学社会科学创新体系建设提供有力支撑"；[①] 稍后颁布的《教育部关于进一步改进高等学校哲学社会科学研究评价的意见》进一步明确，要"充分认识以创新和质量为导向的科研评价对繁荣发展哲学社会科学的重要意义"，[②] 指出了学术评价在推动创新中的重要作用。相关研究可分为三类：一是如何科学评价学术成果的创新性或学者的创新能力；二是分析解释"创新导向"的内涵，并指出当前学术评价中有违"创新导向"的问题及解决对策；三是以促进创新为目标，探讨如何完善学术评价体系。然而，从学术评价机制角度探讨如何推动成果创新的论著，尚为数不多。评价机制是对评价体系的构成要素及其相互作用关系进行调节管控的内容、方式及过程。本文将着重探讨人文社科学术评价应如何推动成果创新的机制问题，具体涉及人文社科成果创新与评价的特殊性、成果研究过程中各类评价活动的差异、学术评价对成果创新的作用机理，以及现有人文社科学术评价机制的改进策略等问题。

一　体现人文社科成果创新与评价的特殊性

学术研究遵循大体一致的科研规律和学术规范，因此对不同学科、类型成果的评价具有一定的共性，这是我们探讨学术评价一般规律的前提基础。但是，人文社科学术评价却常比理工农医领域引起更多的问题，这与人文社会科学的特殊性是分不开的。因此，掌握人文社会科学学术成果创新与评价有别于其他领域的特殊性，是探讨评价如何推动成果创新的首要问题。

《软科学大辞典》将科研成果定义为对某一科研课题，通过思考观察、试验研究所取得，并经过鉴定确认的成果。[③] 这里，是否"经过鉴定确认"也可理解为通过"正式评价"被认可，常作为判断科研成果的基本依据。这一准则在绝大多数情况下是正确的，但也有例外；由于鉴定或评价行为本身具有很大局限性，鉴定结论滞后，互相冲突，甚至错误的情况偶有发生，因此本文并不赞同过于强调这一准则。鉴定有利于成果的传播应用，但并不决定或改变其是否为科研成果的本质属性。本文将科研成果定义为：按照规范的研究过程形成的，具有创新性、反映世界发展规律的成就或成绩，通常表现为可查考、交流和传播的知识。这一定义强调了科研成果形成过程的规范性、内容方面的学术性和创新性，以及表现形式的知识性。当然，鉴别科研成果的过程仍然具有较强的主观性，此定义着重强调科研成果客观的、深层次的鉴别标准。

人文社科成果在内涵上属于科研成果，在外延上仅限定在人文社会科学范围内，至少应同时具备五个条件：通过人文社科规范研究形成，具有学术创新性，反映人类精神发展或社会发展的一般规律，对现实具有积极的意义，可查考、交流或传播。所以，按成果形式，专著、论文、研究报告、译著、工具书、数据库、音像制品、软件等，只要符合前文所定义的条件，理应列为学术成果；④按成果研究性质，基础研究、应用研究、资料性研究等成果只要符合条件也均应列为人文社科学术成果。⑤需要指出的是，课题申报书、预研报告以及那些影响公共部门决策的政策建议等文件，虽然通常并不出版，甚至有些也未经过或通过正式鉴定，但只要符合上述条件，就应视为人文社科成果。

在这五个必备条件中，"具有创新性"至关重要。创新在宏观层面是一种变革旧事物、创立新事物的创造性活动，⑥在微观层面则体现为一种将创新思维变为现实成果的智力过程。⑦可以说，创新天然就与成果联系在一起。成果的创新性体现在与已有成果在知识上的正向差异，具体来讲，人文社科成果创新性主要体现在：提出新的（或修正完善已有的）学说、理论、观点、问题、阐释，提出新的（或改进运用已有的）方法、视角，发现新的资料、史料、证据、数据，对已有成果做出新的概括、评析（如综述、工具书、数据库）等方面。⑧

在学术评价中充分体现人文社科成果与理工农医领域的差异，是确保形成足够灵活、智能的人文社科学术评价机制，并有效推动成果创新的重要条件。首先，人文社科的成果形式有一定特殊性，比如工、农、医等领域常见的技术、专利并不是人文社科学术成果的主要形式，但政策建议、古籍整理等则是某些人文社科领域重要的成果形式之一，因此应专门设计符合人文社会科学成果形式特征的评价标准和指标，而非简单照搬其他领域。第二，人文社会科学的知识表示具有高度自由化的"小科学"特征，⑨因此多数成果的知识结构化程度显著弱于理工农医成果，同一现象可能通过五花八门的概念和语言表示出来，作为重要评价手段的引用和转载通常也不甚规范和全面，使其成果创新性的判断更为困难，无法像理工农医领域一样通过简单的信息检索就实现有效"成果查新"。第三，人文社会科学的学科组成、研究范式和创新方式较为复杂，人文社科成果的类型、性质也较为多样化，对分类评估提出了更高要求。第四，人文社科成果的研究思辨方法所占比重较大，研究过程存在许多不确定因素，且无法通过实验再现，因而在短期内形成较准确评价结果，通常是可遇而不可求的，要对科研资源进行精确预估和配置，使有限的资源支撑最有价值的创新活动也相对较难。第五，人文社科学术成果转化利用过程比较模糊，价值显现过程难以清晰记录或统计，因此要持续、清晰、动态地评价成果的价值显现过程并形成可查考的评价结果，是非常艰难的。第六，人文社科成果研究的任务较难分解，许多成果创新更适宜由研究者独立完成或通过"师父带徒弟"的模式完成，给团队协同创新的评价带来重重困难。

二 区分学术研究过程各类评价活动的差异

并非每项学术研究都一定会产生成果创新，但学术研究却是成果创新的必要前提。可以说，研究活动是"潜在"的成果创新活动，任何一次有效的学术研究过程，必然也应当是一次成果创新过程。但不应"笼统"的将所有学术评价活动等同视之，而应对人文社科学术研究过程涉及的评价活动进行"抽丝剥茧"，明确不同环节、类型评价活动的特征及其对创新的不同影响，形成能够有的放矢地推动成果创新的评价机制。

通常来讲，人文社科学术研究要经历选题、设计、研究、创作、出版、传播等一系列环节，这一过程涉及多次不同类型的评价活动。根据研究者对研究过程控制程度的差异，可大致将人文社科研究过程分为两大类。一类是自由型研究。其显著特征是研究者自由选题、自主安排研究计划，多为独立研究，合作研究较少或很松散；成果的内容、形式、数量、出版方式等都由研究者决定，不受各类"课题立项"的影响，但在成果完成之前往往得不到资助。此类研究在人文社科领域占有较大比重，以"复印报刊资料"转载的中国优秀人文社科论文为例，平均每年约59.8%的被转载论文是在"无课题立项"情况下发表的，且这一比重在语言文学、艺术学、历史学等人文学科中更高。[①]另一类是课题型研究。其显著特征是研究者按照各类课题立项的要求选题、制定研究计划，形成并提交研究成果，多数为团队协同研究；成果的内容、形式、数量和出版方式等都受到课题立项的约束，但通常可在研究初期就得到资助。国家社会科学基金、教育部人文社会科学基金等是知名的人文社科基金资助计划；学位论文的撰写则更符合"课题型研究"的基本特征。需要指出的是，本文的"课题型研究"仅限于前期资助，"后期资助"则应划归"自由型研究"。

如图1和图2所示，两类人文社科研究都要经历选题、研究方案设计、开展研究、形成成果、传播应用五个环节。其中选题是基于研究者对某一领域的知识积累确定研究主题和问题；研究方案设计是明确研究的内容、方法、步骤等，形成课题申报书、开题报告等文档；开展研究是利用科学的方法探讨问题的解决方案或规律；形成成果是按照学术规范记录、阐述研究的过程和结论，形成不同形式的成果，如论文、政策建议、专著、教材、研究报告等；传播应用是将成果传递给用户并满足其需求，如论文被阅读、引用、转载，研究报告被采纳实施等。这一过程周而复始，每一轮研究都产生系列创新程度不同的新成果，并为下一轮研究贡献新的知识。

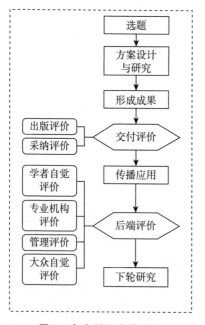

图1　自由型研究的过程

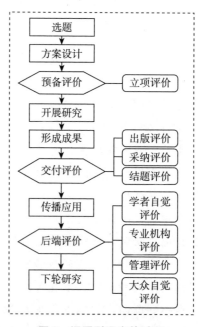

图2　课题型研究的过程

从研究过程来看，自由型研究和课题型研究的主要差异在于：前者的方案设计和开展研究两个环节的界限较为模糊，通常是"边设计、边研究"；后者的这两个环节则分割开来，先提出较为完善的研究方案提交鉴定，通过鉴定后再开展研究。

图1和图2展示了两类研究过程涉及的评价活动。每一轮自由型研究至少经历交付评价和后端评价两个评价环节，课题型研究至少经历预备评价、交付评价和后端评价三个评价环节。这三个评价环节涉及八类评价活动，其评价目的各不相同，由于评价目的制约着评价体系中其他要素的制度制定或选择，[①]因此，八类评价的主体、对象、标准、指标、程序等也均有所差异。

预备评价是指"课题型研究"中的"立项评价"，是研究正式开始之前的"前端控制"。在"方案设计"环节，研究者阐述研究的意义、内容、方法、计划、创新性与不足、预期成果等，并形成阶段文件，提交课题资助部门进行评价，评价结果将决定"是否资助或准许"研究者开展研究。立项评价的方式和程序由资助机构确定，通常采用同行评价方法，有时也结合一些量化指标；评价标准以创新性、可行性、研究团队学术能力等为主，申报团队已有成果的数量、与申报内容的吻合度、被转载或引用情况等也作为参考。

交付评价是发生在研究成果形成后的第一次评价，顾名思义是研究者将成果交付他方，对成果的内容、形式和效用等进行"直接判断"，主要包括出版评价、采纳评价和结题评价三类。其中，研究形成的论文、专著、教材等形式的成果提交给学术期刊或出版社进行出版评价；出版机构通常组织编辑和同行专家开展评审，主要以学术创新程度、论证完备程度等具有同行共识性的学术标准为依据；应用性较强的成果还强调成果的社会价值和预期社会反响。只有通过出版评价的成果才能正式出版并被广泛阅读。政策建议、研究报告等形式的成果将通过发布会、研讨会等形式公布，也可能直接提交给成果的潜在用户。潜在用户可能会组织专家进行采纳评价，鉴定成果满足采纳部门需求的程度，如科学性、社会价值、可行性等；"领导批示"是一种常见的采纳评价形式。课题型研究除了经历以上两类交付评价外，还要接受资助机构组织的结题评价。被资助课题的成果数量、内容，成果发表形式与级别等是否符合资助机构的要求，是结题评价常参照的重要外在标准；组织同行专家对成果进行直接评价，也是常见的结题评价方式。

在成果进入传播应用环节后，可能经历多次不同类型的后端评价。首先，所有通过各种渠道公开的成果都要接受学者自觉评价，即学者在日常阅读和研究过程中自然发生的评价，是学术研究内在发展机制的体现；评价标准以广泛认可的学术标准为主，评价结果表现为被下载、被引用、被评述等，被下载和被引用情况可通过各类数据库查考，但学术同行在各种场合对成果的评述行为较为随意，难以被系统记录和查考。第二，各评价中心、专业学会等专业评价机构常针对所有公开的成果组织评奖或排名等活动，如基于文献计量方法研制"核心期刊"，基于同行评价方法开展的国家社科基金成果评奖，基于二次文献形成的期刊或机构转载排名等。第三，各级科研管理或出版管理部门针对管辖范围内的正式成果进行评价，并以此进一步评价学者、机构、期刊、出版社的绩效；管理评价常参考学者自觉评价或专业机构评价的结果，比如"核心期刊"发文数量，成果被引用、被转载、获奖等数据，也可能专门组织成果的同行评价，比如职称评审中的"代表作评审"；管理评价的结果是分配科研资源的主要依据。第四，所有成果公开后，大众（尤其是成果的利益相关者或内容相关者）也可成为评审者，但目前中国大众对科研成果自觉评价尚属无序状态，评价结果很难被记录和查考，因此发挥作用不大。

三 理顺学术评价对成果创新的作用机理

学术评价事实上已经融入大多数人文社科研究的全过程，势必对其成果创新效果产生重要影响。然而，学术评价是一把"双刃剑"，既可能产生激发创新积极性、提高创新效率等积极影响，也可能产生打击创新信心、束缚创新模式等消极影响。完善人文社科学术评价机制的基本目标之一是减少消极影响、增加积极影响，推动人文社会科学的高效创新、全面创新和持续创新。

学术评价之所以能够影响创新效果，其中一个重要原因是因为评价结果与利益分配息息相关，而利益分配则直接作用于创新动力。通常来讲，创新动力来自于对创新要素的合理配置和使用。创新要素是指和创新相关的资源和能力的总和，即支持创新的人、财、物，及其组合并发挥作用的机制。借鉴科技成果创新的要素界定，[⑫]本文将人文社科成果创新的要素概括为创新者、创新需求、创新方式和创新资源。其中研究者是潜在的成果创新者，是发掘创新需求、利用创新资源、开展创新研究的主体；创新需求是指经济社会发展对人文社科创新的动态需要，具有相对性；创新方式是用以实现创新的各类方法、工具、手段的总称，学术研究中的所有方式都可能成为创新方式；创新资源是指提供给创新者开展创新活动的各类物质、能量、信息等资源。这四个要素在人文社科成果创新中缺一不可、相辅相成，在一个良好的人文社科成果创新体系中，创新者的研究活力充沛、积极性高，独立创新、协同创新和持续创新能力均较强；在一定时空条件下，创新需求得到较好满足；创新方式层出不穷且能够被创新者充分、自由、便捷使用；创新资源较充足且被合理分配、充分利用，支撑了重要创新活动。其中，创新者是否具有足够的积极性最为关键。

学术评价对提升人文社会科学创新动力至关重要，一方面因为创新程度通常是首要评价标准，甚至可以认为创新程度较低或无创新的成果，就不必再去考察成果其他方面的质量；[13]而图1和图2所示的每次评价活动，都决定着人文社科研究过程是"继续推进"，还是"回头返工"，直至取得实质性的、被认可的成果创新。另一方面，如图3所示，每次人文社科学术评价，均须认可研究成果的价值或指出其不足，得出的评价结论将深入影响研究者（即潜在创新者）的精神和物质利益分配，及其积极性。在理想状态下，人文社科学术评价机制应尽可能地在引导创新方向、监控创新质量、配置创新资源、减少创新惰性、激发创新活力、提高创新效率、提升协同创新能力等方面发挥积极推动作用，促使人文社科研究过程产生更多、更有效、更有价值的成果创新，减少甚至遏止那些不能产生成果创新或创新程度较低的研究活动，推动人文社科研究者以"螺旋上升"模式不断逼近创新需求的极限值。

然而，现实中学术评价推动成果创新的作用机理呈现出复杂性，很难达到理想状态。要使其充分发挥基础性、根本性作用，至少应满足三个条件。首要条件是确保人文社科成果的"准确评价"；"错误评价"将直接导致对创新积极性和成果创新价值的"抹杀"。然而，根据本文第一部分的论述，对人文社科成果创新性、质量和价值进行精确判断具有较大难度，但切不可悲观地认为人文社科成果"不可评"，通过较为科学的程序、手段和方法，是可以"大体判断"出人文社科成果水平的，[14]否则人文社科成果评价活动就是毫无意义，甚至影响各类管理活动的正常开展。二是具有较充足的创新资源，并建立严格按照评价结论合理分配资源的机制。这一环节直接影响创新者对评价活动的信心。在现实中不乏"评价认可度高、但资源分配少"的案例，严重打击了学者的创新积极性。这也是有些学者主张

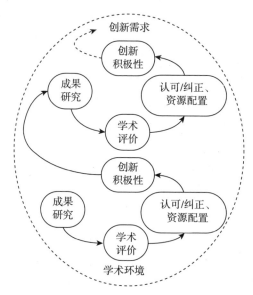

图3　人文社科学术评价促进成果创新螺旋上升模式示意图

"只对成果本身质量评价，不参考任何间接指标"的重要原因。[⑮]三是适度调和"学术创新程度"和"论证完备程度"两个评价标准。过于"严厉"的评价有损创新的动力，这就要求对创新程度较高但研究尚不完备的成果持较为包容的态度，引导其有序创新，逐步完善，直至完备。

此外，图1和图2所示的三个评价环节、八类评价活动，影响人文社科成果创新的侧重点是不同的。预备评价即立项评价的评价对象是"研究方案"，其重要作用是及时判断研究思路的科学性和可行性，帮助研究者较早地发现明显不合理的研究思路，及时调整创新方向，或帮助研究者及时纠正、完善研究方案，避免成果创新的"重复探索"和"无效探索"，从而提高创新效率。

交付评价则重在监控成果的创新性和质量、提高研究者的创新能力。其中，出版评价对人文社会科学知识宝塔严格把关，确保创新性较强、质量较高的成果进入传播领域，并使成果更完善、更符合出版规范；采纳评价是从用户角度对创新性成果的科学性和可行性进行检验；结题评价着重对课题型研究的创新效率和质量进行监控，确保资源被充分利用，且成果创新"物有所值"。

后端评价的主要功能是检验成果创新的长期、持续价值，迎合了人文社科成果价值显现周期较长的特征；后端评价也满足对学术评价的各类不同需求，比如科研管理需求、学术发展需求、成果应用需求等。其中，专业机构评价具有独立性、专业性较强等优势，有利于完整记录和全面对比成果创新状况；学者自觉评价和大众自觉评价分别从学术和应用角度对成果的创新性和价值进行持续、反复判断；管理评价面向实际管理需求，是决定资源分配和创新方向的重要一环。

四　改进现有人文社科学术评价机制的不足

目前，中国学术评价机制中尚有许多阻碍甚至制约人文社科成果创新之处，迫切需要对其进行改进，改进策略主要包括如下五个方面。

第一，调整评价角色定位，正确引导创新方向。

学术界普遍认为，"学术共同体"理应作为学术评价当仁不让的主体，[16]却常因评价组织者和评审者两类角色的混淆而出现偏差。在立项评价、结题评价和管理评价中，成果评审者这一角色受到上至管理者下至评价对象的广泛关注，但评价组织者这一角色却往往被忽视，或者被模糊地视为评价主体的一部分。事实上这两类角色差别很大。资助部门或管理部门作为评价组织者负责评价标准、程序和细则的制定，事实上是"规则制定方"，同行专家作为评审者依据评价规则对成果进行直接评价，事实上是"规则执行方"。尽管有时组织者也会征求评审者对评价规则的意见，但组织者享有最终"决定权"。这种分工使评价规则更易贴近组织者需求，而忽略学术共同体的看法，评审者实质上被剥夺了"规则制定权"，只能被动地接受并遵循规则；评价组织者却僭越成为评价规则主导者。这种评价组织者决定评价规则的状况明显阻碍了成果创新。正因如此，许多科研管理部门制定的过于重视量化指标的评价体系大行其道，迫使成果创新活动为满足评价要求"削足适履"；学者们对改革评价体系的呼吁也只能"隔靴搔痒"。

在学术评价中"学科共同体和行政管理的有机配合"是十分必要的，[17]有必要根据成果创新的需要，重新界定评价组织者和评审者的角色定位。加强学术同行专家在制定评价规则中的作用，规范、控制评价组织者的组织、协调和服务功能。中国人民大学的科研考核改革，将"核心期刊目录"制定权从科研处下放到了院系，可谓是解决这一问题的有益探索。[18]此外，还有必要采取培训等措施，深化资助机构、出版机构、采纳机构、专业评价机构等评价组织者对成果研究过程和评价对创新作用机理的理解，或者吸收同行专家加入到评价组织者队伍中并发挥主导作用。

第二，推动评审者与研究者协同工作，有效提升创新能力。

学术评价已成为成果研究过程中的重要环节，评审者也理应成为"学术共同体"的一部分，与人文社科成果研究者（即潜在创新者）开展协同工作。然而，在预备评价、交付评价和后端评价中，都存在评价者与研究者协同力度不高的情况。每次评价后，许多研究者通常仅能获得"简化"的评价结论，如优秀或良好、通过或不通过，却未能获得详细的评审意见；有时虽得到了一些具体意见，但研究者与评审者也很难就评审意见进行深入交流。这就使研究者无法针对评价结论改进创新的思路、过程或方法，限制了学术评价在"提升协同创新能力"方面的作用。

学术编辑是阅读量大且较熟悉所在领域创新状况的一个群体，有能力、有优势对成果进行深度评析，引导并帮助研究者改进和完善成果。但在许多出版评价中，编辑仅担任成果的"形式审查者"、"旁观者"和"协调者"，负责成果初步筛选、评价组织、评审意见传递等工作，却未能就成果内容的评审与研究者开展深层对话，对成果创新的推动作用有限。甚至有些知名期刊社和出版社也坐享"马太效应"带来的关注度，不主动帮助研究者提升成果的创新性和质量。

因此，树立"为了推动成果创新而评价"的意识，建立评审与研究协同工作机制，对于切实提升人文社会科学成果创新能力十分关键。尤其应大力加强学术编辑与研究者的协同工作，深化学术编辑的评价功能，使其能在判断创新热点、引导创新方向、发现研究者的创新潜力、提高成果创新性与质量等方面，向研究者提出改进成果撰写甚至研究过程的建议。这一路经也有助于抑制"核心期刊"、知名出版社的"马太效应"给成果创新带来的消极影响。

第三，理顺评价结果利用机制，优化创新资源配置。

参考现成的评价结果开展评价是常见现象。尤其是管理评价，科研管理部门常常采用其他评价活动的结果和数据用于本单位的成果评价，如专业评价机构的"核心期刊"目录或论文被转载情况、学者自觉评价中的成果被下载或被引用数据、立项评价中的立项级别等。这些"二手评价"科学性的前提是"一手评价的科学性"和"对本单位的适用性"。不同类型评价活动均有特定的目的和方法，[19]其评价结果的适用范围也不同，在本质上涉及"如何科学利用评价结果"问题。

不可否认，在当前"以刊评文"盛行的中国人文社科领域，"盲目滥用"评价结果的例子屡见不鲜。比如，一些人文社科评价体系把主要针对理工学科的"SCI 来源刊、EI 核心刊"发文列为最高级成果；有的单位将是否获得技术专利列为评估人文社科成果创新的重要指标；当前国家自然基金委管理学部的重要期刊中，《中国社会科学》等人文社科领域顶级期刊竟然不在其列；一些科研单位对 SSCI 等国际发文的认可度远远高于国内最优秀的人文社科期刊发文，奖励额度有时会相差 10 倍。由于各科研单位自行确定的成果评价体系千差万别，对同一篇论文的评价结论可能"天壤之别"，虽然理论上一篇论文的质量相对稳定，但可能在 A 高校里被认定为权威，但在 B 高校就不算科研成果。这就迫使学者们必须跟着"评价指挥棒"开展成果创新。

没有任何一个人文社科评价体系是万能的，因而恰当选择使用其他评价结果"为我所用"本无可厚非，但这一过程若缺乏科学性则会严重阻碍正常的科研秩序和成果创新。以上事例中的评价就很容易造成偏差，实难使创新资源得到合理配置。如前所述，科学的评价结论是合理配置创新资源的依据。为此，有必要制定相应的管理办法，指导管理部门科学、正确、合理地使用学者自觉评价、专业评价机构评价、大众自觉评价的结果。科研管理部门在使用其他评价结果前，必须充分掌握其形成过程、特点、规律和对本部门的适用性，并体现出学术评价的学科差异、国际化与本土化差异。此外，由学术共同体或上级管理部门组织对评价活动进行"元评价"（对评价的评价）和"反评价"（评价对象对评价体系的评价），也不失为可行手段。

第四，强化弹性评价和多元评价，确保自由创新积极性。

"自由是一种最宝贵的创造力，对于学术研究来说，自由地思想是非常重要的"，[20]但中国人文社科学术评价有时过于僵化、有失灵活，无形中给自由创新带上了"枷锁"。比如在立项评价和结题评价中，多数要求研究周期固定为几年，研究者不得不被迫调整研究周期；在结题评价和管理评价中，有时要求在某段时期内至少发表若干篇论文，或者出版若干字数的论著，使学者很难自主安排研究计划；许多甘愿"坐冷板凳"致力于长期基础研究的学者，常不能及时获得资助或根本得不到资助，甚至无法通过科研考核。这些规定严重忽视了自由创新需求，在成果"量化积累"阶段或可适当"论功行赏"，但长此以往无疑会限制甚至损害学者的创新积极性。

强化弹性评价和多元评价是解决这一问题的重要手段。其中，弹性评价意味着评价的原则、标准不能"一刀切",而是要充分体现不同类型、不同学科的差异,制定出可调整的弹性评价措施,尽可能确保学者自由选择、自由研究的权利,使各种不同的创新活动都能及时恰当地获得创新资源。弹性评价有利于更科学的分类评价,加强同行评价的主导作用,[21]避免把简单化、形式化的量化评价当作主要手段甚至是唯一手段,进而弱化"评价指挥棒"对自由创新的束缚作用,但同时也使评价活动更复杂。中国人民大学为教学科研型、科研为主型、教学为主型三类教师设置不同的考核标准,并且当教师取得突出创新成就时取消一个聘期的量化指标考核,对于强化弹性评价起到了较好的示范作用。[22]多元评价有利于降低评价的片面性。"多元"至少体现在如下三点:一是评审者的多元,如学术共同体、管理机构、资助机构、社会大众等;二是评价标准的多元,各单位学术评价应"取百家之长、避百家之短";三是评价目标的多元,既需要"择优奖励式"评价,也需要防止创新惰性的"基本线考核式"评价,这样才能促进不同评价体系之间的有益互补,提升不同类型和发展阶段研究者的创新能力和效率。此外,弹性评价和多元评价还有助于调节定性和定量评价的结合程度,推动从量化评价向质量评价的逐步转移,体现短期和长期研究对评价需求的差异,以及避免学术评价导致的功利性或短视性研究和创新行为。

第五,建立评价结果查考反馈机制,促进创新性成果的交流和检验。

评价结果可查考和可反馈,有利于对评价数据的反复利用和对成果创新价值的长期检验。在中国人文社科各类评价中,评价结果的可查考性和反馈性尚不能令人满意。比如许多课题申报书或论文提交评价后石沉大海,既未能向研究者反馈详细的评价意见帮助其提升创新能力,也未能给评价研究者和实践者提供可深入挖掘的数据或案例;在引文数据库中,成果被引用情况虽然被记录,但对引用动机的描述和评述却是缺失的;如前所述,在管理评价和专业机构评价中,研究者通常只能得到简单的评价结果反馈,但对研究者最有价值的同行评价详细意见却常常无法查考。评价数据与其他信息资源一样,可反复共享和再利用。因此完全可以通过深入开发、充分共享和反复利用人文社科评价记录和数据,在较长时期内跟踪检验成果创新的价值,同时也为发现人文社科研究和创新规律、改进评价体系提供有力依据。

众所周知,学术评价是一项投入较大的活动,然而,较为可惜的是目前中国人文社科领域的绝大部分评价活动,仅能发挥"一次性"作用,严重抑制了创新性成果的有效交流和长期检验。为此，应进一步强化人文社科学术评价结果的反馈机制，通过向评价对象反馈有价值的评价结论，切实帮助学者"扬长避短"地开展持续创新；进一步规范人文社科引用和转载的学术行为，完善评价结果的记录机制，引导社会大众有序参与人文社科成果评价并促进评价结论显性化，供人文社科领域工作者查考；利用信息技术搭建支撑人文社科成果创新的"学术评价大数据平台"，形成同行学者虚拟社区，实现学术同行之间无缝通畅的学术交流和评价交流，便捷地开展协作研究和成果引用、转载、评述，使评价活动嵌入到成果研究和创新的全过程中。

---

① 中共中央办公厅、国务院办公厅转发《中共中央办公厅、国务院办公厅转发〈教育部关于深入推进高等学校哲学社会科学繁荣发展的意见〉的通知》，中办发〔2011〕31号，2011年11月13日，中央政府门户网站，http://www.gov.cn/jrzg/2011_11/13/content_1992063.htm。本文将"哲学社会科学"和"人文社会科学"两个概念等同视之。

②㉑ 教育部：《教育部关于进一步改进高等学校哲学社会科学研究评价的意见》，教社科〔2011〕4号，2011年11月7日，教育部门户网站，http://www.moe.edu.cn/publicfiles/business/htmlfiles/moe/A13_zcwj/201111/126301.html。

③ 李忠尚主编《软科学大辞典》，沈阳：辽宁人民出版社，1989。

④ 教育部：《中国高校人文社会科学研究优秀成果奖励暂行办法》，2002年5月17日，教育部网站，http://www.edu.cn/20060109/3169582.shtml 该《办法》按成果形式将人文社科成果分为专著、论文、研究咨询报告、译著、考古发掘报告、工具书、古籍整理、软件、音像制品等。

⑤ 《浙江省哲学社会科学优秀成果评奖办法实施细则》等多个省级成果评奖细则，按成果的研究性质将人文社科学术成果分为基础理论类研究成果（包括专著、论文等）、应用类研究成果（包括调研报告、对策建议）、学术资料整理类成果、译著类研究成果四类。《浙江省哲学社会科学优秀成果评奖办法实施细则》，省委办〔1998〕5号，见：2011年8月2日，浙江省教育厅网站，http://www.zjskw.gov.cn/upload/admin/20110802/14/%B8%BD%BC%FE%D2%BB%C6%C0%BD%B1%CF%B8%D4F2.doc 卢渝等学者主张按成果的智力加工深度，将社科成果分为研究类、普及类和资料类，各类成果的重要性依智力加工深度递增。该成果见卢渝《社会科学研究成果分类标准及其量化途径》，上海：《社会科学》1992第4期。

⑥ 刘树成主编《现代经济词典》，南京：江苏人民出版社，2005。

⑦董仁威主编《新世纪青年百科全书》，成都：四川辞书出版社，2007。

⑧⑭高自龙、杨红艳：《学术评价：理想与现实之间的优化选择——人文社科论文评估指标体系的完善与实施新探》，武汉：《江汉论坛》2011年第11期。

⑨朱少强：《论科学建制背景下的人文社会科学研究评价》，武汉：《评价与管理》2008年第12期。

⑩杨红艳：《基金资助对中国人文社会科学论文质量的影响——基于"复印报刊资料"转载论文评分数据》，北京：《情报理论与实践》2012年第8期。

⑪⑲叶继元：《人文社会科学评价体系探讨》，南京：《南京大学学报》（哲学·人文科学·社会科学）2010年第1期。

⑫谢荣华等编著《世界塑料材料大全》上册，北京：中国轻工业出版社，2002。

⑬中国人民大学人文社科学术成果评价研究中心：《人文社会科学论文质量评估指标体系实施方案》，北京：中国人民大学，2010。

⑮卜卫、周海宏、刘晓红：《社会科学成果价值评估》，北京：社会科学文献出版社，1999。

⑯詹先明：《学术共同体建设：学术规范、学术批评与学术创新》，南京：《江苏高教》2009年第3期。

⑰刘大椿：《构建人文社会科学评价管理创新平台》，北京：《中国社会科学报》2010年3月18日。

⑱㉒冯惠玲：《高校科研考核改革的深度探索与思考》，北京：《中国高等教育》2012年第5期。

⑳汤一介：《我不是哲学家》，北京：《中国教育报》2011年3月27日。

作者简介：杨红艳，中国人民大学人文社会科学学术成果评价研究中心项目研究部主任、副编审，博士。

［责任编辑：刘泽生］

（本文原刊2014年第4期）

学术论文评价方法研究[*]

任全娥

[提　要] 学术论文是一种重要的人文社会科学成果形式，广义的论文评价方法主要包括评价指标体系、评价程序机制、评价信息来源。学术论文首先是科学研究成果，科学性是其基本评价要素，价值性是其追求的目标，只有基于真实性与自洽性的文章才可能具备积极的社会价值与学术影响。论文的产生、传播与评价，涉及专家学者、期刊编辑、管理部门、社会大众等评价主体，这就使得评价方法多元化、区别化与层次化。文献计量评价方法的有效性取决于引文数据库与评价指标，而实施专家定性评价的重点在于专家遴选、评价程序与制度保障。

[关键词] 学术论文　社会科学评价　评价主体　评价指标　评价程序

一般情况下，广义的学术论文评价方法主要涉及评价指标、评价信息、评价程序等。按照评价目标来抽取学术论文的客观属性信息，并对这些属性的重要性加以判断赋值而产生评价指标体系，这是评价方法的核心部分；论文评价信息是评价指标所涉及的具体评价数据，不同评价主体产生不同评价信息，既可以是数值信息，也可以文本信息或事实信息，这是评价方法的基础部分；论文评价程序是使用评价指标与评价数据而实施的具体评

---

* 本文系国家社科基金青年项目"人文社会科学研究成果评价体系设计与实证分析"（项目号：09CTQ014）和"创新和质量导向的中国人文社科学术成果评价管理控制机制研究"（项目号：12C7Q022）的阶段性成果。

价过程，是评价制度、评价机制、评价流程的综合，旨在通过评价的"程序公正"来保障评价结果的实质"公正"和有效。

当前，学界越来越重视优秀论文评奖、项目后期资助、期刊论文摘转，这使学术论文评价显得越来越重要。学术论文的撰写、发表、传播、引用、转载、评论，是学术思想交流的主要形式，也因此成为评价科研项目成果、遴选优秀学术人才、考核科研机构时不可或缺的基本要素。学术人才评价，重点在于代表作成果评价，同时需要当事人进行现场学术答辩；科研机构评价，需要以学术成果评价为基础，同时结合学术活动、人才培养等情况；科研项目评价，以绩效成果评价为依据，同时考虑项目实施过程、经费使用情况以及与实践部门的沟通和深度合作。

学术论文评价在科研活动与科研管理中至关重要。那么，什么是优质学术论文？应该由谁来评价学术论文？如何才能选出优质学术论文？

本文围绕这些评价方法基本问题，结合实际工作及对当前学术评价乱象的思考，展开探究性研究，提出独到见解与研究思路。

一　什么是优质学术论文？

在数字网络环境下，传统的学术期刊论文与网络学术论文并存共生，而且互相交叉重复，拓展了学术思想的传播途径与交流模式。本文讨论的学术论文以传统期刊论文为主，也包括经过数字化的传统期刊论文。这些学术论文的发表有严格的审稿制度与质量控制机制，在学术评价制度与科研管理中居于主流地位，也是成果评价活动的主要评价对象。

没有科学的评价，就没有科学的管理。随着科研活动的制度化与项目化，科研成果评价逐渐成为科研管理的有机组成部分与重要环节。只有通过科学有效的成果评价，才能把优质学术资源流向优质学术成果的生产者，引导国家科研经费与学术资源合理配置。但是，什么样的学术论文才算是值得后续立项资助与扶持的研究成果？

目前，科研管理部门、研究机构、数据库商都在探索符合各自评价目标的学术论文评价体系与操作模式。然而，一些系统和部门过分夸大了 SSCI、CSSCI、CHSSCD 等国内外数据库的权威性和评价作用，甚至某些高校、研究院所将论文能否被这些数据库收录作为毕业、职称评定的筹码，致使不少作者为提高自己论文被数据库收录的收录率而十分挑剔地选择投稿的期刊。另外，还有些理论文章为了迎合社会价值或学术价值的评价需要，不惜以牺牲论文的科学性为代价，伪造或扭曲学术研究史料的真实性，阐述缺乏科学逻辑性的理论观点，混淆视听，哗众取宠。

如此学术乱象，使学术论文尤其高质量学术论文的概念界定越来越模糊。要理解学术论文的概念，需要首先明确"学术"的概念。亚里士多德认为，除理论外，学术还包括实用和制造两类。"理论知识的目的在于真理，实用知识的目的则在于其功用。"①梁启超在《学与术》中写道："学也者，观察事物而发明其真理也，术也者，取所发明之真理而致诸用者也。"②按此说法，学术乃是人类对社会及自然界理性思考与认知的科学结晶，是对客观规律的把握与应用。可见，学术论文的基本特点是其科学性与真理性，形式特点是以学术期刊作为学术思想交流与传播载体。优质的人文社会科学学术论文成果，应当是采用真实文献资料与科学研究方法得到的、具有社会价值或人文意义的人类社会及其发展规律的客观知识产出形式。因此，人文社会科学研究成果，既要有"科学"的形式，又要有"社会"价值或"人文"意义，不但要"社会化"，还要"科学化"。

截至目前，学界对学术论文评价更多地偏重于操作层面评价方法的研究。如范晓莉和高自龙通过对论文评分进行实证分析，总结了单篇论文评价中评委评分松紧不一的情况和评分的分布状况（不服从正太分布，方差差异显著），基于此提出修正评分的流程和方法并进行实证研究；③雷二庆等基于单篇论文被引频次、期刊年度总被引频次和期刊年度 H 指数的平方三个参数，提出了计量单篇论文创新价值的指数计量公式；④任全娥和郝若扬通过分析人文社会科学的学科特性，提出基于文献引证关系的人文社会科学论文评价思路；⑤任全娥和龚雪媚设计出一套客观的人文社科论文评价指标体系，并选取中国社会科学院已获奖论文作为分析样本进行试评检验。⑥这些文章对学术论文评价的讨论重点在于微观层面的评价方法探索，几乎没有涉及学术论文的基本概念、评价主体、评价机制等。

二　谁在评价我们的学术论文？

目前，我国的学术论文评奖，主要是针对已经在学术期刊正式发表的学术论文，偏重与发表载体相关联的评价体系构建，导致当前备受诟病的"以刊评文"现象。发表在一定载体上的知识表现形式称为"文献"，这使文献计量学方法正逐渐成为被科研管理部门看好的学术评价方法。借助着一股无法抗拒的强大社会需求，文献计量学研究越来越从文献统计分析向科学评价峰回急转，并由此引发出一系列其自身也始料不及的学术评价话语权的争夺战。其中，一方面是科研行政权力部门之间对引文数据库和文献计量学研究团队的争夺，另一方面是文献计量评价群体、期刊编辑及审稿专家之间的评价话语权争夺。当然，其中还会有科学研究专家与社会治理部门之间的话语权争夺，因当前很多作者发表论文的目的更侧重于个人学术影响的提升和学术资源的获取，这一点更多地表现在科研项目管理问题方面。

（一）行政权力部门之间的评价话语权争夺

最近，在我国高校和科研机构，竞相搭建高端的科学评价平台与发布评价报告正在成为一道独具特色的风景线。为了掌握学术评价话语权而不断升级的引文数据库建设和文献计量研究，在不知不觉中演变成为一场行政权力的较量，最后当然是权力大的一方占上风。我们不得不承认，越是所谓高端权威的学术评价平台，其畸形快速发展越是一把"双刃剑"，在被重视与被支持的同时，也在被行政化，逐渐丧失科学评价应有的科学性与公信力。"当外在于学术共同体的政府或机构成为学术活动的组织者，特别是成为学术资源及利益的主要提供者和分配者时，学术评价也就从学术活动演变为参与分配学术资源和利益的权力行为。"[⑦]

（二）期刊编辑与专家学者对评价话语权的争夺

目前，面对各种学术评价体系、评价指标和评价机制，期刊主编们纷纷表现出疲于应付的无奈与质疑。他们认为，"这些评价体系、机制的问世，与期刊本身无垂直关系，并非期刊发展过程中的自然选择，而是一些期刊使用单位根据自己的需要制定的评估标准。……这些非期刊工作的'需要'，催生了各种学术评价体系。……面对各种评价体系，学术期刊只是被动地适应，在评价与被评价环节中，学术期刊的主体地位遭到消解，处于听任非主体评头品足的尴尬境地。……原本是学术期刊引领学术风范，推出热点，促进发展，如今则变成期刊的定位与发展要依据评价体系行事"。[⑧]《南京大学学报》主编朱剑在《清华大学学报》撰文质疑学术评价中的"以刊评文"风气，认为"不管何种评价都离不开对学术研究的主要成果形式——论文的评价。对论文特别是对人文社会科学论文的评价，原本是件复杂的事，但现实中已变得十分简单，那就是'以刊评文'，即根据论文发表在什么级别的刊物上来确定其质量。这样一来，评价虽然变得简单而易于操作，但却发生了错位，由对论文学术价值的判断变成了追究论文的'出身',为期刊定级和排序遂成为学术评价的要务"。⑨在专家学者看来,同行专家是当然的学术评价主体,也是学术评价的对象与客体,学术论文成果的发表、交流与评价,都应该是基于学术共同体的正常学术活动。他们认为,当前从发表载体的出版角度对学术论文进行的各种文献计量评价,是"混淆评价概念,偷换评价体系,造成评价错位。……学术评价是学术同行专家对学术创作主体学术论著质量水平高低的科学认识。……要做好学术评价工作,就要首先在理念上确立学术评价不等同于出版评价的基本认识,并在此基础上真正地围绕学术研究主体和学术研究成果,而非学术出版平台,形成有中国特色的基于学者个体论著本位的评价体系"。⑩

(三)国家管理部门与专家学者面对评价话语权的尴尬

一方面,国家社会科学规划办公室作为社会科学研究的政府管理机构,大力提倡学术研究成果的理论价值和实际意义,希望从国家层面通过项目资助体系来引导社会科学工作者关注现实问题。另一方面,人文社会科学研究作为一门具有人文精神与社会关照的科学活动,需要人们对学术本身的"真"、"诚"与"敬",需要怀着求真务实的态度与自由之精神,虔诚地追寻真理,敬畏地仰望知识。然而,当前双方却面临着一个非常尴尬的局面,即由于社会科学管理部门对科研项目的管理不当,导致了学术界"项目至上"及"以项目论英雄"之风盛行,还滋生了学术腐败与学术不端,大大地损伤了学术的尊严。据近期《新京报》报道,中央巡视组强调,科技部"在科研项目和资金管理方面,项目评审立项权力过于集中,存在廉政风险;科研经费管理制度不够科学完善,监管不力,违规违法和浪费问题易发多发;一些科研项目成果弄虚作假"。⑪面对名目繁多的科研项目考核与成果评价,一些专家建议,对那些在学术界已取得突出成就的学者,应减少简单的项目论文考核;对一些拥有学术潜力的教师可拉长考核年限,或免除考核压力,使他们能集中精力投入研究。⑫当前,我们不得不认真研究如何合理使用科研项目经费,如何正确引导社会科学研究沿着科学性、针对性与现实性的方向发展。

(四)多种评价主体通过信任传递机制共同发挥评价作用

那么,应该由谁来评价学术论文成果?谁是学术论文的评价主体?笔者曾将学术成果的评价主体归纳为五种类型:书刊编辑、学界同行、科研管理部门、第三方评价机构与社会受众。⑬正式传播的科研成果需要面对的第一个评价主体就是书刊编辑与审稿专家,此时书刊编辑就成了第一道

"把关人"。再就是专家学者，他们从成果的形成到广泛传播、产生影响都在发挥作用，是应然的评价主体。实际上，在编辑采稿、专家审稿及论文引用整个过程中，同行专家一直都在扮演着评价者的角色；成果发表之后，在职称评定、成果评奖过程中，专家同样在发挥同行评议的作用。随着国家对学术研究的重视与科研投入的不断增加，学术评价与科研管理越来越重要。科研管理与评价需要看科研绩效，需要评估科研的投入产出是否成比例，因此科研管理部门也就成为科研评价主体。科研管理部门为了实现评价的可操作性与客观性，还会支持第三方评价机构成为评价主体。第三方评价机构的评价标准是中立的，评价方法是以文献计量为主、便于操作的。但由于社会科学成果的复杂性，评价方法的操作性与科学性、整体统计与个性化关照之间的矛盾客观存在，如果科研管理部门仅仅为了操作方便与降低成本，对第三方评价结果不加分析拿来就用，很容易引起误导，放大各类评价方法固有的负面效应。由此可见，只有不同评价主体之间互相影响形成良性循环，才能通过信任传递机制产生不同的评价信息，共同发挥着各自的评价作用。

三　如何把优质的学术论文选出来？

（一）评选优质论文的标准与评价指标

如上文所述，人文社会科学论文成果，既要有"科学"的形式，又要有"社会"价值或"人文"意义。实际上，这既是对评价对象的概念界定，也是本文阐述的学术论文的评价标准。按照这一标准，优质论文的高质量首先体现在科学性层面，其次才体现在价值和意义层面。科研成果的科学性是其发挥社会价值和学术影响的基础和保障。期刊论文的科学性，一般会通过自身信息反映出来，如选题立意新颖性、阐述论证逻辑性、参考资料准确性等。社会科学成果的价值主要体现在政策影响价值与学术交流价值，而论文类成果则更侧重于学术交流价值的发挥。基于学术交流的价值测评，是目前期刊论文评价中较为常用的评价指标。在现代网络环境与大数据背景下，知识生产与学术交流模式都发生了意想不到的变化，期刊论文交流使用价值的表现形式越来越复杂，测评指标的范围也从传统的被引用指标扩展至多元化使用指标。

总之，学术期刊论文的基本评价标准主要是科学性和价值性，相应的测评指标信息源有参考文献、作者及其机构、发文期刊质量、被引用、被摘转、被浏览下载等。

（二） 从不同的评价主体与评价视角看学术论文评价方法

评价期刊论文的科学性时，期刊编辑和审稿专家是评价主体，他们关注论文成果自身的内在特征信息与预期学术价值，属直接评价与即时评价的方法范畴；评价期刊论文的政策影响价值时，科研管理部门、社会大众及政府决策部门是评价主体，他们关注学术成果的政府智库价值、政治宣传效果与社会教化作用，属间接评价与历史评价的方法范畴；评价期刊论文的学术交流价值时，学术同行大众是评价主体，他们关注的是论文与自己研究主题的相关性、易得性与可读性，在文献交流使用过程中形成各种各样的文献计量评价信息，从而在客观上为第三方评价机构提供评价数据源，也属间接评价与历史评价的方法范畴。如果从学科归属来划分，期刊编辑对学术论文的评价是从编辑学的角度展开；审稿专家是从该论文所属学科领域进行评价；政府科研管理部门则更多地从科学政策学与知识社会学的跨学科角度认识学术成果的价值；第三方评价机构主要是利用文献计量学方法、基于评价信息数据库与统计分析工具进行宏观层面的学术使用价值测评，或者采集汇总相应学科专家同行的定性评价信息直接评价论文的科学性。

期刊论文作为学术交流过程中自然形成的成果产出形式，从撰写、发表，到被收录、被摘转、被引用、被浏览、被下载，再到被评价、被获奖，是一个极其复杂的过程，其间涉及的评价主体、评价标准、评价指标、评价信息、评价机制等评价要素，可以真实反映出一个时代的学术生态。在论文的生产与评价过程中，不同的评价主体往往同时作为评价者与被评价者参与评价过程，在知识生产与成果传播中发挥着各自的作用，也产生着独特的评价指标与评价信息。评价主体与评价目标的多元化，是学术交流过程中的自然现象，是科研管理与学术繁荣健康发展的客观需求，如果导致评价对象的恐慌或不适，只能说明我们的学术生态还不够健康，需要全面认识与客观分析这一现状，科学使用各种评价方法与评价结果。

当前，"新的评价主体——'专业'的学术评价机构从无到有，高调登上学术舞台，争当学术评价的主角"，[⑩]竞相抢占科学评价平台的制高点。这使不同评价主体之间的职责边界不再清晰如初，某些评价主体的评价意识与担当意识过度强化，甚至出现了评价功能的泛化与空心化，几乎淡忘了本属自己的学术评价职责，而跨界到了其他评价主体的职责范围。这虽然有资源整合和协同创新的积极作用，但也不可避免地会在一定程度上破坏学术自然生态，为权力寻租与利益争夺提供滋生空间。

实际上，任何一个评价主体及其对应的评价方法，其评价功能都是有局限性的，是根据既定的评价目标而实施的评价行为，万全之策式的评价方法是不存在的。由于人文社会科学成果评价的复杂性，我们不能企图一次评价能解决所有的评价问题，而是要根据不同的评价目标与评价阶段采取相应的评价方法，设计相应的评价指标，并有针对性地合理使用评价结果。因此，评选优质学术论文的首要步骤，就要从制度上明晰不同评价主体的评价目标与评价职责，然后按照不同评价主体分别设计评价指标、分配指标权重、采集评价信息，最后通过科学的评价机制，组合相应的评价指标及其评价信息，得到相对客观的评价结果，达到预期的评价目标。

（三）处于不同生产阶段的论文评价方法

学术论文在期刊发表和广泛传播之前，我们无法获取发文期刊、被引次数、摘转次数、下载与浏览次数等学术交流方面的间接评价信息，既无法评价学术论文的学术价值，也无法评价其在资政育人方面的社会价值。但期刊编辑与审稿专家作为学术成果的第一道"把关人"，决定着学术论文能否正式参与学术交流，能否进入文献计量分析阶段或第三方评价信息库。此时，论文的思想性、科学性与创新性，是期刊编辑与审稿专家的选稿标准，也是实质意义上的学术论文评价标准，在一定程度上承载着引领学术发展方向的评价职责。这是因为，论文研究资料、方法与结论的科学性与创新性，是论文发表之后发挥积极价值的保障。同时，由于人文社会科学研究成果的意识形态性，当前的学术成果评价更多地强调各种价值评价，尤其是对其政策影响力与国际影响力方面的价值评价。

论文发表之后，就要在参与学术交流中接受更大范围的传播，从而产生学术影响或发挥社会价值。论文被引用是评价论文的学术价值的重要指标；下载也是文献利用的一种方式，表明该文章对读者的研究有参考价值，这种价值不一定反映在参考文献中，还可能是别的启发，如扩展文献阅读；浏览是网络环境下的另一种文献利用形式，其学术价值弱于引用和下载指标。值得强调的是，无论是哪类量化评价数据库，也不管是哪种性质的评价机构，其基本的目的和功能都应该是服务于学术研究，制作和发布量化数据都应尽可能地提高数据的科学性、合理性、准确性、公正性和透明度，而不是获取学术裁判权，充当评价主体。此时，如果学术论文被权威的文摘期刊全文摘转，则意味着接受了又一次严格的专家评审，包括论文的科学性、创新性与可读性方面的审核。相对于学术期刊，文摘期刊的选稿标准更重视学术论文的可读性、传播性与社会转化效果。

（四）集成评价指标与评价信息，设计多元化论文评选方法

与专家的主观判断相比，文献计量方法在评价指标信息集成方面具有独特的优势，因此我们应充分利用该方法设计多元化的评价指标体系。在数字化时代，论文点击量、下载量、被链接次数等新的统计数据获取方便，这给单篇论文的评价工作带来新的视角。如果从文献利用数据方面定量评价单篇学术论文，一篇论文大致包含两类信息，内部信息和外部信息。内部信息是指自发表之日起作者或编辑赋予文章的属性，如发表时间、发表期刊、发表栏目、基金资助、文献类型、参考文献数等。外部信息是指文献发表后来自外部的各种反馈包括引用、浏览、下载、评价、社会网络传播等。[⑮]笔者曾尝试提出学术论文复合层次评价法，相关概念关系如图1所示。

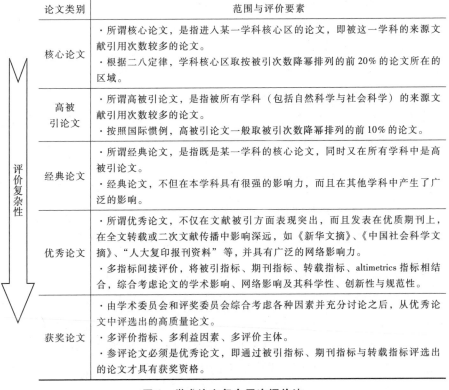

论文类别	范围与评价要素
核心论文	· 所谓核心论文，是指进入某一学科核心区的论文，即被这一学科的来源文献引用次数较多的论文。 · 根据二八定律，学科核心区取按被引次数降幂排列的前20%的论文所在的区域。
高被引论文	· 所谓高被引论文，是指被所有学科（包括自然科学与社会科学）的来源文献引用次数较多的论文。 · 按照国际惯例，高被引论文一般取被引次数降幂排列的前10%的论文。
经典论文	· 所谓经典论文，是指既是某一学科的核心论文，同时又在所有学科中是高被引论文。 · 经典论文，不但在本学科具有很强的影响力，而且在其他学科中产生了广泛的影响。
优秀论文	· 所谓优秀论文，不仅在文献被引方面表现突出，而且发表在优质期刊上，在全文转载或二次文献传播中影响深远，如《新华文摘》、《中国社会科学文摘》、"人大复印报刊资料"等，并具有广泛的网络影响力。 · 多指标间接评价，将被引指标、期刊指标、转载指标、altimetrics指标相结合，综合考虑论文的学术影响、网络影响及其科学性、创新性与规范性。
获奖论文	· 由学术委员会和评奖委员会综合考虑各种因素并充分讨论之后，从优秀论文中评选出的高质量论文。 · 多评价指标、多利益因素、多评价主体。 · 参评论文必须是优秀论文，即通过被引指标、期刊指标与转载指标评选出的论文才具有获奖资格。

评价复杂性（箭头自上而下）

图1 学术论文复合层次评价法

图 1 中箭头所指的方向，指的是评价指标项的增加及评价因素的复杂性递增趋势，并非指向各级论文评价的工作流程。不同级别论文之间的关系也并非严格的递进关系，其概念内涵存在着部分重复与交叉。核心论文、高被引论文与经典论文三者都是从论文的被引情况评价其学术影响。优秀论文在被引的基础上增加了发表期刊与转载情况，属综合性指标评价。获奖论文的评选涉及的因素最为复杂，不仅有论文质量因素，还会有利益平衡因素，评价结果在很大程度上受到评价目标与评价主体的影响。正因为此，本文设计出获奖论文的参评资格，即获奖论文必须是优秀论文，是经历过综合性指标筛选出的论文（对于个别数据表现异常的论文可以申请单独评审）。从论文评价指标的性质来看，核心论文、高被引论文、经典论文是用文献计量指标评选出的高质量论文；优秀论文是用多种间接指标（包括文献计量指标）评选出的高质量论文；获奖论文则是用复杂性指标评选出的高质量论文。这就在一定程度上限制了获奖论文评选中的人为干扰因素，使获奖论文在保证质量的前提下实现利益分配与协调。[16]

由此可见，人文社会科学具有不同于自然科学的学科特点，其学术成果也需要采用符合学科特点的多元化评价方法。文献计量作为一种统计性评价方法，只有在大样本条件下才成立，因此对它的使用需要更加理性化、科学化与精细化。著名的普赖斯奖获得者、荷兰莱顿大学的 H. F. 墨德教授强调指出："只有当文献计量学指标具备了足够先进的技术水平，只有当人们对文献计量学指标的自身缺陷有了足够的认识时，也只有在这些指标与其他更多的定性评价信息相融合时，文献计量学指标才能成为科研绩效评价的有效工具。"[17]

（五）不同评价方法的特点比较

从操作意义上的狭义评价方法而言，不同评价主体采用不同评价方法。在各种评价方法中，专家评价、科学计量评价与社会大众评价，在本质上都属分析诊断性评价；政府绩效评价是基于学科建制的体制内评价，具有引导与激励效能。专家评价、科学计量评价与社会评价功能的发挥，影响着政府评价的评价信息采集与评价目标实现。例如美国的《政府绩效和结果法案》，就充分发挥并有机整合专家评价、科学计量评价与社会评价的客观诊断功能，实现建制各种评价要素的无缝对接。专家定性评价、科学计量评价、政府绩效评价与社会评价的特点比较如表 1 所示。

表 1　不同评价主体与评价方法的特点比较

评价方法	优势	劣势	研究重点	操作难点	对指标体系设计的要求	对评价制度设计的要求
专家定性评价	直观性、综合性、整体性，适于"精评"。	操作成本高，"人情"现象难以避免，主观性强。	学科专家遴选、评价机制与过程保障。	净化学术环境、制定评价制度。	重在评价目标与评价标准的设计，对具体指标要求较为粗放。	回避制度、复议制度、答辩制度、信誉制度、公示制度、道德风险制度，发挥评价诊断功能。
文献计量评价	海量性、便捷性、高效率、客观性、操作性，适于考核与排名类评价。	间接性、局部性、分析性，异常数据与小概率事件难以避免。	学科分类、引文分析及其他文献计量指标选取、指标权重、指针数据获取与处理。	制定分类评价标准，获取评价指标数据。	运用科学计量学理论与方法，不断细化与优化评价指标，借鉴国际先进经验做法，反复数据测试与实证研究。	评价结果的合理使用，发挥评价的诊断功能，以评促建。
政府评价	面向问题，政策性和综合性强。	导向性明显，过分重视政策影响，容易忽视科学性。	智库研究、知识社会学研究、科学哲学研究。	信息有保密性，评价数据不易获取。	正确解读领导批示的内容，合理划分评价等次。	发挥政府引导功能，能与激励功能，使社会科学研究更有针对性，面向问题进行研究。
社会评价	社会意义深广，普及性和大众性强。	容易形成社会轰动效应与从众心理。	大众心理学研究、社会调查问卷设计。	群众参与意识不强，社会文化素质与评价能力不足。	设计社会调查问卷，采集评价信息。	引导社会参与社会科学成果评价，使社会科学研究更有社会价值。

专家定性评价与文献计量评价主要是反映论文的学术质量与影响力，政府绩效评价与社会评价关注的是政策影响力与社会影响力。为了探索专家定性评价与文献计量评价这两种评价方法在论文学术影响力评价中的相互关系，笔者曾对中国人民大学评价中心的论文评价指标与被引用指标做过一次相关性检验，发现学术创新性指标与被引指标之间的相关性最强，其次为发表载体指标，二者皆呈现为正相关；但课题立项指标、社会价值指标、论证完备性与难易程度指标的得分与论文的被引次数竟然呈负相关，值得思考。

同行评议是国际通用的传统的学术成果评价形式。如果说海量学术成果的产生导致了文献计量评价方法的"得宠"，那么，代表作成果评价的不断看好趋势则导致了单篇论文评价的研究热潮。代表作的确定需要借助文献计量方法进行初步筛选，但在代表作成果与单篇论文评优中，评审专家的定性综合评判至关重要。在优秀成果评选方面，中国人民大学人文社科成果评价研究中心研制出《人文社会科学论文质量评估指标体系》并每年发布期刊论文摘转情况分析报告，中国社会科学院新闻与传播研究所在全国范围内开展优秀新闻传播学论文征集与评选活动，华东师范大学倾力推出了人文社科奖项"思勉原创奖"成果评选活动。这些优秀成果的评选，除了做好文献信息统计等辅助工作之外，大都把工作重心放在了评审专家的遴选及评价机制和程序的设计。如果说文献计量评价是宏观层面（如国家评价或地区评价）和中观层面（如期刊评价或人才评价）的有效评价方法，那么专家定性评价则是单篇学术论文代表作微观评价方法，此时的专家遴选与评价制度直接影响到评价结果的科学公正。

（六）学术论文评价的程序公正与制度保障

人文社会科学的学科特点与成果产出规律，要求在论文评价过程中更多地融入专家定性评价因素，与文献计量评价方法互相补充，而专家定性评价的有效实施，离不开一套相对完善的评价制度和评价程序保障。一般情况下，我们经常用到的评价制度有回避制度、公示制度、问责制度等，除此以外，本文重点提出专家遴选机制、程序公正机制、网络评审机制。

1. 专家遴选机制

上文所说的代表作评价，主要根据同行评议专家的主观判断。那么，评议专家判断时依据的是什么？是评价信息，一方面是评价客体即参评成果所反映出的信息，另一方面是评价专家即评价主体储存在大脑中的学术信息与经验信息。这两种信息在专家的责任心与职业道德指引下，进行复杂的信息匹配与价值判断，从而得出或评语或打分各种形式的评价结论。由此可以看出，在参评成果的评价信息充分呈现的前提下，决定评价结果的关键是评价专家，这里对评价专家的选择，就类似于定量评价方法中对来源数据的选择。从评价信息来源的角度解释，一方面是参评成果的信息要充分，另一方面则是评价专家的遴选要严格。评审专家的遴选方法很多，可以同时采用科学计量方法、单位推荐、自我推荐、同行推荐等遴选方法，全面采集各级专家信息形成专家库，制定评审专家遴选标准，实行评审专家能进能出的系统动态管理机制。

2. 程序公正机制

人文社会科学的特点较为复杂，评价指标体系难以做到绝对公正，只能通过程序公正来保障评价结果的相对公正。本文认为，学术论文的评价程序应该为：第一步，综合分析人文社会科学特点，学术指导咨询委员会明确学术论文评价目标及评价标准；第二步，实施定量评价，根据论文的评价目标、评价标准、评价指标和评价数据，得出学术论文的形式指标和内容指标的评价结果；第三步，实施论文作者答辩与专家定性评价（可根据需要适当提供定量统计结果供专家参考），广泛征集各层次专家学者的评价意见，得出学术论文的定性评价结果；第四步，为指标的权重进行赋值，合成学术论文的形式指标、内容指标和声誉指标的总得分；第五步，召开学术指导委员会，公开审定定量评价结果、定性评价结果和综合评价结果；第六步，公示评价结果，接受各方质疑及组织复议申请。

3. 网络评审机制

数字网络环境是实施"阳光评价"的有利条件。可以借助网络互动平台，实时汇集专家学者评价意见，实现网络互动评审。利用长期积累的专家信息与技术手段，搭建评审专家遴选与评价系统工作平台，开辟学术论文评价交流网络频道，实现评价机构、期刊编辑、作者、读者、管理部门之间的实时互动，及时更新论文评价信息，讨论学术评价之道，争鸣论文评价问题，公开学术不端行为，公布优秀论文名单。

（七）小结

综上所述，定量评价的关键在于统计数据的准确性和全面性，而定性评价的关键则是解决评审专家的利益无涉问题，加强"元评价"研究与实施。要想正确发挥学术论文评价在人文社会科学发展中的导向功能，就要

加大定性评价成分，前置定性分析序位，将专家意见有机地融入评价过程
的前、中、后整个环节。人文社会科学论文评价，在评价指标方面，注重
原创标准；在评价程序方面，注重建立公开机制；在评价方式方面，注重
实名评审；在评价目的方面，注重发挥标杆作用，引领学术创新。同时，
还要坚持以下几个原则：分类分层评价的原则，对不同学科不同类型的评
价对象采用不同的评价体系进行评价，构建多元化评价体系；评价研究的
分工原则，这一原则是建立在分类评价原则基础之上的，即不同的评价主
体对不同学科类别的评价对象进行评价，从而在全国范围内构成一个完整
的科学研究评价系统；评价结果认证原则，即官方部门采取民主方式征求
大多数人的意见，对评价机构的研究结果进行评议与认证，从而统一认识，
规范评价体系的自身建设。因此，学术评价应该是多层次的、开放的、多
元化的。换句话说，学术评价应该具体情况具体分析，实事求是，区别对
待，不能强求一律，更不能"一刀切"。

---

①②王恩华：《学术越轨批判》，长沙：湖南师范大学出版社，2005，第21~22页。

③范晓莉、高自龙：《单篇期刊论文评价实证》，《第十一届全国科技评价学术研讨
会论文集》，重庆：第十一届全国科技评价学术研讨会，2011年11月1日。

④雷二庆、阳沛湘、程瑾等：《单篇论文创新价值指数研究》，南京：第三届全国医
学科研管理论坛暨江苏省医学科研管理学术年会，2011年10月。

⑤⑯任全娥、郝若扬：《基于文献引证关系的人文社会科学论文评价》，北京：《大
学图书馆学报》2012年第3期。

⑥任全娥、龚雪媚：《中国人文社会科学论文评价指标体系实证研究》，北京：《社
会科学管理与评论》2011年第2期。

⑦⑨朱剑：《重建学术评价机制的逻辑起点——从"核心期刊"、"来源期刊"排行
榜谈起》，北京：《清华大学学报》（哲学社会科学版）2012年第1期。

⑧张晓校：《社科学术期刊与评价体系二重悖论》，北京：《中国社会科学报》2014
年7月2日。

⑩段乐川：《学术评价不等同于出版评价》，北京：《中国社会科学报》2014年7月
2日。该文作者在文中阐述的"出版评价"概念，是指当前的期刊评价和出版社评价，
并且批评以期刊评价代替论文评价、以出版社评价代替图书评价的现象。

⑪王姝：《"苍蝇式"腐败不容轻视》，北京：《新京报》2014年7月10日。

⑫张意忠：《教授治学的调查与思考》，南京：《江苏高教》2006年第4期。

⑬任全娥：《人文社会科学研究成果评价主体研究》，北京：《社会科学管理与评

论》2009 年第 2 期。

⑭朱剑：《学术研究，谁人评说——学术评价主体与评价机制的重建》，北京：《光明日报》2010 年 8 月 17 日。

⑮何星星、武夷山：《基于文献利用数据的期刊论文定量评价研究》，西安：《情报杂志》2012 年第 8 期。

⑰党亚茹、王莉亚：《JCR 自然科学版期刊半衰期指标的区间变化分析》，长春：《情报科学》2007 年第 6 期。

作者简介：任全娥，中国社会科学院图书馆文献信息研究室常务副主任、副研究馆员，博士。

[责任编辑：刘泽生]

（本文原刊 2014 年第 4 期）

人文社科学术编辑成果评价功能的深化*

韩　帅

[提　要] 学术编辑是人文社会科学成果重要的评价主体之一，是学术成果质量的把关人和促进学术成果创新的重要推动者。但由于存在一些限制学术编辑评价功能发挥的桎梏，学术编辑的成果评价作用未能充分发挥。相比同行专家、科研管理者等评价主体，学术编辑具备参与学术评价的天然优势。文章提出了深化学术编辑评价功能的路径：健全人才工作体制、设置创新和质量为导向的学术评价指标、完善学术编辑和作者的协同工作机制、尝试建立网络互动平台，从而推动学术编辑在学术成果质量与创新力的提升中发挥更积极的作用。文章以"复印报刊资料"为例，分析了其学术编辑成果评价功能的深化。

[关键词] 学术编辑　学术评价　人文社会科学

人文社会科学成果评价是人文社会科学学科建设的重要环节，也是促进人文社会科学学术发展的重要杠杆。《教育部关于进一步改进高等学校哲学社会科学研究评价的意见》指出了以创新和质量为导向的科研评价对繁

* 本文系国家社会科学基金青年项目"创新和质量导向的中国人文社科学术成果评价管理控制机制研究"（项目号：12C7Q022）的阶段性成果。

荣发展哲学社会科学的重要意义；还指出规范高等学校出版社和学术期刊管理，切实把好研究成果出版与发表的关口。①学术研究是一个涉及学术研究（上游）、学术发表（中游）、学术评价（下游）的广义学术活动。②人文社会科学的科研评价对象一般是针对出版或发表后的著作或论文，因而学术出版或发表的过程起到重要的"过滤"作用。有学者就主张从学术成果发表的源头净化学术环境。③

学术编辑的工作是整个学术出版工作的中心环节，对学术出版工作的全局具有关键性的作用和影响。只有经过学术编辑评价后得到认可的学术成果，才能得以出版传播。学术编辑往往是学术成果面对的第一个评价主体，学术编辑评价功能的不断深化，对落实以创新和质量为导向的人文社会科学成果评价可以起到积极的推动作用。围绕学术编辑的研究，学界主要着笔于以下三方面：第一，编辑学者化的思考；第二，学术编辑的必备素质和素质提高的途径；第三，学术编辑的守门人角色和责任意识。在第三方面中，就涉及学术编辑应充分发挥学术评价作用，公平审稿，在防治学术腐败中起到积极作用等内容。但目前对学术编辑评价能力的系统化研究较少，本文尝试探讨限制学术编辑充分发挥评价功能的桎梏、学术编辑开展学术成果评价的有利条件、深化学术编辑评价功能的策略措施等问题，以期深化对这一课题的认识。需要说明的是，笔者所指的学术编辑，是编辑群体的重要组成部分，包括学术图书编辑和学术期刊编辑（学术期刊编辑包括原发期刊和二次文献期刊的编辑），从事学术著作和学术论文的编辑出版工作，具有学术化、专业化、专职化等特点。图书和期刊的质量包括内容、编校、设计、印制四个方面，笔者侧重点在内容方面，主要是图书和期刊的学术质量。

一　责任缺失：学术编辑成果评价作用的弱化

"核心期刊"的概念被引入评价体系后，成为科研管理工作中对学术论文质量进行评价的重要参考。二次文献期刊如"复印报刊资料"等也从"学术资料汇集功能"向"学术成果评价功能"转变。学术期刊逐渐从传统的学术成果的发布平台转变为参与学术评价的平台。图书出版单位的性质、级别也成为评定专著质量的一个参考指标。这一新环境的变化，需要学术编辑的工作更要深入到学术成果内容的评价方面，但有些"核心期刊"社和知名的出版社仅通过积累的影响力就可吸引到"名家篇章"，往往忽略了对学术编辑评价功能的培养和发挥；而一些"普通"的期刊社和出版社由于稿源不充足等原因，则是只要没有政治问题就能出版和发表，学术质量基本不予考虑。这就导致了社会期望与学术编辑的职能定位不相适应的矛盾。

人文社会科学的创新发展和质量提升也需要学术编辑发挥重要的学术评价作用。现在不少学术编辑仅仅担任了"形式审查者"，成为质量和创新的"旁观者"，学术成果评价作用的弱化给人文社会科学的发展造成了困扰。从图1中可以看出，学术编辑是个人学术成果（私人劳动）转化为学术出版物（社会劳动）的"把关者"。能够出版的学术成果，理应是通过质量审查并具有一定创见的，但学术成果在出版后接受社会检验的时候并非如此。就内容而言，学术出版的整体质量不高，鱼龙混杂，泥沙俱下，一些学术类出版物印制精美，规模庞大，却没有多少创新观点，学术含量很低，个别所谓学术书东拼西凑，粗制滥造；选题雷同、重复出版的现象比较突出，乃至有学术抄袭和学术造假的行为。④这主要与学术编辑的评价作用在两个阶段未能充分发挥有密切的联系。

图1 学术编辑在两个阶段的评价作用

在过程①——学术编辑对学术成果文稿进行评价、选择的过程中，由于出版社考核中偏重"市场效益"、"出书品种"等外因的挤压和编辑学术判断能力不强、以权谋利等内因的影响，学术编辑降低了对学术著作和学术论文严谨、创新的追求，甚至放弃了手中重要的学术评价功能，把关不严促使了学术不端的滋生，最终导致学术研究和学术出版事业的"两伤"。

在过程②——学术编辑对纳入出版计划的学术成果进行评价、修改的过程中，精力往往集中于审查政治问题、修改错字标点、统一行文格式等，未能充分参与学术成果创新力的提升过程，在学术成果创作中往往处于被动的、辅助的地位。实际上，学术编辑在对成果进行深度评价的基础上可以帮助作者提升成果的学术质量和创新性，令学术研究和出版事业"互促"。

当前中国学术编辑评价功能的弱化，与国际和历史状况形成了反差。不少西方的学术出版物，以其高质量、专业化广受赞誉，学术著作的出版集中在一些优秀的品牌出版社。许多出版社和期刊社都有非常严格的评审制度。国外编辑的一些做法也值得关注。著名经济学家罗纳德·科斯在担任刊物编辑时，非常注意论文的创新性，他挑选稿件的标准是唯新是从。⑤
美国资深编辑麦卡锡在提到编辑和作者关系时指出："作者的责任是尽最大
的努力，写出一本最好的书，编辑的责任是帮助作者达到这个目标。"他认
为策划编辑和作者是一种"创造性的合作关系"。⑥而中国的学术出版水平，
在20世纪二三十年代依然与世界保持同步，尤以商务印书馆和中华书局为
代表，涌现出王云五、张元济、叶圣陶等一批学者型的编辑名家。老一辈
的编辑大家们重视图书和文章的质量，认为这是衡量编辑人员水平的重要
标准。这些都为我们提供了有益的借鉴。

二　制度制约：限制学术编辑评价功能发挥的桎梏

学术编辑评价功能的充分发挥，离不开良好制度环境的支持和学术编
辑自身素质的提高。不能忽略制度环境的影响而对学术编辑的评价能力一
味苛责。目前，仍存在着制约学术编辑评价功能发挥的一些因素，择以下
几点加以阐述。

第一，学术编辑的"亚存在"地位不利于后备人才储备。

学术编辑在学术研究中起着重要的作用，经编辑加工后出版的学术成
果是展示学术水平的重要窗口。引进具有深厚学科造诣，又懂专业出版知
识的复合型人才至关重要。但如今学术编辑的地位往往低于专职学术研究
人员，待遇较低，申请课题较难，处于一种"亚存在"的状态。⑦这导致一
些具备较强学术评价能力的高学历、高素质人才不愿加入学术编辑的阵营
或人才流失现象严重，影响了学术编辑可持续发展人才队伍的建设。学术
编辑和学术研究人员是由于在科学研究中承担的使命不同而产生，编辑细
致艰苦的创造性劳动全部融汇在作者的成果之中，"为他人作嫁衣"的学术
编辑，实不应当在地位上低人一等。

第二，审稿"无边界"妨碍了学术编辑评价功能的提升。

近些年随着出版市场发生的巨大变化，图书平均印数降低，经济效益
下降，出版社只能依靠增加出书品种维持规模。许多无力出版学术著作或
无力出版某一领域学术著作的出版社也开始涉足其中。而学术评价体制对
出版社的级别认定不似期刊级别那样严格，这就导致了有些学者出版的专
著比自己在重要期刊上发表的论文还多。在这种状况下，非学术编辑审阅
了大量学术书稿，而学术编辑无奈之下审阅了大量与自己所熟悉学科或领
域"不搭界"的学术书稿，出版质量得不到有效保障。学术期刊也同样存

在这样的问题，尤其一些综合性期刊的学术编辑往往同时负责几个不同栏目的文章。通常认为编辑应当是"通才"、"杂家"，实际上，"一专多能"更适合对学术编辑工作的描述。学术编辑的博学、多能固然重要，但其学术化、专业化、专职化的特点决定了其学术评价能力的基础是建立在自己所熟悉的领域之上，由此才可谈编辑的学者化。

第三，过于追求经济效益影响学术编辑的成果评价质量。

出版社转企改制成为市场主体后，面对日益加剧的市场竞争和压力，为提高整体利润，也把利润层层分解落实到个人，纳入编辑的绩效考核。但学术类的出版物专业性强，读者相对小众，经济利润较低。过于追求利润导致了两方面后果：一是学术编辑转向策划经济效益好的教材教辅、市场图书；二是学术书籍只要有"出版费"支撑就会出版，影响了学术编辑的成果评价质量。如今出书缴纳"出版费"已经人所共知，如果控制印量，这部分自费出版的书籍起码能够保障略有盈余，因而导致了学术编辑并非从学术价值上对学术成果进行评价，"只要在经济方面可行，且书稿不违反国家法规，就能将其出版而成为'学术著作'"。⑧

第四，质量考核体系不完善导致对成果内容评价的忽视。

对稿件内容质量的评价从政治性、思想性、科学性、知识性和独创性几方面进行衡量和评估，这是审稿工作最为基本的内容。⑨在《图书质量管理规定》中，第三条指出图书的质量包括内容、编校、设计、印制四个方面，第四条指出符合《出版管理条例》第二十六、二十七条规定的图书，其内容质量为合格。⑩第二十六、二十七条强调的是不能危害未成年人的身心健康和不能危害公民、法人或者其他组织的合法权益，⑪这仅是一个对不同类型图书的"底线要求"。而在出版单位和新闻出版行政管理部门对图书和期刊质量进行审查时，对便于计算的文字、标点、格式等编校方面的要求较为严格，但有关学术图书的内在学术品质并不十分注重，有关创新程度的审查，更是有着极大欠缺。这也导致了编辑审稿时原应聚焦在学术质量和创新性上的精力过多地转向了编校方面。

三 天然优势：学术编辑开展成果评价的有利条件

相比同行专家、科研管理者等评价主体，学术编辑在开展学术成果评价时具有一些天然的优势，这些决定了学术编辑在人文社会科学学术评价中能起到更大的作用。

第一，学术编辑的评价具有"第一"、"中介"的特点。

"第一"指的是大部分学术编辑往往是人文社会科学学术成果的第一位阅读人和评价者，可以在学术成果发表之前作出评价，这是其他评价主体的"滞后评价"难以比拟的。"中介"指的是学术编辑是沟通作者和读者的桥梁和中介，可以促进学者的创作与读者的需求相统一。因而学术编辑的评价和选择还站在了读者需求的角度，具有社会评价的意义。

第二，学术编辑的工作实践有助于加深对学术成果的评价。

学术编辑在工作实践中长时间大量阅读、编校学术稿件，在及时了解学科前沿动态方面具备天然优势，在某些专业领域中具有与作者进行平等学术对话的能力，在学术成果创新方向和质量改进方面的敏感度更高，不应仅是研究成果的"形式审查者"和专家评审意见的"传递者"。专家审稿的优势是对相关问题的把握具有一定深度，但对超出自己研究范围的问题则不甚了解；学术编辑对不同学科领域关注较多，视野比较开阔。学术编辑将自己的"广度"与审稿专家的"深度"相结合，有助于对专家的评审意见加以分析，对学术成果做出正确的判断。

第三，学术编辑的评价可以作用于学术成果的创作过程。

通过学术编辑的评价、选择后纳入出版计划的学术选题，在作者进入创作过程之前，学术编辑可以通过学术信息的收集和分析，帮助作者寻找最佳的创作角度；在作者进入创作过程之后，编辑可以与作者一起就部分内容或观点展开探讨，令成果的结构内容更能突出创新之处；在成果完成之后，编辑通过认真的审读，提出退修方案，引导并帮助研究者改进和完善成果，提升学术成果的创新性和质量。

第四，学术编辑评价作用的正确发挥有一定的制度保障。

在中国的学术评价过程中，存在着明显的评价主体的权利与责任失衡的状况，而编辑的学术评价则有所不同。编辑主体的评价结论是向大众公开的，不仅评价结果公开——文章刊发、书籍出版，而且责任编辑署名——责任明确，在一定程度上有利于遏制其学术评价的非学术倾向。[12]除此之外，中国出版业长期采用的"三级审稿责任制度"对审稿的程序和三个审级参与者的级别和职称作了具体规定，分级负责，交叉补充、递进制约，可以较大程度避免某级审稿者知识不足或责任心不强等导致的失误。

第五，审稿意见是学术编辑与作者交流评价意见的有效方式。

审稿意见是学术编辑在质量判断和价值评估的基础上明确提出处理意见的书面文件。价值评估的关键是突出成果内容的特点和创新性，质量判断主要指写作质量的优劣和存在的问题，这也是从质量和创新的维度进行把关。尽管编辑的审稿意见侧重于编辑出版方面，但其对稿件的核心评价也是一种学术评价。[13]编辑可以将其反馈给作者，在交流中强化创新、提升质量，审稿意见成为学术编辑与作者沟通交流评价意见的有效方式。

四 路径探讨：深化学术编辑评价功能的策略措施

针对制约学术编辑评价功能发挥的问题，结合学术编辑参与评价的优势，通过健全人才工作体制、设置创新和质量为导向的学术评价指标、完善学术编辑和作者的协同工作机制、尝试建立网络互动平台四个路径，增强学术编辑的评价功能。

第一，健全人才工作体制——深化学术评价能力的基础。

深化学术编辑的评价能力，首先要从改进人才工作体制入手。学术出版单位需要制定适宜的人才管理制度，促进学术编辑选拔、培训、任用、激励等方面的规范化、制度化。2012年9月，新闻出版总署下发《关于进一步加强学术著作出版规范的通知》，其中提到"出版单位应安排具备较强学科背景的专业编辑人员担任学术著作的责任编辑……加强学术著作出版人才的培养，定期对从事学术著作出版的编辑人员进行培训，制订符合学术著作出版规范的编辑出版流程和考评体系，鼓励支持优秀学术著作的出版"。[14]

在人文社会科学专业出版领域中，实施专业编辑审稿制度的出版机构为数甚少。"编辑应该是学术出版的又一道，而且是决定性的门槛。编辑的学术素养、学术判断力、学术眼光决定了学术出版的品质。……不是所有的编辑都是可以做学术出版的，学术出版的门槛对编辑同样重要。"[15]应当选拔出那些既具有学科优势又具备专业出版知识的人才担任学术编辑。中国对出版专业技术人员实行职业资格制度，编辑需要掌握的主要是与出版学、编辑学、著作权相关的知识，但对编辑所涉及的相关学科素质并没有明文规定。有关部门可以对学术编辑的资格进行认证，在对出版学、编辑学知识和技能进行考察的基础上，主要对编辑的学科素质做出认定，可以从学术编辑的专业、学历、从事学术图书出版的经验、学术成果等方面加以限定。

学术编辑培养工作的开展主要包括以下几方面。首先，建立合理的培训机制。鼓励编辑继续深造，举办定期的学术编辑沙龙、研讨会等交流活动，重视学术编辑的知识更新。如中国社会科学杂志社开展基础知识系列讲座，作为该社编辑的基础培训课程，提高编辑的理论水平和业务能力。[⑯]其次，确立适应的用人机制。创造让优秀学术编辑脱颖而出的环境，鼓励学术编辑策划具有创新性和前瞻性的学术图书、学术专题，为年轻的创新型专业人才提供更多的机会，建立良好的晋升机制。最后，建立良好的激励机制。要构建科学的学术编辑人才评价体制，定性评价与定量评价相结合，注重对学术图书和论文质量方面的考核（下文还将提到），提高学术编辑的待遇。人民出版社在 2014 年 1 月评出 10 本本社年度优秀学术著作并给予奖励，借此激励学术编辑集中精力潜心策划、组织出版优秀的学术作品。在人民出版社对编辑的考评标准中，并不鼓励编辑出版多品种图书，"广种薄收"的念头被"出精品、推好书"的目标所代替。[⑰]

第二，设置创新质量指标——提升学术评价能力的关键。

学术出版中的质量和创新呈正相关关系，学术成果创新程度越高，学术出版物质量也就越高。学术质量是学术出版的生命线，创新是学术质量的灵魂，是学术编辑进行评价的起评点，应当以创新促进学术出版物质量的提升。在学术编辑进行评价的过程中，设置与质量和创新相关的指标以提醒编辑重视，促进学术编辑对二者的把握。

一是在学术编辑的审稿意见中体现。学术编辑通常认为一篇文章或一部书稿"好"，但具体"好"在哪里，并未上升到理论层面。出版单位为编辑统一印制的审稿意见模板中，通常是不分价值评估、质量判断等具体类目，这样就使得编辑在使用过程中随意性较大，容易流于形式。可以将审稿意见中需要展现的指标具体标出，如创新性方面包括主题创新、方法创新、内容创新等；设计创新与质量方面的打分表附在审稿意见之后，督促学术编辑认真执行。学术编辑的审稿意见一般不向作者展示，对于采用的稿件，作者得到的仅是编辑或审稿专家的简单修改意见；对于不予采用的稿件，常常受到的是编辑简单、形式化的处理意见，甚至没有反馈。国外的许多期刊不论稿件是否接受，编辑返回的意见也是非常详细的。若能公开较为详细的审稿意见，有助于开拓作者的研究思路，甚至引发全新的研究方向。

二是在学术编辑的考核制度中体现。前面提到，学术编辑考核中过于注重利润影响了学术编辑的成果评价质量。对于学术编辑的考核，更应看重学术出版物的社会效益，学术出版物的创新力度、学术质量应该在学术编辑考核中占有较大比重。读者对质量和创新的反馈、重印量、社会受益程度、获奖情况等都是重要的参考。出版社和期刊社可以对本社出版的学术著作和学术论文进行年度评优工作，邀请学术专家委员会从创新和质量方面把关，并吸引广大读者和学术成果的受益者参与，促进学术编辑考核的合理开展。

第三，完善协同工作机制——发挥学术评价能力的保障。

学术编辑和作者的密切协同工作，可以引导作者改进和完善学术成果，提升学术成果的创新性和质量；可以帮助学术编辑开阔学术视野，提高学术评价能力。总体而言，中国出版界的编辑专业化程度尚有待提高。在一般的出版社流程里，责任编辑一般集策划、一审、整体设计为一体。学术编辑作为责任编辑，其学术评价作用可以发挥于作者写作的整个过程（见图2）。

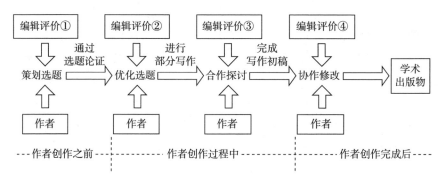

图2　编辑和作者的协同工作

"编辑评价①"：这是学术编辑通过对学科发展和图书市场的调研、评价，与作者协同完成学术选题策划的阶段。学术编辑根据自己的专业定位，在学术图书市场中寻找创意，判断同类产品的出版现状、阅读需求、潜在受众等，在与合适的作者进行反复沟通交流后，可以深入了解学界对相关选题的新进展，一起修正所策划的选题，更好地突出创新性。

"编辑评价②"：这是学术编辑对作者提交的学术成果的撰写框架进行分析、评价，与作者共同优化选题的阶段。在通过出版单位组织的选题论证后，学术编辑对选题会的合理建议进行消化吸收，与作者一起分析目录框架的设计是否适合学术主题和创新点的凸显，为成果撰写过程中需重点突出的内容提供建议。

"编辑评价③"：这是学术编辑对作者提交的部分书稿进行浏览、评价，与作者商讨研究范式、内容结构改进的阶段。在作者进入写作过程后，学术编辑每隔一段恰当的时间督促作者提供撰写的部分作品，与作者就此部分进行探讨，检查是否按照选题设计进行、是否有助于创新内容的突出，也可以及时请教审稿专家，将评价结果及时反馈给作者，保证选题计划的顺利实施。针对书稿的不同部分，这一阶段会有多次的反馈与交流。

"编辑评价④"：这是学术编辑在作者完成初稿之后进行审读、评价，与作者协作修改细节、完善质量的阶段。即使有的稿件先由文字编辑进行加工，仍需要责任编辑的处理和把关。在前三个阶段不断评价、交流、改进的基础上，这部分主要是对初稿进行更细致的打磨，细节的敲定仍离不开编辑和作者的协同工作。作品交付后，学术编辑和作者都应当有协作修改、更臻完善的观念，一起对作品负责。有些学术编辑会在初稿加工完成后，把带有编辑加工痕迹和修改建议的书稿交付给作者阅览，作者发现修改不当的地方及时向编辑提出，这也是一种加深沟通交流的合作方式。有些书稿属自投稿件，交到出版社或期刊社时已是初稿完成状态，只在这个阶段存在学术编辑和作者的协同工作，因而显得尤为重要。

第四，建立网络交互平台——推进学术评价能力的设想。

随着数字化网络化时代的到来，许多传统出版社开始不断推进数字化转型。这种转型不应仅仅是书刊内容的上网，是从征稿、审稿、编辑、出版、发行、管理、服务等整个流程的数字化、自动化。与学术编辑评价能力提高相关的，是出版社和期刊社可以建立面向编辑、作者、评审专家、读者的网络交互平台，通过一定措施吸引更广泛的学术评价主体参与到学术成果的评价过程中，深化数字化时代学术编辑的评价功能。

网络交互平台可以促进学术评价的"大众化"，丰富和提升学术编辑的评价功能。学术成果、评审过程和评审意见在网络交互平台上的公开，有助于听取更多读者的反馈。有国外学者就主张"每位读者都是潜在的同行评议者"，研究了在互联网迅速发展的情况下对学术出版的质量控制，探讨了根据评价指标体系对各个读者的反馈进行综合统计后给出具体评分值的计算方法。[18]学术编辑、审稿专家、读者经过互动交流，监督学术腐败行为，帮助学术成果的完善。对学术编辑来讲，初审意见公开，避免了流于形式、缺少实质评价的审稿意见，促进学术编辑责任心加强；通过梳理审稿专家和读者的评价意见，也是促进学术编辑开阔学术视野、提升学术评价能力的过程。

网络交互平台还可以促进学术编辑与作者的协同工作，为学术编辑的评价工作增添新的活力。这为图2所示的学术编辑发挥评价作用的4个阶段增添了新的内涵。在"编辑评价①"和"编辑评价②"阶段，学术编辑可以把策划的选题发布在平台上，广泛收集反馈意见，寻找创新能力强的作者，加大对选题可行性和优质性的把握。在"编辑评价③"和"编辑评价④"阶段，学术编辑通过把学术成果的部分内容和完成后的初稿放到平台上，广泛收集修改意见，加大对学术成果质量和创新的把握。在这4个阶段中，学术编辑不仅能与作者协同完善学术成果，还能收到来自其他读者的意见建议。对这些意见建议，学术编辑经过自己的学术评价和判断，去粗取精，加深了对学术成果的把握，也成为学术编辑与作者协同工作时交流的重要内容之一，将合理建议融入作者的创作构思和写作内容之中，促进学术成果质量更臻完善。

五　案例分析："复印报刊资料"学术编辑评价功能深化的探索

"复印报刊资料"由中国人民大学书报资料中心（以下简称"书报资料中心"）出版，每年收集国内公开出版的近4000种报刊上的约40万篇人文社会科学论文，按学科专题分门别类地精选出约1.5万篇优秀论文供"复印报刊资料"近100种学术刊进行转载。对于二次文献期刊来说，其"优中选优"的理念更离不开学术编辑评价能力的增强。书报资料中心一直在研究并不断完善选稿的"标准"，改进流程和方法，提高论文精选的公正性。

其一，遴选合格的专业编辑。要求学术编辑"具有与所负责期刊相适应专业的硕士研究生及以上学历，在到岗2年内取得国家'出版专业职业资格证书'"，[19]安排具有较强学科背景的学术编辑选稿、审稿，也强调掌握出版知识的必要性。其二，研制适用的评价理论。中国人民大学人文社会科学学术成果评价研究中心研制了"人文社科学术论文质量评价指标体系"，设置人文社会科学论文通用的评估指标（见表1），被贯穿于转载论文的精选评价工作之中。其三，开发便捷的软件工具。"人文社科论文质量评估系统"依托软件工具的辅助，完成同行评议过程中复杂的论文总分的合成计算，积累了"复印报刊资料"6万余篇论文的同行评议分数，弥补了我国人文社会科学领域长期缺失大样本同行评议数据的空白。其四，规范编辑的工作流程。"复印报刊资料"对人文社科学术论文的遴选实际上是一种同行评议过程，在选稿、审稿中，经历责任编辑初选、学术顾问二审、学科执行主编预审、编辑室主任终审的严格流程，若产生分歧则召开编室学科评议协调会讨论。其五，完善期刊的考核办法。设立《学术期刊质量评估考核办法》，包括政治标准、学术标准、组稿标准、编校标准四类，学术标准规定期刊所选文章要准确反映对应学科研究热点、难点、创新点、基本点和重大课题的研究成果，依据期刊的考核办法，对期刊责任编辑建立相应的质量考核奖惩办法。

表1　人文社会科学论文质量评估的主要指标含义与评估内容

评估指标	指标内涵	评估内容
学术创新程度	衡量论文提供的新知识对学术发展的促进程度	以下内容对学术发展的促进程度： ● 提出新的（或修正完善已有的）学说、理论、观点、问题、阐释等 ● 提出新的（或改进运用已有的）方法、视角等 ● 发现新的资料、史料、证据、数据等 ● 对已有成果做出新的概括、评析（仅指综述文章）
论证完备程度	衡量论文的研究规范程度和严谨程度	研究方法有效性： ● 研究方法科学性 ● 研究方法适当性（对于研究问题） 论据可靠性： ● 资料占有全面性 ● 资料来源真实性 ● 资料引证规范性 论证逻辑性： ● 理论前提科学性 ● 概念使用准确性 ● 论证过程系统性 ● 逻辑推理严密性
社会价值	衡量论文对社会发展进步可能产生的推动作用的大小	● 对解决经济、政治、社会建设中问题的推动作用 ● 对思想道德文化建设的促进作用
难易程度	衡量论文研究投入劳动的多少	论题复杂度： ● 理论难点的多少 ● 实证研究的难度 资料难度： ● 资料搜集难度 ● 资料处理难度

　　资料来源：中国人民大学人文社会科学学术成果评价研究中心《人文社会科学论文质量评估指标体系实施方案（试行）》。

书报资料中心在强化学术编辑评价能力方面进行了有益探索，使"复印报刊资料"的转载数据受到了中国人文社会科学领域的广泛关注。但由于"复印报刊资料"属二次文献，与原发期刊的学术编辑相比具有一些局限，比如学术评价的结果无法反馈给作者、无法与作者展开协同工作，这些问题对学术编辑评价能力的充分发挥也造成了一定影响。随着数字技术和网络传播技术的不断发展，论文精选的时空藩篱逐渐消除，这为进一步深化"复印报刊资料"学术编辑的评价功能提供了更充分的条件。

正如邬书林所说："出版的本质功能在于传播，积累知识，传递信息。好的出版物，特别是学术出版物，恰恰是要在人类已有文明的基础之上，把有创新思想内容的东西，以出版物的形式服务当代，并为后人服务，为我们的后代留下一笔宝贵的精神财富，这样在人类历史的长河当中才会有地位。"[20]作为学术信息传播过程中的"把关者"，学术编辑很大程度上控制着学术信息的流向、流量和质量。学术编辑评价功能的不断深化，是确立以创新和质量为导向的人文社会科学学术评价的重要推动力量。我们有理由相信学术编辑可以在促进人文社会科学研究成果的质量与创新力提升中起到更积极的作用。

---

①教育部：《教育部关于进一步改进高等学校哲学社会科学研究评价的意见》（教社科〔2011〕4号），http://www.moe.edu.cn/publicfiles/business/htmlfiles/moe/A13_zcwj/201111/126301.html。

②刘荣军：《学术编辑职业生态的三维透视》，北京：《出版发行研究》2010年第4期。

③任全娥：《人文社会科学成果评价研究》，北京：中国社会科学出版社，2010，第318页。

④郝振省：《学术出版规范与中国学术出版》，http://www.ssap.com.cn/web/c_0000000100120001/d_35942.htm。

⑤陶范：《名编辑的选稿之道》，上海：《编辑学刊》2006年第6期。

⑥〔美〕格罗斯主编《编辑人的世界》，齐若兰译，北京：中国工人出版社，2000，第106页。

⑦张伯海：《对高校学报生态环境的几点观察》，北京：《光明日报》2007年10月9日。

⑧张国功：《出版界如何面对学术腐败——编辑群体的文化担当、职业规范与制度建设》，南宁：《出版广角》2002年第6期。

⑨全国出版专业职业资格考试办公室编《出版专业实务初级（2011年版）》，武汉：崇文书局，2011，第91~94页。

⑩新闻出版总署：《图书质量管理规定》（2004年第26号），http://www.gapp.gov.cn/govpublic/84/196.shtml。

⑪国务院：《出版管理条例》，http://www.gov.cn/gongbao/content/2014/content_2692774.htm。

⑫王华生：《加强编辑责任意识：防治学术评价异化应关口前移》，河南开封：《河南大学学报》（社会科学版）2013年第2期。

⑬冯霞：《论学术编辑工作的学术评价功能》，太原：《山西财经大学学报》（高等教育版）2009年第1期。

⑭新闻出版总署：《关于进一步加强学术著作出版规范的通知》（新出政发〔2012〕11号），http://www.gapp.gov.cn/news/1663/103404.shtml。

⑮朱杰人：《学术出版是需要门槛的》，http://www.gmw.cn/xueshu/2012-09/19/content_5121443_2.htm。

⑯《高翔总编辑谈当前中国学术思潮与学术发展——中国社会科学杂志社基础知识系列讲座开讲》，北京：中国社会科学杂志社，http://sscp.cssn.cn/bsxw/jczsxjz/201403/t20140328_1049498.html。

⑰舒晋瑜：《人民出版社重金奖励学术著作出版》，北京：《中华读书报》2014年2月19日第1版。

⑱Stefano Mizzaro, "Quality Control In Scholarly Publishing: A New Proposal," *Journal of the American Society for Information Science and Technology*, 2003, 54 (11), pp. 989-1005.

⑲中国人民大学书报资料中心：《编辑工作手册》，2012年3月。

⑳《出版单位联合倡议：尽快落实学术出版规范》，http://www.gmw.cn/xueshu/2012-11/14/content_5670803.htm。

作者简介：韩帅，中国人民大学人文社会科学学术成果评价研究中心编辑，博士。

［责任编辑：刘泽生］

（本文原刊2014年第4期）

后　记

　　《澳门理工学报》（人文社会科学版）是澳门理工学院主办的综合性人文社会科学学术理论刊物，1998 年创刊，今年刚好迎来了她创刊二十周年、改版八周年的纪念。在这个特别的时刻，精选改版以来的部分专栏文章结集出版，是一件很有意义的事情。

　　创刊二十年来，《澳门理工学报》得到海内外学术界和社会各界的精心呵护和鼎力支持，我们一直铭记在心。根据学院理事会的批示，本次丛书共出版六卷，其中包括"名家专论"一卷、"港澳研究"两卷、"总编视角"两卷、"中西文化"一卷。为了此次丛书的编辑出版，各卷文集的原作者给予了积极的配合，认真进行了新的校订工作，确保了文集的学术质量。社会科学文献出版社也给予了充分的合作，出色地完成了相关的编辑出版任务。值此文集即将出版之际，谨向为此付出辛劳的专家学者以及支持、关心丛书出版的各界朋友致以深深的敬意。

　　本卷是丛书的"总编视角"（2011~2014）卷。参加本卷具体编辑工作的有《澳门理工学报》编辑部的刘泽生、陈志雄、桑海、陈凤娟、李俏红等；社会科学文献出版社首席编辑徐思彦女士及本书编辑宋荣欣、邵璐璐做了大量的工作，在此一并致以衷心的感谢。

刘泽生

2018 年 3 月 1 日

图书在版编目（CIP）数据

总编视角：《澳门理工学报》专栏文萃. 2011 ~
2014 / 李向玉，刘泽生主编. -- 北京：社会科学文献
出版社，2018.4

（澳门理工学报丛书）

ISBN 978 - 7 - 5201 - 2181 - 1

Ⅰ.①总… Ⅱ.①李… ②刘… Ⅲ.①学术期刊 - 期
刊编辑 - 文集 Ⅳ.①G237.5 - 53

中国版本图书馆 CIP 数据核字（2018）第 016596 号

澳门理工学报丛书

总编视角
——《澳门理工学报》专栏文萃（2011～2014）

主　　编 / 李向玉　刘泽生

出 版 人 / 谢寿光
项目统筹 / 宋荣欣
责任编辑 / 邵璐璐

出　　版 / 社会科学文献出版社·近代史编辑室（010）59367256
　　　　　　地址：北京市北三环中路甲 29 号院华龙大厦　邮编：100029
　　　　　　网址：www. ssap. com. cn
发　　行 / 市场营销中心（010）59367081　59367018
印　　装 / 三河市东方印刷有限公司
规　　格 / 开 本：787mm × 1092mm　1/16
　　　　　　印 张：41　插 页：0.75　字 数：680 千字
版　　次 / 2018 年 4 月第 1 版　2018 年 4 月第 1 次印刷
书　　号 / ISBN 978 - 7 - 5201 - 2181 - 1
定　　价 / 168.00 元

本书如有印装质量问题，请与读者服务中心（010 - 59367028）联系